MINHA VIDA

CHARLES CHAPLIN

MINHA VIDA

Tradução

Rachel de Queiroz
(capítulos de 1 a 7)
R. Magalhães Júnior
(capítulos de 8 a 16)
Genolino Amado
(capítulos de 17 a 31)

19ª edição

Rio de Janeiro, 2024

Título do original em inglês
MY AUTOBIOGRAPHY CHARLES CHAPLIN

© *Charles Chaplin, 1964*

Reservam-se os direitos desta edição à
EDITORA JOSÉ OLYMPIO LTDA.
Rua Argentina, 171 – 3º andar – São Cristóvão
20921-380 – Rio de Janeiro, RJ – República Federativa do Brasil
Tel: (21) 2585-2060
Printed in Brazil / Impresso no Brasil

Atendimento direto ao leitor:
sac@record.com.br
Tel.: (21) 2585-2000

ISBN 978-85-03-00792-4

Capa: Interface Designers/Sergio Liuzzi

CIP-Brasil. Catalogação-na-fonte
Sindicato Nacional dos Editores de Livros, RJ.

C431m
19ª ed.
	Chaplin, Charles, 1889-1977
	    Minha vida / Charles Chaplin; tradução de Rachel de Queiroz,
	R. Magalhães Júnior, Genolino Amado; introdução Sérgio Augusto;
	prefácio Octavio de Faria; poesia Carlos Drummond de Andrade. – 19ª
	ed. – Rio de Janeiro: José Olympio, 2024.
	    il.:
	
	    Tradução de: My autobiography Charles Chaplin
	    Inclui bibliografia
	    ISBN 978-85-03-00792-4
	
	    1. Chaplin, Charles, 1889-1977. 2. Atores e atrizes de cinema –
	Estados Unidos – Biografia. 3. Diretores e produtores de cinema – Estados
	Unidos – Biografia. I. Título.

CDD – 927.9143
12-1020   CDU – 929CHAPLIN, C.

Para
OONA

SUMÁRIO

Índice das Ilustrações 9

A Carlito (*Carlos Drummond de Andrade*) 11

Charles Chaplin: o vagabundo que deu certo (*Sérgio Augusto*) 13

Charles Chaplin (*Octavio de Faria*) 19

Prelúdio 29

Os filmes de Charles Chaplin 559

Índice onomástico e de títulos de filmes 563

ÍNDICE
DAS ILUSTRAÇÕES

1. Com sete anos e meio na escola de Kennington.
2. Minha mãe.
3. Meu pai.
4. Meu irmão, com dezessete anos.
5. O sótão da casa n. 3 de Pownall Terrace.
6. A casa n. 287 de Kennington Road.
7. O quarto onde moramos quando mamãe saiu do hospício.
8. O asilo de Lambeth.
9. Marie Doro.
10. Sr. e sra. Fred Karno (à esquerda).
11. O time de hóquei da Companhia Karno.
12. Cinco companhias diante do escritório de Karno.
13. Minha imitação de Beerbohm Tree no papel de Fagin.
14. Como dr. Walford Bodie.
15. Com Alf Reeves, sua esposa e Muriel Palmer.
16. Antes do meu sucesso...
17. ...e depois.
18. "Um cavalheiro, um poeta, um sonhador – sempre à espera do amor."
19. Roscoe Arbuckle (Chico Boia).
20. Mabel Normand.
21. Ford Sterling.
22. Mack Sennett.
23. Com D. W. Griffith e Sid Grauman.
24. Com Thomas Ince, eu, Mack Sennett e D. W. Griffith.
25. Os policiais de Keystone.
26. A prosperidade bafejou os estúdios da Keystone depois que saí.
27. G. M. Anderson (Bronco Billy).
28. Freuler, presidente da Mutual Film Company, entregando-me um cheque de 150 mil dólares.
29. O estúdio que construí em Hollywood.
30. Constance Collier.
31. *Sir* Herbet Beerbohm Tree.
32. Iris Tree.
33. Partida para Washington com Mary e Douglas.
34. Com Sydney no papel de Kaiser.
35. No sul dos EUA, onde milhões de dólares foram levantados.
36. Eu fotografado por Edward Steichen.
37. Maude Fealy.
38. Edna Purviance.
39. Na época do meu casamento com Mildred Harris.
40. Com Upton Sinclair e Rob Wagner.
41. Construindo um cenário sem nenhuma ideia em mente.
42. Com Frank Crowninshield, o embaixador Gerrard Edward Knoblock, Condé Nast, Alice Delysia e Georges Carpentier.
43 a 45. Cenas de *O garoto*.
46. Com Eric Campbell em *Os ociosos*.
47. Em *O garoto*.
48. Em *Um idílio campestre*.
49. Em Paris.
50. Em Londres.
51. Quando rapazola.

52. Primeiro encontro com *sir* Philip Sassoon por intermédio de Georges Carpentier.
53. Com Amy Johnson, *lady* Astor e Bernard Shaw.
54. O encontro com Gandhi em Londres.
55. Winston Churchill brinda na festa após o lançamento de *Luzes da cidade* em Londres.
56. Com Jascha Heifetz.
57. Um filme feito em casa com *lady* Mountbatten; o vilão com revólver sou eu.
58. O pianista Godowsky e sua família.
59. Com lorde Mountbatten.
60. Randolph e Millicent Hearst.
61. Com Randolph Hearst e Marion Davies.
62. San Simeon, a residência de W. R. Hearst.
63. Alf Reeves, meu fiel empresário.
64. Com o dr. Cecil Reynolds.
65. A casa que construí em Beverly Hills (1923).
66. A *Panaceia*.
67. Pescaria com Edward Knoblock.
68. Peggy Hopkins Joyce.
69. Pola Negri.
70. Com Anna Pavlova.
71. Com Albert Einstein.
72. Com Clara Haskil e Pablo Casals.
73. Paulette Goddard em *O grande ditador*..
74. Virginia Cherril em *Luzes da cidade*.
75. Edna Purviance em *Casamento ou luxo?*
76. Georgia Hale em *Em busca do ouro*.
77. Merna Dennedy em *O circo*.
78. Douglas Fairbanks — nosso primeiro encontro...
79. ...e o último.
80 a 82. Cenas de *O grande ditador*.
83. A mecânica do filme — o corte.
84. Uma sessão de gravação.
85. Almoço durante a filmagem.
86 a 88. Com Marilyn Nasch em cenas de *Monsieur Verdoux*.
89. Durante o meu julgamento.
90. Oona em 1942.
91. Reunião infantil para Michael, na qual se veem Oona e Judy Garland.
92. Com Oona, Michael e Geraldine.
93. Claire Bloom em *Luzes da ribalta*.
94. Dawn Addams em *Um rei em Nova York*.
95. Com o presidente da França Vincent Auriol.
96. Com o primeiro-ministro Ramsay MacDonald.
97. Com o *abbé* Pierre.
98. Com a rainha da Espanha.
99. Com Chu En-Lai.
100. Com o reverendíssimo Hewlett Johnson.
101. Num cabaré com Winston Churchill, a ex-duquesa de Rutland e *sir* Philip Sassoon.
102. A mansão de Ban.
103. Reunião do clã para o Natal na mansão de Ban.
104. Sydney.
105. Charlie.
106. Dirigindo Michael em *Um rei em Nova York*.
107. Minha tentativa de pintar Oona em aquarela.
108. Victoria num momento musical.
109. A pescaria de Josie.
110. Geraldine.
111. Victoria e Josephine.
112. Oona.
113. Instantâneo tirado por Oona.

A
CARLITO*

Carlos Drummond de Andrade

Velho Chaplin:
as crianças do mundo te saúdam.
Não adiantou te esconderes na casa de areia dos setenta anos
refletida no lago suíço.
Nem trocares tua roupa e sapatos heróicos
pela comum indumentária mundial.
Um guri te descobre e diz: Carlito
C A R L I T O — ressoa o coro em primavera.

Homens apressados estacam. E readquirem-se.
Estavas enrolado neles como bola de gude de quinze cores,
concentração do lúdico infinito.
Pulas intato da algibeira.
Uma guerra e outra guerra não bastaram

In: Lição de coisas, de Carlos Drummond de Andrade. São Paulo. Companhia das Letras.
Carlos Drummond de Andrade © Graña Drummond.
www.carlosdrummond.com.br

para secar em nós a eterna linfa
em que, peixe, modulas teu bailado.
O filme de 16 milímetros entra em casa
por um dia alugado
e com ele a graça de existir
mesmo entre os equívocos, o medo, a solitude mais solita.
Agora é confidencial o teu ensino,
pessoa por pessoa,
ternura por ternura,
e desligado de ti e da rede internacional de cinemas,
o mito cresce.

O mito cresce, Chaplin, a nossos olhos
feridos do pesadelo cotidiano.
O mundo vai acabar pela mão dos homens?
A vida renega a vida?
Não restará ninguém para pregar
o último rabo de papel na túnica do rei?
Ninguém para recordar
que houve pelas estradas um errante poeta desengonçado,
a todos resumindo em seu despojamento?

Perguntas suspensas no céu cortado
de pressentimentos e foguetes
cedem à maior pergunta
que o homem dirige às estrelas.
Velho Chaplin, a vida está apenas alvorecendo
e as crianças do mundo te saúdam.

CHARLES CHAPLIN
O VAGABUNDO QUE DEU CERTO

Sérgio Augusto

CHARLES CHAPLIN permaneceu fiel ao seu estilo até o fim. Sua morte teve lances melodramáticos (era noite de Natal quando deu seu último suspiro) e cômicos (seu cadáver foi raptado do túmulo), despertando mais atenções que seu derradeiro filme *A condessa de Hong Kong (The countess from Hong Kong),* apedrejado pela crítica e desprezado pelo público em 1966. Quem lamentou que o mundo ficaria mais triste sem ele cometeu apenas um clichê de obituário. No Natal de 1977, Chaplin era apenas um recluso senil de 88 anos, que vivia como um Creso no interior da Suíça. Um espectro do adorável vagabundo de calças sanfonadas, chapéu-coco, bengala de junco e coração de manteiga, cujo prestígio nenhum outro mito cinematográfico conseguiu igualar.

O mundo, ao contrário, teve motivos para ficar mais alegre depois de sua morte. Em 1984, os historiadores ingleses Kevin Brownlow e David Gill lavaram a alma dos cinéfilos com uma série de TV, *Unknown Chaplin (Chaplin desconhecido),* cuja fartura de documentos inéditos levou até aqueles que haviam reduzido o criador de Carlitos às proporções de um *naïf* vitoriano a dar a mão à palmatória. De repente se descobriu (ou se confirmou) que Chaplin nada tinha de primitivo e desleixado, que na verdade fora um dos autores mais refinados e perfeccionistas do cinema. Conhecendo o documentário de Brownlow e Gill, o crítico David Robinson pôde então escrever a biografia definitiva do artista: um alentado manancial de dados, revelações e correções, com quase oitocentas páginas, intitulado *Chaplin: his life and art,* que a McGraw-Hill lançou em 1986. Enquanto o trabalho de Robinson permanecer inédito no Brasil, a autobiografia de Chaplin, *Minha vida,* originalmente publicada em 1964, continuará sendo a melhor fonte para se conhecer certos detalhes da trajetória do mais popular artista deste século.

Chaplin também já havia morrido quando vieram à tona todas as safadezas que os órgãos de espionagem e repressão do governo norte-americano fizeram com ele a partir de 1919, depois que o cômico entrou na "vaquinha" para a fundação da revista *Liberator,* do então comunista Max Eastman. Instruído para encontrar provas que possibilitassem a sua expulsão do país como subversivo, o FBI não o deixou em paz um segundo. Ao ser ameaçado com uma devassa em sua vida pela camorra macarthista, em 1953, Chaplin optou pelo exílio. Terminara havia pouco as filmagens de *Luzes da ribalta (Limelight)* e pretendia gozar com a família longas férias na Europa. Elas durariam 24 anos e só seriam interrompidas em 1972, quando Chaplin dignou-se visitar Hollywood e receber um Oscar cravejado de vergonha e hipocrisia.

Àquela altura, ele já se vingara com o único meio ao seu alcance, o cinema. Mais exatamente através de *Um rei em Nova York (A king in New York),* desatinada e biliosa sátira ao modo americano de viver, beber Coca-Cola, glorificar inovações tecnológicas e caçar bruxas, rodada na Inglaterra, em 1957, e recebida com muxoxos até por alguns admiradores supostamente incondicionais. Na América, o impacto foi ainda mais negativo, salvo entre os raros críticos que perceberam sob o verniz da ira chaplinesca as nódoas de uma recalcada amargura. A chave do filme, segundo o crítico nova-iorquino Andrew Sarris, é Ann Kay, a personagem de Dawn Addams, a própria América antropomorfizada: fantasia e ilusão, um mundo maravilhoso que o desterrado rei Igor Shadow II (Chaplin, em carne, osso e espírito) talvez "revisitasse" um dia, mas nunca "conquistaria".

O alegado comunismo de Chaplin sempre foi uma lenda acalentada, com intenções diversas, por comunistas e macarthistas. Os relatórios do FBI dos anos 1940 o definem como "antifascista prematuro", um dos eufemismos da época para comunista enrustido. Dessa pecha ele não se livrou sequer depois de se instalar na *villa* suíça de Manoir de Ban, em Corsier-en-Vevey, onde, anos a fio, a CIA esmerou-se em xeretar sua correspondência e as pessoas que o visitavam.

Seu primeiro grande historiador, Theodore Huff, definiu-o à perfeição: um aristocrata decaído, às voltas com a pobreza — não raro assumindo esses dois papéis simultaneamente, como o dr. Jeckyll e o mr. Hyde de um eterno conflito de classes. Em *Carlitos no teatro* (*A night in the show,* 1915), como em *Os ociosos* (*The idle class,* 1921) e *Luzes da cidade* (*City lights,* 1930), Chaplin faz o *gentleman* e o vagabundo. Essa duplicidade, radicalizada em *O grande ditador* (*The great dictator,* 1940), já foi interpretada como uma manifestação não só do temperamento messiânico do ator, mas também da esquizofrenia comum à sua profissão. Em *Pastor de almas* (*The pilgrim,* 1922), ele é, ao mesmo tempo, Davi e Golias. Nessa comédia, curiosamente, Carlitos termina seu périplo de falcatruas dividido literalmente ao meio, com um pé nos Estados Unidos e outro no México, numa premonição do seu exílio.

Sua ideologia, vagamente socialista, era tão inconsequente quanto a passeata que o operário Carlitos lidera sem querer, ao pegar no meio da rua uma bandeira vermelha, em *Tempos modernos* (*Modern times,* 1935). Até este filme — limite de 74 comédias de Carlitos com as metamorfoses que o vagabundo sofreria, no sonoro, até chegar ao camareiro de *A condessa de Hong Kong,* passando pelo hitleriano Hynkel de *O grande ditador,* o galante assassino de *Monsieur Verdoux* (1947), o chaplinesco Calvero de *Luzes da ribalta* e o desterrado monarca de *Um rei em Nova York* —, sua divisão do mundo em ricos e pobres, e patrões e empregados havia sido demasiado ingênua.

Garçom, padeiro, juiz de luta de boxe, pedreiro, alfaiate — desde o primeiro filme, *Carlitos repórter* (*Making a living,* 1914), que o vagabundo, vez por outra, enfrentou o batente. Mas é difícil extrair algo sobre as "contradições do regime capitalista" das relações que se estabelecem entre Carlitos e seus superiores. A sequência inicial de *Carlitos limpador de vidraças* (*Work,* 1915) mostra-o a empurrar um carrinho de material de pintura, tendo em cima, confortavelmente instalado, o aziago patrão. Chaplin queria, acima de tudo, ser engraçado.

O lado mau da sociedade é representado, em seus curtas, com menos insistência e definição funcional, pela polícia. Em *Tempos modernos*, produção mais esmerada e de longa metragem, Chaplin amplia o quadro. Um preâmbulo abre o jogo: "A história da indústria, da empresa privada e da humanidade em busca da felicidade." Os marxistas empunharam estandartes decifrando no filme incisivas mensagens contra a exploração patronal e outras iniquidades da livre-iniciativa. A direita preferiu enquadrar o autor por fatos concretos, como, por exemplo, a solidariedade que ele prestou ao músico Hanns Eisler, exilado alemão e parceiro de Brecht em Hollywood, ameaçado de deportação como subversivo em 1947. Os dois lados se equivocaram.

Só os revisionistas parecem ter alguma coisa nova a dizer sobre o mais genial *clown* de todos os tempos. Eles nunca o deixaram em paz. *Luzes da cidade* foi tachado de decadente em 1931, para ressuscitar como um clássico, uma obra-prima indiscutível, duas décadas depois. Houve quem considerasse *Tempos modernos* uma involução, em 1936, e uma revolução, na reprise de 1954. Na Feira Mundial de Bruxelas, em 1958, a crítica internacional elegeu *Em busca do ouro* (*The gold rush*, 1925) como o segundo "melhor filme" da história do cinema. Nos anos 1960, a maioria dos europeus desviou suas preferências para *Monsieur Verdoux*. Em meados da década de 1970, os nova-iorquinos se extasiaram com *Casamento ou luxo?* (*A woman of Paris*, 1923), uma comédia de Chaplin sem Chaplin, pouco vista e, até então, ainda menos cortejada. O resgate seguinte trouxe à tona nada menos que *Um rei em Nova York*, injustiçado pelo emocionalismo da Guerra Fria aos olhos dos seus exumadores.

Tampouco é fácil escolher o seu momento mais inspirado. O gosto tradicional tende a favorecer a dança dos pães de *Em busca do ouro*, o balé de Hynkel com o globo terrestre em *O grande ditador* e a abertura triunfal de *Luzes da cidade*, com Carlitos espetado na espada de uma estátua a ser inaugurada numa praça. Tenho especial carinho pelos seus gestos repentinos: os rodopios na esquina de *Rua da paz* (*Easy street*, 1916); o uso de um ralador de queijo para coçar as costas em *Ombro, armas!* (*Shoulder arms*, 1918) e de uma salsicha para limpar a testa em *Carlitos e as salsichas* (*Mabel's busy day*, 1914); o solo acrobático de *Uma hora da madrugada* (*One A. M.*, 1916); a pantomima do apito entalado no esôfago em *Luzes da cidade*.

Se obrigado a selecionar apenas uma de suas *gags*, ficaria com a melhor de *Os ociosos*: de costas para a câmera, um milionário (Chaplin), a quem a mulher abandonou por não lhe tolerar mais o vício da bebida, olha para o retrato da antiga companheira e começa a sacudir o corpo convulsivamente; mas, ao virar-se para a câmera, constatamos que ele não está chorando, apenas preparando mais um drinque na coqueteleira. Tudo que uma *gag* perfeita precisa ter está contido nessa tomada.

Chaplin ainda era chamado de Carlito (sem o *s* no fim) no Brasil — e o foi, parece, até meados dos anos 1930, conforme revela um número especial da revista *Cinearte* (de 15 de maio de 1936) — quando a primeira polêmica em torno de sua arte tomou conta também dos cinéfilos cariocas e paulistas. Alegando possuir provas cabais, que nunca trouxe a público, o crítico Pedro Lima colocou em dúvida a originalidade de Chaplin como ator. Para Lima, Chaplin não passava de um imitador de Billie Ritchie, um cômico escocês, igualmente egresso da trupe inglesa de Fred Karno. Nenhum historiador embarcou nessa até hoje.

Mais grave, duradoura e epidêmica foi a acusação de que Chaplin era um chantagista sentimental e Carlitos, um pobre coitado passivo e idealizado, cuja rebeldia se esgotava nos chutes que dava nos fundilhos de Eric Campbell. Chaplin foi um pouco de tudo que disseram a seu respeito. Ele próprio reconheceu isto, numa de suas últimas entrevistas, fazendo porém questão de salientar o otimismo como sua principal característica. Era mesmo. Nesse particular, aliás, nada supera uma cena de *Luzes da ribalta*. Sabendo que Terry (Claire Bloom), acometida de paralisia, não pode mais dançar, Calvero diz para ela: "Eu conheço um violinista que toca com os pés." Pollyana não teria feito melhor.

CHARLES CHAPLIN

Octavio de Faria

"...peço que acreditem que não brinco de modo algum quando afirmo que desde Montaigne, Cervantes e Dostoiévski foi o homem que mais me ensinou."

ÉLIE FAURE

"Chaplin, pelo seu gênio pessoal, está muito acima da arte do cinema."

LOUIS DELLUC

"Carlito é um milagre..."

POULAILLE, DELLUC, WAHL etc.

O QUE HOUVE de fundamentalmente novo e importante no "fenômeno Charles Chaplin" foi que, com Chaplin, pela primeira vez na história das artes, um gênio, um autêntico gênio artístico, exprimiu-se por meio de uma arte nova, o cinema. À primeira vista, o fenômeno poderá não parecer tão decisivo assim, como o procuramos apresentar. Mas, se nos lembrarmos de que estamos falando de nossa época, de nossos dramáticos dias, e de uma arte que nossos avós não conheceram e nossos pais mal pressentiram em sua importância total, forçoso é prestar um pouco mais de atenção, pois estamos, realmente, diante de um problema inédito, quase miraculoso, qual seja o de saber como uma arte nova, quase ainda sem forma definida, sem regras maiores, sem leis próprias, pôde condicionar a aparição de um vulto da grandeza invulgar de um Charles Chaplin.

Fato estranho, verdadeiramente estranho: o cinema ainda engatinhava, emaranhado em fortes heranças teatrais e literárias, e Chaplin já o havia "excedido", como que lhe assegurando um "ultrapassar" qualquer, um superávit de indiscutível genialidade. Já Louis Delluc o dizia abertamente, em 1919, e os mais esclarecidos o seguiam, reconhecendo que Chaplin *excedia* o cinema, a arte particular através da qual se manifestava, do mesmo modo como um Dostoiévski havia excedido o romance; um Shakespeare, o teatro; um Beethoven, a composição musical; um Goethe, a poesia; um Miguel Ângelo, a tela ou o mármore etc. etc. E, para estabelecer as coordenadas do seu profético livro, *Charlot* (1921...), Delluc dizia o que me parece válido para qualquer volume ou estudo sobre Chaplin: "Para um criador cinematográfico, a máscara de Charles Chaplin tem a mesma importância que a máscara tradicional de Beethoven, para um músico ou musicógrafo. Espero que essa declaração eliminará automaticamente os leitores inúteis e que permaneceremos entre pessoas capazes de se compreenderem."

Não se admite, pois, tratar de Chaplin fora dessa base de igualdade absoluta com os maiores criadores artísticos, e não será sob outro ângulo que o procuraremos colocar aqui, muito embora nossa pretensão seja bem pequena: apenas a de situá-lo no mundo artístico para aqueles que, ao abrirem este livro de memórias, não tenham noção muito nítida da sua figura extraordinária. Aliás, seria excessiva petulância qualquer outra atitude, uma vez que sobre Chaplin já se escreveu muito, muitíssimo, quase tudo mesmo o que poderia ser escrito: volumes e volumes de crítica e análise, páginas notáveis, assassinadas por René Schwob Eisenstein, Waldo Frank, Louis Delluc, Henry Poulaille, Georges Sadoul, Jean Mitry, Pierre Leprohon, Theodore Huff e por muitos outros.

★

A "mensagem" de Chaplin, seu apelo ao riso como incentivo à revolta e busca de uma maior aproximação da verdadeira realidade humana, atingiu-nos num momento de intensa crise, moral e artística. Estávamos em pleno desenvolvimento da Primeira Guerra Mundial e já não era novidade para ninguém a necessidade de uma renovação geral. Todos sentiam a caducidade dos valores estéticos anteriores a 1914 e as diversas formas de Modernismo lançavam, ruidosamente, seus primeiros gritos, muitos deles estapafúrdios — necessários, quase sempre. As velhas regras da sociedade, puritana e hipócrita, "estalavam" por todos os lados, pedindo renovação, verdade, honestidade, sinceridade. Todo um mundo "rachava", deixando perceber os primeiros sinais de novos dias, de realidades sociais e artísticas diferentes das anteriores.

É nesse universo dividido e incerto, contraditório, que chegam as primeiras "imagens" (por certo ainda confusas e inseguras) da mensagem de Chaplin. Total irreverência, total espírito de verdade e inconformismo. Violento anseio por um mundo diferente, enraigado nas realidades mais profundas do homem, nas suas necessidades quotidianas. Absoluta simplicidade, absoluta verdade, absoluto abandono de tudo o que acaso seja artifício, hipocrisia, convenção, mentira. Em síntese, e como verdadeiro símbolo: o pontapé de Carlito no traseiro do polícia...

Naturalmente, se, de início, sucede a Chaplin o que sucedeu a todos os grandes inovadores, Cézanne como Picasso, Stendhal como Proust, Brahms como Wagner: incompreensão, repulsa, desinteresse, adveio também um fenômeno novo: a consagração pelo aplauso espontâneo das massas, o riso universal que acolheu Carlito de braços abertos, que o soube querer e amar, e que o levou, pouco a pouco, até o coração dos intelectuais e daqueles que dispunham de qualidades para "compreendê-lo" e situá-lo. Torna-se, então, completa a consagração de Chaplin, o criador de Carlito. Um a um os intelectuais do mundo inteiro vão se "rendendo" à sua indisfarçável genialidade artística, à total originalidade da sua contribuição cinematográfica. Já não estamos mais diante de casos esporádicos, proféticos, como os de um Delluc ou de um Canudo, de um Léon Moussinac ou de um Ildefonso Pereda Valdez. São os grandes nomes da literatura e das artes em geral: um Max Jacob, um André Malraux, um Jean Cocteau, um Waldo Frank, um René Schwob, um

Paul Morand, um André Lhotte, um André Maurois, um Marcel Arland, um Philippe Soupault, um Alexandre Arnoux, um Élie Faure, um André Levinson, um Martinez De La Riva, um Alceu Amoroso Lima, um Prudente de Moraes Neto; são os números especiais das publicações de arte e as páginas das revistas literárias; são as barreiras que pouco a pouco vão caindo, os preconceitos violentamente atirados ao chão; é a admiração, franca e irrestrita, que não conhece mais senões e não discute mais detalhes. Os inimigos declarados, os Suarès, os Carco, os Souday, escondem-se agora, desculpam-se, renegam suas primeiras diatribes porque todos os grupos, de direita e de esquerda, crentes e agnósticos, de súbito inscreveram em seus programas a ilimitada compreensão e aceitação do novo fenômeno, da nova realidade artística: Carlito, criação (e "documentário" em relação ao homem...) com que o gênio de Chaplin brindou o mundo de sua conturbada época.

Sucedia então como se o cinema, em suas mãos privilegiadas, tivesse adquirido nova força, uma mais ampla significação humana. O horizonte se havia alargado, a criação cinematográfica ganhara foros de verdadeira e indiscutível criação artística. Chaplin colocara o cinema no plano do pensamento mundial, universal, oferecendo ao século a figura do mais singular e estranho herói imaginável: descendente dos anti-heróis cômicos de Molière, misto de dom Quixote e Sancho Pança, de Hamlet e de Gavroche: o escorregadio e incontrolável homenzinho de fraque surrado, chapéu-coco e bengala torta, o inexplicável e insubstituível Carlito...

NA OBRA de Chaplin, Carlito aparece ninguém sabe nunca de onde, nem como. Surge, sempre, irrompendo de qualquer parte, despontando num canto de rua, numa curva de caminho, do meio de uma multidão qualquer. Nada parece impeli-lo ou retê-lo. Vem andando, vem se arrastando, vida afora. Não se sente preso a coisa alguma — nada o chama para lugar algum.

É a liberdade. E nada o define melhor do que esse "ser" sem prender-se a nenhuma necessidade exterior. Vive. Sua essência é essa: viver, existir. Ou melhor: vegetar. Vive, de qualquer modo. Contra todos os empecilhos: e, às vezes, são muitos, decisivos. Não importa. Não sabe seu nome de família e talvez, mesmo, não tenha conhecido seus pais. Casa não tem. Para quê? Lugar certo onde possa ser encontrado, também não. Para quê? Apertado dentro de um fraque muito usado (e provavelmente herdado de não se sabe bem quem...), mal coberto do sol ou da chuva por um pobre coco, nada mais possui de seu, a não ser a bengalinha torta. São seus únicos bens. Por isso, vive a defendê-los, ou a agarrá-los, pois não cessam de fugir-lhe das mãos, de se estatelarem no chão, como um convite a que deles se apropriem os eternos aproveitadores do alheio. Nessa luta, solto, sozinho (como sempre está, como é de sua natureza viver), sua principal preocupação é manter contato, comunicar-se com o mundo, participar da solidariedade humana, trabalhar, evitar de morrer de fome. Contra ele, sente bem (como se se tratasse de uma "conspiração"), o universo inteiro está ligado, unido, solidário. Queira ou não, terá de enfrentá-lo. É um homem, não? É o homem, talvez... pensamos nós, já com os olhos quase a lacrimejar diante de tanta imprevisível "semelhança...".

Sua vida é essa luta. É o incessante fracasso que dela decorre. Mas é, também, a invencível esperança que resulta, sempre, a cada derrota, a cada nova derrota. Conhece todos os empregos e todos os desempregos. Emerge de todas as injustiças com a inocência primeira de sua natureza quase angélica. (Pois sua vida não é, essencialmente, a peregrinação da "divina inconsciência" através do nosso malicioso mundo?) Pugilista, pintor, dançarino, patinador, garçom, ator, dentista, carregador, porteiro, maquinista, repórter, violinista, bombeiro, simples emigrante, soldado ocasional, ilusionista consciente, falso pastor de almas, mineiro, músico ambulante, caixeiro, palhaço, minerador de ouro, atravessa entre fintas e piruetas, falsos sorrisos e abafados gemidos de verdadeira dor, todo o aprendizado do engano e da desilusão, todo o abecedário, menor e maior, do sofrimento humano.

Desgraçado Carlito: vagabundo por natureza, ei-lo obrigado a trabalhar; livre por essência, ei-lo sob a ameaça do casamento — suprema sujeição para sua natureza fundamentalmente livre; fora da lei por destino, ei-lo às turras com todos os guardas da região. Rejeitado Carlito: afetivo, bom, amante de tudo e de todos, ei-lo por toda parte onde não é querido e onde, à sua volta, só existem armadilhas e perigos, desafios da sorte adversa. Intratável Carlito: desajustado e incapaz, "suspeito" por vocação, ei-lo perambulando em estabelecimentos bancários, sempre tão bem policiados; ei-lo em ringues, em luta contra verdadeiros gigantes boxeadores; ei-lo naufragado em bares, bebendo demais; ei-lo obrigado a fugir dos homens da lei; ei-lo vagabundo eterno, sempre esbarrando na incompreensão, no desamor de seus semelhantes, nas invencíveis lutas sentimentais. Absurdo Carlito pacato instintivamente quase um covarde, ei-lo envolvido pela guerra e suas misérias, pela busca do ouro e seus percalços; ei-lo no seu trágico caminhar de simples desempregado ao longo das ruas e das luzes da cidade, ou tragado pela voracidade abismática das realidades sociais dos nossos tempos modernos, desgraçadamente moderníssimos.

A aventura está quase completa. Carlito, *clown* e poeta, realista e sonhador, atravessou todos os estágios da aprendizagem humana, sofreu todas as vicissitudes que nossa espécie conhece. Seu coração está irremediavelmente sangrando, como o nosso, esse nosso coração que, de início, só de ver sua figura — sua "grotesca" figura — mal podia conter o riso, mas que logo percebeu que estava rindo de si próprio, do seu sofrimento, do eterno sofrimento humano — da única coisa de que, humanamente, jamais teria o direito de rir.

AO LONGO da evolução de Carlito, desde os primeiros momentos de inconsciência e arbitrariedade, e, de certo modo, de maluquice e descontrole, até os grandes movimentos finais de plena consciência da condição humana — do ilimitado de *Em busca do ouro* ao concentrado de *Um rei em Nova York* —, de suas realidades mais trágicas — como a inutilidade das "bondades" que povoam as calçadas banhadas pelas luzes da cidade ou "a triste melancolia dos crepúsculos" sentimentais e artísticos —, o que mais impressiona é o progredir da consciência de uma obra em realização, o gradativo subir e aumentar numa escala de aprimoramento e perfeição: toda a filmografia de Chaplin que, partindo das comédias em um ou dois atos de Keystone, em 1913-14, vai culminar com os grandes momentos de *Em busca do ouro* e *Luzes da cidade* no decorrer da década 1920-30, e de *Monsieur Verdoux* e *Luzes da ribalta*, já em pleno pós-Segunda Guerra Mundial.

É todo um evoluir de realizações personalíssimas que vão, aos poucos, testemunhando a evolução de Carlito desde o simples bombeiro ou polícia, pugilista ou marinheiro, operário ou músico, até as grandes "posições" de artista de circo ou minerador de ouro, de "vagabundo" amigo de milionários bêbados ou decadente ator de *music-hall* londrino. É um longo suceder de pequenas comédias que são verdadeiras obras-primas no gênero *slapstick* e às quais sucedem, com o decorrer dos anos, peças mais cuidadas, mais ambiciosas, mais preocupadas com o problema do homem às voltas com as realidades sociais que o cercam e, até certo ponto, asfixiam.

Situam-se, então, suas primeiras realizações decisivas, desde *Carlito bombeiro* e *Carlito violinista* até alguns ápices de 1916-1917: *Carlito policial, O imigrante, O aventureiro*. Essencialmente, trata-se de pequenas aventuras — experiências diversas em que o encontramos sempre em luta com as forças cegas da sociedade, com indivíduos injustos e falhos de compreensão, criaturas insensíveis que não o entendem e não o sabem amar. Evadido ou emigrante, violinista ou *boxeur*, bombeiro ou policial, empregado de casa de penhor ou maquinista, fazendo cura de águas ou patinando desastradamente, fingindo de conde em festas de alta sociedade ou participando de detestáveis trabalhos de polícia, outra coisa não faz do que se chocar com seus semelhantes e sofrer, de um modo ou de outro, do desamor ou da incompreensão de todos eles. A verdade, porém, é que, para ele, ainda está bem em começo o aprendizado, difícil e às vezes sangrento, do sofrimento humano. Para que o perfaça — reconheçamos —, ainda falta muita coisa, ainda são imprescindíveis fortes e dolorosas experiências íntimas.

Os oito filmes que realiza nesse período básico de sua trajetória cinematográfica (são os famosos "oito" da First-National, 1918-1923), valem como as experiências fundamentais que antecedem os momentos do clímax de sua carreira artística. São eles (e é essencial nomeá-los, todos): *Vida de cachorro, Ombro, armas!, Um idílio campestre, Um dia de prazer, O garoto, Os ociosos, Dia de pagamento* e *Pastor de almas*. Estamos então, senão no momento supremo da obra de Chaplin, pelo menos naquele instante de perfeita maturidade que precede o que se costuma chamar: *a genialidade artística*. E é ela que "explode" gritantemente com *Em busca do ouro* (*The gold rush*, 1925), que se confirma com *O circo* (*The circus*) três anos depois e que, enfim, chega ao seu zênite com o extraordinário e inexcedível *Luzes da cidade (City lights,* 1931), que *Tempos modernos (Modern times),* alguns anos depois (1936), se não chega a igualar, pelo menos não desmerece muito.

Em relação a Carlito, à sua tremenda experiência, estamos agora diante de todo um martírio humano. E ele o atravessa, consciente, mais ou menos imperturbável, não só vivendo a experiência diária da mais negra miséria, da perseguição policial e dos perigos da vida ameaçada pela destruição e pela guerra, como participando de lutas sentimentais diversas, ora em defesa de uma pobre criança abandonada, e por acaso encontrada, ora na dolorosa improvisação da figura de um pastor de almas personificado por um foragido da prisão. Mais uma vez encontramo-nos com o vagabundo errante, o eterno poeta que teve de fazer face ao que a humanidade comportava de mais triste e repelente: a insensibilidade, o desamor, a ganância, a aparelhagem policial, os preconceitos, a incompreensão, a estupidez, a guerra. De seu tremendo destino, nada mais o poderá salvar. Está perdido. Chaplin, o criador, poderá se deter um momento sobre o destino de "uma mulher de Paris", ao realizar, em 1923, *Casamento ou luxo? (A woman of Paris),* uma das obras-primas do cinema americano. Logo, porém, Carlito, a criatura, voltará à tona para viver a extraordinária aventura do "vagabundo" que parte em direção à lendária "busca do ouro" no Alasca, ou para atravessar a melancólica e apaixonante "vida do circo". Ou para mergulhar, anos adiante, no trágico e até hoje jamais superado caminhar do vagabundo, abandonado por todos, ao longo das ruas e das luzes da cidade. Ou, para terminar, pouco depois, miseravelmente tragado pelo abismo das cruéis e inafastáveis realidades sociais que caracterizaram o despontar dos "tempos modernos".*

Agora — e não há como não acreditar —, a aventura está completa. O pária, o *clown,* o poeta, o amigo, aquele por tantos e tantos motivos amável Carlito, atravessou, um por um, todos os estágios do sofrimento humano. Seu humaníssimo coração está sangrando — como o nosso, aliás, que assistiu

---

*A essa espantosa concepção (Carlito), pouco ou nada acrescentam obras posteriores, inclusive as mais notáveis como o inigualável *Monsieur Verdoux* (1947) ou o inesquecível *Luzes da ribalta* (*Limelight,* 1952). A imagem total está formada, completa, absoluta. *Monsieur* Verdoux, Calvero, o rei Shadow (de *Um rei em Nova York,* 1957), são complementos de Carlito ou comentários à sua figura, quem sabe... — são verdadeiramente imagens de uma imagem, reflexos. Como *O grande ditador,* simples comédia satírica, não modificam, em nada, a problemática essencial de Carlito.

em silêncio à sua dolorosa trajetória — esse nosso coração que, em um dia já bem longínquo, é verdade, tolamente se surpreendeu ao ter conhecimento de que havia quem julgasse Carlito um homem qualquer, um eterno sofredor, e visse em Chaplin (o homem que o arrancara da simples realidade e de sua alma amargurada) um dos maiores gênios criadores que o mundo artístico já produziu. Como ele próprio viu o seu estranho destino, eis o que nos contam as admiráveis memórias que aqui apresentamos.

O. de F.

Rio de Janeiro, maio de 1965.

PRELÚDIO

Antes que se inaugurasse a ponte de Westminster, Kennington Road era apenas uma trilha de animais. Depois de 1750, construiu-se uma estrada nova a partir da ponte, ligando-a diretamente a Brighton. Em consequência, Kennington Road, onde passei grande parte de minha meninice, ostentava algumas belas casas de fina arquitetura, de cujos balcões de ferro forjado quem ali morava, outrora, poderia ter visto o rei Jorge IV passar de carruagem a caminho do Brighton.

Pelos meados do século XIX, a maioria dessas residências entrara em decadência, transformando-se em casas de cômodos e apartamentos. Algumas, todavia, permaneceram invioladas e eram ocupadas por médicos, comerciantes prósperos e artistas de variedades. Pelas manhãs de domingo, ao longo de Kennington Road, era comum ver uma elegante caleça com o seu pônei defronte de alguma das casas, pronta para conduzir um comediante, num trajeto de dez milhas, até Norwood ou Merton, parando de volta em várias tavernas, a White Horse, a Horns ou a Tankard — em Kennington.

Menino de doze anos, costumava eu postar-me diante da Tankard a apreciar esses ilustres cavalheiros que apeavam de seus carros e entravam na sala do bar, onde a elite dos comediantes, aos domingos, reunia-se para tomar um último trago antes de ir para casa almoçar. Como eram sedutores com seus ternos de xadrez e chapéus-coco cinzentos, fazendo coruscar os brilhantes de anéis e alfinetes de gravata! Às duas horas, nas tardes de domingo, fechava-se a taverna e seus frequentadores saíam, ficando ainda algum tempo a conversar na calçada, antes de se dizerem adeus; e eu os olhava fascinado e divertido, pois alguns deles cambaleavam de maneira cômica.

Quando o último ia embora, era como se o sol se escondesse por trás de uma nuvem. E eu tinha que voltar para um quarteirão de velhas casas abandonadas que ficavam por trás de Kennington Road, em Pownall Terrace, 3, e subir as escadas desconjuntadas que levavam ao nosso pequeno sótão. A casa era deprimente e um cheiro de lavagem azeda e roupas velhas impregnava o ar. Naquele domingo mamãe estava sentada à janela, olhando para fora. Virou-se para mim e sorriu debilmente. Era um quartinho abafado, de pouco mais de três metros e meio quadrados e pareceu-me ainda menor, bem como mais baixo o seu teto em declive. A mesa, junto à parede, estava atulhada de pratos e chávenas sujos; encostada à parede mais baixa, uma velha cama de ferro que minha mãe pintara de branco. Entre a cama e a janela, um pequeno fogão e, aos pés da cama, uma velha poltrona que se desdobrava num catre, no qual dormia meu irmão Sydney. Mas agora Sydney andava longe, embarcado.

Naquele domingo o quarto ainda parecia mais deprimente, pois por alguma razão minha mãe não o arrumara. Habitualmente ela o mantinha limpo, pois era viva, animada e ainda moça — não completara trinta e sete anos — e conseguia fazer com que aquela miserável água-furtada reluzisse de asseio e conforto. Especialmente no inverno, nas manhãs de domingo, quando me servia o chá na cama, ao despertar eu me via num quartinho bem-arrumado, com um fogo a brilhar por sob a chapa do fogão, onde uma chaleira fumegava e um arenque ou outro peixe defumado ia sendo aquecido enquanto ela preparava as torradas. A presença alegre de minha mãe, o conforto do quarto, o macio borbulhar da água fervente derramada no nosso bule de barro, enquanto eu lia meu semanário humorístico, eram os prazeres das calmas manhãs de domingo.

Mas naquele domingo minha mãe permanecia indiferente junto à janela. Já fazia três dias que se deixava ficar ali, estranhamente calada e absorta. Eu sabia que ela andava preocupada. Sydney estava embarcado e fazia dois meses que não tínhamos notícias dele; a máquina de costura alugada na qual minha mãe trabalhava para tentar manter-nos fora tomada por atraso no pagamento dos aluguéis (coisa que não era incomum). E a minha própria contribuição de cinco xelins semanais ganhos dando lições de dança cessara de repente.

Eu mal me apercebia de uma crise porque em crise nós vivíamos constantemente; e menino que era, punha de lado os nossos problemas com descuidado esquecimento. Como sempre, depois da escola, corria para casa, para junto de mamãe, a fazer serviços de rua, a esvaziar os baldes de lavagem e trazer água limpa; corria depois para a casa dos McCarthy e lá passava a tarde — tudo me servia, desde que me tirasse daquele quartinho depressivo.

Eram os McCarthy velhos amigos de minha mãe, conhecidos dos seus tempos de teatro. Moravam num confortável apartamento no melhor trecho de Kennington Road e, pelos nossos padrões, eram relativamente abastados. Os McCarthy tinham um filho, Wally, com quem eu brincava até o escurecer, e invariavelmente me convidavam a ficar para o chá. Demorando-me assim, muitas refeições eu fazia lá. Às vezes a sra. McCarthy perguntava por mamãe, queixando-se de que ultimamente não a via. E eu dava qualquer desculpa, pois mamãe depois que conhecera a adversidade raramente se avistava com seus amigos do teatro.

Claro que muitas vezes eu ficava em casa, e mamãe fazia chá, fritava pão na gordura do bife — que eu adorava — e durante cerca de uma hora lia para eu ouvir, porque sabia ler maravilhosamente; eu então me apercebia do encanto da companhia de mamãe e descobria que me divertia mais ficando em casa do que indo para a casa dos McCarthy.

E agora, ao entrar no quarto, ela se voltara e me olhara com um ar de censura. Assustei-me ao vê-la: estava abatida, com um ar desvairado e tinha nos olhos uma expressão atormentada. Apoderou-se de mim uma inefável tristeza e senti-me dilacerado entre um impulso de ficar em casa e lhe fazer companhia e o desejo de fugir de toda aquela miséria. Mamãe olhou-me com apatia.

— Por que não vai para a casa dos McCarthy?

Eu estava à beira do pranto:

— Porque quero ficar com a senhora.

Ela me deu as costas e voltou à janela com o seu olhar vago:

— Vá para a casa dos McCarthy e jante lá, não tenho nada aqui para você comer.

Senti uma censura no tom em que ela falava, mas recusei-me a aceitá-la.
— Se a senhora quer que eu vá, eu vou — *disse-lhe desconsoladamente. Minha mãe sorriu com tristeza e afagou-me a cabeça:*
— Sim, sim, vá depressa.
E embora eu lhe pedisse que me deixasse ficar em casa, ela insistiu para que eu fosse. Parti com um sentimento de culpa por deixá-la sozinha naquela miserável água-furtada, longe de supor que, dentro de poucos dias, um terrível destino a aguardava.

1

Nasci a 16 de abril de 1889, às oito horas da noite, em East Lane, Walworth. Pouco depois mudamo-nos para West Square, em St. Georges Road, Lambeth. Segundo mamãe, era feliz o meu mundo de então. Vivíamos com relativo conforto em três cômodos bem mobiliados. Uma das minhas primeiras recordações é a de que toda noite, antes de mamãe ir para o teatro, Sydney e eu éramos carinhosamente postos numa cama confortável e entregues aos cuidados da empregada. Naquele mundo dos meus três anos e meio tudo era possível; e se Sydney, mais velho do que eu quatro anos, podia escamotear uma moeda, engoli-la e fazê-la reaparecer na nuca, eu também podia fazer o mesmo; foi assim que engoli meio pêni e mamãe teve que mandar chamar o médico.

Todas as noites, quando voltava do teatro, era costume de mamãe deixar em cima da mesa alguma gulodice que Sydney e eu descobríamos, pela manhã — uma fatia de bolo napolitano, ou doces —, e já sabíamos que não deveríamos fazer barulho ao acordar, pois que ela, em geral, deitava-se tarde.

Mamãe fazia o papel de criada no teatro de variedades, uma pequena mais próxima dos trinta que dos vinte anos, pele clara, olhos cor de violeta e cabelos castanho-claros tão longos que ela podia sentar-se sobre eles. Sydney e eu adorávamos nossa mãe. Embora não fosse uma beldade excepcional, nós a achávamos lindíssima. Anos mais tarde, pessoas que a haviam conhecido contaram-me que ela era graciosa, atraente, dotada de irresistível encanto. Orgulhava-se de vestir-nos bem para os passeios de domingo — Sydney com um terninho de Eton, de calças compridas, e eu numa roupa de veludo azul, com luvas também azuis, combinando. Eram verdadeiras orgias de elegância esses nossos passeios ao longo de Kennington Road.

Londres era uma cidade pacata, naquela época. Tinha um ritmo calmo; até os bondes de tração animal que atravessavam a ponte de Westminster andavam em marcha compassada e davam a volta tranquilamente num virador do ponto terminal, próximo à ponte. Na fase de prosperidade de mamãe, também moramos em Westminster Bridge Road, onda a atmosfera era agradável e alegre, com atraentes lojas, restaurantes e *music-halls*. A casa de frutas, na esquina fronteira à ponte, era uma galáxia de cores, com suas impecáveis pirâmides de laranjas, maçãs, pêras e bananas, do lado de fora, em contraste com o cinza solene das Casas do Parlamento bem em frente, do outro lado do rio.

Era essa a Londres da minha infância, dos meus devaneios, dos meus despertares: lembranças de Lambeth na primavera; de coisas e incidentes triviais; de passear com mamãe no topo de um ônibus de burro, tentando tocar com a mão os pés de lilases por que passávamos; dos passes de ônibus de várias cores — laranja, azul, verde e rosa — que salpicavam a calçada nos pontos de parada de bondes e ônibus; das rubicundas vendedoras de flores da esquina da ponte de Westminster a compor alegres *boutonnières*,[1] os dedos ágeis manejando papel dourado e trêmulos raminhos de avenca; o cheiro úmido das rosas regadas de fresco, que me provocava uma vaga tristeza; a melancolia dos domingos, pais de rosto pálido, cujos filhos carregavam cata-ventos de papel e balões coloridos através da ponte de Westminster; e as acolhedoras barcas de um pêni que dobravam suavemente as chaminés para deslizar por sob a ponte. Creio que minha alma nasceu dessas trivialidades.

Na nossa salinha, os objetos que mais impressionavam: o retrato de Nell Gwyn, em tamanho natural, que pertencia a mamãe e do qual eu não gostava; as garrafas de gargalo alto sobre o nosso aparador, que me deprimiam, e a pequena caixa de música de tampa de esmalte onde se viam pintados anjos e nuvens, que me agradavam e me confundiam. Mas da minha cadeirinha de brinquedo, comprada aos ciganos por meio xelim, eu gostava porque me proporcionava uma rara sensação de posse.

---

[1] Raminhos de flor para lapela. (Em francês no original. N. da T.)

Lembranças de momentos épicos: a visita ao Royal Aquarium,[2] onde assistia em companhia de mamãe aos espetáculos de variedades — "Ela", uma moça a sorrir entre chamas, as sortes de meio xelim — mamãe precisava me levantar nos braços para que eu enfiasse a mão num grande barril cheio de serragem e lá apanhasse um embrulho de "surpresa", que continha um apito de açúcar que não apitava e um broche de rubi de brinquedo. Depois uma ida ao Canterbury Music Hall, onde, sentado numa cadeira de veludo vermelho, via meu pai representar...

Agora é noite e eu, envolto numa manta de viagem, no alto de um carro puxado por quatro cavalos, deixo-me levar embalado pela alegria e pelo riso da mamãe e de seus amigos do teatro, enquanto o nosso corneteiro, com jactanciosas clarinadas, anuncia-nos pela Kennington Road, ao rítmico tilintar dos arreios e ao compasso das patas dos animais.

DE REPENTE qualquer coisa aconteceu! Talvez um mês ou poucos dias depois — a súbita compreensão de que nem tudo ia bem entre mamãe e o mundo exterior. Ela passara toda a manhã fora com uma amiga e voltara para casa num estado de grande agitação. Eu brincava sentado no chão e tornei-me consciente da intensa agitação que vibrava sobre minha cabeça, como se estivesse ouvindo do fundo de um poço. Por entre apaixonadas exclamações e lágrimas mamãe não cessava de repetir o nome de Armstrong — Armstrong disse isto, Armstromg disse aquilo, Armstrong é um bruto! A perturbação dela era tão intensa e estranha que me pus a chorar; e chorei tanto que mamãe teve que me apanhar do chão e me consolar. Alguns anos depois entendi o mistério daquela tarde. Mamãe voltara do tribunal, onde processava meu pai por não sustentar os filhos e a causa não correra lá muito bem para ela. Armstrong era o advogado de meu pai.

Eu não tinha quase noção da existência de um pai, e não me lembro de que ele tenha vivido conosco. Meu pai também era ator de variedades,

---

[2] Grande salão que ficava na esquina da Victoria Street, defronte à abadia de Westminster, e onde havia divertimentos espetaculares e números de variedades. (N. do A.)

homem calado, taciturno, de olhos escuros. Mamãe dizia que ele se parecia com Napoleão. Tinha uma clara voz de barítono e era considerado ótimo ator. Ganhava, então, a considerável importância de quarenta libras por semana. O mal é que bebia demais, o que, segundo mamãe, fora a causa da separação do casal.

Era difícil, naquele tempo, um ator de variedades que não bebesse, pois vendia-se álcool em todos os teatros e, no intervalo de cada ato, esperava-se que ele fosse para o bar do saguão beber com os espectadores. Algumas salas de espetáculo faziam receitas maiores no bar do que na bilheteria, e muitos artistas ganhavam bons ordenados não só pelo talento que tinham, mas porque gastavam no bar a maior parte do que ganhavam. Assim muitos atores se perdiam pela bebida — e meu pai foi um deles. Morreu vítima do alcoolismo aos trinta e sete anos.

Mamãe contava-nos histórias dele repassadas de humor e de tristeza. Quando bebia, revelava um gênio violento e, durante um dos seus acessos de fúria, ela fugiu para Brighton em companhia de alguns amigos e, ao frenético telegrama que ele lhe enviou — "Quais são os seus planos? Responda imediatamente!" — ela assim repondeu: "Bailes, festas e piqueniques, querido!"

Mamãe era a mais velha de duas irmãs. Seu pai, Charles Hill, sapateiro remendão irlandês, era originário de County Cork. Tinha faces rosadas como maçãs, cabeleira branca e barba que lembrava a de Carlyle no retrato pintado por Whistler. Andava arcado devido ao reumatismo apanhado — dizia ele — nas noites dormidas em campos úmidos a esconder-se da polícia durante os levantes nacionalistas. Acabou fixando-se em Londres, onde se estabeleceu com uma oficina de consertos de sapatos em East Lane, Walworth.

Vovó era mestiça de cigana. Esse fato era o nosso inconfessável segredo de família. Contudo, vovó se gabava de que sua família sempre pagara renda pelas terras que ocupava. Seu nome de solteira era Smith. Lembro-me dela — uma velhinha alegre que sempre me acolhia efusivamente imitando falinha de criança. Morreu antes que eu completasse seis anos. Vivia separada de vovô — mas nenhum dos dois explicava o motivo da separação. Mas, segundo tia Kate, tratava-se de um triângulo doméstico; vovô surpreendera vovó com um amante.

Medir o comportamento de nossa família pelos padrões comuns seria erro tão grande quanto mergulhar um termômetro em água a ferver. E com tais atributos genéticos, as duas lindas filhas do sapateiro cedo deixaram o lar e gravitaram em direção ao palco.

Tia Kate, a irmã mais nova de mamãe, também fazia o papel de criadinha; mas pouco sabíamos dela, pois entrava e saía da nossa vida em aparições esporádicas. Era bonita e temperamental e nunca se deu muito bem com mamãe. Suas visitas raras sempre terminavam de forma abrupta e mordaz em consequência de qualquer coisa que mamãe dissera ou fizera.

Aos dezoito anos, mamãe fugiu para a África na companhia de um cavalheiro de meia-idade. Falava-nos com frequência da vida de luxo que lá levara em meio às plantações, com criados e cavalos de sela.

Na mesma época, nasceu meu irmão Sydney. Contaram-me que ele era filho de um lorde e que ao completar vinte e um anos herdaria uma fortuna de duas mil libras — informação essa que ao mesmo tempo me agradava e me aborrecia.

Mamãe não demorou na África; voltou à Inglaterra e casou com meu pai. Nunca soube por que findara o episódio africano, mas, nas nossas fases de extrema pobreza, muitas vezes a censurei por haver abandonado aquela vida maravilhosa. Ela ria-se e dizia que era então muito jovem para saber o que fosse prudência ou juízo.

Quais os sentimentos que alimentava por meu pai eu nunca soube, mas sempre que falava a respeito dele fazia-o sem amargura, o que me leva a suspeitar que era objetiva demais para amar profundamente. Às vezes ela o descrevia de modo simpático, em outras falava das suas bebedeiras e violências. Mais tarde, quando se zangava comigo, dizia magoada:

— Você vai acabar na sarjeta como seu pai.

Ela conhecera papai antes de ir para a África. Tinham sido namorados e representaram juntos num melodrama irlandês denominado *Shamus O'Brien*. Com dezesseis anos mamãe já fazia a heroína. Foi em turnê com essa companhia que ela encontrou o lorde de meia-idade com o qual fugiu para a África. Quando voltou para a Inglaterra, papai reatou o romance interrompido e casaram-se. Três anos depois eu nasci.

Se houve outras causas além da bebida, não sei, mas um ano após o meu nascimento meus pais se separaram. Mamãe não exigiu que lhe fosse paga nenhuma pensão. Era estrela de teatro, ganhava vinte e cinco libras por semana, podia sustentar-se a si e aos filhos. Só quando a má sorte a atingiu foi que procurou ajuda; de outra forma jamais teria tomado nenhuma medida legal.

Sua voz começara a criar-lhe embaraços. Nunca fora das mais fortes e qualquer resfriado provocava-lhe laringites que duravam semanas; mas assim mesmo era obrigada a trabalhar, de modo que sua voz piorava progressivamente. Já não podia confiar nela para nada. No meio de uma cançoneta desafinava ou desaparecia subitamente, reduzindo-se a um fiapo de som — e a plateia ria ou vaiava. A preocupação com a voz estragava a saúde de minha mãe e a transformava num feixe de nervos. E como consequência os contratos de trabalho foram diminuindo até se reduzirem praticamente a nada.

Foi devido às falhas da voz de minha mãe que, na idade de cinco anos, apareci pela primeira vez num palco. Mamãe em geral me levava para o teatro à noite, de preferência a deixar-me sozinho em quartos de pensão. Estava ela então representando *A cantina*, no Aldershot, na época um teatrinho poeira frequentado principalmente por soldados. Estes constituíam uma plateia grosseira para a qual tudo servia de pretexto a risotas e caçoadas. Para os artistas o Aldershot significava uma semana de terror.

Lembro-me de que estava de pé nos bastidores quando a voz de mamãe falhou, reduzindo-se a um mero sussurro. O público começou a rir, a cantar em falsete e a miar como gatos. Tudo era vago e não entendi direito o que acontecia. Mas o barulho aumentou tanto que mamãe se viu obrigada a sair de cena; chegou aos bastidores agitadíssima, pôs-se a discutir com o empresário; e o homem que me vira representar para os amigos de mamãe sugeriu que me pusesse em cena no lugar dela.

Naquela confusão toda recordo-me do homem a me levar pela mão e, depois de algumas palavras de explicação ao público, deixar-me sozinho no palco. Sob a luz dos refletores e diante das caras da plateia envolta em fumaça, comecei a cantar, acompanhado pela orquestra, que arranhou os violinos até acertar com meu tom. Era uma cantiga muito conhecida chamada *Jack Jones* que dizia assim:

> *Todo mundo conhece Jack Jones*
> *Até pelo mercado, vejam só.*
> *E eu não vejo defeito em Jack Jones*
> *Quando Jack se porta como outrora.*
> *Mas depois que o tal Jack entrou nos cobres*
> *Mudou muito e mudou para pior.*
> *O jeito que ele trata seus velhos companheiros*
> *É algo que me causa até desgosto.*
> *Aos domingos ele lê o* Telegraph,
> *Em outros tempos contentava-se com o* Star.
> *Desde que Jack Jones entrou nos cobres*
> *Passou a ser um estranho para nós.*[3]

No meio da cançoneta uma chuva de moedas desabou sobre o palco. Imediatamente parei e disse que primeiro iria apanhar o dinheiro — cantava o resto da cantiga depois. Grandes gargalhadas. O empresário reapareceu com um lenço e me ajudou na colheita. Desconfiei que ele fosse ficar com ela. Essa desconfiança foi transmitida à plateia e redobraram as gargalhadas, especialmente quando o empresário saiu do palco com o dinheiro e eu o segui ansiosamente. Só depois que ele entregou o dinheiro a mamãe foi que voltei ao palco e continuei a cantar. Sentia-me completamente à vontade.

---

[3]No original inglês:
> Jack Jones well and known to everybody
> Round about the market, don't yer see,
> I've no fault to find with Jack at all,
> Not when 'e's as 'e used to be.
> But since 'e's had the bullion left him
> 'E has altered for the worst,
> For to see the way he treats all his old pals
> Fills me with nothing but disgust.
> Each Sunday morning he reads the *Telegraph*,
> Once he was contented with the *Star*.
> Since Jack Jones has come into a little bit of cash,
> Well, 'e don't know where 'e are. (N. da T.)

Conversava com o público, dançava e fiz várias imitações, inclusive de mamãe cantando a sua marcha irlandesa cuja letra era assim:

> *Riley, Riley, é um moço que enfeitiça!*
> *Riley, Riley, pra mim aquilo é que é rapaz!*
> *Em todo o exército não tem rival,*
> *Seja soldado ou general,*
> *Não, não há igual*
> *Ao distinto sargento Riley*
> *Do brioso Oitenta-e-Oito.*[4]

E repetindo o estribilho em toda a minha inocência, eu imitei a voz de mamãe a falhar — e fiquei surpreso com o efeito que isso causou na plateia. Risadas e aclamações, nova chuva de moedas; e quando mamãe reapareceu no palco para levar-me, sua presença desencadeou tremendos aplausos. Essa noite marcou a minha primeira aparição em cena e a última de mamãe.

Quando os fados interferem no destino dos homens não se prendem a critérios de piedade nem de justiça. E foi assim que se comportaram para com mamãe. Ela jamais recuperou a voz. À medida que o outono cedia lugar ao inverno a nossa situação ia de mal a pior. Embora mamãe fosse previdente e economizasse algum dinheiro, este não tardou a desaparecer, como desapareceram as joias e outros objetos miúdos que ela empenhava para nos manter, esperando sempre que sua voz voltasse.

Entrementes, de um confortável apartamento de três peças mudamo-nos para dois cômodos, depois para um só, nossos pertences minguando e os bairros para os quais nos transferíamos tornando-se cada vez mais sórdidos.

---

[4]No original inglês:
   Riley, Riley, that's the boy to beguile ye,
   Riley, Riley, that's the boy for me.
   In all the Army great and small,
   There's none so trim and neat
   As the noble Sergeant Riley
   Of the gallant Eighty-eight. (N. da T.)

Na esperança de recuperar a voz, creio eu, mamãe voltou-se para a religião. Frequentava regularmente a Christ Church, na Westminster Bridge Road, e todos os domingos eu era obrigado a ouvir até o fim a música de Bach tocada ao órgão e a aguentar, com incontida impaciência, a voz fervorosa e dramática do reverendo F. B. Meyer, que ecoava pela nave como um rumor de passos arrastados. Seus sermões deviam ser comoventes, pois de vez em quando eu surpreendia mamãe a enxugar furtivamente uma lágrima, fato que me deixava ligeiramente embaraçado.

Lembro-me bem da sagrada comunhão num dia de verão ardente e o frio cálice de prata, cheio de delicioso suco de uva passando pelos lábios da congregação — e a pressão suave da mão de mamãe quando eu me excedia nos goles... E como eu me sentia aliviado quando o reverendo fechava a Bíblia, pois isso indicava que o sermão estava no fim e teriam início as preces e o hino final.

Mamãe, depois que se filiara à igreja, raramente via os seus amigos do teatro. Era um mundo que para ela se evaporara, transformando-se apenas em lembrança. Parecia que sempre vivêramos naquela miséria. O período de um ano pesava como uma vida inteira de penas. Nós agora vivíamos numa desolada penumbra; era difícil encontrar empregos e mamãe, que só tinha habilitação para o teatro, enfrentava as maiores dificuldades. Era pequenina, elegante, sensível e precisava lutar contra os terríveis obstáculos daquela era vitoriana na qual a riqueza e a pobreza eram extremas e as mulheres das classes pobres não tinham outra escolha senão trabalharem em serviços domésticos ou serem exploradas pelo *sweat-shops*.[5] Às vezes ela conseguia trabalho de enfermeira, mas eram empregos raros e de curta duração. Não obstante, recursos não lhe faltavam: habituada a fazer seus próprios trajes teatrais, adquirira prática de costura e podia ganhar alguns xelins cosendo para as frequentadoras da igreja. Mas isso mal dava para sustentar-nos aos três. E os contratos teatrais de papai, por causa da bebida, iam-se tornando irregulares, tão

---

[5]Estabelecimentos aliciadores de empregados a preços ridiculamente baixos, ligados ao chamado *sweat-system*. (N. da T.)

irregulares quanto o pagamento da pensão semanal de dez xelins que nos dava.

Mamãe a essa altura já vendera quase tudo o que era seu. A última coisa a partir foi a mala com as suas roupas de teatro. Agarrava-se a essas coisas na esperança de recuperar a voz e voltar ao palco. Às vezes remexia a mala à procura de algo e nós víamos uma fantasia de lantejoulas ou uma peruca e então lhe pedíamos que as pusesse. Lembro-me de vê-la envergar uma toga e capelo de juiz e, com sua vozinha fraca, cantar um dos seus antigos números de sucesso, escrito por ela própria. Num compasso saltitante de dois por quatro a canção dizia assim:

> *Sou uma senhora-juíza,*
> *Aliás uma boa juíza.*
> *Julgando imparcialmente,*
> *Embora mui raramente,*
> *Ensino aos advogados*
> *Certas coisinhas*
> *E mostro-lhes com exatidão*
> *O que as pequenas podem fazer...*[6]

Com espantoso desembaraço ela se punha a dançar com muita graça, esquecia as costuras e regalava-nos com outras canções de sucesso do seu repertório executando bailados que acompanhavam as coplas até ficar sem fôlego e exausta. E aí, entregue às reminiscências, mostrava-nos alguns dos seus velhos programas. Um deles dizia assim:

---

[6] No original inglês:
> I'm a lady judge,
> And a good judge too.
> Judging cases fairly —
> They are so very rarely —
> I mean to teach the lawyers
> A thing or two,
> And show them just exactly
> What the girls can do... (N. da T.)

FUNÇÃO EXTRAORDINÁRIA!
DA ELEGANTE E TALENTOSA

LILY HARLEY

Serio-comédienne, imitadora e dançarina.

Representava para nós não apenas o seu próprio repertório de variedades, como imitava outras atrizes que vira trabalhar no chamado "teatro autêntico".

Quando narrava uma peça, representava vários papéis: por exemplo em *O sinal da cruz*, Mércia, com a divina luz nos olhos dentro da arena onde a devorariam os leões. Imitava a voz pontifical de Wilson Barrett, proclamando do alto dos seus sapatos de salto de cinco polegadas (pois era baixinho): "Não sei o que seja esse cristianismo. Mas uma coisa sei: se produz mulheres iguais a Mércia, Roma e o mundo inteiro seriam mais puros se fossem cristãos!"... no que punha uma pontinha de comicidade, sem que isso importasse em qualquer desmerecimento do talento de Barrett.

Seu instinto era infalível para reconhecer o verdadeiro talento. Quer se tratasse da atriz Ellen Terry, ou Joe Elvin do *music-hall*, sabia explicar-lhes a arte. Conhecia instintivamente a técnica e falava de teatro como só o sabem fazer aqueles que o amam.

Contava anedotas e representava-as relatando, por exemplo, um episódio da vida do imperador Napoleão: pondo-se nas pontas dos pés, em sua biblioteca, a fim de alcançar um livro e sendo interrompido pelo marechal Ney (mamãe representava os dois personagens, mas sempre com graça): "Sire, permita-me que o apanhe para o senhor. Sou maior." E Napoleão, franzindo o cenho, indignado: "Maior? Mais alto!"

Interpretava Nell Gwyn, descrevendo-a vividamente debruçada à beira da escadaria do palácio segurando o filhinho a ameaçar Carlos II: "Dê um nome a esta criança ou eu a lançarei lá embaixo!" E o rei Carlos assentindo apressadamente: "Está bem! Duque de St. Albans."

Recordo certa noite no nosso quarto único de porão em Oakley Street. Eu estava de cama convalescendo de uma febre. Sydney saíra para a escola noturna, mamãe e eu estávamos sós. Era no fim da tarde e ela se sentara de costas para a janela, lendo, a representar e a explicar de modo inimitável o

Novo Testamento, o amor e a piedade de Cristo pelos pobres e pelas criancinhas. Talvez sua emoção fosse devida à minha doença, mas o fato é que ela realizou naquela hora a mais luminosa e comovente interpretação do Cristo que jamais vi ou escutei. Falou da sua tolerante compreensão; da mulher pecadora que ia ser apedrejada pela multidão e de Suas palavras: "Aquele dentre vós que nunca pecou, atire a primeira pedra."

Leu até escurecer, parando apenas para acender a lâmpada; contou então da fé que Jesus inspirava aos enfermos, aos quais bastava tocarem-lhe a fímbria da túnica para ficarem curados.

Falou do ódio e do ciúme dos sumos sacerdotes e fariseus, descreveu Jesus e Seu aprisionamento, Sua calma dignidade perante Pôncio Pilatos que, lavando as mãos (a esta parte ela dava um tom caricatural), declarara: "Não encontro culpa neste homem." Contou como O despiram e O açoitaram, como O coroaram de espinhos, como O escarneceram e Lhe cuspiram, dizendo: "Salve, rei dos judeus!"

À medida que prosseguia, ficava com os olhos rasos de água. Falava de Simão, ajudando a carregar a cruz do Cristo, e o comovente olhar de gratidão que Jesus lhe lançou; falou no ladrão arrependido, morrendo com ele numa cruz, pedindo perdão e Jesus lhe dizendo: "Ainda hoje estarás comigo no paraíso." E baixando o olhar do alto da cruz para Sua mãe, recomendar: "Mulher, eis o teu filho." E o seu último grito de agonia: "Meu Deus, por que me abandonastes?" E ambos nos pusemos a chorar.

— Você vê — dizia mamãe — como Ele era humano; como todos nós, também padecia de dúvidas.

Mamãe me impressionara tanto que eu me pus a desejar a morte naquela mesma noite para encontrar Jesus. Mas o entusiasmo de mamãe não chegava a esse ponto. "Jesus quer que você primeiro viva e cumpra o seu destino neste mundo." Naquele quarto escuro de porão em Oakley Street, mamãe acendia para mim a mais pura luz que o mundo já conheceu, a qual deu à literatura e ao teatro seus temas maiores e mais ricos: amor, piedade e humanidade.

VIVENDO como vivíamos nas camadas mais baixas, era muito fácil cairmos no hábito de descuidar da nossa dicção. Mas mamãe sempre se manteve acima do seu meio e conservava o ouvido alerta para o nosso modo de falar, corrigindo-nos a gramática e fazendo com que nos adviesse um sentimento de distinção.

Enquanto nos afundávamos na pobreza eu costumava, na minha ignorância infantil, censurá-la por não voltar ao teatro. Mamãe sorria e dizia que essa vida era falsa e artificial e que num mundo assim a gente podia facilmente esquecer-se de Deus. Contudo, sempre que falava do teatro esquecia-se de tudo e de novo deixava-se levar pelo entusiasmo. Havia dias em que, depois dessas evocações, ela caía num longo silêncio inclinada sobre suas costuras e eu me sentia triste porque não mais participávamos daquela fascinante existência. E mamãe ao levantar os olhos e ao ver-me abandonado consolava-me animadamente.

Aproximava-se o inverno e Sydney estava sem roupas; recortando sua velha jaqueta de veludo, mamãe fez para ele um casaco. A jaqueta tinha mangas listradas de vermelho e preto, pregueadas nos ombros, das quais ela tentou por toda forma livrar-se, sem grande êxito. Sydney chorou quando foi obrigado a usá-lo: "Que é que os meninos da escola irão pensar?"

— E que importa o que os outros pensem? — retrucou ela. — Além do mais, seu casaco tem um ar muito distinto.

Mamãe era tão persuasiva que Sydney até hoje nunca compreendeu por que se submeteu a usá-lo. Mas vestiu-o; e não só o casaco mas ainda um par de sapatos de mamãe com os saltos cortados meteram-no em muitas brigas na escola. Os meninos puseram-lhe o apelido de "José e sua túnica de várias cores". E eu, com as pernas de um maiô vermelho de mamãe cortadas para me servirem de meias (que pareciam pregueadas) era chamado "*Sir* Francis Drake".

No auge desse doloroso período mamãe começou a sofrer de enxaquecas e se viu forçada a abandonar as costuras. Durante dias inteiros tinha que ficar deitada no quarto escuro com compressas de folhas de chá sobre os olhos. Picasso teve a sua fase azul. Nós tivemos uma cinzenta, durante a qual vivemos da caridade da paróquia, cartões de sopas e auxílios, que nos chegavam em pacotes. Não obstante, Sydney vendia jornais nos intervalos das aulas e embora sua contribuição fosse menos que uma gota de água num balde era sempre uma forma de ajuda. Mas em todas as crises há sempre um clímax — e no nosso caso essa crise teve um feliz desfecho.

Certo dia, enquanto mamãe convalescia ainda com uma compressa sobre os olhos, Sydney irrompeu no quarto escuro, atirando os jornais em cima da cama a exclamar:

— Achei uma bolsa!

E entregou-a a mamãe. Quando ela a abriu, deparou com uma pilha de moedas de prata e de cobre. Fechou-a rapidamente e tombou de novo sobre o leito com o susto.

Sydney estivera subindo nos ônibus para vender seus jornais. No andar de cima de um dos ônibus encontrou a bolsa num banco vazio. Mais que depressa deixou cair sobre ela um jornal como que por descuido, depois apanhou-o junto com a bolsa e desceu do ônibus correndo. Por trás de um cartaz, num terreno baldio, abriu a bolsa e viu a pilha de moedas de prata e cobre. Disse-nos que seu coração dera um salto e sem contar o dinheiro fechou a bolsa e correu para casa.

Quando mamãe se recuperou, esvaziou em cima da cama o conteúdo da bolsa. Esta, porém, continuou pesada. Havia nela uma repartição interna! Mamãe a abriu e descobriu sete libras de ouro. Nossa alegria foi histérica. A bolsa não tinha endereço, graças a Deus, e assim os escrúpulos religiosos de mamãe não foram muito postos à prova. Embora pensássemos de leve no infortúnio do dono, tal pensamento foi, entretanto, depressa afastado pela convicção de mamãe de que Deus no-la mandara como uma dádiva dos céus.

Não sei se a doença de mamãe era física ou psíquica. Sei que ficou curada em uma semana. Logo que melhorou fomos passar um feriado em Southend-on-Sea, tendo mamãe da maneira mais completa nos provido de roupas novas.

Minha primeira visão do mar foi hipnótica. À medida que me aproximava dele, sob um forte sol, descendo uma ladeira, pareceu-me suspenso, monstro vivo e arquejante prestes a se lançar sobre mim. Nós três tiramos os sapatos e pusemo-nos a chapinhar na beira da água. A tepidez das ondas desdobrando-se sob os meus pés e a me envolver os tornozelos, a areia macia que se afundava sob meus passos foram uma deliciosa descoberta.

Que dia aquele — a praia cor de açafrão, os baldes vermelhos e azuis, as pazinhas de madeira, as barracas e os guarda-sóis coloridos, os barquinhos atirados alegremente sobre risonhas marolas e, mais além, na areia, outros barcos postos de lado preguiçosamente, cheirando a algas e a alcatrão — a lembrança encantada disso tudo ainda perdura em mim.

Em 1957 voltei a Southend e procurei em vão a estreita ladeira, da qual eu vira o mar pela primeira vez, mas não encontrei nem traços dela. Além da cidade, havia remanescentes de uma aldeia de pescadores com lojas de fachadas antigas que julguei reconhecer. Lá, sim, escutei vagos sussurros do passado — talvez fosse o cheiro de algas e alcatrão.

Nossas finanças esvaíam-se como areia numa ampulheta e novamente tempos difíceis nos esperavam. Mamãe procurou outro emprego, mas não era fácil. Os problemas se acumulavam. Os aluguéis da máquina de costura atrasavam-se; consequentemente, não tardou que mamãe a perdesse. E a pensão de papai — dez xelins por semana — cessara completamente.

Desesperada, mamãe procurou outro advogado, que, vendo lucro ínfimo no caso, aconselhou-a a se colocar junto com os filhos sob o amparo das autoridades de Lambeth Borough para que obrigassem meu pai a sustentar-nos.

Não havia alternativa: sobrecarregada com dois filhos, doente, mamãe resolveu que nós três nos recolhêssemos ao asilo de pobres de Lambeth.

CLARO QUE COMPREENDÍAMOS a vergonha que significava ir para o asilo, mas quando mamãe nos falou a respeito Sydney e eu achamos que era uma grande aventura e uma mudança para quem vivia num quartinho apertado. Mas naquele dia sombrio só compreendi realmente o que estava acontecendo quando transpusemos os portões do asilo. Só então o desolado espanto da nova situação me atingiu; pois ali teríamos que nos separar, mamãe de um lado, para a seção de mulheres, e nós, para a seção das crianças.

Como bem me lembro da pungente tristeza daquele primeiro dia de visita: o choque de ver mamãe entrar no parlatório vestida com o uniforme do asilo, tão desamparada e constrangida! Emagrecera e envelhecera naquela única semana, mas seu rosto se iluminou quando nos viu. Sydney e eu começamos a chorar, o que fez mamãe chorar também e grossas lágrimas lhe escorreram pelas faces. Mas aos poucos ela se recompôs e nos sentamos os três num banco rústico pousando em seu colo nossas mãos que ela acariciava. Depois sorriu das nossas cabeças raspadas, afagou-as para nos consolar, dizendo que logo estaríamos juntos outra vez. Tirou do avental um saquinho de doce de coco que comprara na cantina do asilo com o dinheiro que ganhara fazendo uns punhos de crochê para uma das enfermeiras. Depois que nos separamos, Sydney não cessava de comentar magoadamente o quanto ela envelhecera.

DEPRESSA Sydney e eu nos adaptamos à vida do asilo — mas tristes e deprimidos. Recordo-me de muito pouca coisa, contudo, a refeição do meio-dia, numa longa mesa com outras crianças, era um momento de cálida expectativa. Era a mesa presidida por um dos internos do asilo, um cavalheiro idoso de seus setenta e cinco anos, de ar digno, rala barba branca e olhos melancólicos. Escolheu-me para sentar junto dele por ser eu o mais moço e, até que me raspassem a cabeça, ter os cabelos mais cacheados. Chamava-me seu "tigre" e dizia que quando eu ficasse maior usaria uma cartola com uma roseta de fita e me sentaria de braços cruzados na parte traseira de sua carruagem. Essa honraria fez-me gostar muito dele. Mas um dia ou dois mais tarde apareceu em cena um menino mais novo, com cabelos mais cacheados do que os meus e tomou o meu lugar junto do senhor idoso, porque, explicava ele a brincar, a precedência cabia sempre ao menino menorzinho e de cabelos mais crespos.

Passadas três semanas fomos transferidos do asilo de Lambeth para as Escolas de Hanwell para Crianças Órfãs e Indigentes, a cerca de vinte milhas de Londres. Foi uma viagem aventurosa num carroção de padaria e — dadas as circunstâncias — muito feliz, pois na época os campos nos arredores de Hanwell eram muito bonitos, com alamedas de castanheiros, trigais maduros e pomares carregados; até hoje o cheiro agradável e rico do campo depois da chuva traz-me sempre a evocação de Hanwell.

À chegada fomos entregues no pavilhão de seleção e postos sob observação médica e mental, antes de ingressarmos no edifício da escola; a razão disso era evitar a presença de algum menino anormal ou doente entre os trezentos ou quatrocentos alunos da escola, o que seria não só prejudicial ao estabelecimento como criaria uma situação difícil para o próprio garoto.

Nos primeiros dias senti-me perdido e infeliz, pois no asilo eu sempre sentia que mamãe estava perto, o que era um consolo, mas em Hanwell parecíamos estar a milhas de distância. Sydney e eu passamos do pavilhão de seleção para a escola, onde nos separaram — Sydney indo para a turma dos maiores e eu para a dos pequenos. Dormíamos em pavilhões diferentes e assim raramente nos avistávamos. Eu tinha pouco mais de seis anos e estava só, o que me fazia sentir arrasado; especialmente numa noite de verão à hora de dormir durante as preces, quando, ajoelhado com outros vinte garotinhos no centro do pavilhão, todos de camisola, eu olhava pelas janelas oblongas o sol que se punha e as colinas onduladas e sentia-me um estranho àquilo tudo enquanto cantávamos com vozes guturais e desafinadas:

> Fica comigo; depressa cai o crepúsculo;
> A escuridão cresce: Senhor, fica comigo;
> Quando falecem outros amparos, e outros consolos fogem,
> Ó amparo dos desamparados, fica comigo.

Era então que eu me sentia completamente infeliz. E, conquanto não compreendesse o hino, a música e o escurecer me aumentavam a tristeza.

Mas, para nossa alegre surpresa, passados dois meses mamãe obteve a nossa dispensa e novamente nos mandaram para Londres, para o asilo de Lambeth. Mamãe estava no portão vestida com suas próprias roupas à nossa espera. Solicitara essa dispensa apenas porque queria passar o dia com os filhos, pretendendo, após sairmos juntos durante algumas horas, que voltássemos no mesmo dia; sendo mamãe interna do asilo, foi esse o único ardil que encontrou para poder estar conosco.

Antes de sermos internados nossa roupa pessoal nos fora tirada e desinfetada a vapor e agora nos era devolvida sem passar. Mamãe, Sydney e eu transpusemos pois os portões do asilo no mais completo amarrotamento.

Era muito cedo e não tínhamos para onde ir, de modo que caminhamos até Kennington Park, que ficava a cerca de uma milha de distância. Sydney tinha nove *pence* amarrados num lenço, com os quais compramos meia libra de cerejas-pretas e passamos a manhã em Kennington Park a comê-las sentados num banco. Sydney embolou nas mãos um jornal amassado, passou-lhe um barbante e durante algum tempo nós três jogamos bola. Ao meio-dia fomos a um café e gastamos o resto do nosso dinheiro com um bolo de dois *pence*, um arenque defumado de um pêni e duas chávenas de chá de meio pêni cada uma que repartimos entre nós. Depois voltamos para o parque onde Sydney e eu brincamos novamente enquanto mamãe fazia crochê.

À tarde voltamos para o asilo. Como dizia mamãe despreocupadamente: "Chegaremos a tempo para o chá." As autoridades mostraram-se indignadas, porque teriam que recomeçar tudo de novo, a desinfecção a vapor das roupas, Sydney e eu tendo que ficar mais tempo no asilo antes de voltar para Hanwell, o que por certo deu-nos oportunidade de rever mamãe.

Mas desta vez demoramo-nos quase um ano em Hanwell — ano dos mais proveitosos, no qual me iniciei na escola e aprendi a escrever meu nome "Chaplin". A palavra fascinava-me e eu a achava parecida comigo.

A Escola Hanwell dividia-se em dois departamentos: o dos rapazes e o das meninas. Nas tardes de sábado os banheiros eram reservados aos pequenos que eram lavados pelas alunas mais velhas. Isso, é claro, passou-se antes que eu completasse sete anos e nessas ocasiões dominava-me um exagerado pudor; ter de submeter-me à ignomínia de permitir que uma menina de quatorze anos esfregasse uma toalha de rosto por todo o meu corpo foi o meu primeiro sentimento consciente de embaraço.

Aos sete anos me transferiram da turma dos pequenos para o departamento dos maiores, cuja idade ia dos sete aos quatorze anos. Agora eu estava apto a participar de todas as atividades dos maiores, treinos, exercícios e caminhadas periódicas que fazíamos nos arredores da escola duas vezes por semana.

Embora em Hanwell fôssemos bem cuidados, nossa existência ali era muito desamparada. A tristeza andava no ar; estava naquelas alamedas campestres por onde caminhávamos, uma centena de meninos em fila dupla. Como me desagradavam esses passeios e as aldeias pelas quais passávamos, toda gente nos encarando! Sabiam que éramos internos do *booby hatch* (prisão de bobos), termo de gíria com que designavam o asilo.

O recreio dos meninos tinha aproximadamente um acre de área e era pavimentado com lajes. Rodeavam-no edifícios de tijolos de um pavimento, utilizados para secretarias, depósitos, um ambulatório médico, um consultório dentário e um vestiário para os rapazes. No canto mais escuro do pátio ficava um quarto vazio e lá recentemente fora aprisionado um menino de quatorze anos, incorrigível transviado segundo os outros garotos. Tentara fugir da escola passando de uma janela do segundo andar para o telhado, desafiando os funcionários que o perseguiam, contra os quais lançara projéteis e castanhas-da-índia. Isso aconteceu depois que nós, menores, já dormíamos: no dia seguinte foi que soubemos do caso através do perplexo relato dos mais velhos.

Para faltas graves dessa natureza os castigos eram aplicados todas as sextas-feiras no grande ginásio, salão escuro de cerca de dezoito metros por doze e alto pé-direito e de cujas paredes laterais pendiam cordas de trepar presas às vigas. Nas manhãs de sexta-feira duzentos a trezentos meninos, cuja idade ia de sete a quatorze anos, marchavam e se alinhavam em formação militar, compondo três lados de um quadrado. Ao fundo ficava o quarto lado, onde por trás de uma extensa mesa de cantina militar perfilavam-se os culpados à espera de julgamento e punição. À direita e em frente à mesa, um cavalete de onde pendiam correias para pulsos e uma ameaçadora vara de vidoeiro.

Para as faltas menores, o rapaz era deitado de bruços sobre a longa mesa, pés amarrados e seguro por um sargento, outro tirava-lhe de dentro das calças as fraldas da camisa, arregaçava-a até a cabeça do culpado e descia-lhe as calças descobrindo-lhe as coxas.

Capitão Hindrum, oficial reformado da Marinha, com seus noventa quilos de peso, postava-se com uma das mãos às costas e a outra empunhando uma bengala da grossura de um polegar de homem e de quatro pés de comprimento, calculava por ela a medida das nádegas do rapaz. Depois lenta e dramaticamente erguia-a bem alto e com um silvo fazia-a descer sobre o traseiro do faltoso. O espetáculo era aterrador e invariavelmente um dos meninos em formatura caía desmaiado.

O número mínimo de bengaladas era três e o máximo seis. Se o culpado recebia mais de três, soltava gritos apavorantes. Às vezes conservava-se em sinistro silêncio ou desmaiava. As pancadas eram paralisantes, de maneira que a vítima tinha que ser carregada para um lado e deitada num colchão do ginásio, onde a deixavam contorcer-se durante pelo menos dez minutos antes que a dor cedesse, deixando-lhe nas nádegas três vergões vermelhos, da grossura de um dedo de lavadeira.

A vara de vidoeiro era diferente. Depois de três varadas, o menino tinha que ser amparado por dois sargentos e levado à enfermaria para tratamento.

Os colegas aconselhavam a gente a jamais negar uma acusação, mesmo que se estivesse inocente, pois, se se provasse que era culpado, receberia o castigo máximo. Em geral os meninos não tinham coragem suficiente para se declararem inocentes.

Eu tinha então sete anos e estava na divisão dos grandes. Lembro-me da primeira flagelação a que assisti, de pé, em silêncio, o coração a me bater com força quando as autoridades entraram. Atrás da mesa estava o transviado que tentara fugir da escola. Mal lhe podíamos ver a cabeça e os ombros, por sobre a mesa, tão pequeno parecia. Tinha um rosto fino e angular e olhos enormes.

O diretor leu solenemente as acusações e indagou:

— Culpado ou inocente?

O nosso transviado não respondeu, mas ficou diante dele a encará-lo em desafio; foi, portanto, conduzido ao cavalete e por ser pequeno fizeram-no subir a um caixote de sabão para que lhe pudessem prender os pulsos. Recebeu três varadas e foi carregado para a enfermaria.

Nas quintas-feiras uma corneta soava no recreio e todos nós parávamos de brincar e nos imobilizávamos como estátuas, enquanto o capitão Hindrum, através de um megafone, anunciava os nomes daqueles que deveriam apresentar-se para receber punição na sexta-feira.

Certa quinta-feira, para meu espanto, ouvi que chamavam meu nome. Não conseguia descobrir o que é que eu fizera. Todavia, não sei por que inexplicável razão, sentia-me excitado — talvez por me tornar o centro de um drama. No dia do julgamento dei um passo à frente. O diretor disse:

— É acusado de atear fogo aos diques (os lavatórios).

Não era verdade. Alguns meninos tinham acendido pedaços de papel no chão de lajes e enquanto eles ardiam eu entrara para usar o lavatório, mas não tivera nenhuma participação naquela fogueira.

— Culpado ou inocente? — indagou o capitão.

Nervoso e impelido por uma força que eu não conseguia dominar, gaguejei:

— Culpado.

Não senti nem ressentimento nem revolta contra a injustiça, apenas uma sensação de assustadora aventura enquanto me levavam para a mesa e me davam as três bengaladas nas nádegas. A dor foi tão intensa que me tirou o fôlego; mas não gritei e, embora paralisado pela dor e carregado até o colchão para me recobrar, senti-me valorosamente triunfante.

Como Sydney trabalhasse então na cozinha só soubera do caso no dia do castigo, quando marchava para o ginásio junto com os outros e, com doloroso espanto, avistou minha cabeça por trás da mesa. Contou-me depois que ao me ver receber as três bengaladas chorou de raiva.

Um irmão mais novo referia-se ao irmão mais velho como "o meu rapaz" — o que o fazia sentir-se orgulhoso e como que protegido. E eu ocasionalmente avistava o "meu rapaz" Sydney, quando deixávamos o refeitório. Como Sydney trabalhasse na cozinha, enfiava-me na mão uma fatia de pão com uma grossa camada de manteiga que eu metia por dentro do suéter e depois partilhava com outro menino — não que passássemos fome, mas a camada grossa de manteiga era um luxo excepcional. Mas essas regalias não duraram muito, pois Sydney deixou Hanwell para embarcar no navio-escola *Exmouth*.

Quando completavam onze anos os meninos do asilo tinham o direito de escolher entre o Exército e a Marinha. Quem escolhia a Marinha ia para o *Exmouth*. Claro que não era obrigatório, mas Sydney desejava ser marinheiro. Assim fiquei sozinho em Hanwell.

CABELO é, para crianças, uma parte vital da sua personalidade. Choram aos berros quando lhes é cortado pela primeira vez; e, seja o cabelo como for, cerrado, liso ou crespo, sentem que são roubadas de uma parte da sua pessoa.

Houve em Hanwell uma epidemia de pelada e, como se trata de doença muito contagiosa — uma micose nos pelos —, os alunos atacados foram levados para o pavilhão de isolamento no primeiro andar que dava para o recreio. Muitas vezes levantávamos os olhos e descobríamos os coitados a nos fitar com inveja, com as cabeças raspadas e pintadas de iodo. Eram horrendos e nós os olhávamos com repulsa.

E assim, quando um belo dia, no refeitório, uma enfermeira parou abruptamente atrás de mim e, abrindo-me os cabelos no alto da cabeça, anunciou "Pelada!", caí em paroxismos de choro.

O tratamento demorou semanas que pareceram uma eternidade. Rasparam-me a cabeça, pincelaram-na com iodo e eu a enrolava num lenço, feito um apanhador de algodão. Mas uma coisa eu não fazia: nunca fui olhar da janela para os colegas lá embaixo, pois sabia o desprezo que eles sentiam por nós.

Durante minha encarceração, mamãe veio me visitar. Ela conseguira não sei como deixar o asilo e estava se esforçando por organizar um lar para nós. Sua presença para mim foi como um ramo de flores: estava tão fresca e linda que me senti envergonhado do meu triste aspecto, de minha cabeça raspada e pintada de iodo.

— Desculpe a cara suja — disse a enfermeira.

Mamãe riu, e como recordo bem as doces palavras com que me abraçou e me beijou:

— Com toda a sujeira, não deixo de te amar.

Pouco tempo depois Sydney deixou o *Exmouth*, eu deixei Hanwell e nos reunimos outra vez a mamãe. Ela alugara um quarto nos fundos de Kennington Park e durante certo tempo pôde nos manter. Mas não demorou muito e voltamos para o asilo. Decorria o nosso regresso das dificuldades que mamãe encontrava em conseguir emprego e do fracasso de papai nos seus contratos de teatro. Nesse breve intervalo vivíamos a nos mudar de um quarto de cômodos para outro; era como uma brincadeira de quatro-cantos: o último movimento era para o asilo.

Como então morávamos numa outra paróquia, fomos mandados para um asilo diferente e de lá para a escola Norwood, que era mais sombria do que Hanwell: folhas mais escuras e árvores mais altas. Talvez a paisagem fosse mais imponente, mas a atmosfera era sem alegria.

Certo dia, Sydney estava jogando futebol, quando duas atendentes o chamaram e lhe disseram que mamãe enlouquecera e fora internada no asilo de alienadas de Cane Hill. E Sydney não teve reação nenhuma — ouviu a notícia, voltou ao campo e continuou com o futebol. Só depois do jogo é que se escondeu para chorar.

Quando ele me contou, eu não consegui acreditar. Não chorei, mas um desespero sufocante tomou conta de mim. Por que mamãe fizera aquilo? Mamãe, tão descuidosa e alegre, como é que podia ficar louca? Sentia vagamente que ela fugira de propósito do seu juízo e nos abandonara. No meu desespero, tinha visões de mamãe a me olhar pateticamente e sumindo-se depois no vazio.

Uma semana mais tarde recebemos a notícia oficialmente; soubemos também que o juiz decretara que meu pai deveria assumir minha custódia e a de Sydney. E a perspectiva de morar com papai era emocionante. Só o vira duas vezes em minha vida, uma vez no palco e outra vez em que eu passava por uma casa em Kennington Road e ele descia pelo jardim da frente com uma senhora. Parei e fiquei a olhá-lo, sabendo instintivamente que se tratava de meu pai. Ele me fez sinal e me perguntou o nome. Sentindo o drama da situação, fingi inocência e disse:

— Charlie Chaplin.

Meu pai olhou sabidamente para a senhora, mexeu nos bolsos e me deu meia coroa; e eu, sem mais demora, corri direto para casa e disse a mamãe que havia encontrado meu pai.

E agora íamos viver com ele. De qualquer forma, Kennington Road era nossa conhecida e não estranha e escura como Norwood.

Os funcionários nos levaram no carroção do pão até o número 287 de Kennington Road, a mesma casa em que eu vira meu pai a descer o jardim. A porta foi aberta por aquela senhora que estava então com ele. Tinha ela um ar gasto e amuado, mas assim mesmo era atraente, alta e bem-feita, de lábios cheios e tristes, olhos de corça; devia andar pelos trinta anos. Chamava-se Louise. Acontecia que o sr. Chaplin não estava em casa, mas após as costumeiras formalidades e a assinatura de papéis o funcionário nos deixou nas mãos de Louise, que nos levou para a sala da frente no primeiro andar. Um garotinho brincava no chão, quando entramos — um lindo menino de quatro anos, com grandes olhos escuros e cabelo castanho encaracolado: era filho de Louise, meu irmão por parte de pai.

A família ocupava dois cômodos e, embora a sala da frente tivesse grandes janelas, a luz se filtrava através delas como se fosse através da água. Tudo parecia tão triste quanto Louise: o papel das paredes era triste, tristes os móveis estofados de crina e o lúcio empalhado numa caixa de vidro que engolira um peixe do seu próprio tamanho, cuja cabeça lhe emergia da boca, então parecia repulsivamente melancólico.

No quarto dos fundos Louise pusera uma cama de emergência, onde devíamos dormir, Sydney e eu, mas era pequena demais. Sydney sugeriu que poderia dormir no sofá da sala.

— Você vai dormir onde lhe mandaram — replicou Louise. E a frase provocou um silêncio constrangedor enquanto caminhávamos de volta para a sala.

A nossa recepção não fora entusiástica — o que não admirava. Sydney e eu de repente éramos atirados ao colo de Louise — e, o que é pior, éramos os filhos da mulher de quem meu pai se separara.

Sentamo-nos calados, enquanto ela preparava a mesa para se comer qualquer coisa.

— Escute aqui — disse Louise a Sydney —, você pode ser de alguma utilidade, vá encher o balde do carvão. E você — virou-se para mim — vá àquela venda pegada ao White Hart e traga um xelim de *corned-beef*.

Era um prazer sair da presença de Louise e daquela sombria atmosfera, pois já se insinuava e crescia o medo dentro de mim e eu começava a desejar que estivéssemos de volta a Norwood.

Papai chegou tarde em casa e nos recebeu bondosamente. Eu me sentia fascinado por ele. Durante as refeições, espiava-lhe todos os movimentos, a maneira como comia, como segurava a faca ao cortar a carne — como se fosse uma caneta. E durante anos imitei-o.

Quando Louise contou a reclamação de Sydney sobre a cama pequena, papai sugeriu que Sydney dormisse no sofá da sala. E essa vitória de meu irmão suscitou o antagonismo de Louise, que nunca perdoou ao enteado. Vivia a queixar-se dele a papai. Mas, embora fosse amuada e desagradável, Louise nunca me bateu ou sequer me ameaçou; a sua inimizade com Sydney é que me fazia temê-la. Bebia demais e isso exagerava o meu medo. Havia qualquer coisa de assustadoramente irresponsável nela quando estava bêbada; sorria divertida para o rostinho lindo e angélico do filho, que praguejava contra ela e lhe dizia palavras feias. Por algum motivo, nunca tive contato com o menino. Embora fosse meu irmão por parte de pai, não me lembro de ter trocado com ele uma única palavra — é verdade que eu era quase quatro anos mais velho. Às vezes Louise, bêbada, deixava-se ficar sentada, taciturna, e eu me sentia num estado de pavor. Mas Sydney não se importava; raramente vinha em casa senão tarde da noite. Eu tinha ordens de vir para casa diretamente, após a escola, e dar recados ou fazer pequenos serviços.

Louise nos matriculou na escola de Kennington Road, o que de certo modo era uma distração, pois o convívio com outros meninos fazia-me sentir menos isolado. O dia de sábado era meio feriado, mas nunca desejei que o sábado chegasse, pois significava ir para casa, limpar o chão, arear facas, e nesse dia, invariavelmente, Louise punha-se a beber. Enquanto eu areava as facas, ela ficava sentada a beber com uma amiga, cada vez mais amargamente sombria, queixando-se em alta voz à outra de nos ter os dois aos seus cuidados e da injustiça dessa imposição. Lembro-me de ouvi-la dizer:

— Desse aí não me queixo (e me apontava), mas o outro é um porquinho, devia ir para o reformatório; e o que é pior, não é nem filho de Charlie.

Essas injúrias a Sydney me assustavam e deprimiam; ia me deitar, muito infeliz, e ficava com medo e acordado. Ainda não fizera oito anos, mas aqueles dias foram os mais longos e os mais tristes de minha vida.

Às vezes, em noite de sábado, quando eu me sentia mais profundamente deprimido, escutava através da janela dos fundos a música animada de uma concertina a tocar uma marcha escocesa, acompanhada pelas vozes de jovens boêmios e as risadas das raparigas da rua. O vigor, a vitalidade daquilo parecia-me de uma perversa indiferença para com a minha infelicidade; contudo, quando a música se apagava, a distância, eu dela sentia falta. Às vezes se ouvia um pregoeiro; um, especialmente, passava todas as noites e parecia gritar: *Rule Britannia*, terminando com um grunhido — mas na verdade era um vendedor de ostras. Da taverna, três portas adiante, eu escutava os fregueses, na hora de fechar, suas vozes de bêbados, a berrar uma cantiga piegas e detestável que estava muito em moda então:

> *Por amor do passado não deixe esta inimizade viver*
> *Por amor do passado devemos perdoar e esquecer*
> *A vida é muito curta para questões*
> *Por que partir preciosos corações*
> *Dê-me a mão, sejamos amigos*
> *Por amor do passado.*[1]

Nunca fui sentimental, mas a cantiga parecia-me um refrão adequado à minha infelicidade e me embalava o sono.

Quando Sydney chegava atrasado, o que sempre acontecia, costumava saquear a despensa antes de ir para a cama e isso enfurecia Louise. Certa noite em que estivera a beber, Louise foi até o quarto, arrancou a roupa de cama e mandou Sydney ir embora. Mas Sydney enfrentou-a. Meteu rapidamente a mão embaixo do travesseiro, apanhou ali um estilete — um abotoador de sapatos cuja ponta ele afiara — e disse:

— Venha mais perto... e eu lhe enfio isto!

Louise recuou, assustada:

— Seu assassinozinho! Então quer me matar!

— Isso mesmo — retrucou dramaticamente Sydney. — Mato mesmo!

— Pois espere até o sr. Chaplin chegar!

O sr. Chaplin, porém, raramente chegava. Mas recordo certa noite em que papai e Louise estiveram bebendo e, por qualquer motivo, estávamos todos com a senhoria e o marido, sentados na sala da frente da casa deles no andar térreo.

---

[1]No original inglês:
    For old time's sake don't let our enmity live,
    For old time's sake say you'll forget and forgive.
    Life's too short to quarrel,
    Hearts are too precious to break.
    Shake hands and let us be friends
    For old time's sake. (N. da T.)

Papai, que à luz do gás parecia fantasmagoricamente pálido, resmunga-va, de péssimo humor. De repente meteu a mão no bolso, tirou de lá um punhado de dinheiro e o atirou violentamente ao chão, espalhando moedas de ouro e prata em todas as direções. O efeito foi surrealista. Ninguém se mexeu. A senhoria continuou sentada, taciturna, mas lhe apanhei o olho a acompanhar uma libra de ouro que rolara para debaixo de uma cadeira, num canto distante; meu olhar também a acompanhou. E, como ninguém se mexia, achei que era melhor ir apanhando o dinheiro. A senhoria e os outros me imitaram, recolhendo o resto das moedas — mas tendo o cuidado de fazer tudo abertamente, ante os olhos ameaçadores de papai.

Certo sábado, depois da escola, cheguei em casa e não encontrei ninguém. Sydney, como de costume, passava todo o dia fora a jogar futebol; e a senho-ria explicou que Louise e o filho haviam saído pela manhã cedo. A princípio fiquei aliviado, pois isso queria dizer que eu não teria que lavar o chão e arear as facas. Esperei, esperei, passou a hora do almoço e comecei a me preocupar. Talvez me tivessem abandonado. E enquanto a tarde passava, comecei a sentir falta deles. Que teria acontecido? O quarto parecia lúgubre, inimigo e, assim vazio, me assustava. E como eu já estava com fome, fui olhar na despensa, mas não encontrei comida. Afinal, não pude aguentar mais aquela solidão sinistra e saí, desolado; passei o resto da tarde percorrendo os mercados pró-ximos. Vagueei por Lamberth Walk e Cut, a olhar com fome para as vitrinas das casas de pasto, para os tantalizantes pratos de carne de vaca ou porco, a fumegar quentinhos, e as batatas douradas embebidas em molho. Durante horas espiei os camelôs vendendo suas bugigangas. A distração me consolou e durante algum tempo esqueci minha aflição e minha fome.

Quando voltei já era noite; bati à porta e ninguém respondeu. Estavam todos fora. Cansado, caminhei até a esquina de Kennington Cross e sen-tei-me no meio-fio perto de casa, para ficar de olho em alguém que voltasse. Sentia-me cansado, infeliz, e perguntava a mim mesmo onde estaria Sydney. Era perto de meia-noite, Kennington Cross ficara deserta, salvo um ou outro retardatário. Todas as luzes das lojas se apagavam, exceção as da farmácia e das cervejarias. Senti-me um desgraçado.

De repente ouvi música. Era arrebatadora! Vinha do vestíbulo da taver-na que fica na esquina de White Hart e ressoava claramente na praça vazia.

A música era *A madressilva e a abelha*, tocada com irradiante virtuosismo no harmônio e no clarinete.

Até então eu não me interessara por melodias, mas aquela era tão linda e lírica, tão brilhante e alegre, tão aquecedora e reconfortante. Esqueci meu desespero e atravessei a rua até onde estavam os músicos. O tocador de harmônio era cego, cheias de cicatrizes as órbitas onde dantes haviam brilhado dois olhos; e uma cara amarga de bêbado tocava o clarinete.

Cedo demais acabou-se a melodia e a saída dos músicos tornou a noite ainda mais triste. Fraco, cansado, atravessei a rua em direção de casa, sem me importar mais se já chegara alguém ou não. Só o que eu queria era cama. E aí avistei a silhueta difusa de uma pessoa que atravessava o jardim em direção da casa. Era Louise — com o filhinho a correr à frente dela. Fiquei chocado ao vê-la mancando exageradamente, toda inclinada para um lado. A princípio pensei num acidente onde ela houvesse machucado a perna; mas logo compreendi que Louise estava era completamente embriagada. Jamais, antes, eu vira um bêbado assim penso para um lado. E, descobrindo-a desse jeito, achei prudente não lhe cruzar o caminho, de modo que esperei até vê-la entrar. Poucos momentos depois a senhoria voltou para casa e entrei com ela. E enquanto eu subia pisando leve a escada escura, esperando chegar à cama despercebido, dei com Louise que cambaleava no patamar:

— Para onde diabo você pensa que vai? Sua casa não é aqui.

Fiquei imóvel.

— Você hoje não dorme aqui. Estou farta de vocês. Caia fora! Você e seu irmão! Seu pai que tome conta de vocês!

Sem hesitar, dei meia-volta, desci e saí de casa. Já não me sentia cansado; tinha recuperado um alento novo. Antes escutara dizer que papai costumava frequentar a cervejaria Queen's Head, a cerca de oitocentos metros de distância, e me encaminhei para lá, na esperança de o encontrar. Mas logo lhe avistei o vulto escuro, a caminhar na minha direção, destacado pela luz da rua.

Choraminguei:

— Ela não quer que eu entre em casa! E acho que ela andou bebendo!

Papai também cambaleava enquanto caminhávamos em direção da casa. E disse:

— Eu também não estou bom.

Tentei tranquilizá-lo, afirmando-lhe que estava bem, sim. Mas papai resmungava com remorsos:

— Não, estou bêbado.

Abriu a porta da sala e ficou postado lá, silencioso e ameaçador, a contemplar Louise. Ela estava de pé junto ao fogão, segura à borda da lareira, oscilante.

Papai perguntou:

— Por que você não deixou o menino entrar?

Louise o encarou, tonta, e resmungou:

— Pois você também pode ir pro inferno... vocês todos!

Papai, de repente, apanhou de cima da cômoda uma pesada escova de roupa e atirou-a como um relâmpago contra Louise, atingindo-a em cheio num dos lados do rosto. Louise fechou os olhos e caiu no chão num baque só, inconsciente, como que feliz por mergulhar no esquecimento.

Fiquei horrorizado com o gesto de papai; uma violência daquelas fazia-me perder o respeito por ele. Quanto ao que aconteceu depois, não me recordo muito bem. Creio que Sydney chegou mais tarde, que papai nos pôs na cama e depois saiu de casa.

Soube depois que papai e Louise haviam brigado naquela manhã, porque ele a deixara só para ir passar o dia com o irmão, Spencer Chaplin, dono da várias tavernas pela zona de Lambeth. Louise, dada a sua posição, não gostava de visitar os Spencer Chaplin, de modo que papai foi só. E, para vingar-se, Louise passou o dia fora.

Ela amava meu pai. Sendo embora tão criança, eu bem pude perceber esse amor nos olhos dela, naquela noite em que a vi de pé junto à lareira, tonta e magoada pelo abandono em que ele a deixara. E tenho certeza de que meu pai também a amava. Tive muitas oportunidades de o constatar. Muitas vezes ele se mostrava encantador e terno, tomava café conosco e descrevia a Louise os números de variedades que estava a ensaiar e nos fascinava a todos. Eu o observava com olhos de falcão, absorvendo cada gesto. Certo dia, por brincadeira, papai enrolou uma toalha na cabeça e pôs-se a perseguir o filhinho em redor da mesa, a dizer:

— Eu sou o rei turco Ruibarbo.

Pelas oito horas da noite, antes de sair para o teatro, ele costumava tomar seis ovos crus desfeitos em vinho do Porto, pois raramente ingeria comida sólida. E era só isso que o sustentava, um dia atrás do outro. Raramente vinha para casa e, quando o fazia, era para curtir a ressaca.

Um belo dia, Louise recebeu uma visita que a indignou: era da Sociedade de Prevenção à Crueldade Contra Crianças. O motivo da visita foi o seguinte: segundo comunicação da polícia, Sydney e eu fôramos encontrados, às três horas da manhã, a dormir junto à fogueirinha de um vigia. Tratava-se de uma noite em que Louise nos expulsara os dois e a polícia a obrigara a abrir a porta e nos deixar entrar.

Poucos dias depois, contudo, quando papai andava em turnê pelas cidades de província, Louise recebeu uma carta comunicando-lhe que mamãe saíra do hospício. Um ou dois dias depois a senhoria subiu para anunciar que lá embaixo estava uma senhora a indagar por Sydney e Charlie.

— É a mãe de vocês — disse-nos Louise.

Houve um instante de confusão; depois Sydney desceu aos saltos a escada, até cair nos braços dela, e eu o segui de perto. Era a mesma mamãe, sorridente e meiga, que nos abraçava com carinho.

Para mamãe e Louise seria constrangedor um encontro, de modo que mamãe esperou na porta da rua, enquanto Sydney e eu arrumávamos nossas coisas. Não havia zanga nem ressentimentos da parte dela nem da nossa — na realidade a atitude de Louise foi das mais agradáveis quando Sydney e eu lhe dissemos adeus.

MAMÃE alugara um quarto em uma das ruas que ficam por trás de Kennington Cross, perto da fábrica de picles de Hayward, e todas as tardes sentia-se o cheiro azedo que de lá vinha. Mas o quarto era barato e estávamos juntos outra vez. Mamãe gozava ótima saúde e nunca nos entrou na cabeça a ideia de que ela estivera doente.

Não tenho a mais longínqua noção de como vivíamos nesse período. Contudo, não recordo nenhuma dificuldade maior, nem problemas insolúveis. A pensão de dez xelins por semana que papai nos dava era mais ou menos regular e, claro, mamãe voltou a costurar e restabeleceu seus contactos com a igreja.

Guardo a lembrança de um incidente nesse período. No fim da nossa rua havia um açougue e pela nossa porta passavam os carneiros que iam a caminho do abatedouro. Lembro-me que um fugiu e desceu pela rua, para divertimento dos transeuntes. Alguns destes tentavam apanhar o bicho e levavam grandes tombos. Eu ria, porque os saltos rápidos do animal e seu pânico me pareciam tão cômicos. Mas quando afinal ele foi apanhado e levado para o açougue, apercebi-me da realidade da tragédia e corri para casa, a chorar e a gritar para mamãe: "Vão matar o carneiro! Vão matar o carneiro!" Aquela áspera tarde de primavera, aquela caçada cômica, ficaram-me dias inteiros no espírito; e penso às vezes se aquele episódio não estabeleceu uma espécie de premissa para os meus futuros filmes — a combinação do trágico e do cômico.

A História era um registro de crueldade e violência, uma sucessão contínua de regicídios, de reis que matavam as esposas, irmãos e sobrinhos; a geografia apenas mapas; a poesia não era senão um exercício de memória. O estudo na escola me estonteava com conhecimentos e fatos pelos quais eu me interessava muito pouco.

Se acaso alguém me houvesse alertado o interesse, se antes de cada matéria lesse algum prefácio estimulante que me despertasse a inteligência, me oferecesse fantasias em lugar de fatos, me divertisse e intrigasse com o malabarismo dos números, romantizasse mapas, desse-me um ponto de vista a respeito da História e me ensinasse a música da poesia, talvez eu tivesse sido um erudito.

Desde sua volta para nós, mamãe começara a estimular novamente o meu interesse pelo teatro. Convenceu-me de que eu tinha algum talento. Mas foi só nas proximidades do Natal, quando a escola encenou a sua cantata *Cinderella*, que eu senti o impulso de expressar tudo o que mamãe me ensinara. Não sei por que não me haviam incluído na representação e intimamente eu me sentia cheio de inveja, sabendo que era capaz de representar melhor do que os escolhidos. Criticava a maneira estúpida e sem imaginação dos outros meninos representarem. As Irmãs Malvadas não tinham sal nem comicidade. Recitavam o papel de jeito erudito, com inflexão colegial, e uma embaraçosa ênfase em falsete. Como eu gostaria de representar uma das Irmãs Malvadas, ensaiado por mamãe!

Cativara-me, contudo, a menina que representava a Borralheira. Era linda, refinada, com cerca de quatorze anos — e secretamente sentia-me apaixonado por ela —, e estava bem fora do meu alcance, quer socialmente, quer na idade.

Quando assisti à peça, achei-a maçante, à exceção da beleza da menina, que me deixou um pouco triste. Estava longe de pensar no triunfo que seria o meu, dois meses depois, quando me levaram a cada classe, para recitar *O gato da sra. Priscila.* Era um recitativo cômico que mamãe descobrira na vitrina de uma loja de jornais; achando-o muito engraçado, copiara-o e o trouxera para casa. Numa pausa entre aulas recitei o poema para um dos colegas. O sr. Reid, nosso professor, levantou os olhos dos papéis que o ocupavam e achou tanta graça que, à chegada dos meninos, fez-me recitar para eles; foram estrondosas as gargalhadas. Em consequência, espalhou-se minha fama e, no dia seguinte, levaram-me a cada uma das salas de aula, tanto de meninos como de meninas, e fui posto a declamar.

Embora com a idade de cinco anos eu já houvesse representado, substituindo mamãe, era aquela a primeira vez em que provava conscientemente o gosto do sucesso. Comecei a gostar da escola. De um garotinho obscuro e tímido, passei a ser o centro de interesse de professores e colegas. Até melhorei nos estudos. Mas minha educação teve que ser interrompida quando passei a integrar a trupe de *clog dancers* (sapateadores de tamancos), os Oito Rapazes do Lancashire (Eight Lancashire Lads).

Papai conhecia o sr. Jackson, o diretor da trupe, e convenceu mamãe de que para mim seria ótimo iniciar uma carreira no palco e ajudá-la economicamente. Dar-me-iam casa e comida e pagariam a mamãe meia coroa por semana. Ela a princípio ficou indecisa, mas concordou, depois que travou conhecimento com o sr. Jackson e sua família.

O sr. Jackson tinha cinquenta e tantos anos. Fora mestre-escola no Lancashire, formara uma família composta de três rapazes e uma menina — que faziam parte todos dos Oito Rapazes do Lancashire. Era devoto católico romano e, quando sua primeira mulher morreu, consultou os filhos a respeito de um segundo casamento. Sua segunda esposa era um pouco mais velha que ele: gostava de nos contar, piedosamente, como é que se haviam casado. O sr. Jackson pusera um anúncio no jornal, à procura de noiva, e recebera mais de trezentas cartas. Pedira inspiração a Deus e abrira apenas uma das trezentas cartas — a da sra. Jackson. Ela também fora mestre-escola e, como que em resposta às suas orações, era também católica.

Não era a sra. Jackson mulher de abundantes dotes de beleza, nem poderia ser chamada de voluptuosa, em qualquer sentido da palavra. A lembrança que tenho dela é um rosto magro, escaveirado, pálido, cheio de rugas — devidas talvez ao fato de a sra. Jackson ter dado mais um herdeiro ao sr. Jackson já um tanto tarde. Era, contudo, esposa dedicada e leal e, embora ainda amamentasse o filho, trabalhava muito, ajudando na direção da trupe.

Sua versão do romance variava muito pouco da que nos contara o sr. Jackson. Trocaram cartas, mas não se tinham avistado até o dia do casamento. E na primeira entrevista a sós, na sala, enquanto a família esperava em outra, o sr. Jackson dissera:

— A senhora realiza todos os meus desejos — e ela fizera confissão idêntica.

E, rematando a história que nos contava, a sra. Jackson empertigava-se e dizia:

— Mas não esperava, de repente, ficar sendo mãe de oito filhos.

A idade dos três filhos de Jackson ia dos doze aos dezesseis; a filha tinha nove, usava os cabelos cortados como um menino, a fim de passar por um deles da trupe.

Aos domingos, iam todos à igreja católica, menos eu. Sentia-me solitário, sendo o único protestante, e, assim, ia às vezes à igreja com eles. Se não fora por deferência aos escrúpulos religiosos de mamãe, facilmente eu me teria feito católico, porque gostava do misticismo dessa religião; gostava dos altares improvisados, com imagens de gesso da Virgem Maria, flores e velas acesas, que os meninos arrumavam a um canto do quarto de dormir e diante dos quais dobravam o joelho cada vez que passavam.

Depois de seis semanas de ensaios, fiquei capacitado a dançar junto com a trupe. Agora, porém, tinha mais de oito anos e perdera a minha antiga segurança: defrontando a plateia pela primeira vez, senti o clássico terror do palco. Mal podia mexer as pernas. Passaram-se semanas antes que eu pudesse executar minha dança em solo, como todos os outros.

Não me encantava especialmente aquilo de ser apenas um *clog dancer* num grupo de oito meninos. Tal como os demais, minha ambição era fazer um número meu, não só porque isso significava mais dinheiro, mas porque instintivamente eu sabia que representar seria muito mais satisfatório do que apenas dançar. Gostaria de ser um cômico infantil — mas seria preciso muita coragem para ficar sozinho no palco. De qualquer modo, meu primeiro impulso para qualquer coisa além de dançar era fazer rir. Meu ideal era um número a dois — dois rapazes com trajes de vagabundos de comédia. Combinei com um dos meninos e resolvemos trabalhar em dupla, o que se transformou no nosso sonho constante. O nosso nome seria Bristol e Chaplin, os Vagabundos Milionários, usaríamos barbas de vagabundos e grandes anéis de brilhante, encerrando nessa dupla ideal tudo que nos pudesse parecer engraçado e rendoso. Mas, ai de nós, o sonho nunca se materializou.

As plateias gostavam dos Oito Rapazes do Lancashire porque, segundo dizia o sr. Jackson, nós éramos completamente diferentes do comum dos artistas infantis. O orgulho dele é que jamais usávamos carmim — o rosado das nossas faces era natural. Se algum de nós estava um pouco pálido antes da função, ele nos aconselhava a beliscar o rosto. Mas em Londres, depois de trabalhar em dois ou três *music-halls* numa só noite, esquecíamos a recomendação e, no palco, nos mostrávamos um pouco cansados e aborrecidos; mas de repente avistávamos o sr. Jackson nos bastidores, a sorrir enfaticamente e a apontar para as próprias faces — e o efeito era eletrizante: imediatamente irrompíamos em irradiantes sorrisos.

Quando em turnê, frequentávamos durante a semana a escola de cada localidade — o que pouco adiantou para melhorar minha educação.

Quando chegou o Natal, fomos contratados para representar gatos e cachorros numa pantomima da Borralheira no London Hippodrome, que naquele tempo era um teatro novo, combinando espetáculo de circo com variedades, primorosamente decorado, realmente sensacional. O picadeiro podia afundar e encher-se de água, possibilitando complicados bailados aquáticos. Filas e filas de lindas moças, com armaduras reluzentes, marchavam pelo palco e desapareciam completamente debaixo da água. Quando afundava a última fila, Marceline, o grande palhaço francês, trajado com uma casaca velha e cartola, aparecia com um caniço, sentava-se num banquinho, abria um grande escrínio de joias, punha de isca no anzol um enorme colar de brilhantes e o atirava à água. Passado um pouco ele "cevava" o pesqueiro com joias menores, atirando lá algumas pulseiras, ou mesmo esvaziando o cofre todo. De repente sentia um "beliscão", o que o arrastava a um paroxismo de rodopios cômicos, em luta com o caniço; acabava retirando da água um cachorrinho poodle, ensinado, que imitava tudo o que Marceline fazia; sentava-se quando ele se sentava e, se Marceline plantava bananeira, o cachorro também ficava de patas para o ar.

A pantomima de Marceline era divertida e encantadora, e Londres ficou louca pelo palhaço. Deram-me uma pontinha com ele na cena da cozinha. Eu era um gato a tomar leite e Marceline, recuando com medo de um cachorro, caía por cima de mim. Queixava-se ele sempre de que eu não curvava suficientemente as costas para lhe minorar a queda. Eu usava uma máscara de gato que tinha uma expressão de surpresa e, durante a primeira matinê infantil, cheguei o focinho ao traseiro de um cachorro e comecei a fungar. Quando a plateia riu, virei-me e olhei para ela surpreso, puxando um cordel que fazia piscar um dos olhos da máscara. Depois de várias fungadas e piscadelas, o diretor chegou aos pulos nos bastidores, agitando freneticamente os braços. Mas eu continuei. Depois de cheirar o cão, cheirei o proscênio e aí levantei a perna. A plateia estrugia, às gargalhadas, talvez porque o gesto não era próprio de gato. Afinal o olhar do diretor cruzou com o meu e eu saí de cena, debaixo de aplausos.

— Nunca mais faça isso! — disse-me o homem, sem fôlego. — É capaz de levar lorde Chamberlain a fechar o teatro!

Borralheira foi um grande êxito e, embora Marceline pouco tivesse a ver com o enredo, era o astro principal. Anos mais tarde, Marceline esteve no Hippodrome de Nova York, onde também fez sensação; mas depois o Hippodrome aboliu o picadeiro e Marceline foi esquecido.

Em 1918, mais ou menos, chegou a Los Angeles o circo de três picadeiros dos Ringling Brothers e Marceline estava com eles. Pensei que o seu nome apareceria nos cartazes e chocou-me vê-lo incluído no grupo de inúmeros palhaços que corriam pelo imenso picadeiro — um grande artista perdido na vulgar extravagância de um circo de três picadeiros.

Fui ao seu camarim depois do espetáculo, dei-me a conhecer lembrando-lhe que representara o gato, com ele, no Hippodrome de Londres. Marceline porém mostrou-se apático. Mesmo sob a pintura de palhaço parecia aborrecido, tomado por melancólico torpor.

Um ano depois, em Nova York, suicidou-se. Algumas linhas nos jornais contaram que um morador da mesma casa ouvira um tiro e encontrara Marceline caído, com uma pistola na mão. No gramofone um disco ainda girava, tocando *Luar e rosas*.

Muitos famosos artistas cômicos ingleses se suicidaram. T. E. Dunville, homem engraçadíssimo, escutou alguém dizer quando ele entrava num bar:

— Esse sujeito está acabado. — Pois no mesmo dia Dunville suicidou-se com um tiro à beira do Tâmisa.

Mark Sheridan, um dos comediantes mais famosos da Inglaterra, matou-se a bala, num parque público de Glasgow, porque não se saíra bem com a plateia local.

Frank Coyne, com quem apareci num mesmo programa, era um cômico alegre, saltitante, famoso pela sua canção vivaz:

> *Ninguém me apanha mais montado no gê-gê,*
> *Naquele cavalo eu não sei montar.*
> *O único cavalo em que eu monto*
> *É o cavalete onde a patroa estende a roupa!*[1]

Fora do palco, era pessoa agradável, sempre sorridente. Mas certa tarde, depois de combinar com a esposa darem um passeio no seu carrinho puxado

---

[1]No original inglês:
You won't catch me on the gee-gee's back again,
It's not the kind of horse that I can ride on.
The only horse I know that I can ride
Is the one the missus dries the clothes on! (N. da T.)

por um pônei, esqueceu-se de qualquer coisa e disse para ela que esperasse, enquanto ele ia ao andar de cima. Passados vinte minutos, a mulher subiu para ver qual era o motivo da demora do marido e o encontrou no chão do banheiro, numa poça de sangue, uma navalha na mão; Coyne cortara o pescoço, quase se decapitando.

Entre os inúmeros artistas que conheci em menino, os que mais me impressionaram não foram sempre os de maior êxito, mas os que tinham personalidade própria no palco. Zarmo, o vagabundo malabarista, era um disciplinado que ensaiava os seus números durante horas inteiras, pela manhã, assim que o teatro abria. Lá o víamos nos bastidores, a equilibrar no queixo um taco de bilhar, jogar uma bola de bilhar e apanhá-la na ponta do taco, depois jogar outra bola e apanhar aquela em cima da primeira — o que frequentemente falhava. Contou ele ao sr. Jackson que fazia quatro anos ensaiava aquele número e no fim da semana pretendia apresentá-lo ao público pela primeira vez. Nessa noite todos ficamos nos bastidores a olhar para Zarmo. Ele executou o número perfeitamente — e da primeira vez! Atirava a bola para cima e a apanhava na ponta do taco, atirava depois a segunda e a apanhava em cima da primeira. Mas o público aplaudiu muito pouco. O sr. Jackson sempre contava a história dessa noite. Disse ele a Zarmo:

— Você dá a impressão de que o número é muito fácil, não o valoriza. Devia errar várias vezes e depois acertar.

Zarmo ria:

— Ainda não estou bastante prático para errar e acertar quando quero.

Zarmo interessava-se também por frenologia e gostava de nos ler o caráter por esse método. Disse-me que tudo que eu aprendesse guardaria e utilizaria bem.

Conheci também os irmãos Griffith, muito engraçados e impressionantes, que me confundiram as noções de psicologia; eram trapezistas cômicos que, enquanto volteavam nos trapézios, trocavam pontapés ferozes, no rosto, com grandes sapatos acolchoados.

— Ai! — dizia o que apanhava. — Duvido que você me dê outro pontapé!

— Duvida? Pois tome!

E o que apanhava mostrava-se surpreso e tonto e exclamava:

— Não é que ele deu!

Eu achava chocante aquela louca violência. Mas fora do palco os irmãos se queriam muito, eram calados e sérios.

Suponho que o maior cômico inglês, depois do lendário Grimaldi, foi Dan Leno.

Não conheci Leno no auge da fama, mas para mim ele era mais um ator característico do que um cômico. Sua espirituosa representação das classes baixas de Londres era humana, tocava o coração, segundo me contava mamãe.

A famosa Marie Lloyd tinha reputação de mulher frívola; mas quando trabalhamos com ela no velho Tivoli, no Strand, jamais conheci artista mais séria e conscienciosa. Eu ficava a olhar de olhos arregalados aquela mulherzinha inquieta, gorducha, a andar nervosamente de um lado para outro, por trás do cenário, irritada e apreensiva, até que chegava o seu momento de aparecer. Então, imediatamente, mostrava-se alegre e calma.

E Bransby Williams, o intérprete de Dickens, fascinava-me com a sua criação de Uriah Ilcep, Bill Sykes e o velho da *Loja de antiguidades*.[2] A habilidade com que o belo e imponente moço fazia os seus números de transformismo perante o turbulento público de Glasgow, representando aqueles tipos fascinantes, abriu-me uma nova perspectiva do teatro. E também me acendeu a curiosidade literária, deu-me vontade de conhecer o mistério que se emparedava nos livros — aqueles tipos de Dickens, que se movimentavam dentro de um tão estranho mundo, nos desenhos a sépia de Cruickshank.[3] E, embora eu ainda mal soubesse ler, comprei um exemplar do *Oliver Twist*.

E fiquei tão apaixonado pelos personagens de Dickens que passei a imitar Bransby Williams imitando-os. E era impossível que um talento a irromper assim ficasse por muito tempo encoberto. Aconteceu pois que o sr. Jackson um belo dia viu-me a fazer para os outros rapazes uma imitação do velho na *Loja de antiguidades*. No mesmo instante fui proclamado gênio e o sr. Jackson resolveu comunicar isto ao mundo.

O importante evento registrou-se no teatro de Middlesbrough. Depois do nosso sapateado, o sr. Jackson apareceu em cena, com a convicção de

---

[2]No original inglês: *The old curiosity shop.* (N. da T.)
[3]George Cruickshank, famoso ilustrador e caricaturista inglês (1792-1878). São célebres as suas ilustrações de romances de Dickens. (N. da T.)

alguém prestes a anunciar a vinda de um jovem messias: explicou que descobrira entre os seus rapazes um menino genial que faria uma imitação de Bransby Williams no papel do velho da *Loja de antiguidades,* na cena em que se recusava a aceitar a morte da sua pequena Nelly.

O público não se mostrava muito interessado, pois já suportara uma função bem maçante. Apareci, contudo, envergando o meu traje de dança costumeiro — blusa de linho branco, gola de rendas, calças de pelúcia tipo *knickerboker* e sapatilhas vermelhas —, mas maquilado de modo a parecer um velho de noventa anos. Já não sei mais como conseguíramos arranjar uma velha cabeleira — provavelmente comprada pelo sr. Jackson —, e que não me servia. Minha cabeça era grande, mas a peruca ainda era maior, parcialmente calva, com uma franja de cabelos compridos, grisalhos, esfiapados; e quando apareci no palco, curvo como um velhinho, parecia um besouro a me arrastar e o público me recebeu com risinhos abafados.

Depois disso, foi difícil obter silêncio. Eu falava num murmúrio:

— Silêncio, silêncio, não façam barulho senão acordam a minha Nelly.

— Mais alto! Mais alto! Fale mais alto — gritava a plateia.

Eu, porém, continuava a murmurar, muito interiorizado; tão interiorizado que o público começou a patear. E foi assim que acabou a minha carreira de intérprete dos tipos de Dickens.

Embora passássemos com simplicidade, a vida com os Oito Rapazes do Lancashire era agradável. Às vezes tínhamos as nosas disputas. Recordo-me de que trabalhávamos juntos com dois jovens acrobatas, aprendizes mais ou menos da minha idade, que nos fizeram a seguinte confidência: a mãe de cada um recebia sete xelins e seis *pence* por semana e eles toda segunda-feira encontravam um xelim para despesas pessoais debaixo do prato do desjejum; desjejum, aliás, que constava de ovos com presunto.

— E nós, queixava-se um dos nossos colegas, só ganhamos dois *pence* e desjejum de pão com geléia.

Quando o filho do sr. Jackson, John, soube que estávamos a nos queixar, caiu em prantos e nos contou que, às vezes, o pai, nas temporadas extras pelos subúrbios de Londres, recebia apenas sete libras por semana para a trupe inteira e que tinham então a maior dificuldade em se aguentar.

Foi essa opulência dos dois jovens aprendizes que nos acendeu a ambição de nos tornarmos acrobatas. E assim, durante muitas manhãs, logo que se abria o teatro, um ou dois de nós praticávamos salto-mortal com uma corda atada à cintura e presa a uma roldana, enquanto um outro segurava a corda. Fui-me muito bem nesses saltos, até que um dia caí e luxei o polegar. E assim acabou minha carreira de acrobata.

Vivíamos tentando acrescer nossos dotes de dançarinos com outras realizações. Eu queria ser um malabarista cômico e então economizei dinheiro para comprar quatro bolas de borracha e quatro pratos de lata; e durante horas inteiras ficava ao pé da cama, a praticar.

O sr. Jackson era essencialmente um homem bom. Três meses antes de deixar a trupe trabalhamos num espetáculo beneficente para meu pai, que adoecera gravemente; inúmeros artistas de variedades tomaram parte na representação e inclusive os Oito Rapazes do Lancashire do sr. Jackson. Na noite beneficente meu pai apareceu em cena, a respirar com dificuldade, e com grande esforço fez um discurso. Fiquei ao lado do palco, a olhá-lo, sem compreender que ele era um moribundo.

Quando trabalhávamos em Londres, todos os fins de semana eu ia visitar mamãe. Ela me achava pálido e magro, e pensava que a dança me afetava os pulmões. Preocupava-se tanto comigo que acabou escrevendo a esse respeito ao sr. Jackson; e o empresário ficou tão indignado que me mandou para casa, declarando que a minha presença não pagava a pena de aturar uma mãe tão nervosa.

Poucas semanas depois, contudo, apareci com asma. E as crises foram tão agudas que mamãe se convenceu de que eu estava tuberculoso; imediatamente me levou ao hospital de Brompton, onde me fizeram um exame completo. Eu não tinha nada nos pulmões — mas tinha asma. Durante meses inteiros sofri, sem poder respirar. Chegava às vezes a querer saltar pela janela. Pouco alívio me davam as inalações de ervas, com a cabeça envolta num cobertor. Mas, conforme dizia o médico, com o tempo a asma acabou por ir embora.

Minhas lembranças desse período são irregulares — dentro e fora de foco. A extrema pobreza é a impressão dominante. Não consigo me lembrar por onde andava Sydney. Sendo ele mais velho do que eu quatro anos, só uma vez ou outra é que eu me apercebia de sua presença. Talvez estivesse morando com o avô para aliviar a penúria de mamãe. Creio que andávamos de uma morada para outra, e acabamos parando numa pequena água-furtada em Pownall Terrace, n. 3.

Eu tinha noção perfeita do estigma social que era a nossa pobreza. Até as crianças mais pobres comiam aos domingos o seu jantar feito em casa. Um assado, em casa, significava respeitabilidade, um ritual que distinguia uma classe pobre de outra. Os que não tinham em casa o seu jantar dos domingos pertenciam à classe mendicante — e nós éramos dessa classe. Mamãe me mandava ao café mais próximo comprar um jantar de seis *pence* (carne e duas espécies de legumes). A vergonha daquilo — especialmente aos domingos! Eu a atormentava por não preparar qualquer coisa em casa, e inutilmente ela me tentava explicar que, cozinhando em casa, gastaria duas vezes mais.

Contudo, certa sexta-feira de sorte, mamãe ganhou cinco xelins nas corridas de cavalo; e, para me agradar, resolveu fazer jantar no domingo. Entre outras iguarias, comprou um peso de assado que não se sabia direito se era carne mesmo ou um pedaço de sebo. Pesava cerca de cinco libras e tinha um letreiro espetado: "Para Assar."

Como mamãe não tinha forno, usou o da senhoria; e sendo muito tímida para estar entrando e saindo da cozinha alheia, calculou mais ou menos o tempo que o assado gastaria para ficar pronto. Em consequência, para tristeza nossa, o peso de carne encolhera até ficar do tamanho de uma bola de críquete. Mas, apesar da constatação de mamãe de que os nossos jantares de seis *pence* davam menos trabalho e eram mais gostosos, apreciei muito o nosso festim e senti-me satisfeito por nos havermos guindado às alturas dos Jones.

HOUVE uma mudança súbita em nossa vida. Mamãe encontrou uma velha amiga que prosperara muito, uma mulher vistosa, bonita, com ares de Juno, que abandonara o palco para tornar-se amante de um coronel velho e rico. Morava no bairro elegante de Stockwell; e, no entusiasmo do reencontro com mamãe, convidou-nos para passar com ela o verão. Como Sydney estivesse fora, no campo, trabalhando nas colheitas de lúpulo, não precisou de muita insistência para que mamãe aceitasse o convite. E, graças à sua agulha mágica, conseguiu fazer-se bastante apresentável; eu, vestido na minha roupa dos domingos, relíquia dos Oito Rapazes do Lancashire, também estava à altura da ocasião.

Assim, de uma hora para outra, vimo-nos transportados para uma tranquila casa de esquina em Lansdowne Square, no seio do luxo, com enorme criadagem, quartos de dormir rosa e azul, cortinas de *chintz* e tapetes de pele de urso-branco. E comíamos do bom e do melhor. Como me lembro bem daqueles cachos de uva de estufa, imensos, azulados, que ornamentavam os aparadores na sala de jantar, e meu sentimento de culpa ao vê-los diminuírem misteriosamente, tornando-se mais esqueléticos a cada dia que se passava.

A criadagem da casa constava de quatro mulheres: a cozinheira e três criadas. Além de mamãe e eu, havia ainda outro hóspede, um rapaz de ar preocupado, bonito e de bigodes ruivos, aparados. Era um moço encantador, cavalheiresco, e parecia pessoa de casa — até que aparecesse o coronel de barbas grisalhas. Então o rapaz bonito sumia.

As visitas do coronel eram esporádicas, uma ou duas vezes por semana. Enquanto estava lá, o mistério e a onipresença invadiam a casa, e mamãe recomendava que me mantivesse afastado e não me deixasse ver. Um dia entrei correndo no vestíbulo, no momento em que o coronel descia a escada. Era um cavalheiro alto, imponente, de sobrecasaca e cartola, cara vermelha, longas suíças grisalhas e cabeça calva. Sorriu-me com benevolência e continuou seu caminho.

Eu não compreendia direito por que todo aquele movimento, por que a presença do coronel desencadeava aquilo tudo. Ele porém nunca demorava, e o rapaz do bigode aparado reaparecia, e a casa voltava a funcionar normalmente.

Eu gostava muitíssimo do rapaz dos bigodes aparados. Dávamos longos passeios por Clapham Common, levando conosco os dois lindos galgos da dona da casa. Por essa época Clapham Common era muito elegante; até mesmo a farmácia, onde às vezes fazíamos alguma compra, exsudava elegância, com a sua mistura de cheiros aromáticos — perfumes, sabonetes, pós; desde esse tempo o cheiro de certas farmácias me deixa uma agradável saudade. O moço aconselhou mamãe a me dar banhos frios todas as manhãs para me curar da asma e talvez isso tenha ajudado; eram muito estimulantes e acabei gostando deles.

É impressionante como a gente se adapta com facilidade à vida dos ricos. Como a gente se afidalga e se acostuma ao conforto material! Em menos de uma semana eu achava natural tudo aquilo. Que sentimento de bem-estar ao cumprir aquele ritual matutino — passear com os cães, puxando-os pelas trelas de couro marrom, e depois voltar à linda casa cheia de criadas, esperar o almoço, servido elegantemente em baixelas de prata!

Nosso jardim interno dava para outra casa cujos moradores tinham tantos criados quanto nós. Era uma família de três pessoas — um casal jovem e o filho, mais ou menos da minha idade, cujo quarto era cheio de lindos brinquedos. Muitas vezes fui convidado para brincar com ele e ficar para o jantar, e nos tornamos muito bons amigos. O pai do garoto ocupava um cargo importante num banco da City e a mãe era moça e muito bonita.

Um dia surpreendi nossa criada a confidenciar com a empregada do menino, a qual dizia que o garoto de lá estava precisando de uma governanta.

— É também do que precisa este aqui — disse a nossa criada, referindo-se a mim.

Fiquei excitadíssimo por ser considerado como um filho de rico, mas nunca entendi bem por que me erguia ela a tal altitude — a não ser para se elevar também, dando a entender que os seus patrões eram tão distintos e abastados quanto os vizinhos. Depois disso, sempre que eu jantava com o menino, sentia-me de certo modo como um impostor.

Embora fosse muito triste o dia em que saímos da casa rica e voltamos para o n. 3 de Pownall Terrace, não deixamos de sentir um certo alívio em recuperar nossa liberdade; afinal de contas, como hóspedes vivíamos sob certa tensão e, como dizia mamãe, hóspede é como bolo: com o tempo vai ficando rançoso e de mau gosto. E assim romperam-se os laços de seda de um episódio luxuoso e curto, e fomos devolvidos à nossa habitual pobreza.

1899 ERA UMA ÉPOCA DE SUÍÇAS: os reis, os estadistas, os soldados, os marinheiros, os Kruger, os Salisbury, os Kitchener, os *kaiser*, os jogadores de críquete, todos usavam suíças — foi uma era incrível de pompa e absurdo, de extrema riqueza e extrema pobreza, de uma oca intolerância política, quer na caricatura, quer na imprensa. Mas a Inglaterra estava fadada a receber muito choque, a sofrer muita indignação. Alguns camponeses bôeres, no Transval africano, começaram uma guerra desleal atirando de emboscada nos nossos soldados de dólmãs vermelhos, excelentes alvos para quem atirasse por trás de pedras roladas e rochedos. Aí o Ministério da Guerra teve um estalo e o casaco vermelho dos nossos foi rapidamente mudado para cáqui. Se os bôeres queriam a coisa assim, assim a teriam.

Eu tinha uma vaga ideia da guerra — através de canções patrióticas, números de palco e retratos de generais em maços de cigarro. O inimigo, é claro, eram vilões implacáveis. Escutavam-se dolorosas notícias a respeito do cerco de Ladysmith pelos bôeres e a Inglaterra ficou louca de histérica alegria ante a libertação de Mafeking. Por fim vencemos — saímos do atoleiro. Tudo isso eu ouvia falar por todo mundo, menos por mamãe. Ela jamais se referia à guerra: tinha a sua própria batalha a combater.

Sydney tinha agora catorze anos, deixara a escola e arranjara um emprego de mensageiro na agência dos Correios e Telégrafos do Strand. Com o ordenado de Sydney e o que mamãe fazia na máquina de costura, nossa vida econômica estava quase equilibrada, embora a contribuição de mamãe fosse modesta. Ela trabalhava para um *sweat-shop* que lhe pagava por peça: costurava blusas por um xelim e seis *pence* a dúzia. Embora os modelos já viessem cortados, eram necessárias doze horas para fazer doze blusas. O recorde de mamãe foram cinquenta e quatro blusas numa semana — o que representava seis xelins e nove *pence*.

Muitas vezes à noite ficava eu acordado, no nosso sótão, vendo-a curvada sobre a máquina, a cabeça rodeada pelo halo da lâmpada, o rosto numa sombra suave, os lábios entreabertos pelo esforço, enquanto ela guiava os pontos rápidos da máquina — até que o barulho me fazia dormir de novo. Quando mamãe trabalhava assim, em geral era para satisfazer algum pagamento urgente. E havia sempre o problema das prestações.

E agora surgia uma crise: Sydney precisava de um terno novo. Usava a farda do Telégrafo todos os dias da semana, incluindo os domingos, até que os amigos começaram a zombar dele. E assim, durante uns dois fins de semana, Sydney ficou em casa, até que mamãe pôde comprar para ele um terno novo de sarja azul. De um jeito ou de outro conseguiu ela juntar dezoito xelins. Mas isso nos abriu um buraco nas economias, de modo que, todas as segundas-feiras, mamãe tinha que empenhar o terno, quando Sydney voltava ao seu uniforme do Telégrafo. Recebia sete xelins pelo terno e os pagava de novo no sábado, recebendo de novo a roupa que Sydney usava no fim de semana. Durante um ano esse hábito hebdomadário tornou-se uma cerimônia regular, até que o terno ficou no fio. E aí foi um choque!

Segunda-feira de manhã, como de costume, mamãe foi à casa de penhor. O homem disse, hesitante:

— Desculpe, sra. Chaplin, mas não podemos mais emprestar os seus sete xelins.

Mamãe fixou atônita:

— Mas por quê?

— É um risco muito grande. As calças estão puídas. Olha — dizia ele pondo a mão nos fundilhos da calça —, chegam a estar transparentes!

— Mas eu venho resgatá-lo no sábado — disse mamãe.

O dono da casa de penhor abanou a cabeça:

— O mais que posso fazer é emprestar três xelins pelo paletó e o colete.

Mamãe raramente chorava, mas o golpe foi tão forte que ela chegou em casa em prantos. Aqueles sete xelins lhe eram indispensáveis para a nossa manutenção durante a semana.

Enquanto isso minha própria roupa andava — para não dizer muito — em mau estado. O que restava do meu traje dos Oito Rapazes do Lancashire eram uns trapos heterogêneos. Remendos por toda parte: nos cotovelos, nas calças, nos sapatos e nas meias. E assim vestido dei de cara com o meu rico amiguinho de Stockwell. O que fazia ele em Kennington não descobri e estava muito embaraçado para indagar. Falou-me com bastante amizade, mas eu bem via como ele olhava para os meus deploráveis trajes. Para esconder o encabulamento, fiz um jeito *degagé* e, na minha melhor e mais refinada pronúncia, disse-lhe que estava usando a roupa velha porque viera de uma chatíssima aula de carpintaria.

A explicação, porém, pouco o interessou. Meu amigo se mostrava constrangido, olhando de lado para esconder a confusão. Perguntou por mamãe.

Respondi animadamente que ela estava no campo e voltei o assunto para ele próprio:

— Ainda está morando no mesmo lugar?

— Sim — respondeu o garoto examinando-me como se eu houvesse cometido algum pecado mortal.

— Bem, vou indo — disse eu, abruptamente.

O menino teve um sorriso amarelo:

— Adeus.

E nos separamos, ele a caminhar calmamente numa direção e eu, furioso e envergonhado, a correr estonteado na direção oposta.

MAMÃE tinha um ditado: "Não se abaixe para não apanhar nada." Mas ela própria não obedecia a esse adágio e meu sentimento de conveniência muitas vezes ficava ofendido. Certo dia, quando voltávamos do hospital de Brompton, mamãe se deteve para ralhar com uns meninos que atormentavam uma pobre mulher da rua, esfarrapada e suja, coisa pouco comum naquela época; e os meninos riam e se empurravam uns aos outros, de encontro à velha, como se o seu contato os contaminasse. A patética mulher encolhia-se como veado acossado, até que mamãe interveio. E aí viu-se no rosto da criatura uma expressão de reconhecimento:

— Lil — disse ela debilmente, empregando o nome de palco de mamãe —, você não reconhece... Eva Lestock?

E mamãe imediatamente a reconheceu; era uma velha amiga do seu tempo de teatro de variedades.

Fiquei tão envergonhado que continuei andando e parei à espera de mamãe na esquina. Os meninos passavam por mim, rindo e zombando. Eu estava furioso. Voltei-me para ver o que acontecia com mamãe e — imaginem! — a mendiga caminhava ao lado dela e vinham ambas na minha direção.

Mamãe disse:

— Você se lembra de Charlie, o meu caçula?

— Se lembro! — retornou a mulher, com tristeza. — Quantas vezes o carreguei no colo, quando ele era pequenino.

A idéia era repulsiva — a mulher parecia imunda, repugnante. E enquanto caminhávamos, os três, era extremamente embaraçoso ver que as pessoas se voltavam para nos olhar.

Mamãe a conhecera no teatro de variedades como a "fascinante Eva Lestock"; era então bonita e vivaz, segundo me disse mamãe.

Contou a mulher que estivera enferma, no hospital e, desde que lhe haviam dado alta, dormia debaixo de pontes ou nos albergues do Exército da Salvação.

Mamãe mandou-a primeiro a uma casa de banhos públicos, depois, para meu horror, trouxe-a para casa, para o nosso pequeno sótão. Eu nunca soube se era apenas a moléstia a causa do seu presente estado. Mas o pior é que ela dormia na poltrona-cama de Sydney! E mamãe ainda lhe deu toda a roupa de que pôde abrir mão e lhe emprestou uns dois xelins. Três dias depois nossa hóspede partiu e foi esta a última vez em que vimos ou ouvimos falar da "fascinante Eva Lestock!".

ANTES da morte de meu pai, mamãe mudou-se de Pownall Terrace para um quarto alugado na casa de uma sra. Taylor, sua amiga, membro da congregação da igreja e devotada cristã. Era uma mulher baixa, angulosa, dos seus cinquenta e tantos anos, de queixo quadrado e rosto macilento enrugado. Observando-a na igreja, descobri que ela usava dentes postiços; e a dentadura superior soltava-se da gengiva e caía-lhe sobre a língua, quando ela cantava — o efeito era hipnótico.

Tinha maneiras enfáticas e muita energia. Colocara mamãe debaixo da sua asa devota e alugara-lhe um quarto de frente a preço muito razoável, no segundo andar da grande casa em que morava vizinha a um cemitério.

O marido dela, verdadeiro sósia do sr. Pickwick, de Dickens, fabricava réguas de precisão e tinha a sua oficina no andar de cima. Havia uma clarabóia no teto e eu considerava aquele lugar um paraíso, cheio de paz. Gostava de ver o sr. Taylor trabalhar, fascinado, quando ele fixava o olhar, intensamente, através dos óculos de vidros grossos e mais uma lente de aumento, todo entregue ao fabrico de uma régua de aço capaz de medir a quinquagésima parte de uma polegada. O sr. Taylor trabalhava sozinho e muitas vezes fiz serviços de rua para ele.

O maior desejo da sra. Taylor era converter o marido, que, de acordo com os seus escrúpulos religiosos, não passava de um pecador. A filha do casal, cujas feições haviam sido vazadas em molde idêntico ao da mãe, ainda que menos macilenta e, é claro, muito mais moça, seria atraente, se não fossem os seus modos presunçosos. Como o pai, jamais ia à igreja. Mas a sra. Taylor também jamais perdeu a esperança de os converter a ambos. A filha era a menina dos seus olhos — mas não a menina dos olhos de minha mãe.

Uma tarde, eu estava a olhar o trabalho do sr. Taylor, quando escutei uma altercação lá embaixo, entre mamãe e a srta. Taylor. A sra. Taylor saíra. Não sei como começou a briga, mas as duas gritavam alto, uma com a outra. Quando cheguei ao nosso patamar, vi que mamãe se debruçava sobre o corrimão:

— Quem é que você pensa que é? *Lady* Titica!

— Oh! — berrou a filha. — Bonita linguagem para boca de devota!

— Não se aflija — respondeu logo mamãe. — Está na Bíblia, meu bem: Deuteronômio, capítulo 28, vers. 37, só que eles empregam outra palavra. Mas titica fica bem para você.

Depois disso, tornamos a nos mudar para Pownall Terrace.

☆

A Taverna Three Stags, em Kennington Road, não era lugar habitualmente frequentado por meu pai; mas não sei o porquê, passando por lá certa noite, senti um impulso de espiar, para ver se o descobria. Abri a porta do bar só algumas polegadas e lá estava ele, sentado a um canto! Eu ia fugir, mas o rosto de papai iluminou-se e ele me chamou com um gesto. Senti-me surpreso por me ver tão bem recebido, pois ele era sempre seco. Parecia muito doente; tinha os olhos fundos e o corpo estava desmesuradamente inchado. Enfiava uma das mãos no colete, à maneira de Napoleão, talvez para ajudar a respiração difícil. Nessa noite mostrou-se muito solícito, perguntou por mamãe e por Sydney e, antes que eu partisse, abraçou-me e pela primeira vez me deu um beijo. Foi a última vez em que o vi vivo.

Três semanas depois levaram-no para o Hospital St. Thomas. Foi preciso embebedá-lo para o transportar. Quando papai compreendeu onde estava, lutou como um louco — mas já era um moribundo. Embora ainda muito moço — tinha trinta e sete anos —, morria de hidropisia. Tiraram-lhe dezesseis litros de líquido só de um joelho.

Mamãe foi vê-lo várias vezes e sempre voltava triste das visitas. Contava que ele falava em voltar para a companhia dela e começar vida nova na África. Mas quando eu me animava ante essa perspectiva mamãe abanava a cabeça, sem ilusões:

— Ele só diz essas coisas para ser gentil.

Um dia ela voltou indignada do hospital com o que o reverendo John McNeil, pastor evangélico, dissera durante uma visita a papai:

— Bem, Charlie, quando olho para você só me lembro do velho provérbio: "O que um homem colhe é o que semeia."

— Bonito consolo para um moribundo! — comentava mamãe.

E poucos dias depois papai morria.

O hospital mandou saber quem se encarregaria do enterro. Mamãe, que não dispunha de um real, sugeriu que recorressem ao Fundo Beneficente dos Artistas de Variedades, organização teatral de caridade. E isso desencadeou um clamor na família Chaplin — repugnava-lhe a humilhação de um enterro feito por caridade. Estava nesse tempo em Londres um tio Alberto, da África, irmão mais moço de meu pai — e se propôs a arcar com as despesas do enterro.

No dia do funeral deveríamos nos encontrar no Hospital St. Thomas, onde nos reuniríamos aos outros Chaplin e de lá iríamos de carro para o Cemitério Tooting. Sydney, que estava trabalhando, não pôde comparecer. Mamãe e eu chegamos ao hospital umas duas horas antes do que fora marcado, porque ela desejava ver papai mais uma vez, antes que fechassem o caixão.

O caixão era forrado de cetim branco e, emoldurando o rosto de papai, viam-se pequenas margaridas brancas. Mamãe achou que pareciam simples e tocantes, e perguntou quem as pusera lá. Um atendente disse que estivera lá, pela manhã, uma senhora com um menino. Era Louise.

No primeiro carro fomos mamãe, tio Albert e eu. Foi um sacrifício aquela ida até Tooting, porque mamãe jamais estivera antes com o tio Albert. Ele era metido a janota e falava com sotaque de gente fina; embora polido, sua atitude para conosco era gélida. Diziam-no rico; possuía grandes fazendas de criação de cavalos no Transval e fornecera cavalos ao governo inglês durante a Guerra dos Bôeres.

Chovia a cântaros durante o funeral; os coveiros atiravam sobre o caixão as pás cheias de lama e o esquife ressoava com brutal eco. Era macabro e horripilante, e comecei a chorar. Aí, os parentes atiraram à cova suas coroas e ramos de flores. Mamãe, que não tinha flores para atirar, tomou-me das mãos o meu precioso lenço orlado de preto:

— Vai esta lembrança de nós dois, filhinho.

Depois, os Chaplin desceram para almoçar numa das suas cervejarias, mas antes de apear nos indagaram polidamente onde queríamos que nos mandassem levar. E assim fomos de carro para casa.

Não encontramos, à volta, uma migalha de comida no armário, a não ser um pires de molho de carne; mamãe não tinha um vintém, pois dera a Sydney os seus últimos dois *pence* para o almoço. Desde a doença de papai que ela trabalhava pouco e agora, quase ao fim da semana, já se acabara o salário de Sydney, os sete xelins que ganhava como mensageiro do Telégrafo. Estávamos com fome depois do enterro. Por sorte passava na rua o homem do ferro-velho e nós tínhamos um velho fogareiro a querosene; mamãe vendeu-o relutantemente por meio pêni e compramos meio pêni de pão para comer com o molho.

Sendo mamãe a viúva legítima de meu pai, foi no dia seguinte chamada ao hospital para lhe receber os pertences, que consistiam num terno preto manchado de sangue, roupa de baixo, uma camisa, uma gravata preta, um velho *robe de chambre*, um par de chinelas de lã escocesa, com uma laranja dentro de cada pé. Quando mamãe retirou as laranjas, uma moeda de meio soberano caiu das chinelas em cima da cama. Foi um presente de Deus!

Durante semanas usei crepe preto no braço. E essa insígnia de luto tornou-se rendosa quando resolvi ir vender flores numa tarde de sábado. Convenci mamãe a me emprestar um xelim, fui ao mercado de flores, comprei dois ramos de narcisos e, depois da escola, dividi os dois ramos em raminhos de um pêni. Se vendesse tudo, teria um lucro de cem por cento.

Entrava nos bares, com ar triste, e murmurava:

— Narcisos, senhorita! Narcisos, madame!

As mulheres se interessavam sempre:

— Está de luto por quem, filhinho?

E eu baixava a minha voz, num sussurro:

— Meu pai.

E as mulheres me davam gorjetas.

Mamãe ficou espantada quando à noite cheguei em casa com mais de cinco xelins ganhos durante a tarde. Certo dia ela se encontrou comigo, que saía de uma cervejaria, e isso acabou com meu negócio de florista. Seus escrúpulos religiosos foram feridos pela ideia do filho a vender flores nos bares.

— Foi a bebida que matou seu pai e dinheiro dessa fonte só nos pode trazer má sorte — disse ela.

Contudo, ficou com o dinheiro, embora nunca mais me deixasse vender flores.

Havia em mim uma forte tendência para o comércio. Eu vivia preocupado com planos de "negócios". Estudava as lojas vazias, especulando que bom uso comercial poderia fazer delas — indo desde o peixe e batatas fritas até os secos e molhados. Era sempre no ramo dos comestíveis. Só precisava de capital — mas como é que se arranja capital? Afinal consegui convencer mamãe a me permitir abandonar a escola e arranjar um emprego.

Tornei-me veterano em várias ocupações. Primeiro servi de entregador numa mercearia. Entre uma entrega e outra, ficava a me deliciar no depósito, cercado de sabão, goma, velas, doces e biscoitos, provando de todas as guloseimas até ficar nauseado.

Depois empreguei-me no consultório dos drs. Hool e Kinsey-Taylor, na Throgmorton Avenue, médicos de planos de saúde, emprego este que herdei de Sydney, que me recomendara lá. Era lucrativo: eu ganhava doze xelins por semana para trabalhar como recepcionista, com a obrigação de fazer a limpeza dos consultórios depois que os doutores iam embora. Como recepcionista eu era um sucesso, encantando os clientes na sala de espera; mas quanto à limpeza, não punha o coração no trabalho — Sydney fora muito melhor. Não me importava esvaziar os vasos com urina, mas limpar aquelas vidraças de dez pés era trabalho de gigantes; e assim os consultórios iam ficando cada vez mais escuros e empoeirados, até que me disseram delicadamente que eu era muito pequeno para dar conta do serviço.

Ao ouvir isso, caí em pranto. O dr. Kinsey-Taylor, casado com uma senhora riquíssima, com uma casa enorme em Lancaster Gate, apiedou-se de mim e disse que me colocaria como menino de recados em sua casa. Imediatamente meu coração se alegrou. Menino de recados numa casa particular e ainda por cima naquele casarão!

Era um emprego ótimo, pois eu era mimado por todas as criadas. Tratavam-me como criança e davam-me um beijo de boa-noite antes que eu me deitasse. Se não fosse o destino, eu acabaria sendo mordomo. Madame mandou-me limpar um porão onde se acumulavam caixotes e montes de outras tralhas que precisavam ser separados, limpos e arrumados. Distraí-me, durante o trabalho, a brincar com um cano de ferro de uns oito pés de comprimento: pus-me a soprar nele como se fosse uma trombeta. Eu estava a divertir-me quando madame apareceu — e fui despedido: deram-me um aviso prévio de três dias.

Gostei de trabalhar na papelaria de W. H. Smith and Son, mas perdi o emprego assim que os patrões descobriram que eu não tinha a idade legal. Então, durante um dia, fui soprador de vidro. Eu lera na escola a respeito da arte de soprar vidro e achara o ofício romântico; mas o calor sufocou-me e fui levado inconsciente para um monte de areia, onde me deitaram. E isso me bastou: nem voltei lá para apanhar o ganho do dia. Depois trabalhei no Straker's, papeleiros e tipógrafos. Tentei enganá-los declarando-me capaz de dirigir um prelo Wharfedale — enorme máquina de mais de vinte pés de comprido. Vira-o em movimento, espiando da rua para o porão embaixo, e a tarefa me parecera simples e fácil de executar. Na loja via-se um cartaz pedindo: "Precisa-se de um rapaz para margeador de um prelo Wharfedale." Quando o capataz me pôs diante do prelo, pareceu-me um monstro, erguido ali. Para operá-lo, tive que trepar numa plataforma de cinco pés de altura. Senti-me como se estivesse no alto da torre Eiffel.

— Toque o prelo! — disse o capataz.

— Toque o prelo?

Vendo-me hesitar, o homem riu:

— Você nunca trabalhou num Wharfedale!

— Deixe-me experimentar que num instante aprendo — pedi.

"Toque o prelo" queria dizer puxar a alavanca para botar o bruto trabalhando.

Mostrou-me a alavanca e pôs o mastodonte em meia velocidade. O bicho começou a rodar, grunhindo e rangendo os dentes. Pensei que ia me devorar. As folhas de papel eram enormes, a gente poderia até usá-las como lençóis. Com uma espátula de marfim eu ia distribuindo as folhas, apanhando-as pelos cantos e colocando-as meticulosamente de encontro aos dentes do monstro, que as apanhava, devorava e regurgitava, até que saíam pelo lado de trás. No primeiro dia fiquei com os nervos em pandarecos, como resultado da corrida com o bruto faminto que me queria passar à frente. Contudo, deram-me o emprego a doze xelins por semana.

Havia um quê de romance e aventura naquelas saídas, pelas manhãs frias, antes que o dia amanhecesse, a caminho do trabalho, nas ruas silenciosas e desertas, onde apenas um ou outro vulto sombrio tomava o caminho da luz da casa de chá de Lockhart para ali fazer o desjejum. Dava um sentimento de bem-estar, junto com os homens nossos irmãos, aquele chá quente, bebido no conforto e na claridade daquela momentânea trégua antes do trabalho do dia. E o trabalho no prelo não era desagradável; se não fora o serviço pesado do fim da semana, quando eu tinha que levar a tinta daqueles altos e maciços rolos de gelatina, cada um com mais de cem libras, poder-se-ia dizer que era um trabalho tolerável. Contudo, depois de estar lá três semanas, adoeci com influenza e mamãe insistiu para que voltasse à escola.

Sydney estava agora com dezesseis anos e chegou alvoroçado em casa, contando que obtivera um emprego como corneteiro num navio de passageiros da Donovan & Castle Line, prestes a zarpar para a África. Sua obrigação era dar os toques de chamada para o almoço etc. Aprendera ele essa arte quando viajava no navio-escola *Exmouth*; agora colhia os proveitos do aprendizado. Devia ganhar duas libras e dez xelins por mês e mais as gorjetas que receberia para servir em três mesas da segunda classe. Receberia como adiantamento, ao embarcar, a quantia de trinta e cinco xelins — a qual, é claro, daria a mamãe. Com tão felizes perspectivas, mudamo-nos para dois quartos que ficavam sobre uma barbearia em Chester Street.

A volta de Sydney depois da primeira viagem deu-nos oportunidade para uma comemoração, pois que ele regressou trazendo três libras de gorjetas — e tudo em prata. Lembro-me dele tirando o dinheiro do bolso e despejando-o sobre a cama. Parecia-me que eu nunca vira tanto dinheiro em minha vida e não lhe podia tirar as mãos de cima. Juntava as moedas nas mãos, deixava-as cair, fazia torres com elas, brincava de tal modo com o dinheiro que mamãe e Sydney me declararam um avarento.

Que luxo! Que regalos! Estávamos no verão e aquele foi o nosso período de bolos e sorvetes — mas gozamos de outros luxos também. Foi igualmente o nosso período de arenque defumado, de salmão, niquim, torradas de pão-doce para o desjejum, e brioches e sonhos, nos domingos de manhã.

Sydney apanhou um resfriado e consumiu-se na cama vários dias, tratado por mamãe e por mim. Foi então que nos regalamos com sorvete — uma porção de um pêni, num copo que eu levava a uma sorveteria italiana, para irritação do proprietário. Na minha segunda visita, ele perguntou por que é que eu não levava uma banheira. Um dos nossos refrescos de verão prediletos era sorvete com leite; o sorvete a espumar no leite bem batido era realmente uma delícia.

Sydney nos contou muitos casos divertidos passados durante a viagem. Antes de zarparem, quase que ele perde o emprego, ao tocar a primeira chamada de corneta para o almoço. Estava sem prática e os soldados que iam a bordo deram-lhe uma vaia. O taifeiro-chefe ficou furioso:

— Que diabo de toque foi esse?

— O senhor desculpe — respondeu Sydney —, ainda não ajeitei bem o beiço.

— Bem, então trate de ajeitar logo esse raio desse beiço antes que o navio zarpe, senão vai ser desembarcado!

Durante as refeições, havia uma comprida fila de taifeiros esperando os pratos. Mas, quando chegava a vez de Sydney, ele esquecia o prato pedido e assim tinha que ir para o começo da fila outra vez. Contava Sydney que, nos primeiros dias, enquanto os outros serviam a sobremesa, ele ainda estava a servir a sopa.

Sydney ficou em casa até que o dinheiro se acabou. Contudo, estava contratado para uma segunda viagem e novamente lhe adiantaram trinta e cinco xelins, que ele deu a mamãe. Mas essa propriedade não nos durou muito. Passadas três semanas, estávamos sem vintém e ainda faltavam outras três para a volta de Sydney. Embora mamãe continuasse a trabalhar na máquina de costura, o que ganhava não dava para nos manter. Consequentemente, vimo-nos em nova crise.

Mas eu tinha expedientes. Mamãe possuía uma pilha de roupas velhas e, como era sábado pela manhã, sugeri que me deixasse ir vender aqueles trapos no mercado. Mamãe ficou um pouco embaraçada — dizia que aquilo não valia nada. Contudo, fiz uma trouxa da roupa num lençol velho e tomei o rumo de Newington Butts; lá chegando, expus na calçada a minha ignóbil mercadoria — triste e mísero mostruário —, depois, postado à sarjeta, apregoava:

— Olhem aqui! — e apanhava uma camisa velha e uns velhos espartilhos —, quanto me dão? Um xelim, seis *pence*, três *pence*, dois *pence*? Mas não conseguia vender nada, nem por um pêni. As pessoas paravam, olhavam admiradas, depois riam e seguiam caminho. Comecei a sentir-me encabulado, especialmente quando os ocupantes de uma joalheria fronteira puseram-se a me olhar através do vidro da vitrina. Mas nada me deteve. Afinal consegui vender por seis *pence* um par de polainas que não parecia tão estragado. Mas quanto mais o tempo passava mais constrangido me sentia. Mais tarde um cavalheiro da joalheria atravessou a rua e me perguntou, com forte sotaque russo, há quanto tempo eu começara a negociar. Captei o humor da pergunta, apesar da cara solene do homem, e respondi que estava começando, naquela hora mesmo. Ele voltou para junto dos seus sócios, que riam e que me olhavam através da vitrina. Chegava! Achei que era tempo de ajuntar meus trapos e voltar para casa. Quando contei a mamãe que vendera um par de polainas por seis *pence*, ela ficou indignada:

— Deviam ter dado mais! Eram umas polainas muito lindas!

Nessa emergência, não nos preocupávamos muito com o pagamento do aluguel; resolvíamos o problema ficando fora de casa no dia em que o cobrador aparecia e, como nossos bens eram de pouco valor, removê-los não pagaria o transporte. De qualquer modo, porém, mudamo-nos de novo para Pownall Terrace n. 3.

Nessa época travei conhecimento com um velho e o seu filho que trabalhavam numa cavalariça nos fundos de Kennington Road. Eram fabricantes de brinquedos, itinerantes, vindos de Glasgow; faziam brinquedos e os vendiam, de cidade em cidade. Viviam livres, despreocupados, e me pus a invejá-los. Precisavam de pouco capital na sua profissão. Com um pequeno investimento de um xelim, podiam começar o negócio. Juntavam caixas de sapatos — de que toda sapataria se desfazia com prazer — e serragem de cortiça com que se embalam uvas, o que também conseguiam grátis. A sua despesa inicial consistia apenas em um pêni de cola, um pêni de madeira, dois *pence* de barbante, um pêni de papel colorido de Natal e três bolas de papel dourado de dois *pence*. Gastando um xelim, fabricavam sete dúzias de botes. Os lados, cortados das caixas, eram costurados a uma base de papelão grosso, a superfície lisa coberta de cola e salpicada com serragem de cortiça. Os mastros eram cobertos de papel colorido com bandeirinhas azuis, amarelas e vermelhas espetadas nas pontas. E era um espetáculo festivo e alegre ver um cento ou mais desses barquinhos de brinquedo, com os seus dourados e cores vivas; os fregueses acorriam e os barquinhos eram fáceis de vender.

Com o nosso conhecimento, comecei a ajudar os dois na construção dos botes e dentro em pouco estava senhor do ofício. E quando eles deixaram o nosso bairro, entrei no negócio por conta própria. Com um pequeno capital de seis *pence* e algumas bolhas nas mãos que o corte do papelão provocava, cheguei a fabricar três dúzias de botes numa semana.

Mas no nosso sótão não havia espaço bastante para as costuras de mamãe e a minha fábrica de botes. Além do mais, mamãe queixava-se do mau cheiro da cola posta a ferver — e a vasilha da cola era uma ameaça constante às suas blusas de linho, que, às vezes, ocupavam mais da metade do quarto. E como minha contribuição era menor que a de mamãe, o trabalho dela tinha precedência sobre o meu artesanato, que foi então abandonado.

Poucas vezes me avistara com meu avô, nesse período. Durante o último ano não passara ele muito bem. Tinha as mãos inchadas pela gota, o que lhe dificultava o trabalho de consertar sapatos. Antes, quando podia dispor de uns dois xelins, ele ainda ajudava mamãe. Às vezes preparava-nos um jantar, um maravilhoso ensopado composto de aveia Quaker e cebolas cozidas no leite com sal e pimenta. Nas noites invernosas era o nosso tônico para enfrentar o frio.

Quando pequeno eu considerava vovô um velho azedo e rabugento, sempre a corrigir-me os modos ou a gramática. Por causa dessas escaramuças, cresci sem gostar dele. Mas agora ele estava numa enfermaria com reumatismo e mamãe ia vê-lo todos os dias de visita. E eram visitas proveitosas, porque em geral, ao voltar, ela trazia para casa uma bolsa cheia de ovos frescos — grande luxo naquele nosso período de vacas magras. E quando ela própria não podia ir, mandava-me em seu lugar. Foi grande surpresa minha descobrir que vovô se mostrava amável e feliz por me ver. Era grande favorito das enfermeiras; tempos mais tarde contou-me ele que costumava brincar com elas, dizendo-lhes que apesar de entrevado pelo reumatismo o resto do maquinismo não estava inutilizado; e essa *rodomantada* fazia rir as enfermeiras. Quando lhe permitia o reumatismo, ele ia ajudar na cozinha — daí a origem dos nossos ovos. Nos dias de visita, o velho ficava na cama; tirava sub-repticiamente da mesa de cabeceira a bolsa cheia de ovos, que eu mais que depressa enfiava sob a minha blusa de marinheiro antes de partir.

Durante semanas nos alimentamos com ovos, preparados de todas as maneiras: cozidos, fritos, em mingau. Apesar das garantias de vovô, de que as enfermeiras eram suas amigas e sabiam mais ou menos o que se passava, sempre me sentia apreensivo quando deixava a enfermaria do hospital com aqueles ovos, sob o pavor de um escorregão no soalho encerado ou de que o volume oculto sob a minha blusa fosse apreendido. Curioso é que sempre que me despedia as enfermeiras brilhavam pela ausência. Foi um dia triste quando vovô, livre de reumatismo, teve alta do hospital.

Já se haviam passado seis semanas e Sydney ainda não voltara. A princípio mamãe não se assustou, mas decorrida outra semana de atraso ela escreveu uma carta para os escritórios da Donovan & Castle Line, e foi informada de que Sydney fora desembarcado na Cidade do Cabo para se tratar de reumatismo. Uma tal notícia atormentou mamãe e lhe alterou a saúde; nem por isso deixava ela as costuras na máquina e eu tive a sorte de arranjar trabalho dando lições de dança numa casa de família, depois da minha escola: pagavam-me cinco xelins por semana.

Foi por essa época que os McCarthy vieram morar em Kennington Road. A sra. McCarthy, antiga comediante irlandesa, fora amiga de mamãe. Casara-se com um tal Walter McCarthy, contador diplomado. Mas, quando mamãe teve que abandonar o palco, perdemos de vista o sr. e a sra. McCarthy e só sete anos depois os fomos reencontrar — quando eles se mudaram para Walcott Mansions, na parte elegante de Kennington Road.

O filho deles, Wally McCarthy, e eu éramos da mesma idade. Quando menores gostávamos de brincar de gente grande, fazendo de conta que éramos atores de variedades, a fumar imaginários charutos, a dirigir uma charrete imaginária, com o seu pônei, para grande divertimento dos nossos pais.

Mesmo após a vinda dos McCarthy para Walcott Mansions, mamãe raramente se avistava com eles; eu, porém, estabeleci com Wally uma amizade inseparável. Assim que acabava a escola, corria em casa a ver se mamãe precisava de alguma coisa e em seguida me largava para a casa dos McCarthy. Brincávamos de teatro nos fundos de Walcott Mansions. Sendo eu o diretor, sempre distribuía para mim mesmo as partes de vilão — sabia instintivamente que eram mais interessantes que as de herói. Brincávamos até a hora do jantar de Wally. Em geral me convidavam. Em horas de refeições eu sempre tinha um jeitinho insinuante de me tornar visível. Havia contudo ocasiões em que minhas manobras não funcionavam e então, com relutância, voltava para casa. Mamãe sempre mostrava alegria ao me ver e me preparava qualquer coisa — pão frito em gordura ou um dos ovos de vovô com uma chávena de chá. Lia para eu ouvir, ou ficávamos sentados junto à janela, e ela me divertia fazendo comentários acerca dos transeuntes que passavam lá embaixo. Se era um rapaz de andar saltitante, ela dizia:

MINHA VIDA 91

— Aquele é o sr. Hopandscotch. Vai fazer sua apostinha. Se tiver sorte hoje, amanhã compra uma bicicleta tandem de segunda mão para passear com a namorada!

Passava depois um sujeito, devagar, andando de má vontade:

— Hum, aquele ali vai para casa jantar ensopadinho de carne com nabo, que ele detesta.

E se passava alguém com ares de superioridade:

— Aquele é um moço finíssimo, mas no momento está preocupado com um buraco que tem nos fundilhos das calças.

Depois era um sujeito de andar ligeiro:

— Este cavalheiro acaba de tomar sal de fruta!

E assim por diante, fazendo-me explodir em gargalhadas.

Passou-se mais uma semana e nada de notícias de Sydney. Fosse eu menos criança e me apercebesse melhor da inquietação de mamãe, talvez compreendesse o que estava a nos ameaçar. Devia ter notado que já por vários dias ela ficava sentada em silêncio, à janela, relaxava a arrumação do quarto, ficava cada dia mais calada. Devia ter-me preocupado quando a firma que lhe dava camisas para fazer começou a lhe achar defeitos na costura, acabando por não mandar mais trabalho; quando lhe tomaram a máquina de costura por atraso nos aluguéis e quando se acabaram os cinco xelins por semana que eu ganhava com as aulas de dança; através disso tudo eu deveria ter notado que mamãe se mantinha indiferente, apática.

A sra. McCarthy morreu subitamente. Andava doente já há algum tempo, piorou rapidamente e morreu. E logo me ocorreu uma bela ideia: que maravilha se o sr. McCarthy casasse com mamãe — já eu e Wally sendo tão bons amigos. Além do mais, seria uma solução ideal para todos os problemas de mamãe.

Logo após o enterro, falei com mamãe a esse respeito:

— Mamãe devia ir visitar mais vezes o sr. McCarthy. Aposto que ele tem vontade de pedir a senhora em casamento.

Mamãe sorriu desconsoladamente:

— Coitado do homem!

— Se a senhora se vestisse direito e ficasse bem bonitinha como era antes, ele casava, sim. Mas a senhora não faz o mínimo esforço, fica aí sentada, neste quarto sujo, toda feia.

Pobre de mamãe! Como hoje lamento essas palavras. Eu não compreendia que sua fraqueza provinha da subnutrição; contudo, no outro dia, com um esforço sobre-humano, limpou o quarto.

Haviam começado as férias de verão na escola e pensei comigo que naquele dia podia ir mais cedo para a casa dos McCarthy — fazia tudo para fugir da miséria do nosso sótão. Convidaram-me para ficar para o almoço, mas tive o pressentimento de que devia voltar para junto de mamãe. Quando cheguei a Pownall Terrace, algumas crianças das vizinhanças me fizeram parar no portão:

— Sua mãe ficou doida — me disse uma meninazinha.

Foi como se me desse uma bofetada.

— Que é que você está dizendo? — perguntei.

— É verdade — falou outra criança. — Ela estava batendo na porta das casas da gente oferecendo pedaços de carvão. Dizia que era presente de aniversário para as crianças! Se você duvida, pergunte à minha mãe.

Sem querer escutar mais, subi correndo o caminho, passei pela porta aberta da casa, subi aos saltos a escada e abri a porta do nosso quarto. Parei um momento para recuperar o fôlego, olhando para mamãe intensamente. Estávamos numa tarde de verão e a atmosfera era pesada e opressiva. Mamãe, como de costume, sentava-se à janela. Voltou-se lentamente, olhou-me, com o rosto pálido e atormentado. Eu quase gritei:

— Mamãe!

— Que foi? — respondeu ela, apaticamente.

Então corri, caí de joelhos, escondi o rosto no regaço de minha mãe e irrompi num choro incontrolável.

— Vamos, vamos — dizia ela docemente, me acarinhando a cabeça. — Que aconteceu?

— A senhora está doente! — exclamei, entre soluços.

Ela me tranquilizou:

— Estou muito bem.

Mas parecia tão vaga, tão preocupada.

— Não! Não! Os meninos que disseram que a senhora andou pelas casas e...

Não pude acabar a frase, voltei aos soluços.

— Estava procurando Sydney — disse mamãe debilmente. — Eles estão escondendo Sydney de mim.

Aí compreendi que era verdade o que me haviam dito os meninos.

— Oh, mamãezinha, não fale assim! Não diga isso! Não diga — soluçava eu. — Deixe-me arranjar-lhe um médico.

Mamãe continuava a me alisar os cabelos:

— Os McCarthy sabem onde é que ele está e estão escondendo Sydney de mim.

— Mamãezinha, deixe eu ir chamar o médico — implorei.

Levantei-me e dirigi-me à porta.

Ela me encarou com expressão magoada:

— Aonde é que você vai?

— Chamar o médico. Não demoro.

Mamãe não respondeu, ficou a me olhar, inquieta. Desci as escadas às carreiras em busca da senhoria.

— Preciso arranjar um médico depressa, mamãe não está passando bem!

E a senhoria disse:

— Já mandamos chamar o médico.

O médico da paróquia era velho e rabugento e, após escutar a história que lhe contara a senhoria — idêntica à história que me haviam contado os meninos —, fez um exame perfunctório em mamãe:

— Está louca. Tem que ir para o hospital.

E o doutor escreveu num papel; dizia, entre outras coisas, que mamãe sofria de desnutrição — o que, segundo me explicou ele, queria dizer que ela não comia suficientemente.

— No hospital ela vai melhorar e se alimentar direito — consolava-me a senhoria.

A mulher me ajudou a reunir a roupa de mamãe e vesti-la. Mamãe obedecia como uma criança; estava tão fraca que parecia ter perdido o domínio da vontade. Quando deixamos a casa, os vizinhos e as crianças se amontoavam no portão da frente, a olhar, assustados.

O hospital ficava a uma milha de distância. E enquanto caminhávamos mamãe tropeçava como um bêbado, tal era a sua fraqueza, tombando de um lado para outro, enquanto eu a segurava. O forte sol da tarde parecia expor impiedosamente a nossa desgraça. As pessoas que passavam por nós deviam pensar que mamãe estava embriagada — mas para mim eram como fantasmas num sonho. Mamãe não falava nada, mas parecia entender para onde íamos e sentir-se ansiosa por chegar lá. Em caminho, tentei tranquilizá-la, e ela sorriu, fraca demais para falar.

Quando afinal chegamos ao hospital, um médico moço encarregou-se dela. Depois de ler o bilhete do outro, disse com bondade:

— Muito bem, sra. Chaplin, vamos por aqui.

Mamãe submeteu-se docilmente. Mas quando as enfermeiras a foram levando para dentro, ela se virou de súbito, compreendendo dolorosamente que me deixava só.

— Até amanhã — disse eu, fingindo alegria.

Carregaram-na e ela olhava inquieta para trás, para mim. E depois que ela sumiu o médico me interpelou:

— E que é que vai ser de você, rapaz?

Eu, que já me fartara de escolas de caridade, respondi com delicadeza:

— Oh, vou ficar morando com minha tia.

Quando caminhava de volta do hospital para casa, o que eu sentia apenas era uma entorpecente tristeza. E, contudo, também estava aliviado, pois sabia que mamãe ficaria melhor no hospital do que sentada sozinha naquele quarto escuro, sem nada para comer. Mas aquele olhar infeliz que me lançou quando a levavam, isso eu jamais esquecerei. Recordava o carinho dela, a alegria, a meiguice, a afeição; aquele vulto pequeno e fatigado que caminhava pela rua com ar de preocupação e cansaço — até que me via correr para ela; aí imediatamente mudava e se punha a sorrir, enquanto eu examinava ansioso o saco de papel que ela trazia, procurando as pequenas gulodices que sempre arranjava para Sydney e para mim. Até mesmo naquela manhã ela guardara alguns doces que me oferecera enquanto eu chorava no seu regaço.

Não fui direto para casa nem poderia. Virei na direção do mercado de Newington Butts e fiquei a olhar as vitrinas até tarde. Quando voltei ao sótão, pareceu-me acusadoramente vazio. Numa cadeira estava uma bacia pelo meio de água. Duas camisas minhas e uma camiseta estavam de molho dentro dela. Comecei a procurar; no armário não havia comida, exceto meio pacotinho de chá. Sobre a lareira estava a bolsa de mamãe, onde encontrei três meios *pence*, algumas chaves e várias cautelas de penhor. No canto da mesa, o doce que ela me dera. Aí não pude mais e rompi de novo a chorar.

Exausto emocionalmente, dormi como uma pedra a noite toda. Pela manhã acordei ante a desolada solidão do quarto; o sol que entrava pelo chão parecia tornar mais sensível a ausência de mamãe. Mais tarde a senhoria subiu e disse que eu podia ir usando o quarto até que ela arranjasse outro inquilino e que se eu quisesse comer bastava pedir. Agradeci e disse-lhe que Sydney, quando voltasse, pagaria todas as nossas dívidas. Mas tive vergonha de pedir comida.

Não fui visitar mamãe no dia seguinte, como prometera. Não tinha coragem de enfrentar o choque. Mas a senhoria esteve com o médico e soube por ele que já havia sido transferida para o hospício de Cane Hill. E essa notícia melancólica me aliviou a consciência, porque Cane Hill ficava a vinte milhas de distância e eu não tinha meios de ir lá. Sydney em breve voltaria e então iríamos visitá-la juntos. E durante os primeiros dias não vi nem falei com nenhum conhecido.

Fugia de casa de manhã e ficava fora o dia todo; sempre arranjava jeito de obter comida — e, além do mais, perder uma refeição não era sacrifício tão grande. Certa manhã a senhoria me apanhou a me esgueirar pela escada e perguntou se eu comera. Abanei a cabeça.

— Então venha comer — disse ela no seu modo ríspido.

Eu me escondia dos McCarthy porque não queria que eles soubessem o que houvera com mamãe. Como um fugitivo, evitava todo e qualquer encontro.

JÁ FAZIA uma semana que mamãe fora embora e minha vida seguia uma rotina precária, que eu nem lamentava nem apreciava. Minha maior preocupação era a senhoria, porque se Sydney não voltasse cedo ou tarde ela teria que dar parte de mim às autoridades da paróquia e eu seria mandado para a escola de Hanwell. Por isso eu fugia da velha, até mesmo dormindo fora, algumas vezes.

Fiz amizade com uns rachadores de lenha que trabalhavam numa cavalariça por trás de Kennington Road — uns sujeitos de aspecto maltrapilho que trabalhavam duro naquele galpão escuro, falavam baixinho, serrando e lascando madeira o dia todo, e arrumando as achas de lenha em feixes de meio pêni. Eu me encostava à porta aberta e ficava a olhá-los. Apanhavam uma tora de um pé de comprimento, rachavam-na em achas de uma polegada, depois juntavam as achas e as reduziam a pedaços ainda mais delgados. Rachavam madeira tão rapidamente que eu ficava fascinado, parecendo-me aquele trabalho muito atraente. Não tardou muito comecei a ajudá-los. Compravam a madeira de firmas demolidoras, traziam-na de carroça para o galpão, amontoavam-na — trabalho que tomava pelo menos um dia — e então serravam as toras num dia e no outro as rachavam. Sexta e sábado iam vender a lenha. Mas a venda não me interessava; era mais esportivo o trabalho no galpão.

Eram uns homens afáveis, calados, dos seus trinta anos, mas se portavam e pareciam muito mais velhos. O chefe — como o chamávamos — tinha um nariz vermelho de diabético e nem um dente superior, salvo um canino; e no entanto tinha no rosto uma expressão amena, meiga. Quando ria era grotesco, expondo o seu único dente. Nas vezes em que havia uma xícara a menos para o chá, ele costumava apanhar uma lata vazia de leite condensado, lavava-a rindo e dizia:

— Que tal isto como xícara?

O seu colega, embora simpático, era calado, de cara macilenta, lábios grossos, e falava bem devagar. Pela altura de uma hora, o chefe me olhava e dizia:

— Você já provou torrada com queijo de Gales, feita com casca de queijo?

— Muitas vezes — respondia eu.

Então, com uma risadinha à socapa, ele me dava dois *pence* e eu corria até o Ashe, o merceeiro da esquina, que gostava de mim e sempre me servia porções generosas; comprava um pêni de casca de queijo e um pêni de pão. Depois que lavávamos e raspávamos o queijo, juntávamos-lhe água, sal e pimenta. Às vezes o chefe acrescentava um pedaço de toucinho de fumeiro e uma cebola em rodelas, o que, junto com uma lata de chá quente, dava uma refeição apetitosíssima.

Embora nunca lhes pedisse dinheiro, quando chegou o fim da semana o chefe me deu seis *pence*, o que foi uma agradável surpresa.

Joe, o de cara macilenta, sofria de ataques; nessas horas o chefe queimava papel de embrulho sob seu nariz, para que ele voltasse a si. Algumas vezes Joe espumava e mordia a língua e quando recuperava os sentidos tinha um olhar patético e envergonhado.

Trabalhavam os rachadores de lenha de sete da manhã até sete da noite, às vezes até mais tarde; e eu sempre me sentia triste quando eles fechavam o galpão e iam para casa. Certa noite o chefe resolveu nos oferecer um lugar de galeria de três *pence* no South London Music Hall. Joe e eu já nos tínhamos lavado e, limpos, esperávamos o chefe. Eu estava interessadíssimo porque a comédia *Pássaros madrugadores*,[1] de Fred Karno (a mesma companhia de que mais tarde fiz parte), era representada lá, nessa semana. Joe encostara-se à parede do galpão e eu me pusera defronte entusiasmado, quando de repente ele soltou um grito e escorregou pela parede abaixo, num dos seus ataques. A tensão da espera fora grande demais para Joe. O chefe quis ficar a cuidar dele, mas Joe insistiu para que nós fôssemos, os dois, garantindo que estaria completamente bom pela manhã.

A ameaça da escola era um espantalho que nunca me abandonava. Vez por outra os rachadores de lenha me interrogavam a respeito. Começaram a se mostrar um pouco inquietos quando terminaram as férias; e eu comecei a ficar longe deles até quatro e meia, quando terminavam as aulas. Mas que dias compridos os meus, exposto nas ruas acusadoras, esperando que dessem as quatro e meia para voltar ao abrigo, à sombra e aos cortadores de lenha.

Certa noite, quando me esgueirava para a cama, a senhoria me chamou. Ficara acordada a esperar-me. Estava alvoroçada e me entregou um telegrama que dizia o seguinte.

"Chegarei às dez horas de amanhã na Waterloo Station.

Saudades, Sydney."

Não se poderia gabar minha aparência enquanto esperava Sydney na estação. A roupa suja e rasgada, os sapatos de boca aberta e o forro do boné aparecendo como uma saia branca de mulher. E o pouco que pude fazer para

---

[1]No original inglês: *Early birds*. (N. da T.)

lavar o rosto fora na torneira dos homens da lenha, porque me poupava o trabalho de subir com um balde de água três lances de escada, e ainda passando pela cozinha da senhoria. Quando encontrei Sydney, as sombras da noite estavam nas minhas orelhas e no meu pescoço.

Olhando-me, indagou:

— Que foi que aconteceu?

Não procurei suavizar a notícia:

— Mamãe enlouqueceu e tivemos que mandá-la para o hospício.

O rosto de Sydney ficou sombrio, mas ele se conteve:

— Onde é que você está morando?

— No mesmo lugar, em Pownall Terrace.

Sydney afastou-se para cuidar da bagagem. Notei que ele estava pálido e magro. Pediu um carro fechado em cujo teto os carregadores empilharam a bagagem; e entre outras coisas vi um engradado com bananas!

— São nossas? — perguntei ansioso.

Sydney fez sinal que sim:

— Mas estão verdes. A gente tem que esperar ainda um dia ou dois para comê-las.

A caminho de casa pôs-se a me crivar de perguntas a respeito de mamãe. Eu estava muito agitado para lhe poder fazer uma narrativa coerente, mas Sydney apanhou uma coisa ou outra. Depois contou que o tinham desembarcado em um hospital da Cidade do Cabo, para tratamento médico, e que na viagem de volta ele apurara vinte libras — dinheiro que guardara para entregar a mamãe. Ganhara-o com os soldados, organizando *sweepstakes* e loterias.

Disse-me os seus planos. Pretendia abandonar a vida do mar e tornar-se ator. Calculara que o dinheiro daria para nos manter durante vinte semanas, e nesse tempo ele procuraria trabalho em algum teatro.

Nossa chegada, de carro, com um grajau de bananas, impressionou tanto os vizinhos como a senhoria. Ela falou a Sydney a respeito de mamãe, mas não entrou em minúcias por demais desagradáveis.

Nesse mesmo dia Sydney saiu a compras e supriu-me de roupa nova, e nessa noite, bem esfarpelados, sentamos na geral do South London Music Hall. Durante o espetáculo, Sydney estava sempre a repetir:

— Ah, imagine o que seria a noite de hoje para mamãe.

Nessa semana fomos a Cane Hill visitá-la. E enquanto estávamos sentados, no parlatório, o martírio da espera era quase intolerável. Lembro-me das chaves girando e mamãe entrando na sala. Estava muito pálida, com os lábios azulados, e embora nos reconhecesse não mostrou entusiasmo; toda a sua velha animação desaparecera. Vinha acompanhada por uma enfermeira, tagarela sem maldade, que ficou de pé junto a nós falando:

— Foi pena que vocês viessem hoje, hoje não estamos lá muito bem, não é, queridinha?

Mamãe olhou-a com polidez e um meio sorriso, como se esperasse vê-la ir-se embora.

— Devem voltar quando estivermos um pouco melhores — acrescentou a enfermeira.

Afinal foi embora e nos deixou a sós. E embora Sydney procurasse animar mamãe, contando-lhe da sua sorte, do dinheiro que trouxera e da razão que o fizera demorar tanto, ela apenas escutava, balançava a cabeça, mostrando-se desatenta e preocupada. Eu lhe disse que ela em breve estaria boa.

— Sim, claro — respondeu mamãe com tristeza. — Mas se você tivesse me dado uma xícara de chá naquela tarde eu estaria muito bem.

Depois o médico disse a Sydney que evidentemente a perturbação mental de mamãe era devida à desnutrição; que ela precisava de tratamento médico adequado e que embora tivesse momentos lúcidos ainda se passariam meses antes que se recuperasse completamente.

Mas durante dias e dias fiquei atormentado por aquela frase: "Se você tivesse me dado uma xícara de chá naquela tarde eu estaria muito bem."

5

Joseph Conrad certa vez escreveu a um amigo dizendo-lhe o seguinte: que a vida o fazia sentir-se como um rato acuado esperando ser morto a pauladas. Essa imagem pode descrever a terrível situação de nós todos; contudo, alguns de repente recebem um bafejo de boa sorte, e foi o que me sucedeu.

Eu fora vendedor de jornais, tipógrafo, fabricante de brinquedos, soprador de vidros, recepcionista de médico etc., mas durante esses empregos
ocasionais, tal como Sydney, não perdera de vista a minha resolução de ser
ator. E assim, entre um emprego e outro, engraxava os sapatos, escovava
a roupa, punha um colarinho limpo e fazia visitas periódicas à Agência
Teatral de Blackmore, em Bedford Street, perto do Strand. Fiz isso até que
o estado de minha roupa proibiu mais visitas.

Na primeira vez em que fui lá, o escritório estava florido com a presença de tespianos de ambos os sexos, imaculadamente trajados, de pé a
conversar entre si, grandiloquentemente. Trêmulo, detive-me num canto
afastado junto à porta, desoladamente tímido, procurando esconder a
roupa coçada e os sapatos meio rotos. Da sala interna, esporadicamente
surgia um jovem funcionário e cortava como um ceifador a altivez dos
tespianos com uma frase lacônica:

— Nada para o senhor, ou a senhora, ou o senhor. E o escritório se es-
vaziava como uma igreja ao fim da missa. Em certa ocasião fui deixado só!
Quando o empregado me viu, deteve-se abrupto:

— Que é que você quer?

Senti-me como Oliver Twist:

— O senhor tem algum papel para menino? — engoli em seco.

— Você é registrado?

Abanei a cabeça.

Para minha surpresa, o rapaz me levou até a sala contígua, tomou o
meu nome e endereço e todas as outras indicações, dizendo que se aparecesse qualquer coisa far-me-ia saber. Deixei-o com a agradável sensação
de haver cumprido um dever, mas também dando graças por nada haver
resultado daquilo.

Pois um mês após a chegada de Sydney recebi um postal, onde se lia:

"Favor comparecer à Agência Blackmore, Bedford Street, Strand."

Vestido no meu terno novo fui levado à presença do sr. Blackmore
em pessoa, que era todo sorrisos e amabilidade. O sr. Blackmore, que eu
imaginava fosse imponente e perguntador, mostrou-se muito bondoso e

me deu um bilhete para entregar a um sr. C. E. Hamilton, no escritório de Charles Frohman.

O sr. Hamilton leu o bilhete e ficou surpreso e divertido ao ver quanto eu era pequeno. Claro que menti a respeito de minha idade, dizendo-lhe que tinha catorze anos — tinha só doze anos e meio. Explicou-me que eu devia representar o papel de Billie, o empregadinho de Sherlock Holmes, numa turnê de quarenta semanas, que começaria no outono.

— Enquanto isso, temos um papel para menino, excepcionalmente bom — acrescentou o sr. Hamilton —, na nova peça *Jim, o romance de um cockney*,[1] escrita pelo sr. H. A. Saintsbury, o cavalheiro que fará o papel-título em *Sherlock Holmes* na próxima turnê.

Jim seria produzida em Kingston, numa temporada de experiência, anterior à turnê de *Holmes*. O salário era de duas libras e dez xelins por semana, o mesmo que eu ganharia em *Sherlock Holmes*.

Embora a quantia fosse um maná, nem pestanejei; e ainda disse, solene:
— Tenho que consultar o meu irmão a respeito dos termos do contrato.

O sr. Hamilton riu, parecendo muito divertido, depois chamou todo o pessoal do escritório para me ver:
— Esse é o nosso Billie! Que é que vocês acham?

Todos se mostraram encantados e me sorriram gentilmente. Que acontecera? Parecia que o mundo de repente mudara, tomara-me nos braços com carinho e me adotara. Em seguida o sr. Hamilton me deu um bilhete para o sr. Saintsbury, o qual, segundo explicou, eu encontraria no Green Room Club, em Leicester Square.

E parti, caminhando sobre nuvens.

A mesma coisa se passou no Green Room Club: o sr. Saintsbury chamou os outros membros para me olharem. E imediatamente entregou-me a parte de Sammy, dizendo que era um dos papéis mais importantes da peça. Senti-me um pouco nervoso, temendo que ele me mandasse ler a parte ali, de repente, o que seria de embaraçar — porque eu quase não sabia ler. Por sorte o sr. Saintsbury me mandou levar a parte para casa e lê-la com calma, porque só começariam a ensaiar na outra semana.

---

[1]No original inglês: *Jim, the romance of a cockney*. (N. da T.)

Fui para a casa de ônibus, tonto de felicidade, e só então compreendi realmente o que me sucedera. Subitamente deixava para trás a vida de miséria e realizava um sonho tão desejado — um sonho em que minha mãe falara tanto, pelo qual anelara tanto. Eu ia ser um ator! E aquilo acontecera de súbito, inesperadamente. Folheava sem parar a minha parte — estava encapada com um papel pardo, novo —, o mais importante documento que jamais tivera em mãos, na minha vida. Durante o percurso de ônibus, compreendi que transpusera um limiar importantíssimo. Já não era mais um vagabundo dos bairros miseráveis; agora era um personagem do teatro. Tinha vontade de chorar.

Os olhos de Sydney nublaram-se quando lhe contei o que acontecera. Sentado na cama com as pernas encolhidas, ficou olhando pensativo pela janela, a abanar a cabeça. Afinal disse, grave:

— Agora a nossa vida mudou definitivamente. Ah, se mamãe pudesse estar com a gente nesta alegria!

— Pense, Sydney — dizia eu, entusiasmado —, quarenta semanas a duas libras e dez xelins. Eu disse ao sr. Hamilton que você é que cuidava dos meus negócios, portanto — acrescentei, ansioso — podemos obter até mais! De qualquer forma, poderemos economizar umas sessenta libras este ano!

Depois que o nosso entusiasmo amainara, chegamos à conclusão que duas libras e dez xelins era salário muito pequeno para papel tão importante. Sydney foi lá, para ver se conseguia aumentar a oferta — não faz mal tentar, dizia eu —, mas o Sr. Hamilton mostrou-se inflexível:

— Duas libras e dez xelins é o máximo.

E nós estávamos muito satisfeitos com elas.

Sydney leu o papel para mim e me ajudou a decorar os diálogos. Era um papel comprido, cerca de trinta e cinco réplicas, mas decorei-o em três dias.

Os ensaios de *Jim* realizaram-se no salão do Drury Lane Theatre. Sydney me preparara com tanto zelo que eu estava quase perfeito. Só uma palavra me atormentava. A linha do diálogo assim: "Quem é que você pensa que é? O sr. Pierpont Morgan?" E eu só conseguia dizer "Putterpint Morgan". O sr. Saintsbury mandou-me praticar a palavra. E aqueles primeiros ensaios foram uma revelação. Abriam-me um mundo novo de técnica. Eu não sabia que existia essa coisa chamada artesanato teatral — ritmo, pausas, a deixa indicando virar, sentar —, mas tudo me veio, naturalmente. Só uma falta o sr. Saintsbury corrigiu: eu mexia demais a cabeça quando falava.

Depois de ensaiar algumas cenas, o sr. Saintsbury mostrou-se espantado e me perguntou se eu já representara. Que prazer imenso agradar o sr. Saintsbury e todo o elenco! Contudo, aceitei o entusiasmo deles como se fosse o meu direito natural.

Jim deveria fazer uma curta temporada experimental de uma semana no Kingston Theatre e outra semana em Fulham. Era um melodrama calcado na peça de Henry Arthur Jones, *O rei da prata*[2] — a história de um aristocrata que sofria de amnésia, que se encontra a viver em uma água-furtada em companhia de uma jovem florista e um pequeno vendedor de jornais, Sammy, meu papel. Do ponto de vista moral, a peça era elevadíssima: a florista dormia no armário do sótão, enquanto o duque, como o chamávamos, dormia no sofá e eu no chão.

O primeiro ato passava-se no n. 7-A de Devereux Court, no Temple, residência de um rico advogado, James Seaton Gatlock. O duque esfarrapado procura um seu antigo rival em amores e lhe suplica uma esmola para socorrer a sua benfeitora enferma, a florista que o sustentara durante a sua amnésia.

E, em meio à altercação, diz o vilão para o duque:

— Rua! Rua, vá morrer de fome, você e sua amante regateira!

O duque, embora enfraquecido e débil, apanha uma espátula de sobre a mesa para atacar o vilão; mas a arma cai-lhe das mãos ao lhe sobrevir um ataque súbito de epilepsia, derrubando-o inconsciente aos pés do malvado. Nesse momento, a ex-esposa do vilão, por quem outrora o duque maltrapilho estivera enamorado, entra em cena. Ela também implora pelo duque, dizendo:

— Ele fracassou junto a mim! Fracassou como advogado! Você, pelo menos, deveria ajudá-lo!

Mas o vilão recusa. A cena atinge o seu clímax quando o malvado acusa a ex-esposa de infidelidade junto com o duque. Furiosa, ela apanha a

---

[2]No original inglês: *Silver king*. (N. da T.)

espátula que caíra das mãos do coitado e apunhala o vilão, que cai morto na poltrona, enquanto o duque ainda jaz inconsciente aos seus pés. A mulher desaparece de cena e o duque, recuperando a consciência, vê o seu rival morto e diz:

— Meu Deus, que fiz eu?

Continua a história. O duque dá busca nos bolsos do defunto e descobre uma carteira, onde encontra várias libras, um anel de diamantes e outras joias, e se apossa de tudo; e ao sair, pela janela, ele se volta e diz:

— Adeus, Gatlock. Você afinal me ajudou.

O ato seguinte passa-se na água-furtada onde vive o duque. O pano levantava com um detetive sozinho a examinar um armário. Eu entrava assobiando, mas parava, ao ver o detetive:

SAMMY — Escute aqui! O senhor sabe que isso aí é o quarto de dormir de uma senhora?

DETETIVE — O quê? Este armário? Venha cá!

SAMMY — Que audácia!

DETETIVE — Pare com isso, venha cá e feche a porta.

SAMMY (*caminhando em direção ao detetive*) — Grande delicadeza a sua, mandando a gente entrar na nossa própria sala de estar!

DETETIVE — Eu sou um detetive.

SAMMY — O que, um tira? Eu não fiz nada!

DETETIVE — Não vou machucar você. Só desejo uma pequena informação para fazer um favor a uma pessoa.

SAMMY — Ora um favor! Se alguma coisa boa acontecer a alguém daqui, não há de vir por intermédio da polícia!

DETETIVE — Não seja tolo. Se eu quisesse fazer mal a alguém começaria logo por dizer que era da polícia?

SAMMY — Não tenho de que lhe agradecer. Já tinha visto pelas suas botas.

DETETIVE — Quem mora aqui?

SAMMY — O duque.

DETETIVE — Sim, mas como ele se chama realmente?

SAMMY — Não sei. Ele diz que "Duque" é *nom de guerre*, mas diabos me levem se eu sei que quer dizer.

DETETIVE — E como é que ele é?

SAMMY — Magro como um sarrafo. Cabelo grisalho, cara raspada, usa cartola e monóculo. E precisa ver o jeito dele olhar através daquele vidro!

DETETIVE — E esse Jim, quem é ele?

SAMMY — Ele? O senhor quer dizer ela!

DETETIVE — Ah, então é ela a senhora que...

SAMMY (*interrompendo*) — Que dorme no armário. E este quarto é o nosso, meu e do duque etc. etc.

O papel constava de muito mais e, acredite-se ou não, o público ria muitíssimo devido talvez ao fato de eu parecer muito mais moço do que era. Cada uma das minhas réplicas provocava risos. E só a parte mecânica me atrapalhava: o problema de fazer chá de verdade no palco. Eu me confundia, sem saber se poria no bule primeiro o chá ou primeiro a água. Paradoxalmente, era-me mais fácil decorar o diálogo do que funcionar em cena.

Jim não foi um êxito. Os críticos meteram-lhe o pau, impiedosamente. Eu, contudo, recebi comentários favoráveis; um deles, que me foi mostrado pelo sr. Charles Rock, membro da nossa companhia, era excepcionalmente elogioso.

— Moço — disse-me solenemente o sr. Rock —, não fique com a cabeça cheia de vento quando ler isto aqui. — E depois de me fazer um sermão sobre modéstia e gentileza, leu a crítica do *London Tropical Times*, que ainda recordo, palavra por palavra:

"Mas há sempre uma compensação — o papel de Sammy, o pequeno jornaleiro, esperto garoto das ruas de Londres, grandemente responsável pela parte cômica. Embora vulgar e fora de moda, Sammy tornou-se muito divertido na interpretação de Master Charles Chaplin, um ator infantil brilhante e vigoroso. Eu nunca tinha ouvido falar nesse rapaz, mas espero saber grandes coisas a respeito dele, em futuro próximo."

Sydney comprou uma dúzia de exemplares do jornal.

Depois de completar as duas semanas de representações de *Jim*, começamos a ensaiar o *Sherlock Holmes*. Sydney e eu, nesse ínterim, continuávamos morando em Pownall Terrace porque, do ponto de vista econômico, ainda não estávamos muito seguros da nossa estabilidade.

Durante os ensaios, Sydney e eu fomos a Cane Hill visitar mamãe. A princípio as enfermeiras informaram que ela não estava passando bem naquele dia e não podia receber nossa visita. Chamaram Sydney à parte, para que eu não os escutasse, mas consegui ouvir meu irmão dizer:

"Não, acho que ele não vai querer." E virando-se para mim Sydney perguntou tristemente:

— Você não quer ver mamãe na cela acolchoada?

— Não, não tenho coragem — respondi, recuando.

Mas Sydney foi vê-la e mamãe o reconheceu e se acalmou. Poucos minutos depois a enfermeira veio me dizer que mamãe já estava bem e que poderia vê-la se quisesse. Sentamo-nos juntos no quarto acolchoado. Antes que saíssemos, ela me puxou de lado e murmurou tristemente:

— Ande bem direito, senão eles prendem você aqui.

Mamãe ficou dezoito meses em Cane Hill, antes de recuperar a saúde. Mas Sydney a visitava regularmente, enquanto eu viajava em turnê.

O SR. H. A. SAINTSBURY, que fazia o papel de Holmes na nossa peça, era uma reprodução viva das ilustrações do *Strand Magazine*. Tinha o rosto longo e expressivo e uma fronte inspirada. Era considerado o melhor de todos os atores que interpretavam Sherlock Holmes, até melhor do que William Gillette, o criador do papel e autor da peça.

Na minha primeira turnê decidiu a gerência que eu deveria morar com o sr. e a sra. Green — o carpinteiro da companhia e sua mulher, encarregada do guarda-roupa —, o que não era em verdade um arranjo dos mais brilhantes. E o que é pior: o sr. e a sra. Green de vez em quando se embebedavam. Ademais, nem sempre eu tinha vontade de comer quando eles comiam ou de comer o que eles comiam. Tenho certeza de que a minha estada com os Green era mais incômoda para eles do que para mim. E assim, passadas três semanas, resolvemos nos separar amigavelmente e, como eu era muito criança para viver junto com o resto do elenco, passei a viver só. Ficava só em cidades estranhas, sozinho em quartos de fundo, raramente me avistando com alguém antes do espetáculo da noite e só escutando a minha própria voz quando falava comigo mesmo. Uma vez ou outra ia aos cafés onde se reuniam os membros da companhia e ficava a vê-los jogar bilhar. Mas sentia sempre que a minha presença lhes atrapalhava a conversa e eles não faziam cerimônia em me deixar compreender isso. Eu não podia sorrir das piadas deles sem que me fizessem cara feia.

Comecei a ficar melancólico. Ao chegar às cidades do norte em noites de domingo, escutar o badalar lamentoso dos sinos de igreja, enquanto caminhava sozinho pela escura rua principal, era fraco consolo para a minha solidão. Nos dias de semana visitava os mercados locais e fazia minhas compras, trazendo verduras e carnes para a senhoria cozinhar. Às vezes alugava quarto com comida e comia na cozinha com a família. E gostava desse arranjo, porque as cozinhas do norte são limpas e agradáveis, os fogões bem areados, as lareiras azuis. Quando a senhoria fazia pão, era um conforto deixar lá fora o dia frio e escuro e passar para o clarão vermelho do fogo em alguma cozinha do Lancashire, ver ao redor do forno as formas com o pão, por cozer, e sentar-me para o chá junto com a família; todos apreciavam com grave solenidade o gosto do pão quente, recém-saído do forno, com manteiga fresca.

Eu já passara seis meses nas províncias. Enquanto isso, Sydney tivera pouco êxito na obtenção de um contrato de teatro e assim, abandonando as ambições cênicas, arranjara um emprego no bar do Coal Hole, no Strand. Entre cento e cinquenta pretendentes, obteve o emprego. Mas assim mesmo caíra ignominiosamente no próprio conceito.

Sydney me escrevia regularmente, dando-me notícias da saúde de mamãe, mas eu raramente lhe respondia. E a razão disso é que eu ainda não sabia soletrar direito. Uma das cartas me comoveu profundamente e me aproximou muito de meu irmão; ele me censurava por não lhe responder, lembrava as misérias que havíamos passado juntos e que nos deveriam unir ainda mais. "Desde a doença de mamãe", escrevia Sydney, "nós dois só temos no mundo um ao outro. Portanto, você deve me escrever regularmente, para eu saber que tenho um irmão." Era uma carta tão comovedora que respondi imediatamente. Fiquei a ver Sydney por outro prisma. Aquela carta cimentou uma amizade fraterna que tem durado através da minha vida.

Acostumei-me a viver só. Mas perdi tanto o hábito de falar que quando de repente me encontrava com algum membro da companhia sentia-me embaraçadíssimo. Não conseguia presença de espírito bastante para responder inteligentemente às perguntas e eles me deixavam, tenho a certeza, tomados de alarme e preocupação pela minha saúde mental. A sra. Greta Hahn, por exemplo, nossa primeira artista, era linda, encantadora e muito boazinha; e, contudo, quando a via atravessar a rua em minha direção, eu imediatamente dava as costas e ficava a olhar para uma vitrina, ou tomava por outra rua, a fim de a evitar.

Comecei a me relaxar e a adquirir hábitos anárquicos. Quando viajava com a companhia, sempre chegava atrasado à estação, no último momento, descabelado e sem colarinho, e era continuamente repreendido por causa disso.

Comprei um coelho para me fazer companhia e, onde me instalava, levava-o de contrabando, às escondidas da senhoria. Era um bichinho carinhoso, embora não muito asseado. Tinha o pelo tão branco e limpo que lhe desmentia o forte mau cheiro. Eu o mantinha numa gaiola de madeira, escondido debaixo da cama. A senhoria entrava no quarto, toda alegre, com o meu desjejum, mas farejava o cheiro e saía, com ar preocupado e confuso. No instante em que ela ia embora eu soltava o coelho, que se punha a saltar pelo quarto.

Com pouco tempo eu o havia ensinado a correr para a gaiola mal batiam à porta. Se a senhoria descobria meu segredo, eu fazia o coelho dar a sua corrida para ela ver, o que em geral a conquistava — e ela então se conformava com a presença de nós ambos pelo resto da semana.

Mas em Tonypandy, em Gales, depois que lhe mostrei a graça do coelho, a mulher sorriu misteriosamente e não fez comentário; e quando à noite voltei do teatro meu bichinho sumira. Às minhas indagações, a senhoria abanou a cabeça:

— Talvez tenha fugido ou alguém o roubou.

À maneira dela, resolvera o problema eficazmente.

De Tonypandy fomos para a cidade mineira de Ebbw Vale, onde daríamos função por três noites; e dei graças a Deus por não ser maior a demora, porque naquele tempo Ebbw Vale era um lugarejo úmido e feio, com renques e renques de casas horrendas, iguais — composta cada uma de quatro pequenos cômodos iluminados a querosene. A maior parte da companhia instalou-se num pequeno hotel. Por sorte arranjei um quarto de frente numa casa de mineiros que, embora pequena, era confortável e limpa. À noite, depois do teatro, deixavam minha ceia junto ao fogo, para não esfriar.

A senhoria, mulher alta, bonita, de meia-idade, tinha uma aura de tragédia a cercá-la. Trazia meu desjejum pela manhã e mal dava uma palavra. Notei que a porta da cozinha estava sempre trancada; sempre que eu queria qualquer coisa tinha que bater e a porta só se abria umas poucas polegadas.

Na segunda noite, quando eu estava comendo a minha ceia, o marido dela chegou — era um homem mais ou menos da mesma idade que a mulher. Tinha ele ido ao teatro naquela noite e gostara da peça. Ficou um pouco a conversar, segurando uma vela acesa, pronto para deitar-se. Parou de falar um instante, como se pensasse no que queria dizer.

— Escute, quero lhe mostrar uma coisa que talvez o interesse, na sua profissão. Já viu um sapo humano? Segure aqui a vela que eu apanho a lâmpada.

Abriu caminho para a cozinha e depôs a lâmpada no aparador, que tinha uma cortina no lugar das portas.

— Ande, Gilbert, saia daí — disse ele abrindo a cortina.

A metade de um homem, sem pernas, com uma cabeça enorme, loura, chata, um rosto doentiamente branco, nariz chato, boca imensa, e ombros e braços musculosos, fortíssimos, arrastou-se de dentro do armário. Usava ceroulas de flanela, com as pernas cortadas à altura das coxas, das quais saíam dez dedos grossos e curtos. A horrenda criatura poderia ter vinte ou quarenta anos. Ergueu os olhos e sorriu, mostrando uns dentes amarelos e separados.

— Vamos, Gilbert, pule! — disse o pai; e o desgraçado abaixou-se lentamente, depois, apoiando-se nos braços, e saltou quase à altura de minha cabeça.

— Que é que você acha dele num circo? O sapo humano!

Eu estava tão horrorizado que mal podia responder. Contudo, sugeri-lhe o nome de vários circos para os quais poderia escrever.

O homem insistiu em que o desgraçado fizesse alguma das suas proezas pulando, saltando e equilibrando-se nos braços de uma cadeira de balanço, apoiado nas mãos. Quando por fim terminou, fingi o maior entusiasmo e o cumprimentei pelas habilidades.

— Boa noite, Gilbert — disse eu antes de sair; e em voz cava, com a língua presa, o pobre-diabo respondeu:

— Boa noite.

Várias vezes durante a noite acordei e examinei a fechadura da porta. Na manhã seguinte a senhoria mostrou-se agradável e comunicativa!

— Soube que você viu Gilbert. Naturalmente, ele só dorme debaixo do aparador quando temos hóspedes do teatro.

Aí me ocorreu um pensamento horroroso — que eu estava dormindo na cama de Gilbert.

— Sim — respondi e falei com comedido entusiasmo acerca das possibilidades que Gilbert tinha de trabalhar num circo.

A mãe concordou:

— Temos pensado muito nisso.

Meu entusiasmo, ou o que quer que fosse, pareceu agradar a senhoria e antes de partir fui à cozinha para me despedir de Gilbert. Com um esforço para parecer natural apertei sua grande mão calosa e ele gentilmente apertou a minha.

DEPOIS de quarenta semanas no interior, voltamos para representar durante outras oito nos subúrbios de Londres. Como *Sherlock Holmes* era um sucesso fenomenal, devia começar uma segunda turnê, três semanas após o término da primeira.

Sydney e eu resolvemos então abandonar o nosso quarto de Pownall Terrace e tomar alojamento mais respeitável em Kennington Road. Queríamos largar a pele velha, como cobras, abandonando qualquer vestígio do passado.

Falei à gerência, pedindo um pequeno papel para Sydney na próxima turnê de *Holmes*, e ele o conseguiu — trinta e cinco xelins por semana! E agora estávamos juntos na turnê.

Todas as semanas Sydney escrevia para mamãe e no fim da segunda turnê recebemos uma carta do hospício de Cane Hill, informando-nos de que ela já recuperara totalmente a saúde. Que notícia formidável! Rapidamente, tomamos providências para a alta e fizemos preparativos para que mamãe fosse se encontrar conosco em Reading. Para comemorar a ocasião, alugamos um apartamento especial, de luxo, que consistia em dois quartos e uma sala com piano; enfeitamos de flores o quarto dela e arranjamos um jantar caprichado de quebra.

Felizes e tensos, Sydney e eu a esperamos na estação do trem; eu, contudo, não conseguia deixar de me sentir inquieto, a pensar como é que mamãe se adaptaria às nossas vidas, sabendo bem que aquela intimidade do passado não poderia mais ser a mesma.

Afinal chegou o trem. Incertos, alvoroçados, examinamos o rosto dos passageiros que saíam dos carros. Por fim a vimos, a sorrir e caminhar calmamente em nossa direção. Não demonstrou grande emoção quando lhe fomos ao encontro, mas nos falou com afeição e decoro. Evidentemente também ela estava fazendo esforços para se ajustar às novas circunstâncias.

No curto trajeto de carro até nosso apartamento, falamos de cem coisas diferentes, importantes e sem importância.

Depois do primeiro fluxo de entusiasmo, depois de lhe mostrarmos o apartamento e as flores no quarto, vimo-nos sentados na sala, olhando uns para os outros, de respiração presa. Era um dia de sol, o nosso apartamento ficava numa rua tranquila, mas o silêncio agora era constrangedor e, a despeito do meu desejo de me sentir feliz, vi que lutava contra a depressão. A probrezinha de mamãe, que pedia tão pouco à vida para se mostrar alegre e animada, lembrava-me de meu passado infeliz — devia ser ela a última pessoa do mundo que me provocasse tal reação. Mas fiz o possível para esconder meus sentimentos. Mamãe envelhecera um pouco e engordara. Eu sempre me orgulhara da sua beleza e do seu modo de vestir-se e queria mostrá-la ao pessoal da companhia com a sua melhor aparência — mas ela agora me parecia meio desleixada. E acho que mamãe adivinhou minhas dúvidas, porque virou-se para mim com ar indagador.

Timidamente ajeitei-lhe uma mecha de cabelos e lhe disse sorrindo:

— Quero que a senhora esteja bem alinhada quando for apresentada ao pessoal da companhia.

Mamãe me olhou, apanhou a pluma de pó e empoou o rosto, dizendo animada:

— Já me sinto feliz só por estar viva.

Não demorou a nos sentirmos amplamente reajustados uns aos outros e a minha depressão desapareceu. Mamãe entendia melhor do que nós que já estávamos muito grandes para continuarmos na mesma intimidade do tempo de crianças, o que só aumentava seu carinho para conosco. Quando viajávamos, ela se encarregava das compras de provisões, trazendo para o quarto frutas e gulodices e sempre algumas flores. Por mais pobres que fôssemos, nos tempos passados, quando fazia compras aos sábados, mamãe sempre achava jeito de trazer um pêni de golvos. Às vezes, ficava um pouco calada, reservada, o que me entristecia muito. Portava-se mais como uma hóspede que como nossa mãe.

Passado um mês ela quis voltar para Londres; estava ansiosa para se instalar, para nos poder receber num lar, depois da turnê. Além disso, alegou, sairia mais barato do que viajar conosco pelo país inteiro, com uma passagem extra a pagar.

Alugou o apartamento que ficava nos altos da barbearia na Chester Street, onde já morávamos, e com dez libras comprou móveis a prestações. As peças não eram espaçosas como as do castelo de Versalhes, nem tinham a mesma elegância. Mas mamãe obrou maravilhas nos quartos, cobrindo caixotes de laranja com cretone, para fazer deles pequenas cômodas. Eu e Sydney juntos estávamos ganhando quatro libras e cinco xelins por semana e mandávamos para mamãe uma libra e cinco xelins.

Depois da segunda turnê Sydney e eu voltamos para casa e passamos algumas semanas com mamãe. E embora nos alegrasse estar com ela, secretamente nos comprazia partir em turnê, novamente, pois a Chester Street não nos oferecia os requisitos de conforto dos alojamentos das cidades do interior — certas amenidades a que eu e Sydney já agora nos habituáramos. E mamãe sem dúvida compreendeu isso. Quando nos acompanhou à estação, mostrava-se muito animada, mas nós a sentimos preocupada, vendo-a sorrir e abanar o lenço, enquanto o trem se afastava.

MINHA VIDA   113

Durante a nossa terceira turnê recebemos carta de mamãe onde contava que Louise, com quem Sydney e eu morávamos em Kennington Road, morrera e, circunstância irônica, no mesmo asilo de indigentes de Lambeth, em que nós estivéramos internados. Vivera só quatro anos depois da morte de papai, deixando o filhinho órfão; e ele também fora mandado para a mesma escola de Hanwell que nos recebera a Sydney e a mim.

Mamãe contava que visitara o menino, revelando-lhe quem era, e lhe recordando que Sydney e eu moráramos com ele na casa de Kennington Road. O garoto porém quase não se lembrava de nada, já que naquele tempo tinha apenas quatro anos. Também não se lembrava do pai. Estava agora com dez anos, fora registrado sob o nome de solteira de Louise e, pelo que mamãe pôde saber, não tinha nenhum parente. Mamãe o descrevia como um menino bonito, muito calado, tímido e preocupado. Levou-lhe um saquinho de bombons, algumas laranjas e maçãs, e prometeu visitá-lo regularmente; o que eu suponho que ela fez mesmo, até que adoeceu de novo e foi mais uma vez internada em Cane Hill.

A notícia da recaída de mamãe foi para nós como uma punhalada no coração. Nunca soubemos os detalhes do caso. Recebemos apenas uma lacônica informação oficial, dizendo que ela fora encontrada a vaguear incoerentemente nas ruas. Nós não podíamos fazer nada, senão aceitar a triste sina da pobrezinha de mamãe. E ela, depois disso, jamais recuperou completamente o juízo. Durante muitos anos definhou no hospício de Cane Hill, até que nós tivéssemos posses para a instalar numa casa de saúde particular.

Às vezes, os deuses inimigos cansam-se do seu divertimento e mostram misericórdia, como foi o caso de mamãe. Os seus últimos sete anos de vida ela os pôde passar com conforto, cercada de flores, à luz do sol, vendo os filhos famosos e ricos, muito além do que ela jamais sonhara.

☆

DEVIDO à nossa ausência em turnê com o *Sherlock Holmes*, passaram-se várias semanas antes que Sydney e eu pudéssemos ver mamãe. Acabou afinal a turnê com a Companhia Frohman. E então o sr. Harry York, proprietário do Teatro Royal em Blackburn, comprou de Frohman os direitos de *Holmes*, para representar a peça nas cidades menores. Sydney e eu fomos contratados pela nova companhia mas com os salários reduzidos: trinta e cinco xelins cada um.

Era uma degradação representar nas cidadezinhas do norte com uma companhia inferior. Servia, contudo, para me avivar o senso discriminatório, ao comparar a companhia nova com a outra que acabávamos de deixar. Eu tentava esconder essa comparação, mas nos ensaios, no meu zelo de ajudar o novo diretor, que me fazia perguntas a respeito de direção de palco, deixas etc., explicava-lhe, muito solícito, como é que se fazia na Companhia Frohman. Isso, é claro, não aumentou a minha popularidade junto ao elenco e era encarado como um fedelho enxerido. Mais tarde, novo diretor de cena me marcou e me impôs uma multa de dez xelins por me faltar um botão no uniforme, depois de me haver advertido a respeito por várias vezes.

William Gillette, autor de *Sherlock Holmes*, veio para Londres com Marie Doro, com uma peça intitulada *Clarissa*, que ele próprio escrevera. Os críticos foram severos com a peça e com o modo de falar de Gillette, o que o levou a escrever um *curtain-raiser*,[2] *As dificuldades de Sherlock Holmes*,[3] no qual ele mesmo não dizia uma palavra. Havia só três pessoas em cena, uma louca, Holmes e o empregadinho. Para mim foi como uma mensagem celeste receber um telegrama do sr. Postant, empresário de Gillette, perguntando-me se poderia vir a Londres fazer o papel de Billie no *curtain-raiser* de William Gillette.

Eu tremia de angústia, pois era duvidoso que a companhia pudesse substituir Billie na província assim de improviso; durante muitos dias fiquei em aflitiva indecisão. Afinal eles arranjaram um outro Billie.

A volta a Londres, para representar num teatro do West End, só a posso qualificar como minha renascença. Meu cérebro girava com a emoção de cada incidente — a chegada à noite ao Duke of York Theatre, o encontro com o sr. Postant, o diretor de cena, que me levou ao camarim do sr. Gillette, e

---

[2]Peça curta, de uma cena e poucos personagens, que antecede a principal representação. (N. da T.)
[3]No original inglês: *The painful predicament of Sherlock Holmes*. (N. da T.)

as palavras dele, depois que lhe fui apresentado: "Você gostaria de trabalhar comigo no *Sherlock Holmes*?" E minha explosão de entusiasmo nervoso: "Oh, muitíssimo, sr. Gillette!" E na manhã seguinte, enquanto esperava pela hora do ensaio, no palco, vi Marie Doro pela primeira vez, trajada com um lindo vestido branco de verão. O choque repentino de ver alguém tão linda àquela hora matinal! Ela estivera passeando num elegante carro de aluguel; tendo descoberto uma mancha de tinta no vestido, queria saber se o contrarregra tinha alguma coisa para tirá-la; e, à resposta dúbia do homem, Marie soltou uma graciosa exclamação irritada: "Oh, que raiva!"

Era tão devastadoramente bela que me provocou certo ressentimento. Ressentia-me de seus lábios delicados, caprichosos, dos seus dentes brancos e regulares, do seu queixo adorável, do seu cabelo de asa de corvo, de seus olhos castanho-escuros. Ressentia-me de sua cólera fingida e do encanto que ela irradiava através disso. Durante todo o diálogo com o contrarregra ela ignorou minha presença, embora eu estivesse bem próximo, fixando-a, trespassado por tanta beleza. Eu acabava de fazer dezesseis anos e a proximidade daquela radiação súbita suscitou-me a resolução de não me deixar obsedar por ela. Mas, oh, Senhor, como era linda! Foi amor à primeira vista.

Em *As dificuldades de Sherlock Holmes*, a srta. Irene Vanbrugh, atriz de muitíssimo talento, fazia o papel da louca e era só quem falava, enquanto Holmes se limitava a ficar sentado e escutar. Era essa a sua pilhéria com os críticos. Eu dizia as primeiras falas embarafustando pelo apartamento de Holmes e aguentava a porta, enquanto a louca a esmurrava do lado de fora, e no momento em que eu, alvoroçadamente, tentava explicar a Holmes a situação, a louca irrompia pela sala! Durante vinte minutos ela vociferava sem parar, incoerentemente, a respeito de um caso que pretendia que ele resolvesse. Sub-repticiamente Holmes escrevia um bilhete, tocava a campainha e me passava o papel. Mais tarde dois homens robustos afastavam a senhora, deixando-me a sós com Holmes, e eu lhe dizendo:

— O senhor tinha razão. O hospício era esse mesmo.

Os críticos gostaram da pilhéria, mas a peça *Clarissa*, que Gillette escrevera para Marie Doro, foi um fracasso. Embora elogiassem exageradamente a beleza de Marie, diziam que isso não bastava para sustentar uma peça estúpida. E assim Gillette preencheu o resto da temporada com uma remontagem do *Sherlock Holmes*, na qual fui mantido para o desempenho de Billie.

No meu entusiasmo de representar junto com o famoso Gillette esqueci-me de cuidar dos termos do contrato. No fim da semana, o sr. Postant me procurou com um pedido de desculpas e o envelope de pagamento, dizendo:

— Tenho até vergonha de lhe entregar isto, mas no escritório de Frohman nos disseram que lhe devíamos pagar o mesmo que você estava recebendo antes: duas libras e dez xelins.

Senti-me agradavelmente surpreso.

Nos ensaios de *Holmes* encontrei-me de novo com Marie Doro — cada vez mais linda — e apesar da minha resolução de não me deixar dominar por ela comecei a afundar cada vez mais no atoleiro sem esperanças de um amor calado. Abominava essa fraqueza e ficava furioso comigo mesmo pela minha falta de caráter. Era um fenômeno de ambivalência: eu a amava e a odiava. E o pior é que ela se mostrava encantadora e graciosa.

Em *Holmes* ela fazia o papel de Alice Faulkner, mas na peça nunca nos encontrávamos. Eu esperava, contudo, fazendo hora para o instante em que a encontraria na escada e lhe diria um engasgado "boa noite", e ela responderia alegremente "boa noite". E isso foi tudo que se passou entre nós.

Holmes foi um êxito instantâneo. Durante a temporada, a rainha Alexandra assistiu à peça; ao seu lado, no camarote real, estavam o rei da Grécia e o príncipe Cristiano. O príncipe, evidentemente, estava a explicar a peça ao rei e durante o momento de maior tensão e silêncio, quando Holmes e eu estávamos a sós no palco, uma voz estrondosa, com sotaque, ressoou pelo teatro:

— Não me conte! Não me conte!

Dion Boucicault, que tinha escritório no Duke of York Theatre, gostava, ao passar, de me dar um tapinha de estímulo na cabeça. O mesmo fazia Hall Caine, que vinha frequentemente visitar Gillette. Em certa ocasião, também recebi um sorriso de lorde Kitchener.

Foi durante a temporada de *Sherlock Holmes* que morreu *sir* Henry Irving e fui assistir aos funerais na abadia de Westminster. Deram-me um passe especial porque eu era um ator do West End — fato que muito me orgulhou. Durante a cerimônia, fiquei sentado entre o solene Lewis Waller — que era então o ídolo romântico das *matinées* de Londres — e o "dr." Walford Bodie, de incruenta fama como cirurgião, a quem mais tarde parodiei num número de variedades. Waller mostrava seu belo perfil sentado rigidamente, como convinha à solenidade, sem olhar para a direita ou para a esquerda. Mas o "dr." Bodie, a fim de ver melhor, no momento em que desciam *sir* Henry para a cripta, trepara no peito da estátua jacente de um duque, para indignação e desprezo do sr. Waller. Desisti de ver qualquer coisa e fiquei sentado, resignando-me a enxergar apenas as costas dos que estavam à minha frente.

Duas semanas antes do encerramento de *Sherlock Holmes*, o sr. Boucicault deu-me uma carta de apresentação aos ilustres sr. e sra. Kendall, na esperança de me conseguir um papel na nova peça. Estavam eles terminando uma temporada feliz no St. James Theatre. Marcaram-me uma entrevista com essa senhora, no *foyer* do teatro, às dez horas da manhã. Depois de vinte minutos de atraso, uma silhueta se desenhou na rua: era a sra. Kendall, mulher robusta e imperiosa, cuja saudação para mim foi esta:

— Ah! É você o rapaz! Estamos na véspera de partida para uma turnê no interior e eu gostaria de ouvir você ler o papel. Mas no momento estamos ocupadíssimos. Quer pois vir amanhã de manhã, na mesma hora?

— Sinto muito, madame — respondi friamente —, mas não posso aceitar nenhum compromisso fora da cidade.

E com isso tirei-lhe o chapéu, saí do teatro, chamei um *cab* que passava — e durante dez meses fiquei sem trabalho.

Na noite em que o *Sherlock Holmes* terminava sua temporada no Duke of York Theatre e Marie Doro devia embarcar para a América, saí só e tomei uma bebedeira desesperada. Dois ou três anos mais tarde, em Filadélfia, vi-a outra vez. Ela inaugurava um teatro novo, no qual eu estava representando, numa comédia da Companhia Karno. Linda como sempre. Fiquei nos bastidores, a olhá-la, ainda caracterizado para o meu papel na comédia, enquanto ela fazia um discurso; mas era tímido demais para me fazer reconhecer.

Com o encerramento de *Holmes* em Londres, a companhia também terminou sua temporada de turnê pela província, de forma que Sydney e eu ficamos ambos desempregados. Mas Sydney não demorou em obter novo emprego. Por intermédio de um anúncio no *Era*, um jornal teatral, passou ele a integrar a trupe de comediantes excêntricos de Charlie Manon. Por aqueles tempos andavam várias dessas pequenas companhias fazendo o circuito teatral: Os bancários de Charlie Baldwin (Charlie Baldwin's bank clerks), Os padeiros lunáticos de Joe Boganny (Joe Boganny's lunatic bakers) e a trupe Boicette, todas elas pantomimeiras. E embora representassem comédias-pastelão, faziam-no com bonita música *à la ballet* e eram popularíssimas. A companhia principal era a de Fred Karno, com imenso repertório de comédias, cujos títulos incluíam sempre a palavra *Birds (Pássaros)*. Eram *Pássaros de gaiola, Pássaros madrugadores, Pássaros chilreantes*[4] etc. De posse desses três esquetes organizou uma empresa teatral compreendendo mais de trinta companhias, cujo repertório incluía pantomimas de Natal, complicadas comédias musicais, e dentro das quais se formaram artistas de primeira plana tais como Fred Kitchen, George Graves, Harry Weldon, Billie Reeves, Charlie Bell e muitos outros.

Sydney trabalhava com a trupe Manon quando Fred Karno o viu e lhe deu um contrato de quatro libras por semana. Eu, mais novo do que Sydney quatro anos, estava naquele período intermediário em que não era pinto nem galo para trabalho teatral; mas como economizara algum dinheiro da minha temporada em Londres, e enquanto Sydney excursionava pelo interior, eu ficava em Londres, a me divertir pelos salões de bilhar.

EU ATINGIRA aquela idade penosa e desagradável da adolescência, sujeito aos seus padrões emocionais. Era um adorador do temerário e do melodramático, um sonhador, um choramingas, insultando a vida e adorando-a,

---
[4]No original inglês, respectivamente: *Jail birds, Early birds, Mumming birds*. (N. da T.)

inteligência ainda em crisálida, mas já com súbitas erupções de amadurecimento. E nesse labirinto de espelhos deformadores eu errava, minha ambição funcionando em jorros intermitentes. A palavra "arte" jamais entrara na minha cabeça ou no meu vocabulário. O teatro significava para mim apenas um meio de vida — nada mais.

Durante esse período de névoa e confusão eu morava só; e dentro dele iam e vinham prostitutas, ocasionais crises de bebedeira — mas nem vinho, mulheres ou música me prendiam o interesse por muito tempo. O que eu realmente queria era romance e aventura.

Compreendo perfeitamente a atitude psicológica do *teddy boy*[1] com sua formação eduardiana. Como todos nós, ele quer atenção, amor e drama em sua vida. Por que não terá os seus momentos de exibicionismo e molecagem, tal como o faz o fidalgote das escolas públicas com suas vadiagens e arrelias? Não é natural que ao ver as chamadas classes altas exibirem a sua fatuidade ele também quisesse mostrar a sua?

Ele sabe que a máquina obedecerá à sua vontade, como obedece à vontade de qualquer classe; que não é mister mentalidade especial para girar uma manivela ou apertar um botão. Nessa idade insensata, não é ele tão formidável quanto qualquer Lancelote, aristocrata ou erudito, seu dedo tão poderoso, tão capaz de destruir uma cidade quanto qualquer exército napoleônico? Não é o *teddy boy* uma fênix, a ressurgir das cinzas de uma elite delinquente, sua atitude motivada talvez por um sentimento subconsciente: de que o homem é apenas um animal semidomesticado, o qual durante gerações vem governando os outros mediante enganos, crueldade e violência? Mas, como disse Bernard Shaw: "Estou a fazer digressões como sempre faz o homem ressentido."

Acabei arranjando trabalho numa companhia de variedades, o Casey's Circus; fazia uma farsa sobre o bandoleiro Dick Turpin e o "dr." Walford Bodie. No papel do "dr." Bodie eu obtinha algum sucesso, pois tratava-se de algo mais que simples chanchada; era a caracterização de um homem que se dizia doutor, metido a erudito, e eu tive a feliz ideia de me maquilar exatamente como deveria ele ser. Era eu o astro da companhia e ganhava

---

[1] *Teddy boy*, o jovem do tempo de Eduardo VII, distinguindo-se do jovem vitoriano — do tempo da rainha Vitória. (N. da T.)

três libras por semana. A função incluía uma trupe de crianças representando adultos numa cena de beco; era pois um espetáculo horroroso, segundo me parecia, mas me deu oportunidade para me exercitar como comediante.

Quando o Casey's Circus trabalhava em Londres, seis dentre nós nos hospedávamos em Kennington Road em casa da sra. Fields, viúva, de sessenta e cinco anos, mãe de três filhas, Frederica, Telma e Phoebe. Frederica era casada com um marceneiro russo, um homem bondoso mas extremamente feio, com uma cara larga de tártaro, cabelos louros, bigodes louros e uma mancha num olho. Todos os seis comíamos na cozinha e nos dávamos muito com a família. Sydney, quando trabalhava em Londres, também se hospedava lá.

Quando deixei o Casey's Circus, voltei a Kennington Road e continuei a me hospedar em casa da sra. Fields. A velha era bondosa, trabalhadora, paciente e sua única renda provinha dos quartos que alugava. Frederica, a filha casada, era mantida pelo marido. Telma e Phoebe ajudavam no trabalho de casa. Phoebe andava nos quinze anos e era linda. Tinha as feições longas e aquilinas e me atraía muito, tanto física como sentimentalmente. Mas a essa última atração eu resistia, pois que ainda não fizera dezessete anos e tinha para com moças em geral as piores intenções possíveis. Phoebe porém era uma santinha e nada de mal decorreu da nossa amizade, pois ela gostava de mim e nos tornamos muito bons amigos.

As Fields constituíam uma família intensamente emotiva e às vezes irrompiam em apaixonadas brigas umas com as outras. A disputa ocorria em geral em torno de quem era a vez de fazer o trabalho doméstico. Telma, que andava pelos vinte anos, era a fidalga da família e a preguiçosa, e sempre alegava que a vez era de Frederica ou de Phoebe. A discussão logo se transformava em briga, durante a qual velhas queixas enterradas e a roupa suja da família eram trazidas à tona para que todos as vissem. A sra. Fields revelava, por exemplo, que Telma, desde que fugira e vivera uns tempos com um jovem advogado de Liverpool, se imaginava uma fidalga, boa demais para o trabalho caseiro; e atingia o clímax da sua tirada ao dizer:

— Bem, então se você é mesmo uma princesa, trate de dar o fora e vá viver com o seu advogado de Liverpool — mas o diabo é que ele não lhe quer!

Para maior ênfase, a sra. Fields apanhava uma xícara de chá e a espatifava no chão. Enquanto isso, Telma ficava sentada à mesa, imperturbável, senhoril. Então, calmamente, apanhava outra xícara, imitava a mãe, atirando-a ao chão, e dizia:

— Eu também posso perder a cabeça.

E em seguida atirava outra xícara, depois outra, depois outra, até que o chão ficava coberto de louça quebrada:

— Eu também posso fazer uma cena.

A pobre mãe e as irmãs ficavam sem saber o que fazer.

— Olhem para ela! Olhem o que ela está fazendo! — gemia a mãe. — Tome, tome outra coisa para quebrar! — e passava a Telma o açucareiro. Telma tomava o açucareiro e calmamente o deixava cair.

Nessas ocasiões Phoebe servia de árbitro. Tinha o espírito justo e era respeitada pela família; e em geral acabava com a briga oferecendo-se para fazer o trabalho, contra o que Telma protestava.

Fazia quase três meses que eu estava sem trabalho; Sydney é que me sustentava, pagando à sra. Fields catorze xelins por semana para dar-me casa e comida. Ele era agora o principal cômico na Companhia Fred Karno e frequentemente falava a Karno a respeito do seu jovem e talentoso irmão. Mas Karno não o escutava, porque me considerava moço demais.

Nesse tempo faziam furor em Londres os cômicos judeus e, assim, eu imaginei esconder sob umas suíças a minha mocidade. Sydney me deu duas libras que empreguei em arranjos musicais para canções e piadas, que tirei de um livro de humorismo americano, *Madison's budget*. Ensaiei durante semanas, representando diante da família Fields. Elas se mostravam atentas, animavam-me — e nada mais.

Eu obtivera uma semana de experiência, sem pagamento, no Forester's Music Hall, pequeno teatro para lá de Mile End Road, no centro do bairro judeu. Já representara ali antes, com o Casey's Circus, e a gerência achou que eu merecia aquela oportunidade. Minhas esperanças e sonhos de futuro dependiam daquela semana experimental. Depois do Forester's poderia representar em todos os circuitos importantes da Inglaterra. E quem sabe? Dentro de um ano poderia ser um dos maiores cartazes no gênero de variedades. Eu prometera a toda a família Fields que lhe arranjaria entradas para o teatro quando estivesse perfeitamente à vontade em meu papel.

Phoebe me dizia:

— Quando você estiver fazendo sucesso, provavelmente não vai querer mais morar conosco.

E eu respondia gentilmente.

— Claro que continuo a morar com vocês.

Segunda-feira ao meio-dia era ensaio com orquestra para as canções e cenas cômicas, a que eu comparecia como bom profissional. Mas não me preocupara devidamente com a maquilagem. Não decidira ainda a cara que deveria apresentar. Passava horas no camarim, fazendo experiências, mas por mais cabelo postiço que usasse não conseguia esconder a minha mocidade. Embora inocentemente, minha comicidade era em geral antissemita e minhas piadas eram não só velhas mas muito fracas, tão ruins quanto o meu sotaque judeu. E o pior — eu não era engraçado.

Depois das primeiras piadas, o público começou a me atirar níqueis e cascas de laranja, a patear e a vaiar. A princípio não entendi direito o que sucedia. Depois, o horror da coisa se infiltrou na minha compreensão. Apressei-me, pus-me a falar cada vez mais ligeiro, à medida que os assobios, os bu-u-us, os arremessos de moedas e cascas aumentavam. Quando saí do palco, não esperei pela sentença da gerência; fui direto para o camarim, tirei a maquilagem, deixei o teatro e nunca mais lá voltei, nem mesmo para apanhar meus álbuns de música.

Era tarde quando cheguei em Kennington Road; a família Fields já estava toda deitada e dei graças a Deus por isso. Pela manhã, no café, a sra. Fields estava ansiosa por saber como fora o espetáculo. Simulei indiferença e disse:

— Muito bem, mas o meu número precisa de algumas alterações.

Ela disse então que Phoebe fora me ver trabalhar, mas não contara nada em casa, alegando que estava muito cansada e queria ir para a cama. Quando mais tarde falei com Phoebe, ela não me disse nada a respeito, nem eu;

MINHA VIDA 123

nem a sra. Fields, ou qualquer pessoa da família jamais falou no assunto ou manifestou qualquer surpresa por não me ver voltar ao trabalho o resto da semana.

Graças a Deus, Sydney estava no interior e não tive que enfrentar a vergonha de lhe contar o que ocorrera; mas talvez ele adivinhasse, ou as Fields lhe contassem, porque também ele nunca me fez uma pergunta a respeito. Fiz todo o possível para apagar da lembrança o horror daquela noite, mas minha confiança ficou marcada por uma cicatriz indelével. Essa amarga experiência serviu entretanto para me fazer ver a mim próprio a uma luz mais realista; compreendi que eu não era um cômico de variedades, com aquela faculdade especial de comunicar-se intimamente com o público. E me consolei com a ideia de ser um ator característico. Contudo, ainda me estavam reservados mais um ou dois desapontamentos, antes de firmar o pé na profissão.

Com dezessete anos representei um galã juvenil num esquete intitulado *O alegre major*,[2] pecinha ordinária e deprimente que só aguentou uma semana em cena. A estrela, minha esposa, era uma mulher de cinquenta anos. Todas as noites, cambaleava ela pelo palco, cheirando a gim, e eu, marido entusiasta e amantíssimo, tomava-a nos braços e beijava-a. E essa experiência curou-me de qualquer ambição de ser galã.

Tentei então ser autor. Escrevi uma cena cômica chamada *Os doze homens justos*,[3] pastelão a respeito de um júri que deliberava sobre um caso de quebra de promessa de casamento. Um dos jurados era surdo-mudo, outro um bêbado, outro um charlatão. Vendi a ideia a Charcoate, um ilusionista que hipnotizava um parceiro e o fazia andar pela cidade a guiar um landau de olhos vendados, enquanto Charcoate, sentado no banco traseiro do carro, mandava-lhe impulsos magnéticos. Charcoate deu-me três libras pelo trabalho, com a condição de que eu o dirigisse. Contratamos um elenco e ensaiamos nos salões da cervejaria Horns, em Kennington Road. Um velho ator desapontado declarou-me que o entreato era não só mal escrito como tolo.

---

[2]No original inglês: *The merry major*. (N. da T.)
[3]No original inglês: *Twelve just men*. (N. da T.)

No terceiro dia, em pleno ensaio, recebi um bilhete de Charcoate, no qual me dizia que resolvera não mais levar o meu entreato. E, como eu não fosse do tipo valente, botei o bilhete no bolso e continuei com o ensaio. Não tinha coragem para dizer a verdade ao elenco. Em vez disso, quando chegou a hora do almoço, levei-os para a nossa casa e disse-lhes que meu irmão queria lhes falar. Levei Sydney para o quarto de dormir e lhe mostrei o bilhete. E Sydney, depois que o leu, perguntou:

— Você não disse a eles?

— Não — murmurei.

— Pois então diga.

— Não posso. Não posso, depois de passar três dias ensaiando à toa.

— Mas não é sua culpa! — alegou Sydney. — Vá dizer a eles — gritou comigo.

Perdi o resto da coragem e comecei a chorar:

— Que é que eu posso dizer?

— Não seja pateta!

E, levantando-se, Sydney foi ao cômodo contíguo, mostrou ao elenco o bilhete de Charcoate, explicando-lhes o que se passara; e por fim nos levou ao bar da esquina, onde nos ofereceu um sanduíche e um trago.

Artista é gente imprevisível. O velhote que resmungara tanto era o mais filósofo e riu-se quando Sydney lhe contou a minha aflição.

— Não é sua culpa, filhote — disse ele, batendo-me nas costas. — É desse canalha velho, o Charcoate.

DEPOIS do meu fracasso no Foresters', tudo em que me metia acabava mal. Contudo, o mais formidável fator do otimismo é a juventude. O jovem sente instintivamente que a adversidade é *pro tem*, e uma corrente contínua de má sorte é tão improvável quanto o caminho estreito e reto da correção. Uma e outra têm um dia que mudar de curso.

Minha sorte mudou. Certo dia Sydney me anunciou que o sr. Karno queria falar comigo. Parecia que ele estava insatisfeito com um ator que contracenava com o sr. Harry Weldon em *O jogo de futebol*,[4] um dos números de maior sucesso de Karno. Weldon era um cômico popularíssimo, e manteve essa popularidade até morrer, na década de 1930.

O sr. Karno era um homem baixo, atarracado, bronzeado, com olhos agudos e brilhantes, que estavam sempre avaliando a gente. Começara como acrobata nas paralelas, depois reuniu-se a três cômicos. Esse quarteto foi o núcleo de suas pequenas comédias e pantomimas. Ele próprio era excelente cômico e criou muitos papéis no gênero. E continuava a representar, mesmo quando já era dono de cinco companhias em excursão.

Um dos membros originais da sua trupe conta como foi que ele se aposentou. Certa noite em Manchester, depois do espetáculo, a trupe queixou-se de que Karno perdera o ritmo do diálogo e estragara a reação de riso da platéia. Karno, que já ganhara cinquenta mil libras com suas cinco companhias, declarou:

— Está bem, rapazes, se vocês acham que é assim, eu deixo o palco!

Tirou a cabeleira, deixou-a cair sobre a mesa do camarim e acrescentou, rindo:

— Vocês podem aceitar minha demissão.

A residência do sr. Karno era em Coldharbour Lane, em Camberwell; contígua a ela havia um armazém onde guardava os cenários de suas vinte produções. Também tinha lá os seus escritórios. Quando cheguei, ele me recebeu carinhosamente:

— Sydney vive me dizendo quanto você é bom. Acha que é capaz de contracenar com Harry Weldon em *O jogo de futebol*?

Harry Weldon tinha um contrato especial, com alto salário — trinta e quatro libras por semana.

— Eu só preciso que me deem uma oportunidade — disse-lhe com confiança.

Karno sorriu:

— Dezessete anos é muito pouca idade e você parece ainda mais moço.

Encolhi os ombros sem hesitar:

— Isso é uma questão de maquilagem.

---

[4]No original inglês: *The football match*. (N. da T.)

Karno riu; e mais tarde disse a Sydney que fora aquele encolher de ombros que me dera o emprego.

— Bem, bem, vamos ver que é que se pode fazer.

Eu deveria ficar em experiência por quinze dias, ganhando três libras e dez xelins por semana e, se desse certo, faria um contrato de um ano.

☆

TIVE uma semana para estudar o papel antes da estreia no London Coliseum. Karno mandou-me ir ao Sepherd's Bush Empire, onde estava sendo representado *O jogo de futebol* e prestar atenção ao ator que eu devia substituir. Devo confessar que o homem era sem graça e sem naturalidade e, sem falsa modéstia, eu vi logo que o iria suplantar de muito. O papel exigia um desempenho mais caricatural, mais burlesco. E resolvi fazê-lo justamente nessa linha.

Ensaiei apenas duas vezes, pois o sr. Weldon não tinha tempo para mais ensaios; na verdade o sr. Weldon aborreceu-se por ter que comparecer mesmo essas duas vezes, interrompendo o seu jogo de golfe.

Não impressionei durante os ensaios. Lia devagar e vi que Weldon fazia restrições à minha capacidade. Sydney, que já desempenhara o papel, poderia me ajudar se estivesse em Londres, mas trabalhava em outra peça, em turnê.

Embora *O jogo de futebol* fosse uma comédia-pastelão, o público não ria uma só vez até que aparecesse Weldon. Tudo era preparado para a sua entrada e claro que Weldon, ótimo ator cômico, mantinha o público em contínuas gargalhadas, desde que punha o pé em cena.

Na noite de estreia, no Coliseum, eu estava com os nervos tensos como uma mola de relógio. Aquela noite representava a recuperação de minha confiança, o apagar da vergonha daquele pesadelo do Foresters'. No fundo do palco enorme, eu andava de um lado para o outro, a ansiedade cobrindo o medo, rezando para mim mesmo.

A música começou! Ergueu-se o pano! No palco, um coro de homens a fazer exercícios ginásticos. Saíram afinal, deixando o palco vazio. Era a minha deixa. Avancei, dentro de um caos emocional. A gente ou se ergue à altura das circunstâncias ou sucumbe. No momento em que pisei no palco senti-me aliviado, tudo clareou. Entrava de costas para o público — ideia minha. Pelas costas parecia impecável, de fraque, cartola, bengala e polainas — um típico vilão eduardiano. Aí me virava, mostrando o nariz vermelho. Houve risos. Tornei-me assim simpático ao público. Encolhi os ombros, melodramaticamente, estalei os dedos e atravessei o palco, tropeçando num haltere. Minha bengala enganchou-se num *punching bag*,[5] que foi lá e veio, e na volta me bateu no rosto. Rodopiei e a bengala me atingiu no lado da cabeça. O público gargalhava.

Já agora me sentia calmo, cheio de invenções. Poderia ficar sozinho no palco durante cinco minutos e manteria o público a rir, sem dizer uma palavra. No meio dos meus tropeços, minhas calças começaram a cair. Eu perdera um botão. Comecei a procurá-lo. Apanhei qualquer coisa imaginária e a atirei fora, indignado:

— Esses malditos coelhos! — outra gargalhada.

A cabeça de Harry Weldon surgiu nos bastidores como uma lua cheia. Nunca houvera gargalhadas do público antes que ele aparecesse.

Quando ele entrou, eu dramaticamente o segurei pelo pulso e murmurei:

— Depressa! Estou descomposto! Um alfinete!

Tudo isso *ad lib*, sem ensaios. Eu condicionara bem a plateia para Harry, ele teve um sucesso tremendo naquela noite e, juntos, provocamos muitas gargalhadas extras. Quando caiu o pano, eu sabia que me saíra bem. Vários membros da trupe me vieram felicitar e apertar-me a mão. De caminho para o camarim, Weldon olhou por cima do ombro e disse com secura:

— Saiu tudo bem, ótimo!

Nessa noite fui a pé para casa, para relaxar os nervos. Parei, debrucei-me na ponte de Westminster e fiquei a olhar as águas escuras e sedosas do rio que rolavam por baixo da ponte. Tinha vontade de chorar de alegria, mas não o conseguia. Fiquei a me espremer, a caretear, mas as lágrimas não vinham — eu estava vazio. Da ponte de Westminster caminhei até o Elephant and Castle e me encostei ao balcão do café, pedindo uma xícara de chá. Queria falar com

---

[5]Saco de areia suspenso, próprio para treinamento de boxe. (N. da T.)

alguém, mas Sydney estava no interior. Ah, se ele estivesse em Londres e eu lhe pudesse falar a respeito daquela noite, a significação que tinha para mim, especialmente depois do caso do Foresters'!

Não consegui dormir. Do Elephant and Castle fui para Kennington Gate, onde tomei outra chávena de chá. Pelo caminho fui conversando e rindo comigo mesmo. Eram cinco da manhã quando caí na cama, exausto.

O sr. Karno não estava presente na primeira noite, mas veio na terceira e, nessa ocasião, quando fiz minha entrada recebi aplausos. Ele veio depois todo sorrisos, e me disse que aparecesse em seu escritório no dia seguinte para assinar o contrato.

Eu não escrevera a Sydney a respeito da primeira noite, mas lhe passei um telegrama sucinto: "Assinei contrato por um ano quatro libras por semana. Saudades, Charlie." *O jogo de futebol* demorou-se catorze semanas em Londres, depois saiu em turnê.

O tipo cômico criado por Weldon era o de um débil mental, um boboca do Lancashire, de fala arrastada. No norte da Inglaterra ia muito bem, mas no sul não era bem recebido. Bristol, Cardiff, Plymouth, Southampton, eram cidades adversas para Weldon. Nas semanas em que andava por lá ele se mostrava irritadiço, representava perfunctoriamente, e tirava a forra comigo. Durante o espetáculo ele tinha que me dar tapas e me maltratar um bom pedaço. Isso se chamava "pancada de palhaço" — quer dizer, ele fingia me bater no rosto mas era alguém que batia palmas nos bastidores, a fim de produzir o efeito realista. Mas às vezes ele me batia de verdade e com força desnecessária, levado, creio eu, pelo ciúme.

Em Belfast a situação chegou a uma crise. Os críticos tinham tratado Weldon pessimamente e elogiado a minha atuação. Isso para Weldon era intolerável, de modo que essa noite no palco ele me esbofeteou com tanta força que me tirou toda a vontade de fazer graça e me pôs o nariz a sangrar. Depois do espetáculo eu disse a Weldon que se ele repetisse aquilo eu lhe rebentaria os miolos com um dos halteres do palco; e acrescentei que se ele estava enciumado não se vingasse em mim.

— Ciúmes de você! — disse Weldon com desprezo, enquanto caminhávamos para o camarim. — Qual, eu tenho mais talento no traseiro do que você têm no corpo todo!

— No traseiro é que está seu talento — repliquei e fechei depressa a porta do camarim.

Quando Sydney veio para a cidade resolvemos alugar um apartamento em Brixton Road e gastar quarenta libras com mobília. Fomos a uma casa de móveis de segunda mão, em Newington Butts; dissemos ao proprietário quanto poderíamos gastar e que tínhamos quatro peças a mobiliar. O homem se interessou pessoalmente pelo nosso problema e passou várias horas a nos ajudar a escolher pechinchas. Atapetamos a sala da frente, forramos com linóleo as outras e compramos um conjunto estofado — sofá e duas poltronas. Num canto da sala de estar pusemos um biombo esculpido em estilo mourisco, iluminado por trás por uma lâmpada amarela e, no canto oposto, num cavalete dourado, um quadro a pastel em moldura dourada também. O quadro representava um modelo nu, de pé junto a um pedestal, a olhar de lado, por cima do ombro, para um pintor barbado que, com o pincel, procurava lhe enxotar uma mosca das nádegas. Esse *objet d'art* e o biombo, pensava eu, faziam a sala. O resto da decoração era uma combinação de tabacaria mourisca com bordel francês. Mas nós a adorávamos. Chegamos a comprar um piano de armário e embora ultrapassássemos o orçamento em quinze libras, não as desperdiçáramos. O apartamento situado em Glenshaw Mansions, n. 15, Brixton Road, era o nosso querido refúgio. Como desejávamos voltar para ele, depois de representar na província! Éramos agora suficientemente prósperos para ajudar vovô e lhe dar dez xelins por semana; podíamos também contratar uma empregada que vinha limpar o apartamento duas vezes por semana, o que aliás era desnecessário, pois não desarrumávamos nada. Vivíamos ali como se fôsse um templo sagrado. Sydney e eu sentávamos nas nossas poltronas estofadas, com digna satisfação. Tínhamos comprado um guarda-fogo de latão, com um assento de couro ao redor, e eu ia da poltrona para o guarda-fogo, experimentando qual o mais confortável.

☆

AOS DEZESSEIS ANOS minha ideia de amor romântico fora inspirada por um cartaz teatral onde se via uma rapariga de pé, sobre um rochedo, com o vento a lhe agitar os cabelos. Eu me imaginava a jogar golfe com ela — jogo que detesto —, a caminhar com ela pelos campos orvalhados, entregue a um palpitante sentimento. Isso era romance. Mas o amor jovem é algo diferente e sempre segue um molde uniforme. Por causa de um olhar, de algumas palavras iniciais (em geral asininas palavras), dentro de poucos minutos altera-se todo o aspecto da vida, a natureza inteira está de acordo com a gente e subitamente nos revela suas alegrias escondidas. E foi isso que me aconteceu.

Eu tinha quase dezenove anos e já era um ator cômico de sucesso, na Companhia Karno, mas qualquer coisa me faltava. A primavera começara e acabara, e o verão chegava para mim com um vazio. Minha rotina diária era monótona, meu ambiente, sombrio. No meu futuro via apenas banalidades, junto a pessoas estúpidas, vulgares. Ocupar-me em ganhar apenas o pão de cada dia não me chegava. A vida era um trabalho braçal e carecia de encanto. Tornei-me melancólico, insatisfeito, dei para fazer longas caminhadas aos domingos, a escutar as bandas, nos parques. Não tolerava nem minha própria companhia, nem a de ninguém mais. E então, naturalmente, sucedeu o que tinha de suceder: apaixonei-me.

Estávamos trabalhando no Streatham Empire. Nessa época, trabalhávamos todas as noites em dois ou três *music-halls*, indo de um para o outro em um ônibus particular. Aparecíamos cedo no Streatham, a fim de darmos espetáculo mais tarde no Canterbury Music Hall, e depois no Tivoli. Ainda era dia claro quando começávamos a trabalhar. Fazia um calor opressivo e o Streatham Empire estava meio vazio, o que, incidentemente, não me diminuía o estado melancólico.

Éramos precedidos por uma trupe de cantores e bailarinas, que se chamava Bert Coutts' Yankee-Doodle Girls. Eu mal as notava; mas na segunda noite, enquanto eu esperava nos bastidores, indiferente e apático, uma das pequenas escorregou, durante o bailado, e as outras se puseram a rir. Uma delas olhou de lado e me espiou, para ver se eu também ria. E de súbito me vi preso por dois grandes olhos castanhos, cintilantes e travessos, pertencentes a uma esbelta gazela de rosto oval, lábios cheios e feiticeiros, lindos dentes — e o efeito foi eletrizante. Quando ela saiu de cena pediu-me para segurar um espelhinho enquanto arranjava os cabelos. E isso me deu oportunidade para a olhar bem de perto. Esse foi o começo. Na quarta-feira eu já lhe perguntava se nos poderíamos encontrar no domingo. Ela riu.

— Eu nem sei como você é sem esse nariz vermelho!

Eu representava o bêbado em *Pássaros chilreantes,* de casaca bem comprida e gravata branca.

— Meu nariz não é tão vermelho assim e acho que não sou tão decrépito quanto pareço — disse-lhe eu. — E, como prova, amanhã à noite trago-lhe o meu retrato.

E dei-lhe o que eu imaginava ser um retrato lisonjeiro, onde se via um moço triste e imberbe de gravata de plastrão preto.

— Oh! mas você é muito moço! — exclamou ela. — Pensei que fosse muito mais velho.

— Quantos anos você pensava que eu tinha?

— Pelo menos trinta.

Sorri:

— Vou fazer dezenove.

Como ensaiávamos diariamente, era-me impossível sair com ela durante a semana. A pequena me prometeu, contudo, encontrar-me em Kennington Gate às quatro horas da tarde de domingo.

Aquele domingo era um perfeito dia de verão e o sol brilhava sem cessar. Eu trajava um terno escuro, de cintura elegantemente marcada, gravata também escura e bengala negra de ébano. Eram já dez minutos para as quatro e me sentia todo nervoso, enquanto esperava, examinando os passageiros que apeavam dos bondes.

Nessa espera lembrei-me de que jamais a vira sem maquilagem. E comecei a confundir as ideias que tinha de sua aparência. Por mais que tentasse, não conseguia lhe recordar as feições. Um medo me tomou: talvez a beleza dela fosse imaginária! Uma ilusão! Todas as moças de cara vulgar que desciam do bonde me atiravam ao desespero. Será que eu ia me desapontar? Teria sido iludido por minha própria imaginação ou pelos artifícios do *make-up* teatral?

Aos três minutos para as quatro alguém desceu do bonde e caminhou para mim. Meu coração afundou. Não era bonita. E a ideia deprimente de passar com ela a tarde inteira, mantendo um fingido entusiasmo, já era deplorável. Contudo, levantei o chapéu e sorri; a moça me encarou indignada e passou adiante. Graças a Deus não era ela.

Então, precisamente quando faltava um minuto para as quatro, desceu uma mocinha do bonde, adiantou-se e parou diante de mim. Não tinha pintura no rosto e me pareceu mais linda do que nunca, com um simples chapéu à marinheira, uma japona azul com botões dourados e as mãos enterradas fundo nos bolsos do casaco. E disse:

— Cá estou.

A presença dela me emocionou tanto que eu mal podia falar. Fiquei agitado. Não conseguia pensar em nada para dizer ou fazer.

— Vamos tomar um táxi — murmurei, olhando a rua de um lado para outro; depois me virei para ela: — Aonde é que você quer ir?

Ela encolheu os ombros:

— Qualquer parte.

— Então vamos ao West End jantar.

— Já jantei — respondeu a pequena calmamente.

— No táxi discutimos isso — disse eu.

A intensidade da minha emoção deve tê-la espantado, pois durante toda a corrida de táxi fiquei a repetir:

— Sei que eu vou me arrepender disto. Você é bonita demais!

Tentava em vão mostrar-me divertido e impressioná-la. Tinha tirado três libras do banco e tencionava levá-la ao Trocadero, onde, numa atmosfera de música e elegância aveludada, ela me poderia ver sob os mais românticos auspícios. Queria arrebatá-la. Mas a menina se mantinha de olhar frio, meio perplexa ante as minhas frases — uma frase em particular: que ela era a minha Nêmesis — palavra que eu adquirira recentemente.

Quão pouco compreendia ela o que aquilo significava para mim. Não tinha muito que ver com sexo; o mais importante era a sua companhia. O convívio com a elegância e a beleza, naquela quadra de minha vida, era coisa rara.

Naquela tarde no Trocadero tentei convencê-la a jantar, mas não o consegui. Aceitava um sanduíche para me fazer companhia, disse ela. E como ocupávamos uma mesa só para nós, num restaurante grã-fino, senti-me obrigado a pedir uma refeição complicada, que na verdade não me apetecia. E o jantar foi um solene suplício. Eu não sabia bem que utensílio usar para comer. Blefei todo o tempo, com um *charme degagé,* até a hora de displicentemente usar a lavanda, mas acho que ambos nos sentimos felizes quando pudemos sair do restaurante e nos descontrair.

Depois do Trocadero ela resolveu ir para casa. Sugeri um táxi, ela porém preferiu caminhar. E dado que ela morava em Camberwell, nada poderia me agradar mais: queria dizer que passaríamos mais tempo juntos.

Agora, que minhas emoções haviam amainado, ela se mostrava mais à vontade. Naquela noite, caminhamos ao longo do cais do Tâmisa, Hetty a palrar a respeito das amiguinhas, brincadeiras e outras coisas inconsequentes. Mas eu mal me apercebia do que ela falava. Sabia apenas que aquela noite era um êxtase, que eu andava pelo paraíso, num beatífico alvoroço íntimo.

Depois que a deixei em casa, voltei ao cais como que atordoado. E iluminado por uma doce luz e uma fervorosa boa vontade distribuí aos mendigos do cais o resto das minhas três libras.

Combinamos nos encontrar na manhã seguinte às sete horas, porque ela deveria ensaiar às oito, alhures, em Shaftesbury Avenue. Era uma caminhada de mais de dois quilômetros, da casa dela ao metrô, em Westminster Road, e embora eu trabalhasse até tarde, jamais saindo da cama antes das duas da tarde, naquela madrugada já estava de pé para a encontrar.

Camberwell Road parecia-me agora ter um toque mágico pois Hetty Kelly lá morava. Aqueles passeios matinais, de mãos dadas, durante o longo percurso até o metrô, eram a bem-aventurança misturada com desejos confusos. A suja e deprimente Camberwell Road, que eu costumava evitar, era agora sedutora, enquanto caminhava sob a neblina da manhã, o coração me batendo quando avistava à distância a silhueta de Hetty, que marchava ao meu encontro. Durante aquelas caminhadas, não recordo nada do que Hetty me dizia. Estava por demais extasiado, crente de que uma força mágica nos reunira e que a nossa união era uma afinidade predeterminada pelo destino.

Fazia três manhãs que a conhecia; três curtas, pequenas manhãs que tornavam inexistente o resto do dia até a manhã seguinte. Mas, na quarta manhã, a atitude de Hetty mudou. Encontrou-me com frieza, sem entusiasmo, e não me quis segurar a mão. Censurei-a por isso e acusei-a brincando de não estar apaixonada por mim.

— Você espera demais — disse ela. — Afinal de contas tenho apenas quinze anos e você só é quatro anos mais velho do que eu.

Eu não conseguia assimilar a significação daquela frase. Mas não podia ignorar a distância que ela subitamente interpusera entre nós. Hetty olhava para a frente, caminhando elegantemente com passo de colegial, as mãos enterradas nos bolsos do casaco.

— Em outras palavras, você na verdade não me ama — disse eu.

— Não sei — respondeu ela.

Fiquei siderado.

— Se você não sabe, é porque não ama.

E, como resposta, ela continuou a caminhar em silêncio. E eu falei, fingindo descuido:

— Vê como sou bom profeta. Bem lhe disse que iria lamentar tê-la encontrado.

Tentei lhe sondar a alma, descobrir a extensão do seu sentimento por mim, mas a todas as minhas perguntas Hetty respondia sempre:

— Não sei.

— Quer casar comigo? — desafiei.

— Sou moça demais.

— Bem, se você fosse obrigada a casar, preferiria a mim ou a outro?

Ela porém não queria se comprometer e continuou repetindo:

— Não sei... Gosto de você... mas...

— Mas não me ama — interrompi com a sensação de que me afundava.

Hetty calou-se. Era uma manhã enevoada e as ruas pareciam escuras, depressivas.

— O mal foi que eu deixei isso ir muito longe — murmurei.

Tínhamos chegado à entrada da estação do metrô.

— Acho que o melhor é nos separarmos e nunca mais nos vermos — disse eu imaginando qual seria a reação dela.

Hetty tomou um ar solene. Segurei-lhe a mão e a afaguei com ternura:

— Adeus, é melhor assim. Você já tem poder demais sobre mim.

— Adeus — respondeu ela. — Desculpe.

O pedido de desculpas me pareceu mortal. E enquanto ela desaparecia no metrô senti um vazio intolerável.

Que é que eu fizera? Fora precipitado demais? Não a devia ter desafiado. Portara-me como um solene idiota, tornara impossível revê-la — sob pena de me tornar ridículo. Que devia fazer? Apenas podia sofrer. Ah, se pudesse afundar no sono aquela agonia mental, até encontrá-la de novo! Custasse o que custasse, teria que me manter afastado de Hetty, até que ela quisesse de novo me ver. Talvez eu fosse sério demais, veemente demais. Na próxima vez me mostraria leviano, desprendido. Mas haveria essa próxima vez? Decerto que haveria! Ela não poderia me afastar tão facilmente.

Na manhã seguinte não consegui resistir; subi a pé Camberwell Road. Não a encontrei mas encontrei a mãe dela, que me perguntou:

— O que foi que você fez a Hetty? Chegou em casa em prantos, dizendo que você nunca mais queria vê-la.

Encolhi os ombros e sorri com ironia:

— E o que ela fez comigo?

Depois, hesitante, perguntei se poderia vê-la outra vez.

A mãe abanou a cabeça, preocupada:

— Não, acho que não.

Convidei-a para tomar qualquer coisa e fomos a um bar de esquina para discutir o assunto; depois de algum rogo, consegui que ela deixasse Hetty falar comigo uma vez mais.

Quando chegamos à casa dela, Hetty abriu a porta. Ficou surpresa e preocupada ao me avistar. Tinha acabado de lavar o rosto com sabonete Sunlight — cheirava a frescura. Ficou de pé, à porta, os grandes olhos frios e objetivos. Compreendi que não havia esperanças.

— Bem — disse eu tentando ser engraçado. — Vim para dizer adeus outra vez.

Hetty não respondeu, mas pude ver que estava aflita por se ver livre de mim.

Estendi a mão e sorri:

— Então, adeus outra vez.

— Adeus — respondeu ela com frieza.

Virei-me e escutei a porta fechar-se levemente atrás de mim.

E embora eu só a tivesse visto cinco vezes, e de cada vez apenas por um período de vinte minutos, esse breve encontro me abalou por muito tempo.

EM 1909 FUI A PARIS. *Monsieur* Burnell do Folies Bergère contratara a Companhia Karno para representar lá numa curta temporada de um mês. Que alvoroço à ideia de visitar um país estrangeiro! Na semana que precedeu o embarque representamos em Woolwich, semana úmida e miserável, numa mísera cidade, e eu estava ansioso por uma mudança. Deveríamos partir domingo pela manhã, cedo. Quase perdi o trem, tive que correr ao longo da plataforma e apanhei o carro das bagagens, no qual viajei até Dover. Naquele tempo eu tinha uma verdadeira vocação para perder trens.

A chuva caía em torrentes sobre o canal, mas a primeira visão da França através da neblina foi uma emoção inesquecível. "Isso ali não é Inglaterra", tinha eu que ficar a repetir comigo. "É o continente! É a França!" A França sempre me falara à imaginação. Meu pai tinha sangue francês; na realidade a família Chaplin era originária da França. Tinha chegado à Inglaterra no tempo dos huguenotes. Um tio de meu pai dizia com orgulho que um general francês fora o fundador do ramo inglês da família Chaplin.

Era o fim do outono e a viagem de Calais a Paris foi péssima. Contudo, ao nos aproximarmos de Paris, meu alvoroço crescia. Tínhamos passado através do campo, desolado, solitário. Depois, gradualmente, no céu escuro, fomos vendo um clarão. E um francês que vinha no carro conosco explicou:

— Esse clarão é o reflexo de Paris.

Paris era tudo o que eu esperava. O percurso de carro da Gare du Nord até a rua Geoffroy Marie deixara-me excitado e impaciente; queria parar a cada esquina e sair andando. Eram sete horas da noite. A luz dourada brilhava convidativa nos cafés e as mesas nas calçadas ensinavam como gozar a vida. Não fosse a inovação de alguns automóveis, eu estaria ainda na Paris de Monet, Pissaro e Renoir. Era domingo e todo mundo parecia inclinado a divertir-se. Alegria e vitalidade andavam no ar. Nem mesmo o meu quarto na rua Geoffroy Marie, com seu piso de pedra, que eu chamava a minha Bastilha, me arrefeceu o ardor, pois que em Paris a gente vivia era nas mesas das calçadas dos bistrôs e dos cafés.

Domingo à noite não trabalhávamos, de forma que pudemos ir assistir à função do Folies Bergère, onde deveríamos estrear na próxima segunda-feira. E considerei que nenhum outro teatro era capaz de exalar tanto *glamour,* com seus dourados e veludos, seus espelhos e grandes lustres de cristal. Nos saguões de grossos tapetes e nos balcões, desfilava o mundo. Príncipes hindus, de turbantes encarnados, cobertos de joias, oficiais franceses e turcos com seus bonés emplumados bebericavam conhaque nos bares. No grande *foyer* externo tocavam música, enquanto as senhoras entregavam seus abrigos e casacos de peles no vestiário, despindo os ombros alvos. Eram as *habituées* que discretamente faziam os seus convites e passeavam pelos balcões de *foyers.* Naquele tempo elas eram belas e fidalgas.

Havia também no Folies Bergère poliglotas profissionais que percorriam o teatro com a palavra "Intérprete" escrita nos bonés; tornei-me amigo do chefe deles, homem que falava fluentemente várias línguas.

Depois do nosso espetáculo, eu vestia a minha casaca de cena e via misturar-me aos frequentadores. Uma esguia criatura, de pescoço de cisne e pele clara, fez meu coração pulsar. Era um tipo alto, gênero *Gibson Girl,* extremamente bonita, de nariz arrebitado e compridos cílios escuros; usava um vestido de veludo preto, com longas luvas brancas. Quando subia a escada dos balcões, deixou cair uma luva. Apanhei-a rapidamente.

— *Merci*[1] — disse a moça.

— Gostaria que deixasse cair a luva outra vez — observei maliciosamente.

— *Pardon?*

Compreendi então que ela não entendia inglês — e eu não falava francês. Fui procurar o meu amigo intérprete:

— Vi uma senhora que despertou minha concupiscência. Mas parece que é muito cara.

O homem encolheu os ombros:

— Apenas um *louis.*

— Bem — disse eu, embora naquele tempo um *louis* fosse muito dinheiro, pensei — e era.

Eu pedira ao intérprete que escrevesse para mim algumas *phrases d'amour* francesas, nas costas de um postal: *Je vous adore, Je vous ai aimée la première fois que je vous ai vue* etc. etc. — frases que tencionava usar no momento propício. Pedi-lhe que fizesse os arranjos preliminares e ele serviu de mensageiro, indo de um para o outro. Afinal voltou e me disse:

— Está combinado, é um *louis,* mas você terá que pagar também o carro de ida e volta, até o apartamento dela.

Contemporizei um momento:

— Onde é que ela mora?

— Não vai custar mais de dez francos.

Dez francos eram um desastre, eu não previra aquela despesa. E perguntei, por piada:

— Será que ela não pode andar?

— Escute, essa pequena é de primeira categoria, você tem que pagar o carro. Concordei.

Depois que as combinações estavam feitas, passei por ela na escadaria do balcão. Ela sorriu e eu virei-me para a olhar.

---

[1]Em francês no original. (N. da T.)

— *Ce soir!*

— *Enchantée, Monsieur!*

Como trabalharíamos antes do intervalo, prometi à moça encontrá-la logo que saísse de cena. Disse o meu amigo:

— Chame um carro enquanto eu chamo a pequena, assim não perderão tempo.

— Perder tempo?

Enquanto o carro corria ao longo do Boulevard des Italiens, as luzes e sombras passavam pelo rosto e pelo esguio pescoço branco da rapariga, e ela parecia arrebatadora. Olhei sub-repticiamente para o meu postal e comecei:

— *Je vous adore.*

Ela riu, mostrando os dentes brancos, perfeitos:

— O senhor fala francês muito bem.

— *Je vous ai aimée la première fois que je vous ai vue* — continuei, com emoção.

A moça tornou a rir e corrigiu meu francês, explicando que eu deveria usar o "tu", mais íntimo. E, pensando nisso, riu de novo. Olhou o relógio, mas o relógio parara; indicou que desejava saber a hora, explicando que tinha um encontro importantíssimo às doze horas.

— Esta noite não — disse eu timidamente.

— *Oui, ce soir.*

— Mas você está comprometida por esta noite, *toute la nuit!*

Ela de repente espantou-se:

— *Oh, non, non, non. Pas toute la nuit!*

A coisa foi ficando sórdida:

— *Vingt francs pour le moment?*

— *C'est ça!* — respondeu ela com ênfase.

— Sinto muito — disse eu. — Acho que o melhor é parar o carro.

E depois de pagar o cocheiro, para a levar de volta ao Folies Bergère, apeei-me — triste e desiludido mancebo.

Poderíamos ter ficado dez semanas no Folies Bergère, porque fizemos grande sucesso, mas o sr. Karno tinha outros compromissos. Meu salário eram seis libras por semana, que eu gastava até o último pêni. Conheci um primo de meu irmão, aparentado não sei como ao pai de Sydney; era rico e pertencia à chamada alta sociedade, e durante o tempo em que esteve em Paris me proporcionou grandes diversões. Tinha paixão pelo palco e chegou ao cúmulo de raspar o bigode para passar por membro da nossa companhia, e assim o deixavam andar pelos bastidores. Infelizmente meu amigo teve que voltar à Inglaterra, onde, segundo deduzi, foi chamado à ordem pelos seus augustos pais e mandado para a América do Sul.

Antes de viajar para Paris ouvira eu dizer que a trupe de Hetty estava trabalhando no Folies Bergère; estava, assim, certo de encontrá-la. Na noite da chegada fui aos bastidores fazer indagações, mas soube por uma das bailarinas que, na semana anterior, a trupe partira com destino a Moscou. E enquanto eu falava com a pequena uma voz áspera disse do alto da escada:

— Venha cá, já! Como se atreve a conversar com estranhos?

Era a mãe da garota. Tentei explicar que eu apenas queria informações a respeito de uma pessoa amiga, mas a mãe não me escutou.

— Pare de falar com esse homem, venha cá imediatamente!

Fiquei irritado com a grosseria. Mais tarde, contudo, travei melhor conhecimento com a mulher. Morava no mesmo hotel em que eu estava, com as duas filhas, que faziam parte do balé do Folies Bergère. A mais nova, de treze anos, era a *première danseuse,* muito bonitinha e talentosa; mas a mais velha, de quinze anos, nem era bonita nem talentosa. A mãe era francesa, gorda, nos seus quarenta anos, casada com um escocês que morava na Inglaterra. Depois que estreamos no Folies Bergère ela me procurou, pedindo desculpas por ter sido tão ríspida. Foi o começo de uma boa amizade. Frequentemente me convidavam para tomar chá nos aposentos delas, chá que era feito no próprio quarto.

Quando penso nesse passado, vejo que era incrivelmente inocente. Certa tarde, em que as meninas tinham saído e *Mama* e eu estávamos a sós, a atitude dela tornou-se estranha: tremia enquanto servia o chá. Eu estivera a falar a respeito das minhas esperanças e sonhos, meus amores e desapontamentos, e ela se comovera. Quando me levantei, para depor na mesa a minha chávena, ela se aproximou.

— Você é muito meigo — disse, prendendo-me o rosto entre as mãos e me fitando intensamente os olhos. — Um rapaz tão bom não deveria sofrer.

O olhar dela ficou diferente, estranho e hipnótico, e a voz lhe tremia.

— Olhe, eu lhe quero bem como a um filho — continuou ainda a me segurar o rosto.

Então, lentamente, seu rosto aproximou-se do meu e ela me beijou.

— Obrigado — disse eu com sinceridade e inocentemente beijei-a também.

Ela continuou a me trespassar com o olhar, os lábios trêmulos, os olhos vidrados; mas então, dominando-se, serviu outra xícara de chá. Mudara de atitude, tinha na boca um jeito, divertido:

— Você é muito bonzinho. Gosto muito de você.

Fez-me confidências a respeito das filhas:

— A mais nova é muito boa menina, mas a mais velha precisa de ser vigiada. Está se tornando um problema.

Depois do espetáculo ela me convidava para a ceia no quarto grande, onde dormia com a filha menor; e antes de ir para o meu quarto eu dava um beijo de boas-noites à mãe e às filhas; tinha então que atravessar o quarto pequeno onde dormia a filha mais velha. Certa noite, quando atravessava esse quarto, a moça me chamou e murmurou:

— Deixe sua porta aberta que eu vou lá quando a família estiver dormindo.

Acredite quem quiser, mas empurrei-a indignado para a cama e saí pisando duro.

Quando terminou o contrato delas com o Folies Bergère ouvi dizer que a filha mais velha, que ainda não tinha dezesseis anos, fugira com um amestrador de cães, um gordo alemão de sessenta anos.

Mas eu não era tão inocente quanto parecia. Com os amigos da trupe passava às vezes a noite percorrendo os bordéis e me entregando às atividades turbulentas em que a mocidade se compraz. Certa noite, após beber vários absintos, entrei em luta com um ex-pugilista peso-leve, por nome

Ernie Stone. A briga começou num restaurante e depois que os garçons e a polícia nos separaram ele disse:

— Vamos nos encontrar no hotel — que era onde ambos estávamos hospedados.

Ele ficava num quarto sobre o meu e às quatro da manhã toquei para o hotel e bati à porta de Ernie.

— Entre — disse ele, animado — e tire os sapatos para não fazer barulho.

Em silêncio, ficamos nus da cintura para cima e depois nos defrontamos. Trocamos murros e fizemos fintas pelo que me pareceu um tempo interminável. Por várias vezes ele me atingiu no queixo, mas sem resultado. E eu zombava:

— Pensei que você soubesse esmurrar!

Ele investiu contra mim, errou e foi bater com a cabeça na parede, quase pondo a si mesmo a nocaute. Eu tentei liquidá-lo, mas meus murros eram muito fracos. Batia nele inutilmente, pois não tinha força no punho. De repente recebi um murro em cheio na boca, que me abalou os dentes da frente e me deixou lúcido.

— Chega — disse eu. — Não quero perder os dentes.

Ernie adiantou-se e me abraçou, depois olhou para o espelho. Eu lhe cortara a face em tiras. Minhas mãos estavam inchadas como luvas de boxe e havia sangue até no teto, nas cortinas e nas paredes. Como o sangue chegou lá não sei.

Durante a noite, o sangue me escorreu pelo canto da boca e desceu pelo pescoço. A pequenina *première danseuse* que costumava me trazer uma xícara de chá pela manhã gritou, pensando que eu me suicidara. Nunca mais, desde então, lutei com ninguém.

Outra noite o intérprete me procurou dizendo que um famoso músico queria me conhecer. Poderia ir até o seu camarote? O convite era interessantíssimo, porque no camarote dele estava uma senhora lindíssima e exótica, dançarina do balé russo. O intérprete me apresentou. O cavalheiro disse que gostara do meu trabalho e ficara surpreso ao ver quão moço eu era. Ante esses cumprimentos, fiz uma reverência polida, lançando um olhar furtivo e ocasional à sua amiga. Ele ainda disse:

— O senhor é, instintivamente, um musicista e um bailarino.

Sentindo que não havia outra resposta para esse elogio, senão um sorriso agradável, olhei para o intérprete e fiz nova reverência.

O músico ficou de pé, estendeu a mão e eu levantei-me.

— Sim — disse ele ao me apertar a mão —, o senhor é um verdadeiro artista.

Quando saímos, virei-me para o intérprete:

— Quem era a senhora que estava com ele?

— É uma dançarina russa de balé, *mademoiselle...*

Era um nome muito comprido e difícil.

— E qual é o nome do cavalheiro? — perguntei.

— Debussy, o célebre compositor.

— Nunca ouvi falar nele — comentei.

Foi esse o ano em que houve o famoso escândalo e julgamento de madame Steinheil, que acabou absolvida pelo assassinato do marido; o ano da sensacional dança *pom-pom,* que mostrava os pares rodando indecentemente numa exibição libidinosa; o ano das incríveis leis de impostos, que cobravam seis *pence* em cada libra de renda pessoal; o ano em que Debussy apresentou o seu *Prélude à l'après-midi d'un faune* na Inglaterra, onde foi vaiado e o público saiu do teatro.

COM TRISTEZA voltei à Inglaterra e comecei uma turnê pelas províncias. Que contraste com Paris! Aquelas melancólicas noites de domingo nas cidades do norte: tudo fechado e o tristonho planger dos sinos severos, ao som dos quais rapazes embriagados e debochadas rameiras desfilavam pelas ruas escuras e vielas escusas. Era a única diversão que tinham aos domingos.

Seis meses tinham se passado na Inglaterra e eu me acomodara na minha rotina habitual, quando chegaram notícias dos escritórios de Londres que me alvoroçaram a vida. O sr. Karno me informava que eu iria substituir Harry Weldon na segunda temporada de *O jogo de futebol.* Senti então que minha estrela estava em ascensão. Era a minha oportunidade. Embora tivesse feito sucesso em *Pássaros chilreantes* e outros esquetes do nosso repertório, eram pequenas realizações comparadas com representar o protagonista em *O jogo de futebol*. Além do mais, iríamos estrear no Oxford, o mais importante *music-hall* de Londres. Seríamos a maior atração e pela primeira vez eu teria o meu nome em primeiro lugar, no alto do programa. Era um considerável passo à frente. Se eu tivesse êxito no Oxford seria um triunfo que me capacitaria a exigir maior salário e talvez fazer repertório com meus próprios números; em suma, abria-me as mais maravilhosas perspectivas. Como praticamente o mesmo elenco fora contratado para *O jogo de futebol*, precisávamos apenas de uma semana de ensaios. Eu me preocupara muito com o desempenho do papel. Harry Weldon usava um sotaque do Lancashire. Resolvi fazer o papel falando *cokney*.[2]

Mas no primeiro ensaio tive um ataque de laringite. Fiz tudo para poupar a voz, falando em voz baixa, inalando vapores, vaporizando a garganta, até que a inquietação me tirou toda a untuosidade e comicidade necessárias ao papel.

Na noite da estreia, apelei desesperadamente para cada veia e corda vocal de minha garganta. Mas não conseguia fazer-me ouvir. Karno apareceu depois, com uma expressão mista de desapontamento e desprezo, e me disse, numa censura:

— Ninguém o ouviu.

Garanti-lhe que na próxima noite minha voz estaria melhor, mas não esteve. Na verdade esteve pior, pois forçara-a tanto que eu corria perigo de perdê-la completamente. Na noite imediata meu substituto tomou o papel. E, como consequência, o contrato terminou depois da primeira semana. Todas as minhas esperanças e sonhos com o contrato no Oxford tinham naufragado e o desapontamento que se seguiu me pôs de cama com influenza.

FAZIA mais de um ano que eu não via Hetty. Fraco e melancólico, após a doença, lembrei-me dela novamente e certa vez, tarde da noite, fui andando em direção da casa dela, em Camberwell. Mas a casa estava vazia com um cartaz: "Aluga-se."

---

[2] Sotaque dos londrinos de baixa classe. (N. da T.)

Continuei a vaguear pelas ruas, sem objetivo definido. Subitamente, um vulto apareceu dentro da noite, atravessando a rua e caminhando em minha direção.

— Charlie! Que está fazendo por aqui?

Era Hetty. Estava com um casaco de pele de foca, preto, e um chapéu redondo também de foca.

— Vim encontrá-la — disse eu a brincar.

Hetty sorriu:

— Você está muito magro.

Contei-lhe que estava convalescendo de influenza. Ela tinha agora dezessete anos, estava muito bonita e bem vestida.

— Mas a pergunta é outra — disse eu. — Que é que você está fazendo por aqui?

— Fui visitar uma amiga e agora ia para a casa do meu irmão. Quer vir comigo?

Em caminho ela me contou que a irmã casara com um milionário americano, Frank J. Gould, e estavam morando em Nice. Ela, Hetty, na manhã seguinte iria para a casa deles, lá.

Nessa noite fiquei a vê-la enquanto dançava faceira com o irmão. Portava-se como uma tola, fazendo de sereia e, malgrado meu, não pude deixar de constatar que o meu ardor por ela diminuíra um pouco. Tornara-se Hetty comum como qualquer outra moça? O pensamento me entristeceu e dei comigo a estudá-la objetivamente.

Desenvolvera-se de corpo: notei-lhe o contorno dos seios e achei-os pequenos e não muito sedutores. Casaria com ela se tivesse meios para isso? Não, eu não queria casar com ninguém.

E ao caminhar para casa, com ela, naquela noite fria e brilhante, eu devia ter me mostrado tristemente objetivo ao lhe falar a respeito do futuro feliz e maravilhoso que ela poderia ter.

— Você fala de um jeito que me dá vontade de chorar — disse Hetty.

Nessa noite voltei para casa sentindo-me triunfante, porque eu conseguira tocá-la com a minha tristeza e fizera-a sentir minha personalidade.

Karno me pôs de novo em *Pássaros chilreantes* e, ironicamente, passado um mês, recuperei minha voz. E por maior que fosse o meu desapontamento a respeito de *O jogo de futebol* procurei não pensar nele. Mas um pensamento me atormentava: talvez eu não tivesse capacidade para substituir Weldon. E atrás de tudo estava o fantasma de meu fracasso no Foresters'. E como eu não recuperara de todo a confiança, cada papel principal que desempenhava era uma prova de medo. E agora chegara o dia alarmante e decisivo em que eu devia notificar o sr. Karno de que o meu contrato expirara e eu queria um aumento.

Karno sabia ser ríspido e cruel com quem não gostava. Como gostava de mim, eu não lhe conhecia esse aspecto, mas na verdade ele sabia arrasar os outros, no seu jeito vulgar. Durante a representação de uma das suas comédias, se ele não gostava do ator, deixava-se ficar nos bastidores, segurava o nariz e soltava um *raspberry*.[3] Mas de certa feita fez isso tantas vezes que o ator saiu do palco e o agrediu. Foi a última vez que Karno usou métodos tão vulgares. E agora estava eu diante dele a falar sobre o novo contrato.

— Bem — disse ele, sorrindo cinicamente —, você quer um aumento e a companhia quer fazer um corte — e encolheu os ombros. — Desde o fiasco no Oxford Music Hall, só temos tido queixas. Dizem que a companhia não está à altura — que é mambembe.[4]

— Bem, dificilmente podem me culpar por isso — disse eu.

— Mas culpam — respondeu Karno trespassando-me com um olhar fixo.

— De que se queixam?

Karno limpou a garganta e olhou para o chão.

— Dizem que você não é competente.

Embora a observação me ferisse na boca do estômago, também me enfureceu, mas respondi calmamente:

— Bem, outras pessoas não pensam assim e de bom grado me dão mais do que eu ganho aqui.

Isso não era verdade. Eu não tinha nenhuma outra oferta.

---

[3] *Raspberry* é framboesa. Mas aí a palavra não tem tradução em português; significa um ruído de desprezo e zombaria, feito com o nariz e a boca. (N. da T.)

[4] Na trupe de Karno levavam-se pelo menos seis meses para se conseguir uma sincronização perfeita dos atores. Até então era chamada uma *scratch crowd*. (N. do A.)

— Dizem que o espetáculo é péssimo e o cômico não presta. Escute — continuou ele apanhando o telefone. — Eu vou chamar Bermondsey, no *Star*, e você pode escutar por si próprio... "Ouvi dizer que você fez mau negócio, na semana passada" — falou Karno ao telefone.

— Péssimo! — disse uma voz.

Karno sorriu:

— E qual a causa?

— O espetáculo é uma droga.

— E que tal Chaplin, o principal cômico? Presta?

— É uma porcaria! — disse a voz.

Karno me ofereceu o telefone, rindo:

— Ouça você mesmo.

Apanhei o fone:

— Talvez ele seja uma porcaria, mas não é porcaria maior do que o seu teatro! — disse-lhe eu.

A tentativa de Karno para me rebaixar não teve resultado. Eu lhe disse que se ele também pensava assim não havia necessidade de renovar o meu contrato. Karno era esperto em muita coisa, mas não era bom psicólogo. Mesmo que eu fosse uma porcaria, não era boa política pôr um sujeito do outro lado do telefone para me dizer isso. Eu ganhava então cinco libras e embora minha confiança estivesse baixa pedi seis. Para surpresa minha Karno concordou e novamente entrei nas suas boas graças.

ALF REEVES, o gerente da companhia americana de Karno, voltou à Inglaterra e correu o boato de que ele procurava um ator principal para levar consigo para os Estados Unidos.

Desde o meu fracasso no Oxford Music Hall eu andava pensando em ir para a América, não só pela aventura, mas porque a viagem significaria um renovar de esperança, um novo começo em um novo mundo. Felizmente

Patinando,[5] o novo número em que eu era o principal cômico, tinha grande êxito em Birmingham; e quando o sr. Reeves se encontrou lá com a nossa companhia dei tudo que podia dar. Como resultado, Reeves telegrafou a Karno dizendo-lhe ter encontrado o cômico que queria levar aos Estados Unidos. Mas Karno tinha outros planos para mim. Esse tropeço me deixou em dúvidas durante várias semanas, até que ele se mostrou interessado numa farsa intitulada *The Wow-Wows*. Era uma pantomima que contava a iniciação de um membro de uma sociedade secreta. Reeves e eu considera-mos o espetáculo tolo, pretensioso e sem valor. Mas Karno estava obcecado com a ideia e insistia que a América era cheia de sociedades secretas e que a caricatura delas seria lá um grande sucesso; e assim, para minha felicidade, alívio e alvoroço, Karno me escolheu para fazer o principal papel em *The Wow-Wows* — na América.

Era isso o que eu precisava: aquela oportunidade de ir para os Estados Unidos. Na Inglaterra, eu sentia que atingira o limite das minhas possibilida-des; além do mais, as oportunidades eram reduzidas. Com pouca instrução, se eu falhasse como cômico de *music-hall* só me restava trabalho braçal. Nos Estados Unidos as perspectivas eram mais brilhantes.

Na noite da véspera do embarque saí pelo West End de Londres de-tendo-me na Leicester Square, Coventry Street, o Mall e Piccadilly, com a premonição de que aquela seria a última vez que eu veria Londres, pois resolvera ficar definitivamente na América. Caminhei até duas horas da ma-nhã, afundando-me na poesia das ruas desertas e na minha própria tristeza.

Eu detestava dizer adeus. Seja qual for o nosso sentimento quando nos despedimos de amigos e parentes, a presença deles na hora da partida apenas nos faz sofrer mais. Levantei-me às seis da manhã. Portanto, não cheguei a acordar Sydney; deixei-lhe um bilhete na mesa, no qual dizia:

"Parto para a América. Darei notícias. Abraços. Charlie."

---

[5]No original inglês: *Skating.* (N. da T.)

8

VIAJAMOS DOZE DIAS EM ALTO-MAR, com um tempo terrível, rumo a Quebec. Por três dias vogamos com um leme quebrado. Contudo, meu coração estava leve e alegre, só de pensar que íamos para outra terra. Viajamos via Canadá num navio destinado ao transporte de gado e, embora não houvesse bovinos a bordo, havia fartura de ratos, que trepavam arrogantemente pelos pés da minha cama, obrigando-me a atirar neles uma botina para os enxotar.

Era no início de setembro e passamos por Terra-Nova dentro de um nevoeiro. Por fim, vimos o continente. Naquele dia chuvoso, as margens do rio São Lourenço pareciam desoladas. Contemplada do nosso navio, Quebec dava a impressão das sinistras muralhas sobre as quais o fantasma de Hamlet teria passeado. E comecei a imaginar o que seriam os Estados Unidos. Mas, à medida que viajávamos para Toronto, o campo se tornava cada vez mais belo, nas cores do outono, e começamos a ter melhores esperanças. Em Toronto, mudamos de trem e passamos pela Imigração dos Estados Unidos. Às dez horas de uma manhã de domingo chegamos, finalmente, a Nova York. Quando descemos do bonde em Times Square ficamos desolados. Jornais eram atirados pelo vento no meio das ruas e em cima das calçadas. E a Broadway nos deu a impressão de uma mulher desmazelada que acabasse de se erguer da cama. Em quase todas as esquinas havia altas cadeiras de engraxates, nas quais pessoas confortavelmente sentadas em mangas de camisa faziam lustrar os sapatos. Davam assim a impressão de que estavam terminando sua toalete em plena rua. Muitos pareciam forasteiros, de pé nas calçadas, sem propósito algum, como se estivessem em estações ferroviárias, matando tempo enquanto esperavam o seu trem.

Contudo, essa era a cidade de Nova York, aventurosa, surpreendente, um tanto assustadora. Paris tinha sido bem mais amistosa. Embora eu não pudesse falar o francês, Paris me havia gritado boas-vindas em cada esquina, com os seus bistrôs e seus cafés ao ar livre. Ao passo que Nova York era essencialmente um centro de grandes negócios. Os enormes arranha-céus pareciam implacavelmente arrogantes, pouco ligando às conveniências das pessoas comuns. Até mesmo os bares não tinham em suas salas onde as pessoas pudessem sentar-se. Apenas, na parte inferior do balcão, havia um longo friso de bronze, no qual os fregueses podiam descansar um pé de cada vez. E os restaurantes populares, embora limpos e guarnecidos de mármore branco, pareciam frios e tinham um jeito de hospital.

Aluguei um quarto de fundos numa das casas cor de tijolo da Forty-third Street, onde se ergue atualmente o edifício do *Times*. Quarto tão triste e tão sujo que me encheu de saudades de Londres e do nosso pequeno apartamento. No subsolo havia um estabelecimento que lavava e passava roupas. Durante toda a semana, exalava do porão o odor fétido e enjoativo das roupas lavadas e passadas a vapor, aumentando desse modo o meu desconforto.

No primeiro dia, senti-me inteiramente inadaptado. Foi um suplício, para mim, entrar num restaurante e pedir qualquer coisa, por causa do meu acento britânico e, ainda, porque tenho o hábito de falar lentamente. Tantos falavam de uma forma tão rápida e abreviada, fundindo palavras, que me senti constrangido, pelo temor de gaguejar e desperdiçar o meu tempo.

Era estranho a todas essas espertezas norte-americanas. Em Nova York, mesmo o dono da mais insignificante empresa age com alacridade. O engraxate esfrega a sua tira de flanela nos sapatos do freguês com alacridade, o garçom do bar serve a cerveja com alacridade empurrando a caneca destramente sobre a superfície polida do balcão. O rapaz da confeitaria, quando serve um leite maltado com gema de ovo, desempenha a sua função com artes de malabarista. Com uma furiosa celeridade, ele apanha um copo e ataca dentro dele todos os ingredientes: a baunilha que dá o sabor, a bola de sorvete, duas colheres de malte, um ovo cru que quebra com certo estardalhaço, depois ajunta o leite, agitando tudo numa vasilha e servindo a mistura em menos de um minuto.

Na grande avenida, nesse primeiro dia, muitos, tal como eu, pareciam solitários e isolados. Outros trocavam pernas acima e abaixo com a maior naturalidade, como se fossem donos do lugar. A conduta de muitos parecia empertigada e metálica, como se ser polido e agradável fosse uma prova de fraqueza. Mas, à noite, quando eu caminhava pela Broadway, com a multidão vestindo suas roupas de verão, fiquei tranquilizado. Tínhamos deixado a Inglaterra no meio de um setembro terrivelmente frio e chegáramos em Nova York em pleno veranico, conhecido pelo nome de "verão dos índios",[1] com uma temperatura de quarenta graus. Enquanto eu caminhava pela Broadway, miríades de pequenas lâmpadas elétricas começaram a se acender e a brilhar como joias fulgurantes. E ao calor dessa noite minha atitude mudou e o sentido da América se revelou aos meus olhos: os imensos arranha-céus, as luzes alegres e brilhantes, a empolgante apresentação dos anúncios luminosos excitaram as minhas esperanças e o meu espírito de aventura. "É a isto" — dizia eu a mim mesmo —, "é a isto que eu pertenço!"

Todos, na Broadway, pareciam pertencer ao mundo das diversões. Atores, artistas de variedades, gente de circo e de toda espécie de entretenimento estavam em toda parte: nas ruas, nos restaurantes, nos hotéis, nas lojas, todos falando sobre suas atividades. Ouviam-se os nomes de donos de teatros: Lee Schubert, Martin Beck, William Morris, Percy Williams, Klaw e Erlanger, Frohman, Sullivan e Consadine, Pantage's.[2] Mesmo as lavadoras de chão, os ascensoristas, garçons, motorneiros de bondes, leiteiros e padeiros, todos falavam como gente do meio teatral. Ouviam-se fiapos de conversas nas esquinas, entre matronas, que pareciam fazendeiras do interior: "Ele acabou de cumprir um compromisso no Oeste com o Pantage's. Com números bem escolhidos, o rapaz ficará famoso como artista de variedades." Ou era um porteiro que dizia: "Você viu o Al Jolson no Winter Garden? Ele salvou o espetáculo do Jake!"

Os jornais consagravam diariamente uma página inteira ao teatro, apresentando um mapa como o das corridas de cavalos, para indicar os atos de variedades que estavam em primeiro, segundo e terceiro lugar em popularidade e em aplausos. Não tínhamos ainda entrado nessa corrida e estávamos ansiosos para saber que lugar iríamos ocupar nesse mapa. Devíamos trabalhar no circuito de Percy Williams somente seis semanas. Depois

---

[1] *Indian summer.* Em Portugal diz-se "verão de são Martinho". (N. do T.)
[2] Pantage's era um circuito de variedades que dava três espetáculos completos por dia. (N. do A.)

disso, não tínhamos ainda contratos estabelecidos. Do resultado daquele compromisso dependia a duração de nossa permanência na América. Se fracassássemos, teríamos que voltar logo para a Inglaterra.

Arranjamos uma sala de ensaios e passamos uma semana ensaiando *The Wow-Wows*. No elenco estava o velho e hilariante Walker, famoso palhaço de Drury Lane. Tinha mais de setenta anos, uma profunda e ressoante voz, mas nenhum domínio da boa dicção, como descobrimos nos ensaios. Cabia-lhe, porém, a parte mais importante, na explicação da intriga da farsa. Expressões como: "Os atores serão furiosamente engraçados em suas improvisações, *ad libitum*" ele não saberia e nunca poderia dizer. Na primeira noite, em vez de *ad libitum*, ele disse *ablibblum*, que depois transformou em *ablibum*, sem jamais se corrigir.

Nos Estados Unidos, Karno tinha uma grande reputação. Éramos, por isso, a atração principal, encabeçando um programa de excelentes números artísticos. E embora eu detestasse a pequena farsa, naturalmente tentei tirar dela o máximo proveito. Estava convencido de que ela poderia ser, como dizia Karno, exatamente "o que a América iria adorar". Não descreverei o nervosismo, a agonia e a intensa expectativa que precederam a minha entrada em cena na noite da estreia. Minha primeira piada era saudada com grandes gargalhadas na Inglaterra e servia como um barômetro para a avaliação do comportamento do público durante o resto da peça. A cena era a de um acampamento de veranistas. Eu saía de uma barraca de lona com uma xícara de chá.

ARCHIE *(eu)*: Bom dia, Hudson. Podia me dar um pouco de água?
HUDSON: Pois não. Para que é que quer?
ARCHIE: Para tomar um banho.
(*Um fraco riso na plateia e, depois, um frio silêncio.*)
HUDSON: Dormiu bem esta noite, Archie?
ARCHIE: Oh, terrivelmente... Sonhei que estava sendo perseguido por um trator.

O mesmo silêncio mortal. E assim continuamos enquanto as fisionomias dos artistas norte-americanos nos bastidores pareciam se alongar cada vez

MINHA VIDA 153

mais numa expressão decepcionada. Muitos desapareceram antes de terminarmos o nosso programa. A farsazinha era boba e chata. Eu bem tinha aconselhado Karno a não estrear com ela. Tínhamos breves comédias muito melhores em nosso repertório, tais como *Patinando, Os ladrões grã-finos, Os correios* e *Sr. Perkins, deputado*,[3] capazes de agradar a qualquer platéia dos Estados Unidos. Mas Karno era obstinado.

O mínimo que posso dizer é que um fracasso em país estrangeiro é desanimador. Representamos todas as noites diante de uma plateia fria e silenciosa, que ouvia nossa efusiva e jovial comédia inglesa como se fosse algo sinistro. Chegávamos ao teatro e dele saíamos como se fôssemos fugitivos. Durante seis semanas sofremos essa ignomínia. Os outros artistas nos punham em quarentena, isolando-nos como se estivéssemos pesteados. Quando nos reuníamos nos bastidores para entrar em cena estávamos esmagados e humilhados, como se fôssemos para um paredão de fuzilamento.

Embora eu me sentisse solitário e repudiado, pelo menos estava morando sozinho e não precisava partilhar a minha humilhação com os outros. Durante o dia, caminhava incessantemente ao longo das avenidas que pareciam não levar a lugar algum e me interessava em visitar jardins zoológicos, parques, aquários e museus. Desde o nosso fracasso, Nova York nos parecia algo formidável, com seus edifícios excessivamente altos e sua empolgante atmosfera de competição. As magnificentes casas da Quinta Avenida não eram simples moradas, mas monumentos ao êxito. Seus opulentos edifícios de agudas torres e as lojas elegantes pareciam lembrar-me a todo instante a minha inadequação para viver em tal meio.

Fiz longos passeios a pé através dos bairros da miséria, passando através da Madison Square, onde velhos vagabundos ocupavam os bancos num estupor desesperado, olhando para seus próprios pés. Depois andei pela Terceira e pela Segunda Avenidas, onde a pobreza, calejada, amarga e cínica, era ostensiva, ruidosa e risonha. Pobreza que se exibia, gritante, em cada porta, nas escadas de emergência para o caso de incêndio, ou transbordava

---

[3]No original inglês, respectivamente: *Skating, The dandy thieves, The post office, Mr. Perkins, MP.* (N. do T.)

para as próprias ruas. Mas tudo isso era depressivo e me fez voltar apressadamente à Broadway.

O norte-americano é um otimista, preocupado com sonhos rudes, e um infatigável lutador, sempre a tentar novas proezas. Espera vencer rapidamente, com a aplicação de golpes fáceis. Quebrar a banca! Sair de baixo e chegar logo ao topo do pau-de-sebo! Vender toda a lotação! Pôr a mão na massa e cair fora! Arranjar outra muamba! Apesar de tudo, essa atitude imoderada começou a iluminar o meu espírito. Paradoxalmente, embora o resultado do nosso insucesso fizesse eu me sentir leve e desembaraçado. Havia muitas oportunidades nos Estados Unidos. Por que haveria eu de persistir no negócio de diversões? Eu não tinha feito votos de dedicar-me perpetuamente à arte. Arranjaria outra muamba! E comecei a reconquistar a confiança em mim mesmo. Acontecesse o que acontecesse, estava determinado a ficar nos Estados Unidos.

Para distrair-me do fracasso, desejei aperfeiçoar o meu espírito e melhorar a minha educação. Por isso, comecei a frequentar livrarias que vendem livros em segunda mão. Comprei nelas vários compêndios, entre os quais a *Retórica*,[4] de Kellog, uma gramática inglesa e um dicionário latino-inglês, com a decisão de estudar seriamente. Mas minha resolução se desvaneceu. Mal lancei as vistas sobre esses livros coloquei-os no fundo de uma mala e os esqueci. Até nossa segunda visita aos Estados Unidos nunca mais olhei para eles.

No programa da nossa primeira semana em Nova York havia um ato intitulado *Quando Gus Edwards estava na escola*,[5] representado por um conjunto infantil. Nessa trupe havia um garoto atraente e simpático, cuja minúscula estatura contrastava com suas maneiras sofisticadas. Ele tinha a mania de colecionar cupões de cigarros, que poderiam ser trocados nas tabacarias por objetos que iam de uma chaleira niquelada a um piano de cauda. Sempre pronto para jogar dados nos bastidores com os contrarregras ou com qualquer outra pessoa, falava de maneira extraordinariamente rápida e se chamava Walter Winchell. Desde então nunca deixou de falar como

---

[4]No original inglês: *Rhetoric*. (N. da T.)
[5]No original inglês: *Gus Edward's school days*. (N. da T.)

uma metralhadora, embora em matéria de fidelidade aos fatos muitas vezes tenha deixado de atingir o alvo.

Ainda que as nossas exibições não tivessem sido um êxito, eu pessoalmente tive boas referências nas críticas. Mike Simes, do *Variety*, disse a meu respeito: "Ele mostrou que havia pelo menos um inglês engraçado na trupe e vai se impor na América." Estávamos já resignados a arrumar as malas e a regressar à Inglaterra. Mas na terceira semana fomos trabalhar no Fifth Avenue Theatre, para uma plateia constituída, na maior parte, de mordomos e criados ingleses. Para a minha surpresa, a estreia, numa segunda-feira, foi um sucesso. Riam de todas as nossas piadas. Toda a companhia ficou boquiaberta e eu mais do que todos, pois havia esperado uma recepção tão indiferente como as demais. Representamos com mais leveza, sentindo-nos aliviados. O público, afinal, parecia ter começado a nos entender. Durante a semana, um agente nos viu e nos contratou para uma excursão pelo oeste, no circuito Sullivan e Consadine. Era uma cadeia de variedades baratas e éramos obrigados a dar três espetáculos por dia.

Embora a primeira excursão por conta de Sullivan e Consadine não fosse um extraordinário sucesso, crescemos em confronto com os outros números do programa. Naquela época, o Meio-Oeste tinha seu encanto. O tempo era mais lento e a atmosfera mais romântica. Cada farmácia-confeitaria e cada bar tinham o seu balcão para o jogo de dados, logo à entrada, para a disputa dos produtos que vendiam. Nas manhãs de domingo, nas ruas principais havia o rumor incessante dos dados, amistoso e agradável. Muitas vezes ganhei mercadorias que valiam um dólar arriscando apenas dez centavos.

A vida não era dispendiosa. Nos pequenos hotéis, podia-se obter quarto e comida a sete dólares por semana, com três refeições por dia. A alimentação era baratíssima. O balcão de comedorias gratuitas dos bares era o local predileto da nossa companhia. Por um níquel, podia-se ter à mão um copo de cerveja e comer o que se quisesse no balcão dos frios, onde havia pés de porco, fiambre, salada de batata, sardinhas, queijo parmesão, fatias de diversas salsichas, mortadela, salame e até cachorro-quente. Alguns dos nossos companheiros tiravam partido disso, amontoando tantas coisas em seus pratos que, por vezes, o homem do bar intervinha:

— Ei! Para onde diabo vai você com tal carregamento? Vai pro Alasca?

Havia quinze ou mais pessoas em nosso elenco e cada uma delas economizava pelos menos metade de seu ganho, mesmo tendo que pagar, nos trens, o preço do leito em que dormiam. Meu salário era de setenta e cinco dólares por semana, cinquenta dos quais iam diretamente para a minha conta, no Banco de Manhattan.

A excursão nos levou à costa do Pacífico. Viajou conosco, integrando o mesmo programa, um jovem e bem-parecido texano, trapezista profissional, que não sabia bem se devia continuar com sua companheira a ganhar a vida no trapézio ou se devia se tornar um campeão de boxe. Todas as manhãs, eu calçava as luvas nele e, embora fosse bem mais alto e mais pesado do que eu, íamos treinar e eu o soqueava à vontade. Tornamo-nos bons amigos e depois de cada treino íamos almoçar juntos. Seus pais, contou-me, eram simples lavradores. E ele, por sua vez, gostava de falar da vida na fazenda. Dentro em pouco estávamos planejando deixar tudo, espetáculos e boxe, para criar porcos, de sociedade.

Possuíamos, os dois, em conjunto, dois mil dólares e o sonho de fazer fortuna. Planejamos comprar terra a cinquenta centavos o acre em Arkansas. Para começar, dois mil acres. E o resto empregaríamos na compra de porcos e em melhorias da propriedade. Se tudo saísse bem e as porcas dessem as crias à base de cinco por ano, em mais ou menos cinco anos teríamos ganho mil dólares, cada um. Viajando de trem, quando víamos pela janela uma criação de porcos chegávamos aos paroxismos do entusiasmo. Comíamos, dormíamos e sonhávamos porcos. Se eu não tivesse comprado um livro sobre a criação científica de porcos teria então dito adeus à carreira teatral para me tornar fazendeiro. Mas esse livro, ilustrando e descrevendo tecnicamente a castração dos porcos, esfriou o meu ardor e cedo esqueci tal projeto.

Nessa excursão, levei meu violino e meu violoncelo. Desde a idade de dezesseis anos, eu me exercitava nesses instrumentos, em meu dormitório, de quatro a seis horas por dia. Todas as semanas eu tomava lições com o maestro do teatro ou com alguém por ele recomendado. Como sou canhoto, meu violino tinha as cordas invertidas, as graves no lugar das agudas. Eu tinha a ambição de me tornar um grande concertista, ou, se falhasse, de usar o instrumento em meus números. Mas, quando me convenci de que não me tornaria um grande executante, desisti do intento.

Em 1910, Chicago era atraente em sua fealdade, em seu ar melancólico e sombrio: é que a cidade ainda tinha o espírito da época da fronteira, metrópole ativa e heroica de "fumaça e de aço", como disse o poeta Carl Sandburg. A vasta e lisa planície que a rodeia é, penso eu, semelhante às estepes russas. Isso lhe dava a áspera alegria pioneira que vivifica os sentidos, embora sublinhada por uma perturbadora solidão masculina. Para contrabalançar essa desvantagem, havia uma distração nacional conhecida como *burlesque show,* consistindo num grupo de comediantes bufos cercados por vinte ou mais coristas. Muitas delas lindas, outras já gastas. Alguns dos comediantes eram engraçados e a maioria das peças, cenas de harém, cínicas e escabrosas. A atmosfera era a dos lugares onde só entram homens, saturada de sexo, o que, paradoxalmente, isolava a plateia de qualquer desejo sexual normal: suas reações se limitavam a assobios. Chicago estava cheia de espetáculos desse gênero. Um deles se intitulava *O monopólio da carne de Watson,*[6] com vinte enormes e carnudas mulheres de meia-idade exibindo-se em malhas apertadas. O peso delas, em conjunto, era calculado em várias toneladas, segundo diziam os anúncios. Suas fotografias, exibidas à porta do teatro, em poses estudadas, eram tristes e deprimentes.

Em Chicago, hospedamo-nos num pequeno hotel da Wabash Avenue, na parte alta da cidade. Embora sombrio e decadente, tinha certo interesse romântico, pois a maioria das moças dos *burlesques* ali morava. Em cada cidade, nós sempre fizemos fila no balcão dos hotéis onde as coristas moravam, cheios de esperanças libidinosas que nunca se materializavam. Os trens elevados, correndo durante a noite, projetavam-se no meu quarto através da janela como imagens das antiquadas lanternas mágicas. Contudo, eu adorava esse hotel, embora nada de particularmente aventuroso ali me acontecesse.

---

[6]No original inglês: *Watson's beef trust.* (N. do T.)

Uma das moças, bonita e tranquila, por algum motivo estava sozinha e caminhava com ar compenetrado. Ocasionalmente, eu passava por ela, que entrava ou saía do saguão do hotel, mas nunca tive a coragem de abordá-la e me dar a conhecer. Devo dizer, aliás, que ela pouco me encorajou.

Quando deixamos Chicago para a costa do Pacífico ela estava no mesmo trem. As companhias de *burlesque* que iam para o oeste geralmente seguiam a mesma rota e trabalhavam nas mesmas cidades. Passando por um dos carros, eu a vi conversando com um dos meus companheiros. Mais tarde ele veio sentar-se a meu lado.

— Que espécie de pequena é essa! — perguntei.

— Muito boazinha. Mas, coitada!, tenho tanta pena dela...

— Por quê?

Ele se aproximou mais.

— Lembra-se dos rumores de que uma das garotas do espetáculo tinha contraído sífilis? Pois bem: é essa.

Em Seattle ela se viu obrigada a deixar a companhia e a se internar num hospital. Fizemos uma coleta em seu benefício, contribuindo todos os elementos das companhias em viagem. Pobre moça: todos sabiam de sua enfermidade. Contudo, ela se mostrou agradecida e duas semanas depois voltou a seu trabalho, curada pelas injeções de Salvarsan, droga que havia aparecido por essa época.

As zonas da prostituição conhecidas como os *red-light districts* (distritos da luz vermelha) abundavam, então, através dos Estados Unidos. Chicago era célebre pela Casa de Todas as Nações, dirigida pelas irmãs Everly, duas solteironas de meia-idade, na qual existiam, dizia-se, mulheres de todas as nacionalidades. Os quartos eram mobilados e decorados em diferentes estilos: turco, japonês, francês da época de Luís XV. Havia até mesmo uma tenda árabe. Era o estabelecimento mais caro e mais suntuosamente instalado em todo o mundo. Milionários, magnatas das indústrias, membros de gabinetes ministeriais, senadores e magistrados figuravam entre os seus clientes. Os membros de uma' convenção qualquer geralmente terminavam suas deliberações alugando toda a casa por uma noite. Um riquíssimo sibarita certa vez instalou-se ali durante três semanas, sem ter visto uma só vez a luz do sol.

MINHA VIDA

Quanto mais viajava para o oeste mais eu gostava. Olhando pela janela do trem as vastas extensões de terras selvagens, embora as visse ásperas e sombrias, sentia meu coração encher-se de esperanças. Os largos espaços fazem bem à alma. Como que a dilatam. E minhas perspectivas se dilatavam também. Cidades como Cleveland, St. Louis, Minneapolis, St. Paul, Kansas City, Denver, Butte, Billings, palpitantes de dinamismo e carregadas de futuro, faziam com que disso também eu me imbuísse.

Fizemos muitos amigos entre os elementos de outras companhias de variedades. Em cada cidade, íamos juntos, seis ou mais, à zona alegre. Algumas vezes conquistamos as simpatias da madama do bordel e ela fechou a casa, pelo resto da noite, para que nós tomássemos conta de tudo. Algumas vezes, garotas se apaixonaram por alguns dos atores e deixaram o seu ofício para segui-los até a próxima cidade. A zona de Butte, no estado de Montana, consistia de uma grande rua e de várias pequenas ruas transversais, com centenas de quartinhos, nos quais estavam instaladas garotas desde a idade de dezesseis anos, ao preço de um dólar. Butte jactava-se de possuir as mais belas mulheres de qualquer zona do Meio-Oeste. E isso era verdade. Se alguém ali visse numa rua, a qualquer hora, uma moça bonita e bem-vestida, poderia apostar que era da zona, de onde saíra para as suas compras. Fora do seu ofício, elas não olhavam nem à direita, nem à esquerda: eram sérias e respeitadoras. Tempos depois eu discuti com Somerset Maugham sobre a figura de Sadie Thompson, que ele colocou em *Chuva*.[7] Jeanne Eagels vestiu-a, no palco, de maneira grotesca, se bem me lembro, até com botinas de cano alto. Eu lhe assegurei, então, que nenhuma prostituta de Butte, Montana, ganharia um centavo caso se vestisse assim.

Em 1910, Butte, Montana, era ainda uma cidade no estilo Nick Carter, com os mineiros ostentando botas até os joelhos, imensos chapelões e lenços vermelhos no pescoço. Cheguei a assistir a um tiroteio em plena rua, quando um velho e gordo xerife saiu atirando nos calcanhares de um preso que fugira da cadeia e acabou sendo agarrado, numa esquina, felizmente sem ter sido atingido pelas balas.

---

[7]No original inglês: *Rain*. (N. do T.)

Meu coração se tornava mais leve à medida que viajávamos para o oeste. As cidades pareciam mais limpas. Nossa rota incluía Winnipeg, Tacoma, Seattle, Vancouver, Portland. Em Winnipeg e Vancouver as plateias eram essencialmente inglesas e, a despeito das minhas inclinações pelos Estados Unidos, foi agradável trabalhar para elas.

Por fim, a Califórnia! Paraíso ensolarado, alamedas de laranjeiras, vinhedos e palmeiras alongando-se pela costa do Pacífico por milhares de léguas. São Francisco, a porta do Oriente, era a cidade da boa comida e dos preços baixos, a primeira a introduzir as pernas de rãs *à la provençale,* a torta de morangos e o abacate. Ali chegamos em 1910, depois que a cidade ressurgira dos escombros do terremoto de 1906, ou melhor, do fogo, como preferem dizer. Havia ainda uma ou duas crateras nas ruas da parte alta, mas no resto quase não se notavam vestígios do sinistro. Tudo era novo e brilhante, inclusive o meu pequeno hotel.

Trabalhamos no Empress, de propriedade de Sid Grauman e de seu pai, tipos cordiais, gregários. Eu fui anunciado sozinho, num cartaz, sem menção ao nome de Karno. E a plateia, que delícia! Embora a comédia *The Wow-Wows* fosse algo pesada, a cada representação a casa esteve cheia e houve uma torrente de gargalhadas. Grauman me disse entusiasticamente: "No dia em que você largar a companhia de Karno, venha para cá e faremos espetáculos juntos!" Esse entusiasmo era novo para mim. Em São Francisco senti o espírito de iniciativa e de otimismo. Los Angeles, por seu lado, era uma cidade feia, quente, opressiva, cujo povo parecia amarelo e anêmico. O clima era muito quente, sem a brisa refrescante de São Francisco. A natureza dotou o norte da Califórnia de recursos que ainda durarão e florescerão quando Hollywood já tiver desaparecido nas cavernas pré-históricas do Wilshire Boulevard.

Terminamos a nossa excursão em Salt Lake City, a terra dos mórmons, o que me fez pensar em Moisés conduzindo os filhos de Israel. É uma cidade enorme e dispersa, com amplas ruas como só pessoas que atravessaram vastas planuras poderão conceber. Como os mórmons, a cidade é retraída e austera — e assim foi a nossa plateia. Depois de representar *The Wow-Wows* no circuito de Sullivan e Consadine, regressamos a Nova York com a intenção de seguir diretamente para a Inglaterra, mas o sr. William Morris, que

MINHA VIDA   161

estava lutando com outra empresa teatral do gênero que tentava açambarcar a praça, contratou-nos para mais seis semanas, durante as quais devíamos representar todo o nosso repertório no seu teatro da Forty-Second Street. Estreamos com *Uma noite num "Music Hall" inglês*,[8] que conquistou tremendo sucesso.

Durante a semana, um jovem e seu amigo tinham marcado encontro, tarde da noite, com duas garotas e, para matar o tempo, entraram no America Music Hall, de William Morris, onde acabaram por assistir nosso espetáculo. Um deles disse: "Se eu algum dia for um chefão, aí está um sujeito a quem hei de contratar." Ele se referia ao meu trabalho, como um bêbado, em *Uma noite num "Music Hall" inglês*. A esse tempo, tal rapaz estava trabalhando para D. W. Griffith, como figurante cinematográfico, ou extra, na Companhia Biograph, com o salário de cinco dólares por dia. Era Mack Sennett, que depois fundou a Keystone Film Company.

Depois de completar com êxito o contrato de seis semanas com William Morris em Nova York, obtivemos outro, de vinte semanas, para nova excursão através do circuito de Sullivan e Consadine. Senti-me triste ao aproximar-se o fim dessa nova turnê. Havia ainda três semanas de trabalho em São Francisco, San Diego e Salt Lake City, de onde voltaríamos para a Inglaterra. Na véspera de deixarmos São Francisco, dei um passeio pela Market Street e, a certa altura, uma pequena loja despertou minha atenção. Na janela, de cortinas cerradas, havia um letreiro: "Sua fortuna lida em suas mãos ou nas cartas. Preço: um dólar." Entrei, ligeiramente acanhado, e lá dentro encontrei uma mulher gorda, ainda mastigando os restos da refeição interrompida. Sem dar maior importância à minha presença, indicou-me uma pequena mesa, junto à parede em frente da porta, e disse, sem nem ao menos olhar para mim: "Sente-se, por favor." E sentou-se no lado oposto. Seus modos eram bruscos: "Embaralhe essas cartas e corte-as três vezes em minha frente e estenda as mãos sobre a mesa, com as palmas voltadas para cima." Depois, ela tomou as cartas, estudou-as e olhou para as minhas mãos. "O senhor está pensando em fazer longa viagem, o que quer dizer que vai deixar os Estados Unidos.

---

[8]No original inglês: *A night in an english Music Hall.* (N. da T.)

Mas vai regressar logo e ingressará num novo negócio — algo diferente do que o senhor está fazendo neste momento." Hesitou um pouco e pareceu confusa: "Bem, é quase a mesma coisa, mas, em todo caso, diferente. Vejo que terá imenso sucesso nessa nova atividade. O senhor tem uma extraordinária carreira à sua frente, mas eu não lhe sei dizer do que se trata." Pela primeira vez ela olhou para mim. Em seguida, tomou minha mão: "Oh, sim, vai se casar três vezes... Nas duas primeiras, não será feliz, mas no fim de sua vida conhecerá a felicidade no casamento e será pai de três filhos." (Nisso ela se enganaria!) Depois, estudou novamente a minha mão: "Sim, fará uma imensa fortuna, a sua mão é a de um homem que sabe fazer dinheiro." Estudou, então, o meu rosto: "Vai morrer de broncopneumonia, com a idade de oitenta e dois anos. Um dólar, por favor. Tem alguma pergunta a fazer?"

— Não — disse eu, rindo —, o que já ouvi me parece mais que satisfatório...

Em Salt Lake City, os jornais estavam cheios de histórias de assaltos à mão armada e de roubos de bancos. Fregueses dos *night-clubs* e dos bares eram colocados em linha, de mãos para cima, voltados para as paredes e aliviados de seus haveres por bandidos que se mascaravam com meias de seda pretas. Houve três desses assaltos numa só noite e toda a cidade estava aterrorizada.

Depois do espetáculo, habitualmente íamos ao bar mais próximo para um drinque, fazendo relações ocasionais com seus frequentadores. Uma noite, um homem gordo, jovial, de rosto redondo, apareceu com dois outros homens. O gordo, que era o mais velho dos três, aproximou-se, perguntando se não éramos nós os comediantes que haviam trabalhado na peça inglesa do Teatro Empress. Fizemos um sinal afirmativo.

— Eu sabia que tinha reconhecido vocês! Ei, rapazes! Venham cá! — exclamou, fazendo sinal a seus dois companheiros. Depois de apresentá-los, convidou-nos a beber com eles.

O gordo era inglês, embora já falasse quase sem nenhum sotaque britânico. Tinha cerca de cinquenta anos, ar bonachão, olhos maliciosos, que a todo instante piscavam, e um rosto florido. Enquanto a noite se escoava, seus dois amigos e meus companheiros deixaram o bar e eu me vi sozinho com o Gordo, como seus camaradas o chamavam. Ele se tornou confidencial:

— Estive na minha velha terra, três anos atrás, mas já não é a mesma... Isto aqui, sim, é que vale a pena. Cheguei aqui faz trinta anos, feito um bobo, para trabalhar nas minas de cobre de Montana. Mas depois fiquei sabido. "Esse negócio é pros trouxas", disse comigo mesmo. E agora tenho uma porção de bobos trabalhando pra mim...

Tirou um enorme maço de notas e convidou:

— Vamos beber outra rodada.

— Cuidado — disse eu, brincando. — Olhe que você pode ser assaltado!

Ele olhou para mim com um sorriso maldoso, de pessoa entendida, e deu uma piscadela:

— Não este filho de meu pai!

Um sentimento aterrador apoderou-se de mim depois daquele piscar de olho. Ele continuou a sorrir, sem tirar os olhos de mim.

— Manjou a coisa? — perguntou.

Fiz sinal afirmativo. Depois, disse, confidencialmente, quase com a boca em meu ouvido:

— Viu aqueles dois caras? — e indicou seus companheiros. — São meus bobos. Dois sujeitos legais: burros como só eles, mas são machos como seiscentos.

Coloquei um dedo sobre o meu lábio, para lhe fazer ver que poderiam ouvir. E ele:

— Não há problema, irmão. Estamos embarcando esta noite... Ouça, somos amigos, não somos? E velhos amigos! Vi você no Islington Empire, muitas vezes, levando aqueles brutos trambolhões...

Fez uma careta e acrescentou:

— Vida dura, irmão. É preciso ter coragem...

Dei uma gargalhada. Ele se tornou ainda mais confidencial: desejava ser meu amigo por toda a vida e quis ter o meu endereço em Nova York. "Só para escrever algumas linhas, de quando em quando, para refrescar a nossa amizade." Felizmente, desde então nunca mais tive notícias dele.

9

Não fiquei contrariado ao deixar os Estados Unidos porque já havia firmado o propósito de voltar. Como ou quando, eu ainda não sabia. Contudo, a perspectiva do regresso a Londres e ao nosso pequeno e confortável apartamento era alentadora. Desde que eu excursionara pelos Estados Unidos esse refúgio se tornara uma espécie de santuário.

Fazia muito tempo que eu não tinha notícias de Sydney. Sua última carta dizia que nosso avô estava vivendo no apartamento. Mas, à minha chegada a Londres, Sydney foi encontrar-me na estação e me disse que se desfizera do apartamento. Estava casado e vivia em Brixton Road, numa casa que alugava aposentos mobiliados. O golpe não poderia ter sido mais severo para mim. Pensar que aquele remansoso abrigo que dera alento ao meu desejo de viver, aquele lar de que eu me orgulhava, não mais existia... Eu era agora um sem-teto. Aluguei um quarto dos fundos em Brixton Road. Era tão sombrio que resolvi voltar para os Estados Unidos o mais depressa possível. Nessa primeira noite, Londres me parecia tão indiferente ao meu regresso como uma máquina caça-níqueis vazia, na qual alguém deixasse cair uma moeda.

Como Sydney estava casado e trabalhava todas as noites, eu pouco o via. Mas, aos sábados, íamos juntos visitar mamãe. A primeira vez foi depressiva, porque ela não estava passando bem. Entrara numa fase ruidosa em que cantava hinos sem parar e tivera que ser colocada num quarto com paredes acolchoadas, à prova de som. A enfermeira de antemão nos tinha avisado. Sydney foi vê-la, mas eu não tive coragem. Por isso, fiquei à espera dele, que voltou muito impressionado e disse ter sido ela submetida a um tratamento de choque, com duchas geladas, estando com o rosto inteiramente azul. Isso nos fez decidir interná-la num sanatório particular — agora não nos faltavam recursos — e em conseqüência a transferimos para a mesma instituição em que fora confinado o grande ator cômico inglês Dan Leno, já desaparecido.

Eu me sentia cada dia mais como um pária e completamente deslocado. Se eu tivesse voltado para o nosso pequeno apartamento as minhas reações poderiam ter sido outras. É claro que a tristeza não me dominou totalmente. A familiaridade, os costumes, a minha identificação com a vida inglesa se fizeram sentir com intensidade depois do meu regresso dos Estados Unidos. A Inglaterra conhecia um verão ideal, de uma beleza romântica, como eu jamais vira em outros lugares.

Meu empresário, o sr. Karno, convidou-me para passar um fim de semana na ilha de Tagg, em sua casa flutuante. Era uma embarcação confortável, com revestimento de mogno e camarotes para os convidados. À noite, era iluminada com festões de lâmpadas coloridas, que a rodeavam e, a meu ver, lhe davam um aspecto festivo e encantador. Era uma bela noite calmosa e, depois do jantar, permanecemos sentados no convés superior, sob as luzes coloridas, tomando o nosso café e fumando os nossos cigarros. Essa era a Inglaterra que me arrebatava às seduções de qualquer outro país.

Súbito, uma voz de falsete, zombeteira e debochativa, começou a gritar histericamente: "Oh! Veja só, minha gente, que beleza de barquinha! Olha que coisinha engraçadinha! Olha as luzinhas dela! Ha! ha! ha!" E continuou nesse tom de gozação, às gargalhadas. Olhamos para ver de onde vinham tais expansões. E vimos um homem, num barco a remo, vestindo uma roupa de flanela branca, com uma senhora reclinada no banco de trás. O conjunto parecia uma ilustração caricatural do *Punch*. Karno debruçou-se à amurada e deu-lhe uma ruidosa reprimenda verbal, mas nem isso fez pararem as gargalhadas histéricas. "Só uma coisa pode dar jeito nisso", disse-lhe eu, "é nos tornarmos tão vulgares quanto ele pensa que somos." Por isso, dei vazão a uma torrente de invectivas rabelaisianas, tão embaraçosas para a dama que o acompanhava que ele não teve remédio senão remar e afastar-se depressa para longe.

A ridícula explosão desse idiota não representava uma crítica ao gosto alheio, mas um preconceito esnobe contra o que ele considerava uma ostentação das classes inferiores. Ele nunca riria histericamente diante do Palácio de Buckingham nem exclamaria: "Oh! veja só, minha gente, que palácio enorme para só uma família viver!" Tampouco daria gargalhadas diante da carruagem da cerimônia da coroação. Essa constante tabulação das classes eu sempre a senti profundamente enquanto vivi na Inglaterra. Parece que não há nada como esse tipo de ingleses para medir rapidamente as inferioridades sociais que separam os indivíduos.

A companhia que fora aos Estados Unidos voltou ao trabalho e, durante catorze semanas, exibimo-nos nas salas ao redor de Londres. O espetáculo foi bem recebido e as plateias eram entusiásticas, mas a esse tempo eu só me preocupava em saber como poderia voltar à América. Embora adorasse a Inglaterra, sentia que era impossível continuar a viver ali. Analisando o meu meio, tinha o inquietante sentimento de que poderia cair nos mais deprimentes lugares-comuns. Por isso, quando recebi a notícia de que iríamos voltar aos Estados Unidos em nova excursão artística, senti um grande alívio.

No domingo em que Sydney e eu fomos ver mamãe ela parecia estar melhor. E, antes que Sydney partisse para as províncias, jantamos juntos. Na minha última noite em Londres, emocionalmente confuso, triste e amargurado, caminhei pelo West End dizendo comigo mesmo: "Esta é a última vez que passo por estas ruas."

Dessa vez chegamos via Nova York, a bordo do *Olimpic,* em que viajamos na segunda classe. O barulho dos motores se atenuou, demonstrando que nos aproximávamos do nosso destino. Dessa vez senti-me em casa nos Estados Unidos — um estrangeiro entre estrangeiros, aliado com os demais.

Por mais que eu gostasse de Nova York o que mais me alegrava era voltar ao oeste, para renovar relações para as quais já olhava como se fossem velhos amigos: o irlandês do bar de Butte, Montana; o cordial e hospitaleiro milionário dos negócios imobiliários de Minneapolis; a bela garota de St. Paul com quem eu passara um fim de semana; MacAbee, o escocês, dono de uma mina em Salt Lake City; o dentista amigo em Tacoma; e, por fim, os Grauman, em São Francisco.

Antes de seguirmos para a costa do Pacífico representamos nos teatrinhos — as pequenas casas dos arredores de Chicago e de Filadélfia e em cidades industriais como Fall River e Duluth etc.

Como de hábito, eu vivia sozinho. Isso tinha as suas vantagens: dava-me a oportunidade de aperfeiçoar o meu espírito, resolução que eu formara havia muitos meses, mas nunca efetivara.

Há no mundo uma irmandade dispersa: a dos que são apaixonadamente ávidos de saber. Eu era um dos seus membros. Meus motivos, porém, não eram tão puros. Eu queria acumular conhecimentos não pelo simples gosto de saber, mas como defesa contra o desprezo do mundo pelos ignorantes. Por isso, quando me sobrava algum tempo, começava a percorrer livrarias que vendem livros em segunda mão.

Em Filadélfia, inadvertidamente, dei com uma edição de *Ensaios e leituras*[1] de Robert Ingersoll. Foi uma descoberta excitante. Seu ateísmo confirmava minha própria crença de que a horrífica crueldade do Velho Testamento era degradante para o espírito humano. Depois descobri Emerson. Após ler seu ensaio sobre *A autoconfiança*[2] senti que havia renascido. Schopenhauer foi o seguinte. Comprei os três volumes de *O mundo como vontade e ideia*,[3] que tenho lido ora aqui, ora ali, mas nunca de fio a pavio, por mais de quarenta anos. As *Folhas de relva*,[4] de Walt Whitman, me entediaram e até hoje me entediam. Ele é exagerado em suas expansões de amor fraterno e de mística nacional. Em meu camarim, entre espetáculos, familiarizei-me também com Mark Twain, Edgard Poe, Hawthorne, Irving e Hazlitt. Nessa segunda excursão artística posso não ter assimilado tanta cultura clássica quanto teria desejado, mas assimilei grande parcela do tédio das baixas camadas do mundo das diversões.

Esses circuitos de variedades baratas eram desoladores e deprimentes. E as minhas esperanças acerca do futuro nos Estados Unidos desapareciam na moenda por que passávamos, obrigados a dar três e às vezes até quatro espetáculos por dia, durante os sete dias da semana. As variedades, na Inglaterra, eram, em comparação, um paraíso. Pelo menos trabalhávamos apenas seis dias por semana e só dávamos dois espetáculos por noite. Nosso consolo, na América, era o de podermos economizar algum dinheiro a mais.

---

[1] No original inglês: *Essays and lectures*. (N. do T.)
[2] No original inglês: *Self-reliance*. (N. do T.)
[3] No original inglês: *The world as will and idea*. (N. do T.)
[4] No original inglês: *Leaves of grass*. (N. do T.)

Trabalhamos continuamente, sem uma única pausa, durante cinco meses e o cansaço começava a me desencorajar, quando, em Filadélfia, tivemos uma semana de folga, pelo que dei graças a Deus. Precisava arejar, mudar de ambiente, perder a minha identidade e ser outra pessoa. Estava cheio daquela extenuante rotina das variedades de décima classe e decidi que, por uma semana, me permitiria a romanesca aventura de uma vida de alto nível. Tinha economizado considerável quantia e, dominado pelo desespero, resolvi desperdiçar uma parte dela. Por que não? Vivera frugalmente para amealhá-la e, quando terminasse o meu contrato, outra vez continuaria a viver frugalmente. Portanto, por que agora não havia de gastar um pouco?

Comprei um caro *robe de chambre* e uma elegante valise, ao preço de setenta e cinco dólares. O dono da loja mostrou-se muito cortês: "Poderemos mandar entregá-la em seu endereço, cavalheiro?" Só essas poucas palavras elevaram o meu moral, deram-me uma certa distinção. Agora eu iria para Nova York e deixaria para trás as variedades baratas e aquela existência sacrificada. Aluguei um quarto no hotel Astor, que era bastante grandioso, naquele tempo. Vestira meu terno mais elegante, pusera na cabeça um chapéu-coco e tinha nas mãos uma bengala, além da minha valise de viagem. O esplendor do saguão e a naturalidade confiante com que os outros nele entravam e saíam me fizeram tremer ligeiramente no momento em que escrevi meu nome no livro de hóspedes. O quarto custava quatro dólares e meio por dia. Perguntei timidamente se devia pagar adiantado. O encarregado da portaria foi muito cortês e tranquilizador: "Oh, não cavalheiro, isso não é necessário."

Atravessando o saguão, com todos os seus dourados e pelúcias, senti-me tão emocionado que ao chegar ao meu quarto tive vontade de chorar. Permaneci nele durante mais de uma hora, inspecionando o banheiro, com seus abundantes jatos de água quente e fria. Como o luxo é benéfico e confortador!

Tomei um banho, penteei meu cabelo e vesti o *robe de chambre,* determinado a extrair todas as vantagens e regalias dos meus quatro dólares e meio... Ah, se eu tivesse alguma coisa para ler! Um jornal, ao menos. Mas não ousei telefonar para pedir um. Por isso, apanhei uma cadeira e sentei-me no meio do quarto, examinando tudo com um melancólico sentimento de fausto. Depois de algum tempo, vesti-me e desci. Perguntei onde era o refeitório principal. Era ainda cedo para o jantar. O *maître-d'hôtel* levou-me para uma mesa junto à janela. "Gostaria de sentar-se aqui, cavalheiro?"

— Qualquer lugar serve — disse, com o meu melhor acento inglês.

Súbito um enxame de criados começou a adejar à minha roda, trazendo água gelada, o cardápio, pão e manteiga. Era tal a minha emoção que eu nem sentia fome. Contudo, cumpri o ritual e pedi *consommé,* frango assado e, como sobremesa, sorvete de baunilha. O garçom me apresentou a lista dos vinhos e, depois de cuidadoso exame, pedi meia garrafa de champanha. Estava por demais preocupado em representar o meu papel para tirar qualquer prazer do jantar. Quando terminei, dei ao garçom uma gorjeta de um dólar, o que era extraordinária generosidade naquele tempo. Mas valeu a pena, tantas foram as curvaturas e atenções que recebi ao sair. Sem nenhuma razão especial, voltei para o meu quarto e nele fiquei sentado durante dez minutos. Então lavei as mãos e tornei a sair. Era uma agradável noite de verão e eu me sentia à vontade, caminhando despreocupadamente rumo ao Metropolitan Opera House. *Tanhäuser* era a ópera em cartaz. Eu, de ópera, só tinha ouvido alguns trechos esparsos, em teatros de variedades. E os havia odiado. Mas agora o meu estado de espírito era favorável. Comprei um ingresso e sentei-me numa cadeira da segunda ordem. A ópera era cantada em alemão e eu não entendia uma só palavra, nem conhecia a história. Mas, quando a rainha morta é conduzida pelo coro de peregrinos, chorei copiosamente. Aquilo me parecia resumir os labores de minha existência. Não pude mais controlar-me. O que as pessoas sentadas a meu lado poderiam ter pensado eu não sei, mas eu saí acabrunhado, emocionalmente arrasado.

Quando regressava ao hotel subitamente dei com Arthur Kelly, irmão de Hetty, que fora administrador da nossa companhia, quando ela a integrava. Pelo fato de se tratar de uma pessoa ligada a ela, eu cultivara a sua amizade. Fazia vários anos que não via Arthur.

— Charlie ! Aonde vai você? — perguntou ele.

Despreocupadamente apontei em direção ao Astor.

— Para o meu quarto. Dormir.

O efeito se fez sentir em Arthur. Ele estava com dois amigos e, depois de me apresentar a ambos, sugeriu que fôssemos ao seu apartamento, na Madison Avenue, para um café e dois dedos de conversa. Era um apartamento muito confortável e a conversa foi agradável, evitando Arthur qualquer referência ao nosso passado. Contudo, como eu estava hospedado no Astor, ele parecia curioso e queria informações. Fui, porém, o mais reticente possível, dizendo-lhe apenas que tinha vindo a Nova York para passar dois ou três dias em férias.

Arthur fizera uma bela carreira desde a época em que vivia em Camberwell. Era agora um próspero homem de negócios e trabalhava para seu cunhado, Frank J. Gould. Enquanto eu permanecia sentado, ouvindo seus comentários mundanos, a minha melancolia se tornava cada vez maior. A certa altura, disse Kelly, referindo-se a um dos seus amigos: "É um excelente camarada, vem de muito boa família, segundo me consta." Sorri interiormente de suas preocupações genealógicas, compreendendo que Arthur e eu pouco tínhamos em comum.

Fiquei apenas um dia em Nova York. Na manhã seguinte decidi voltar a Filadélfia. Embora aquele dia tivesse bastado para a mudança que eu necessitava, tinha sido um dia de solidão e de provações emotivas. Agora, eu ansiava por alguma companhia. Gostaria que chegasse logo a segunda-feira, para reencontrar-me com os colegas de trabalho. Por mais terrível que fosse a volta à hedionda moenda em que outra vez seria triturado, aquele dia de vida faustosa me tinha sido mais que suficiente.

Quando cheguei a Filadélfia apareci no teatro. Havia um telegrama endereçado ao sr. Reeves e aconteceu estar eu presente quando foi aberto. "Quem sabe se isso não diz respeito a você?", perguntou ele. Dizia o telegrama: "Há um homem chamado Chaffin ou coisa parecida em sua companhia interrogação se há que ele se comunique com Kessel e Bauman no Edifício Longacre na Broadway n. 24."

Não havia ninguém com tal nome em nossa companhia, mas Reeves lembrou que o nome poderia ser Chaplin. Fiquei excitadíssimo, quando logo depois descobri que o Edifício Longacre estava localizado na parte central da Broadway e estava cheio de escritórios de advogados. Lembrei-me de que eu tinha uma tia rica em algum lugar dos Estados Unidos. E a minha imaginação criou asas. Ela poderia ter morrido e me deixado uma fortuna. Por isso telegrafei a Kessel e Bauman, informando que havia um Chaplin na companhia e perguntando se era a este que eles se referiam.

Esperei ansiosamente a resposta. Ela chegou no mesmo dia. Rasguei o envelope e li: "Pode pedir a Chaplin que se comunique com o nosso escritório o mais cedo possível?"

Ardendo de excitação e de curiosidade, tomei o trem pela manhã, muito cedo, para Nova York, a apenas duas horas e meia de Filadélfia. Não sabia bem o que devia esperar, mas imaginava sentar-me numa sala de escritório de advocacia para ouvir a leitura de um testamento. Mas quando lá cheguei, experimentei um desapontamento: Kessel e Bauman não eram advogados, mas produtores de filmes. Contudo, as características da inesperada situação não deixavam de ser emocionantes.

O sr. Charles Kessel, que era um dos proprietários da Keystone Comedy Film Company, disse-me que o sr. Mack Sennett me vira representando o papel de bêbado no American Music Hall, na Forty-Second Street. E que, se eu era o mesmo homem, ele gostaria de me contratar para substituir o sr. Ford Sterling em sua empresa. Eu muitas vezes brincara com a ideia de fazer cinema, chegando mesmo a oferecer sociedade a Reeves, nosso administrador, e a pensar em comprar os direitos de todas as pequenas farsas de Fred Karno para transformá-las em filmes. Mas Reeves se revelara um tanto cético, no que, aliás, demonstrara sensatez, pois nenhum de nós entendia coisa alguma de cinema.

Algum dia eu vira uma comédia da Keystone?, perguntou-me o sr. Kessel. Claro, eu tinha visto várias. Mas o que não lhe disse é que eu as considerava uma crua mistura de grosseria e trambolhões. Contudo, uma bela garota de olhos negros, chamada Mabel Normand, na verdade encantadora, entrando e saindo em algumas das cenas, justificava plenamente a existência desses filmezinhos. Mesmo sem ter um tremendo entusiasmo pelas comédias da Keystone eu compreendia o valor que elas teriam do ponto de vista da minha publicidade pessoal. Um ano de tal atividade e eu poderia voltar para as variedades como um astro de categoria internacional. Além disso, elas representariam para mim um novo meio de vida e um ambiente agradável. Kessel disse que o meu contrato seria para aparecer em três filmes por semana, com o salário semanal de cento e cinquenta dólares. Essa quantia era o dobro do que eu estava ganhando na Companhia Karno. Contudo, eu remanchei e me fiz de difícil, dizendo que só aceitaria duzentos dólares por semana. O sr. Kessel disse que ao sr. Mack Sennett é que caberia resolver. Mandaria uma comunicação para a Califórnia e me daria a conhecer o resultado.

Eu não existi enquanto esperava o aviso de Kessel. Teria eu pedido demais? Por fim, veio uma carta, dizendo que estavam dispostos a assinar um contrato de um ano, a cento e cinquenta dólares por semana nos primeiros três meses e a cento e setenta e cinco nos nove meses restantes. Era mais dinheiro do que jamais me haviam oferecido. O contrato começaria quando terminasse o nosso com o circuito de Sullivan e Consadine. Quando trabalhávamos no Empress, em Los Angeles, conquistamos, graças a Deus, um grande êxito. Representamos uma comédia intitulada *Uma noite no clube*.[5] Eu representei o papel de um beberrão decrépito e parecia ter, pelo menos, cinquenta anos de idade. O sr. Mack Sennett veio assistir a representação e me felicitou pelo meu trabalho. Era um homem atarracado, de sobrancelhas grossas, uma boca vulgar e mandíbula saliente mas cuja fisionomia me causou uma forte impressão. Perguntava a mim mesmo quão amistosas poderiam ser as nossas relações no futuro próximo. Durante a nossa entrevista, estive extremamente nervoso e não sei direito se ele ficou impressionado comigo ou não. Em tom casual, ele me perguntou quando eu me apresentaria para o trabalho. Disse-lhe que pretendia começar na primeira semana de setembro, quando estaria terminado o meu contrato com a Companhia Karno.

Tive um drama de consciência ao deixar esse elenco em Kansas City. A companhia regressaria à Inglaterra e eu iria para Los Angeles, onde trabalharia por conta própria, desligado dos meus companheiros, e a sensação não era muito tranquilizadora. Antes da última representação, paguei uma rodada de bebidas para todos e me senti profundamente triste com a ideia da separação.

Um elemento da nossa companhia, Arthur Dando, que por um motivo qualquer não me estimava, pensou em pregar-me uma peça e fez propalar rumores de que eu iria receber um presente de despedida, oferecido por todos. Devo confessar que fiquei comovido com a lembrança. Entretanto,

---

[5] No original inglês: *A night at the club*. (N. do T.)

nada aconteceu. Quando todos já tinham deixado os camarins, Fred Karno Júnior me confessou que Dando tinha planejado fazer um discurso irônico, ao fim do qual me daria o presente. Mas o meu gesto, pagando bebidas para todos, o desarmara a tal ponto que ele não teve coragem para levar a partida até o fim. O pretenso "presente" ficara escondido atrás de um espelho, numa das mesas do camarim geral. Era uma lata de fumo para cachimbo, embrulhada em papel prateado, mas contendo no interior apenas retalhos de papel sujo, usado para tirar a pintura do rosto dos atores.

A NSIOSO E CHEIO DE ENTUSIASMO, cheguei a Los Angeles e aluguei um quarto num pequeno hotel, o Great Northern. Tirei a primeira noite para me divertir e fui ver a segunda sessão do espetáculo em cartaz no Teatro Empress, onde a companhia de Fred Karno tinha trabalhado. Logo me reconheceram e me disseram que o sr. Mack Sennett e a srta. Mabel Normand estavam sentados numa das filas dos fundos e mandavam me perguntar se lhes queria fazer companhia. Fiquei emocionado e depois de uma apresentação sussurrada às pressas ficamos vendo o espetáculo juntos. Quando terminou, andamos um pouco pela rua principal e fomos a um boteco para cear e beber. O sr. Sennett parecia chocado por verificar que eu era tão jovem. "Pensei tratar-se de um homem bem mais idoso", disse ele. Pude adivinhar uma sombra de preocupação em sua fisionomia e isso me fez ficar cheio de ansiedade, por me lembrar que em todas as suas comédias os personagens eram velhotes. Fred Mace tinha mais de cinquenta anos e Ford Sterling passava dos quarenta. "Posso me caracterizar de modo a parecer tão velho quanto deseje", respondi. Mabel Normand, no entanto, foi bem mais tranquilizadora. Quaisquer que fossem suas reservas a meu respeito, ela não as deixou transparecer. O sr. Sennett disse que eu não começaria a filmar imediatamente, mas devia ir ao estúdio, em Edendale, a fim de travar conhecimento com o seu pessoal. Quando deixamos o bar, acomodamo-nos no belíssimo carro de corridas do sr. Sennett e nele fui conduzido ao meu hotel.

Na manhã seguinte, tomei um bonde para Edendale, um subúrbio de Los Angeles. Era um lugar de aparência anômala e eu não podia discernir se estava num bairro residencial humilde ou numa zona semi-industrial. Havia por lá depósitos de madeira e ferros-velhos, a par de pequenas granjas que pareciam ao abandono e nas quais tinham sido construídos um ou dois velhos galpões de madeira, dando para a estrada. Depois de muito indagar, encontrei-me diante do estúdio da Keystone. Era uma propriedade arruinada, com uma cerca verde em torno, ocupando uma área de cerca de oitenta metros quadrados. A entrada era através de um jardim, que dava para um velho bangalô. O lugar parecia tão anômalo como o próprio bairro de Edendale. Fiquei olhando para aquilo do lado de fora, discutindo comigo mesmo se devia entrar ou não.

Era hora do almoço e observei os homens e mulheres maquilados, que saíam do bangalô em enxame, inclusive os famosos policiais da Keystone. Eles atravessavam a estrada e iam a um estabelecimento localizado do outro lado, onde comiam sanduíches e cachorros-quentes. Alguns chamavam os outros em voz alta e rascante: "Ei, Hank, anda, homem!", "Digam ao Slim que venha logo!".

Súbito, senti-me dominado pela timidez e caminhei rapidamente para a esquina, colocando-me a uma distância que me pareceu segura. Dali observei se o sr. Sennett ou a srta. Normand saíam do bangalô, mas nem ela nem ele apareceram. Por meia hora permaneci ali e, depois, decidi voltar ao meu hotel. O problema de entrar no estúdio e de enfrentar aquela gente me parecia insuperável. Por dois dias, cheguei até as proximidades do estúdio, mas não tive a coragem de entrar. No terceiro dia, o sr. Sennett me telefonou e perguntou por que motivo eu não tinha aparecido. Inventei uma desculpa qualquer. "Venha imediatamente, estamos à sua espera." Só assim eu fui e entrei audaciosamente no bangalô, onde perguntei pelo sr. Sennett. Ele ficou contente por me ver e me levou imediatamente ao estúdio. Fiquei extasiado. Uma luz suave e igual banhava todo o palco de filmagem.

Ela provinha de largas faixas de morim alvíssimo que coava a luz do sol e dava a tudo uma qualidade etérea. Isso era necessário para fotografar-se à plena luz solar.

Depois de ter sido apresentado a dois ou três atores comecei a me interessar pelo que ali se fazia. Havia três montagens, lado a lado uma das outras, e três companhias de comédia trabalhavam nesses cenários. Era como estar vendo alguma coisa na Feira Mundial. Numa das montagens, Mabel Normand batia furiosamente numa porta, gritando: "Deixe-me entrar!" Depois, a câmera parava de trabalhar. Era só isso o que se filmava na ocasião. Foi uma revelação para mim, que ainda não tinha a menor ideia de que o cinema fosse feito aos pedacinhos como um jogo de armar.

Noutro cenário, estava o grande Ford Sterling, a quem me cabia substituir. O sr. Sennett apresentou-me a ele. Ford ia deixar a Keystone para formar a sua própria companhia com a Universal. Ele era imensamente popular, quer ante o público, quer ante o pessoal do estúdio. Seu cenário estava rodeado de gente e todos riam gostosamente de suas facécias. Sennett levou-me para um lado e me explicou o seu método de trabalho: "Não temos uma história escrita. Tomamos uma ideia e seguimos a sequência natural dos acontecimentos até que tudo termina numa perseguição, sendo essa correria a essência da nossa comédia."

Seu método era edificante, mas eu odiava as correrias. Isso desperdiçava a personalidade de um artista. Por pouco que eu soubesse acerca do cinema, sabia que nada supera ou transcende uma personalidade. Nesse dia, fui de cenário em cenário, a fim de observar como as companhias trabalhavam. Todas pareciam empenhadas em imitar Ford Sterling. Isso me preocupou, porque o seu estilo não me convinha. Ele representava um holandês em apuros, improvisando frases com sotaque holandês, o que era engraçado, mas não tinha função no cinema silencioso. Eu procurava adivinhar o que Sennett iria exigir de mim. Ele vira o meu trabalho e devia saber que eu não servia para representar o tipo de comédia de Sterling. Meu estilo era o oposto do dele. Contudo, cada história e situação concebidas no estúdio eram consciente ou inconscientemente planejadas para Sterling. Mesmo Roscoe Arbuckle[1] estava imitando o grande favorito.

O estúdio fora evidentemente uma fazendola. O camarim de Mabel Normand estava situado num velho bangalô, junto ao qual havia uma espécie de puxado, onde as outras mulheres da empresa se vestiam. Além desse bangalô existia o que evidentemente havia sido uma estrebaria e era então o camarim coletivo dos artistas menos importantes e dos policiais da Keystone, na sua maioria constituídos dos antigos palhaços de circo e ex-pugilistas. Fui colocado no camarim dos astros, usado por Mack Sennett, Ford Sterling e Roscoe Arbuckle. Tinha uma estrutura semelhante à da antiga estrebaria, devendo ter sido um depósito de selas e outros arreios. Além de Mabel Normand, lá havia várias outras garotas bonitas. Era uma atmosfera única e estranha, de belas e feras.

Durante os dias em que troquei pernas pelo estúdio, perguntava a mim mesmo quando começaria a trabalhar. Ocasionalmente, encontrava-me com Sennett, ao cruzar um palco, mas via que ele então olhava para mim com ar preocupado. Eu experimentava uma sensação de desconforto, imaginando que ele cometera um engano ao me contratar, o que em nada contribuía para aliviar a minha tensão.

A cada dia a minha paz de espírito mais e mais dependia de Sennett. Se por acaso ele me via e sorria, minhas esperanças floresciam. O resto da companhia tinha o ar de quem espera ver para crer, mas eu percebia que alguns me consideravam um duvidoso substituto de Ford Sterling.

Quando chegou o sábado, Sennett mostrou-se muito amigável. Disse-me: "Vá ao escritório aí em frente e apanhe o seu cheque." Eu lhe disse que estava ansioso para trabalhar. Queria falar-lhe sobre as imitações de Ford Sterling, mas ele me despediu com esta observação: "Não se preocupe, depois veremos."

Nove dias de inatividade transcorreram e a tensão era cruciante. Ford Sterling, no entanto, me consolava e às vezes, depois do trabalho, me dava uma carona para a cidade, parando no Alexandria Bar para um drinque e para se encontrar com vários dos seus amigos. Um deles, um sr. Elmer

---

[1] "Chico Boia", na versão brasileira dos seus filmes cômicos. (N. do T.)

Ellsworth, a quem a princípio detestei e julguei ser um grosseirão, disse-me com ar zombeteiro:

— Ouvi dizer que vai ficar com o lugar do Ford... Bem: o senhor tem alguma graça?

— A modéstia me proíbe de dizê-lo — respondi, desviando a estocada. Uma alfinetada dessas era o que havia de mais constrangedor, especialmente na presença de Ford. Mas este interveio, pondo termo à embaraçosa situação:

— Você não o viu representar o papel de bêbado no Empress? Era muito engraçado.

— Bem, ele ainda não me fez rir nem uma vez — disse Ellsworth.

Este era um homem enorme, pesadão, que parecia sofrer algum distúrbio glandular, com uma expressão melancólica de executor de cães vadios, uma face glabra, olhos tristes e boca mole cujo sorriso revelava a falta de dois dentes na frente. Ford sussurrou-me com certa ênfase que ele era uma grande autoridade em literatura, finanças e política, um dos homens mais bem-informados do país e tendo, além disso, um grande senso de humor. Contudo, não simpatizei com ele e tratei de evitá-lo. Mas, uma noite, no Alexandria Bar, ele me apanhou a jeito e perguntou:

— Como é? Não começou ainda a sua geringonça?

— Ainda não — disse eu, rindo constrangidamente.

— Bem, trate de ser engraçado!

Tendo aguentado tanto desse cavalheiro, resolvi aplicar-lhe o seu próprio remédio:

— Se eu tiver metade da sua comicidade, creio que me sairei muito bem!

— Puxa! Dando suas respostinhas sarcásticas, hein? Merece que eu lhe pague um drinque, só por causa disso...

AFINAL, chegou o momento. Sennett tinha saído para filmar exteriores com Mabel Normand e o elenco de Ford Sterling igualmente estava fora. Por isso não havia quase ninguém no estúdio. O sr. Henry Lehrman, o mais importante diretor da Keystone depois de Sennett, ia começar uma nova película e queria que eu desempenhasse nela o papel de um repórter. Lehrman era um homem fátuo e muito convencido por ter feito com sucesso algumas comédias baseadas em comicidade de natureza mecânica. Ele costumava dizer que não precisava de personalidades e que arrancava gargalhadas com efeitos mecânicos e truques de laboratório, realizados no corte e montagem dos filmes.

Não tínhamos história. A película seria uma espécie de documentário sobre uma máquina impressora, realizado com alguns toques de comédia. Eu vesti um fraque, um chapéu alto e coloquei um bigode de pontas viradas para cima. Quando começamos a filmagem, pude ver que Lehrman estava à cata de ideias. E, sendo eu um novato na Keystone, estava ansioso para oferecer sugestões. Foi assim que criei uma situação de antagonismo com Lehrman. Numa cena em que eu me entrevistava com um diretor de jornal procurei introduzir toda espécie de pequenos incidentes cômicos, chegando, ainda, a sugeri-los a outros elementos do elenco. Embora o filme ficasse pronto em três dias, creio que o enriqueci com uma série de excelentes contribuições pessoais. Mas, quando o vi pronto para ser exibido, verifiquei que o cortador tinha feito obra de verdadeiro magarefe, cortando pelo meio as minhas graças. Eu estava estarrecido e atônito com o que fora feito. Henry Lehrman me confessou, anos depois, que assim tinha deliberadamente procedido porque, segundo declarou, eu estava me revelando sabido demais.

No dia em que terminei o filme com Lehrman, Sennett voltou das filmagens exteriores. Ford Sterling estava numa das cenas, Roscoe Arbuckle noutra. Todo o palco estava ocupado, com as três companhias trabalhando. Eu estava com minhas roupas de passeio e nada tinha a fazer. Por isso me coloquei onde Mack Sennett me pudesse ver. Pie estava de pé, ao lado de Mabel Normand, examinando um cenário que representava o saguão de um hotel e mordendo uma ponta de charuto.

— Precisamos de umas graças aqui — disse ele, voltando-se para mim. — Vá arranjar uma caracterização cômica. Qualquer uma serve.

Eu não tinha a menor ideia sobre a caracterização que iria usar. Mas não tinha gostado da que apresentara como repórter. Contudo, a caminho do guarda-roupa, pensei em usar umas calças bem largas, estilo balão, sapatos enormes, um casaquinho bem apertado e um chapéu-coco pequenino, além de uma bengalinha. Queria que tudo estivesse em contradição: as calças fofas com o casaco justo, os sapatões com o chapeuzinho. Estava indeciso sobre se devia parecer velho ou moço, mas lembrei-me de que Sennett esperava que eu fosse mais idoso e, por isso, adicionei ao tipo um pequeno bigode, que, pensei, aumentaria a idade sem prejudicar a mobilidade da minha expressão fisionômica.

Não tinha nenhuma ideia, igualmente, sobre a psicologia do personagem. Mas, no momento em que assim me vesti, as roupas e a caracterização me fizeram compreender a espécie de pessoa que ele era. Comecei a conhecê-lo e, no momento em que entrei no palco de filmagem, ele já havia nascido. Estava totalmente definido. Quando cheguei em frente de Mack, entrei no personagem, andando em passos rápidos, girando a bengalinha diante dele. Incidentes e ideias cômicas vinham em tropel à minha mente.

O segredo do sucesso de Mack Sennett era o seu entusiasmo. Ele era uma excelente plateia e ria espontaneamente do que achava engraçado. Quando me encarou riu de tal forma que todo o seu corpo se agitava. Isso me encorajou e eu comecei a explicar-lhe a psicologia do personagem:

— É preciso que você saiba que este tipo tem muitas facetas: é um vagabundo, um cavalheiro, um poeta, um sonhador, um sujeito solitário, sempre ansioso por amores e aventuras. Ele seria capaz de fazê-lo crer que é um cientista, um músico, um duque, um jogador de polo. Contudo, não está acima de certas contingências, como a de apanhar pontas de cigarros no chão ou de furtar o pirulito de uma criança. E ainda, se as circunstâncias o exigirem, será capaz de dar um pontapé no traseiro de uma dama, mas somente no auge da raiva!

Continuei a falar assim por dez minutos ou talvez mais, fazendo Sennett rir continuamente.

— Está bem — disse ele —, vamos filmar e veremos o que você é capaz de fazer.

Como no filme de Lehrman, eu pouco sabia a respeito da história, a não ser que Mabel Normand se metia em complicações com seu marido e um amante. Em todas as representações cômicas, uma atitude é o que há de mais importante, mas nem sempre é fácil encontrar essa atitude. Contudo, no saguão do hotel eu me senti como um impostor que pretendia passar por um dos hóspedes, quando era na realidade um vagabundo, desejoso apenas de ali se abrigar por algum tempo. Entrei e tropecei no pé de uma senhora. Voltei-me e tirei o meu chapéu, pedindo desculpas. Depois, voltei-me de novo, tropeçando numa alta escarradeira. Virando-me, tirei o chapéu também para a escarradeira. Por trás da câmara fotográfica, todos começaram a rir.

Uma multidão se tinha reunido ali. Não só artistas das outras companhias tinham deixado as suas montagens para nos observar, mas até os maquinistas, contrarregras e o pessoal do guarda-roupa. Isso era, na verdade, uma homenagem. E quando terminamos o ensaio da cena havia um enorme público rindo. Não tardei a ver Ford Sterling me observando por cima dos ombros dos outros. Quando terminei a cena, estava certo de que vencera a prova.

Ao fim do dia de trabalho fui para o camarim. Ford Sterling e Roscoe Arbuckle estavam tirando a maquilagem. Poucas palavras foram ditas, mas a atmosfera estava carregada de correntes cruzadas. Tanto Ford como Roscoe gostavam de mim, mas sinceramente acredito que eles experimentavam certo conflito íntimo.

A cena era longa e fora além de quarenta metros de filme. Depois o sr. Mack Sennett e o sr. Lehrman discutiram se deviam aproveitá-la em toda a extensão ou se deviam abreviá-la, pois em regra uma cena de comédia não ia além de um quinto ou um sexto daquela extensão.

— Se é engraçada — ponderei eu —, que mal faz que seja mais extensa?

Eles decidiram que a cena devia ser exibida tal como fora filmada. As roupas me tinham imbuído da personalidade do tipo criado. Por isso decidi que devia conservá-lo e utilizá-lo sempre que as circunstâncias o permitissem. Naquela noite, indo para casa de bonde com um dos atores secundários, este me disse:

— Puxa, rapaz! Você começou alguma coisa... Ninguém até hoje arrancou no palco de filmagem gargalhadas iguais àquelas... Nem mesmo Ford Sterling! Você devia ter visto a cara de espanto que ele fazia. Merecia um estudo!

— Espero que riam do mesmo modo nos cinemas — disse eu, procurando disfarçar a minha satisfação.

ALGUNS dias depois, ouvi sem querer Ford Sterling fazendo a descrição do meu tipo ao nosso comum amigo Elmer Ellsworth:

— O sujeitinho usa calças-balão, tem os pés chatos e a aparência do mais miserável e enxovalhado bastardo do mundo... Coça-se a todo instante, como se tivesse piolho nos sovacos... Mas como é engraçado!

Meu tipo era diferente e não se aproximava de qualquer outro que os norte-americanos conheciam. Eu próprio não o conhecia... Mas, dentro daquelas roupas, ele se tornava uma realidade, uma pessoa viva. Na verdade, ele me inspirava toda espécie de ideias malucas, com as quais nunca sonhava senão quando, assim vestido, entrava na personalidade do Vagabundo.

Acamaradei-me com o ator secundário e todas as noites, indo para casa de bonde, ele me dava, em relatório verbal, notícia sobre as reações do estúdio naquele dia e o que se comentava sobre as minhas ideias cômicas.

— Foi uma ideia maravilhosa aquela de lavar os dedos na lavanda e enxugá-los nas barbas do velhote. É uma coisa que nunca se viu até hoje!

E continuava nesse tom, elevando-me às nuvens. Sob a direção de Sennett eu me sentia à vontade, porque tudo se elaborava espontaneamente na filmagem. Como não havia nada de positivo e ninguém estava seguro de si (nem mesmo o diretor), eu concluí que sabia tanto quanto os outros. Isso gerou dentro de mim a crença de que eu era um espírito criador e poderia escrever as minhas próprias histórias. O próprio Sennett me inspirava essa crença. Mas embora agradando a ele, havia ainda um problema: o de agradar ao público.

No filme seguinte, fui outra vez colocado às ordens de Lehrman. Ele ia deixar Sennett para acompanhar Ford Sterling e, para dar uma prova de camaradagem ao estúdio, ficaria ainda duas semanas além do prazo de seu contrato. Eu fui fértil em sugestões quando comecei a trabalhar com ele, que me ouvia e sorria, mas não aceitava um só dos meus conselhos.

— Pode ser engraçado no teatro — dizia —, mas em filmes não há tempo para isso. Temos que tocar para a frente... E uma comédia é apenas o pretexto para uma perseguição...

— Graça é graça — respondia eu, sem concordar com a sua generalização —, quer em palcos, quer nas telas...

Ele insistia nos mesmos pontos de vista, fazendo o que a Keystone sempre havia feito. Toda a ação devia ser rápida, o que significava para o artista fazer correrias, subir no telhado das casas e na parte superior dos bondes, pular em rios e atirar-se ao mar de pontes ou embarcadouros sobre pilastras. Apesar de suas teorias sobre a natureza da comédia, eu sempre conseguia instilar nelas um ou dois momentos de comicidade de caráter nitidamente pessoal. Mas, como já acontecera antes, ele dava um jeito para eliminá-los no processo de copiagem do filme.

Não creio que Lehrman tenha transmitido a Sennett impressões muito promissoras a meu respeito. Depois, fui posto à disposição de outro diretor, o sr. Nichols, um velhote de quase sessenta anos, que trabalhava no cinema desde que este engatinhava. Tive, então, o mesmo problema. Ele só tinha uma ideia cômica, que era a de agarrar o comediante pelo pescoço e sacudi-lo de um lado para o outro. Tentei sugerir algo mais sutil, mas se recusou a ouvir-me.

— Não temos tempo, não temos tempo! — gritava.

Tudo quanto queria era obter uma imitação de Ford Sterling. Embora eu me rebelasse contra isso de forma bastante discreta e atenuada, parece que ele procurou Sennett para dizer-lhe que era difícil trabalhar com um filho da p... como eu. Por essa época é que o filme que Mack dirigira, *Carlitos no hotel*,[2] foi exibido num cinema da cidade. Cheio de medo e de tremores, eu o vi com a plateia. Quando Ford Sterling apareceu, houve como sempre uma gargalhada geral e uma demonstração de caloroso entusiasmo, mas eu fui recebido com um frio silêncio. Todas as coisas engraçadas que eu fazia no saguão do hotel provocaram apenas sorrisos. Mas, à medida que o filme progredia, a plateia começara a dar mostras de interesse, depois a rir e, já quase no fim da película, eu arrancava uma ou duas grandes gargalhadas. Nessa exibição, descobri que a plateia não era parcial para com os novatos.

Tenho minhas dúvidas sobre se o meu esforço inicial correspondeu à expectativa de Sennett. Creio que ficou desapontado. Ele me procurou um ou dois dias depois:

— Ouça: estão me dizendo que é difícil trabalhar com você...

---

[2] No original inglês: *Mabel's strange predicament*. (N. do T.)

Tentei explicar-lhe que, sendo consciencioso, todo o meu empenho era o de melhorar seus filmes.

— Bem — atalhou Sennett —, faça o que lhe ordenarem e eu ficarei satisfeito.

Mas no dia seguinte tive outra altercação com Nichols e explodi:

— Qualquer figurante que ganha três dólares por dia pode fazer o que o senhor está me ordenando! — declarei. — Quero fazer coisa de algum mérito, não apenas andar aos empurrões ou caindo de bondes! Não é para isso que estou recebendo cento e cinquenta dólares por semana!

O pobre velho, papai Nichols, como o chamávamos, ficou em lamentável estado.

— Estou nesta profissão há dez anos — disse ele. — Como tem a ousadia de pensar que sabe mais do que eu?

Tentei argumentar com ele, chamando-o à razão, mas de nada adiantou. Tentei argumentar com outros elementos do elenco, mas também eles se voltaram contra mim.

— Oh, ele sabe, ele sabe, ele está nesse negócio há muito mais tempo que você — disse-me um velho ator.

Fiz cinco filmes, sempre conseguindo introduzir neles algumas improvisações de natureza pessoal, a despeito dos magarefes da sala de cortes. Familiarizado com os seus processos de cortar filmes, eu reservava as minhas improvisações para os momentos em que entrava ou saía de cena, sabendo que, em tais condições, eles teriam dificuldades para eliminá-las. Prevaleci-me de todas as oportunidades para aprender o máximo sobre o meu novo ofício. Entrava e saía do laboratório de copiagem e da sala de cortes, observando o modo pelo qual eram cortados os filmes e ligadas as diversas cenas, umas com as outras.

A essa altura eu estava ansioso para escrever e dirigir as minhas próprias comédias. Por isso, conversei com Sennett sobre o assunto. Mas ele não me quis ouvir e, em vez disso, colocou-me às ordens de Mabel Normand, que tinha começado naquele momento a dirigir seus próprios filmes. Isso me aborreceu pois, por mais encantadora que Mabel fosse, eu duvidava de sua competência como diretora. Por isso mesmo, logo no primeiro dia deu-se a inevitável explosão. Estávamos filmando exteriores nos subúrbios de

Los Angeles e, numa das cenas, Mabel queria que eu ficasse de pé, com uma mangueira, molhando a estrada, na qual o carro do vilão devia derrapar. Sugeri-lhe que eu ficasse de pé em cima da mangueira, vedando, desse modo, a passagem da água. Como esta não saísse, eu iria examinar o bico da mangueira e, então, levaria um forte jorro de água na cara. Mas a bela diretora me gritou:

— Não temos tempo! Não temos tempo! Faça o que estou mandando...

Isso passou da conta. Não poderia mais ouvir tal coisa, mesmo saindo da boca de uma mulher bonita.

— Sinto muito, srta. Normand, mas não farei o que está me ordenando. Não lhe reconheço a competência necessária para me dar ordens.

A cena era no meio de uma estrada e eu me afastei, sentando-me no meio-fio. Doce Mabel! Naquela época tinha ela apenas vinte anos, era linda e encantadora, todos a tinham como favorita, todos a idolatravam. Desconcertada, ela sentou-se ao lado da máquina fotográfica, sem saber o que fazer. Ninguém, até então, havia lhe falado naquele tom. Eu também me deixara prender por seus encantos e por sua beleza. Meu coração tinha um fraco por ela. Mas agora se tratava do meu trabalho. Imediatamente os técnicos e o elenco rodearam Mabel, em conferência. Um ou dois figurantes, segundo a própria Mabel depois me contou, queriam me dar pancada, o que ela impediu. Depois, veio um assistente saber se eu queria ou não continuar o trabalho. Cruzei a estrada, para o lugar em que ela se encontrava sentada:

— Sinto muito — disse, à guisa de desculpas. — Não creio que isso seja divertido ou engraçado. Mas, se me permitisse, sugeriria alguns incidentes cômicos.

Ela não me deixou concluir:

— Muito bem — disse. — Se não quer fazer o que lhe ordeno, voltaremos agora mesmo para o estúdio.

Embora a situação fosse desesperadora eu estava disposto a arcar com as consequências e, por isso, dei de ombros. Não tínhamos perdido muito tempo, porque estávamos filmando desde nove horas da manhã. Naquele momento eram cinco horas da tarde e o sol declinava rapidamente. No estúdio, enquanto eu tirava a maquilagem, Sennett irrompeu no camarim:

— Que diabo de história é essa?

Tentei explicar:

— A película necessita de alguns incidentes cômicos, mas a srta. Mabel não aceita a menor sugestão...

— Você vai fazer o que lhe for ordenado ou irá para a rua, com contrato ou sem contrato! — disse ele.

— Sr. Sennett — respondi, muito calmo. — Antes de vir para cá eu já ganhava o meu pão de cada dia. E se me quer despedir, muito bem. Considero-me despedido. Mas sou consciencioso e desejo fazer bons filmes tanto quanto o senhor...

Sem dizer mais nada, ele saiu batendo a porta. Naquela noite, indo para casa com o meu amigo, contei-lhe no bonde o que se passara.

— Que pena — disse ele. — Pensei que você iria ser um dos chefões do estúdio.

— Acha que vão me despedir? — perguntei, aparentando animação, a fim de esconder a minha ansiedade.

— Não seria surpresa para mim. Quando vi Sennett saindo do seu camarim ele parecia estar furioso.

— Ah! Para mim tanto faz. Tenho mil e quinhentos dólares de economias e isso é mais do que suficiente para pagar a minha viagem de volta à Inglaterra. Contudo, vou me apresentar amanhã no estúdio e, se lá não me quiserem mais, *c'est la vie*!

Havia uma convocação do pessoal para as oito horas da manhã no dia seguinte e, sem saber o que fazer, fiquei sentado no camarim, sem maquilagem. Cerca de dez minutos para as oito Sennett enfiou a cabeça pela porta.

— Charles, preciso falar com você. Vamos ao camarim de Mabel.

Seu tom era surpreendentemente amistoso.

— Sim, sr. Sennett — disse eu, acompanhando-o.

Mabel não estava lá. Fora à sala de projeção ver as cópias de algumas cenas.

— Ouça — disse Mack. — Mabel gosta muito de você. Aliás, todos nós gostamos de você e o consideramos um bom artista...

Surpreendeu-me essa súbita mudança e imediatamente comecei a me derreter.

— Eu tenho o maior respeito e a mais sincera admiração pela srta. Normand — disse —, mas considero-a incompetente como diretora. Afinal de contas, ela é ainda muito jovem e inexperiente...

— Pense você o que quiser, engula o seu amor-próprio e procure cooperar — disse Sennett, batendo-me amistosamente no ombro.

— Mas é precisamente isso o que eu tenho tentado fazer...

— Bem... Faça o que for possível para voltar às boas com ela.

— Ouça... Se deixar eu mesmo me dirigir, não haverá mais problemas — respondi.

Houve uma pausa e, por fim, Mack perguntou:

— Mas quem pagará o prejuízo se o filme não conseguir distribuição?

— Eu pagarei — respondi. — Depositarei mil e quinhentos dólares em qualquer banco como garantia e, se não conseguir distribuir o filme, pode ficar com o dinheiro...

Mack pensou um momento:

— Você tem uma história?

— Claro! Tantas quantas o senhor quiser...

— Está bem — disse Mack. — Termine o filme com Mabel e depois veremos...

Apertamos a mão, cordialmente. Depois eu fui procurar Mabel, pedi-lhe desculpas e, na mesma noite, Sennett nos reuniu, a ambos, num jantar. No dia seguinte, Mabel estava um veludo. Ela própria veio me pedir ideias e sugestões. Assim, para espanto dos técnicos e do resto do elenco, terminamos afortunadamente a película. A súbita mudança de Sennett me causara certa perplexidade. Só alguns meses depois vim a descobrir a razão secreta de tudo. Na manhã do dia seguinte ao da minha briga com Mabel, Mack recebera um telegrama de Nova York pedindo-lhe, com urgência, mais películas de Chaplin, pois havia uma tremenda procura, por parte dos exibidores.

O número médio de cópias de uma comédia da Keystone para o mercado dos Estados Unidos era de vinte. Trinta eram consideradas um êxito. Meu último filme lançado, que era o quarto, alcançara quarenta e cinco cópias. E os pedidos de novas cópias continuavam a crescer. Daí o tom amistoso de Mack, depois desse telegrama.

A mecânica da direção de filmes era muito simples naquela época. Eu precisava apenas distinguir a minha esquerda da minha direita, para as entradas e saídas de cena. Se alguém saía de uma cena pela direita devia entrar pela esquerda na cena seguinte. Se alguém saía de cena caminhando para a câmera cinematográfica, devia entrar de costas para a câmera na próxima cena. Essas eram, é claro, as regras primárias. Com mais experiência, descobri que a colocação da câmara não apenas tinha uma significação psicológica, como ainda articulava uma cena. Na verdade, era essa a base do estilo cinematográfico. Como a economia do movimento é importante, ninguém deseja fazer um artista caminhar uma distância desnecessária a menos que haja uma razão especial para isso. Porque caminhar não tem expressão dramática. Portanto, a colocação da câmera deve produzir o efeito de uma composição e proporcionar uma entrada graciosa ao artista. A colocação da câmera tem assim uma inflexão cinemática. Não há regra fixa sustentando que um primeiro plano dê mais ênfase a uma cena do que um *long-shot* (tomada a distância). Um *close-up* (primeiro plano) é uma questão de sentimento, mas algumas vezes um *long-shot* pode dar ainda maior ênfase.

Exemplo disso oferece uma das minhas primeiras comédias, *Carlitos patinador*.[3] O vagabundo entra numa pista de patinação e patina, com um pé levantado, deslizando e piruetando, tropeçando e indo de encontro a outros, envolvendo-se, assim, em toda espécie de incidentes e, eventualmente, deixando uma porção de pessoas caídas de costas no gelo, no primeiro plano, enquanto ele patina para o extremo oposto do rinque, tornando-se uma minúscula figura lá no fundo e, por fim, sentando-se entre os espectadores, para contemplar inocentemente os desastres que ele próprio causara. A pequenina figura do vagabundo a distância é, contudo, ainda mais engraçada do que teria sido num *close-up*.

Quando comecei a dirigir o meu primeiro filme, eu não me sentia tão confiante quanto esperava. Na verdade, tive um ligeiro ataque de pânico. Mas desde que Sennett viu o resultado do meu primeiro dia de trabalho

---

[3] No original inglês: *Skating*. (N. do T.)

fiquei tranquilo. O filme chamava-se *Carlitos e a sonâmbula*.[4] Não era nenhum assombro, mas era engraçado e teve êxito. Quando eu o terminei, estava ansioso para conhecer a reação de Mack. Esperei até que ele saiu da sala de projeção.

— Então? Está pronto para começar outro? — perguntou ele.

Desde então escrevi e dirigi as minhas próprias comédias. A título de estímulo, Sennett me dava uma bonificação de vinte e cinco dólares por cada uma delas. Ele praticamente me adotou. Discutia comigo as histórias destinadas às outras companhias e eu lhe sugeria as mais loucas ideias, que eu mesmo julgava demasiado pessoais para serem entendidas pelo público, mas Sennett ria e as aceitava.

Agora, quando eu via os meus filmes juntamente com uma plateia, a reação desta era diferente. O interesse e a excitação provocados pelo letreiro inicial de uma comédia da Keystone, os pequenos gritos de alegria que a minha presença provocava antes mesmo de fazer qualquer coisa eram grandemente compensadores. Eu me tornara um grande favorito do público; se pudesse assim prosseguir durante o resto da vida estaria satisfeito. Com a minha bonificação, estava ganhando duzentos dólares por semana. Desde que o meu trabalho aumentara, pouco tempo me restava para frequentar o Alexandria Bar ou para o meu sarcástico amigo, Elmer Ellsworth. Encontrei-o, contudo, dias depois, acidentalmente, numa rua.

— Ouça — disse-me ele. — Tenho visto os seus filmes ultimamente e, por Deus! Você é excelente! Tem uma qualidade que o diferencia de todos os demais. E não estou brincando, ouviu? Você é mesmo engraçado! Por que diabo você não me disse isso desde o princípio?

É claro que, depois disso, tornamo-nos muito bons amigos. A Keystone me ensinou muitas coisas e eu ensinei muitas coisas à Keystone. Naqueles dias, pouco ainda se sabia sobre a técnica, a arte de representar ou o movimento, que eu introduzi nos seus filmes, levando-os do teatro, onde adquirira experiência. Pouco se conhecia também sobre a mímica natural. Bloqueando a cena, o diretor às vezes colocava três ou quatro atores em linha, voltados para a câmara e, com largos gestos, um deles dava a entender, em

---

[4] No original inglês: *Caught in the rain*. (N. do T.)

pantomima, "Eu-quero-casar-com-sua-filha", apontando primeiro para si mesmo, depois para o anel em seu dedo e, em seguida, para a moça. Essa mímica era grosseira, sem sutileza alguma e, por isso, eu me destaquei pelo contraste. Nesses primeiros filmes, eu sabia que levava muitas vantagens, como um geólogo que penetrasse num campo rico e ainda inexplorado. Creio que foi o mais excitante período de minha carreira. Eu estava, na verdade, no pórtico de alguma coisa maravilhosa.

O êxito nos torna queridos e eu me tornei familiar a cada um no estúdio. Eu era o amigo Charlie para os figurantes, para os maquinistas, para o pessoal do guarda-roupa e para os operadores. Embora eu não seja dos que confraternizam, isso muito me agradava, porque eu sabia que essa familiaridade era sinal evidente do meu sucesso. Agora tinha confiança nas minhas ideias. E podia agradecer a Sennett por isso, pois embora tão pouco ilustrado quanto eu ele acreditava em seu próprio gosto e foi essa a crença que me transmitiu. Sua maneira de trabalhar me inspirava confiança: parecia certa. Sua observação, no primeiro encontro no estúdio — "não temos história escrita, lançamos mão de uma ideia e, depois, seguimos a sequência natural dos acontecimentos" —, foi um estímulo para a minha imaginação.

CRIAR filmes por esse processo era excitante. No teatro, eu vivera adstrito a uma linha rígida, a uma invariável rotina de repetições, fazendo sempre a mesma coisa, noite após noite. Uma vez as marcações ensaiadas e estabelecidas em caráter definitivo, raramente alguém tentava modificá-las ou inventar qualquer novidade. A única variação que poderia caracterizar a atividade teatral era uma representação boa ou uma representação ruim. Nos filmes havia muito mais liberdade. Eles me deram, por isso, uma sensação de aventura.

— Que é que você acha desta ideia? — poderia perguntar Sennett. Ou então: — Arranjaremos uma inundação na rua principal da cidade baixa, para atrapalhar o pessoal...

Tais observações decidiam o destino de uma comédia da Keystone. Elas eram planejadas com esse espírito de improvisação, tão espontâneo que nos deliciava, porque era um desafio à nossa capacidade criadora. Era livre e fácil — sem literatura, sem escritores, pois tínhamos apenas uma ideia em torno da qual devíamos acumular incidentes cômicos e a história se desenvolvia à medida que filmávamos.

Foi isso, por exemplo, o que se passou com o filme *O passado pré-histórico*,[5] que começou de uma simples *gag* ou incidente cômico. Eu aparecia como um homem primitivo, vestido numa pele de urso. E, depois de sondar o horizonte, começava a arrancar pelos da pele de urso para encher com eles o meu cachimbo. Essa ideia tão simples foi o bastante para estimular a invenção de uma história pré-histórica, com amor, rivalidade, combate e perseguição. Esse era o método habitualmente seguido na Keystone.

Posso fixar exatamente quando senti o primeiro desejo de acrescentar às minhas películas outra dimensão além da simples comédia. Eu estava trabalhando num filme intitulado *Carlitos porteiro*,[6] exatamente na cena em que o gerente do escritório me despedia. Então eu argumentava com ele, pedindo-lhe em pantomima que tivesse pena de mim e não me privasse do emprego, demonstrando que tinha uma grande família, com vários filhos pequeninos. Embora eu estivesse apenas caricaturando uma emoção dramática, para minha surpresa a velha atriz Dorothy Davenport, que estava ao lado, observando a cena, durante um ensaio, não pôde conter as lágrimas.

— Eu sei que isso é para fazer rir — disse ela —, mas a mim o que me faz é chorar.

Com essas palavras, ela confirmava uma coisa que eu já havia sentido: a minha capacidade para arrancar lágrimas ao mesmo tempo que arrancava gargalhadas. A atmosfera "só para homens" do estúdio seria quase intolerável se não fosse uma pulcra influência. A presença de Mabel Normand é que a atenuava, com sua graça e encanto. Extremamente bonita, com umas longas pestanas, olhos grandes e lábios que faziam graciosas curvinhas nos cantos da boca, estava sempre cheia de bom humor e de indulgência. Era alegre, despreocupada, camarada, cheia de generosidade. Todos a adoravam.

---

[5] No original inglês: *His prehistoric past*. (N. do T.)
[6] No original inglês: *The new janitor*. (N. do T.)

Corriam histórias acerca da generosidade de Mabel para com a criança de uma mulher do guarda-roupa do estúdio e sobre as peças que ela pregava aos operadores cinematográficos. Tinha por mim uma afeição fraternal, pois naquela época estava profundamente enamorada de Mack Sennett. Por causa de Mack, eu via Mabel com muita frequência. Às vezes nós três jantávamos juntos e quando o extenuado Mack começava a dormir no saguão do hotel aproveitávamos o tempo para ver um filme ou passar uma hora num bar, voltando, depois, para acordá-lo. Tal proximidade, pensarão muitos, poderia ter resultado em romance de amor, mas isso não se deu. Infelizmente, permanecemos apenas dois bons amigos.

Certa ocasião, no entanto, quando Mabel, Roscoe Arbuckle e eu participamos de uma festa de caridade num dos teatros de São Francisco, ela e eu estivemos a ponto de nos inflamar sentimentalmente. A noite fora maravilhosa e todos nós conquistamos grande êxito no espetáculo. Mabel esqueceu o seu casaco no camarim e me pediu que fosse com ela buscá-lo. Arbuckle e os demais ficaram embaixo, esperando num carro. Nesse momento, permanecemos a sós. Ela estava radiante de beleza. E, quando lhe coloquei o casaco às costas, beijei-a e ela retribuiu o meu beijo com outro. Poderíamos ter ido além, mas havia pessoas à nossa espera. Depois, tentei dar continuidade a esse episódio, sem que, no entanto, chegasse a qualquer resultado.

— Não, Charlie — disse-me ela, com bom humor. — Nem eu sou o seu tipo, nem você é o meu...

Por essa época, Diamond Jim Brady chegou a Los Angeles. Hollywood estava ainda no embrião. Ele chegou com as irmãs Dolly e seus maridos, dando logo festas espetaculares. Num jantar, que ofereceu no Alexandria Hotel, estavam presentes as gêmeas Dolly, seus maridos, Carlotta Monterey, Lou Tellegen (galã de Sarah Bernhardt), Mack Sennett, Mabel Normand, Blanche Sweet, Nat Goodwin e muitos outros. As gêmeas Dolly eram de uma beleza sensacional. Elas, seus maridos e Diamond Jim Brady eram quase inseparáveis. Essa íntima associação causava perplexidade. Diamond Jim era um tipo norte-americano sem-par, com a aparência de um benévolo John Bull. Naquela primeira noite eu não podia acreditar no que meus próprios olhos viam, pois ele usava diamantes nos punhos e no peitilho da camisa, como botões, cada um deles maior do que um xelim. Algumas noites depois jantamos no Nat Goodwin's Café, no cais, e dessa vez ele substituíra os diamantes por uma coleção de esmeraldas, cada uma do tamanho de uma pequena caixa de fósforos. A princípio pensei que ele as estivesse usando por brincadeira e, inocentemente, perguntei-lhe se eram verdadeiras. Ele disse que sim.

— Mas, nesse caso — observei, assombrado —, o senhor tem aí uma fabulosa fortuna...

— Se quer ver esmeraldas bonitas, veja estas — disse ele. E levantando o colete, mostrou um cinto tão largo como o cinto dos campeões de pugilismo criado pelo marquês de Queensberry, completamente coberto de esmeraldas, as maiores que eu jamais tinha visto. Com grande orgulho, ele me disse que tinha dez jogos de pedras preciosas e usava um, diferente, em cada noite.

Isso ocorria em 1914 e eu tinha apenas vinte e cinco anos de idade. Estava na força da mocidade e apaixonado pelo meu trabalho, não apenas pelo êxito que nele conquistara, mas ainda pela oportunidade de conhecer as estrelas de cinema, das quais me tornara admirador vez por outra: Mary Pickford, Blanche Sweet, Miriam Cooper, Clara Kimball Young, as irmãs Gish e outras, todas lindas, e vê-las frente a frente era ascender às alturas olímpicas.

Thomas Ince dava churrascos e bailes no seu estúdio, localizado num lugar meio selvagem, ao norte de Santa Mônica e diante do oceano Pacífico. Que maravilhosas noites: mocidade e beleza dançavam ao som de músicas dolentes num palco ao ar livre, com o doce rumor das ondas vindo da praia próxima. Peggy Pierce, moça excepcionalmente bela, de feições que pareciam cinzeladas, com um lindo pescoço branco e um corpo admirável, foi a minha primeira complicação amorosa. Ela não apareceu no estúdio da Keystone, onde trabalhava, senão depois que eu já estava lá havia três semanas. Estivera doente, com gripe. No momento em que nos vimos nossos corações se inflamaram. Como eram românticas aquelas manhãs, quando ia para o trabalho com a emoção antecipada do encontro de todos os dias! Aos domingos, ia visitá-la no apartamento de seus pais. Todas as noites, quando nos encontrávamos, fazíamos declarações de amor. Mas eram noites também de lutas. Sim, Peggy me amava, mas a minha era uma causa perdida. Ela resistia e resistia, até que, em desespero, desisti. Na época, eu não tinha o menor desejo de casar-me. A liberdade era uma aventura que eu não queria sacrificar. Nenhuma mulher poderia corresponder à vaga imagem que eu idealizava em minha mente.

Cada estúdio era, então, como uma família. Os filmes eram feitos em uma semana. Mesmo os longas-metragens nunca exigiam mais de duas ou três semanas de trabalho, à luz do sol, que era o método usual na Califórnia, onde havia nove meses de estiagem em cada ano. As lâmpadas dos irmãos Kliegl, as chamadas *klieg lights,* apareceram então, mas a Keystone nunca as utilizou, porque tinham a luz trêmula, não eram tão claras como a luz do sol e exigiam um tempo enorme para o arranjo de uma perfeita iluminação. Uma comédia da Keystone raramente demandava mais de uma semana de trabalho. E, na realidade, eu fiz uma inteirinha numa tarde: a película intitulada *Carlitos e o relógio,*[7] que arrancava gargalhadas do princípio ao fim. *Dinamite e pastel,*[8] filme de grande êxito, foi produzido em nove dias ao custo de mil e oitocentos dólares. E porque ultrapassou o orçamento de mil dólares, limite das comédias da Keystone, perdi a minha bonificação de vinte e cinco dólares. A única forma de colocá-la dentro do orçamento, disse Sennett, era transformá-la numa comédia em duas partes, o que foi feito. E produziu mais de cento e oitenta mil dólares no primeiro ano.

AGORA eu tinha a meu crédito vários filmes de grande êxito, entre os quais *Vinte minutos de amor, Dinheiro e dinamite, Carlitos dentista*[9] e *O contrarregra.*[10] Naquela época, Mabel e eu estrelamos uma comédia com Marie Dressler. Era agradável trabalhar com Marie, mas não creio que o filme tivesse qualquer mérito. Fiquei mais feliz quando voltei a dirigir a mim mesmo.

---

[7] No original inglês: *Twenty minutes of love.* (N. do T.)
[8] No original inglês: *Dough and dynamite.* (N. do T.)
[9] No original inglês: *Laughing gas.* (N. do T.)
[10] No original inglês: *The stage hand.* (N. do T.)

Recomendei Sydney a Mack Sennett. Como o nome Chaplin estava ficando na moda, ele sentiu grande satisfação em anexar mais um membro da nossa família. Sennett o contratou com um salário de duzentos dólares por semana, isto é, vinte e cinco dólares mais do que eu vinha recebendo. Sydney e sua esposa, recém-chegados de Londres, apareceram no estúdio quando eu estava saindo para filmar exteriores. Mais tarde, naquele mesmo dia, jantamos juntos. E perguntei-lhe como iam os meus filmes na Inglaterra.

Antes de começar o meu nome a ser anunciado, disse-me ele, vários artistas de variedades lhe haviam falado com entusiasmo de um novo comediante cinematográfico norte-americano, que tinham acabado de ver. Ele me revelou também que, antes de ter visto qualquer das minhas comédias, procurara entrar em contato com a empresa distribuidora e, quando lhes disse quem era, organizaram uma projeção especial e o convidaram para ver três delas. Ele se sentara sozinho na sala e rira como o diabo.

— Mas qual foi a sua reação a tudo isso? — perguntei-lhe.

Sydney não exprimiu grande espanto.

— Oh, eu tinha a certeza de que você ia se sair muito bem — disse ele, confiantemente.

Mack Sennett era sócio do Clube Atlético de Los Angeles, o que lhe dava o direito de contemplar um amigo com um cartão de sócio temporário. Ele me deu um cartão. Quartel-general de todos os solteirões e homens de negócios da cidade, o clube era requintado. Tinha um grande salão de jantar e amplas salas de visitas, abertas às senhoras durante a noite, além de um bar para coquetéis. Eu tinha um grande quarto no canto do andar superior, pegado ao de Mose Hamberger, que era o dono da May Department Store, a maior loja da cidade. O custo de vida era extraordinariamente barato naquele tempo. Eu pagava doze dólares por semana por meu quarto e pelo uso de todos os serviços do clube, inclusive ginásio e piscina. Em suma: vivia luxuosamente com setenta e cinco dólares por semana, com os quais ainda pagava os extraordinários no bar e alguns jantares ocasionais.

Existia no clube uma camaradagem que nem mesmo a declaração de guerra, que deu início em 1914 à primeira conflagração mundial, foi capaz de perturbar. Todos, aliás, pensaram que em seis meses a guerra estaria liquidada. Que ela durasse quatro anos, como lorde Kitchener predissera, parecia um verdadeiro absurdo. Muitos até ficaram satisfeitos quando as hostilidades foram declaradas, porque assim os aliados iriam mostrar aos boches a sua força. Ninguém duvidava de que o desfecho seria contra os alemães. Ingleses e franceses iriam liquidá-los em seis meses. A guerra não tinha ainda tomado impulso e a Califórnia estava muito distante do seu campo de ação.

Na ocasião, Mack Sennett começou a falar na renovação do meu contrato e queria saber quais as minhas condições. Eu conhecia até certo ponto a extensão da minha popularidade, mas também sabia que ela poderia ser efêmera. E que, se eu continuasse a trabalhar, no ritmo em que vinha trabalhando, dentro de um ano estaria inteiramente exaurido. Teria, por isso, que aproveitar a oportunidade para encher o meu pé-de-meia. Ou, como dizem os ingleses, cortar o feno enquanto o sol brilhasse.

— Quero mil dólares por semana! — disse, deliberadamente.

— Mas nem *eu próprio* ganho isso — contrapôs Sennett, alarmado.

— Eu sei — respondi. — Mas o público não corre para as bilheterias quando o seu nome é anunciado da mesma forma que corre quando se trata do meu.

— Talvez — disse ele —, mas sem a ajuda da nossa organização você estaria perdido. Veja o que está acontecendo com Ford Sterling — concluiu, numa advertência.

Isso era verdade, pois Ford não fora feliz em sua atividade depois de deixar a Keystone. Apesar disso, eu declarei a Sennett:

— Tudo quanto eu preciso para fazer uma comédia é um parque, um policial e uma bonita moça...

Na verdade, os meus filmes de maior sucesso se baseavam apenas na mistura desses três elementos. Sennett, nesse meio tempo, tinha telegrafado a Kessel e Bauman, seus sócios, pedindo-lhes conselhos sobre o meu contrato e as minhas exigências. Depois disso, ele me fez esta proposta:

— Ouça: faltam ainda quatro meses para terminar o seu contrato. Rasgamos o que está em vigor agora e dou-lhe já outro de quinhentos dólares agora, setecentos no ano vindouro e mil e quinhentos no ano seguinte. Assim, você terá os seus mil dólares por semana.

— Mack — respondi —, eu inverterei os termos da sua proposta: quero mil e quinhentos dólares por semana agora, setecentos no ano vindouro e quinhentos no ano seguinte. Se concordar, está fechado.

— Mas essa é uma ideia louca — disse Sennett.

Por isso, o problema da renovação do contrato não foi mais discutido.

Quando só faltava um mês para o término do meu compromisso com a Keystone, e nenhuma outra companhia me fizera qualquer oferta, comecei a ficar nervoso. Creio que Sennett sabia disso e estava jogando com essa circunstância. Normalmente, quando eu terminava um filme ele me procurava e, gracejando, tratava de me empurrar logo para fazer outro. Agora, embora eu não trabalhasse há duas semanas, ele se conservava afastado. Polido, mas distante. A despeito disso, a confiança nunca me abandonou. Se ninguém me fizesse nenhuma oferta, iria trabalhar por conta própria. Por que não? Confiava em mim mesmo e nos meus recursos. Lembro-me do exato momento em que senti nascer em mim esse sentimento. Eu estava assinando uma papeleta de requisição, de encontro a uma parede do estúdio.

Depois que Sydney ingressou na Keystone ele fez vários filmes de êxito. Um deles, que bateu recordes de bilheteria através do mundo, foi *O submarino pirata*,[11] no qual Sydney executava toda espécie de truques cinematográficos. Tamanho era o seu sucesso que eu o procurei para convencê-lo a associar-se comigo e começarmos uma companhia nossa.

— Tudo quanto eu preciso é uma câmera e um terreno baldio — disse-lhe eu.

Mas Sydney era muito conservador. Pensou que eu ia me meter numa empresa arriscada e duvidosa.

— Além disso — declarou —, não sinto que eu deva renunciar ao maior salário que já tive em minha vida.

Assim, ele continuou com a Keystone por mais um ano. Um dia recebi um telefonema de Carl Laemmle, da Universal. Queria me dar trinta e seis

---

[11]No original inglês: *The submarine pirate*. (N. do T.)

centavos por metro de filme e se dispunha a financiar as minhas comédias, mas sem me pagar um salário de mil dólares por semana. E por isso nossas conversas deram em nada. Um jovem chamado Jess Robbins, que representava a Companhia Essanay, disse ter ouvido que eu exigia uma bonificação de dez mil dólares antes de assinar qualquer contrato e que desejava um salário de mil duzentos e cinquenta dólares por semana. Isso era novidade para mim. Nunca pensara em exigir as luvas de dez mil dólares até que ele falou nisso. Mas, desde esse feliz momento, isso se tornou para mim uma ideia fixa.

Naquela noite, convidei Robbins para jantar e deixei que ele tomasse a palavra, limitando-me a ouvi-lo. Ele me disse que viera me procurar por ordem direta do sr. G. M. Anderson, conhecido como Bronco Billie, da Companhia Essanay, que era sócio do sr. George K. Spoor. Oferecia-me mil duzentos e cinquenta dólares por semana, mas não podia dar certeza a respeito das luvas. Dei de ombros.

— Esse é o mal dessa gente — comentei. — Faz sempre mirabolantes promessas, mas sem dinheiro algum na frente...

Depois, ele telefonou a Anderson, em São Francisco, dizendo-lhe que o negócio estava bem encaminhado, mas eu exigia dez mil dólares antes de assinar o contrato. Quando voltou para a mesa estava radiante:

— Está fechado o negócio. Amanhã vai receber os seus dez mil dólares.

Fiquei satisfeitíssimo. Parecia-me bom demais para ser verdade. E, realmente, era, porque no dia seguinte Robbins me deu um cheque de apenas seiscentos dólares, explicando que o sr. Anderson vinha pessoalmente a Los Angeles e que, ao chegar, completaria o pagamento dos nove mil e quatrocentos dólares restantes. Anderson chegou cheio de entusiasmo e confiança, mas sem o dinheiro.

— Meu sócio, o sr. Spoor, cuidará disso em Chicago, quando lá chegarmos...

Embora isso começasse a me parecer estranho, preferi enterrar minhas suspeitas sob uma forte carga de otimismo. Ficaria ainda duas semanas com a Keystone. Terminar a minha última comédia, *O passado pré-histórico,* foi tarefa extenuante, pois eu mal podia me concentrar no trabalho com tantas preocupações de negócios em minha cabeça. Contudo, consegui terminá-la.

Deixar a Keystone foi doloroso, porque eu me havia afeiçoado a Sennett e a todo o pessoal do estúdio. Não me despedi de ninguém: não poderia fazê-lo. Tudo aconteceu de uma maneira simples e rude. Acabei de cortar o meu filme num sábado à noite e parti na segunda-feira seguinte para São Francisco, com Anderson, que lá tinha, à nossa espera, o seu novo carro Mercedes, de cor verde. Paramos, para o almoço, no St. Francis Hotel e depois fomos para Niles, onde Anderson tinha o seu pequeno estúdio, no qual fazia os filmes de aventuras do oeste de Bronco Billie para a Companhia Essanay (cujo nome era uma corruptela prosódica das iniciais de Spoor and Anderson, S an'A).

Niles estava situada à margem da estrada de ferro, a uma hora de São Francisco. Era uma pequenina povoação habitada por quatrocentas pessoas, que só se preocupavam com o cultivo da alfafa e a criação de gado. O estúdio estava situado no centro de um campo, cerca de vinte quilômetros fora da povoação. Quando eu o vi, senti o coração apertado, pois nada poderia ter sido mais desanimador. O estúdio tinha uma cobertura de vidro, o que o transformava em quentíssima estufa durante o verão. Anderson me disse que em Chicago eu encontraria estúdios ao meu gosto e mais bem equipados para a produção de comédias. Fiquei apenas uma hora em Niles, enquanto Anderson discutia alguns negócios com os seus auxiliares. Depois, voltamos a São Francisco, de onde partimos para Chicago.

Gostei de Anderson. Tinha certo encanto pessoal. No trem, cuidou de mim como se cuida de um irmão caçula e, em muitas estações, desceu para me comprar jornais e doces. Era tímido e pouco comunicativo, aparentando cerca de quarenta anos. Quando discutimos o negócio, ele fez uma observação magnânima:

— Não se preocupe. Tudo vai sair bem.

Conversava pouco e parecia muito cheio de preocupações. Mas, por baixo disso, dava a impressão de ser muito astuto. A viagem foi interessante. No trem havia três homens, cuja presença nos chamou atenção, pela primeira vez, no carro-restaurante, quando almoçávamos. Dois pareciam pessoas bastante prósperas, mas o terceiro não parecia estar no mesmo nível dos seus companheiros: era um tipo comum e grosseiro. Achei estranho que eles estivessem jantando juntos. Começamos a fazer hipóteses. Dois seriam engenheiros e o terceiro, provavelmente, um operário que eles usavam no trabalho pesado. Quando deixamos o carro-restaurante, um deles veio ao nosso compartimento e se apresentou. Disse que era o xerife de St. Louis e havia reconhecido Bronco Billie. Explicou, então, que ele e um companheiro estavam transferindo um presidiário da prisão de San Quentin para St. Louis, onde ele seria enforcado. Mas, uma vez que não podia deixar o condenado sozinho, não poderíamos ir para o seu compartimento, para ser apresentados ao promotor público, que o acompanhava?

— Talvez os senhores gostem de conhecer os pormenores do caso — disse o xerife, confidencialmente. — Quando um policial prendeu aquele homem em St. Louis, ele pediu para entrar no seu quarto e apanhar algumas roupas. Enquanto estava remexendo na mala, empunhou um revólver, matou o policial e fugiu para a Califórnia, onde foi apanhado em flagrante de furto e condenado a três anos de prisão. Quando acabou de cumprir os três anos e ia saindo, lá estávamos eu e o promotor, esperando por ele... É um caso liquidado. Não há dúvida que vai ser enforcado...

Anderson e eu fomos para o outro compartimento. O xerife era homem robusto e jovial, com um perpétuo sorriso e olhos maliciosos. O promotor era um tipo mais sério.

— Sentem-se — disse o xerife, depois de apresentar o promotor. E voltando-se para o preso: — E este é Hank. Ele vai conosco para St. Louis, onde se meteu numa trapalhada...

Hank riu ironicamente, mas sem fazer comentário. Era um homem alto, com perto de cinquenta anos. Ele apertou a mão de Anderson, dizendo-lhe:

— Já o vi muitas vezes nos filmes, Bronco Billie, e a sua maneira de sacar um revólver e obrigá-los a ficar de mãos para cima é a mais fabulosa que eu já vi.

Hank pouco sabia a meu respeito, pois passara três anos reclusos em San Quentin — "há muita coisa acontecendo por aí e a gente nem sequer toma o cheiro". Embora o convívio fosse cordial, havia, contudo, uma tensão difícil de suportar. Eu não sabia o que dizer, limitando-me a acompanhar com algum interesse as observações do xerife.

— Este mundo é uma dureza — disse Bronco Billie.

— Bem — disse o xerife —, nós da polícia queremos torná-lo menos duro. Hank sabe disso.

— Claro — disse Hank, bruscamente.

— Foi isso o que eu disse a Hank, quando ele saiu de San Quentin — continuou o xerife, moralizando. — Disse que se ele fosse correto conosco nós seríamos corretos com ele. Não usaríamos algema nem seríamos violentos. Tudo se limitaria a um ferro na perna.

— Um ferro na perna? Como? — perguntei eu.

— Nunca viu um? — inquiriu o xerife. — Levante a sua calça, Hank.

Hank levantou a calça e mostrou uma espécie de perneira de níquel, ao redor de seu tornozelo, com cerca de treze centímetros de altura e oito de largura, com o peso total de uns vinte quilos. Isso provocou comentários a respeito dos mais modernos tipos de grilhetas. O xerife explicou que aquela era a mais aperfeiçoada, pois tinha o interior revestido de borracha, isolando o metal e tornando-a mais confortável para o prisioneiro.

— Ele dorme com isso? — perguntei.

— Bem, isso depende — disse o xerife, olhando embaraçado para Hank, cujo sorriso foi sombrio e enigmático.

Conversamos com eles até a hora do jantar e, a certa altura, o assunto foi a maneira pela qual Hank fora novamente preso. Graças ao intercâmbio de informações dos presídios, esclareceu o xerife, tinham recebido fotografias e impressões digitais, pelas quais verificaram que Hank era o homem que procuravam. Por isso, não tiveram senão que ir a San Quentin no dia em que ele ia ser libertado.

— Sim — disse o xerife, cujos olhos maliciosos piscavam ao encarar Hank —, fomos esperá-lo fora, do outro lado da estrada. Hank não demorou a aparecer no portão. (E o dedo do xerife estendeu-se, apontando insidiosamente para Hank, enquanto lhe vinha aos lábios um sorriso diabólico.) Olhei para ele e disse logo: "Lá vem o nosso homem."

Anderson e eu ouvíamos, fascinados, enquanto ele prosseguia:

— Aí é que fizemos o acordo — disse o xerife. — Se ele fosse correto conosco, nós o trataríamos bem. E sabe o que fizemos? Levamos logo Hank para fazer o desjejum, com ovos, presunto e bolinhos quentes. E agora está ele aí, como os senhores veem, viajando de primeira classe, com todas as regalias... Não é melhor assim do que ser tratado com dureza e viajar com os punhos algemados ou preso em correntes?

Hank sorriu e murmurou:

— Eu podia ter lutado contra vocês, exigindo que pedissem a minha extradição, se eu quisesse...

O xerife olhou para ele friamente:

— Não teria adiantado, Hank — observou, lentamente. — Quando muito, isso atrasaria um pouco as coisas. Não é melhor estar gozando o conforto da primeira classe?

— Acho que é — disse Hank, com uma risadinha.

À medida que nos aproximávamos do destino de Hank, ele começou a falar sobre a sua prisão em St. Louis quase afetuosamente. Parecia gozar com antecipação o seu julgamento pelos outros prisioneiros.

— Só quero ver o que aqueles gorilas vão fazer comigo quando eu enfrentar o Tribunal dos Cangurus! São capazes de tomar todo o meu fumo e os meus cigarros!

As relações do xerife e do promotor com Hank pareciam-se com a afeição do toureiro pelo touro que vai traspassar com a espada. Eles deixaram o trem no dia 31 de dezembro e, ao se despedirem, o xerife e o promotor nos desejaram feliz Ano-novo. Hank também nos apertou as mãos e disse, melancolicamente, que todas as boas coisas chegam ao fim. Era difícil escolher as palavras para lhe dizer adeus. O seu crime tinha sido impiedoso e covarde. Mas, apesar de tudo, eu próprio lhe desejei boa sorte enquanto ele se afastava do trem, claudicando ao peso de sua grilheta. Depois, soubemos que fora executado.

QUANDO chegamos a Chicago, fomos recebidos pelo gerente da Essanay e não pelo sr. Spoor, que, disse ele, estava ausente, a negócios, e só voltaria depois do feriado do Ano-novo. Não pensei que a ausência do sr. Spoor tivesse qualquer significação, porque nada aconteceria no estúdio no período festivo. Enquanto isso, passei o Ano-novo com Anderson, sua esposa e sua família. No dia seguinte, Anderson partiu para a Califórnia, assegurando-me que tão logo Spoor voltasse resolveria tudo, inclusive o pagamento do resto dos dez mil dólares. O estúdio estava localizado num bairro industrial, num edifício que outrora tinha sido um armazém. Pela manhã, dirigi-me para lá, mas Spoor ainda não havia chegado, nem deixara qualquer palavra sobre a solução do meu caso. Imediatamente percebi que algo não andava bem e que, no escritório, sabia-se mais do que me revelavam. Mas isso não me preocupou. Eu estava certo de que bastaria um bom filme para resolver todos os meus problemas. Por isso, perguntei ao gerente se eu podia contar com a colaboração do pessoal do estúdio e se tinha carta branca para usar os seus recursos técnicos.

— Claro — respondeu ele. — O sr. Anderson nos deixou instruções a esse respeito.

— Então eu gostaria de trabalhar imediatamente.

— Muito bem... — disse o gerente. — No primeiro andar o senhor encontrará a chefe do departamento de argumentos, srta. Louella Parsons, que lhe dará uma história.

— Não uso histórias dos outros. Eu mesmo elaboro as minhas — declarei.

Minha atitude era beligerante, porque eles me pareciam imprecisos a respeito de tudo e porque o sr. Spoor permanecia ausente. Além disso, o pessoal do estúdio era difícil e cheio de formalidades burocráticas, exigindo requisições e papeletas para tudo, como se fossem bancários a serviço da Guaranty Trust Company ou de organização semelhante. As complicações do serviço eram muito importantes para eles, mas os filmes não. Nos escritórios dos andares superiores, os diversos departamentos eram separados por grades, como os guichês de pagadores. Nada disso conduzia a atividades criadoras. Às seis da tarde, em ponto, ninguém perguntava se um diretor estava no meio de uma cena importante ou não. Todos apanhavam o seu chapéu e iam embora.

Na manhã seguinte, fui ao guichê dos elencos:

— Gostaria de conseguir um grupo de artistas assim e assim... — disse secamente. — Poderia me informar quais são os contratados do estúdio que não estão no momento em atividade?

Apresentaram-se pessoas que acreditaram fossem capazes de atender aos meus desejos. Entre elas um tipo zarolho chamado Ben Turpin, que parecia conhecer todos os cordões que manobravam a Essanay e quase nada estava fazendo naquele tempo. Gostei dele e imediatamente o escolhi. Mas não tinha ainda a atriz principal. Depois de entrevistar várias, uma me pareceu ter boas possibilidades. Era uma moça bastante bonita, que a companhia acabara de contratar. Mas, ó meu Deus!, que dificuldade imensa para obter dela qualquer reação. Era tão pouco satisfatório o seu trabalho que acabei por despedi-la. Gloria Swanson, anos depois, me disse que era ela essa moça e que, tendo aspirações dramáticas e detestando a comédia bufa, tinha deliberadamente assumido uma atitude de não cooperação.

Francis X. Bushman, então um grande astro da Essanay, percebeu que eu detestava o lugar em que fora trabalhar e me dissera: "Pense você o que quiser do estúdio, ele é uma antítese disso." Não gostei do estúdio, nem da palavra "antítese". As circunstâncias iam de mal a pior. Quando quis ver o que já havia filmado, em vez de me exibirem um copião passaram o próprio negativo, para poupar as despesas com o positivo. Isso me deixou horrorizado. E, quando exigi que fizessem a cópia, reagiram de tal forma que até parecia que eu me empenhara em levá-los à falência. Eram mesquinhos e se contentavam com a sua mediocridade. Tendo sido das primeiras empresas a ingressar no negócio cinematográfico, e estando protegida por patentes que lhe davam uma espécie de monopólio, a última coisa em que a Essanay pensava era em fazer boas películas. E embora outras companhias estivessem então contestando as suas patentes a Essanay continuava a cumprir a mesma rotina, distribuindo argumentos todas as segundas-feiras aos seus diretores com a mesma indiferença com que alguém dá cartas num jogo de baralho.

Eu já quase havia terminado meu primeiro filme, *Seu novo emprego*,[1] e duas semanas se tinham passado sem que o sr. Spoor aparecesse. Não tendo recebido quer o adiantamento, quer o meu salário, eu estava sarcástico.

---

[1] No original inglês: *His new job*. (N. do T.)

— Onde anda esse tal de Spoor? — perguntava, no escritório principal. Minha pergunta provocava embaraço. Ninguém sabia dar explicação satisfatória. Eu não fazia nenhum esforço para dissimular o meu pouco caso e perguntava abertamente como é que se podia gerir negócio em tais condições. Tempos depois o próprio Spoor me explicou o que acontecera. Parece que, quando Spoor, que até então nunca ouvira falar a meu respeito, soube que Anderson me contratara por um ano, garantindo-me um salário de mil e duzentos dólares por semana e mais luvas de dez mil dólares, enviara àquele sócio um telegrama frenético, perguntando-lhe se ele enlouquecera. E quando Spoor soube que Anderson me havia contratado por simples palpite, com base em uma recomendação de Jess Robbins, sua ansiedade redobrou. Ele tinha sob contrato atores cômicos que recebiam apenas setenta e cinco dólares por semana, quando eram de primeira categoria, e as rendas de suas comédias mal davam para pagá-los. Daí a ausência de Spoor de Chicago.

Quando ele voltou, no entanto, tendo ido almoçar com vários amigos num dos grandes hotéis da cidade, foi muito cumprimentado por eles, para sua grande surpresa, pela excelente aquisição feita por sua companhia. Além disso, inusitado fluxo de publicidade espontânea começou a beneficiar o estúdio. Acumulavam-se os recortes de jornais que mencionavam o nome de Charlie Chaplin. Por causa disso, ele resolveu fazer uma experiência. Deu uma gratificação de vinte e cinco centavos a um empregado de hotel para que saísse, pelo saguão, dizendo em voz alta: "O sr. Charlie Chaplin está sendo chamado ao telefone! Telefone para o sr. Chaplin!" Imediatamente, começou a juntar gente interessada em me ver. Essa excitação era o primeiro sinal da minha popularidade. O segundo aconteceu no departamento de distribuição da Essanay, ainda em sua ausência: mesmo antes de terminado o meu primeiro filme sessenta e cinco cópias tinham sido previamente vendidas. Era uma coisa sem precedentes. E, quando eu o terminei, cento e trinta cópias estavam vendidas e novas encomendas continuavam a chegar. Imediatamente ele aumentou o preço de trinta e nove para setenta e cinco centavos o metro.

Quando Spoor finalmente apareceu, eu o apertei para resolver o assunto do meu salário e das luvas. Ele me pediu desculpas e disse ter recomendado ao escritório central que cuidasse do assunto. Ele não vira o contrato, mas acreditava que o escritório central estivesse inteiramente a par do mesmo. Não estava. Esse jogo de empurra começou a me enfurecer.

— Afinal, de que é que o senhor tem medo? — perguntei, irritado. — Pode ficar com o seu contrato, se quiser. Aliás, para falar a verdade, acho que o senhor já o violou.

Spoor era um tipo enorme, gigantesco, mas de fala macia e seria até bonito se não fosse a pálida flacidez de seu rosto e um lábio superior saliente, que encobria o inferior.

— Sinto muito você ter se aborrecido assim — disse ele —, mas, como deve saber, Charlie, a nossa é uma firma de boa reputação e não deixa de cumprir os seus contratos...

— Pode ser, mas não está cumprindo este! — retruquei.

— Vamos tratar desse assunto agora mesmo...

— Eu não tenho pressa — disse eu, sarcasticamente.

DURANTE minha curta permanência em Chicago, Spoor fez tudo para aplacar minha contrariedade, mas eu nunca pude me dar bem com ele. Disse-lhe que me sentia infeliz por trabalhar em Chicago e gostaria que ele fizesse entendimentos para que eu realizasse meus filmes na Califórnia.

— Pois bem: farei tudo para que você se sinta satisfeito — disse ele. — Gostaria de ir trabalhar em Niles?

Embora isso não me entusiasmasse, eu gostava mais de Anderson do que dele. Por isso, depois de completar *Seu novo emprego* segui para Niles, onde Bronco Billie fazia todos os seus filmes. Estes eram de apenas uma parte e ele não gastava em cada um mais de um dia de trabalho. Tinha sete histórias que repetia com pequenas variantes e com as quais ganhou vários milhões de dólares. Trabalhava esporadicamente. Algumas vezes, fazia sete filmes numa semana e, depois, tirava seis semanas de férias.

Ao redor do estúdio de Niles havia vários pequeninos bangalôs californianos que Bronco Billie tinha construído para o pessoal do seu elenco. O maior era ocupado por ele próprio. Explicou-me isso e convidou-me para morar com ele. Fiquei deliciado com tal convite. Viver com o vaqueiro milionário Bronco Billie, que me recebera no seio de sua família no suntuoso apartamento de Chicago, tornaria a minha existência em Niles um pouco mais tolerável.

Era já noite fechada quando entramos no bangalô e, ao ligarmos a luz, fiquei chocado. O interior era vazio e miserável. No seu quarto havia apenas uma cama de ferro, acima da qual uma lâmpada elétrica nua pendia de um fio. Uma mesa meio desconjuntada e uma cadeira completavam a mobília. Junto à cama, havia um caixote de madeira com um cinzeiro de bronze cheio de pontas de cigarros. O quarto que ele me destinou tinha mais ou menos o mesmo arranjo, menos o caixote de madeira. Quanto ao banheiro, nem é bom falar. Para dar descarga na privada era necessário encher um jarro na banheira e despejá-lo no vaso sanitário. Tal era o lar de G. M. Anderson, o vaqueiro multimilionário.

Cheguei à conclusão de que Anderson era um excêntrico. Embora riquíssimo, ele pouco apreço dava à vida confortável. Seus caprichos se limitavam aos carros de cores extravagantes, à promoção de campeonatos de boxe, a possuir um teatro e montar espetáculos musicados. Quando não estava trabalhando em Niles, ia para São Francisco, onde se hospedava em hotéis de preços módicos. Era um tipo curioso, inquieto, erradio, indeciso, voltado para os prazeres solitários. Embora tivesse uma encantadora esposa e uma filha em Chicago, raramente as via. Elas viviam suas vidas à parte, totalmente desligadas dele.

Era um estorvo para o meu trabalho essa nova mudança de estúdio. Tinha que organizar nova equipe, isto é, escolher novo e satisfatório operador, um assistente de direção e um elenco básico. Esta era a parte mais difícil, pois havia bem pouco o que escolher em Niles, onde, além do quadro artístico que atuava nos filmes do oeste havia apenas uma pequena companhia de comédias, que mantinha o estúdio em funcionamento e custeava as despesas quando G. M. Anderson não trabalhava. A companhia deste consistia de doze pessoas, a maioria atores vaqueiros. Outra vez eu tinha o problema de arranjar uma moça bonita para ser a atriz principal. Agora, estava ansioso para voltar ao trabalho. Embora não tivesse ainda uma história, fiz construir o cenário de um luxuoso bar. Sempre que as ideias andavam escassas, um bar me inspirava incidentes cômicos. Quando o cenário estava em construção, G. M. Anderson e eu fomos a São Francisco, procurar a atriz principal entre as coristas do seu espetáculo musical. Embora este fosse excelente, nenhuma das garotas era suficientemente fotogênica. Carl Strauss, o simpático e jovem vaqueiro teuto-americano que trabalhava nos filmes de Anderson, disse conhecer uma moça que ocasionalmente frequentava o Tate's Café, bar situado na Hill Street. Não a conhecia pessoalmente, mas era muito bonita e talvez o proprietário conhecesse o seu endereço.

O sr. Tate conhecia-a muito bem. A moça vivia com uma irmã casada, era de Lovelock, Nevada, e se chamava Edna Purviance. Imediatamente entramos em contato com ela e marcamos um encontro no St. Francis Hotel. Era não apenas bonita: era belíssima. Na entrevista, pareceu-me um pouco triste e séria. Soube, depois, que estava se recuperando de um desgosto amoroso. Tinha feito o curso secundário e comercial. Era discreta, reservada, com grandes olhos, belos dentes e uma boca sensível. Duvidei de que fosse capaz de representar ou de que tivesse qualquer humor, tão grave me pareceu. Contudo, apesar dessas reservas, eu a contratei. Pelo menos daria uma nota decorativa às minhas comédias.

No dia seguinte voltei a Niles, mas a montagem do bar ainda não estava pronta. Além disso, a construção era grosseira e horrorosa. O estúdio revelara sua evidente incompetência técnica. Depois de ordenar que fossem feitas algumas alterações, comecei a pensar numa ideia. E encontrei um título: *Carlitos se diverte*,[2] com um bêbado à procura de prazeres. Isso era o bastante para começar. Tive a ideia de colocar um repuxo no meio da pista de danças, esperando extrair disso algumas consequências cômicas. E tinha Ben Turpin para contracenar comigo.

No dia anterior ao do início do filme, um dos membros da companhia de Anderson me convidou para uma ceia festiva. Era uma coisa modesta, à base de cerveja e sanduíches. Éramos cerca de umas vinte pessoas, incluindo a srta. Purviance. Depois da ceia, alguns jogaram cartas e os demais sentaram-se em grupos para conversar. Um dos assuntos que vieram à baila foi o hipnotismo e eu me gabei de possuir poderes hipnóticos. Afirmei jactanciosamente que em sessenta segundos poderia hipnotizar qualquer um.

---

[2]No original inglês: *A night out*. (N. do T.)

Era tão convincente que a maior parte dos que me ouviam acreditou nas minhas palavras, mas Edna não. Ela riu:

— Que absurdo! Ninguém conseguiria me hipnotizar!

— Você — disse eu — é um instrumento perfeito. Aposto dez dólares como eu a farei dormir em sessenta segundos.

— Está bem — disse Edna. — Eu aposto.

— Agora, não vá depois se queixar de mim... Porque, na verdade, vou obrigá-la a fazer algumas coisas engraçadas...

Tentei amedrontá-la e dissuadi-la de me pôr à prova, mas Edna era resoluta. Uma das mulheres disse-lhe que não se arriscasse.

— Você será uma boba se cair nessa — disse a outra.

— A aposta continua de pé — teimou Edna, tranquilamente.

— Muito bem — respondi. — Quero que fique em pé, com as costas firmemente apoiadas contra a parede, distante de todos os outros, para que a sua atenção não possa ser desviada...

Ela obedeceu, sorrindo, com superioridade. A essa altura todos na sala estavam interessados.

— Alguém confira o tempo no relógio — pedi eu.

— Lembre-se — disse Edna —, o senhor prometeu me fazer dormir em sessenta segundos.

— Em sessenta segundos garanto-lhe que estará completamente inconsciente — respondi.

— Comece! — gritou o cronometrista.

Imediatamente fiz dois ou três passes dramáticos, olhando intensamente para os olhos dela. Depois, aproximei-me bem do seu rosto e sussurrei-lhe, de forma que nenhum dos outros ouvisse: "Finja!" E continuei a fazer passes, dizendo: "Vai ficar inconsciente! Já está inconsciente! Inconsciente!" Então recuei e ela começou a vacilar. Rapidamente, tomei-a em meus braços. Dois dos que observavam a cena soltaram gritos.

— Depressa! — disse eu. — Ajudem-me a colocá-la no sofá!

Quando ela "voltou" a si, fingiu espanto e disse que se sentia fatigada. Embora tivesse podido vencer a disputa e provar a todos que estava com a razão, tinha generosamente renunciado ao triunfo para não prejudicar um bom gracejo. Com essa atitude conquistou a minha estima e me convenceu de que tinha senso de humor.

Realizei quatro comédias em Niles, mas as condições do estúdio não eram satisfatórias, eu não me sentia com raízes ali, nem estava satisfeito. Por isso, sugeri a Anderson a minha ida para Los Angeles, onde havia maiores recursos para a filmagem de comédias. Ele concordou, mas especialmente por outra razão: eu estava monopolizando o seu estúdio, que não era suficientemente grande, nem possuía o pessoal adequado para três companhias. Por isso, negociou o arrendamento de um pequeno estúdio em Boyle Heights, no próprio coração de Los Angeles. Enquanto estive lá, dois outros jovens do meio cinematográfico apareceram para alugar espaço no mesmo estúdio. Um se chamava Hal Roach e o outro Harold Lloyd.

Como o valor das minhas comédias crescia a cada novo filme, a Essanay começou a fazer exigências sem precedentes aos exibidores, cobrando-lhes um mínimo de cinquenta dólares diários por uma película em duas partes. Isso significava que estavam recebendo cerca de cinquenta mil dólares adiantadamente por cada filme. Uma noite, quando eu voltava para o Stoll Hotel, onde estava morando e que era um lugar de preço médio, mas novo e confortável, fui chamado com urgência ao telefone pela redação do *Examiner,* de Los Angeles. Leram-me então um telegrama recebido de Nova York, que dizia:

> *Oferecemos a Chaplin vinte e cinco mil dólares por duas semanas para que apareça durante quinze minutos cada noite no Hippodrome, em Nova York. Isso não interferirá com o seu trabalho cinematográfico.*

Imediatamente fiz uma chamada para G. M. Anderson em São Francisco. Era tarde e não pude alcançá-lo senão às três da madrugada. Pelo telefone, repeti-lhe o texto do telegrama e perguntei-lhe se me daria licença por duas semanas, para que eu pudesse ganhar vinte e cinco mil dólares. Sugeri-lhe que poderia começar uma comédia no trem a caminho de Nova York e terminá-la nessa cidade. Mas Anderson não quis que eu fosse.

Meu quarto dava para a área de ventilação interna do hotel, de sorte que a minha voz ressoava pelos quartos adjacentes como se percorresse um tubo acústico. A ligação telefônica era péssima, o que me obrigava a argumentar com Anderson em voz muito alta:

— Mas não quero perder esses vinte e cinco mil dólares por duas semanas de trabalho! — tive que gritar várias vezes.

Uma janela se abriu em cima e uma voz gritou-me de lá:

— Desligue essa chatice e vá dormir, seu grande imbecil!

Anderson disse que se eu produzisse logo outra comédia em duas partes a Essanay me daria os vinte e cinco mil dólares. Concordou em ir a Los Angeles no dia seguinte para me dar o cheque e assinar o acordo. Quando eu tinha acabado de telefonar desliguei a luz e me deitei para dormir, mas então me lembrei do insulto vindo de cima, abri a janela e me desforrei com um sonoro: "Vá para o inferno!" Anderson, como prometera, levou o cheque, no dia seguinte, e a empresa teatral de Nova York que me fizera a generosa oferta abriu falência duas semanas depois. Tal foi a minha sorte.

De regresso a Los Angeles, bem mais feliz me sentia. Embora meu estúdio, em Boyle Heights, estivesse localizado entre pardieiros de um bairro pobre eu tinha a vantagem de estar perto de meu irmão e ocasionalmente nos víamos à noite. Ele ainda continuava na Keystone, onde o seu contrato terminaria um mês antes de terminar o meu com a Essanay. Meu êxito tinha sido de tais proporções que Sydney agora planejava dedicar todo o seu tempo aos meus negócios. De acordo com as informações, minha popularidade crescia a cada nova comédia. Embora eu avaliasse a extensão desse êxito em Los Angeles pelas longas filas que se formavam à porta dos cinemas que as exibiam, não podia calcular com que magnitude havia repercutido lá fora. Em Nova York, bonecos e estatuetas que reproduziam o meu tipo estavam sendo vendidos nas lojas. As coristas das Ziegfeld Folies faziam números de imitações de Chaplin, escondendo sua proverbial beleza atrás de bigodinhos, chapéus-cocos, sapatões e calças enormes. E cantavam uma canção intitulada *Os enormes pés de Carlitos*.

Afligia-nos uma verdadeira inundação de propostas de toda espécie de negócios; referiam-se a livros, roupas, velas, brinquedos, cigarros e pastas de dentes. A correspondência dos meus fãs se empilhava, em proporções cada vez maiores, criando-me um problema. Sydney insistia em que todas as cartas fossem respondidas, a despeito de ser necessário contratar um secretário só

MINHA VIDA   211

para isso. Foi meu irmão quem falou a Anderson em vender minhas comédias separadamente, fora da produção rotineira. Não lhe parecia justo que todo o lucro fosse para o bolso dos exibidores. Mesmo que a Essanay estivesse vendendo centenas de cópias dos meus filmes, o fato é que as estava negociando segundo antiquados processos de distribuição. Sydney sugeriu que os grandes cinemas fossem programados de acordo com a capacidade de sua plateia. Com o seu plano de aluguel segundo a respectiva lotação, cada filme teria a sua receita aumentada em cem mil dólares ou mais. Anderson achou que isso era impossível: seria preciso deitar por terra a tradicional política do Motion Picture Trust, cadeia que abrangia dezesseis mil cinemas, habituados ao sistema, para eles irrevogável, de comprar cópias dos filmes. Poucos exibidores se submeteriam às novas condições.

Pouco depois, a revista *Motion Picture Herald* anunciou que a Companhia Essanay ia se descartar do velho método de vender cópias para, como Sydney havia sugerido, alugá-las de acordo com a capacidade dos cinemas. Dizia, ainda, que Sydney pensava, com isso, ampliar a receita de cada um dos meus filmes em cem mil dólares, no mínimo. Essa notícia me pôs as orelhas a arder, pois eu recebia apenas duzentos e cinquenta dólares por semana para escrever, interpretar e dirigir. Comecei, por isso, a queixar-me de que trabalhava excessivamente, necessitando de mais tempo para fazer as minhas películas. Durante o ano de duração do meu contrato eu produzira uma comédia a cada duas ou três semanas. A reação foi imediata em Chicago: Spoor tomou um trem para Los Angeles e como uma compensação extraordinária declarou que me daria uma bonificação de dez mil dólares por cada novo filme terminado. Com esse estímulo, o meu estado de esgotamento desapareceu.

Por aquela ocasião, D. W. Griffith produziu seu filme épico, *O nascimento de uma nação*,[3] que fez dele o mais notável diretor cinematográfico. Era, inegavelmente, o gênio do cinema mudo. Embora seus trabalhos fossem melodramáticos, carregados de exageros e, por vezes, absurdos, os filmes de Griffith tinham um toque de originalidade tão forte que valia a pena vê-los. DeMille começava a sua carreira de forma promissora, com *A canção em surdina*[4] e uma

---

[3]No original inglês: *The birth of a nation*. (N. do T.)
[4]No original inglês: *The whispering chorus*. (N. do T.)

versão da *Carmen*,[5] mas depois de *Macho e fêmea*[6] seu trabalho nunca foi além das alcovas e pessoas em trajes menores. Contudo, fiquei tão impressionado com a sua *Carmen* que fiz uma paródia dela, em duas partes, como o meu último filme para a Essanay. Depois que eu deixei a companhia, introduziram nela todas as cenas que eu havia suprimido na sala de cortes e, com isso, a expandiram para quatro partes, o que me desolou a tal ponto que fiquei de cama durante dois dias. Embora se tratasse de uma desonestidade, tal ato me prestou um serviço, pois desde então sempre incluí nos meus contratos uma cláusula estabelecendo que não haveria mutilação, nem acréscimos abusivos, nem interferência nos trabalhos que eu desse por terminados.

Ao aproximar-se o fim do nosso contrato, Spoor voltou a Los Angeles com uma proposta que, assegurou-me, ninguém poderia igualar. Disse que me pagaria duzentos e cinquenta mil dólares se eu lhe entregasse doze filmes de duas partes, pagando ele todo o custo da produção. Respondi-lhe que, ao assinar qualquer contrato, exigiria luvas de cento e cinquenta mil dólares. Isso encerrou definitivamente as minhas conversações com Spoor.

O futuro, o futuro — o maravilhoso futuro! Aonde me conduziria! As perspectivas eram estonteantes. Como uma avalancha, dinheiro e êxito chegavam de forma sempre crescente. Tudo era perturbador, amedrontador, mas maravilhoso.

ENQUANTO Sydney permanecia em Nova York, examinando várias ofertas, eu tinha completado a filmagem da paródia de *Carmen* e estava vivendo em Santa Mônica, numa casa em frente ao mar. Algumas vezes jantava no Nat Goodwin's Café, no fim do cais de Santa Mônica. Nat Goodwin fora considerado o maior ator da comédia ligeira norte-americana. Era amigo íntimo de sir Henry Irving e tinha se casado oito vezes, sempre com mulheres de grande beleza. Sua quinta esposa havia sido Maxine Elliott, a quem ele se referia jocosamente como o "senador romano".

---

[5] No original inglês: *Carmen*. (N. do T)
[5] No original inglês: *Male and female*. (N. do T.)

— Ela era linda e notavelmente inteligente — dizia.

Homem amável e culto, já em avançada idade, ele tinha muito bom humor. Aposentado das atividades teatrais, embora eu jamais o tivesse visto representar, eu tinha grande reverência por ele e por sua grande reputação. Tornamo-nos bons amigos e naquelas friorentas noites de outono caminhávamos juntos ao longo da praia deserta. A melancolia da atmosfera acentuava as reverberações da minha agitação interior. Quando ele soube que eu iria para Nova York depois de terminar o meu filme deu-me alguns conselhos:

— Você fez um grande sucesso e terá uma vida maravilhosa, daqui por diante, se souber como conduzir-se... Quando chegar a Nova York, fuja da Broadway, fique longe das vistas do público. O equívoco de muitos atores que conquistam evidência consiste em querer ser vistos e admirados. Isso apenas destrói ilusões...

Sua voz ressoava profunda e grave:

— Você será convidado por uma infinidade de pessoas e em toda parte — continuou. — Mas não aceite. Escolha um ou dois amigos e contente-se em imaginar o que serão os demais... Muitos atores notáveis cometeram o erro de aceitar toda espécie de convites. John Drew, por exemplo: era o grande favorito da alta sociedade e frequentava todas as grandes mansões, mas essa gente não ia vê-lo em seu teatro. Preferiam vê-lo em seus salões e, às vezes, em suas alcovas. Você cativou o mundo e pode continuar a cativá-lo, desde que se mantenha distante... — concluiu, cheio de otimismo.

Eram conversações maravilhosas, embora um pouco tristes, essas em que nos entretínhamos ao caminhar sob a luz crepuscular do outono pela praia deserta e abandonada — Nat no fim de sua carreira, eu no início da minha. Quando acabei de fazer a montagem de *Carmen,* arrumei apressadamente uma pequena mala e saí diretamente do meu camarim para tomar o trem das seis da tarde para Nova York. A Sydney transmiti, por telegrama, a notícia da minha partida e a hora da minha chegada.

O trem, lento, levou cinco dias para chegar ao seu destino. Sentei-me sozinho num compartimento aberto. Naquela época, ninguém me reconhecia sem a caracterização. Seguíamos pela rota do sul, passando por Amarillo, no Texas, onde o trem chegaria às sete da noite. Tinha resolvido fazer a barba, mas outros passageiros faziam fila para entrar no lavatório e tive que esperar a minha vez. Por isso, estava ainda em trajes menores quando nos aproximamos de Amarillo. Quando o trem entrou na estação foi cercado por uma rumorosa agitação. Olhando pela janela do lavatório, vi que na plataforma estava aglomerada enorme multidão, que falava incessantemente. Festões e bandeiras se exibiam por toda parte e, numa extremidade da plataforma, havia várias longas mesas com refrigerantes. Pensei que tudo aquilo se destinava a homenagear algum potentado local que partisse ou chegasse. Por isso, comecei a ensaboar o rosto. Mas a excitação aumentou e as vozes se tornaram mais audíveis. Foi então que ouvi:

— Onde está ele? Onde está Carlitos?

E, como se fosse o estouro de uma boiada, grande parte daquela multidão invadiu, em tropel, o meu carro, repetindo aquelas perguntas.

— De que se trata? — perguntei.

— Da parte do prefeito de Amarillo, Texas, e de todos os seus admiradores, aqui estamos para convidá-lo a descer e a tomar um refrigerante conosco...

Fui dominado por súbito pânico.

— Não posso ir neste estado! — disse-lhes através do sabão.

— Oh! Não se preocupe, Carlitos! Ponha um *robe de chambre* e desça para conhecer o pessoal...

Apressadamente, lavei o rosto e, com apenas metade da barba feita, vesti a camisa, dei o nó na gravata e saí do trem ainda abotoando o paletó. Fui saudado com grandes aclamações. O prefeito tentou fazer um discurso — "Em nome dos seus admiradores de Amarillo, sr. Charles Chaplin..." —, mas sua voz foi soterrada pelas contínuas aclamações. Ele tentou outra vez: "Sr. Charles Chaplin, em nome dos seus admiradores de Amarillo..." Entretanto, a multidão avançava, comprimindo-o e a mim contra o trem de tal forma que o discurso de boas-vindas foi esquecido, a fim de tratarmos da nossa segurança pessoal.

— Para trás! — gritou a polícia, obrigando a multidão a nos dar passagem.

O prefeito perdeu todo o seu entusiasmo pelo empreendimento e acabou falando em tom ligeiramente áspero à polícia e a mim: "Bem, Carlitos, vamos acabar com isso, para você voltar ao seu trem." Depois de um assalto geral às mesas, a coisa serenou um pouco e, por fim, o prefeito pôde fazer o seu discurso. Ele bateu na mesa com uma colher e disse: "Sr. Charles Chaplin, seus amigos de Amarillo, Texas, para provar-lhe o seu apreço por toda a alegria que o senhor lhes proporcionou, o convidam a participar conosco de um sanduíche e de uma Coca-Cola." Depois de tais encômios, ele me perguntou se queria dizer algumas palavras e me fez subir a uma das mesas, de onde gaguejei alguma coisa, para dizer que me sentia feliz em Amarillo e que aquela surpresa fora maravilhosa. Tão maravilhosas eram aquelas boas-vindas que eu me lembraria delas o resto de minha vida etc. Então sentei-me e tentei conversar com o prefeito. Perguntei-lhe como haviam sabido da minha passagem.

— Por intermédio dos telegrafistas — explicou, acrescentando que o telegrama por mim enviado a Sydney tinha sido transmitido a Amarillo, daí para Kansas City, de Kansas City para Chicago e, finalmente, dessa cidade para Nova York. E que os telegrafistas forneciam informações à imprensa.

Quando voltei para o trem sentei-me timidamente na minha cadeira e, por um momento, não soube o que pensar. Através do carro, havia um turbulento desfile de pessoas que vinham me ver de perto, olhavam, davam risinhos e passavam adiante. O que se passara em Amarillo eu mentalmente não podia saborear nem digerir. Estava por demais excitado e fiquei ali, sentado, num estado de tensão, eufórico e deprimido ao mesmo tempo. Vários telegramas me foram entregues antes da partida do trem de Amarillo. Um deles dizia: "Boas-vindas, Carlitos. Estamos à sua espera em Kansas City." Outro: "Haverá uma limusine à sua disposição quando chegar a Chicago, para levá-lo de uma à outra estação." Um terceiro: "Quer passar a noite, na qualidade de convidado, no Blackstone Hotel?" À medida que nos aproximávamos de Kansas City, pessoas se aglomeravam ao longo da ferrovia, gritando e acenando com os seus chapéus.

A imensa estação de Kansas City estava literalmente cheia de gente. A polícia tinha dificuldade para controlar multidão ainda maior que se encontrava do lado de fora. Uma escada foi colocada junto do trem, para que eu subisse por ela e me mostrasse à multidão do alto do carro. Vi-me obrigado a repetir as mesmas palavras banais que tinha dito em Amarillo.

Mais telegramas me esperavam: aceitava visitar tais colégios e instituições? Meti-os na minha valise, para serem respondidos em Nova York. Entre Kansas City e Chicago repetiram-se as aglomerações nas estações intermediárias e até nos campos pessoas acenavam para o trem. Eu gostaria de gozar tudo aquilo sem nenhuma restrição, mas não podia deixar de pensar que toda aquela gente estava louca! Algumas comédias bufas poderiam justificar tamanha excitação? Se assim era, não haveria qualquer coisa de falso em todas as celebridades? Eu sempre pensara em atrair as atenções do público, mas agora que elas se concentravam na minha pessoa paradoxalmente me isolavam, inspirando-me um depressivo sentimento de solidão.

Em Chicago, onde era necessário fazer baldeação, multidões se enfileiravam e me aclamavam quando tomei a limusine, que me levou ao Blackstone Hotel, onde me deram um apartamento de luxo, para que nele eu descansasse antes de partir para Nova York. No hotel, esperava por mim um telegrama do chefe de polícia de Nova York pedindo-me para lhe fazer o favor de descer na 125th Street, em vez de na Grand Central Station, como anteriormente fora programado, porque multidões estavam começando a se reunir lá por antecipação. Na 125th Street, estava Sydney à minha espera, com uma limusine, tenso e excitado. Falava em voz confidencial:

— Que pensa você disto? Desde manhã cedinho multidões estão à sua espera na estação e a imprensa está afixando boletins, de hora em hora, desde que você partiu de Los Angeles.

E mostrou-me a manchete de um jornal que anunciava em títulos enormes: "Ele está aqui!" Outro dizia: "Carlitos está se escondendo." A caminho do hotel, ele me disse que tinha ultimado negociações com a Mutual Film Corporation, no total de seiscentos e setenta mil dólares, que me seriam pagos à base de dez mil dólares por semana e, depois que eu passasse no exame de saúde de uma companhia de seguros, luvas de cento e cinquenta mil dólares também me seriam pagas. Ele ia almoçar com o advogado para tratar do contrato e me deixou no Plaza, onde tinha reservado um quarto para mim, dizendo que iria me ver na manhã seguinte.

Como Hamlet, disse: "Agora estou sozinho." Naquela tarde andei pelas ruas e olhei para as vitrines das lojas e parei sem destino pelas esquinas. Afinal, que acontecera comigo? Estava no apogeu da minha carreira — todo enfar-

pelado e sem lugar nenhum aonde ir. Como pode alguém travar conhecimento com pessoas interessantes? Parecia-me que todos me conheciam,
mas eu não conhecia ninguém. Tornei-me introspectivo, cheio de autoco-
miseração, e um acesso de melancolia me dominou. Lembro-me de que
um comediante bem-sucedido, do elenco da Keystone, me perguntara
certa vez: "Então, Charlie, agora que você chegou ao topo, que é que pensa
disso?" "Ao topo de quê?" — perguntei eu.

Pensei no conselho de Nat Goodwin: "Fuja da Broadway." Ela era, para
mim, um deserto. Pensei nos velhos amigos que eu gostaria de encontrar
dentro daquela moldura dourada. Mas teria eu velhos amigos, fosse em
Nova York, fosse em Londres ou em qualquer outro lugar? O que eu desejaria era um público especial — Hetty Kelly, talvez. Não tivera notícias
dela desde o meu ingresso nas atividades cinematográficas. Suas reações
deviam ser divertidas. Estava então morando em Nova York: com sua irmã,
a sra. Frank Gould. Fiz um passeio pela Quinta Avenida. O número 834
era o endereço de sua irmã. Parei do lado de fora da casa, pensando se ela
estaria ou não, mas não tive coragem de tocar a campainha. Contudo,
ela poderia sair e eu iria, como por acidente, ao encontro dela. Esperei
cerca de meia hora, andando para acima e para baixo, mas ninguém
entrou ou saiu da casa.

Fui para o Childs Restaurant, em Columbus Circle, e pedi bolo de trigo e
café. Fui servido despreocupadamente até que pedi à garçonete uma porção
a mais de manteiga. Nesse momento, ela me reconheceu. Desde esse instante
produziu-se uma reação em cadeia no restaurante. Todos, inclusive o pessoal
da cozinha, ficaram de olhos pregados em mim. Quando terminei a ligeira
refeição vi-me obrigado a abrir caminho entre imensa multidão agrupada
do lado de fora e a escapar num táxi.

Por dois dias andei através de Nova York sem encontrar uma só pessoa
conhecida, vacilando entre os polos de uma feliz excitação e de uma an-
gustiosa depressão. Enquanto isso, fiz o exame médico na companhia de
seguros. Dias depois, Sydney chegou ao hotel, satisfeito:

— O negócio está fechado. Você passou no seguro.

Seguiram-se as formalidades de assinatura do contrato. Fui fotografado
recebendo o cheque de cento e cinquenta mil dólares das luvas. Naquela

noite, havia uma multidão em Times Square, enquanto a notícia era divulgada em letras luminosas ao redor do edifício do *The New York Times*. Dizia: "Chaplin contratado pela Mutual por seiscentos e setenta mil dólares." De pé, naquela praça, fiz a leitura objetivamente, como se tal notícia se referisse a qualquer outra pessoa. Tantas coisas me haviam acontecido que até a minha capacidade de emocionar-me se exaurira.

A SOLIDÃO É REPELENTE. Tem uma aura de tristeza, uma inadequação para atrair ou interessar, a tal ponto que nos sentimos ligeiramente envergonhados quando ela nos rodeia. Mas, num grau maior ou menor, atinge a todos. Entretanto, a minha solidão aumentava o meu sentimento de frustração pelo fato de possuir eu todos os requisitos para fazer amigos: era jovem, rico e célebre. O que não impedia que eu vagueasse através das ruas de Nova York sozinho e encabulado. Lembro-me de ter encontrado casualmente a linda Josie Collins, estrela britânica do teatro musicado, que veio ao meu encontro quando eu caminhava pela Quinta Avenida.

— Oh! — disse-me com uma expressão penalizada —, que faz você por aqui tão sozinho?

Senti-me como se ela me tivesse apanhado em flagrante ao cometer um crime vergonhoso e mesquinho. Sorri e disse-lhe que naquele momento mesmo ia almoçar com alguns amigos. Mas eu gostaria de lhe ter dito, em vez disso, a verdade: que eu me sentia solitário e adoraria convidá-la para almoçar em minha companhia. Apenas a minha timidez me impediu que o fizesse.

Na mesma tarde, andando nas proximidades do Metropolitan Opera House, encontrei-me com Maurice Guest, genro de David Belasco e meu conhecido de Los Angeles. Ele começara sua carreira teatral como simples cambista, negócio que ainda dava bons lucros quando cheguei a Nova York.

O negócio consistia em comprar as melhores cadeiras de uma plateia e vendê-las com ágio fora da bilheteria do teatro, pouco antes do espetáculo. Maurice, depois desse começo, tivera meteórica ascensão como empresário, chegando ao ápice de sua nova profissão com uma peça de grande espetáculo, O milagre,[1] dirigida por Max Reinhardt. Com sua face eslava, pálida, grandes olheiras, lábios grossos e uma boca que jamais se fechava, Maurice parecia uma edição vulgar de Oscar Wilde. Era um sujeito emotivo e, quando falava, parecia agredir as pessoas.

— Por onde diabo você tem andado? — E antes que eu pudesse responder: — Por que diabo não me telefonou?

Disse-lhe que estava apenas dando um passeio.

— Mas, com os diabos!, você não pode andar assim, sozinho! Aonde é que você vai?

— A lugar nenhum — respondi timidamente. — Saí apenas para tomar um pouco de ar...

— Vamos embora! — disse ele, travando-me o braço e me obrigando a seguir em sua direção, de modo tão imperativo que não pude me esquivar. — Vou apresentar você a pessoas que interessam, a gente com quem você deve conviver...

— Para onde vamos? — perguntei-lhe, com ansiedade.

— Você vai conhecer o meu amigo Caruso — disse ele. E desprezando meus fúteis protestos: — Há hoje uma vesperal da Carmen, com Caruso e Geraldine Farrar...

— Mas eu...

— Pelo amor de Deus, não vá me dizer que tem medo de gente! Caruso é um sujeito maravilhoso. Simples e humano como você. Vai ficar encantado em conhecê-lo. Aposto que é capaz de desenhar o seu retrato e uma porção de coisas mais.

Tentei dizer-lhe que preferia caminhar e respirar um pouco de ar puro.

— Isso vai fazer muito mais bem a você do que todo o ar puro!

Quando dei por mim, enveredava pelo saguão do Metropolitan Opera House e era arrastado, através da plateia, para duas cadeiras vazias.

---

[1]No original inglês: The miracle. (N. do T.)

— Sente-se aí — sussurrou Guest. — Voltarei no intervalo.

Desapareceu pelo fundo. Eu tinha ouvido a música da *Carmen* muitas vezes, mas agora já não me parecia a mesma. Olhei para o programa. Sim, era quarta-feira, e nele se lia: *Carmen*. Mas iniciaram outra ária que me soou familiar, mas me lembrava mais o *Rigoletto*. Fiquei confuso. Cerca de dois minutos antes de terminar o ato, Guest reapareceu e se sentou ao meu lado.

— Isso é a *Carmen*? — perguntei.

— Sim — respondeu. — Você não tem um programa?

Tomou o programa das minhas mãos:

— Sim, está aqui — sussurrou. — Caruso e Geraldine Farrar, vesperal de quarta-feira, *Carmen*... Está convencido agora?

O pano caiu e ele me arrastou para uma porta lateral, que se comunicava com o palco. Homens com sapatos de sola de borracha faziam a mudança dos cenários de tal maneira que eu parecia estar sempre no meio deles, atrapalhando-os. A atmosfera semelhava a de um pesadelo. No meio de tudo aquilo, apareceu um homem alto, solene, austero, com uma barba pontiaguda e olhos de cão de caça, que me olhou de cima a baixo. Estava no centro do palco, cheio de preocupação, como se o cenário ameaçasse cair em cima dele.

— Como está meu bom amigo, *signor* Gatti-Casazza? — perguntou-lhe Maurice Guest, estendendo-lhe a mão.

Gatti-Casazza apertou-a e fez um gesto de desespero, resmungando qualquer coisa. Depois Guest se voltou para mim e disse:

— Você tem razão: não é a *Carmen,* mas o *Rigoletto*. Geraldine Farrar avisou à última hora que estava resfriada. Este é Charlie Chaplin — disse Guest ao homem de barbicha. — Trouxe-o para conhecer Caruso. Talvez isso faça bem a ele. Venha conosco!

Mas Gatti-Casazza balançou a cabeça funebremente.

— Onde é o camarim dele?

Gatti-Casazza indicou o diretor de cena:

— Ele lhe mostrará.

Meu instinto me advertira a não aborrecer Caruso nesse momento e eu disse isso a Guest.

— Deixe de ser bobo — respondeu-me.

Enveredamos por um longo corredor que levava ao seu camarim.

— Alguém desligou a luz — disse o diretor de cena. — Esperem um momento. Vou ver se descubro onde é o comutador para ligá-la.

— Ouça — disse-me então Guest —, estão aí fora algumas pessoas à minha procura. Por isso tenho que deixá-lo.

— Você vai embora? — perguntei, aflito.

— Não foi nada. Cuidarão de você.

Antes que eu pudesse dizer qualquer coisa ele desapareceu, deixando-me no meio da maior escuridão. O diretor de cena riscou um fósforo para achar o caminho.

— Bem, cá estamos — disse ele. E bateu gentilmente na porta. Uma voz italiana explodiu no interior, enquanto meu recente amigo respondia em italiano qualquer coisa que terminava com "Charlie Chaplin!". De dentro, veio uma nova explosão.

— Ouça — disse eu. — Vamos deixar isso para outra vez.

— Não, não — disse ele como quem tinha uma missão a cumprir. A porta se abriu com um estalo e o empregado do guarda-roupa que ajudava o tenor a se vestir apareceu. O meu amigo, em tom queixoso, explicou quem eu era.

— Oh — disse o empregado do guarda-roupa. Fechou a porta e, depois de um momento, a reabriu: — Entrem, por favor!

Essa pequena vitória fez o meu amigo sentir-se importante. Quando entramos, Caruso estava sentado à mesa do camarim, diante de um espelho, de costas para nós, entretido em aparar o bigode.

— Ah, *signor*! — disse o meu amigo, com entusiasmo. — Tenho grande prazer em apresentar-lhe o Caruso da cinematografia, sr. Charlie Chaplin.

Caruso fez um sinal com a cabeça e continuou a cortar o bigode. Quando terminou essa tarefa, levantou-se e me examinou, enquanto apertava o cinto.

— Você tem feito grande sucesso, hein? Tem ganho uma dinheirama!

— Sim — sorri eu.

— Deve sentir-se muito feliz.

— Sim, realmente!

Eu olhei para o diretor de cena.

— Então? — perguntou ele, com o mesmo entusiasmo, dando a entender que era tempo de nos retirarmos. Levantei-me e, então, sorri para Caruso:

— Não quero perder a cena do *Toreador*!

— Isso é na *Carmen*, não no *Rigoletto*! — disse ele, apertando-me a mão.

— Oh, sim, é claro! Ha-ha!

TINHA assimilado tanto de Nova York quanto afortunadamente me era possível, em tais circunstâncias, e comecei a pensar que era tempo de partir antes que os prazeres de tal feira de vaidades começassem a escassear. Além disso, estava ansioso para iniciar o trabalho sob o meu novo contrato.

Quando voltei a Los Angeles hospedei-me no Alexandria Hotel, na Fifth Street, esquina da Main Street. Era então o mais luxuoso hotel da cidade: em grande estilo rococó, com colunas de mármore e candelabros de cristal adornando o saguão, no centro do qual havia o famoso tapete dos "milhões de dólares" — Meca dos grandes negócios do cinema. Esse tapete era assim chamado porque sobre ele os joões-ninguém, aspirantes a magnatas, viviam a falar em quantias astronômicas. Talvez fosse simples lenda, mas um deles, pelo menos, Abrahamson, construiu uma fortuna em cima de tal tapete, vendendo barato os direitos de exploração, em cada um dos estados, de filmes que produzira economicamente, alugando espaço nos estúdios e contratando atores desempregados. Tais filmes eram conhecidos, na época, como o Rol dos Pobretões. O falecido Harry Cohn, chefe da Columbia Pictures, começou sua carreira no Rol dos Pobretões.

Abrahamson era um realista: confessava que não estava interessado em arte, mas somente em dinheiro. Tinha um forte acento russo e, quando dirigia filmes, gritava à heroína: "Olha aqui: agora você vem de suas costas" querendo dizer "Agora você vem do fundo." Ou então: "Agora você pega um espelho e olha nele a sua cara. E pensa: 'Uuh! Não sou mesmo uma belezoca?' Aí você faz essas macaquices de mulher durante uns dez metros." Com isso queria dizer que ela representaria *ad libitum* enquanto a câmera rodasse uns dez metros de filme. Suas heroínas geralmente eram providas de seios opulentos e usavam um decote grande e solto, mostrando o máximo do colo. Ele costumava fazê-las representar voltadas para a câmera e, em certos momentos, deviam se abaixar para atar o cordão de um sapato, embalar uma criança num berço, afagar ou castigar um cão. Abrahamson fez desse modo dois milhões de dólares e, depois, se retirou do cinema.

O famoso tapete trouxe Sid Grauman de São Francisco para negociar em Los Angeles a construção do seu cinema, que custaria três milhões. Enquanto a cidade se tornava próspera, Sid também. Ele tinha um faro especial para a publicidade espalhafatosa. E uma vez deixou Los Angeles estarrecida com a corrida de dois táxis, pelo centro da cidade, com os ocupantes travando, de um e do outro, incessante tiroteio, com cartuchos de festim. Na traseira de cada um dos táxis havia um cartaz anunciando: "*O mundo do crime*,[2] no cinema de milhões de dólares de Grauman." Ele foi, sobretudo, um inovador. Sua fantástica ideia de fazer com que astros e estrelas fossem à calçada do seu cinema, para enfiar pés e mãos em cimento úmido, foi uma dessas inovações. Por alguma razão inexplicável, uns e outros aceitavam. E fazer isso, no Chinese Theatre, se tornou uma honraria quase tão importante quanto o recebimento de um Oscar.

No meu primeiro dia no Alexandria Hotel um empregado da portaria me entregou uma carta, da parte da srta. Maude Fealy, famosa atriz que trabalhara ao lado de *sir* Henry Irving e de William Gillette. Era um convite para um jantar que ela daria, na quarta-feira, a Anna Pavlova, no Hollywood Hotel. É claro que fiquei deliciado. Embora nunca tivesse travado relações anteriormente com a srta. Fealy, tinha visto o seu retrato em postais por toda parte, em Londres, e era um admirador de sua beleza.

Um dia antes do jantar disse a meu secretário que telefonasse perguntando se era uma reunião informal ou se devia vestir traje a rigor.

— Quem está falando? — perguntou a srta. Fealy.

---

[2]No original inglês: *The underworld*. (N. do T.)

— Aqui é o secretário do sr. Chaplin... É a respeito de um jantar com a senhora na próxima quarta-feira...

— Oh! — disse a srta. Fealy, que parecia alarmada. — Diga-lhe que não se preocupe com o traje... É absolutamente informal.

A srta. Fealy estava à entrada do Hollywood Hotel, esperando para me dar as boas-vindas, adorável como sempre. Permanecemos sentados pelo menos meia hora e eu começava a me preocupar com a ausência dos outros convidados, quando ela, por fim, sugeriu:

— Que tal se fôssemos jantar agora?

Para minha grande surpresa, descobri que íamos jantar sozinhos! A srta. Fealy, além de ser mulher de muitos encantos, era também muito reservada. E, olhando para ela, através da mesa, eu dava tratos à imaginação para descobrir o motivo daquele *tête-à-tête*. Pensamentos um tanto acanalhados e equívocos passaram pela minha cabeça, mas ela parecia despreocupada e ausente das intenções que eu tentava lhe emprestar. Contudo, comecei a aguçar as minhas antenas, tentando descobrir o que ela esperava de mim.

— Realmente — arrisquei, com certo ardor — é delicioso um jantar só a dois, como este! — E como a senhorita apenas sorrisse delicadamente, acrescentei: — Vamos fazer alguma coisa divertida depois do jantar: iremos a um *night-club* ou coisa parecida...

Uma expressão alarmada transpareceu no rosto dela, que pareceu hesitar.

— Sinto muito, mas preciso dormir cedo esta noite, porque começo a ensaiar *Macbeth* amanhã pela manhã...

Minhas antenas estremeceram. Eu estava completamente desarvorado. Felizmente, o primeiro prato chegou e, por algum tempo, comemos em silêncio. Alguma coisa me parecia errada e nós ambos sabíamos disso. A srta. Fealy hesitava:

— Receio que esta noite tenha sido grandemente aborrecida para o senhor...

— Em absoluto: não poderia ser mais deliciosa — repliquei.

— Senti imensamente o senhor não ter vindo três meses atrás ao jantar que ofereci em honra da Pavlova, que, segundo me informaram, é sua amiga... Mas soube, depois, que o senhor estava em Nova York...

— Peço-lhe desculpas — disse eu, rapidamente, mostrando à srta. Fealy a carta que recebera dela. E só então olhei pela primeira vez a data.

— Tem razão — acrescentei, rindo. — Cheguei realmente com noventa dias de atraso!

Los Angeles, em 1910, estava no fim da era dos pioneiros do oeste e dos grandes magnatas, de muitos dos quais fui convidado. Um deles era o falecido William A. Clark, multimilionário, rei do cobre e das estradas de ferro. Amador de música, ele doava anualmente cento e cinquenta mil dólares à Philharmonic Symphony Orchestra, na qual tocava segundo violino, juntamente com o resto dos músicos.

Scottie do Vale da Morte era uma figura fantástica, jovial, gorducho, sempre com um imenso chapelão, camisa vermelha e calças de zuarte, capaz de gastar milhares de dólares numa única noite em botecos e *night-clubs*, oferecendo festas, gratificando os garçons com notas de cem dólares e depois desaparecendo misteriosamente, para só reaparecer um mês depois e proceder exatamente da mesma maneira. Ele fez isso durante vários anos. Ninguém sabia de onde procedia o seu dinheiro. Alguns acreditavam que ele era dono de uma mina secreta no vale da Morte e tentaram segui-lo até lá, mas ele sempre conseguia despistar os outros e ninguém, até hoje, desvendou seu segredo. Pouco antes de morrer, em 1940, tinha feito construir um enorme castelo no vale da Morte: em meio ao deserto, erguia-se uma fantástica estrutura que custou cerca de meio milhão de dólares e que ainda está de pé, arruinando-se ao sol.

A sra. Craney-Gatts, de Pasadena, era uma mulher cuja fortuna ascendia a quarenta milhões de dólares e que, ardente socialista, pagava as despesas judiciárias para a defesa de muitos anarquistas, socialistas e membros da Internacional Operária. Glenn Curtiss, que trabalhava na época para Sennett, fazendo acrobacias aéreas em filmes, estava procurando ansiosamente capitais que financiassem a poderosa indústria de aviões Curtiss de então. A. P. Giannini dirigia dois pequenos bancos, que depois se transformaram numa das maiores instituições financeiras dos Estados Unidos: o Banco da América. Howard Hughes herdara uma grande fortuna de seu pai, o inventor das modernas sondas para pesquisar petróleo. Howard multiplicou seus milhões entrando na indústria aeronáutica. Era um homem excêntrico, que dirigia suas grandes empresas industriais pelo telefone, escondido num quarto de hotel de terceira classe, e quase nunca era visto. Ingressou também nos negócios cinematográficos e obteve considerável êxito com filmes como *Anjos do inferno*,[3] estrelado pela desaparecida Jean Harlow.

Nesses dias meus prazeres habituais eram ver as lutas das sextas-feiras promovidas por Jack Doyle em Vernon; assistir aos programas de variedades no Orpheum Theatre, nas segundas-feiras à noite; ir aos espetáculos teatrais da companhia permanente do Morosco Theatre e, ocasionalmente, ao Philharmonic Auditorium de Clune.

O CLUBE ATLÉTICO de Los Angeles era o centro em que a elite social e o mundo dos negócios da cidade se reuniam à hora do coquetel. Era como uma colônia estrangeira. Um jovem que representava pequenos papéis costumava sentar-se no salão. Era um tipo solitário; chegara a Los Angeles para tentar a sorte, mas não estava sendo bem-sucedido. Chamava-se Rodolfo Valentino. Ele me apresentou a outro jovem que também representava pequenos papéis: John Gilbert. Não vi Valentino por um ano ou dois. Nesse meio-tempo, ele galgou de um salto o estrelato. Quando nos encontramos, ele parecia desconfiado, até que eu lhe disse: "Desde o nosso último encontro você entrou para a galeria dos imortais." Ele deu uma gargalhada, abateu as suas defesas e se tornou muito cordial.

Valentino tinha um ar de tristeza. Aceitou o sucesso de maneira graciosa, parecendo quase vencido por ele. Era inteligente, discreto, exercendo grande fascínio sobre as mulheres, mas tinha pouco êxito em seus amores. Aquelas com quem foi casado o tratavam de forma bastante mesquinha. Pouco depois de um dos seus casamentos, sua esposa iniciou uma ligação com um dos empregados do laboratório de revelação de filmes do estúdio, com o qual frequentemente desaparecia no quarto escuro. Nenhum homem

---

[3] No original inglês: *Hell's angel*. (N. do T.)

exerceu tanta atração sobre as mulheres quanto Valentino. Nenhum outro foi tão enganado por elas.

Agora eu me preparava para cumprir o meu contrato de seiscentos e setenta mil dólares. O sr. Caufield, que representava a Mutual Corporation e cuidava de todos os seus negócios, alugou um estúdio no centro de Los Angeles. Com uma competente companhia permanente, da qual faziam parte Edna Purviance, Eric Campbell, Henry Bergman, Albert Austin, Lloyd Bacon, John Rand, Frank Jo Coleman e Leo White, senti-me confiante para dar início ao trabalho. Meu primeiro filme dessa fase, *Carlitos no armazém,*[4] foi afortunadamente um grande êxito. Tinha como cenário uma grande loja, dentro da qual engendrei uma perseguição numa escada rolante. Quando Sennett viu o filme comentou:

— Como diabo nunca pensamos numa correria numa escada rolante?

Desde logo eu começara a cumprir a minha palavra, fazendo em cada mês uma comédia, em duas partes. Depois de *Carlitos no armazém* vieram *Carlitos bombeiro, O vagabundo, Uma hora da madrugada, O conde, A casa de penhores, Carlitos no estúdio, Sobre rodas, Rua da paz, O balneário, O imigrante* e *O aventureiro.*[5] Levei apenas dezesseis meses para completar essas doze comédias, incluindo o tempo necessário para curar alguns resfriados e outros pequenos impedimentos.

Algumas vezes uma história apresentava problemas e eu encontrava dificuldades para resolvê-los. A essa altura, interrompia o trabalho e tentava pensar, andando de um lado para outro em meu camarim, na maior angústia, ou me sentava durante horas no fundo de um cenário, lutando com o problema que me atormentava. Só de ver o gerente ou os atores olhando ansiosamente para mim eu me sentia perturbado, especialmente porque a Mutual estava pagando o custo da produção e o sr. Caufield ali estava para pôr as coisas em movimento. A distância, eu o via cruzando o estúdio. Por seu aspecto geral eu já sabia o que ele estava pensando: nada fora realizado naquele dia e as despesas estavam subindo. Eu procurava dar-lhe a entender, com a sutileza de um gume de machado, que não gostava de ter gente

---

[4]No original inglês: *The floor walker.* (N. do T.)
[5]No original inglês, respectivamente: *The fireman, The vagabond, One A.M., The count, The pawnshop, Behind the screen, The rink, Easy street, The cure, The immigrant, The adventurer.* (N. do T.)

em meu redor quando estava pensando, nem de perceber que essas pessoas estavam preocupadas. Ao fim de um dia infrutífero, ele fingia um encontro casual comigo e me perguntava com uma falsa despreocupação:

— Então, como está indo a coisa?

— Horrivelmente! Estou liquidado! Não consigo mais pensar!

Ele produzia então uma espécie de som oco, com o qual pretendia dar a impressão de uma gargalhada:

— Não se preocupe. A coisa sai!

Por vezes a solução só vinha ao fim do dia, quando eu já me encontrava em estado de desespero, tendo pensado numa infinidade de soluções e descartado todas elas. Só então a verdadeira solução se apresentava e se impunha, como se uma camada de poeira inútil tivesse sido varrida de um chão de mármore deixando ver então o belo e rendilhado mosaico que eu procurava. A tensão desaparecia, o estúdio era posto em movimento e o sr. Caufield ria!

Nenhum elemento do meu elenco sofreu qualquer acidente durante as minhas filmagens. As cenas de violência eram cuidadosamente ensaiadas e tratadas como se fossem uma coreografia. Uma bofetada no rosto era sempre o resultado de um truque. Não importa quão intensas fossem as escaramuças: todos os elementos que participavam da ação sabiam o que estavam fazendo e tudo estava cronometrado. Seria imperdoável se alguém ficasse ferido, porque no cinema todos os efeitos — violência, terremotos, naufrágios e outras catástrofes — podem ser fingidos. Em toda a série houve apenas um acidente. Aconteceu em *Rua da paz*. Quando puxei um poste da iluminação pública a gás para prender nele a cabeça do bandido, um tampo do lampião caiu e seu agudo friso de metal me atingiu no meio do nariz, sendo necessário que eu levasse dois ou três pontos por ocasião do curativo.

O período em que cumpri o meu contrato com a Mutual foi, a meu ver, o período mais feliz de minha carreira. Eu me sentia leve e desembaraçado, com apenas vinte e sete anos, com fabulosas perspectivas e um mundo maravilhoso diante de mim. Dentro de pouco tempo seria milionário — e tudo isso me parecia um pouco maluco. O dinheiro entrava em borbotões para os meus cofres. Os dez mil dólares que eu recebia cada semana se tinham acumulado em centenas de milhares. Eu tinha então quatrocentos mil dólares de economia e, no dia seguinte, já tinha quinhentos mil. Nunca poderia dizer ao certo, pois havia sempre mais. Lembro-me de que Maxine Elliott, uma amiga de J. P. Morgan, me dissera uma vez: "O dinheiro só é bom para a gente o esquecer." Mas é também algo de que a gente precisa se lembrar, digo eu.

Não há dúvida que os homens que conhecem o êxito vivem num mundo diferente: quando são apresentados a outras pessoas o rosto destas se ilumina e revela interesse. Conquanto eu fosse um *parvenu*, minhas opiniões eram levadas a sério. As relações mais recentes tendiam a se converter em calorosas amizades e a partilhar dos meus problemas, como se eu fosse um parente próximo. Isso era extremamente lisonjeiro, mas não encontrava correspondência em minha natureza. Gosto de amigos como gosto de música — quando estou predisposto. Mas tal liberdade tem um preço, que é a solidão ocasional.

Um dia, quase ao fim do meu contrato, meu irmão entrou em meu dormitório no Clube Atlético e me anunciou euforicamente:

— Bem, Charlie, você agora está na classe dos milionários. Acabo de ultimar negociações com a First National, para um grupo de oito comédias em duas partes, no total de um milhão e duzentos mil dólares.

Eu acabara de tomar um banho e vagueava pelo aposento com uma toalha ao redor da cintura, tocando *Os contos de Hoffmann* no meu violino.

— Hum, hum... Isso é formidável.

Sydney subitamente começou a gargalhar:

— Essa vai para as minhas memórias! Você, embrulhado numa toalha, tocando violino, e é desta maneira que recebe a notícia de que arranjei um contrato de mais de um milhão!

Admito que deve ter influído na minha atitude a avaliação da tarefa que me aguardava: todo aquele dinheiro teria ainda que ser ganho. Contudo, a promessa de uma fortuna não alterou o meu modo de viver. Estava reconciliado com a riqueza, mas não com o seu uso. O dinheiro que eu já ganhara era lendário — um símbolo em números abstratos, pois que eu nunca o vira. Por isso mesmo eu teria que fazer alguma coisa para provar que o possuía. Assim, procurei um secretário, um criado, um carro e um chofer. Passando por uma exposição de automóveis, notei, um dia, entre os carros exibidos, um Locomobile de sete passageiros, que era, então, considerado o melhor nos Estados Unidos. Parecia excessivamente magnificente e elegante para estar à venda. Entretanto, entrei na loja e perguntei:

— Quanto custa?

— Quatro mil e novecentos dólares...

— Embrulhe — disse eu.

O homem ficou assombrado e tentou oferecer alguma resistência à venda imediata:

— O senhor não gostaria de ver primeiro o motor?

— Isso não faria a menor diferença. Eu nada entendo de motores — respondi.

Contudo, apertei um pneumático para dar um toque profissional à compra. A transação não podia ser mais simples. Bastou-me escrever o meu nome num pedaço de papel e o carro ficou sendo meu. Investir dinheiro era um problema e eu pouco entendia a tal respeito. Mas Sydney era familiarizado com todas as nomenclaturas: conhecia os símbolos da escrituração mercantil, os ganhos do capital, as ações comuns e as preferenciais, os rateios A e B, as debêntures e as ações conversíveis, as garantias fiduciárias e legais dos bancos de economia. As oportunidades de investimentos eram muitas na época. Um agente de negócios imobiliários de Los Angeles me convidou a associar-me com ele, cada um de nós empregando duzentos e cinquenta mil dólares na compra de uma enorme área no vale de San Fernando. Tivesse eu investido o meu dinheiro nesse projeto e a minha parte teria subido para cinquenta milhões de dólares, porque lá logo foi descoberto um dos mais ricos campos petrolíferos de toda a Califórnia.

MUITOS VISITANTES ILUSTRES foram me ver no estúdio naquela época: Melba, Leopold Godowski e Paderewski, Nijinski e Pavlova. Paderewski tinha um grande encanto pessoal, mas havia nele qualquer coisa de aburguesado: dava uma ênfase exagerada à sua própria dignidade. Sua figura impressionava com seu ar severo, o longo cabelo, o bigode caído, a pequena mosca sob o lábio inferior, e me parecia revelar uma forma de vaidade messiânica. Em seus concertos, com as luzes diminuídas e atmosfera sombria e propícia, quando ele ia sentar-se ao piano eu tinha sempre a impressão de que alguém ia subitamente puxar a cadeira, obrigando-o a perder aquela empertigada solenidade.

Durante a guerra, encontrei-o no Ritz Hotel, em Nova York, e o saudei entusiasticamente, perguntando-lhe se ia dar algum concerto. Com pontifical imponência, ele respondeu:

— Não dou concertos quando estou a serviço do meu país.

Paderewski se tornou primeiro-ministro da Polônia, mas recebi tal notícia do mesmo modo que Clemenceau, que lhe disse durante a conferência internacional onde se elaborou o malsinado Tratado de Versalhes:

— Como pode um artista tão bem-dotado como o senhor descer ao ponto de se tornar um político?

Por outro lado, Leopold Godowsky, um grande pianista, era simples e bem-humorado, sempre com um pequeno sorriso a iluminar-lhe a face redonda. Depois de dar um concerto em Los Angeles, ele alugou uma casa ali e eu o visitei com grande frequência. Aos domingos, era um privilégio ouvi-lo, enquanto se exercitava, e testemunhar a extraordinária facilidade e a excepcional técnica de suas pequeninas mãos. Nijinsky, com os membros do Ballet Russo, também foi ao estúdio. Era um homem sisudo, de bela aparência, com os zigomas salientes e olhos tristes, dando-me a impressão de um monge à paisana. Estávamos filmando *O balneário*. Sentou-se por trás da câmera, observando o meu trabalho, numa cena que eu supunha hilariante, mas nem sequer sorriu. Embora todos os outros observadores rissem muito, Nijinsky parecia cada vez mais triste. Antes de sair, ele se aproximou e me apertou a mão, dizendo-me com sua voz cavernosa que apreciara imensamente o meu trabalho e queria saber se poderia voltar.

— Claro — disse eu.

Durante mais dois dias ele ficou me olhando lugubremente. No último dia, eu disse aos operadores que não colocassem a película na câmera, sabendo que a figura tristonha de Nijinsky arruinaria as minhas tentativas de fazer comicidade. Contudo, ao fim do dia veio me cumprimentar:

— Sua comédia é um verdadeiro balé. Você é um dançarino — disse ele.

Eu não tinha visto o Ballet Russo ou qualquer outra companhia de coreógrafos dessa espécie. Mas, no fim da semana, fui convidado para assistir a uma vesperal. No teatro, Diaghilev me deu as boas-vindas. Era um homem cheio de vitalidade e de entusiasmo. Pediu desculpas por não apresentar o programa de que, a seu ver, eu mais gostaria.

— É uma pena — disse — não apresentarmos hoje *L'après-midi d'un faune*. Creio que você gostaria bastante de vê-lo... — E voltando-se rapidamente para o diretor de cena: — Diga a Nijinsky que daremos o *Faune* depois do intervalo, para o Carlitos...

O primeiro número era *Scheherazade*. Minha reação foi mais ou menos negativa. Havia muita representação mímica e pouca dança. E a música de Rimsky-Korsakov era muito repetida. Mas depois veio um *pas de deux* com Nijinsky. No momento em que ele apareceu, senti-me eletrizado. Tinha visto no mundo pouquíssimos gênios. E Nijinsky era um deles. Era hipnótico, divino, sugerindo, com seu ar sombrio, visões de outros mundos. Cada um dos seus movimentos, cada salto era uma fuga para regiões de estranha fantasia.

Pedi a Diaghilev que me levasse ao seu camarim, durante o intervalo. Sentia-me incapaz de proferir uma palavra. Não se pode exprimir com um aperto de mão e com vocábulos banais o apreço que nos merece uma arte quintaessenciada. No camarim sentei-me em silêncio, olhando no espelho a estranha máscara do artista enquanto ele preparava a caracterização do *Faune*, colocando grandes círculos verdes ao redor das maçãs do rosto. Ele era desajeitado nas suas tentativas de manter conversa e se limitou a fazer perguntas inconsequentes sobre os meus filmes. Perguntas que eu me contentei em responder por monossílabos. A campainha retiniu, anunciando o fim do intervalo, e eu lhe disse que era melhor voltar para o meu lugar na plateia.

— Não, não, ainda não — disse ele.

Mas, nesse momento, o contrarregra bateu na porta, avisando:

— Sr. Nijinsky, a *ouverture* já terminou.

Comecei a dar sinais de ansiedade, que ele percebeu, ponderando:

— Não tem importância... Temos muito tempo.

Fiquei chocado e perplexo com a sua maneira de agir. Insisti:

— Não acha que é melhor ir-me embora?

— Não, não. Deixem que eles toquem outra *ouverture*.

Diaghilev irrompeu, então, no camarim:

— Venha, venha! A plateia já está aplaudindo!

— Deixe que eles esperem... É mais interessante — disse Nijinsky, voltando a me fazer as mais banais perguntas.

Eu estava embaraçado. E insisti:

— Realmente, o melhor é voltar para a minha cadeira...

Ninguém, jamais, igualou Nijinski em *L'après-midi d'un faune*. O mundo místico que ele criava, a tragédia invisível entre as sombras da encantadora pastoral, enquanto ele avançava através do seu mistério, como o deus passional da tristeza — tudo isso ele transmitia por simples gestos, sem esforço aparente.

Seis meses depois Nijinsky enlouqueceu. Já eram evidentes os sinais dessa loucura naquela tarde, em seu camarim, quando deixou a plateia esperando. Eu havia testemunhado o início da marcha desse espírito sensível, do mundo lacerado por uma guerra brutal, para outras regiões, que eram as de seu sonho.

O sublime é raro em qualquer arte ou vocação. E Ana Pavlova foi uma das raras artistas que o alcançaram. Ela nunca deixou de me impressionar profundamente. Sua arte, embora brilhante, tinha uma luminosidade diáfana, tão delicada como uma pétala de rosa branca. Quando ela dançava, cada um dos seus movimentos era o centro de gravidade. No momento em que ela entrava em cena, não importa quão alegre ou triste então se apresentasse, eu sentia vontade de chorar, porque ela personificava a tragédia em toda a sua perfeição.

Conheci "Pav", como seus amigos a chamavam, quando ela se encontrava em Hollywood, fazendo um filme no estúdio da Universal. Tornamo-nos bons amigos. Foi lamentavelmente trágico que a velocidade do velho cinema não lograsse capturar o lirismo de sua dança e, assim, sua arte admirável ficasse perdida para o mundo.

Certa ocasião o Consulado russo ofereceu-lhe a homenagem de um banquete, a que estive presente. Era uma reunião internacional de grande solenidade. Durante o banquete houve muitos brindes e discursos, alguns em francês, outros em russo. Creio que eu era o único inglês presente. Antes de me tocar a vez de falar, um professor fez longo elogio da arte de Pavlova em russo e, no final, começou a chorar e se dirigiu à artista, beijando-a ardorosamente. Eu sabia que qualquer tentativa de falar seriamente estaria prejudicada depois desse episódio. Ao me levantar, declarei que a língua inglesa era totalmente inadequada para exprimir a grandeza da arte de Pavlova. Por isso, eu falaria em chinês. E falei num jargão chinês, elaborando um crescendo tal como o professor fizera e terminando por beijar a artista ainda mais ardentemente do que ele. Coloquei, então, um guardanapo sobre as nossas cabeças e continuei a beijá-la infindavelmente. A assistência não conteve as ruidosas gargalhadas, quebrando-se assim a solenidade da festa.

Sarah Bernhardt representou no Orpheum Vaudeville Theatre. Mas já estava muito velha e no fim de sua carreira, razão pela qual não posso deixar aqui uma justa apreciação sobre sua arte. Mas quando a Duse apareceu em Los Angeles, mesmo a despeito de sua idade e de estar se aproximando do fim, nem por isso declinara a intensidade de seu gênio. Trabalhava cercada por notável elenco italiano. Um belo ator jovem iniciara um soberbo trabalho antes que ela aparecesse em cena, centralizando magnificamente o interesse da plateia. Como poderá Duse exceder a excepcional interpretação desse jovem? — perguntava eu a mim mesmo. Então, do fundo da cena, pelo lado esquerdo, ela entrou no palco, através de um arco. Com uma cesta de crisântemos que trazia nas mãos, parou diante de um piano de cauda e começou silenciosamente a arranjar as flores de um vaso. Um murmúrio se fez ouvir na sala e a atenção geral logo se desprendeu do jovem ator e se transferiu para ela. Duse não olhara nem para o jovem ator, nem para qualquer outro dos personagens: continuara silenciosamente a arranjar as flores e a colocar entre elas as outras que levara. Quando terminou esse trabalho, lentamente caminhou em diagonal para a boca de cena e sentou-se numa poltrona, em frente à lareira, e ficou contemplando o fogo. De quando em quando, ela olhava para o jovem, e toda a sabedoria e os sofrimentos da humanidade eram transmitidos por esse olhar. Ela continuava a ouvir e a aquecer suas mãos — mãos tão belas e tão sensíveis.

Depois do apaixonado discurso do jovem ator, ela falou calmamente enquanto olhava para o fogo. Sua interpretação não tinha o histrionismo usual: sua voz provinha das brasas dormidas de uma trágica paixão. Eu não entendia uma só palavra, mas compreendi que estava em presença da maior das atrizes que eu já vira.

Constance Collier, a atriz principal de *sir* Herbert Tree, estava contratada para interpretar *lady* Macbeth ao lado dele, na Triangle Film Company. Quando menino, muitas vezes eu a vira das galerias do His Majesty's Theatre e admirara suas memoráveis interpretações em *A cidade eterna*[1] e no papel de Nancy em *Oliver Twist*. Por isso, quando recebi um bilhete, em minha mesa, no Levy's Café, dizendo que a srta. Collier desejaria me conhecer e gostaria que eu fosse para a mesa dela, fiquei encantado em fazê-lo. Desde esse momento tornamo-nos amigos para o resto da vida. Ela era uma alma bondosa com ardente entusiasmo e profundo gosto pela vida. Adorava provocar encontros. Seu maior desejo em relação a mim era o de que eu conhecesse *sir* Herbert Tree e um jovem chamado Douglas Fairbanks, com quem, dizia ela, eu tinha muito em comum.

Sir Herbert era, creio eu, o decano do teatro britânico e o mais sutil dos atores, apelando tanto para a inteligência como para as emoções. Seu Fagin em *Oliver Twist* era ao mesmo tempo engraçado e horrífico. Com pequeno esforço ele conseguia criar uma tensão quase insuportável. Até brincando com um simples garfo de sobremesa seria capaz de personificar o diabo de modo a provocar terror. Sua concepção de um personagem era sempre brilhante. O ridículo Svengali era um exemplo: ele fazia a plateia acreditar nessa figura absurda, dotando-a não somente com humor mas ainda com poesia. Os críticos diziam que Tree era cheio de maneirismos. Na verdade, assim era, mas sabia usá-los de maneira eficaz. Sua interpretação era extremamente moderna. Em *Júlio César*, era intelectualizada. Como Marco Antônio, na cena do funeral, em vez de arengar à turba com ardor e paixão

---

[1] No original inglês: *The eternal city*. (N. do T.)

convencionais, ele falava perfunctoriamente, por cima do ombro, com cinismo e desprezo.

Frangote de quatorze anos, eu o vira em muitas de suas grandes peças e, por isso, quando Constance combinou um pequeno jantar para *sir* Herbert Tree, sua filha Iris e para mim, fiquei muito excitado com tal perspectiva. Devíamos nos encontrar nos aposentos de Tree, no Alexandria Hotel. Eu me atrasei deliberadamente, na esperança de que Constance chegasse primeiro e sua presença me deixasse mais à vontade, mas quando *sir* Herbert me recebeu nos seus aposentos estava lá, somente, o diretor cinematográfico John Emerson.

— Ah, entre, Chaplin! — disse *sir* Herbert. — Tenho ouvido Constance falar tanto a seu respeito!

Depois de me apresentar Emerson, ele me explicou que estavam discutindo algumas cenas de *Macbeth*. Assim que Emerson saiu, senti-me petrificado por minha timidez.

— Sinto muito tê-lo feito esperar — disse *sir* Herbert, sentando-se numa poltrona em frente à minha. — Estávamos discutindo os efeitos a serem usados na cena das feiticeiras...

— Oh-h-h — gaguejei eu.

— Creio que daria mais efeito prender gases em balões e deixá-los flutuar na cena. Que é que lhe parece?

— Oh-h-h... maravilhoso!

Sir Herbert fez uma pausa e olhou para mim:

— Tem tido um fenomenal sucesso, não é verdade?

— Nem por isso — disse eu, como quem pedia desculpas.

— Mas você é conhecido em todo o mundo! Na Inglaterra e na França, até os soldados cantam canções a seu respeito.

— Ah, é? — disse eu, fingindo ignorância.

Olhou para mim outra vez. Eu podia ler as dúvidas e as reservas que se espelhavam por toda a sua fisionomia. Depois, levantou-se:

— Constance está atrasada. Vou telefonar-lhe para saber o que aconteceu. Enquanto isso, você vai conhecer minha filha, Iris — disse ele, deixando o aposento.

MINHA VIDA 237

Fiquei aliviado, porque tinha a impressão de que ia aparecer uma criança com quem eu poderia falar de igual para igual sobre seus problemas escolares e os meus filmes. Mas quem entrou no aposento foi uma moça alta, que empunhava uma longa piteira e me disse com uma voz sonora e grave:

— Como tem passado, sr. Chaplin? Creio que eu sou a única pessoa no mundo que jamais viu um só dos seus filmes!

Fiz uma careta e cumprimentei-a com um aceno de cabeça. Iris parecia escandinava, com seu cabelo louro e encaracolado, seu nariz arrebitado e seus olhos azul-claros. Tinha dezoito anos e era muito atraente, com aquele ar sofisticado de elegante das rodas de Mayfair. Desde os quinze anos, era autora de um livro de poemas.

— Constance fala muito a seu respeito — disse ela.

Fiz outra careta e outro aceno de cabeça. Enquanto isso, *sir* Herbert voltava, dizia que Constance não estava em casa e com certeza se atrasara com as provas das roupas no estúdio. Por isso, jantaríamos sozinhos. Santo Deus! Que não iriam essas pessoas estranhas pensar de mim nessa noite? Com esse pensamento a me escaldar os miolos, deixamos o aposento em silêncio, em silêncio entramos no elevador e nos sentamos à mesa como se estivéssemos regressando de um funeral.

O pobre *sir* Herbert e Iris fizeram o possível para estabelecer conversação. Ela pouco depois desistiu e voltou-se para trás, em sua cadeira, para examinar o refeitório. Se ao menos a comida viesse logo! Comer aliviaria a minha tensão... Pai e filha começaram a conversar entre eles. Falaram do sul da França, de Roma e Salzburgo — eu nunca estivera lá? Nunca vira uma das produções de Max Reinhardt? Balancei a cabeça, desculpando-me. Tree me escrutinizava.

— Você sabe: é preciso viajar...

Disse-lhe que tinha pouco tempo para isso e, em seguida, acrescentei:

— Para lhe falar a verdade, *sir* Herbert, o meu êxito foi tão inopinado que eu não tive tempo para me pôr em dia com essas coisas. Mas, rapazola de quatorze anos, eu o vi como Svengali, como Fagin, como Marco Antônio, como Falstaff, em alguns desses papéis várias vezes, e desde então o senhor tem sido o meu ídolo. Eu nunca pensei que, fora de cena, o senhor fosse um homem de carne e osso. O senhor era, para mim, uma lenda. E estar aqui, jantando com o senhor esta noite, é para mim um deslumbramento!

Tree ficou comovido.

— De verdade? — repetiu ele várias vezes. — De verdade?

Desde aquela noite, tornamo-nos bons amigos. Ocasionalmente ele me telefonava e nós três, eu, ele e Iris, jantávamos juntos. Algumas vezes Constance aparecia e, então, íamos para o Victor Hugo's Restaurant e alongávamos a nossa noite, tomando café e ouvindo música de câmara, em estilo sentimental.

Constance me falara muito sobre a simpatia pessoal e a habilidade de Douglas Fairbanks, não apenas como artista, mas ainda como um brilhante conversador que sabia manter o interesse dos convidados depois de um bom jantar. Nessa época, eu detestava rapazes brilhantes, principalmente essa espécie de conversadores. Contudo, um jantar foi promovido, em casa dele.

Tanto Douglas como eu inventamos uma história naquela noite. Antes de comparecer, eu tentara desculpar-me com Constance, mas esta nem quis ouvir falar nisso. Então fingi uma dor de cabeça, como pretexto para sair mais cedo. Fairbanks declarou que estava nervoso e, quando a campainha tocou, ele desceu rapidamente para o porão da casa, onde havia uma mesa de bilhar, e lá começou a jogar. Contudo, aquela noite ficou sendo o início de uma amizade de toda a vida.

Não foi à toa que Douglas arrebatou a imaginação e conquistou o afeto do público. O espírito de seus filmes, o seu otimismo e infalibilidade correspondiam integralmente ao gosto norte-americano e, de resto, ao de todo mundo. Possuía extraordinário magnetismo e encanto, além de um juvenil entusiasmo, que transmitia ao público. Quando comecei a conhecê-lo mais intimamente, considerei-o honesto e sincero por admitir que tinha prazer em ser esnobe e em ver que as pessoas que conquistavam êxito se sentiam atraídas por ele.

Embora Doug fosse imensamente popular, generosamente louvava o talento dos outros e era modesto em relação ao seu. Muitas vezes dizia que

Mary Pickford e eu tínhamos gênio artístico, ao passo que ele tinha apenas um pequeno talento. Isso não era verdade. Douglas era um espírito criador e fazia as coisas em larga escala. Ele construiu uma montagem de dez acres para *Robin Hood,* um castelo com enormes muralhas fortificadas e pontes levadiças, maior do que qualquer castelo até hoje existente. Com grande orgulho, Douglas mostrou-me a grande ponte levadiça.

— Magnífica — disse eu. — Que formidável princípio para uma das minhas comédias. A ponte levadiça é arriada e eu saio, para pôr o gato para fora e apanhar a garrafa de leite...

Ele possuía variado sortimento de amigos, que iam desde vaqueiros do oeste a cabeças coroadas, e descobria qualidades interessantes em todos eles. Seu amigo Charlie Mack, um vaqueiro falastrão, divertia imensamente Douglas. Quando uma vez estávamos jantando, ele apareceu à porta e falou:

— Que beleza de casarão você tem aqui, Doug! — E depois de abranger a sala de jantar com um golpe de vista: — Só que é muito distante pra gente cuspir aí da mesa na lareira!

Depois ele nos contava a história de sua esposa, que lhe movera uma ação de "devórcio" alegando crueldade mental:

— "Juro, seu juiz, que essa muler tem mais crueldade no seu dedo mendinho do que eu em todo o meu corpo! E nunca houve ninguém que mandasse bala com um revorve como essa bichinha. Ela e eu fizemos um bate-bate escondido detrás de uma árvore, ela mandando bala e eu me escondendo, até que a árvore ficou todinha perfurada a tal ponto que a gente via de um lado para o outro!"

Tenho a impressão de que as fanfarronadas de Charlie eram ensaiadas antes de suas visitas a Doug. A casa deste tinha um pavilhão de tiro, um feio bangalô de dois andares no centro do que eram então os agrestes outeiros de Beverly. Os álcalis e as artemísias enchiam o ambiente com um aroma ácido que nos secava as gargantas e excitava as narinas. Na época, Beverly Hills parecia um loteamento abandonado. As calçadas terminavam abruptamente em terrenos baldios e postes de iluminação com globos brancos adornavam ruas vazias. Muitos desses globos tinham sido destruídos por passantes mal-intencionados.

Douglas Fairbanks fora o primeiro astro cinematográfico a morar em Beverly Hills e, muitas vezes, convidava-me para passar fins de semana com ele. À noite, do meu dormitório, eu ouvia uivarem os coiotes que vinham, em bandos, procurar alimento nas latas do lixo. Seus uivos soavam distantes, como vibrações de pequenos sinos.

Ele tinha sempre três ou quatro paus-mandados com ele: Tom Garraty, que escrevia as histórias de seus filmes; Carl, um ex-atleta olímpico; e dois vaqueiros. Tom, Doug e eu fizemos uma amizade como a dos Três Mosqueteiros. Aos domingos, pela madrugada, organizava uma cavalhada para ver o amanhecer nos outeiros. Os vaqueiros peavam os cavalos e faziam um fogo de acampamento, preparando o café da manhã, bolos quentes e outras coisas para "forrar o estômago". Enquanto víamos o dia amanhecer, Doug se tornava eloquente e começava a pilheriar sobre o sono perdido, alegando que a única maneira razoável de ver a aurora era esperá-la na companhia de uma pessoa do sexo oposto. Contudo, essas nossas madrugadas eram românticas. Douglas foi o único homem que conseguiu me fazer montar em um cavalo. Conseguiu-o a despeito das minhas alegações de que esse animal, que o mundo tão sentimentalmente celebra, é um inimigo traiçoeiro, com a mentalidade de um débil mental.

Por essa época, estava Douglas separado de sua primeira esposa. À noite, vinham amigos para o jantar, entre os quais Mary Pickford, por quem estava terrivelmente apaixonado. Ambos, a tal respeito, pareciam dois coelhinhos assustados. Quando lhes aconselhei a não se casarem e apenas viverem juntos naturalmente, como se casados fossem, nenhum deles concordou com minhas ideias pouco convencionais. Eu me pronunciei tão firmemente contra o projetado casamento que, ao realizá-lo, eles convidaram todos os seus amigos, menos eu.

Naquela época, Douglas e eu costumávamos filosofar à base de velhos chavões, sustentando eu a inutilidade da existência. Douglas acreditava que nossas vidas eram predeterminadas e que o nosso destino era importante. Quando Douglas entrava em ebulição mística, isso geralmente tinha um efeito oposto sobre mim, inclinando-me a atitudes cínicas. Lembro-me de que numa noite calmosa de verão subimos ao alto de um grande reservatório e lá nos sentamos, falando sobre a grandeza agreste de Beverly. As estrelas estavam misteriosamente mais brilhantes e a lua incandescente. Eu acabara de dizer que a vida não tinha qualquer finalidade.

— Veja! — exclamou Douglas, com fervor, fazendo um gesto que abrangia todo o céu. — A lua! E essas miríades de estrelas! Não acha que seguramente deve haver uma razão para toda essa beleza? Elas devem estar cumprindo algum destino! Isso deve ser para o bem de muitos, e você e eu fazemos parte deles! — E, voltando-se para mim, subitamente inspirado: — Por que lhe foi dado esse talento, e o maravilhoso meio de comunicação do cinema, que o leva a atingir milhões de pessoas, em todas as partes do mundo?

— E por que esse maravilhoso meio foi dado a homens como Louis B. Mayer e aos irmãos Warner? — perguntei eu.

Douglas limitou-se a rir. Era incuravelmente romântico. Quando eu passava fins de semana com ele, embora dormisse pesadamente, era às vezes acordado às três da madrugada pelo som de uma orquestra havaiana, que no gramado do pátio interno fazia serenata para Mary. Gesto realmente encantador, não se amoldava, contudo, ao espírito das pessoas que não estavam envolvidas no assunto. Mas até essas extravagâncias de rapazola faziam com que os outros o estimassem ainda mais. Douglas era também um tipo esportivo, que gostava de ter cães policiais ou pastores alemães sentados no banco traseiro do seu Cadillac. Sinceramente adorava essa espécie de coisas.

HOLLYWOOD rapidamente se convertia em Meca dos escritores, atores e artistas famosos. Entre os escritores célebres que ali chegaram de várias partes do mundo figuravam *sir* Gilbert Parker, William J. Locke, Rex Beach, Joseph Hegersheimer, Somerset Maugham, Gouverneur Morris, Vicente Blasco Ibáñez, Elinor Glyn, Edith Wharton, Kathleen Norris e muitos outros.

Somerset Maugham nunca trabalhou em Hollywood, embora seus escritos ali tivessem grande procura. Ele, no entanto, passou lá várias semanas, antes de ir para as ilhas dos Mares do Sul, onde escreveria alguns dos seus contos admiráveis. Num jantar, ele recontou um a Douglas e a mim, a história de *Sadie Thompson,* que ele disse ser baseada em fato real e que depois foi dramatizada sob o título de *Chuva*. Sempre considerei *Chuva* uma peça modelar. O reverendo Davidson e sua esposa são personagens lindamente definidos — bem mais interessantes do que Sadie Thompson. Que soberbo reverendo Davidson teria sido *sir* Herbert Tree! Ele o teria interpretado ao mesmo tempo gentil, implacável, untuoso e terrível.

Localizado nesse meio de Hollywood, havia um hotel de quinta classe, desorganizado, que se instalara numa espécie de armazém; tornara-se conhecido como o Hollywood Hotel. E conquistara evidência de maneira imprevista, assim como uma aparvalhada camponesa herda inopinadamente uma fortuna. Seus quartos eram disputadíssimos, não só porque a estrada entre Los Angeles e Hollywood era quase intransponível, como ainda porque as celebridades literárias queriam viver nas imediações dos estúdios. Mas todos tinham o ar de pessoas perdidas. Eram como se lhes tivessem dado um endereço errado.

Elinor Glyn ocupava ali dois dormitórios, tendo convertido um deles em sala de estar, transformando a cama em sofá e cobrindo os travesseiros com um material colorido. Era aí que ela recebia seus convidados. Vi-a pela primeira vez quando deu um jantar para dez pessoas. Nós devíamos nos reunir em seus aposentos para os coquetéis e eu fui o primeiro a chegar.

— Ah! — disse ela, apertando o meu rosto com as suas mãos em concha e me olhando fixamente. — Deixe-me olhar bem para você! Que coisa extraordinária! Pensei que tivesse olhos castanhos e, no entanto, são azuis!

A princípio, achei-a um tanto estranha, mas depois afeiçoei-me grandemente a ela. Embora fosse um monumento de respeitabilidade britânica, Elinor chocara o mundo eduardiano com o seu romance *Três semanas (Three weeks)*. O herói, Paulo, jovem inglês de boa família, tivera uma ligação amorosa com uma rainha — o último capricho sentimental desta, antes de casar-se com o velho rei. O príncipe real é, evidentemente, o filho secreto de Paulo. Enquanto esperava a chegada dos demais convidados, Elinor me conduziu ao seu outro quarto, onde havia, emoldurados, nas paredes, os retratos de vários jovens oficiais ingleses que participavam da Primeira Guerra Mundial. Com um gesto, que os abrangia a todos, ela disse:

— Esses são os meus Paulos...

Ela estava profundamente imbuída do ocultismo. Lembro-me de que uma noite Mary Pickford se queixava de fadiga e insônia. Estávamos no dormitório de Mary. "Mostre-me o Norte", comandou Elinor. Depois, colocou um dedo gentilmente sobre cada olho de Mary e disse, repetidamente: "Agora vai dormir depressa!" Douglas e eu nos aproximamos e olhamos para Mary, cujas pálpebras pareciam imobilizadas pelo sono. Mas depois ela nos disse que havia apenas fingido dormir. Fingimento que durara mais de uma hora, porque Elinor ficara no dormitório, vigiando-a.

Elinor tinha a reputação de ser de uma ousadia sensacional, mas ninguém era mais moderada. Suas concepções amorosas no cinema eram juvenis e ingênuas — não iam além de mulheres varrendo com os seus longos cílios as faces dos seus amados ou languidamente deitadas em tapetes de pele de tigre. A trilogia que ela filmou em Hollywood tinha um caráter singular de tempo decrescente. O principal filme se intitulava *Três semanas*.[2] O segundo *Sua hora*[3] e o terceiro *Seu momento*.[4] Este tinha grandes complicações em seu enredo. Uma mulher muito distinta, representada por Gloria Swanson, era obrigada a casar-se com um homem a quem não amava. Eles estavam vivendo em plena floresta tropical. Um dia, ela sai a cavalo, sozinha. E, interessada em botânica, resolve apear-se para examinar de perto uma flor rara. Quando se inclina, uma víbora venenosíssima morde-a em pleno seio. Gloria leva a mão ao colo e grita. E seu grito é ouvido pelo homem a quem realmente ama e que oportunamente aparece, pois ia passando pelas proximidades. É o simpático Thomas Meighan. Rapidamente ele se adianta, pelo meio do mato.

— Que foi que aconteceu?

Ela mostra a víbora.

— Fui mordida!

— Onde?

Ela aponta o seio.

— Esta é a mais mortífera de todas as víboras! — diz Tommy, aludindo, é claro, à serpente. — Depressa! É preciso fazer alguma coisa! Não temos um momento a perder!

---

[2]No original inglês: *Three weeks*. (N. do T.)
[3]No original inglês: *His hour*. (N. do T.)
[4]No original inglês: *Her moment*. (N. do T.)

Estão a quilômetros de distância de qualquer médico e o remédio usual, um torniquete, apertando o local da ferida para paralisar a circulação, é impossível de ser aplicado. Súbito, ele a toma nos braços, rasga-lhe a blusa e o corpete, desnudando seus ombros alvíssimos. Depois, volta-a para afastá-la da vulgar curiosidade da câmara, inclina-se para ela e começa a extrair o veneno com a sua própria boca, cuspindo-o, aos poucos, à medida que assim procede. Como resultado dessa operação de chupamento ela acaba por se casar com ele.

AO FIM DO CONTRATO com a Mutual eu estava ansioso para iniciar meu trabalho para a First National, mas ainda não tínhamos estúdio. Decidi comprar um terreno em Hollywood e construir um. O local era a esquina de Sunset e La Brea. Nele havia uma excelente casa de dez quartos e cinco acres de terreno com plantações de limoeiros, laranjeiras e pessegueiros. Construímos uma perfeita unidade de produção, com instalações para revelação, corte e montagem dos filmes, escritórios etc. Durante a construção do estúdio, fiz uma viagem a Honolulu, para um mês de descanso, levando comigo Edna Purviance. O Havaí era uma ilha deliciosa naquela época. Contudo, a ideia de viver ali, a mais de três mil quilômetros do continente, era para mim depressiva. A despeito de sua refulgente beleza, de seus abacaxis, cana-de-açúcar, flores e frutos exóticos, senti-me feliz ao regressar, pois experimentara uma sutil claustrofobia, como se eu estivesse aprisionado dentro de um lírio.

Era inevitável que a proximidade de uma bela moça como Edna Purviance me houvesse inflamado o coração. Quando pela primeira vez fomos trabalhar juntos em Los Angeles, ela alugou um apartamento perto do Clube Atlético e quase todas as noites eu ia buscá-la para jantar. Nossas relações eram sérias e eu tinha a ideia de que algum dia chegaria a desposá-la, mas tinha as minhas reservas a respeito de Edna. Não me sentia seguro de seu afeto, tampouco estava seguro do meu.

Em 1916 éramos inseparáveis e íamos a todas as festas e noites de gala da Cruz Vermelha. Nessas ocasiões, Edna tinha acessos de ciúme, que demonstrava de uma forma ao mesmo tempo gentil e insidiosa. Se alguém me dava demasiada atenção, Edna desaparecia e eu recebia depois um recado de que ela desmaiara e estava perguntando por mim. É claro que eu imediatamente partia e passava com ela o resto da noite. Certa ocasião, uma linda anfitriã, que dava um *garden-party* em minha homenagem, levou-me de uma bela grã-fina para outra, em sucessivas apresentações, e por fim me encaminhou para a sua alcova. Outra vez recebi o recado de que Edna desfalecera. Embora eu ficasse lisonjeado ao saber que tão linda moça perguntara por mim ao voltar a si, tal hábito se tornou um tanto irritante.

O desfecho aconteceu numa festa de Fanny Ward, onde havia uma galáxia de lindas mulheres e de belos rapazes. Outra vez, Edna desmaiou. Mas, quando voltou a si, perguntou por Thomas Meighan, o alto e bonito galã da Paramount. Eu nada soubera a tal respeito. Mas Fanny Ward me contou no dia seguinte. Conhecendo meus sentimentos por Edna, ela não queria me ver fazer o papel de bobo. Mal pude crer. Meu orgulho estava ferido. Contudo, não poderia abandoná-la bruscamente. O vazio em minha vida seria demasiado. A lembrança de tudo quanto havíamos sido um para o outro veio à minha mente. No dia desse incidente não consegui trabalhar. Ao entardecer, telefonei-lhe para exigir uma explicação, planejando uma cena violenta. Mas, ao contrário, o meu ego se impôs e eu me tornei sarcástico. Até mesmo pilheriei a respeito do assunto:

— Disseram-me que chamou pelo homem errado na festa de Fanny Ward... Você deve estar perdendo a memória!

Ela riu, mas através de seu riso eu percebi uns vestígios de embaraço.

— Afinal, que história é essa? — perguntei.

Esperei que ela negasse tudo pressurosamente. Mas, em vez disso, agiu com inteligência. Perguntou-me quem me havia contado tamanho absurdo.

— Que diferença faz saber ou não quem me disse? O que importa é que eu pensava significar alguma coisa mais para você, ao passo que você me fazia de bobo publicamente!

Ela estava calma e insistia em que eu dera ouvidos a uma porção de mentiras. Eu queria feri-la com a demonstração de minha indiferença:

— Você não precisa usar de nenhum fingimento para comigo. É livre para fazer o que bem quiser. Não está casada comigo. E, enquanto for correta em seu trabalho, isso me basta.

Quanto a isso, Edna amavelmente concordou: não desejava que coisa alguma interferisse em nosso trabalho comum. Seríamos sempre bons amigos, disse-me ela. E isso apenas me fez desesperadamente infeliz. Falei com ela durante uma hora ao telefone, nervoso e perturbado, esperando alguma desculpa sua, capaz de ensejar uma reconciliação. Como é usual em tais circunstâncias, tive um renovado e apaixonado interesse por ela, e a conversação terminou com um convite a ela, para jantar, a fim de conversarmos sobre a situação. Edna hesitou. Mas eu insisti e, na verdade, supliquei, implorei, com todo o meu orgulho e as minhas defesas reduzidos a zero. Por fim, consentiu... Naquela noite, jantamos ovos com presunto, que ela mesma preparou em seu apartamento.

Foi uma espécie de reconciliação e eu fiquei um pouco menos perturbado. Pelo menos pude no dia seguinte dedicar-me ao trabalho. Contudo, perdurava uma espécie de malcontida angústia e de autoacusação. Eu censurava a mim mesmo por tê-la negligenciado algumas vezes. Vi-me colocado diante de um dilema. Devia romper definitivamente com ela ou não? E se a história a respeito de Thomas Meighan não fosse verdadeira? Depois de três semanas, Edna foi ao estúdio, para receber o seu cheque. Quando ia saindo, encontrei-me acidentalmente com ela. Estava com um amigo.

— Conhece Tommy Meighan? — perguntou, blandiciosa.

Fiquei de algum modo chocado. Nesse breve instante Edna se tornou uma estranha para mim. Era como se eu a tivesse visto pela primeira vez.

— Claro — disse eu. — Como tem passado, Tommy?

Ele ficou um pouco encabulado. Apertamos as mãos e, depois de trocarmos um ou dois gracejos, os dois deixaram o estúdio juntos.

Viver é uma maneira de designar o conflito que se segue a um rompimento. Se não é o problema do amor, é outra coisa qualquer. O êxito é maravilhoso, mas eu estava fatigado do esforço para acompanhar passo a passo essa inconstante ninfa que é a popularidade. Ao completar um filme, sentia-me tão deprimido e exausto que ficava de cama durante todo o dia. Ao anoitecer, levantava-me e fazia uma pequena caminhada. Sentindo-me melancólico e desligado de tudo, vagueava pela cidade, olhando sem interesse as vitrinas das lojas. Nunca procurei pensar nessas ocasiões. Meu cérebro estava embotado. Mas depressa me recuperei. Felizmente, na manhã seguinte, dirigindo-me ao estúdio, minha excitação voltaria e minha mente outra vez se ativaria.

Com uma vaga ideia na cabeça mandei construir cenários e durante a construção dos mesmos o diretor artístico me procurou para saber pormenores e, então, eu blefava e dizia que queria arcos aqui e portas ali, como se tivesse um plano completo e acabado em todos os detalhes. Por essa forma atabalhoada iniciei muitas das minhas comédias. Algumas vezes a corda se tornava tensa demais e era necessário afrouxá-la. Nessas emergências, uma noite fora era sempre eficaz. Nunca dei apreço ao estímulo alcoólico. Na verdade, trabalhando, sempre tive a ideia de que estimulantes de qualquer natureza embotam a nossa perspicácia. Nada mais necessário do que uma mente alerta para engendrar e dirigir comédias.

Quanto ao sexo, muitos dos seus impulsos cediam ao meu trabalho. Quando eram maiores as suas deliciosas exigências, ou eu nadava em fartura ou padecia de uma total escassez. Contudo, sempre fui disciplinado e sempre levei a sério o meu trabalho. Assim como Balzac acreditava que uma noite de prazeres sexuais significava uma grande página literária a menos em sua obra, eu também acreditava que isso me fazia perder um dia de bom trabalho no estúdio.

UMA conhecida romancista, sabendo que eu ia escrever a minha autobiografia, disse: "Espero que tenha a coragem de dizer a verdade." Pensei que a observação se referia à política, mas estava se referindo à minha vida sexual. Creio que uma dissertação sobre a libido é sempre esperada em toda autobiografia, embora eu não saiba dizer por quê. A meu ver, isso pouco contribui para revelar um caráter. Ao contrário de Freud, não acredito que o sexo seja o mais importante elemento na complexidade da nossa conduta. Frio, fome e vergonha da penúria afetam de maneira ainda mais profunda a nossa psicologia.

Como a de todos os indivíduos, minha vida sexual desdobrou-se em ciclos. Algumas vezes fui potente, outras vezes era decepcionante. Mas esse não era o interesse mais absorvente de minha vida. Não pretendo neste livro fazer uma descrição, assalto por assalto, dos meus *matches* sexuais. Acho isso antiartístico, cínico e antipoético. As circunstâncias que conduzem a tais episódios me parecem mais interessantes.

A propósito desse assunto, um agradabilíssimo imprevisto me aconteceu no Alexandria Hotel na primeira noite em que, de volta de Nova York, cheguei a Los Angeles. Tinha subido cedo para o meu quarto e começara a despir-me, trauteando para mim mesmo uma das últimas canções nova-iorquinas. Mas parei, de súbito, perdido em meus pensamentos, e então uma voz feminina, no quarto próximo, retomou a canção, do ponto em que eu a havia interrompido. Depois, eu a recomecei, quando ela parou. E assim começou uma brincadeira, até que, por fim, terminamos a canção juntos. Devia tentar conhecer a dona dessa voz? Seria arriscado. Além disso, eu não tinha a menor ideia sobre o seu aspecto físico. Assobiei então a canção e a mesma coisa aconteceu.

— Ha-ha-ha! É engraçado! — exclamei rindo, dando às minhas palavras uma entonação tal que tanto pareceriam dirigidas a ela como a mim mesmo. E uma voz veio de outro quarto:

— Disse alguma coisa?

— Evidentemente você acabou de chegar de Nova York — sussurrei eu, tentando projetar minha voz através do buraco de uma fechadura.

— Não consigo ouvi-lo — disse ela.

— Então, abra a porta — pedi eu.

— Abrirei um pouquinho, mas não ouse tentar entrar!

— Prometo.

Ela abriu a porta umas quatro polegadas e uma das mais lindas louras que já vi apareceu olhando para mim. Não sei exatamente como estava vestida, mas tinha sobre o corpo um *negligé* de seda e o efeito era o de um sonho.

— Não ouse entrar! Se o fizer eu o espancarei! — disse, com uma inflexão encantadora, mostrando os pequenos dentes brancos.

— Como tem passado? — sussurrei. E me apresentei. Cuidado inútil, pois ela já sabia quem eu era e que estava hospedado no quarto ao lado do seu. Mais tarde, naquela noite, ela me disse que em nenhuma circunstância eu deveria demonstrar, em público, que a conhecia, nem sequer por um simples cumprimento de cabeça no saguão do hotel. Isso foi tudo quanto ela me revelou a seu próprio respeito.

Na segunda noite, quando cheguei ao meu quarto, ela bateu na porta sem circunlóquios e uma vez mais passamos a noite juntos. Na terceira noite, eu começava a ficar cansado e, além disso, tinha que pensar em meu trabalho. Por isso, na quarta noite, abri a porta do meu quarto sub-repticiamente e entrei na ponta dos pés, indo para a cama sem fazer barulho. Apesar das minhas cautelas, ela percebeu a minha presença e começou a bater na porta. Dessa vez, fingi não ter ouvido e permaneci deitado. No dia seguinte, quando passou por mim, no saguão do hotel, ela me encarou com um olhar de gelo. Nessa noite, não bateu na porta, mas eu ouvi um estalo e notei que a maçaneta girava lentamente. Eu tinha, no entanto, trancado do meu lado a porta de comunicação entre os dois quartos. Ela sacudiu a maçaneta com violência e, depois, bateu com impaciência. Na manhã seguinte, achei conveniente deixar o hotel e me alojar outra vez no Clube Atlético.

MEU primeiro filme no novo estúdio foi *Vida de cachorro*.[1] A história continha um elemento satírico, estabelecendo um paralelo entre a vida de um cachorro e a de um vagabundo. Esse motivo central constituiu a estrutura em torno da qual construí pequeninos incidentes cômicos e as situações bufas de costume. Estava eu então começando a pensar na comédia com um sentido estrutural e me tornando cônscio de sua forma arquitetônica. Cada sequência se articulava necessariamente com outra sequência, todas elas se relacionando com o todo. Na primeira, tratava-se de salvar um

---
[1] No original inglês: *A dog's life*. (N. do T.)

cachorro que lutava com outros cachorros. Na segunda, de salvar uma moça que, num salão de danças, levava uma "vida de cachorro". Havia muitas outras sequências, que seguiam a lógica concatenação dos fatos. Por mais simples e óbvias que fossem essas pequenas comédias, havia grande cabedal de invenção e de pensamento em cada uma delas. Se um efeito cômico interferia com a lógica dos fatos, por mais engraçado que fosse, teria que ser posto de parte. Não poderia ser usado.

Nos tempos da Keystone, o vagabundo tinha maior liberdade e não estava tão adstrito ao enredo. Seu cérebro raramente funcionava nesses dias — apenas funcionavam os seus instintos, que se voltavam para as necessidades essenciais: comida, aquecimento, abrigo. À medida que as comédias se sucediam, o vagabundo ia se tornando mais complexo. O sentimento começava a se infiltrar em seu caráter. Isso se tornou um problema, porque limitava seus movimentos e iniciativas no terreno da farsa grossa. Pode esta observação parecer pretensiosa, mas a farsa exige a maior exatidão psicológica.

A solução veio quando comecei a pensar no vagabundo como uma espécie de Pierrô. Com essa concepção, eu tinha a liberdade de expressão e o direito de embelezar as comédias com um toque de sentimento. Mas, logicamente, seria muito difícil fazer uma linda moça interessar-se por um vagabundo. Isso sempre foi um dos problemas dos meus filmes. Em *Em busca do ouro*,[2] o interesse da moça pelo vagabundo começa quando ela resolve se divertir à custa dele e, depois de iniciado o gracejo, fica arrependida e cheia de piedade por ele, que confunde esse sentimento com amor. A moça de *Luzes da cidade*[3] é cega. Em suas relações, ele é romântico e maravilhoso, até que a visão dela é recuperada.

Enquanto a minha habilidade em construir histórias se desenvolvia, a minha liberdade ia se limitando cada vez mais no campo da comédia. Um fã que me acompanhou desde os tempos da Keystone até a minha mais recente fase cinematográfica escreveu-me uma vez: "Naquela ocasião, o público era seu escravo; depois, você é que passou a ser escravo do público."

---

[2] No original inglês: *The gold rush*. (N. do T.)
[3] No original inglês: *City lights*. (N. do T.)

Mas mesmo nas antigas comédias eu procurava a nota sentimental. Uma velha canção intitulada *Mrs. Grundy* deu essa nota a *O imigrante*. A canção tinha uma ternura cheia de otimismo e falava de dois pobrezinhos solitários que se casavam num dia sombrio e chuvoso. A história mostrava Carlitos em viagem para os Estados Unidos. No porão, ele conhecia a moça e a mãe dela, tão miseráveis quanto ele. Ao chegarem a Nova York eles se separavam. Um dia, ele novamente se encontrava com a moça, agora sozinha e, tal como o vagabundo, também fracassada. Eles conversavam e a moça, por inadvertência, usava um lenço debruado de preto, transmitindo a impressão de que sua mãe tinha morrido. E, é claro, acabavam se casando, num dia sombrio e chuvoso.

Músicas de extrema simplicidade me ajudaram a imaginar outras comédias. Uma delas, *Vinte minutos de amor,* cheia de trambolhões e correrias num parque, com policiais e amas-secas, teve as suas situações alinhavadas ao som da canção *É mostarda demais,* um dos mais populares *two-steps* de 1914. A canção *La violetera* preparou o tom de *Luzes da cidade* e a canção *Auld lang syne* o tom de *Em busca do ouro.*

Por volta de 1916 eu tinha muitas ideias para filmes longos. Uma era sobre uma viagem à Lua, outra seria um espetáculo cômico sobre os Jogos Olímpicos e outra, ainda, sobre as possibilidades de brincar com as leis da gravidade. Esta teria sido uma sátira ao progresso. Pensei numa máquina de alimentar automaticamente os indivíduos e, também, num rádio elétrico que registraria os pensamentos das pessoas. E nas complicações que me ocorreriam quando eu fosse apresentado à mulher, sexualmente muito atraente, do homem da Lua. A máquina de alimentar acabou por ser usada em *Tempos modernos (Modern times).*

Os entrevistadores me perguntaram sempre como é que me vinham as ideias dos meus filmes e até hoje não lhes dei uma resposta satisfatória. Depois de tantos anos de trabalho e experiência, descobri que as ideias surgem em consequência do intenso desejo de concebê-las. Provocada por esse desejo, a mente se torna uma espécie de torre de observação à espreita de incidentes que possam excitar a imaginação — música, crepúsculos, qualquer coisa, enfim, pode ser a imagem capaz de inspirar uma ideia. Quando descobrimos um assunto capaz de estimulá-la, elaboramos os pormenores e desenvolvemos tal ideia, ou, se isso não é possível, descartamo-nos dela e procuramos outra. Acumulação e eliminação representam o processo pelo qual acabamos chegando ao que desejamos.

Como as ideias nos ocorrem? Através de um esforço perseverante que vai quase ao ponto de nos enlouquecer. Devemos ter capacidade para sofrer angústia e para manter o nosso entusiasmo por um longo período de tempo. Talvez isso seja mais fácil para algumas pessoas do que para outras. Eu, porém, duvido. É claro que todos os cômicos que começam a se firmar tendem a generalizar em seus pontos de vista filosóficos sobre a comédia. "Os elementos de surpresa e de tensão", ou *suspense*, era uma frase que se ouvia a todos os minutos no estúdio da Keystone. Não tentarei descer aos abismos da psicanálise para explicar o comportamento humano, que é tão inexplicável quanto a própria vida. Mais do que no sexo e nas aberrações infantis, eu creio que as compulsões da ideação derivam de causas atávicas. Contudo, não precisei ir aos livros para saber que o tema da vida é conflito e dor. Instintivamente, todas as minhas bufonadas eram baseadas nisso. Meus meios de engendrar um enredo de comédia eram simples. Bastava-me o processo de colocar as criaturas em dificuldades e fazê-las sair dessas dificuldades.

Mas o humorismo é coisa diferente e muito mais sutil. Max Eastman o analisou em seu livro *Senso de humor*.[4] Ele acha que consiste em brincar com a dor. Sustenta que o *Homo sapiens* é masoquista, gozando a dor sob várias formas, e que as plateias gostam de sofrer falsamente — como fazem as crianças quando brincam de índio, quando gostam de receber tiros e de morrer estrebuchando aos golpes inimigos. Com tal teoria eu concordo. Mas isso é mais uma análise do drama do que do próprio humorismo, embora um e outro sejam quase a mesma coisa. Em outras palavras: no humorismo vemos o irracional nas coisas que parecem racionais e o que não é importante nas coisas que parecem importantes. Isso também acentua o nosso sentido de sobrevivência e preserva a nossa sanidade. Porque o humorismo nos alivia das vicissitudes da vida, ativando o

---

[4] No original inglês: *A sense of humour*. (N. do T.)

nosso senso de proporção e nos revelando que a seriedade exagerada tende ao absurdo. Por exemplo: num funeral, os amigos e parentes do morto estão reunidos reverentemente em torno do ataúde. Um deles, chegando atrasado, quando o ofício religioso já se iniciou, entra pé ante pé e se encaminha para a sua cadeira, onde um dos presentes colocou a sua cartola. Na sua pressa, o que chegou atrasado senta-se em cima da cartola e, depois, com um olhar solene de mudo pedido de desculpas, entrega-a, amarrotada, ao dono, que a toma com mudo aborrecimento e continua a ouvir o ofício religioso. Toda a solenidade desse momento em diante se torna ridícula.

AO INICIAR-SE a Primeira Guerra Mundial, a opinião popular entendia que ela não duraria mais de quatro meses e que a ciência bélica moderna se tinha desenvolvido a tal ponto que, em face de baixas astronômicas, a humanidade exigiria a imediata cessação de tamanho barbarismo. Mas estávamos enganados. Fomos apanhados por uma avalancha de louca destruição e brutal morticínio, que durou quatro anos, para assombro da humanidade. Iniciou-se uma sangria mundial de vastas proporções e ninguém pôde estancá-la. Centenas de milhares de seres humanos estavam lutando e morrendo, enquanto o povo queria saber por que razão eles lutavam e como a guerra havia começado. As explicações não eram muito claras.

Algumas diziam que fora em consequência do assassinato de um arquiduque, mas tal não poderia ter sido o motivo de uma conflagração mundial. A opinião pública exigia explicações mais realistas. Então disseram que a guerra era para a segurança da democracia no mundo. Embora alguns tivessem menos por que lutar do que os outros, as baixas foram dramaticamente democráticas. Enquanto milhões eram ceifados e esmagados, a palavra "democracia" parecia impor-se. Consequentemente, tronos foram abatidos, repúblicas foram organizadas e toda a face da Europa se modificou.

Em 1916 dizia-se ainda que os Estados Unidos eram "orgulhosos demais para lutar". Isso deu à nação o ambiente adequado para que se tornasse popular a canção *Não criei meu filho para ser soldado*. Tal canção fez muito sucesso, até que o transatlântico *Lusitânia* foi afundado e surgiu o ambiente propício a uma canção diferente, *Over there,* ou *Lá iremos,* além de vários outros *slogans* do mesmo tipo. Até o afundamento daquele navio, os efeitos da guerra mal se tinham feito sentir na Califórnia. *Garden-parties* e outras festas em benefício da Cruz Vermelha já eram organizadas, mas serviam de simples pretexto para reuniões sociais. Numa dessas festas de gala, uma senhora doou vinte mil dólares à Cruz Vermelha para ter o direito de sentar-se ao meu lado no grã-finíssimo jantar. Mas depois foi diferente: a sombria realidade da guerra chegou aos lares norte-americanos.

Os Estados Unidos já haviam lançado a venda dos Bônus da Liberdade. E agora Mary Pickford, Douglas Fairbanks e eu éramos convidados para abrir a terceira campanha desses bônus em Washington. Eu acabara de ultimar *Vida de cachorro,* minha primeira comédia para a First National. E como tinha o compromisso de lançá-la simultaneamente com a nova campanha dos bônus passei três dias e três noites cortando o filme. Quando terminei esse trabalho, tomei o trem inteiramente exausto e dormi dois dias seguidos. Depois, nós três começamos a escrever os nossos discursos. Nunca tendo dito nada a sério até então, eu me sentia nervoso. Por isso, Doug me aconselhou a fazer as primeiras experiências diante das multidões que nos esperavam nas estações. Paramos num lugar qualquer e uma boa aglomeração surgiu ao redor do nosso carro, que era o último. Da plataforma, Doug apresentou Mary Pickford, que fez um pequeno discurso, e depois a mim, mas assim que comecei a falar o trem se pôs a andar. Eu me tornei cada vez mais eloquente e dramático, crescendo a minha confiança enquanto a multidão se tornava cada vez mais distante e menor.

Em Washington, desfilamos pelas ruas como se fôssemos verdadeiros potentados e nos dirigimos a um campo de futebol, para os discursos inaugurais. A plataforma destinada aos oradores era um tosco estrado de madeira rústica, com bandeiras e cordas ao redor. Entre os representantes presentes do Exército e da Marinha, havia um jovem alto e simpático, que ficou ao meu lado, conversando comigo. Disse-lhe que nunca havia falado antes e que estava muito nervoso.

— Não há razão para nervosismos — falou-me ele, confiante. — Seja direto e objetivo. Diga-lhes que comprem os Bônus da Liberdade. Não tente ser engraçado.

— Quanto a isso, nada tem a temer — disse eu, ironicamente.

Momentos depois fui apresentado e, por isso, saltei na plataforma no estilo fairbanksiano e, sem uma pausa, desfechei o fogo de barragem da minha metralhadora verbal, quase sem tomar fôlego:

— Os alemães estão às nossas portas! Teremos que detê-los! E nós *haveremos* de detê-los se vocês comprarem Bônus da Liberdade! Lembrem-se! Cada bônus que vocês comprarem salvará a vida de um soldado — um filho voltará aos braços de sua mãe! — e esta guerra terminará mais cedo!

Falei tão rapidamente e tão excitadamente que escorreguei na plataforma, agarrei-me em Marie Dressler e tombei, com ela, em cima do meu jovem amigo, que não era outro senão o secretário-assistente da Marinha, Franklin D. Roosevelt. Depois dessa cerimônia inicial, foi programado o nosso encontro com o presidente Wilson, na Casa Branca. Emocionados e excitados, entramos no Salão Verde. Subitamente, uma porta se abriu e um secretário apareceu e disse, de modo brusco:

— Fiquem em fila e depois avancem de um a um.

Então o presidente entrou. Mary Pickford tomou a iniciativa:

— Senhor presidente, o interesse público nos recompensou amplamente e estou certa de que a campanha dos bônus será um êxito...

— Foi, e certamente continuará a ser... — ajuntei eu, completamente confuso.

O presidente olhou para mim incredulamente e, depois, contou uma anedota senatorial sobre um ministro de Estado que gostava de beber o seu uísque. Todos rimos polidamente e depois fomos embora.

Douglas e Mary escolheram os estados do norte para a sua excursão de venda de bônus, ao passo que eu escolhi os estados do sul, que nunca havia percorrido. Convidei um amigo meu de Los Angeles, Rob Wagner, escritor e pintor especializado em retratos, para vir como meu convidado. A publicidade da excursão foi bem organizada e eu consegui vender milhões de dólares de bônus de guerra. Numa cidade da Carolina do Norte, o chefe da comissão de recepção era o maior homem de negócios da cidade. Ele confessou que tinha dez meninos na estação, armados de tortas de creme, para as atirar em mim, mas vendo a seriedade da nossa comitiva, ao sairmos do trem, deu contraordem e, assim, escapei ao bombardeio. O mesmo cavalheiro nos convidou para um jantar e vários generais do Exército norte-americano estavam presentes, inclusive o general Scott, que visivelmente não gostava dele. Tanto assim que disse durante o jantar:

— Qual é a diferença entre o nosso anfitrião e uma banana? — E, depois de uma ligeira tensão: — Bem... De uma banana a gente consegue tirar a casca...

Quanto ao lendário *gentleman* sulista, encontrei um exemplar perfeito em Augusta, no estado da Geórgia — o juiz Henshaw, chefe do comitê dos bônus. Recebi uma carta dele dizendo-me que, como eu estaria naquela cidade no dia do meu aniversário, ele organizara uma festa para mim num clube campestre local. Tive a impressão de que iria ser uma dessas reuniões imensas, com muito falatório, e, como estava exausto, minha vontade era recusar e ir direto para o hotel. Habitualmente, quando chegávamos às estações éramos recebidos por enorme multidão, com as bandas de música locais tocando. Mas em Augusta não havia mais ninguém a não ser o juiz Henshaw, vestindo um casaco de alpaca preto e um velho chapéu do chile queimado pelo sol. Era calmo e cortês e, depois de apresentar-se, conduziu-me com Rob ao hotel, em seu velho landô puxado por um cavalo. Por algum tempo permanecemos em silêncio. Mas, subitamente, o juiz o quebrou:

— O que me agrada em sua comédia é o seu conhecimento do que é fundamental. Você sabe que a parte menos digna de uma pessoa é o seu traseiro. E suas comédias provam isso. Quando dá um pontapé no traseiro de um senhor pomposo, você o priva de toda a sua dignidade. Mesmo a expressiva solenidade de uma posse presidencial desapareceria se você aparecesse por trás do presidente e lhe enviasse um pontapé na bunda.

E, enquanto seguíamos, sob o sol, ele balançava a cabeça, com um ar divertido, observando, como num solilóquio:

— Não resta a menor dúvida: a bunda é a sede da nossa dignidade...

Dei uma cotovelada em Rob e sussurrei:

— A festa de aniversário já começou...

Essa festa se realizou no mesmo dia do comício. Henshaw tinha convidado apenas três outros amigos e pediu-me desculpas por haver tão pouca gente na reunião, dizendo que era egoísta e queria gozar a minha companhia de uma forma mais exclusiva. O clube de golfe era um belíssimo cenário. As sombras de enormes árvores se projetavam sobre o verdejante relvado, dando ao lugar uma nota de tranquila elegância, enquanto nós seis, no terraço, nos sentamos ao redor de uma mesa em cujo centro havia um bolo de aniversário iluminado por velas.

Enquanto o juiz mastigava um pedaço de aipo, com os olhos piscando olhava para Rob e para mim:

— Não sei se vão vender muitos bônus em Augusta... Não sou muito bom para arranjar estas coisas. Contudo, creio que o povo da cidade sabe que vocês estão aqui...

Comecei a exaltar a beleza do ambiente e ele observou:

— Sim, mas há alguma coisa que está faltando: uma bebidinha. Um *mint-julep,* por exemplo...

Isso nos levou a discutir a Lei Seca, as vantagens e desvantagens da proibição legal das bebidas alcoólicas.

— De acordo com os relatórios oficiais — disse Rob —, a proibição foi benéfica à saúde pública. As publicações médicas declaram que diminuiu o número de úlceras gástricas depois que paramos de beber uísque...

O juiz fez uma expressão dolorida:

— Não se deve falar de uísque em termos de estômago. O uísque é o alimento da alma! — E voltando-se para mim: — Charlie, este é o seu vigésimo oitavo aniversário. E você ainda não está casado?

— Não — disse rindo. — E o senhor?

— Não — disse ele, com um suspiro de alívio. — Tenho atuado em muitos processos de divórcio. Contudo, se eu fosse moço outra vez, me casaria. Ser solteiro é viver na solidão. Mas acredito, também, em divórcio. Creio que sou o juiz mais criticado em toda a Geórgia. Se as pessoas não gostam de viver juntas, não serei eu quem as obrigará a isso.

E como Rob começasse a consultar o relógio:

— O comício começa às oito e trinta. Não precisamos nos apressar. — Mastigava aipo com toda a calma. — Temos muito tempo. Continuemos a pilheriar. Eu adoro uma boa pilhéria.

A caminho do comício passamos através de um pequeno parque, onde devia haver umas dez ou mais estátuas de senadores, de aparência absurdamente pomposa, alguns com as mãos por trás das costas ou apoiadas na pélvis, segurando um rolo de papel. Pilheriando, disse-lhe que eles pareciam estar à espera de um pontapé nos fundilhos, como os que tanto apreciava nas minhas comédias.

— Sim — concordou. — Todos parecem muito cheios de titica e de dignidade...

Convidou-nos para sua casa, uma bela e antiga mansão no estilo tipicamente sulista, na qual George Washington uma vez tinha dormido e que estava cheia de antiguidades norte-americanas do século XVIII.

— Como é linda! — disse eu.

— Sim, mas sem uma esposa é como um cofre de joias vazio. Não deixe isso para quando já for muito tarde, Charlie.

No sul, visitamos vários campos de treinamento militar e vimos muitos rostos sombrios e amargos. O ponto alto da nossa excursão foi o encerramento da campanha na Wall Street, em Nova York, em frente ao edifício da Subtesouraria, onde Mary, Douglas e eu vendemos mais de dois milhões de dólares em bônus.

Nova York, na ocasião, era um ambiente depressivo. O ogro do militarismo estava em toda parte. Não havia como escapar-lhe. Os Estados Unidos estavam submetidos às regras da obediência e tudo mais era secundário em face da mística da guerra. A falsa alegria das bandas militares, desfilando pela triste garganta dos arranha-céus da Madison Avenue, era igualmente depressiva, tanto mais que, do décimo segundo andar do meu hotel, eu as via se arrastarem até a Battery para embarcarem rumo à Europa.

A despeito dessa atmosfera, um episódio humorístico algumas vezes lhe quebrava a dramaticidade. Sete dessas bandas deviam marchar através do Bell Park, diante do governador do estado de Nova York. Fora do estádio, munido de um falso emblema não sei de que espécie, Wilson Mizner fez cada banda parar e lhes deu aviso para que, diante do palanque governamental, executassem o hino nacional. Depois que o governador e todos os demais se tinham levantado pela quarta vez, entendeu ele que o melhor era mandar um emissário comunicar às bandas que se abstivessem de repetir o *Star-spangled banner*.

ANTES de deixar Los Angeles para a terceira campanha dos bônus, reencontrei-me com Marie Doro. Ela fora para Hollywood a fim de estrelar filmes da Paramount. Era uma fã de Chaplin e a Constance Collier confidenciara que a única pessoa a quem desejava conhecer no meio cinematográfico californiano era eu — não tendo a mais remota lembrança de que eu trabalhara com ela no Duke of York's Theatre.

Assim, eu me vi outra vez diante de Marie Doro. Era como o segundo ato de uma peça romântica. Depois que Constance me apresentou a ela eu lhe disse:

— Mas já nos conhecemos. Você despedaçou meu coração. Eu estava silenciosamente apaixonado por você...

Olhando-me através de sua luneta e mais linda do que nunca, ela disse:

— Que coisa emocionante!

Expliquei-lhe, depois, que eu fazia o papel de Billy na representação de *Sherlock Holmes*. Mais tarde, jantamos no jardim. Era uma noite quente e, à luz das velas, falamos das frustrações de um jovem silenciosamente apaixonado por ela e eu lhe disse que, no Duke of York's Theatre, eu costumava esperar o momento em que ela saía do camarim para encontrá-la na escada e gaguejar um "boa-noite". Falamos de Londres e de Paris. Marie adorava Paris. E lembramos os bistrôs, os cafés, o Maxim's e os Champs-Elysées...

E agora Marie se achava em Nova York! E, tendo ouvido que eu estava hospedado no Ritz, ela me escrevera uma carta convidando-me para jantar com ela em seu apartamento. Dizia o seguinte:

> *Querido Charlie,*
> *Tenho um apartamento nos Champs-Elysées (Madison Avenue) onde poderemos jantar no Maxim's (The Colony). Depois, se quiser, poderemos passear através do Bois (Central Park)...*

Contudo, não fizemos qualquer dessas coisas. Apenas jantamos tranquilamente, sozinhos, no apartamento de Marie.

Ao voltar para Los Angeles, tornei a ocupar meus aposentos no Clube Atlético e comecei a pensar no meu trabalho. *Vida de cachorro* levara um pouco mais de tempo e custara bem mais do que eu calculara. Contudo, eu não me preocupei com isso, porque esperava recuperar o tempo e o dinheiro até o fim do meu contrato. Mas estava preocupado com a ideia para o meu segundo filme. Então um pensamento me ocorreu: por que não uma comédia sobre a guerra? Falei disso a vários dos meus amigos, mas eles balançaram a cabeça. Disse DeMille: "É perigoso numa época como esta querer fazer graça à custa da guerra." Perigosa ou não, tal ideia me excitava.

Ombro, armas![1] fora de início planejada para cinco partes. O começo seria a vida pacata nos Estados Unidos, o meio a guerra e o final, o grande banquete, com todas as cabeças coroadas da Europa festejando o meu ato de heroísmo ao capturar o *kaiser*. E, no último momento, é claro, o meu despertar.

As sequências antes e depois da guerra foram descartadas. O banquete nunca foi fotografado, mas o princípio foi. A comédia era sugerida, com Carlitos indo para casa com sua família de quatro crianças. Ele as deixava por um momento e, depois, voltava limpando a boca e cam-

---
[1] No original inglês: *Shoulder arms*. (N. do T.)

baleando. Ao entrar em casa, uma frigideira o atingia no alto da cabeça. Sua esposa não chegava a ser vista, mas uma enorme camisola, pendurada na cozinha, dava uma ideia de seu tamanho e da força de seu muque. Na sequência, Carlitos era examinado no recrutamento e tinha, por isso, que despir-se. Na porta de vidro de um dos gabinetes lia-se o nome: "Dr. Frances." Uma sombra aparecia através do vidro e ele, supondo tratar-se de uma mulher, procurava fugir por outra porta, encontrando-se, por fim, numa sala onde várias funcionárias estavam ocupadas em seu trabalho. Quando uma mulher olhava para ele, Carlitos se escondia detrás de um móvel, mas apenas para se tornar visível a outra. Fugia, então, por outra porta e ia, assim, de gabinete em gabinete, até que alcançava um balcão, onde ficava, nu, olhando o intenso movimento do tráfego na rua, embaixo. Embora tal sequência tivesse sido fotografada, nunca foi usada. Achei melhor apresentar Carlitos sem relações de família e sem qualquer passado, já pertencendo ao Exército.

Ombro, armas! foi feito no auge de uma onda de calor. Trabalhar camuflado dentro de uma árvore (como fiz numa das sequências) poderia ser tudo, menos confortável. Odeio a filmagem dos exteriores, longe do estúdio, porque nos leva a nos distrairmos: a concentração no trabalho e a inspiração como que desaparecem ao ar livre, levadas pelo vento. O filme exigiu mais tempo do que eu esperava e não me satisfazia. Aliás, todos, no estúdio, pensavam da mesma forma. Foi então que Douglas Fairbanks me pediu para vê-lo. Apareceu com um amigo e eu lhes disse que me sentia tão desencorajado que estava quase a ponto de atirar o filme na lata do lixo. Sentamo-nos, os três, sozinhos, na sala de projeção. Desde o início, Fairbanks soltou portentosas gargalhadas, parando apenas quando tinha acessos de tosse. Amabilíssimo Douglas, ele era a minha melhor plateia! Quando o filme terminou e saímos da sala escura para a luz do dia seus olhos estavam congestionados de tanto rir.

— Acha que é realmente engraçado? — inquiri, incrédulo.

— Que é que você pensa dele? — perguntou Douglas a seu amigo. — Queria atirar uma coisa dessas na lata do lixo!

Foi o seu único comentário. *Ombro, armas!* alcançou êxito esmagador e foi o grande favorito dos soldados durante a guerra. Mas levara ainda mais tempo para ser feito e custara muito mais do que *Vida de cachorro*. Tentei superar-me e pensei que a First National poderia me ajudar. Desde o meu ingresso nessa companhia, ela estava dando grandes demonstrações de prosperidade, contratando outros produtores e outros astros, aos quais pagava duzentos e cinquenta mil dólares por filme e mais cinquenta por cento dos lucros. Seus filmes custavam menos e eram mais fáceis de fazer do que as minhas comédias. E, certamente, produziam menor receita nas bilheterias.

Quando falei sobre isso com o sr. J. D. Williams, presidente da First National, ele me declarou que exporia o assunto numa reunião da diretoria. Eu não queria muito, apenas o bastante para compensar as despesas extraordinárias de cada película, cujo custo fora acrescido de dez a quinze mil dólares. Ele me comunicou que se reuniriam em Los Angeles dentro de uma semana e que eu, então, poderia lhes apresentar essas pretensões, pessoalmente. Os exibidores naquele tempo eram mercadores ávidos e, para eles, os filmes eram simples mercadorias que custavam tanto por metro. Pensei ter falado bem e sinceramente, ao defender diante deles a minha causa. Disse-lhes que precisava de um pouco mais de dinheiro extra porque estava gastando mais do que havia previsto, mas foi o mesmo que se um trabalhador solitário pedisse um aumento individual à General Motors. Quando acabei de falar houve um silêncio e, depois, o porta-voz deles deixou cair estas palavras:

— Bem, Charlie, negócio é negócio. Você assinou um contrato e esperamos que cumpra a sua palavra...

— Posso dar-lhes seis filmes em dois meses, se essa é a espécie de filmes que desejam — respondi.

— Isso é com você, Charlie.

— Estou pedindo um aumento porque desejo melhorar o padrão do meu trabalho — continuei. — A indiferença que os senhores demonstram revela imprevisão e falta de tato psicológico. Os senhores não estão lidando com salsichas, mas com entusiasmo individual...

Nada, porém, os comovia. Eu não podia compreender tal atitude, pois era considerado a maior bilheteria em todo o país.

Minha Vida 263

— Creio que essa convenção cinematográfica que está se realizando aqui tem alguma coisa que ver com tal atitude — disse meu irmão Sydney. — Há rumores de que todas as companhias produtoras vão fundir-se.

No dia seguinte, Sydney falou com Douglas e Mary. Eles também estavam perturbados. Seus contratos estavam terminando e a Paramount nada fizera para os renovar. Como Sydney, Douglas também atribuía isso à fusão das companhias.

— Seria uma boa ideia fazer um detetive os espionar para saber o que está se passando... — disse ele.

Concordamos todos em contratar o detetive. Arranjamos, para isso, uma moça inteligente, elegante e muito bonita. Ela não demorou a marcar encontro com o diretor de uma importante companhia produtora. Em seu relatório disse ela que passara pelo saguão do Alexandria Hotel e sorrira para ele, desculpando-se depois por ter se enganado, pensando tratar-se de um velho amigo, muito parecido. Com o desenvolvimento da conversa, ele a convidara para jantar na mesma noite. Pelo relatório, verificamos tratar-se de um gabarolas num estado de permanente excitação erótica. Durante três noites, ela saiu com ele, evitando capitular, à custa de desculpas e de promessas futuras. Por fim, conseguiu extrair dele todas as informações sobre o que se passava na indústria de filmes. Ele e seus associados estavam constituindo uma companhia que resultaria da fusão das demais produtoras, com um capital de quarenta milhões, ligada aos exibidores dos Estados Unidos por um contrato de cinco anos. Queriam colocar a indústria numa base adequada de negócios, em vez de deixar que ela fosse dominada por um grupo de artistas amalucados que ganhavam salários astronômicos. Essa foi, em resumo, a sua história. Era mais do que suficiente aos nossos propósitos. Nós quatro mostramos esse relatório a D. W. Griffith e a Bill Hart e eles tiveram a mesma reação que nós.

Sydney nos disse que poderíamos derrotar a fusão se anunciássemos aos exibidores que estávamos formando a nossa própria companhia produtora e que pretendíamos vender nossos filmes no mercado aberto, mantendo a nossa independência. Ao mesmo tempo, éramos nós as principais atrações de bilheteria do momento. Contudo, não tínhamos a intenção de levar avante tal projeto. Nosso objetivo era apenas o de evitar que os exibidores assinassem o contrato por cinco anos com o organismo resultante da fusão, o qual, sem os astros e estrelas em evidência, não teria valor. Decidimos naquela noite que apareceríamos diante dos convencionais indo jantar juntos no principal refeitório do Alexandria Hotel e, então, faríamos a nossa comunicação à imprensa.

Naquela noite, Mary Pickford, David Wark Griffith, William S. Hart, Douglas Fairbanks e eu nos sentamos à mesma mesa naquele hotel. O efeito foi eletrizante. J. D. Williams, sem de nada suspeitar, foi o primeiro a chegar ao refeitório, onde nos viu, saindo logo, apressadamente. Um a um, os demais produtores entravam, lançavam um olhar em nossa direção e saíam, enquanto nós falávamos de grandes negócios, escrevendo números astronômicos na toalha de mesa. Quando um dos produtores aparecia no refeitório, Douglas fingia fazer um sério discurso, proferindo, no entanto, uma série de disparates:

— Os repolhos nos amendoins e os armazéns de comedorias nos porcos crescerão tremendamente de importância nos próximos dias! — dizia ele, enquanto Griffith e Bill Hart pensavam que ele tinha enlouquecido.

Dentro em pouco, uns doze jornalistas estavam sentados à nossa mesa, tomando notas sobre a nossa declaração de que íamos fundar a United Artists Corporation para proteger a nossa independência e combater a anunciada fusão. A notícia recebeu cobertura de primeira página. No dia seguinte, chefes de várias companhias produtoras se ofereceram para renunciar a seus postos e se tornarem nosso presidente por um pequeno salário e uma percentagem nos lucros da nova companhia. Depois de tal reação é que resolvemos levar avante o projeto. E assim a United Artists Corporation foi formada.

COMBINAMOS um encontro em casa de Mary Pickford. Cada um de nós compareceu com um advogado e um gerente. Era uma reunião tão numerosa que o que nós tínhamos a dizer adquiriria logo um caráter oratório. Para falar a verdade, cada vez que eu falava sentia enorme nervosismo. Mas fiquei assombrado com os conhecimentos de legislação e com a habilidade de Mary Pickford para os negócios. Ela conhecia a precisa nomenclatura: as amortizações e as ações preferenciais etc. Sabia de cor os artigos referentes à incorporação de sociedades anônimas, a discrepância legal da página 7, parágrafo A, do artigo 27, e friamente se referiu a uma omissão e contradição na letra D do artigo 24. Nessas ocasiões ela mais me entristecia do que espantava, porque esse era um aspecto da "namorada da América" que eu totalmente ignorava. De uma frase nunca me esqueci. Enquanto solenemente arengava o nosso representante, ela saiu-se com isto:

— Isso calha bem, senhores...

Dei uma gargalhada e fiquei repetindo:

— Isso calha bem! Isso calha bem!

A despeito da beleza de Mary naquela época, ela gozava da reputação de ser muito astuta em negócios. Lembro-me de que Mabel Normand, que nos apresentou, disse na ocasião:

— Esta é Hetty Green, aliás Mary Pickford...[2]

Minha participação nessas reuniões era nula. Afortunadamente, meu irmão era tão hábil em negócios quanto Mary. E Douglas, que assumia um ar aparentemente despreocupado, era ainda mais astuto do que todos nós. Enquanto os nossos advogados se ocupavam em resolver as complicações de ordem legal, ele parecia ausente de tudo como um colegial em férias — mas quando eram lidos os artigos do contrato nem sequer pestanejava, para não perder uma vírgula.

Entre os produtores que estavam dispostos a renunciar para ingressar em nossa organização estava Adolph Zukor, presidente e fundador da Paramount, homem de personalidade vivacíssima. Era um sujeitinho amável parecido com Napoleão e com a mesma força de vontade. Quando falava sobre negócios, era dramático e convincente:

— Vocês — dizia ele com o seu acento húngaro — têm todo o direito à melhor parte dos lucros produzidos, porque vocês são artistas! Vocês são criadores! É a vocês que o público quer ver!

Modestamente, estávamos de acordo.

— Vocês — continuava ele — acabaram de formar o que considero a mais formidável das companhias, se (e dava ênfase ao se) ela for adequadamente gerida. Vocês são criadores numa extremidade do negócio cinematográfico e eu sou criador na outra extremidade. Que poderia ser melhor?

---

[2]Hetty Green era uma das mulheres mais ricas do mundo, com uma fortuna calculada em cem milhões de dólares e feita através de suas habilidades em negócios. (N. do A.)

E assim continuou, absorvendo a nossa atenção com suas visões e suas crenças. Admitiu que tinha planos para fundir os interesses dos estúdios com os das casas exibidoras, mas estava disposto a renunciar a tudo para arriscar o seu destino conosco. Falava com um acento intenso e patriarcal:

— Vocês pensam que eu sou um inimigo! Mas eu sou um amigo — o amigo dos artistas! Lembrem-se de que fui eu o primeiro que teve a visão do futuro! Quem acabou com os papa-níqueis que exibiam filmes? Quem primeiro colocou cadeiras estofadas? Quem levantou o preço dos ingressos e com isso tornou possível a construção dos grandes cinemas, ao mesmo tempo que aumentava as receitas dos filmes de todos vocês?

Zukor era ao mesmo tempo um grande ator e um grande homem de negócios. Construíra o maior circuito de cinemas do mundo. Contudo, como desejava ter parte das ações da nossa companhia, nossas negociações não chegaram a qualquer resultado.

Dentro de seis meses Mary e Douglas estavam fazendo suas primeiras películas para a recém-formada companhia, mas eu ainda tinha que completar mais seis comédias para a First National. A implacável atitude dela me havia amargurado ao ponto de impedir o progresso do meu trabalho. Ofereci-me para comprar o resto do meu contrato, dando-lhe uma vantagem de cem mil dólares, mas minha proposta foi rejeitada.

Enquanto Mary e Douglas eram os únicos artistas a distribuírem seus filmes através de nossa companhia, não cessavam de queixar-se a mim da carga que tinham sobre os ombros, em razão de não terem produções minhas a oferecer ao público. Eles distribuíam seus filmes vinte por cento abaixo do custo, do que resultava para a companhia um déficit de um milhão de dólares. Contudo, com a distribuição do meu primeiro filme para a United Artists, *Em busca do ouro,* esse déficit desapareceu, o que aliviou os ressentimentos de Mary e Doug, que nunca mais se queixaram.

☆

A GUERRA tornara-se pior do que nunca. Os implacáveis morticínios e destruições através da Europa prosseguiam. Nos campos de treinamento, os soldados aprendiam a atacar de baioneta — como gritar, dar carga, enfiar a lâmina nas entranhas do inimigo e, se a lâmina ficasse presa, a disparar a arma de modo a poder arrancá-la. A histeria era excessiva. Os que se evadiam ao cumprimento do serviço militar, quando convocados, eram condenados a cinco anos de prisão, e cada homem devia conduzir no bolso o seu certificado de registro militar. Vestir roupas civis era vergonhoso, pois quase todos os jovens estavam de uniforme, e se alguém assim não estava trajado poderia ser intimado a mostrar o seu cartão de registro ou uma mulher sarcasticamente poderia lhe dar uma pluma para pó de arroz de presente. Alguns jornais me criticavam por não ter ido participar da guerra. Outros me defendiam, dizendo que as minhas comédias eram mais necessárias do que os meus serviços militares.

O Exército norte-americano, novo e repousado quando chegou à França, queria entrar imediatamente em ação e, contra os conselhos dos experimentados franceses e ingleses, já com três anos de sangrentos combates, entraram numa batalha com ousadia e coragem, mas ao custo de centenas de milhares de baixas. Durante semanas, as notícias eram desalentadoras. Longas listas de mortos e feridos norte-americanos figuravam nos jornais. Depois, houve uma trégua e, durante meses, os norte-americanos, como os demais aliados, viveram nas trincheiras longos dias de aborrecimento em meio da lama e do sangue. Por fim, os aliados começaram a avançar. Em nossos mapas, as bandeiras iam sendo mudadas para a frente. Todos os dias, multidões observavam essas bandeiras com ansiedade. Depois veio o fim, ao preço de imensos sacrifícios. E grandes manchetes anunciaram em letras negras: O KAISER FUGIU PARA A HOLANDA. E, em seguida, uma página inteira dos jornais só com estas palavras: ASSINADO O ARMISTÍCIO! Eu estava em meu quarto no Clube Atlético, quando chegou tal notícia. Nas ruas, embaixo, havia um verdadeiro pandemônio: buzinas de automóveis, apitos de fábricas, pistões e outros instrumentos começaram a estridular e assim continuaram, durante todo o dia e toda a noite. O mundo parecia louco de alegria, cantando, dançando, abraçando, beijando, amando. Paz, afinal!

Viver sem guerra era como ter subitamente saído de uma prisão. Tínhamos sido tão treinados e tão disciplinados que, ainda durante vários meses, tínhamos medo de sair sem os nossos cartões de registro militar. Contudo, os aliados haviam ganho a guerra — qualquer que fosse o significado dessa vitória. Uma coisa parecia certa: a civilização que tínhamos conhecido nunca mais seria a mesma. Essa era havia passado. Tinha passado também aquilo a que davam o nome de decência básica — mas a decência, afinal, nunca foi prodigiosa em nenhuma era.

16

Tom Harrington colocou-se mais ou menos ao acaso a meu serviço, mas iria desempenhar importante parte numa dramática mudança em minha vida. Ele tinha sido o valete e factótum do meu amigo Bert Clark, comediante inglês de programas de variedades, contratado pela Companhia Keystone. Bert, indeciso e pouco prático, era um excelente pianista e, certa vez, me convidara a associar-me com ele numa firma editora de músicas. Alugamos um escritório num edifício de três andares e imprimimos duas mil cópias de duas péssimas canções e de minhas próprias composições musicais, ficando à espera dos fregueses. A empresa não tinha pés nem cabeça. Creio que vendemos três cópias das músicas editadas, uma a Charles Cadman, compositor norte-americano, e as outras duas a pessoas que passaram por nosso escritório, quando desciam a escada.

Clark deixara Harrington tomando conta do escritório, mas indo um mês depois para Nova York o negócio foi fechado. Harrington, contudo, permaneceu a meu lado, dizendo que gostaria de trabalhar para mim, nas mesmas condições em que trabalhara para Clark. Para minha surpresa, declarou-me que nunca recebera salário, mas apenas o seu próprio sustento, cujos gastos eram calculados entre sete e oito dólares por semana. Vegetariano, alimentava-se apenas de chá, pão com manteiga e batatas. A informação, evidentemente, me deixou estarrecido. Dei-lhe um salário razoável pelo tempo que trabalhara na casa de música e Tom se tornou o meu valete, secretário e factótum.

Era uma alma boa, que não aparentava idade e tinha algo de enigmático, com a face ascética de um são Francisco, lábios finos, sobrancelhas altas e olhos que pareciam encarar o mundo com triste objetividade. Era de ascendência irlandesa, boêmio e um tanto misterioso, pois embora vindo do lado leste de Nova York mais parecia nascido para a vida monástica do que para a do meio cinematográfico.

Ele ia ao meu encontro pela manhã no Clube Atlético com minha correspondência e os jornais e encomendava o meu desjejum. Às vezes, deixava livros em minha mesa de cabeceira — obras de Lafcádio Hearn e de Frank Harris, autores de quem eu nunca ouvira falar. Por causa de Tom eu li a *Vida de Johnson*,[1] de Boswell — "aqui está alguma coisa que o ajudará a dormir à noite", disse ele, rindo. Nunca falava a não ser que eu lhe perguntasse alguma coisa e tinha o condão de desaparecer enquanto eu devorava o desjejum. Tom tornou-se um *sine qua non* da minha existência. Se eu lhe dizia que alguma coisa devia ser feita ele inclinava a cabeça e fazia.

SE O TELEFONE não tivesse tocado no momento em que eu ia deixando o Clube Atlético o curso da minha vida poderia ter sido diferente. Quem me chamava era Samuel Goldwyn. Gostaria de aparecer em sua casa de praia para nadar um pouco? Estávamos, então, no fim de 1917. A tarde foi alegre e inócua. Lembro-me da linda Olive Thomas e de muitas outras garotas bonitas que lá se encontravam. Enquanto o dia declinava, apareceu outra moça, que se chamava Mildred Harris. Vinha com um cavalheiro, o sr. Ham. Era belíssima, pensei. Alguém lembrou que ela estava apaixonada por Elliott Dexter, que estava também presente. E eu notei que ela não tirava os olhos dele, que, no entanto, lhe dava pouca atenção. Não pensei mais nada a respeito da moça, até que, na hora em que eu me despedia, ela me perguntou se eu poderia levá-la em meu carro até a cidade, explicando-me que brigara com seu acompanhante e que ele se fora sem a esperar.

No carro, observei maliciosamente que talvez seu companheiro tivesse ficado com ciúmes de Eliot Dexter. Ela me confessou que considerava Eliot um homem maravilhoso. Senti que essa ingênua confissão era um desafio,

---

[1] No original inglês: *Life of Johnson*. (N. do T.)

uma espécie de truque de que as mulheres usam intuitivamente, para despertar interesse por suas pessoas.

— Ele é um sujeito de sorte! — disse eu, mostrando inveja.

A nossa conversa não passou de um frívolo bate-papo, enquanto o carro corria. Ela me disse que trabalhava para Louise Weber e que ia ser apresentada como estrela num filme da Paramount. Deixei-a em seu apartamento, com a convicção de que se tratava de uma garota tão jovem quanto tola. E voltei para o Clube Atlético com uma sensação de alívio, feliz por estar sozinho. Mas não se passaram cinco minutos e o meu telefone tocou. Era a srta. Harris:

— Só queria saber o que você está fazendo — disse ela, ingenuamente.

Fiquei surpreendido com tal atitude, que só se justificaria se tivéssemos sido namorados muito íntimos por longo tempo. Disse-lhe que ia jantar em meu aposento, depois iria deitar-me e ler na cama.

— Oh! — exclamou ela, penalizada. E quis saber que espécie de livro eu iria ler e em que espécie de quarto morava. Sentia-se capaz de imaginar a minha solidão, de pijama e de livro na mão. Essa frívola conversação era atrativa e eu caí em sua teia de sedução e de palavras adocicadas.

— Quando eu o verei outra vez? — perguntou ela. E quando dei pela coisa estava lhe fazendo censuras, em tom de gracejo, por estar traindo Eliot Dexter. Ela me asseverou, então, que sinceramente não ligava para ele, o que desfez todos os meus planos para aquela noite, pois acabei convidando-a para jantar comigo.

Embora ela fosse linda e a noite tenha sido agradável, eu sentia a falta de ardor e de entusiasmo que a presença de uma garota bonita geralmente inspira. O único interesse que ela me inspirava era o do sexo e chegar a isso, simulando um impulso romântico, como decerto ela esperava, exigia de mim um tremendo esforço.

Não pensei nela outra vez até o meio da semana, quando Harrington me disse que Mildred me telefonara. Se ele não tivesse feito uma observação a respeito dela, eu talvez nunca mais a tivesse visto. Mas sucede que ele me declarou que o chofer lhe afirmara que eu viera da casa de Samuel Goldwyn em companhia da moça mais bonita que jamais vira. Essa absurda observação afagou a minha vaidade — e esse foi o princípio de tudo.

Começaram os jantares, as danças, as noites de praia e os mergulhos no oceano. E o inevitável aconteceu, e Mildred começou a se preocupar.

O que quer que Tom Harrington pensasse, ele guardou para si mesmo. Quando, certa manhã, depois que ele me trouxe o desjejum, eu lhe anunciei que iria me casar, nem sequer piscou o olho.

— Em que dia? — perguntou calmamente.

— Que dia é hoje?

— Terça-feira.

— Então, na sexta — disse eu, sem tirar os olhos do meu jornal.

— Deve ser com a srta. Harris, não?

— Exatamente.

Ele fez um sinal com a cabeça.

— O senhor tem um anel?

— Não. E o melhor é você arranjar um e fazer todos os preparativos necessários. Mas tudo com muita discrição.

Tom fez novo sinal com a cabeça e não se falou mais no assunto até o dia do casamento. Ele providenciou tudo para que nos casássemos às oito horas da noite, na sexta-feira. Naquele dia, trabalhei no estúdio até tarde. Às sete e trinta, Tom entrou tranquilamente no palco de filmagem e sussurrou:

— Não se esqueça de que tem um encontro às oito.

Com a sensação de quem naufragava, comecei a tirar a maquilagem e a me vestir, com a ajuda de Harrington. Não trocamos uma só palavra até entrarmos no carro. Então ele me explicou que iríamos ao encontro da srta. Harris na casa do sr. Sparks, oficial do registro civil.

Quando chegamos, Mildred estava sentada no saguão. Ela sorriu animadamente quando entramos e eu senti alguma pena dela. Trajava um vestido cinzento muito simples e estava muito bonita. Harrington rapidamente colocou o anel na minha mão, enquanto um sujeito alto, magro, caloroso e cordial nos fez entrar para outro aposento. Era o sr. Sparks.

— Bem, Charlie, você tem um secretário extraordinário. Até hora e meia atrás eu não sabia que se tratava do seu casamento...

A cerimônia foi extremamente simples e prática. O anel que Harrington disfarçadamente colocara em minha mão passou para o dedo dela. Estávamos casados. O ritual terminara. E quando íamos sair a voz do sr. Sparks se fez ouvir:

— Não se esqueça de beijar a noiva, Charlie!

— Oh, sim, é claro — disse eu, sorrindo.

Minhas emoções eram confusas. Senti que havia sido colhido por um conjunto de tolas circunstâncias, perfeitamente evitáveis e desnecessárias, e levado a uma união que carecia de base vital. Contudo, eu sempre havia desejado uma esposa. Mildred era bonita e jovem, com dezenove anos incompletos e, embora eu tivesse dez anos mais do que ela, talvez o casamento desse certo.

No dia seguinte fui para o estúdio com o coração pesado. Edna Purviance estava lá. Tinha lido os jornais da manhã e, quando passei por seu camarim, ela apareceu na porta e disse docemente:

— Parabéns!

— Obrigado — respondi. E continuei, a caminho do meu camarim.

Edna me fez ficar constrangido. A Doug confidenciei que Mildred mentalmente não era um peso-pesado, mas eu não desejava casar-me com uma enciclopédia, tanto mais que poderia encontrar estímulo intelectual nos livros. Mas essa teoria otimista vinha sublinhada por certa ansiedade: iria o casamento interferir no meu trabalho? Embora Mildred fosse jovem e bonita, eu poderia estar sempre perto dela? E gostaria de estar? Esse era o meu dilema. Embora não estivesse apaixonado, agora era um homem casado e queria que o meu casamento vingasse.

Mas o casamento, para Mildred, era apenas uma aventura emocionante, assim como uma vitória num concurso de beleza. Era algo que ela idealizava através da leitura de novelas românticas, sem nenhum sentimento da realidade. Quando eu tentava falar com ela seriamente sobre os seus planos, mostrava-se impermeável às minhas palavras. Vivia num estado de permanente deslumbramento.

No dia seguinte ao do nosso casamento, Louis B. Mayer, da Metro-Goldwyn-Mayer, começou a negociar com Mildred um contrato cinematográfico: ofereceu-lhe cinquenta mil dólares por ano, com a condição de interpretar seis filmes. Tentei convencê-la a não assinar.

— Se você quer continuar a trabalhar no cinema, poderá ganhar cinquenta mil dólares por um só filme.

Com um sorriso de Mona Lisa, fazendo movimentos de cabeça, ela assentiu às minhas ponderações, mas depois assinou o contrato nas mesmas bases anteriormente propostas. Esse seu modo de concordar com tudo e depois proceder da maneira oposta frustrava todos os meus esforços. Fiquei aborrecido tanto com ela como com Louis B. Mayer, por ter engendrado esse contrato quando a tinta da nossa certidão de casamento nem começara ainda a secar.

Um mês ou dois bastaram para que começassem as suas dificuldades com a companhia e ela então quis que eu fosse falar com Mayer para arranjar as coisas. Disse-lhe que de modo nenhum iria ao encontro dele. Mas já ela o havia convidado para jantar, só me dando a notícia poucos minutos antes de sua chegada. Senti-me tão ultrajado que não pude conter a indignação:

— Se ele comparecer, eu o insultarei!

Não havia acabado de dizer essas palavras e já a campainha tocava. Como um coelho espantado, de um salto meti-me na sala de música, ao lado da sala de estar, peça envidraçada da qual não havia saída. Por um lapso de tempo que me pareceu interminável, fiquei lá, escondido, enquanto Mildred e Mayer, na sala de estar, a poucos metros, discutiam os seus negócios. Tive a impressão de que ele sabia que eu estava escondido ali perto, pois a sua conversa foi medida e paternal. Depois de um momento de silêncio, em seguida a uma alusão dele ao meu nome, Mildred disse que eu talvez não viesse jantar em casa. Então, os dois se levantaram e eu fiquei horrorizado ante a ideia de que entrassem na sala de música e nela me encontrassem. Fingi estar dormindo. Contudo, Mayer se desculpou por não poder me esperar e se foi sem jantar.

Depois que me casei com Mildred, sua gravidez se desvaneceu: não passara de um falso alarme. Vários meses se passaram e eu filmei apenas uma comédia em três partes, *Um idílio campestre*,[2] e isso foi o mesmo que arrancar alguns dentes. O casamento, sem dúvida alguma, tivera péssimo efeito sobre as minhas faculdades criadoras. Depois de *Idílio campestre,* eu

---

[2] No original inglês: *Sunnyside*. (N. do T.)

me sentia inteiramente vazio de ideias. Em busca de um alívio para esse desespero fui ao Orpheum à procura de distrações e, nesse estado de espírito, vi um dançarino excêntrico, que nada tinha de extraordinário, mas que, ao terminar o número, levou ao palco o seu filhinho, garoto de quatro anos, para o agradecimento ao público, diante do qual ambos se inclinaram. Depois de o fazer, porém, o garoto de súbito deu alguns engraçados passos de dança e, lançando um olhar de inteligência à plateia, fez-lhe alguns acenos e desapareceu nos bastidores. A plateia delirou, de tal forma que o garoto teve de voltar à cena e, dessa vez, deu passos de dança diferentes dos primeiros. Isso poderia ser uma banalidade em se tratando de qualquer outra criança. Mas Jackie Coogan era realmente um menino encantador e o público se deliciou. Fizesse o que fizesse, o garotinho possuía uma aliciante personalidade.

Não pensei novamente nele senão uma semana depois, sentado no meio de um palco de filmagem, com todo o elenco em torno, ainda lutando para reunir ideias para a minha próxima película. Naquela época, eu muitas vezes me sentava assim, no meio dos artistas, porque a presença deles e suas reações eram para mim altamente estimulantes. Naquele dia eu estava arrasado e estéril. A despeito dos sorrisos amáveis dos outros, todos os meus esforços eram vãos. Minha mente não se fixava em coisa alguma. Comecei, então, a falar no número que vira no Orpheum e no garotinho, Jackie Coogan, que fora ao palco com o pai, para os agradecimentos.

Alguém disse que tinha lido naquela manhã que Jackie Coogan fora contratado por Chico Boia (Roscoe Arbuckle) para um filme. Essa notícia me traspassou como um raio.

— Meu Deus! Por que eu não pensei nisso?

Evidentemente, ele seria maravilhoso no cinema! Depois comecei a enumerar as possibilidades de aproveitamento de sua figura, os incidentes e as histórias que eu poderia filmar com ele. As ideias enxameavam.

— Podem vocês imaginar o vagabundo como um vidraceiro, consertador de janelas, e o garoto indo pelas ruas, jogando pedras nas janelas, para que ele seja chamado a consertá-las? E que coisa encantadora, o menino e o vagabundo vivendo juntos, tendo toda a espécie de aventuras?

Sentado entre os meus artistas, passei todo o dia elaborando a história, narrando cena por cena, enquanto o elenco olhava para mim com estranheza, imaginando como poderia eu gastar tanto tempo com uma causa perdida. Durante horas, continuei a imaginar incidentes e situações. Mas, subitamente, lembrei-me:

— Mas de que adianta? Arbuckle já o contratou e decerto tem ideias semelhantes às minhas. Que idiota eu fui em não ter pensado nisso antes!

Nessa tarde e durante toda a noite não consegui pensar senão nas possibilidades de uma história com aquele menino. Na manhã seguinte, em estado de depressão, convoquei os artistas para ensaios, só Deus sabe por que razão, pois nada tinha para ensaiar. Por isso, fiquei sentado no palco, com os artistas ao redor, num estado de completa confusão. Alguém sugeriu que eu procurasse outro menino, talvez um negrinho. Mas balancei a cabeça negativamente. Seria dificílimo encontrar outra criança com a personalidade de Jackie. Cerca das onze e trinta, Carlisle Robinson, o encarregado da nossa publicidade, entrou apressadamente no palco e gritou:

— Não foi Jackie Coogan que Arbuckle contratou, mas o pai dele, Jack Coogan!

Saltei da minha cadeira.

— Depressa! Telefone já para o pai dele. Diga-lhe que venha aqui imediatamente. E que é muito importante!

A notícia eletrizou todo o estúdio. Algumas figuras do elenco foram me felicitar, dando-me amistosos tapinhas nas costas. Mas eu ainda não havia contratado Jackie. E havia a possibilidade de que Arbuckle subitamente tomasse a mesma iniciativa. Por isso, disse a Robinson que fosse cauteloso com o que dissesse ao telefone, evitando alusões ao menino e nada dizendo, nem mesmo ao próprio pai, até que ele chegasse ao estúdio. Tudo quanto devia dizer-lhe é que se tratava de um caso urgente e que nós precisávamos vê-lo dentro de meia hora, no máximo. E se ele não pudesse vir ao estúdio, o estúdio iria até ele. Foi difícil localizar o pai do menino — ele não se achava no trabalho — e por duas horas vivemos sob um cruciante *suspense*.

Por fim, surpreendido e maravilhado, surgiu o pai de Jackie. Segurei-lhe num braço:

— Será uma sensação, a maior coisa que já se viu no cinema! Tudo o que ele tem a fazer é interpretar esse filme!

E continuei a falar nesse tom. O homem devia ter pensado que eu estava louco.

— Essa história vai dar a seu filho a grande oportunidade de sua vida!

— A meu filho?

— Sim, a seu filho, se o senhor me deixar fazer com ele esse filme!

— Claro, o garotinho está à sua disposição — disse o homem.

Costumam dizer que crianças e cachorros são os melhores atores em filmes. Ponham um garoto de doze meses numa banheira com o sabonete e, quando ele tentar agarrá-lo, as gargalhadas espocarão. Todas as crianças de uma forma ou de outra têm gênio. O truque consiste em fazê-lo manifestar-se. Com Jackie isso era fácil. Há poucas regras básicas no aprendizado da pantomima e Jackie rapidamente as dominou. Ele sabia conjugar a emoção com a ação e a ação com a emoção, podendo repetir uma cena tantas vezes quantas fossem necessárias, sem nada perder da espontaneidade inicial.

Há uma cena de *O garoto*[3] em que o menino está prestes a atirar uma pedra numa janela. Um policial surge e quando o menino move o braço para trás, a fim de jogar a pedra, a mãozinha dele roça na blusa do agente da lei. Então, o menino olha para o policial, atira a pedra para cima, apara-a na mão e, depois, joga-a longe e sai numa carreira desabalada. Depois de ter estabelecido a mecânica da cena, disse a Jackie que olhasse para mim e dei ênfase a estes pontos: "Você tem a pedra nas mãos; então, olha para a janela; depois, prepara-se para jogar a pedra; quando sua mão se move para trás, você sente o uniforme do policial; você passa as mãos sobre os botões da farda dele e, então, você olha para cima e vê que é um policial; aí você começa a brincar com a pedra, depois sai andando e, de repente, desanda a correr." Ele ensaiou essa cena três ou quatro vezes. Nesse processo, tornou-se tão cônscio de sua mecânica que a emoção acompanhava naturalmente os seus gestos. Em outras palavras: a mecânica inspirava a emoção. Tal cena foi uma das melhores de Jackie e um dos momentos altos do filme.

É claro que nem todas as cenas foram obtidas com a mesma facilidade. As mais singelas às vezes o perturbavam, como tantas vezes acontece com as cenas simples. Uma vez eu quis que ele fizesse a volta, natural-

---

[3]No original inglês: *The kid*. (N. do T.)

mente, numa porta giratória, mas não tendo nenhuma outra coisa com que se preocupar, ele se tornou tão convencido e pouco natural que tivemos de desistir. É difícil agir naturalmente quando não se tem a mente preocupada. Quando Jackie se concentrava em seu trabalho era verdadeiramente soberbo.

O contrato do pai de Jackie com Arbuckle terminou logo e, assim, ele podia acompanhar o filho ao nosso estúdio, onde acabou por interpretar o papel de um batedor de carteiras numa das cenas do filme. Às vezes, ele nos dava grande ajuda. Havia uma cena em que eu queria que Jackie chorasse, quando dois funcionários da Assistência aos Menores o vinham arrancar da minha companhia. Eu lhe contei toda a sorte de histórias comoventes, mas Jackie continuava alegre e cheio de picardia. Depois de uma hora de tentativas baldadas, seu pai me disse:

— Eu o farei chorar.

— Não vá me assustar o menino, nem bater nele — observei, com sentimento de culpa.

— Oh, não, não — disse o pai.

Jackie estava com o espírito tão jovial que eu não tive coragem de acompanhar a intervenção de seu pai e, por isso, fui para o meu camarim. Alguns momentos depois ouvi o choro e os gritos de Jackie.

— Ele está pronto — disse o pai.

Era a cena em que eu tomava o menino dos funcionários da Assistência aos Menores e, enquanto ele chorava, eu o abraçava e beijava. Quando a cena terminou, perguntei ao pai:

— Como foi que você o fez chorar?

— Apenas dizendo que, se ele não chorasse, os funcionários o levariam, de verdade, para o Asilo de Menores...

Voltei-me para Jackie, tomei-o nos meus braços e consolei-o. Suas bochechas ainda estavam banhadas de lágrimas.

— Eles não vão levar você — disse-lhe eu.

— Eu sabia — sussurrou ele. — Papai estava apenas fazendo de conta...

Gouverneur Morris, contista de mérito e autor de numerosos argumentos cinematográficos, frequentemente me convidava para o visitar em sua casa. Guy, como nós o chamávamos, era um tipo simpático e encantador.

Mas quando eu lhe descrevi o que seria *O garoto* e a forma que o filme ia tomando, como uma mistura de *slapstick* (farsa grosseira) e emoção, ele disse:

— Isso não funciona. As formas devem ser puras: ou *slapstick* ou drama. Você não pode misturar as duas. Se o fizer, um dos dois elementos falhará.

Tivemos longa discussão, puramente dialética, a tal respeito. Sustentei que a transição do *slapstick* para o sentimento era uma questão de graduação e de discrição na distribuição das sequências. Argumentei que essa forma seria aceita desde que na medida certa e que, se um artista tivesse do mundo uma visão de tal natureza, apesar da mistura, ela seria aceita. Era evidente que eu não baseava essa teoria a não ser na minha intuição. Existiam até então sátira, farsa, realismo, naturalismo, melodrama e fantasia, mas farsa crua e grossa, misturada com sentimento, até a filmagem de *O garoto* era coisa de todo inexistente. E, portanto, uma inovação.

QUANDO preparávamos os cortes, Samuel Reshevsky, de sete anos, campeão mundial infantil de xadrez, visitou o estúdio. Iria exibir-se no Clube Atlético jogando com vinte homens ao mesmo tempo, entre os quais o dr. Griffiths, que era o campeão da Califórnia. Tinha um rosto pequenino, magro, pálido, com grandes olhos que brilhavam com uma intensidade beligerante quando encaravam as pessoas. Eu já sabia que ele era caprichoso e temperamental, raramente apertando a mão de qualquer pessoa; e quando o seu empresário nos apresentou e disse algumas palavras a mais, o garoto ficou me olhando em silêncio. Eu continuei o trabalho de corte, olhando os quadros do filme. A certa altura, voltei-me para o menino:

— Você gosta de pêssegos?

— Gosto — respondeu ele.

— Pois bem. Temos no jardim um pessegueiro cheio. Suba nele e coma pêssegos à vontade, mas colha também um para mim.

O rosto do garoto se iluminou:

— Opa! Que bom! Onde é a árvore?

— Carl vai mostrar a você — disse eu, indicando o encarregado da publicidade.

Quinze minutos depois ele voltava, satisfeito, trazendo vários pêssegos. Foi esse o começo da nossa amizade.

— Você sabe jogar xadrez? — perguntou ele.

Tive de confessar que não sabia.

— Eu lhe ensino. Venha me ver jogar esta noite. Vou jogar contra vinte homens ao mesmo tempo — informou o pingo de gente, contando vantagem.

Prometi que iria e que depois o levaria para cear comigo.

— Ótimo! Eu liquido o pessoal bem depressa...

Não era necessário saber xadrez para apreciar o drama daquela noite: vinte homens de meia-idade, debruçados sobre os tabuleiros, enfrentando dilemas propostos por um guri cuja idade parecia menor do que a que ele aparentava. Observá-lo andando no centro de uma mesa em forma de U, fixando ora um, ora outro dos tabuleiros, era por si só um drama.

Havia alguma coisa de surrealista naquela cena, acompanhada por uma plateia de trezentas ou mais pessoas, sentadas nos dois lados do saguão, em profundo silêncio, enquanto o menino empenhava as suas forças mentais contra as daqueles velhotes compenetrados. Alguns espectadores olhavam para aquilo condescendentemente, com sorrisos de Mona Lisa.

O menino era assombroso e, contudo, ele me perturbava, pois eu sentia que, quando se concentrava, seu pequenino rosto se tornava de uma vermelhidão quase fulgurante, passando, depois, a uma palidez extrema. Senti que aqueles êxitos tinham como preço a sua saúde.

— Aqui! — chamava um jogador. E a criança ia enfrentá-lo. Estudava o tabuleiro por alguns segundos, movia bruscamente uma pedra e gritava:

— Xeque-mate!

E o rumor de uma gargalhada perpassava na plateia. Vi-o dar xeque-mate em oito jogadores em rápida sucessão, provocando sempre risos e aplausos. Ele examinava agora o tabuleiro do dr. Griffiths. A assistência estava silenciosa. Subitamente, o menino fez um movimento, voltou-se e me viu. Sua fisionomia se iluminou e ele me fez um aceno, indicando que não iria demorar. Depois de dar xeque-mate a vários outros jogadores, voltou-se para o dr. Griffiths, que continuava profundamente concentrado em seus cálculos:

— O senhor não fez ainda a sua jogada? — perguntou o menino com impaciência.

O médico balançou a cabeça negativamente.
— Vamos com isso! Depressa!
Griffiths sorriu. E o menino olhou para ele com ar desafiante:
— O senhor é incapaz de me bater! Se o senhor mover essa pedra, eu moverei esta! E se o senhor mover aquela, eu moverei aquela outra!
E, em rápida sucessão, indicou sete ou oito outros movimentos.
— Ficaríamos aqui a noite inteira. Portanto, vamos dar isso como empate.
O doutor concordou.

EMBORA eu tivesse me afeiçoado a Mildred, éramos irreconciliavelmente incompatíveis. Seu caráter não era mesquinho, mas exasperantemente felino. Nunca pude ter acesso à sua mente. Ela se escondia por trás de um intransponível biombo cor-de-rosa. Parecia flutuar olhando sempre para outros horizontes. Depois de estarmos casados durante um ano, nasceu uma criança, mas viveu apenas três dias. Assim, começou a crestar-se o nosso casamento. Embora vivêssemos na mesma casa, raramente nos víamos, porque ela estava sempre tão ocupada em seu estúdio quanto eu estava no meu. A casa tornou-se sombria e triste. Quando eu chegava, encontrava a mesa posta para um e jantava sozinho. Às vezes, ela permanecia ausente durante uma semana inteira sem uma palavra de explicação, e eu só sabia de sua ausência por lhe ver aberta a porta do quarto.
Se aos domingos nos encontrávamos acidentalmente, quando ela saía de casa, limitava-se a me dizer que ia passar o dia com as irmãs Gish ou com qualquer outra de suas amigas, e eu ia para a casa dos Fairbanks. Depois, veio o rompimento, ocorrido na época em que eu montava *O garoto*. Estava passando o fim de semana com os Fairbanks (Douglas e Mary estavam então casados). Foi Douglas quem me fez chegarem aos ouvidos certos rumores sobre Mildred.
— Achei que você devia saber — disse-me ele.
Até onde tais rumores tinham fundamento eu jamais o soube, mas confesso que fiquei deprimido. Quando interpelei Mildred, ela negou tudo friamente.
— Mas a verdade é que não podemos continuar a viver desta maneira — acrescentei.

Houve uma pausa. Ela olhou para mim com frieza e perguntou:

— Que é que você pretende fazer?

Falou tão sem paixão que me senti um pouco chocado.

— Eu... Eu acho que o melhor seria cuidarmos do divórcio — respondi calmamente, imaginando que espécie de reação ela teria.

Mas, em vez de responder, ela se calou e, depois de um longo silêncio, continuei:

— Creio que assim seremos ambos mais felizes. Você é jovem, tem toda uma vida à sua frente... E, é claro, poderemos fazer isso amigavelmente. Diga a seu advogado que se entenda com o meu advogado. E o que você quiser eu lhe darei...

— Quero dinheiro suficiente para cuidar de minha mãe — respondeu ela.

— Talvez você prefira que nós mesmos discutamos o assunto — arrisquei.

Ela pensou um momento e depois concluiu:

— Não. O melhor mesmo será consultar meus advogados...

— Muito bem — respondi. — Enquanto isso você ficará na casa e eu voltarei para o Clube Atlético.

Separamo-nos amistosamente, concordando em que ela pediria o divórcio acusando-me de crueldade mental e que não faríamos nenhuma declaração à imprensa.

Na manhã seguinte, Tom Harrington fez a mudança das minhas coisas para o Clube Atlético. Isto constituiu um erro, pois os rumores sobre a nossa separação depressa chegaram aos jornais e estes começaram a telefonar para Mildred. Telefonaram também para o Clube, mas eu me recusei a atendê-los e a fazer qualquer declaração. Ela, entretanto, cedeu e forneceu manchetes às primeiras páginas, afirmando que eu a havia abandonado e que ia pedir o divórcio, acusando-me de crueldade mental. Comparado com os mais recentes exemplos, o seu ataque era moderado. Contudo, telefonei-lhe para perguntar por que não cumprira o acordo no que tocava à imprensa. Explicou-me, então, que a princípio se recusara a falar, mas lhe haviam dito que eu fizera declarações muito fortes contra ela. É evidente que se tratava de uma mentira, destinada a provocar o nosso mútuo antagonismo. Foi isso o que lhe expliquei e Mildred me prometeu que não mais faria declarações. Mas fez.

A lei da comunhão de bens da Califórnia dava-lhe direito a vinte e cinco mil dólares, mas eu lhe dei cem mil, que ela concordou em receber como liquidação definitiva. Mas no dia em que deveria assinar os papéis finais, subitamente retirou a palavra, sem apresentar qualquer razão.

Meu advogado ficou surpreso com tal atitude — "há alguma coisa no ar", disse ele, e realmente havia. Eu me desentendera com a First National por causa da distribuição de *O garoto*. Tratava-se de um filme em sete partes, que aquela companhia queria distribuir na base de três comédias de duas partes. Dessa maneira, ela me pagaria apenas quatrocentos e cinco mil dólares por *O garoto*. Como a película me havia custado mais de meio milhão de dólares, além de dezoito meses de trabalho, eu lhes disse que antes de aceitar tais condições o inferno teria que se transformar numa geleira. Houve ameaça de processo. Legalmente, a gente da First National tinha pouca possibilidade de vencer. Por isso, decidiu agir através de Mildred e procurou ligá-la a *O garoto*.

Como eu ainda não tinha acabado de cortar o filme, o meu instinto me disse que era melhor terminar o trabalho em outro estado. Assim, parti para Salt Lake City com dois técnicos especializados e cerca de duzentos mil metros de filme, acomodados em quinhentas latas. Ficamos no Salt Lake Hotel. Num dos dormitórios guardamos o filme, usando todas as peças do mobiliário, cômodas, gavetas, armários, guarda-roupas. Era contrário à lei ter coisa tão facilmente inflamável num hotel e, por isso, devíamos manter o maior segredo. Foi em tais circunstâncias que continuamos a cortar o filme. Tínhamos cerca de duas mil cenas para selecionar e, embora todas estivessem numeradas, se ocasionalmente esquecíamos uma delas perdíamos depois horas para procurá-la — na cama, embaixo da cama ou no banheiro. Com tão desalentadoras desvantagens e sem os meios técnicos adequados, miraculosamente chegamos ao fim do nosso trabalho.

Agora, tínhamos que enfrentar a provação da estreia diante de uma plateia. Eu só vira o filme na pequena máquina de corte, na qual as cenas de uma película nunca excedem as dimensões de um cartão-postal ao serem projetadas sobre uma toalha. Ainda bem que eu vira os copiões de cada cena em tamanho normal, no meu estúdio, mas agora tinha a deprimente sensação de que quinze meses do meu trabalho tinham sido executados no escuro. Ninguém tinha visto a película, a não ser o pessoal do estúdio. Depois de passá-la e repassá-la na máquina de corte, nada mais parecia engraçado ou interessante como a princípio havíamos imaginado. Só poderíamos nos tranquilizar se a reação de pessoas inteiramente estranhas viesse confirmar o nosso entusiasmo inicial.

Decidimos tirar a prova dos nove e arranjamos uma exibição num cinema de Salt Lake City, sem nenhum anúncio. O cinema era grande e três quartos da plateia estavam ocupados. Em estado de desespero, sentamo-nos e esperamos que o filme programado começasse. Aquela plateia particular parecia não ter a menor simpatia para com coisa alguma que lhe apresentassem. Comecei a duvidar da minha própria capacidade de julgamento a respeito do modo pelo qual as plateias reagiam à comédia. Talvez eu tivesse cometido um equívoco. Talvez meu empreendimento fosse um tiro pela culatra e a plateia ficasse apenas perplexa. E começou então aquele suplício aflitivo que os comediantes experimentam quando se enganam em seus motivos cômicos.

Subitamente o meu estômago subiu para a minha garganta enquanto um letreiro aparecia na tela: "Charlie Chaplin em seu último filme, *O garoto.*" Um grito de verdadeira delícia escapou da plateia e se fizeram ouvir alguns aplausos esparsos. Por mais paradoxal que pareça, isso me deixou preocupado: talvez esperassem muito e, no final, saíssem desapontados.

As primeiras cenas eram de exposição, lentas e solenes, e me deixaram na agonia de uma terrível expectativa. Uma pobre mãe enjeita o filho, deixando-o numa limusine. O carro é furtado e os ladrões que dele se apoderam acabam colocando a criança numa lata de lixo. Depois eu aparecia, como o vagabundo. Houve uma gargalhada, que reboou pela plateia. Perceberam que iam começar as alternativas de comicidade! Daí por diante não cabiam mais dúvidas. Eu descobria a criança e a adotava. A plateia riu da rede que improvisei com velhos sacos e soltou gritos quando alimentei a criança com uma chaleira velha em que adaptara um bico de mamadeira. E as exclamações de alegria foram ainda maiores quando abri um buraco no assento de uma velha cadeira para lhe colocar debaixo um penico. Na verdade, a plateia riu histericamente durante todo o filme.

Agora, que o filme tinha sido exibido, sentimos que o corte estava perfeito e, por isso, arrumamos as malas e as latas, partindo rumo ao leste. No Ritz, em Nova York, vi-me obrigado a permanecer no meu quarto, pois estava sendo procurado por oficiais de Justiça, com intimações por instigação da First National, que assim usava o divórcio para ligar Mildred à película. Durante três dias os oficiais de Justiça ficaram de atalaia no saguão do hotel e eu comecei a me aborrecer com isso. E quando Frank Harris me convidou para jantar em sua casa não pude resistir à tentação. Naquela noite, uma mulher com o rosto oculto por pesado véu passou através do saguão e tomou um táxi. Era eu! Tinha tomado por empréstimo as roupas da minha cunhada, que vesti sobre as minhas próprias, e me desfiz do disfarce no táxi, antes de chegar à casa de Frank.

Desde que li os seus livros, passara a admirar Frank Harris, que era, para mim, um ídolo. Ele vivia em perene estado de crise financeira. Semana sim, semana não, sua revista, *Pearson's Magazine*, estava a ponto de fechar. Depois da publicação de um dos seus apelos, enviei-lhe uma contribuição em dinheiro e, em sinal de gratidão, ele me mandou o seu livro sobre Oscar Wilde, no qual escreveu:

> *A Charlie Chaplin,*
> *um dos poucos que me ajudaram*
> *mesmo sem me conhecer, um dos*
> *raros artistas do humorismo que*
> *frequentemente tenho admirado,*
> *pois os homens que fazem rir valem*
> *mais do que os que fazem chorar —*
> *de seu amigo, Frank Harris, que lhe*
> *envia o seu próprio exemplar. Agosto,*
> *1919.*
> "Eu louvo apenas o escritor que
> diz a verdade sobre os homens, com
> lágrimas nos olhos." Pascal

1. Com sete anos e meio na escola de Kennington.
(Assinalado por uma seta.)

2. Minha mãe.

3. Meu pai.

4. Meu irmão, com dezessete anos.

5. O sótão da casa n. 3 de Pownall Terrace, Kennington Road, com suas duas janelas (assinaladas).

6. A casa n. 287 de Kennington Road, em cujo primeiro andar eu e Sydney moramos com Louise e papai.

7. O quarto pegado ao matadouro e à fábrica de picles, onde moramos quando mamãe saiu do hospício.

8. O asilo de Lambeth.

9. Marie Doro em *Sherlock Holmes*.

10. O sr. e a sra. Fred Karno (à esquerda) em sua casa flutuante em Tagg's Island.

11. O time de hóquei da Companhia Karno. Stan Laurel está atrás de mim.

12. Cinco companhias diante do escritório de Karno, em Camberwell, de partida para os *music-halls* do centro e da periferia de Londres.

AOS DEZESSEIS ANOS, AMBIÇÕES FRUSTADAS DE SER UM ATOR DRAMÁTICO

13. Minha imitação de Beerbohm Tree no papel de Fagin.

14. Como dr. Walford Bodie, cirurgião de fama incruenta.

15. Com Alf Reeves, sua esposa e Muriel Palmer em nossa viagem para a América com a Companhia Karno.

16. Antes do meu sucesso...

17. ...e depois.

18. "Um cavalheiro, um poeta, um sonhador — sempre à espera do amor."

NO TEMPO DE KEYSTONE

19. Roscoe Arbuckle (Chico Boia).

20. Mabel Normand.

21. Ford Sterling.

22. Mack Sennett.

23. Com D. W. Griffith (à esquerda), a quem eu considerava um gênio, e Sid Grauman (à direita), magistral empresário.

24. Durante uma festa nos estúdios de Mack Sennett. Da esquerda para a direita: Thomas Ince, eu, Mack Sennett e D. W. Griffith.

25. Balé norte-americano — os policiais de Keystone.

26. A prosperidade bafejou os estúdios Keystone depois que saí.

27. G. M. Anderson, conhecido como Bronco Billy, da Companhia Essanay, de quem recebi meu primeiro cheque de 600 dólares.

28. Um ano depois, Freuler, o presidente da Mutual Film Company, entregando-me um cheque de 150 mil dólares.

29. O estúdio que construí em Hollywood.

30. Constance Collier.

31. *Sir* Herbert Beerbohm Tree.

32. Iris Tree.

34. Com Sydney no papel de Kaiser.

33. Partida para Washington com Mary e Douglas.

35. No sul dos EUA, onde milhões de dólares foram levantados.

36. Eu fotografado por Edward Steichen.

37. Maude Fealy.

38. Edna Purviance, que ficou com a Companhia Chaplin por toda a vida.

39. Na época do meu casamento com Mildred Harris.

40. Com meus mentores, Upton Sinclair (à esquerda) e Rob Wagner (à direita).

41. Construindo um cenário sem nenhuma ideia em mente.

42. Nos tempos da revista *Vanity Fair*, em Nova York, com Frank Crowninshield (extrema esquerda), o embaixador Gerrard Edward Knoblock (extrema direita) e Condé Nast, todos de pé. Alice Delysia está sentada entre mim e Georges Carpentier.

43 a 45. Cenas de *O garoto*.

46. Com Eric Campbell em *Os ociosos*.

47. Em *O garoto*.

48. Em *Um idílio campestre*.

CHEGANDO

49. Em Paris.

50. Em Londres.

51. Quando rapazola.

52. Meu primeiro encontro com *sir* Philip Sassoon (centro) por intermédio do campeão de boxe Georges Carpentier, em Paris.

53. Com Amy Johnson (esquerda), *lady* Astor e Bernard Shaw.

54. O encontro com Gandhi em Londres.

55. Winston Churchill erguendo um brinde na festa que dei após o lançamento de *Luzes da cidade* em Londres.

56. Com Jascha Heifetz.

57. Um filme feito em casa. A heroína é *lady* Mountbatten; o vilão com revólver sou eu.

58. O pianista Godowsky e sua família. O filho mais velho, à minha direita, tornou-se um dos inventores da fotografia a cores.

59. Comunicando a lorde Mountbatten que ele não é um ator.

60. Randolph e Millicent Hearst.

61. Com Randolph Hearst e Marion Davies.

62. San Simeon, a residência de William Randolph Hearst.

63. Alf Reeves, meu fiel empresário.

64. Com o dr. Cecil Reynolds, especialista em cirurgia do cérebro e meu amigo.

65. A casa que construí em Beverly Hills, quando tornei à condição de solteiro, em 1923.

66. A *Panaceia*, no sentido pleno da palavra.

67. Uma história de pescaria: o atum de 50 quilos que pesquei na ilha de Catalina com Edward Knoblock.

68. Peggy Hopkins Joyce.

69. Pola Negri.

70. Com Anna Pavlova nos estúdios Chaplin.

71. Com Albert Einstein na estreia de *Luzes da cidade*.

72. Com Clara Haskil e Pablo Casals na mansão de Ban, Vevey.

73. Paulette Goddard em *O grande ditador.*

74. Virginia Cherril em *Luzes da cidade.*

75. Edna Purviance em *Casamento ou luxo?*.

76. Georgia Hale em *Em busca do ouro*.

77. Merna Dennedy em *O circo*.

78. Douglas Fairbanks — nosso primeiro encontro...

79. ...e o último.

CENAS DE O GRANDE DITADOR

80. O barbeiro.

81. O ditador.

82. Novamente o ditador.

83. A mecânica do filme — o corte.

84. Uma sessão de gravação.

85. Almoço durante a filmagem.

86 a 88. Com Marilyn Nasch em cenas de *Monsieur Verdoux*.

89. Durante o meu julgamento.

90. Oona em 1942.

91. Uma reunião infantil para Michael na casa de Beverly Hills: Oona (centro) e Judy Garland (sentada à extrema esquerda).

92. O clã começa a crescer. Beverly Hills: com Oona, Michael e Geraldine.

93. O último filme que fiz na América: Claire Bloom em *Luzes da ribalta*.

94. ...e meu primeiro filme produzido em Londres: Dawn Addams em *Um rei em Nova York*.

95. Com o presidente da França Vincent Auriol.

96. Com o primeiro-ministro Ramsay MacDonald.

97. Com o *abbé* Pierre.

98. Com a rainha da Espanha.

99. Com Chu En-Lai.

100. Com o reverendíssimo Hewlett Johnson, ex-deão de Canterbury.

101. Num cabaré com Winston Churchill. A ex-duquesa de Rutland está à minha direita e *sir* Philip Sassoon, à direita dela.

102. A mansão de Ban.

103. Reunião do clã para o Natal na mansão de Ban. Da esquerda para a direita: Annette, Jane, Eugene, Victoria, Josephine e Christopher. Geraldine e Michael estavam em Londres nessa ocasião.

MEUS FILHOS MAIS VELHOS

104. Sydney.

105. Charlie.

106. Dirigindo Michael em *Um rei em Nova York*.

107. Minha tentativa de pintar Oona em aquarela.

108. Victoria num momento musical.

109. A pescaria de Josie.

110. Geraldine.

111. Victoria e Josephine.

112. Oona.

113. Instantâneo tirado por Oona.

Naquela noite encontrei-me com Frank pela primeira vez. Ele era baixo, atarracado, com uma nobre cabeça, forte e de linhas bem-proporcionadas, na qual existia um bigodinho de pontas viradas para cima, um tanto desconcertante. Tinha uma voz profunda, ressonante, e que sabia utilizar com grande efeito. Estava então nos sessenta e sete anos e casara-se com uma linda moça de cabelos ruivos, que lhe era inteiramente devotada.

Conquanto socialista, Frank era grande admirador de Bismarck e revelava certo desdém pelo líder socialista alemão Liebknecht. Sua imitação de Bismarck, com as pausas germânicas, a responder a Liebknecht no Reichstag, era um primor de histrionice. Frank poderia ter sido um grande ator. Conversamos até quatro horas da manhã, ele quase sempre com a palavra.

Naquela noite decidi dormir noutro hotel, temendo que os oficiais de Justiça ainda estivessem à espreita. Mas todos os hotéis de Nova York estavam repletos. Depois de andar de um lado para outro durante mais de uma hora, o chofer, que era um tipo rústico, de seus quarenta anos, voltou-se e me disse:

— Ouça, amigo, você não vai achar hotel nenhum numa hora dessas. O melhor é vir para o lugar onde vivo e dormir lá até de manhã.

A princípio fiquei temeroso, mas quando ele falou na esposa e na família convenci-me de que tudo resultaria bem. Além disso, eu ficaria a salvo dos oficiais de Justiça.

— É muita bondade sua — disse-lhe eu, dando-me, então, a conhecer.

O homem ficou surpreendido e riu:

— Minha mulher vai cair das nuvens!

Chegamos a uma das ruas mais congestionadas do bairro de Bronx, onde se alinhavam casas cor de tijolo. Entramos numa delas, escassamente mobiliada, mas impecavelmente limpa. Ele me levou para um quarto dos fundos onde havia uma larga cama, na qual um menino, seu filho, de uns doze anos, dormia profundamente.

— Espere! — disse levantando o menino e colocando no lado oposto da cama. — Agora deite-se aí — completou.

Eu estava a ponto de me arrepender, mas aquela hospitalidade era tão comovente que não a pude recusar. Ele me deu uma camisola limpa e, com um sorriso amarelo, meti-me na cama dominado por terrível medo de acordar o menino. Não consegui pregar olhos. Quando o garoto acordou, levantou-se e vestiu-se, através dos olhos semicerrados observei que se limitara a me dirigir um olhar casual e a deixar o quarto, sem qualquer outra reação. Alguns minutos depois, ele e uma jovem de oito anos, evidentemente sua irmã, irromperam no quarto. Fingindo ainda estar adormecido, percebi que me examinavam, de olhos arregalados, na maior excitação. A menina pôs as mãos na boca para abafar o riso e os dois saíram. Não demorou muito, comecei a perceber rumores de pessoas que conversavam no corredor. Depois, ouvi uma recomendação de silêncio, sussurrada pelo chofer, que entrou no quarto, para ver se eu já tinha acordado. Assegurei-lhe que sim.

— Seu banho está preparado — disse ele. — O banheiro é no fim do corredor.

Levara um roupão, chinelos e uma toalha.

— Gostaria de alguma coisa no desjejum?

— Qualquer coisa serve — disse eu como me desculpando.

— Não, senhor. Diga: ovos com toucinho defumado, torradas e café?

— Magnífico.

Tudo foi preparado a tempo e a hora. Assim que acabei de me vestir, a esposa dele entrou com o desjejum quentinho, servido na sala. Havia pouca mobília: apenas uma mesa de centro, uma poltrona e um sofá. Várias fotografias emolduradas apareciam sobre um aparador e na parede, acima do sofá. Enquanto fazia sozinho a primeira refeição, ouvia o ruído característico dos ajuntamentos humanos. Uma multidão de crianças e adultos tomava a frente da casa.

— Já souberam que o senhor está aqui — sorriu a esposa do chofer, trazendo-me o café.

Depois foi seu marido que entrou, muito excitado:

— Está crescendo a multidão aí em frente da casa. Se o senhor deixar que essas crianças o vejam de perto elas irão logo embora. Senão, os repórteres da imprensa vão aparecer e o senhor está frito!

— Então diga às crianças que entrem — respondi.

E as crianças entraram, risonhas, e cercaram a mesa, enquanto eu tomava o meu café.

O chofer, do lado de fora, comandava:

— Está bem, mas nada de assanhamentos! Em fila, duas de cada vez...

Uma mulher jovem entrou na sala, com o rosto tenso e sério. Olhou longamente para mim como se procurasse reconhecer-me e, depois, teve um acesso de choro:

— Não, não é ele... Pensava que fosse — dizia, aos soluços.

Parece que uma pessoa amiga lhe havia dito, criticamente:

— Quem é que você pensa que está aí? Nunca seria capaz de adivinhar!

Ela estava em minha presença esperando ver o irmão, que tinha sido dado como desaparecido na guerra. Decidi voltar ao Ritz, com intimações ou sem elas. Contudo, lá não mais estavam os oficiais de Justiça. Em vez deles, encontrei um telegrama da Califórnia, no qual meus advogados me faziam saber que tudo estava arranjado e que Mildred tinha requerido o divórcio.

No dia seguinte, o chofer e sua esposa, vestindo suas melhores roupas, foram me visitar. Ele me disse que a imprensa o estava apertando para que escrevesse uma história, para as edições dominicais, sobre a minha estada em sua casa.

— Mas — acrescentou — eu lhes disse que não escrevo coisa alguma, a menos que obtenha a sua permissão.

— Pode escrever — disse eu, rindo.

E ENTÃO os cavalheiros da First National me procuraram, metaforicamente, de chapéu nas mãos. Um dos seus vice-presidentes, o sr. Gordon, o volumoso dono de uma cadeia de cinemas nos estados do leste, queixou-se:

— O senhor quer um milhão e meio de dólares e nós nem sequer vimos o filme!

Confessei que eles tinham razão nesse ponto e uma exibição foi programada. Noite dramática, aquela. Vinte e cinco exibidores da First National encheram a sala de projeção, como médicos legistas que se reúnem para examinar um cadáver. Era uma reunião de homens implacáveis, céticos e antipáticos. O filme começou. O letreiro inicial dizia: "Um filme com um sorriso e, talvez, com uma lágrima."

— Não está mau — disse o sr. Gordon, com ares de quem queria demonstrar magnanimidade.

Depois da primeira exibição, em Salt Lake City, crescera a minha confiança, mas, antes de chegar o filme ao meio, ela se tinha desvanecido. Embora tivesse provocado gritos por ocasião de sua estreia, agora mal provocara uma ou duas gargalhadas. Quando, por fim, as luzes se acenderam, houve um momento de silêncio. Depois eles começaram a se espreguiçar e a conversar uns com os outros.

— Onde você vai jantar esta noite, Harry?

— Vou com a minha mulher ao Plaza e, depois, iremos ao espetáculo do Ziegfeld.

— Ouvi dizer que é muito bom.

— Você não quer vir conosco?

— Não. Vou deixar Nova York esta noite. Tenho que ir à colação de grau do meu filho...

Enquanto a conversa prosseguia, sobre tópicos dessa natureza, os meus nervos estavam iguais ao fio de uma navalha. Por fim, criei coragem e os interrompi:

— Então, senhores? A que decisão chegaram?

Alguns assumiram uma atitude formal, outros olharam para o chão. O sr. Gordon, que, evidentemente, era o porta-voz do grupo, começou a andar lentamente para um lado e para outro. Era um homem corpulento, pesadão, com uma cara de coruja e os olhos escondidos por trás de grossas lentes.

— Bem, Charlie, acho que preciso me reunir com os meus associados.

— Sim, eu sei. Mas os senhores gostaram do filme?

Ele hesitou e, depois, disse, de cara amarrada:

— Charlie, nós estamos aqui para comprar o filme... Não para dizer quanto gostamos dele.

Essa observação provocou uma ou duas ruidosas gargalhadas.

— Eu não farei um preço extra, se tiverem gostado — disse eu.

Ele hesitou:

— Francamente, eu esperava outra coisa...

— Que é que o senhor esperava?

— Bem, Charlie — disse ele lentamente. — Por um milhão e meio de dólares... Bem, isso não tem um impacto decisivo...

— Que é que o senhor esperava? Que eu deitasse abaixo a ponte de Londres?

— Não... Mas, por um milhão e meio... — E sua voz se aflautou, num falsete.

— Bem, cavalheiros: é pegar ou largar — disse eu, impaciente.

J. D. Williams, o presidente, adiantou-se então e tomou o assunto em suas mãos, começando por me lisonjear:

— Charlie, acho que o filme é maravilhoso. É humano, diferente... (Eu não gostei desse *diferente*.) Tenha um pouco de paciência e aplainaremos as coisas...

— Não há nada a aplainar — disse eu, asperamente. — Dou-lhes uma semana para que cheguem a uma decisão.

Depois da forma por que me haviam tratado, eu não lhes tinha mais nenhum respeito. Contudo, eles mais que depressa resolveram fechar o negócio e o meu advogado redigiu um contrato, estabelecendo que eu receberia cinquenta por cento dos lucros, depois que eles tivessem recuperado o seu milhão e meio. O filme ficaria arrendado a eles por um período de cinco anos, revertendo, depois, à minha inteira e total propriedade, tal como as minhas demais produções.

TENDO me libertado dos encargos domésticos e profissionais, senti-me como alguém que flutua no ar. Vivera como um recluso, escondido, durante várias semanas, sem ver nada além das quatro paredes do meu quarto de hotel. Alguns dos meus amigos, tendo lido a história da minha aventura com o chofer de táxi, começaram a me telefonar, e agora uma vida livre, maravilhosa, desembaraçada, se iniciou para mim. A hospitalidade de Nova York me fazia serenatas. Frank Crowninshield, diretor de *Vogue* e de *Vanity Fair*, serviu-me de guia através da vida noturna da grande cidade. E Condé Nast, proprietário dessas duas revistas, ofereceu as mais belas festas. Ele vivia numa ampla cobertura da Madison Avenue, onde a elite das artes e do mundo financeiro se reunia, juntamente com as lindas garotas das Ziegfeld Follies, inclusive a encantadora Olive Thomas e a deslumbrante Dolores.

No Ritz, onde eu estava hospedado, vivi em meio a um turbilhão de acontecimentos sensacionais. O dia inteiro o telefone tilintava com os mais sedutores convites. Gostaria de passar o fim de semana aqui, ir fazer equitação ali? A vida da cidade se misturava com a vida campestre, mas eu adorava isso. Nova York estava cheia de intrigas românticas, de ceias à meia-noite, de almoços e jantares de gala, que não deixavam um momento livre, nem mesmo para o desjejum. Tendo arranhado a epiderme da socie-dade nova-iorquina, eu queria agora descer ao tecido subcutâneo do mundo intelectual de Greenwich Village.

Muitos comediantes, palhaços e cantores, depois de terem conquista-do sucesso, chegam a um ponto em que experimentam a necessidade de aprimoramento do espírito. Sentem fome de maná intelectual. O estudante irrompe de onde menos se espera: dentre os alfaiates, os fabricantes de charutos, os pugilistas, os garçons, os choferes de caminhão. Na casa de um amigo, em Greenwich Village, lembro-me de ter dito que me sen-tia frustrado em minhas tentativas de encontrar as palavras exatas para a tradução do meu pensamento. Disse-lhe que os dicionários comuns eram inadequados.

— Evidentemente, um método deve ser inventado — disse eu — de ex-primir lexicograficamente as ideias, transformando as palavras abstratas em concretas, e através de processos dedutivos e indutivos chegar-se ao termo exato, que caracterize de forma precisa esse pensamento...

— Já existe esse livro — ensinou-me um negro, chofer de caminhão. — É o *Thesaurus*, de Roget...

Um criado que trabalhava no Alexandria Hotel costumava citar Karl Marx e William Blake todas as vezes que me servia. Um acrobata cômico, com um sotaque que denunciava irremediavelmente a sua condição de pessoa nascida no Brooklyn, recomendou-me *A anatomia da melancolia*,[4] de Burton, dizendo-me que Shakespeare fora influenciado por ele, do mesmo modo que Sam Johnson.

— Mas você pode saltar as passagens em latim — acrescentou.

Para os demais eu era, intelectualmente, um camarada. Desde a época das variedades tinha lido muito, mas sempre de forma dispersiva. Sendo um leitor moroso, nem sempre chego ao fim dos livros. Uma vez familiarizado com a tese e com o estilo de um autor, invariavelmente perco o interesse. Contudo, li cada uma das palavras de cinco dos volumes das *Vidas*, de Plutarco. Considerei-as, no entanto, pouco edificantes, não valendo o esforço empregado em sua leitura, e por isso nem toquei nos demais volumes. Li judiciosamente. Alguns livros foram por mim muitas vezes relidos. Durante anos e anos, manuseei Platão, Locke, Kant, *A anatomia da melancolia*, de Burton, a cujas páginas tantas vezes voltei, sempre com grande interesse.

Em Greenwich Village conheci o ensaísta, historiador e romancista Waldo Frank, o poeta Hart Crane, Max Eastman (diretor de *The masses*), Dudley Field Malone, brilhante advogado e controlador do porto de Nova York, assim como sua esposa, Margaret Foster, a sufragista. Almocei no Christen's Restaurant, onde conheci vários membros dos Provincetown Players que ali faziam regularmente as suas refeições durante a época em que ensaiavam *O imperador Jones*,[5] drama de um jovem teatrólogo, Eugene O'Neill (mais tarde meu sogro). Eles me mostraram o seu teatro, localizado numa antiga cocheira, nada maior que uma estrebaria para uns seis cavalos.

Eu travara conhecimento com Waldo Frank através de seu livro *Nossa América*,[6] publicado em 1919. Seu ensaio sobre Mark Twain é profundo e

---

[4] No original inglês: *Anatomy of melancholy*. (N. do T.)
[5] No original inglês: *Emperor Jones*. (N. do T.)
[6] No original inglês: *Our America*. (N. do T.)

constitui uma penetrante análise sobre o homem. Incidentemente, devo dizer que Waldo foi o primeiro a escrever seriamente a meu respeito. Por isso, naturalmente, tornamo-nos amigos. Ele é uma mistura de místico e de historiador, e sua aguda visão alcançou o que há de mais recôndito na alma das Américas, do Norte e do Sul.

Tivemos em Greenwich Village noites muito interessantes. Através de Waldo, quando jantava em seu pequeno apartamento, conheci Hart Crane e travamos animada palestra, que só terminou à hora do café da manhã. Nossas conversas eram absorventes simpósios, nos quais nós três nos esforçávamos para definir de maneira sutil os nossos pensamentos. Hart Crane era desesperadamente pobre. Seu pai, um milionário fabricante de balas e bombons, queria vê-lo no mesmo negócio e o tentou afastar da poesia, negando-lhe qualquer ajuda financeira.

Não tenho ouvido nem gosto pela poesia moderna, mas ao escrever este livro, li *A ponte,*[7] de Hart Crane, expansão emotiva, estranha e dramática, cheia de lacerante angústia e de agudas imagens lavradas em diamante, para mim um tanto estridente. Talvez a estridência estivesse no próprio Hart Crane. Contudo, ele antes dava pessoalmente a impressão de uma doce suavidade.

Discutimos a finalidade da poesia. Eu sustentei que ela era uma carta de amor dirigida ao mundo. "A um pequenino mundo", disse Hart, alegremente. Ele falou do meu trabalho, situando-o na linha das comédias gregas antigas. Confessei-lhe que havia tentado ler uma comédia de Aristófanes traduzida para o inglês, mas não conseguira chegar ao fim. Hart acabou ganhando uma bolsa da Fundação Guggenheim, mas quando já era demasiado tarde. Depois de muitos anos de pobreza e de abandono, ele se entregara à bebida e à dissipação. E, ao voltar do México para os Estados Unidos, num navio de passageiros, atirou-se ao mar. Um ano antes de seu suicídio, ele me enviara o seu livro de poemas breves intitulado *Edifícios brancos,*[8] publicado por Boni e Liveright. Na página de rosto, escreveu: "A Charles

---

[7]No original inglês: *the bridge.* (N. do T.)
[8]No original inglês: *White buildings.* (N. do T.)

Chaplin, em memória de *O garoto* — de Hart Crane, 20 de janeiro de 1928."
Um dos poemas se intitulava *Chaplinesco*:

Fazemos nossos mesquinhos ajustes / E nos contentamos com tão esparsas consolações, / Enquanto os ventos cortantes / Formam amplos redemoinhos. / Pois ainda pode amar o mundo quem / Um gatinho faminto encontra num degrau / E o abriga da fúria das ruas / E o aquece na curva do braço maltrapilho. / Ficamos de lado, e no duelo final / Brincamos com o agressivo dedo / Que se volta acusador contra nós / Encarando a sua insensibilidade / Com inocência e surpresa / E todavia esses leves desmaios não são mais mentirosos / Que os molinetes de flexível bengalinha; / Nossos funerais não seriam coisa difícil. / Podemos sufocar tudo o mais, menos o coração. / Quem nos condenará se ele persistir em viver? / Tudo estaria perdido se não víssemos / A lua rindo sobre uma alameda solitária / Transformar num gral luminoso uma velha lata vazia / E se através de todos os ruídos alegres / Não ouvíssemos um gatinho miar extraviado.[9]

---

[9]No original inglês:

We make our meek adjustments,
Contented with such random consolations
As the wind deposits
In slithered and too ample pockets.

For we can still love the world, who find
A famished kitten on the step, and know
Recesses for it from the fury of the street,
A warm torn elbow coverts.

We will sidestep, and to the final smirk
Dally the doom of that inevitable thumb
That slowly chafes its puckered index towards us,
Facing the dull squint with what innocence
And what surprise!

And yet these fine collapses are not lies
More than the pirouettes of any pliant cane;
Our obsequies are, in a way, no enterprise.
We can evade you, and all else but the heart:
What blame to us if the heart live on?

The game enforces smirks; but we have seen
The moon in lonely alleys make
A grail of laughter of an empty ash can,
And through all sound of gaiety and quest
Have heard a kitten in the wilderness.

Dudley Field Malone deu uma interessante festa em Greenwich Village e convidou o industrial holandês Jan Boissevain, Max Eastman e outros. Um desses homens, um tipo muito interessante que me foi apresentado como George (nunca lhe soube ao certo o nome), parecia muito nervoso e excitado. Soube, depois, que ele havia sido o grande favorito do rei da Bulgária, que financiara a sua educação na Universidade de Sófia. Mas George desembaraçou-se do patrocínio real e se tornou comunista, imigrando para os Estados Unidos e filiando-se à Internacional dos Trabalhadores, em consequência do que foi condenado a vinte anos de prisão. Passara dois anos no cárcere e apelara com êxito para um novo julgamento, estando, então, em liberdade sob fiança. Estava decifrando charadas, quando Dudley Field Malone observou:

— Ele não tem nenhuma possibilidade de ser absolvido no novo julgamento.

George, enrolado numa toalha de mesa, imitava Sarah Bernhardt e todos nós ríamos. Mas ríamos pensando, intimamente, como também ele devia pensar, que dezoito anos de prisão o esperavam. Noite estranha e extenuante. Quando eu ia partir, George saiu no meu encalço, perguntando:

— Que pressa é essa, Charlie?

Levei-o para um canto. Era difícil saber o que eu devia lhe dizer, mas fiz um esforço e sussurrei:

— Posso ajudar em alguma coisa?

Ele fez um gesto, como o de quem quer afastar uma preocupação importuna, mas depois apertou minha mão e disse, comovidamente:

— Não se preocupe, Charlie. Tudo sairá bem.

GOSTARIA de ter permanecido mais tempo em Nova York, mas o trabalho estava à minha espera na Califórnia. Em primeiro lugar, queria me libertar do meu contrato com a First National, pois estava ansioso para me ligar à United Artists. O regresso pesou-me como um cativeiro depois dos dias de liberdade e despreocupação que eu vivera em Nova York. O problema de completar quatro comédias de duas partes para a First National me parecia uma tarefa insuperável. Durante vários dias sentei-me no estúdio exercitando o hábito de pensar. Do mesmo modo que tocar violino ou piano, a arte de pensar exige uma prática diária e eu tinha perdido esse hábito. Deixara-me absorver demasiadamente pela vida caleidoscópica de Nova York e não me afastara de lá sem levar feridas. Por isso, com meu amigo inglês, dr. Cecil Reynolds, decidi ir para Catalina, a fim de pescar um pouco.

Para quem goste de pescar, a ilha de Catalina é um paraíso. Avalon, sua velha e sonolenta aldeia, possui dois pequenos hotéis. As pescarias abrangem o ano inteiro. Se é tempo de atum, não se encontra um bote para alugar. Uma manhã, bem cedo, alguém grita: "Eles estão aí!" E os atuns, de quinze a cento e cinquenta quilos cada um, saltitam à flor das águas, até onde a nossa vista pode alcançar. O hotel adormecido subitamente vibra de intensa excitação. E quem alugou um barco com antecedência corre para ele, aos trambolhões, ainda abotoando as calças pelo caminho.

Nessas ocasiões, o médico e eu pescamos até oito atuns antes do almoço, cada um deles pesando cerca de quinze quilos. Mas, de repente, eles desapareciam, da mesma forma imprevista com que haviam aparecido, e nos contentávamos então com as pescarias ordinárias. Algumas vezes pescamos o atum utilizando um papagaio de papel, de cuja cauda pendia uma linha na qual estava preso, como isca, um peixe-voador, que saltitava à flor da água. Esse tipo de pescaria era excitante, porque se via quando o atum mordia, levantando um redemoinho de espumas em torno da isca e depois nadando rapidamente por cerca de uns cinquenta metros ou mais.

Os peixes-espadas ao redor de Catalina variavam de cinquenta a trezentos quilos. Pescá-los é ainda mais delicado. A linha deve ficar livre. O peixe-espada morde a isca de uma forma discreta — geralmente se usa uma pequena albacora ou um peixe-voador — e nada com ela para uma distância de algumas dezenas de metros. Quando ele para, é preciso parar o barco e dar-lhe tempo de engolir a isca, enrolando depois a linha, lentamente, até que ela se torne tensa. Então, o pescador dá dois ou três puxões violentos e o divertimento começa. O peixe dá nova corrida, de uns cinquenta metros ou mais, fazendo o carretel da linha girar rapidamente, e para. Enrola-se a linha depressa, porque, do contrário, ela se esgarçaria como um floco de algodão: bastaria o peixe fazer uma volta rápida durante a corrida para que a fricção da água a arrebentasse. Ele começa a dar saltos para fora da água. Salta de vinte a quarenta vezes, sempre sacudindo a cabeça, como um buldogue. Outras vezes, procura mergulhar na água profunda. Começa então o duro trabalho de trazê-lo à tona. Pesquei um de cerca de oitenta quilos e levei apenas vinte e dois minutos para o conduzir à terra.

Foram dias maravilhosos aqueles, em que o médico e eu, com os nossos caniços, passávamos as belas manhãs à popa do barco, em meio à neblina oceânica, vendo o horizonte emergir do infinito, em vasto silêncio só perturbado pelos gritos das gaivotas e pelo ruído do motor da lancha. O dr. Reynolds era um gênio da cirurgia cerebral e tinha alcançado êxitos miraculosos nesse campo. Eu conhecia a história de muitos desses êxitos. Como, por exemplo, o caso de uma criança que padecia de um tumor cerebral, tendo vinte ataques por dia e estando ameaçada de idiotia degenerescente. Graças a Cecil, ela recobrou inteiramente a saúde e cresceu, para se tornar ilustre professora. Mas Cecil era um malucão. Sua obsessão era representar. Essa paixão insaciável levou-o a aproximar-se de mim e nos tornamos amigos.

— O teatro alimenta a alma — costumava ele dizer.

Eu retrucava que o trabalho médico devia bastar-lhe como alimento da alma. Que poderia ser mais emocionante do que transformar uma pessoa quase idiotizada numa figura do mundo intelectual?

— Isso não é nada: basta conhecer bem as fibras nervosas — dizia Reynolds —, ao passo que representar é uma experiência psíquica que expande a alma.

Perguntei-lhe por que escolhera a cirurgia cerebral.

— Por seu sentido dramático — respondeu.

Muitas vezes representou pequenos papéis na Amateur Playhouse, em Pasadena. Também fez o pároco que visita a prisão na minha comédia *Tempos modernos*.

Quando voltei da pescaria, recebi notícia de que a saúde de mamãe tinha melhorado e, agora que a guerra terminara, poderíamos trazê-la com segurança para a Califórnia. Mandei Tom à Inglaterra, para que ele a acompanhasse, na viagem que ela iria fazer de navio. Mamãe foi colocada na lista de passageiros sob outro nome. Durante a viagem, manteve-se em estado perfeitamente normal. Jantou todas as noites no salão principal e, durante o dia, participou dos jogos no convés. No dia da chegada a Nova York estava encantadora e com absoluto autodomínio, até que um funcionário da Imigração a saudou:

— Muito bem, sra. Chaplin! Imenso prazer! Então a senhora é a mãe do nosso famoso Charlie!

— Sim — disse mamãe, docemente —, e o senhor é Jesus Cristo.

O rosto do funcionário registrou uma desconcertante surpresa. Ele hesitou, olhou para Tom e, depois, disse cortesmente:

— Quer esperar aqui ao lado por um momento, sra. Chaplin?

Tom sabia que estavam atrapalhados. Contudo, depois de uma série de exigências burocráticas, o Departamento de Imigração foi bastante bondoso, deixando que mamãe entrasse nos Estados Unidos com a condição de seu visto de permanência ser renovado de ano para ano e desde que ela não fosse pesada ao Estado. Eu não a via há dez anos e fiquei um tanto chocado quando aquela pequenina velhota desceu do trem em Pasadena. Ela me reconheceu e a Sydney, parecendo, então, uma pessoa normal. Tínhamos feito preparativos para que vivesse perto de nós, num bangalô, com um casal que tomava conta da casa e uma enfermeira diplomada, que cuidaria dela. Sydney e eu íamos visitá-la, à noite, e jogávamos com ela. Durante o dia, costumava fazer piqueniques e excursões em seu carro. Algumas vezes ia ao estúdio e eu fazia exibir minhas comédias para ela.

Por aquela época, *O garoto* foi estreado em Nova York e obteve um tremendo êxito. E, como eu havia profetizado a seu pai, no dia em que o conhecera, Jackie Coogan fora uma sensação. Como resultado do seu sucesso em *O garoto*, Jackie ganhou em sua carreira cinematográfica mais de quatro milhões de dólares. Todos os dias eu recebia recortes de críticas maravilhosas. *O garoto* era proclamado um dos clássicos do cinema. Mas eu nunca tive a coragem de ir a Nova York para vê-lo e acompanhar essa estrondosa recepção. Preferi ficar na Califórnia, ouvindo os seus ecos.

ESTA discursiva autobiografia não me priva de fazer algumas observações sobre a arte de fazer filmes. Embora muitos livros valiosos tenham já sido escritos sobre o assunto, o defeito de muitos deles é o de tentarem impor o gosto cinematográfico de seus autores. Um livro dessa natureza não devia ser mais que um manual técnico com a finalidade primeira de nos fazer conhecer bem os instrumentos de trabalho. Aprendendo isso, o estudante imaginoso poderia usar o seu próprio senso artístico na busca dos efeitos dramáticos. Se o aprendiz tem capacidade criadora, tudo quanto ele necessita é assenhorear-se dos princípios técnicos essenciais. Para um artista, a completa liberdade de fazer coisas de maneira não ortodoxa é sempre mais excitante. E é por isso que o primeiro filme de muitos diretores é sempre o de maior frescura e originalidade.

A intelectualização de linha, de espaço, composição, ritmo etc., tudo isso é muito bom, mas pouco tem a ver com a representação e quem se prende a isso pode cair na aridez dogmática. A maneira mais simples de abordar um assunto é sempre a melhor.

Pessoalmente, odeio os efeitos rebuscados e os truques, como os de fotografar uma lareira do ponto de vista do carvão ou de acompanhar com a câmera um ator através do saguão de um hotel como se este estivesse sendo perseguido por uma bicicleta. Para mim, tudo isso é muito fácil e muito óbvio. Uma vez que o público se familiarizou com o ambiente, já não exige um tedioso *travelling* para ver um ator se movendo nele de um lado para o outro. Esses pomposos efeitos retardam a ação, tornam-se cacetes e desagradáveis, e apenas confundem aborrecimento com "arte". Minha maneira de colocar a câmara é destinada a facilitar a coreografia, os movimentos dos atores. Quando a câmara é colocada no chão ou circunvaga as narinas dos artistas, é ela que está representando e não os atores. A câmara não deve intrometer-se ou salientar-se.

Ganhar tempo, nos filmes, é ainda uma virtude básica. Tanto Eisenstein como Griffith sabiam disso. O corte rápido e a dissolvência de uma cena para a outra são a dinâmica da técnica cinematográfica. Surpreende-me que alguns críticos digam que a minha técnica de fotografar é antiquada e que nisso não acompanhei o progresso do cinema nos novos tempos. Que tempos? Minha técnica resulta de maduras reflexões, da minha lógica e das minhas concepções pessoais. Não foi tomada por empréstimo aos outros. Se em matéria de arte devêssemos sempre acompanhar as modas não haveria mais lugar nos museus para muitos pintores. Rembrandt perderia em confronto com Vicente van Gogh.

Quanto ao assunto dos filmes, creio que umas poucas palavras serão proveitosas para os que se empenham em fazer coisas superespeciais — filmes que, de resto, são os mais fáceis de fazer. Interpretar e dirigir requer pouca imaginação ou talento. Tudo quanto uma pessoa necessita é de dez milhões de dólares, imensas multidões, roupas e cenários complicados. Com um esparrame de cola, papel pintado e lona, pode-se colocar a fascinante Cleópatra vogando pelo Nilo abaixo ou fazer vinte mil figurantes atravessarem o mar Vermelho a pé enxuto, ou derrubar as muralhas de Jericó. Tudo isso não representa coisa alguma, a não ser a virtuosidade dos empreiteiros de construções. E enquanto o marechal de campo se senta na sua cadeira diretorial com o argumento e um mapa de operações, seus sargentos instrutores suam e se movimentam, a distância, gritando ordens às divisões. Um apito significa: "Vinte mil marcham para a esquerda." Dois apitos: "Dez mil marcham para a direita." Três apitos: "Todos se engalfinham e começa a confusão."

O tema da maioria desses espetáculos é o Super-Homem. O herói pode saltar mais alto, subir mais alto, atirar mais depressa, brigar com mais eficiência e amar mais do que qualquer outro no filme. Na verdade, todos os problemas humanos são resolvidos por esses métodos — nunca pelo pensamento lógico. Outra palavra, também breve, sobre a arte de dirigir: para manejar os artistas, numa cena, a psicologia é de grande ajuda. Se, por exemplo, uma figura do elenco entrar para este no meio de uma produção, embora seja um excelente ator, estará inevitavelmente nervoso nesse novo ambiente; eis quando a humildade de um diretor pode ser de grande utilidade, como muitas vezes descobri em idênticas circunstâncias. Embora sabendo muito bem o que eu queria em tais ocasiões eu chamava o artista para uma conversa à parte e lhe confidenciava estar cansado, preocupado, sem saber o que fazer naquela cena. Ele depressa se esquecia do seu próprio nervosismo e tentava me ajudar. Assim, eu acabava extraindo dele uma excelente interpretação.

O dramaturgo Marc Connelly certa vez fez uma pergunta: de que ponto de vista devia um autor escrever para o teatro — do intelectual ou do emocional? Creio que, antes de tudo, do ponto de vista do sentimento, que interessa mais no teatro do que as especulações de ordem intelectual. O teatro se destina a isso: seu proscênio, suas cortinas vermelhas, toda a sua arquitetura, procuram falar às emoções. Naturalmente, o intelecto dele também participa, mas secundariamente. Chekhov sabia disso, Molnár também e muitos outros dramaturgos. Eles também conheciam a importância da teatralidade, que é basicamente a arte de escrever peças.

Para mim, teatralidade significa o dramático embelezamento de coisas que de outro modo seriam banais. É a arte da *aposiopesis*: o abrupto fechamento de um livro, o acender de um cigarro, um efeito fora de cena, como um tiro de pistola, um grito, uma queda, uma colisão, uma entrada ou uma saída de efeito, tudo isso que parece recurso barato ou óbvio quando tratado com sentimento e discrição é parte da poesia do teatro. Uma ideia sem significação teatral é de pequeno ou nenhum valor. O mais importante é o efeito teatral. Quando esse efeito é alcançado pode-se chegar aos melhores resultados partindo do nada. Como exemplo do que quero dizer, citarei o prólogo que coloquei em Nova York em meu filme *Casamento ou luxo*.[10] Naquela época, tais prólogos ao vivo eram apresentados com todos os filmes de longa-metragem e duravam cerca de meia hora. Eu não tinha argumento ou história, mas me lembrei de uma estampa sentimental, colorida, intitulada *A sonata de Beethoven*, na qual aparecia um estúdio de pintores, com um grupo de boêmios sentados à meia-luz, ouvindo um violinista. Assim, reproduzi essa cena no palco, dispondo de apenas dois dias para isso.

Contratei um pianista, um violinista, especialistas em danças de apaches e um cantor, utilizando, na encenação, todos os truques teatrais que eu conhecia. Os convidados sentavam-se em desordem, em cadeiras ou no chão, de costas para o público, ignorando-o, entregue às libações, enquanto o violinista executava a sonata e, numa pausa musical, um bêbado sonoramente roncava. Depois que o violinista havia tocado, os apaches haviam dançado e o cantor tinha cantado *Auprès de ma Blonde*, duas linhas de diálogo eram ditas:

— Devem ser três horas. Preciso ir andando — dizia um convidado.

— Devemos todos ir andando — dizia outro.

---

[10]No original inglês: *A woman of Paris*. (N. do T.)

E, falando todos *ad libitum*, iam saindo. Quando o último partia, o dono da casa acendia um cigarro e começava a apagar as luzes do estúdio, ouviam-se as vozes dos outros, que desciam a rua, cantando *Auprès de ma Blonde*. O ambiente ficava inteiramente às escuras, exceto por um raio de lua que entrava pela janela central. O dono da casa então saía, enquanto a canção morria na distância e a cortina lentamente baixava.

Durante essa coisa sem pés nem cabeça seria possível ouvir o zumbir de uma mosca na plateia, tal o silêncio do público. Por meia hora nada fora dito e nada acontecera no palco, a não ser alguns números baratos de variedades. Contudo, na noite da estreia, os artistas foram chamados nove vezes à boca de cena pelos insistentes aplausos.

Eu não finjo que gosto de assistir a peças de Shakespeare no palco. Meu sentimento é eminentemente contemporâneo. Tais representações exigem um tipo especial de *panache* que não me agrada e pelo qual não tenho o menor interesse. Sinto-me como se estivesse ouvindo um discurso escolar.

> *Vem, gentil Puck. Não te lembras*
> *Que sentado uma vez num promontório*
> *Uma sereia ouvi montada num golfinho*
> *Desferir tão doce, harmonioso canto,*
> *Que o rude mar cessou a sua cólera*
> *E estrelas loucas desceram do céu,*
> *Para ouvir-lhe a música.*[11]

Isto pode ser extraordinariamente belo, mas não gosto dessa espécie de poesia no teatro. Além disso, desagradam-me os temas de Shakespeare em torno de reis, rainhas, figuras augustas e sua honra. Talvez seja uma indisposição psicológica, um solipsismo da minha parte. Em minha luta para conquistar o pão

---

[11]No original inglês:
> My gentle Puck, come hither. Thou remember'st
> Since once I sat upon a promontory,
> And heard a mermaid on a dolphin's back
> Uttering such dulcet and harmonious breath,
> That the rude sea grew civil at her song,
> And certain stars shot madly from their spheres
> To hear the sea-maid's music.

e a manteiga, as honrarias sempre atrapalhavam. Nunca pude identificar-me com os problemas de um príncipe. A mãe de Hamlet, por mim, poderia ter dormido com qualquer pessoa de sua corte e eu continuaria indiferente à mágoa que isso poderia ter causado ao príncipe da Dinamarca.

Quanto às minhas preferências sobre a maneira de apresentar uma peça, prefiro o teatro convencional, com o seu proscênio, que separa a plateia do mundo de faz de conta. Gosto que o cenário seja revelado quando o pano sobe ou a cortina se separa lentamente. Detesto peças que são representadas junto às gambiarras ou nas quais os artistas se misturam com a plateia, ou nas quais um personagem vem à boca de cena explicar o enredo. Além de ser isso didático, tal recurso destrói o encanto do teatro e é uma forma prosaica de expor o assunto. Em matéria de cenários, prefiro os que contribuem para a realidade da peça e nada mais que isso. Se acaso se trata de uma peça moderna sobre acontecimentos da vida cotidiana, não admito cenários geométricos. Seu prodigioso efeito destrói as minhas ilusões.

Alguns cenógrafos admiráveis impõem as suas efusões cênicas ao ponto de subjugar os artistas e amesquinhar a própria peça. Por outro lado, as simples cortinas e escadas, levando ao infinito, são intrusões ainda piores. Elas porejam erudição e gritam: "Estamos deixando tudo a vossa nobre sensibilidade e a vossa alada imaginação!" Uma vez vi Laurence Olivier, de casaca, recitando um trecho de *Ricardo III*. Embora ele alcançasse um tom medieval com a sua histrionice, a gravata branca e as abas de sua casaca pareciam-me bastante incôngruas. Alguém disse que a arte de representar é repousante. É claro que esse princípio básico deve ser aplicado a todas as demais artes, mas um ator precisa saber controlar-se, conter-se intimamente. Não importa quão frenético ou agitado ele deva parecer em cena: o técnico, dentro do ator, deve ser calmo e estar repousado, dominando e guiando o fluxo de suas emoções. O homem exterior é agitado, mas o homem interior deve ser controlado. Somente através do relaxamento dos nervos pode um ator alcançar tal coisa. Mas como chegar a tal relaxamento? Isso é difícil. Meu próprio método é muito pessoal: antes de entrar no palco, sinto-me sempre extremamente nervoso e excitado. E, nesse estado, fico tão exausto que na hora de entrar em cena alcanço a necessária serenidade.

Não creio que a arte de representar possa ser ensinada. Já vi pessoas inteligentes fracassarem e pessoas estúpidas se saírem muito bem. O que a representação requer não é senão sentimento. Wainwright, autoridade em estética, amigo de Charles Lamb e uma das sumidades literárias do seu tempo, era um brutal e frio assassino, que envenenara um primo por simples cupidez. Eis um exemplo de um homem que nunca poderia ser um ator, porque tinha pouquíssimo sentimento. Excesso de intelecto e nenhum sentimento pode ser uma característica do arquicriminoso. Mas só sentimento sem nenhum intelecto exemplifica o inofensivo idiota. Quando porém o intelecto e o sentimento se equilibram perfeitamente então temos diante de nós um ator superlativo.

O que é básico, o que é essencial para um grande ator é ele ter amor por si mesmo quando representa. Não digo isso num sentido derrisório. Muitas vezes tenho ouvido atores dizerem "Como eu adoraria representar esse papel!", no sentido de que gostariam de si mesmos em tal papel. Pode isso ser uma manifestação de egocentrismo, mas o grande ator se preocupa principalmente com a sua própria virtuosidade: Irving em *Os sinos*;[12] Tree como Svengali; Martin Harvey em *Romance de uma fabricante de cigarros*;[13] peças vulgares, todas elas, mas com excelentes papéis para eles. Não basta um ardente amor ao teatro: deve haver também um ardente amor por si mesmo e uma grande autoconfiança.

Sobre o chamado método ou escola de representar pouco sei. Acredito que concentra seus esforços em desenvolver a personalidade, que, aliás, poderia ser bem menos desenvolvida em alguns atores. Afinal, representar é fingir ser outra pessoa. E personalidade é uma coisa indefinida cujo brilho de qualquer maneira sempre transparece. Há, porém, alguma utilidade em todos os métodos. Stanislavsky, por exemplo, buscava a "verdade interior", que, segundo compreendo, consiste em "ser", em vez de "representar". Isso requer empatia, um sentimento que penetra as coisas: alguém deve ser capaz de sentir-se um leão ou uma águia, ou também de apreender a alma de um personagem instintivamente a ponto de saber, em qualquer circunstância, quais seriam as suas reações. Essa parte da representação não pode ser ensinada.

Instruir um verdadeiro ator ou uma verdadeira atriz sobre um personagem é coisa que às vezes se pode fazer com poucas palavras: "Ele é

---

[12]No original inglês: *The bells*. (N. do T.)
[13]No original inglês: *A cigarette maker's romance*. (N. do T.)

falstaffiano" ou "Ela é uma moderna Madame Bovary". Jed Harris, segundo dizem, disse uma vez a uma atriz: "O seu caráter tem a mobilidade de uma oscilante tulipa negra." Muitos outros exemplos semelhantes poderiam ser citados. A teoria de que se deve conhecer a história da vida do personagem é desnecessária. Ninguém pode jamais escrever uma peça ou um papel com as sutis nuanças que a Duse transmitia às plateias. Isso precisaria ter dimensões que transcenderiam o conceito de autor. E a Duse, ao que sei, não era considerada uma intelectual.

Quanto a essa palavra de sentido eminentemente metafísico que é a "verdade", existem várias verdades e cada uma é tão boa quanto as outras. O estilo clássico de representação da Comédie Française é tão convincente quanto as chamadas interpretações realísticas de uma peça de Ibsen: ambas pertencem ao domínio da artificialidade e se destinam a produzir a ilusão da verdade. E, afinal de contas, em toda verdade há uma semente de mentira.

Jamais estudei arte de representar, mas, quando menino, vivi numa era de grandes atores e adquiri, por extensão, muito dos seus conhecimentos e experiências. Embora eu tivesse dons, ficava surpreendido, nos ensaios, ao descobrir quanto eu tinha que aprender a respeito da técnica de representar. Mesmo os principiantes de talento devem aprender a técnica, não importa quão bem dotados sejam, pois só assim as suas habilidades se tornarão eficazes.

Descobri que a orientação é o meio mais importante de chegar a isso. Quero dizer, é necessário saber onde se está e o que se está fazendo a cada momento no palco. Quem entra numa cena deve saber exatamente onde deve parar, voltar-se, quando e onde sentar-se, se deve falar diretamente ou indiretamente a um personagem. A orientação dá autoridade e distingue o profissional do amador. Sempre insisti nesse método de orientação, em relação a todo o elenco, quando dirigi meus filmes.

Representar exige sutileza e contenção. John Drew era sem dúvida o melhor exemplo disso. Era despreocupado, bem-humorado, sutil, e tinha um grande encanto. É fácil vibrar a corda das emoções — e é natural que se espere isso de um bom ator —, mas a boa dicção e o uso preciso da voz são necessários. Embora David Warfield tivesse magnífica voz e habilidade para exprimir emoções, eu sentia de algum modo que os Dez Mandamentos ressoavam em tudo quanto ele dizia.

Algumas vezes me têm perguntado quais são os meus atores e atrizes favoritos no teatro americano. É difícil responder, porque a escolha de alguns significaria que os demais são inferiores, e isso não é verdade. Meus favoritos não são todos artistas sérios. Alguns são comediantes, outros simples animadores de *night-clubs*. Al Jolson, por exemplo, era um grande artista instintivo, com vitalidade e poderes mágicos. Foi o mais impressionante *entertainer* dos palcos americanos, com uma forte voz de barítono, dizendo pilhérias banais e cantando canções sentimentais. Cantasse o que cantasse, ele nos fazia subir ou descer ao seu nível. Mesmo com a ridícula canção *Mammy* conseguia empolgar todo o mundo. Era apenas uma sombra de si mesmo quando apareceu no cinema, mas em 1918 estava no ápice de sua fama e eletrizava as plateias. Tinha estranho poder de atração com o seu corpo fornido, sua cabeça grande e seus olhos fundos mas penetrantes. Quando cantava canções como *Há um arco-íris ao redor dos meus ombros* e *Quando eu deixar o mundo para trás* levantava a assistência por uma genuína compulsão. Personificava a poesia da Broadway, sua vitalidade e sua vulgaridade, suas ambições e seus sonhos.

Sam Bernard, o comediante holandês, outro fino artista, mostrava-se exasperado a respeito de tudo. "Ovos! Sessenta centavos a dúzia — e além disso podres! E o preço do *corned-beef*! Dois dólares temos que pagar! Dois dólares — por um pedacinho assim de *corned-beef*!" Ele exagerava, na gesticulação, a mesquinhez do pedacinho de carne, como se o mantivesse espetado na ponta de uma agulha. E depois explodia, queixando-se e voltando-se para todas as direções: "E ainda me lembro do tempo em que ninguém tinha força bastante para carregar dois dólares de *corned-beef*!" Fora do palco, era filósofo. Quando Ford Sterling o procurou, chorando, para se queixar de que a esposa o enganara, disse Sam:

— E que tem isso? Elas também enganaram Napoleão.

Frank Tinney, eu o vi quando cheguei pela primeira vez a Nova York. Era o grande favorito do Winter Garden e tinha uma intimidade promíscua com a plateia. Chegava à boca de cena e confidenciava: "A atriz principal está maluca por mim." E, depois, olhando sub-repticiamente para os bastidores, a fim de verificar se ninguém estava ouvindo, voltava para junto da plateia e continuava a confidenciar: "É uma coisa patética. Quando ela ia entrando hoje pela porta dos bastidores, dei-lhe um boa-noite, mas a coitadinha estava tão emocionada e tão louca por mim que nem conseguiu responder." A esse ponto, a atriz cruzava o palco e Tinney rapidamente levava um dedo aos lábios, pedindo à plateia que não traísse a sua confiança. E, então, dirigia-se a ela, eufórico: "Alô, beleza!" Ela se voltava com indignação e nesse momento caía um pente que trazia na cabeça. Ele sussurrava então para a plateia: "Eu não disse? Mas, na intimidade, nós somos assim." E cruzava dois dedos. Apanhando o pente, chamava, então, o contrarregra: "Harry, ponha isso no *nosso* camarim, por favor, sim?"

Vi-o outra vez no palco alguns anos depois e fiquei chocado, porque a musa da comédia o abandonara. Estava tão encanastrado que eu não podia sequer acreditar que estivesse diante do mesmo homem. Foi essa transformação que me deu, mais tarde, a ideia central do filme *Luzes da ribalta*.[14] Gostaria de saber por que ele havia perdido seu espírito e sua segurança. Em *Luzes da ribalta*, atribuí isso ao envelhecimento. Calvero ficava idoso e, ao envelhecer, se tornava introspectivo e adquiria o sentimento de dignidade pessoal, e isso alienava as simpatias da plateia.

Entre as atrizes norte-americanas que mais admirei estava a sra. Fiske, entusiástica, cheia de inteligência e de graça, e sua sobrinha, Emily Stevens, atriz bem-dotada, com um estilo leve e tocante. Jane Cowl sabia projetar-se com intensidade e a sra. Leslie Carter era igualmente arrebatadora. Entre as comediantes, gostei de Trixie Friganza e, naturalmente, de Fanny Brice, cujo grande talento para os papéis burlescos era enriquecido por uma notável histrionice. Nós, ingleses, tínhamos nossas grandes atrizes: Ellen Terry, Ada Reeves, Irene Vanbrugh, Sybil Thorndike e a sagaz sra. Pat Campbell. Todas elas, exceto Pat, eu vi representar.

John Barrymore tem sido apresentado como um representante da verdadeira tradição teatral. Mas John tinha a vulgaridade de usar o seu talento como uma mulher que usasse meias de seda sem ligas — com a despreocupação de quem tratava tudo com desprezo. Quer se tratasse de uma representação do *Hamlet*, quer se tratasse de dormir com uma duquesa, tudo era igual pilhéria para ele. Em sua biografia, escrita por Gene Fowler, há uma história que narra como ele foi arrancado da cama, depois de um terrível pileque de

---

[14]No original inglês: *Limelight*. (N. do T.)

champanha, para representar Hamlet, o que fez entre esporádicos vômitos nos bastidores e novos estimulantes alcoólicos. Os críticos ingleses teriam saudado sua representação dessa noite como o maior Hamlet daquele tempo. Tão ridícula história insulta a inteligência de qualquer pessoa.

Quando, pela primeira vez, me encontrei com John, ele estava no auge de seu êxito; visitava amuado um escritório da United Artists. Depois das apresentações, ficamos sozinhos e eu comecei a falar sobre os seus triunfos como Hamlet. Disse-lhe que Hamlet lhe dera muito maior projeção do que qualquer outro personagem de Shakespeare. Depois de uma pausa, ele observou:

— O Rei não é um mau papel, também. Aliás, eu o prefiro ao de Hamlet.

Achei isso estranho e perguntei a mim mesmo até onde ele seria sincero. Tivesse sido menos vaidoso e mais simples, poderia ter figurado no rol dos grandes atores: Booth, Irving, Mansfield e Tree. Esses tinham nobre espírito e uma sensibilidade rara. O mal de Jack era ter uma ingênua e romântica concepção de si mesmo, como um gênio condenado à autodestruição — o que eventualmente conseguiu realizar, de forma ruidosa e vulgar, bebendo até morrer.

EMBORA *O garoto* tivesse alcançado imenso êxito, os meus problemas não haviam terminado. Eu tinha ainda que entregar quatro filmes à First National. Em estado de silencioso desespero, vagueei pelo armazém da contrarregra, na esperança de encontrar algum velho objeto que me inspirasse uma ideia interessante: restos de velhos cenários, a porta de uma prisão, um piano etc. Por fim, minha vista recaiu sobre uma coleção de bastões de golfe. É isto! O vagabundo vai jogar golfe! E daí nasceu *Os ociosos*.[15]

O enredo era simples. O vagabundo resolvia gozar todos os prazeres dos ricos. Ele rumava para o sul, à procura de melhor clima. Apenas, viajava sob os trens, em vez de o fazer dentro deles. E jogava golfe com as bolas que achava num campo. Num baile à fantasia, misturava-se com alguns convidados, que eram ricos disfarçados como vagabundos, e entrava como se fosse um deles, passando a namorar uma bela moça. Depois da sua aventura romântica, que

---

[15] No original inglês: *The idle class*. (N. do T.)

terminava em desventura, escapava aos enraivecidos convidados, refazendo o mesmo caminho, pelo processo anterior... Numa das cenas, tive um problema com uma tocha, cujo calor ultrapassou minhas calças revestidas de amianto. Por isso, tornou-se necessário reforçar essa defesa. Carl Robinson viu nisso uma oportunidade para publicidade e comunicou o incidente à imprensa. Naquela noite, fiquei chocado ao ler nas manchetes que eu ficara seriamente queimado no rosto, nas mãos e no corpo. Centenas de cartas, telegramas e telefonemas inundaram o estúdio. Como consequência disso, em minha mala postal da Inglaterra chegou uma carta de H. G. Wells, dizendo que ficara enormemente emocionado ao saber de tal acidente. Prosseguiu, dizendo quanto admirava o meu trabalho e quão lamentável era saber que eu não estaria mais em condições de o continuar. Imediatamente lhe telegrafei restabelecendo a verdade.

Depois de completar *Os ociosos*, procurei realizar outro filme em duas partes, com uma aventura burlesca sobre a próspera ocupação dos bombeiros que instalam encanamentos. A primeira cena mostrava a chegada deles, numa luxuosa limusine com chofer particular. Dela saíamos Mack Swain e eu. Éramos admiravelmente bem tratados pela dona da casa, Edna Purviance, e depois de bebidas e jantar ela nos mostrava o banheiro, onde imediatamente começávamos a trabalhar com um estetoscópio, colocando-o no chão e ouvindo os encanamentos, nos quais dávamos pancadinhas como os médicos em seus clientes.

Até aí tudo foi bem. Mas não consegui ir adiante. Não podia imaginar até onde estava cansado. Além disso, nos dois últimos meses, desenvolvera-se em mim um insaciável desejo de visitar Londres. Eu vivia sonhando com isso e a carta de H. G. Wells reforçara ainda mais essa vontade. Depois de dez anos, eu tinha, por fim, recebido uma carta de Hetty Kelly. Ela me dizia: "Lembra-se ainda de uma tola mocinha..." Agora, estava casada e morava em Portman Square. Se eu fosse a Londres, gostaria de ir vê-la? A carta era mais ou menos neutra e poderia quando muito suscitar uma branda recorrência emocional. Afinal de contas, nesse espaço de dez anos, eu me havia apaixonado várias vezes e esquecido os meus afetos outras tantas. Contudo, iria certamente ao encontro dela. Disse a Tom que arrumasse as minhas malas e a Reeves que fechasse o estúdio, dando férias à companhia. A minha intenção era partir logo para a Inglaterra.

NA VÉSPERA DO MEU EMBARQUE em Nova York, dei à noite uma festa no Café Elysée para cerca de quarenta convidados, entre os quais Mary Pickford, Douglas Fairbanks e madame Maeterlinck. Representamos charadas. Douglas e Mary atuaram na primeira. Douglas, como um condutor de bonde, destacou um cupom de passagem e deu-o a Mary. Para a segunda sílaba, fizeram a pantomima de um salvamento, Mary pedindo socorro aos berros e Douglas nadando ao seu encontro e trazendo-a a salvo para a margem do rio. Naturalmente, nós todos gritamos: "Fairbanks."[1]

Quando a noite se tornou bem alegre, madame Maeterlinck e eu fizemos a cena final de *A dama das camélias*. Madame Maeterlinck no papel de Marguerite e eu no de Armand. Quando ela agonizava em meus braços, desatou a tossir, no começo de leve, mas depois com intensidade crescente. A tosse tornou-se tão contagiante que também me pegou. Houve então entre nós um concurso de quem tossia mais. Afinal, fui eu quem fez papel de moribundo nos braços de Marguerite.

No dia da partida, acordei penosamente às oito e meia da manhã. Depois de tomar banho, fiquei inteiramente livre da quebreira e dominado pela excitação de seguir para a Inglaterra. O meu amigo Edward Knoblock, autor de *Kismet* e outras peças de teatro, ia comigo no *Olympic*.

Veio a bordo uma chusma de jornalistas e temi que eles permanecessem conosco do começo ao fim da viagem; dois deles o fizeram, porém os outros desembarcaram com o prático do porto.

Finalmente, encontrei-me só no meu camarote, cheio de flores e cestas de frutas, presenteadas pelos amigos... Havia dez anos que eu deixara a Inglaterra, com a Companhia Karno, naquele mesmo navio. Então, via-

---

[1] Para que o leitor entenda a charada: *Fare*, de pronúncia equivalente à de *Fair* — preço de passagens de trem, bonde, ônibus etc.; e *Banks* — margens do rio. (N. do T.)

járamos de segunda classe. Lembro-me de que o comissário de bordo nos levou a rápido giro pela primeira classe, para termos ideia de como vivia ali a outra metade dos passageiros. Falou dos camarotes de luxo, com várias peças, e do seu preço proibitivo. E agora eu ocupava um deles, a caminho da Inglaterra. Havia conhecido Londres como um jovem joão-ninguém do bairro de Lambeth, lutando pela vida. Agora, famoso e rico, veria Londres como se fora pela primeira vez.

Poucas horas de travessia e já era inglesa a atmosfera. Todas as noites, Eddie Knoblock e eu jantávamos no restaurante Ritz de bordo, em vez de ir ao salão principal de refeições. O Ritz era *à la carte*, com champanha, caviar, pato *à la presse*, galo silvestre da Escócia e faisão, vinhos, molhos e *crêpes suzette*. Com tempo de sobra, agradava-me a tolice de vestir *smoking* toda noite. Dando-me a esses luxos, familiarizava-me com as delícias da riqueza.

Pensei que poderia descansar e espairecer. Mas no placar de avisos do *Olympic* havia boletins informativos sobre como eu era aguardado em Londres. Em meio ao Atlântico, principiou a amontoar-se uma avalancha de radiogramas com solicitações e convites. Formava-se como que uma tempestade de entusiasmo histérico. O boletim do *Olympic* citava artigos da *United Press* e do *Morning Telegraph*. Dizia um deles: "Chaplin regressa como um Conquistador. O trajeto de Southampton a Londres será como um triunfo romano."

E outro: "Os boletins diários sobre a marcha do navio e as atividades de Chaplin a bordo foram suplantados por *flashes* que de hora em hora vêm do vapor e os jornais lançam à rua edições extras sobre o grande homenzinho de pés grotescos."

E mais outro: "A velha canção da época jacobita, *Charlie is my darling*, dá bem ideia da loucura chaplinesca que se espalhou pela Inglaterra na última semana, tornando de expectativa mais intensa cada hora em que o *Olympic* deixa para trás os quilômetros da sua rota, trazendo-nos Carlitos."

E ainda outro: "Esta noite, estava o *Olympic* envolto pelo nevoeiro ao largo de Southampton e já havia na cidade uma vasta legião de adoradores, vindos para saudar o pequeno comediante. A polícia ocupou-se em assentar especiais providências para conter a multidão no cais e na solenidade em que Charlie será recebido pelo *mayor*...[2] Como nos dias que precederam à parada da Vitória, os jornais estão indicando os pontos nos quais o povo poderá ver Chaplin."

NÃO estava eu preparado para acolhimento dessa espécie. Embora fosse extraordinária e maravilhosa, teria preferido adiar a visita até que me sentisse mais apto a recebê-lo. O que me pedia o coração era rever os locais familiares de outrora. Era rodar mansamente, vendo Londres; era passear ao redor de Kennington e Brixton, levantar os olhos para a janela do n. 3 de Pownall Terrace e espiar o interior do sombrio barracão onde prestei ajuda aos cortadores de lenha, erguer a vista para a janela do segundo andar no n. 287 de Kennington Road, onde vivi com Louise e meu pai; esse desejo transformou-se de repente numa quase obsessão.

Afinal, aportamos em Cherburgo! Muita gente desembarcando e muita gente que entrava — jornalistas e fotógrafos. Que mensagem tinha eu para a Inglaterra? E qual para a França? Visitaria a Irlanda? Que pensava sobre a questão irlandesa? Por assim dizer, estava eu sendo devorado.

Deixamos Cherburgo, no rumo da Inglaterra, mas com o navio a se arrastar, sempre tão vagaroso! Dormir era impossível. Uma, duas, três da madrugada, e eu ainda acordado. As máquinas detiveram-se, depois funcionaram em contravapor, até que pararam por completo. Ouvia passadas surdas para cima e para baixo, lá fora, no tombadilho. Tenso, inteiramente desperto, espiei pela vigia da cabina. Tudo escuro, não podia ver nada. Mas ouvia vozes inglesas.

Rompeu o dia e, vencido pelo cansaço, ferrei no sono. Mas só por duas horas. Logo que o camaroteiro me trouxe café quente e os jornais, fiquei tão vivaz como um melro.

---

[2] Equivalente a prefeito. Conservamos o nome original porque, como *maire* em francês, tem um cunho próprio, que se perderia na versão. (N. do T.)

Dizia uma das manchetes:

A VINDA DO COMEDIANTE SERÁ COMPARÁVEL AO DIA DO ARMISTÍCIO.

Outra:

TODA LONDRES FALA DA VISITA DE CHAPLIN.

E outra:

CHAPLIN A CAMINHO DE LONDRES — A RECEPÇÃO SERÁ ESTRON-DOSA.

E uma outra em tipos bem graúdos:

SEJA BEM-VINDO O NOSSO FILHO.

Houve, naturalmente, algumas críticas:

APELO À RAZÃO.

"Por Amor de Deus, recobremos o juízo. Decerto, o sr. Chaplin é pessoa bem estimável e não cuido de indagar por que a saudade da sua terra, que agora o atinge de maneira tão comovedora, não se manifestou durante os anos sombrios em que os lares britânicos estiveram em perigo, sob a ameaça dos hunos. Talvez, como já se alegou, Charlie Chaplin tenha sido mais útil fazendo palhaçadas diante de uma câmera do que o seria de arma na mão em másculas pelejas. É matéria de opinião, que, como disse, não me interessa no momento. Em meu modesto entender, a questão é que não devemos perder a cabeça por causa de um homem cujo título principal ao respeito alheio consiste no seu dom de representar o papel de pateta com inimitável talento. Há na vida coisas mais importantes."

Fui recebido no cais pelo *mayor* de Southampton e então levado às pressas para o trem. Por fim, estávamos a caminho de Londres! Arthur Kelly, irmão de Hetty, ia no meu compartimento. Lembro-me de ter ficado a apreciar a ondulada sucessão das verdes pradarias, enquanto Arthur e eu tentávamos entabular conversa. Disse-lhe que havia recebido uma carta da sua irmã convidando-me a jantar na casa deles, em Portman Square.

Arthur olhou-me com ar estranho parecendo embaraçado:

— Hettie está morta, sabe?

Fiquei chocado. Mas naquele momento eu não podia apreender toda a tragédia da notícia; acumulavam-se tantos e tantos acontecimentos... Senti, porém, que uma experiência me fora arrebatada. Hetty era a única pessoa amiga do passado que eu gostaria de reencontrar, sobretudo em circunstâncias tão fantásticas.

Entramos nos subúrbios de Londres. Olhei avidamente pela janela, tentando em vão reconhecer uma rua por que passávamos. Sob a minha animação escondia-se o receio de que Londres houvesse mudado muito desde a guerra.

Aumentava de instante a instante a minha excitação. Nada mais podia sentir que não fosse impaciência. Impaciência de quê? Tinha o espírito num verdadeiro caos, incapaz de pensar. Objetivamente, conseguia ver os tetos londrinos, porém não estava ali a realidade. Tudo era impaciência, e só impaciência!

E eis-nos entrando afinal no rumoroso recinto de uma estação ferroviária — Waterloo! Ao saltar do trem, pude ver, ao fim da plataforma, grande multidão contida pelos cordões de isolamento e fileiras de policiais. Tudo era vibrante, em alta tensão. E embora incapaz de assimilar outra coisa que não fosse a excitação do momento, dei-me conta de ser agarrado e impelido plataforma abaixo, como um preso. Ao nos aproximarmos do povaréu atrás das cordas, a tensão começou a soltar-se: "Aqui está ele! Aqui está ele!", "O nosso bom Charlie!". Então, espocaram os aplausos. Em meio disso, fui empurrado para dentro de uma limusine, com o meu primo Aubrey, que eu só agora revia, após quinze anos. Não tive presença de espírito para protestar contra o fato de me esconderem de toda aquela massa de gente que havia esperado tanto para me ver.

Pedi a Aubrey que não deixássemos de passar pela ponte de Westminster. Ao sair de Warterloo e descendo York Road, notei que as velhas casas tinham desaparecido e, em seu lugar, havia uma nova construção, o edifício L.C.C.

Mas, ao dobrarmos a esquina de York Road, como num abrir do sol entre as nuvens, apareceu à vista a ponte de Westminster! Era exatamente a mesma, com as solenes Casas do Parlamento ainda eretas, eternas. O cenário todo, tal como eu o deixara. Estive a ponto de rebentar em lágrimas.

Escolhi o Ritz Hotel porque ficara pronto quando eu era menino e, uma vez, ao passar diante da sua entrada, colhi um vislumbre dos dourados e do esplendor lá dentro; desde então fiquei curioso de saber como seria o resto.

Grande massa popular postara-se em frente ao hotel e fiz então um breve discurso. Quando, afinal, me instalei nos meus aposentos, a impaciência de sair sozinho era excruciante. Mas, lá fora, havia aquele mundo de gente a ovacionar e tive de ir à sacada, várias vezes, para num aceno de realeza responder às aclamações. É difícil descrever o que se foi passando em circunstâncias tão extraordinárias.

Inúmeros amigos rodeavam-me, porém eu só tinha um desejo: livrar-me de sua presença. Como eram quatro da tarde, disse-lhes que precisava tirar um cochilo e voltaria a vê-los de noite, para o jantar.

Logo que se foram, troquei apressadamente de roupa, tomei o elevador de carga e saí pelo portão de serviço, sem ser notado. Imediatamente, fui descendo a Jeremyn Street, peguei um táxi e lá me fui, pelo Haymarket, Trafalgar Square, Parliament Street e ponte de Westminster.

O táxi dobrou uma esquina e — por fim! — Kennington Road! Lá estava! Incrível! Mudança nenhuma. E eis a Christ Church na esquina de Westminster Bridge Road! E o Tankard, na esquina de Brook Street!

Fiz o táxi parar um pouco antes do n. 3 de Pownall Terrace. Desceu sobre mim uma estranha calma enquanto me dirigia para lá. Parei um momento, fixando nos olhos a cena. Pownall Terrace n. 3! Ali estava, parecendo uma velha caveira brancacenta. Ergui a vista para as duas janelas mais altas — o sótão onde ficava minha mãe, fraca e subnutrida, de cabeça aluada. As janelas, bem fechadas. Não me contavam segredos e pareciam indiferentes ao homem que por tanto tempo ficou da rua a espiá-las. Mas as palavras não me diriam mais do que o seu silêncio. Por fim, apareceram algumas crianças, rodearam-me e fui obrigado a ir embora.

Encaminhei-me para o terreno ao fundo de Kennington Road, onde costumava dar ajuda aos cortadores de lenha. Mas fora murado, os cortadores de lenha tinham sumido.

Então, segui para o 287 de Kennington Road, onde Sydney e eu havíamos residido, com meu pai, Louise e o filhinho deles. Ergui os olhos para as janelas do quarto do segundo andar, tão relacionado com o desconsolo da minha infância. Como agora elas se mostravam inofensivas, calmas e enigmáticas!

Dirigi-me então ao Kennington Park, passando pela agência dos correios, em cuja seção de contas populares havia outrora depositado minhas economias: sessenta libras — dinheiro que fui poupando aos pouquinhos desde 1908 e que ainda estava lá.

Kennington Park! Apesar de tão velho, ainda florescia no seu verdor melancólico. Em seguida, Kennington Gate, meu primeiro lugar de encontro com Hetty. Parei por um momento e olhei para um bonde que parava no ponto. Alguém subiu, mas ninguém saltou.

Depois, a caminho para Brixton Road, até o n. 15 de Glenshaw Mansions, o apartamento que Sydney e eu havíamos mobiliado. Mas exauriram-se as minhas emoções; só me restava a curiosidade.

Na volta, parei no Horns para um trago. Noutro tempo, tinha um quê de elegância, com o bar de mogno polido, bons espelhos e salão de bilhar. Foi no seu amplo salão de reuniões que meu pai tivera seu último espetáculo beneficiente. Agora, o Horns parecia um tanto envelhecido, mas tudo intacto. Ali perto, o local dos meus dois anos de estudo, a escola pública de Kennington Road. Espiei na direção do pátio de recreio; o seu chão cinzento de asfalto remendado encolhera-se com as novas construções ao redor.

Enquanto passeava pelo bairro de Kennington, tudo que me acontecera ali tomava aspecto de um sonho: a realidade era o que me tinha sucedido na América. Mas havia a inquietar-me um pouco o pressentimento de que talvez aquelas doces ruas da pobreza ainda tivessem o poder de me apanhar nas areias movediças de sua desesperança.

JÁ SE escreveu muita tolice sobre minha profunda melancolia e propensão ao isolamento. Eu não precisava talvez de tantos amigos como tinha — a celebridade os atrai indiscriminadamente. Gosto da companhia de amigos como gosto da música — quando estou em boa disposição para isso. Ajudar um amigo necessitado é fácil, mas lhe dar o nosso tempo nem sempre é oportuno. No auge da minha popularidade, era demais a chusma de amigos e conhecidos que se aglomeravam em redor de mim. E sendo ora extrovertido, ora introvertido, neste último estado de ânimo o que eu queria era ver-me livre disso tudo.

Daí esses artigos escritos sobre a minha índole retraída, arredia e incapaz de verdadeira amizade. Bobagem. Possuo uns poucos amigos excelentes que me alegram a vida. Estar com eles é coisa que quase sempre me encanta.

Contudo, têm-se atribuído à minha personalidade ora tons alegres, ora tons sombrios, de acordo com a disposição do autor. Por exemplo, Somerset Maugham escreveu:

> *Charlie Chaplin... Diverte-nos com a sua graça leve, simples, espontâ-nea. Todavia, sempre causa a impressão de que traz no íntimo uma profunda melancolia. É um temperamental e não precisava ter dito, de brincadeira — "Arre, ontem de noite fiquei tão 'abafado' que nem sabia o que fazer de mim' — para nos prevenir de que há no seu humor um cunho de tristeza. Não dá ideia de ser um homem feliz. Desconfio de que sente a nostalgia dos cortiços. A fama de que desfruta e a sua riqueza o condenam a um estilo de vida que o constrange. Creio que relembra com saudade — e sabendo ser uma saudade que nunca deixará — o seu livre viver na juventude lutadora, marcada pela miséria e amargas privações. Para ele as ruas pobres do sul de Londres são um ambiente de pândegas, de aventuras alegres e extravagantes... Posso imaginá-lo entrando na própria casa e perguntando a si mesmo por que diabo se encontra na morada daquele desconhecido. Suponho que o único lar que ele pode conceber como tal é um segundo pavimento nos confins de Kennington Road. Uma noite, passeei com ele em Los Angeles e em pouco os nossos passos nos levaram ao bairro mais pobre da cidade. Havia sórdidas casas de cômodos e esses velhos armarinhos de colorido mau gosto em que a gente do povo costuma comprar toda espécie de miudezas. A fisionomia de Chaplin iluminou-se e foi num tom bem alegre que exclamou: "Veja! Isto, sim, é vida verdadeira, não é mesmo? Tudo mais não passa de engodo."**

---

*A citação não é exata. Estávamos num bairro mexicano e o que eu disse foi: "Há mais vitalidade aqui do que em Beverly Hills." (N. do A.)

É desagradável essa história de atribuir-se a outrem encantamento pela penúria que enfrentou. Ainda não encontrei um só pobre que sentimentalize a pobreza ou que nela encontre libertação. Nem poderia o sr. Maugham convencer a nenhum necessitado de que fama e grande fortuna são motivos de constrangimento. Riqueza nunca me inibiu; ao contrário, deu-me sempre muita liberdade. Não creio que Maugham emprestaria a nenhum personagem de suas novelas, até ao mais insignificante, as ideias tão falsas que me atribuiu. Parolas como essa de que "as ruas da zona sul de Londres são um ambiente de pândegas, de aventuras alegres e extravagantes" fazem lembrar as zombarias frívolas de Maria Antonieta.

Nunca achei a pobreza atrativa nem edificante. O que ela me ensinou foi só uma distorção de valores, a superestimar as virtudes e os refinamentos dos ricos e das pretensas elites sociais.

Fortuna e fama, por outra parte, ensinaram-me a ver o mundo tal como é, a descobrir que homens das mais elevadas posições se mostram, quando observados de perto, com tantas deficiências como o resto de nós. Fortuna e fama também me ensinaram a ter desdém pelos brasões e pelas comendas, que não passam de pretensiosidades; ensinaram-me a conhecer que o mérito e a inteligência dos homens não podem ser julgados pelos requintes de pronúncia aprendidos em universidade — mito que tem exercido influência paralisante no espírito das classes médias inglesas; ensinaram-me que inteligência não é necessariamente produto de educação ou conhecimento dos clássicos.

A despeito das suposições de Maugham, eu sou o que sou, como qualquer pessoa: um indivíduo de cunho próprio, diferente dos outros, com uma história em que se encadeiam tendências e impulsos ancestrais; uma história de sonhos, desejos e de experiências próprias, sendo eu a soma de tudo isso.

DESDE que cheguei a Londres, vi-me constantemente em companhia de amigos de Hollywood. Eu queria mudar, novas experiências, caras novas; queria tirar proveito desse negócio de ser uma celebridade. Só tive um encontro marcado; e este foi com H. G. Wells. Depois disso, fiquei livre e com a incerta esperança de outros convívios.

— Promovi um jantar em sua honra no Garrick Club — disse-me Eddie Knoblock.

— Atores, artistas e autores... — observei, gracejando. — Mas onde é que está a alta sociedade inglesa? E essas mansões rurais e essas festas de solar a que não sou convidado?

O que estava querendo era penetrar no círculo requintado em que vivem os duques. Não como um esnobe, mas como um turista procurando ver as coisas.

O Garrick Club tinha uma atmosfera de claro-escuro, com paredes revestidas de carvalho sombrio e pinturas a óleo — um soturno ambiente, onde me encontrei com *sir* James Barrie, E. V. Lucas, Walter Hackett, George Frampton, Edwin Lutyens, Squire Bancroft e outras personalidades eminentes. Embora a coisa tenha sido enfadonha, sensibilizou-me extremamente a homenagem significativa que era a presença dessas figuras de tanta categoria.

Mas tive a impressão de que a noite não chegou a ser um sucesso. Uma reunião de pessoas ilustres requer afinidade de gosto para haver desembaraço, o que se tornava custoso conseguir quando o convidado de honra, um afamado *parvenu*, insistira em que não se fizessem brindes de sobremesa; era talvez o que estava faltando. O escultor Frampton procurou dar leveza ao jantar e foi encantador na conversa; mas teve dificuldade em brilhar na penumbra do Garrick, enquanto comíamos presunto cozido e pudim de melado.

Na minha primeira entrevista com a imprensa inglesa, disse inadvertidamente que fora rever os lugares da minha infância e saborear de novo ensopado de enguias e pudim de melado. Em consequência, serviram-me pudim de melado no Garrick, no Ritz, em casa de H. G. Wells; mesmo no lauto jantar na residência de *sir* Philip Sassoon a sobremesa foi pudim de melado.

Os convivas logo se dispersaram e Eddie Knoblock sussurrou-me que *sir* James Barrie gostaria que fôssemos tomar uma chávena de chá em seu apartamento no Adelphi Terrace.

O apartamento de Barrie era como um ateliê, um amplo aposento com bela vista sobre o Tâmisa. No centro, um fogão redondo com chaminé que ia até o teto. Barrie levou-nos a uma janela que dava para estreita rua lateral. Via-se bem defronte outra janela.

— É o quarto de dormir de Bernard Shaw — disse, em tom malicioso, no seu acento escocês. — Quando vejo a luz acesa, atiro contra a vidraça caroços de cereja ou de ameixa. Se ele está disposto a conversar, abre a janela e entabulamos uma prosa fiada de vizinhos; se não quer, não dá atenção ou apaga a luz. Em geral, jogo caroços três vezes. Depois, desisto.

A Paramount ia filmar *Peter Pan* em Hollywood.

— *Peter Pan* tem realmente maiores possibilidades como filme do que como peça de teatro — disse Barrie, e eu concordei.

Barrie manifestou-me o desejo de que fosse feita uma cena mostrando Wendy a varrer as fadas que se haviam metido sob a casca de uma árvore. Nessa noite, também me disse:

— Por que você enfiou uma sequência de sonho em *O garoto*? Isso interrompia o curso da história.

— Porque fui influenciado por *Os mil beijos de Cinderela* — respondi francamente.

No dia seguinte, Eddie Knoblock e eu estivemos fazendo compras e depois ele sugeriu que fôssemos à casa de Bernard Shaw. Não era visita combinada previamente.

— Faríamos uma surpresa — disse Eddie.

Às quatro da tarde tocou a campainha no Adelphi Terrace. Enquanto esperávamos, de repente me senti nervoso, com medo.

— Vamos deixar para outro dia — disse eu e corri pela rua, com Eddie a correr atrás de mim, garantindo-me em vão que tudo se passaria bem. Foi só em 1931 que tive o prazer de me encontrar com Bernard Shaw.

Na manhã seguinte, despertou-me o telefone tocando na sala de estar e ouvi então a voz metálica do meu secretário americano:

— Quem?... O príncipe de Gales!

Eddie estava lá e, como se julgava entendido em protocolo, tomou o fone. Ouvi-o dizendo:

— Quem fala? Oh, sim. Hoje à noite? Obrigado.

Anunciou excitadamente ao meu secretário que o príncipe de Gales gostaria de que o sr. Chaplin jantasse com ele naquela noite e encaminhou-se para o meu quarto de dormir.

— Não o acorde agora — disse-lhe o meu secretário.

— Homem de Deus, é o príncipe de Gales! — retrucou Eddie indignadamente e largou-se numa tirada sobre a etiqueta britânica.

Um momento depois, ouvi girar a maçaneta da porta do meu quarto; fingi que estava acordando naquele instante. Eddie entrou e anunciou-me, com excitação contida e falsa naturalidade:

— Não assuma compromisso para hoje à noite. Está convidado a jantar com o príncipe de Gales.

Com a mesma pretensa naturalidade, observei-lhe que aquilo era embaraçoso, pois já me havia comprometido a jantar naquela noite com H. G. Wells. Não deu ouvidos ao que lhe disse e repetiu o convite. É claro que eu estava exultando — jantar com o príncipe de Gales no palácio de Buckingham!

— Mas não será brincadeira de alguém? — perguntei. — Li ontem de noite que o príncipe está caçando na Escócia.

Eddie ficou logo desconcertado:

— Talvez seja melhor que eu telefone ao palácio para verificar.

Voltou com um ar inescrutável e anunciou-me, desenxabido:

— É... Ainda está caçando na Escócia.

Naquela manhã chegou a notícia de que Fatty Arbuckle, meu companheiro da Keystone, fora indiciado como assassino. Isso era ridículo; eu bem o conhecia — sujeito cordial, bonacheirão, incapaz de fazer mal a uma mosca, e manifestei esse meu juízo à imprensa. Quando, afinal, ficou provada inteiramente a sua inocência, já era um homem liquidado: embora readquirisse a simpatia do público, o abalo foi muito forte e, mais ou menos um ano depois, faleceu.

Devia encontrar-me de tarde com Wells no escritório do Oswald Stoll Theatres, onde iríamos assistir a um filme baseado numa das suas histórias. Quando me aproximei, vi uma compacta multidão. Não tardei a ser empurrado, impelido, posto precipitadamente num elevador e sacudido para uma sala de escritório onde também havia muita gente.

Senti-me confuso, pois não esperava que nosso primeiro encontro começasse daquele modo. Wells estava calmamente sentado a uma escrivaninha, com afável cintilação nos olhos azul-violeta, parecendo um tanto sem jeito. Antes que pudéssemos dar um aperto de mão, formou-se ao redor uma barragem de fotógrafos batendo chapas: Wells inclinou-se para mim e cochichou:

— Nós dois somos as vítimas.

Fomos depois conduzidos a uma sala de projeção e, quando o filme ia chegando ao fim, Wells sussurrou:

— Que acha?

Respondi francamente que o filme não era bom. Quando se acenderam as luzes, Wells inclinou-se rapidamente para mim:

— Diga qualquer coisa simpática sobre o rapaz.

Na verdade, o rapaz, George K. Arthur, era só o que se salvava da película. A atitude de Wells em relação às fitas era de artificiosa condescendência.

— Não há filme ruim — disse. — Só o fato de que as imagens se movem já é maravilhoso.

Não tivemos ensejo de nos familiarizar nesse encontro. Porém, horas mais tarde, recebi um bilhete:

"Não esqueça o jantar. Pode enfiar-se num sobretudo, se achar conveniente, e apareça por volta das sete e meia. Jantaremos tranquilamente."

Naquela noite, estava lá Rebecca West. No começo, a conversação foi um pouco cerimoniosa. Mas, por fim já nos soltávamos. Wells falou da Rússia, onde estivera recentemente.

— O progresso é lento — disse. — Lançar programas cheios de idealismo é fácil. O difícil é executá-los.

— Qual o remédio? — perguntei.

— Educação.

Confessei-lhe que pouco sabia de socialismo e disse, gracejando, que não via muita vantagem num sistema em que todo homem deve trabalhar para viver.

— Francamente, prefiro um sistema que permita viver sem trabalhar.

Wells riu.

— E os seus filmes?

— Ah, isso não é trabalho... é brincadeira de criança — retruquei em tom de pilhéria.

Perguntou-me o que eu pretendia fazer durante as férias na Europa. Disse-lhe que estava projetando ir a Paris e depois à Espanha, para ver as touradas.

— Têm-me explicado que a técnica é estupenda e impressionante.

— Realmente, mas é muito cruel para os cavalos — observou.

— Por que ter sentimentalismo em relação a cavalos?

Eu deveria ter-me escoiceado por haver feito reparo tão bobo. Era culpa dos meus nervos. Percebi que Wells soube compreender. Mas por todo o caminho de volta eu me censurei por ter sido tão idiota.

No dia seguinte, foi ao hotel o renomado arquiteto *sir* Edwin Lutyens, amigo de Eddie Knoblock. Estava ele projetando o novo edifício governamental de Délhi, e acabara de ter uma entrevista com George V. Havia levado ao palácio de Buckingham a miniatura de um aparelho sanitário; tinha cerca de quinze centímetros de altura com um miúdo reservatório que a água de pequeno copo dava para encher; puxando-se a corrente da descarga, a água derramava-se como num aparelho de tamanho normal. Isso de tal forma encantou e divertiu o rei e a rainha, entretendo-se os dois em puxar a descarga e encher de novo o tanquezinho, que Lutyens sugeriu construir-se em torno do aparelho uma casa de bonecas. Mais tarde obteve que vários artistas ilustres da Inglaterra pintassem quadros minúsculos para os principais aposentos. E foram feitas em miniatura todas as instalações domésticas. Quando a obra ficou pronta, a rainha consentiu que fosse exibida ao público, rendendo vastas quantias para fins de beneficência.

DEPOIS de certo tempo, começou a baixar a maré das minhas atividades sociais. Já me encontrara com os literatos e as personalidades importantes, também já visitara o cenário da minha meninice; quase só me restou pular num táxi e saltar de outro táxi para escapar às multidões; e como Eddie Knoblock partira para Brighton, de repente resolvi arrumar a bagagem, ir a Paris e ver-me livre de tudo.

Partimos sem publicidade — pelo menos foi o que eu pensei; mas, em Calais, uma grande massa popular nos ovacionava: *"Vive Charlot!"* —

gritavam, quando eu descia a prancha. Tivemos uma travessia bem agitada e metade de mim ficara no canal. Assim mesmo, saudei com os braços e forcei um sorriso. Empurraram-me, impeliram-me e espremeram-me até entrar no trem. Quando cheguei a Paris, fui recebido por vasta multidão contida pelo cordão de isolamento. De novo fui empurrado e massageado com entusiasmo; com ajuda da polícia ergueram-me e jogaram-me num táxi. Chegou a ser divertido e, francamente, gostei. Mas, a recepção foi além do que eu podia esperar e de tal modo me emocionou que fiquei exausto.

No Claridge, o telefone tocava teimosamente de dez em dez minutos. Era a secretária da srta. Morgan. Tratando-se da filha de J. P. Morgan concluí que devia ser alguma solicitação. Tentamos, pois, despachar a secretária. Esta porém, insistiu. Não poderia eu marcar uma entrevista com a srta. Morgan? Não me tomaria muito tempo... Sucumbi, prometendo encontrá-la no meu hotel, a um quarto para as quatro. Mas a srta. Morgan estava atrasada; assim, ao cabo de dez minutos, fui saindo. Ao atravessar o vestíbulo, o gerente do hotel veio correndo para mim, muito preocupado.

— A srta. Ann Morgan está aqui para vê-lo, senhor.

Haviam-me apoquentado a persistência e a presunção de Ann Morgan... E ainda por cima chegava com atraso! Recebi-a sorrindo:

— Sinto muito, mas tenho compromisso marcado para as quatro.

— Oh, realmente? Bem, não o prenderei por mais de cinco minutos.

Consultei o relógio: era cinco para as quatro.

— Talvez seja melhor sentarmo-nos por um momento — disse ela e começou a falar enquanto procurávamos um canto do vestíbulo onde nos acomodar. — Estou angariando recursos para a reconstrução da França devastada; se pudéssemos ter o seu filme, *O garoto*, para um espetáculo de gala no Trocadero e se o senhor pudesse comparecer, levantaríamos milhares de dólares.

Respondi-lhe que podia contar com o filme, porém não com a minha presença.

— Mas seu comparecimento significará milhares de dólares a mais na renda da bilheteria — insistiu — e estou certa de que será condecorado.

Assaltou-me algo de endiabrado e encarei-a firmemente:

— Está certa disso?

A srta. Morgan riu.

— Só o que se pode fazer é recomendar ao governo — disse — e naturalmente farei o que estiver ao meu alcance.

Olhei para o relógio e estendi-lhe a mão.

— Sinto muito, realmente, mas tenho de sair. Estarei em Berlim nos próximos três dias e talvez possa dar-me notícia.

E, com essa enigmática observação, despedi-me. Sei que fui impertinente e logo ao deixar o hotel já me sentia arrependido de tamanha rudeza.

O INGRESSO na alta sociedade resulta, em geral, de um incidente que, como simples faísca, acende toda uma conflagração de atividades mundanas... e, então, é-se "recebido".

Lembro-me de que duas venezuelanas — moças modestas — me contaram como se introduziram na sociedade nova-iorquina. Em viagem de transatlântico, travaram relações com um dos Rockefeller, que lhes deu carta de apresentação a amigos... e com isso a bola foi rolando. O segredo do sucesso que tiveram, como uma delas depois me explicou, foi que nunca procuraram engraçar-se com homens casados; em consequência, as damas de Nova York que dão recepções as adoravam e não deixavam de convidá-las a toda parte; até arranjarem marido para as duas.

No que me toca, minha *entrée* na sociedade inglesa veio inesperadamente, quando tomava banho no Claridge de Paris. Georges Carpentier, com quem travei conhecimento em Nova York, antes da sua luta com Jack Dempsey, fez-se anunciar e entrou no meu quarto de banho. Depois de calorosos cumprimentos, cochichou-me que tinha um amigo esperando na sala de estar e gostaria de que eu o recebesse, um homem *très important en Angleterre*. Embrulhei-me num roupão de banho e fui apresentado a *sir* Philip Sassoon. Foi o início de amizade muito grata que ia durar mais de trinta anos. Naquela noite jantei com *sir* Phillip e sua irmã, que era então *lady* Rocksavage. E no dia seguinte parti para Berlim.

A reação do público berlinense foi engraçada. Vi-me como uma pessoa sem o menor prestígio. Como ainda não houvera por lá exibição dos meus filmes, nem ao menos conseguia mesa decente num *night-club*. Só depois de reconhecido por um oficial americano, que indignado informou quem era eu ao confuso gerente, foi que afinal me instalaram onde não havia corrente de ar. Também me divertiu ver a reação do pessoal da casa quando se reuniam em torno da nossa mesa os que me identificavam. Um dos empregados, alemão que estivera na Inglaterra como prisioneiro e lá viu dois ou três dos meus filmes, berrou subitamente: "Scharlie!" E voltando-se para os espantados frequentadores: "Sabem quem é este? Scharlie!" Histericamente, abraçou-me e beijou-me. A sua excitação, porém, pouco repercutiu. Só quando Pola Negri, a estrela do cinema alemão, que era o alvo de todos os olhares, me convidou para a sua mesa é que houve um moderado interesse.

Um dia após a minha chegada, recebi misterioso bilhete. Dizia:

> *"Meu caro Charlie*
> *Muita coisa aconteceu desde que nos encontramos em Nova York, na festa de Dudley Field Malone. Estou muito doente num hospital; por favor, venha ver-me. Isso muito me alegrará..."*

O autor do bilhete dava o endereço do hospital e assinava-se "George".

No primeiro momento, não atinei quem fosse. Depois, ocorreu-me quem podia ser: sem dúvida, George, o Búlgaro, que deveria ter voltado à prisão para cumprir a pena de dezoito anos. Pelo tom do bilhete, era de se prever uma "facada". Com essa ideia, levei comigo quinhentos dólares. Para minha surpresa, no hospital fui encaminhado a um aposento espaçoso, com uma escrivaninha e dois telefones. Receberam-me lá dois cavalheiros bem-vestidos que, como vim a saber depois, eram secretários de George. Um deles levou-me ao aposento contíguo, onde George estava na cama.

— Meu amigo! — disse-me, cumprimentando-me emocionadamente. — Alegra-me que tenha vindo. Nunca me esqueci da sua bondade e simpatia na festa de Dudley Malone!

Deu breve ordem ao secretário e ficamos a sós. Como nada me contou sobre a sua saída da América, achei que seria indiscreto fazer-lhe perguntas a respeito; além disso, estava ele interessadíssimo em pedir-me notícias dos seus amigos nova-iorquinos. Senti-me confuso, sem entender, como se houvesse pulado vários capítulos de um livro. Veio o desfecho quando me explicou que era agora agente de compras do governo bolchevista e estava em Berlim adquirindo locomotivas e pontes metálicas. Saí com meus quinhentos dólares intactos.

Berlim deprimia, ainda envolta numa atmosfera de derrota, com seu trágico rebotalho de soldados sem braços e sem pernas pedindo esmolas em quase todas as esquinas. E comecei a receber telegramas da secretária da srta. Ann Morgan, cheios de ansiedade, pois a imprensa já havia anunciado o meu comparecimento ao Trocadero. Respondi que não me comprometera a comparecer e iria dar conhecimento disso ao público francês, para que não me julgasse mal.

Por fim, chegou outro telegrama:

"TENHO ABSOLUTA CERTEZA DE QUE SERÁ CONDECORADO SE COMPARECER, MAS HOUVE TODA UMA SÉRIE DE MANOBRAS E DIFICULDADES A ENFRENTAR — ANN MORGAN."

Diante disso, após três dias em Berlim, tornei a Paris.

À noite do espetáculo do Trocadero, fiquei num camarote com Cécile Sorel, Ann Morgan e várias outras pessoas. Cécile inclinou-se para juntinho de mim, a fim de transmitir-me profundo segredo:

— Esta noite será condecorado.

— Que esplêndido! — disse com modéstia.

A primeira parte do programa consistia num enfadonho filme-documentário que não acabava mais. Depois que padeci essa amolação interminável, acenderam-se as luzes e dois funcionários do governo conduziram-me ao camarote do ministro. Acompanhavam-nos vários jornalistas; um astuto correspondente americano murmurava seguidamente por trás de mim:

— Vai ganhar a Legião de Honra, rapaz.

E enquanto o ministro discursava em meu elogio o jornalista amigo não parou do cochichar:

— Você foi enganado, rapaz; esta é a que se dá aos professores de escola pública; assim você não ganhará beijocas no rosto; você devia receber a fita vermelha.

Sinceramente, fiquei muito feliz em ser homenageado como mestre-escola. Dizia o diploma: "A Charles Chaplin, autor dramático, é conferido o título de Oficial da Instrução Pública..." etc.

De Ann Morgan recebi encantadora carta de agradecimentos e um convite para um almoço, no dia seguinte, na Villa Trianon, em Versalhes, dizendo-me que ela também compareceria. A roda era grande e misturada — o príncipe Jorge da Grécia, *lady* Sarah Wilson, o marquês de Talleyrand-Périgord, o comandante Paul-Louis Weiller, Elza Maxwell e outros. O que aconteceu ou o que se conversou nessa reunião matinal é coisa de que não me lembro, porque só cuidei de mostrar-me encantador.

No dia seguinte, foi ao hotel meu amigo Waldo Frank, acompanhado de Jacques Copeau, que liderava uma corrente inovadora do teatro francês. De noite fomos juntos ao circo e vi alguns palhaços excelentes; depois, ceamos com os artistas da companhia de Copeau no Quartier Latin.

No outro dia era esperado em Londres para um almoço com *sir* Philip Sassoon e lorde e *lady* Rocksavage, ocasião em que seria apresentado a Lloyd George. Mas tivemos de aterrissar na costa da França, por causa de nevoeiro no canal, e cheguei com três horas de atraso.

Uma palavra sobre *sir* Philip Sassoon. Foi ele secretário de gabinete de Lloyd George, durante a guerra. Homem de minha idade, mais ou menos, era uma figura marcante, bem-apessoado, expressão exótica. Pertencia ao Parlamento, onde representava Brighton e Hove. Sendo um dos homens mais ricos da Inglaterra, não queria ficar ocioso. Trabalhava com afinco e soube criar para si uma vida interessante.

Quando nos encontramos pela primeira vez em Paris, disse-lhe que me sentia esgotado e precisando um pouco de isolamento; além disso, contei que, de tão nervoso que andava, até as cores das paredes do hotel me irritavam.

Riu.

— Quais as cores que lhe agradariam?

— Amarelo e ouro — respondi, gracejando.

Sugeriu-me então que eu fosse para a sua herdade, em Lympne, onde poderia ficar tranquilo e isolado. Para meu espanto, quando lá cheguei descobri que as cortinas do meu quarto eram amarelo-claro e ouro.

A herdade era extraordinariamente bela; a decoração do solar, num estilo vistoso — Philip podia ter dessas audácias por ser homem de muito bom gosto. Lembro-me de quanto me impressionou o luxo dos meus aposentos: terrina aquecida para conservar a sopa quente, caso eu tivesse fome de noite, e de manhã dois empertigados mordomos trazendo em mesinha de rodas toda uma petisqueira — os mais variados cereais americanos, filés de peixe, *bacon* e ovos. Eu dissera que sentia na Europa a falta dos bolos de trigo americanos... e ali estavam eles, trazidos ao meu quarto, quentinhos, com manteiga e geleia. Era coisa das Mil e Uma Noites.

Sir Philip movimentava-se, dirigindo os assuntos da herdade, com uma das mãos no bolso do paletó, acariciando nos dedos as pérolas da sua mãe — colar de cerca de um metro de comprimento e cada pérola com o tamanho de uma unha do polegar.

— Trago-as comigo para conservá-las vivas — explicou.

Depois que me refiz da fadiga, perguntou-me se queria acompanhá-lo a um hospital de Brighton para visitar casos incuráveis de paralisia espasmódica em feridos da guerra. Era terrivelmente melancólico fitar aquelas jovens fisionomias em que se estampava a desesperança. Um moço estava tão entrevado que pintava de pincel na boca, única parte do corpo que podia usar. Outro tinha os punhos tão crispados que, para lhe cortarem as unhas, a fim de que elas não se enterrassem na palma das mãos, precisavam lhe dar anestésico. Era tão horrível o estado de alguns que não me foi permitido vê-los. Mas *sir* Philip o fez.

De Lympne voltamos juntos, de automóvel, para a residência londrina de *sir* Philip, em Park Lane, onde se realizava a sua exposição anual de quadros da época georgiana, para fins de caridade. Era um magnífico solar, com ampla estufa atapetada de jacintos azuis. No segundo dia em que lá almocei, os jacintos já eram outros e de cor diferente.

Fomos visitar o estúdio de *sir* William Orpen e vimos o retrato da irmã de Philip, *lady* Rocksavage, que era de luminosa beleza. Orpen não me causou impressão muito simpática, pois armou um ar distraído e reservado, que me pareceu de presunçoso.

Também visitei a casa de campo de H. G. Wells, próxima à herdade da condessa de Warwick e onde o escritor vivia com a esposa e seus dois filhos, que acabavam de chegar de Cambridge. Fui convidado a passar a noite.

À tarde apareceram mais de trinta professores de Cambridge e ficaram sentados no jardim, juntinhos uns dos outros, como uma turma de doutorandos em pose para fotografia de formatura, observando-me em silêncio como se eu fosse de outro planeta.

De noite, a família de Wells entreteve-se num jogo de prendas, chamado "Animal, Vegetal ou Mineral", que me fez sentir como se estivesse fazendo exame. Não me saem da lembrança os gélidos lençóis e o fato de ter ido para a cama à luz de vela. Foi a noite mais fria que passei na Inglaterra. Quando me descongelei, na manhã seguinte, H. G. perguntou-me como tinha dormido.

— Muito bem — respondi por polidez.

— Queixam-me muitos de nossos amigos de que o quarto é frio — observou com ar inocente.

— Frio, só? Gelado!

Wells riu.

Mais algumas recordações dessa visita a H. G.: o seu gabinete de trabalho, simples e pequeno, escurecido pela sombra das árvores lá fora, com a escrivaninha de estilo antiquado perto da janela, em posição enviesada; a sua bonita e graciosa esposa indo mostrar-me uma igreja do século XI; nossa conversa com um velho artista gravador que fazia impressões de bronze em algumas das lápides sepulcrais; as corças que vagueavam em bando perto da casa; sir John Ervine dizendo à hora do almoço que achava a fotografia em cores uma coisa maravilhosa e eu confessando que a detestava; H. G. lendo a conferência de um professor de Cambridge e eu observando que pelo estilo prolixo até parecia coisa escrita por um monge do século XV; e a história de Wells a respeito de Frank Harris.

Disse-me, então, que, como um jovem escritor lutando para vencer, compusera um dos seus primeiros artigos científicos sobre a quarta dimensão e o oferecera, inutilmente, aos diretores de várias revistas.

Por fim, recebeu um bilhete de Frank Harris, pedindo-lhe que o procurasse no escritório.

— Embora eu andasse apertado — disse-me Wells —, comprei uma cartola de segunda mão para aquele encontro. Harris recebeu-me assim: "Diabo, onde foi que você arranjou este chapéu? E que absurdo é este de pensar que pode vender artigos dessa ordem a uma revista?" Atirou sobre a mesa o meu manuscrito. "É inteligente demais... e neste negócio de revista não há mercado para a inteligência!" Eu havia posto cuidadosamente minha cartola numa quina da mesa e, como esta era de quando em quando esmurrada por Frank, para dar ênfase ao que dizia, a cartola pulava. Fiquei com um medo horrível de que a qualquer momento fosse achatada pelo punho de Frank. Contudo, comprou-me o artigo e encomendou-me outros.

Em Londres, fui apresentado a Thomas Burke, autor de *Limehouse nights*. Era um homenzinho quieto, inescrutável, com um rosto que me fazia lembrar o retrato de Keats. Ficava imóvel na sua cadeira, olhando raramente para o interlocutor. Todavia, inspirou-me confiança. Achei que devia falar-lhe de coração aberto e o fiz. Com Burke eu me sentia perfeitamente à vontade, mais do que com Wells. Rodamos pelas ruas de Limehouse e Chinatown, sem ele me dizer uma só palavra. Foi a sua maneira de fazer-me apreciá-las. Era um homem fechado e nunca pude saber exatamente o que pensava de mim, até uns três ou quatro anos mais tarde, quando me enviou o seu livro semibiográfico *The wind and the rain*. Vi que nossas juventudes foram semelhantes e então compreendi que ele me queria bem.

Quando minha vida em Londres se acalmou, jantei com meu primo Aubrey e sua família e no dia seguinte visitei Jimmy Russell, dos velhos tempos de Karno, que tinha um bar modesto. E depois comecei a pensar em regresso aos Estados Unidos.

Chegara o momento em que — bem o percebi —, se permanecesse mais tempo em Londres, acabaria por me sentir sem o que fazer. Relutava em deixar a Inglaterra. A popularidade, porém, não tinha mais nada a me dar. Voltava com plena satisfação — mas um tanto melancólico, pois me despedia não só das homenagens e carinhos com que a gente rica e ilustre me acolhera, mas também da sincera afeição e entusiasmo das multidões inglesas e francesas que foram me aclamar em Waterloo e na Gare du Nord. A frustração de ter sido empurrado para longe delas e metido num táxi, sem me ser possível agradecer-lhes os aplausos, doía-me como se eu tivesse pisoteado flores. Também deixava atrás de mim o meu passado. Aquela visita a Kennington, ao n. 3 do Pownall Terrace, preenchera um vazio dentro de mim; agora, agradava-me voltar à Califórnia e retomar o trabalho, pois trabalho era ter rumo certo, tudo mais não passando de miragem.

Quando cheguei a Nova York, telefonou-me Marie Doro. Marie Doro telefonando — o que isso teria significado alguns anos antes! Levei-a a almoçar e depois fui à matinê da peça que ela estava representando: *Lilies of the field*.

À noite, jantei com Max Eastman, sua irmã Crystal Eastman e Claude McKay, o poeta e estivador da Jamaica.

No meu último dia em Nova York, visitei Sing-Sing em companhia de Frank Harris. A caminho, disse-me ele que estava escrevendo sua autobiografia, mas achava que já era tarde demais.

— Estou ficando velho — disse-me.

— A idade traz suas compensações — aventei. — Já não se tem tanto medo de ser indiscreto.

Jim Larkin, o rebelde irlandês e organizador de sindicatos operários, estava cumprindo cinco anos em Sing-Sing e Frank quis vê-lo. Larkin era um orador brilhante que havia sido condenado por juiz e júri parciais, sob falsa imputação de tramar a queda do governo. Assim afirmava Frank e isso foi depois comprovado, quando o governador Al Smith anulou a sentença, já depois de Larkin ter padecido anos de cadeia.

Há nos presídios uma estranha atmosfera, como se ali não houvesse lugar para o sentimento de humanidade. Na parte mais velha de Sing-Sing as celas tinham um sombrio aspecto medieval: estreitos cubículos de pedra, em cada um deles dormiam, espremidos, de quatro a seis sentenciados. Que cérebro diabólico pôde conceber a construção de tais horrores! Na hora da nossa visita, as celas encontravam-se vazias, com os presos no pátio de exercício; só restara um jovem presidiário, encostado à porta aberta do seu calabouço, com expressão doloridamente preocupada. Explicou o diretor do presídio que os recém-condenados, com longas penas a cumprir, ficam o primeiro ano no bloco das celas antigas, só depois vindo a ocupar uma das modernas. Passando pelo jovem preso, entrei no cubículo e assaltou-me uma horrível sensação de claustrofobia.

— Meu Deus! — exclamei, saindo apressadamente. — Como isto é imundo!

— Tem razão — murmurou o moço, com amargura.

O diretor, homem de ar bondoso, explicou-nos que Sing-Sing estava superlotada e sem recursos para a construção de novas celas.

— Mas na dotação das verbas somos os últimos a ser lembrados. Melhorar as prisões é coisa a que nenhum político dá muita atenção.

A velha "casa da morte" parecia-se com uma sala de escola, comprida e estreita, teto baixo, banquetas e carteiras para os repórteres e, defrontando-as, um móvel de aparência banal — a cadeira elétrica. Ali ia ter um esticado fio de eletricidade, que descia do teto. O que horrorizava no ambiente era a sua singeleza, a ausência de drama, o que lhe imprimia aspecto mais sinistro de que o de um medonho cadafalso. Por trás da cadeira, um reservado de tabique. Levada a vítima para ali, imediatamente após a execução, fazia-se a autópsia.

— Se a descarga não der para completar a obra, o corpo é cirurgicamente decapitado — explicou-nos o médico, ajuntando que a temperatura do sangue no cérebro, logo após a execução, ia a uns cem graus centígrados, mais ou menos.

Foi com as pernas bambas que saímos da "casa da morte".

Frank pediu notícias de Jim Larkin e perguntou-nos o diretor se queríamos vê-lo; era proibido pelo regulamento, mas abriria uma exceção. Larkin estava na oficina de calçados e foi lá que nos acolheu. Homem bem-afeiçoado, com estatura de um metro e noventa, penetrantes olhos azuis, mas de sorriso doce.

Ainda que satisfeito em ver Frank, mostrava-se nervoso e confuso, impaciente por voltar à sua banqueta de sapateiro. Nem a palavra tranquilizadora do diretor lhe abrandou a inquietação.

— A regalia de receber visitas nas horas de trabalho dá má impressão aos outros — disse.

Frank indagou-lhe como era tratado e se havia algo que pudesse fazer a seu favor. Respondeu que o tratamento era razoável, mas vivia apreensivo com a mulher e a família na Irlanda. Desde o encarceramento, nunca mais tivera notícias. Frank prometeu ajudá-lo. E disse-me, depois que partimos, quanto o deprimia ver submetido à disciplina da penitenciária um homem tão corajoso e exuberante como Jim Larkin.

DE VOLTA a Hollywood, fui ver minha mãe. Encontrei-a muito alegre, feliz, e inteiramente a par da forma triunfal por que Londres me recebera.

— Então, que me diz do seu filho e de todas essas bobagens? — perguntei em tom de troça.

— Magnífico. Mas não acharia melhor ser como é realmente, em lugar de viver neste mundo de irrealidade teatral?

— Bem, quem sabe é a senhora... — Ri. — Não lhe devo essa irrealidade?

E ela, depois de uma pausa:

— Se ao menos tivesse posto o seu talento ao serviço de Deus... Penso em quantas almas poderia ter salvo.

Sorri.

— Sim, poderia ter feito a salvação de muitas almas, porém não teria juntado dinheiro.[1]

---

[1] É intraduzível o trocadilho que dá maior sabor ao original. Chaplin usou em duplo sentido o verbo *to save*, que em inglês tanto significa salvar como poupar, economizar. (N. do T.)

A sra. Reeves, esposa do meu administrador, a adorava. A caminho de casa, contou-me que, enquanto eu estive ausente, minha mãe gozara de perfeita saúde e só de raro em raro tivera lapsos mentais. Vivia contente e jovial, mas sem noção de responsabilidade. A sra. Reeves gostava de ir vê-la, pois minha mãe a divertia muito, provocando-lhe gostosas gargalhadas ao lhe contar anedotas do passado. Por certo, de quando em quando tinha lá suas teimas. Contou-me a sra. Reeves que, um dia, ela e a enfermeira levaram minha mãe à cidade para lhe comprar algumas roupas. E de repente lhe veio um capricho: não queria sair do carro.

— Que o pessoal da loja venha até aqui — insistiu. — Na Inglaterra, é assim: atende-se à freguesa na própria carruagem.

Por fim, consentiu em saltar. Foi atendê-la uma caixeirinha gentil, que mostrou várias peças de fazenda; uma, que era marrom-claro, teve a preferência da sra. Reeves e da enfermeira, porém minha mãe a detestou. E disse então, com a requintada voz de uma dama da aristocracia inglesa:

— Não, não! Isto é cor de merda... Mostre-me coisa mais alegre.

A espantada caixeirinha obedeceu, mas sem querer acreditar no que ouvira.

Contou-me também a sra. Reeves que levara minha mãe em visita à granja de criação de avestruzes. O encarregado, homem cortês e solícito, mostrou-lhes as chocadeiras. E apanhando um ovo de avestruz:

— Este vai sair da casca na semana que vem.

Nisto, chamado ao telefone, entregou o ovo à enfermeira, pediu licença e afastou-se. Tão logo saiu, minha mãe arrebatou o ovo da mão da enfermeira, dizendo:

— Vamos restituí-lo ao desgraçado do avestruz, coitadinho!

E atirou-o no terreiro, onde rebentou fragorosamente. Mais do que depressa, trataram de sair com minha mãe antes que voltasse o homem.

A sra. Reeves contou-me ainda esta:

— Num dia de sol muito quente, ela teimou em comprar sorvete de casquinha para o chofer e nós todas.

O carro, que ia bem devagar, passou junto a um bueiro, de onde emergiu a cabeça de um operário. Minha mãe debruçou-se para fora do automóvel, querendo ofertar a sua casquinha ao trabalhador, mas a atirou em cheio na cara do homem, dizendo:

— Olhe aí, meu filho... É para você se refrescar.

E acenou-lhe um adeusinho, quando o carro se afastava.

Embora nada lhe dissesse dos meus casos pessoais, parecia saber de tudo. Na época dos meus problemas domésticos com a segunda esposa, estava eu a jogar damas com minha mãe (ela ganhava sempre, diga-se de passagem) quando subitamente observou:

— Por que não se afasta de todos esses aborrecimentos? Dê um passeio ao Oriente e divirta-se!

Fiquei surpreso e perguntei-lhe por que falava assim.

— Ora... todos esses mexericos dos jornais sobre os seus assuntos privados.

Ri:

— Que é que sabe dos meus assuntos privados?

Sacudiu os ombros:

— Se você não fosse tão desconfiado, seria capaz de lhe dar um conselhozinho.

Deixava escapar essas observações e calava-se.

Visitava-me muitas vezes em minha nova residência de Beverly Hills, para ver meus meninos, Charlie e Sydney. Lembro-me da primeira visita. A casa, recém-construída, tinha móveis bonitos e muitos empregados — mordomo, camareiros etc. Ela examinou a sala, depois debruçou-se à janela de onde se avistava ao longe, à distância de seis quilômetros, o Pacífico. Esperei a sua reação.

— É pena perturbar o silêncio — disse.

Parecia ter como coisas assentadas a minha riqueza e o meu sucesso, jamais fazendo comentários a respeito. Até que um dia, a sós no gramado, admirou o jardim, achando-o muito bem cuidado.

— Temos dois jardineiros — expliquei-lhe.

Fez uma pausa e encarou-me:

— Você deve ser muito rico.

— Mamãe, minha fortuna atual vai a cinco milhões de dólares.

Concordou com um gesto de cabeça pensativamente.

— O que importa é que tenha saúde e goze a vida — foi só o que disse.

Minha mãe passou muito bem nos dois anos seguintes. Mas quando filmava *O circo*[2] recebi aviso de que ela estava mal. Já tivera antes complicações de vesícula biliar, porém se restabelecera. Dessa vez, os médicos preveniram-me de que a recaída era grave. Foi levada ao Glendale Hospital, mas os doutores não acharam conveniente operar, por causa do coração.

Quando cheguei, encontrei-a num estado semicomatoso, por efeito do medicamento que lhe deram para aliviar a dor.

— Mamãe, é Charlie! — murmurei e tomei-lhe carinhosamente a mão.

Em resposta, comprimiu debilmente a minha, depois abriu os olhos. Quis sentar-se, mas não teve forças. E, inquieta, queixava-se de dores. Tentei sossegá-la, dizendo que logo ficaria boa.

— Talvez — disse desalentadamente; de novo apertou de leve minha mão e recaiu no torpor.

No dia seguinte, quando no estúdio, recebi a notícia de que falecera. Pelo que ouvira do médico, já tinha o espírito preparado. Suspendi o trabalho, tirei a maquilagem e, com Harry Crocker, meu diretor-assistente, dirigi-me ao hospital.

Harry ficou à espera no corredor. Entrei no quarto e sentei-me numa cadeira entre a janela e o leito. As persianas estavam semicerradas. Lá fora, o sol intenso; no quarto, a intensa mudez. Sentei-me e pus-me a fitar a pequena figura na cama, o rosto inclinado para trás, os olhos cerrados. Mesmo na morte parecia guardar uma expressão de inquietude, como a pressentir novas desgraças. Quão estranho que a sua vida viesse acabar aqui, nos arredores de Hollywood, com todos os seus absurdos valores — a quase doze mil quilômetros de Lambeth, lá onde se despedaçara o seu coração. E desabou sobre mim todo um mundo de lembrança, a luta incessante que enfrentara, as provações que sofrera, a sua intrepidez e a sua trágica existência desperdiçada... E chorei.

Só ao fim de uma hora é que pude refazer-me e deixar o quarto. Harry Crocker ainda estava lá fora e desculpei-me de tê-lo feito esperar tanto; Harry compreendeu, é claro, e em silêncio seguimos de automóvel para casa.

---

[2]No original inglês: *The circus*. (N. do T.)

Sydney, que se encontrava na Europa, enfermo, não pôde assistir aos funerais. Meus filhos, Charlie e Sydney, estiveram presentes, com a mãe, porém não os vi. Consultaram-me se eu queria que fosse cremado o corpo de minha mãe. Tal ideia horrorizou-me! Não, que a sepultassem na verde terra, onde ainda jaz, no cemitério de Hollywood.

Não sei se fiz de minha mãe um retrato condigno. Mas sei que ela carregou de ânimo jovial o seu fardo na vida. Bondade e compreensão, eis as suas virtudes mestras. Apesar de religiosa, queria bem aos pecadores, solidária com os seus problemas. Em sua natureza não havia um átomo sequer de vulgaridade. Qualquer expressão rabelaisiana que usasse era sempre apropriada. Apesar da miséria em que éramos obrigados a viver, nunca permitiu que nos tornássemos, Sydney e eu, garotos de rua; ao contrário, fez-nos sentir que não éramos rebentos ordinários da pobreza, mas seres de personalidade, únicos.

QUANDO foi a Hollywood a escultora Clare Sheridan, cujo livro *From Mayfair to Moscou* produzira verdadeira sensação, Sam Goldwyn ofereceu-lhe um jantar e fui convidado.

Alta, bonita, Clare era sobrinha de Winston Churchill e esposa de um descendente em linha direta de Richard Brinsley Sheridan. Foi a primeira inglesa a entrar na Rússia depois da revolução e recebera encomendas para fazer bustos das principais figuras do partido bolchevista, inclusive Lenin e Trotsky.

Apesar de favorável aos bolchevistas, o seu livro foi pouco hostilizado. O fato de ser a autora conhecida como uma aristocrata inglesa deixava confusos os americanos. Recebida pela sociedade nova-iorquina, fez bustos de vários de seus membros. Também os de Bayard Swope, Bernard Baruch e outros. Quando a encontrei, andava em conferências pelo país, levando nas viagens o filhinho Dicky, de seis anos. Queixou-se de que era difícil para um escultor ganhar a vida na América.

— Os americanos não se importam que suas mulheres posem para um busto, porém eles mesmos se esquivam. São tão modestos...

— Pois eu não sou modesto — disse-lhe.

Assentamos então mandar trazer à minha casa a sua argila e os seus instrumentos; depois do almoço, eu ficaria posando até de tardinha. Clare possuía o dom de estimular a conversa e vi-me fazendo exibição de minhas qualidades intelectuais. Quando o busto já estava quase pronto, examinei-o. E disse:

— Parece a cabeça de um criminoso.

— Pelo contrário — respondeu, zombando num tom de fingida sisudez.

— É a cabeça de um gênio.

Ri. E expus a tese de que o homem de gênio e o criminoso têm íntimas afinidades, pois ambos são extremamente individualistas.

Contou-me que havia um esfriamento geral a seu respeito desde que passou a fazer conferências sobre a Rússia. Sabendo que ela não tinha temperamento de panfletária nem fanatismo político, ponderei:

— Você escreveu sobre a Rússia um livro muito interessante. Fique nisso... Por que entrar na arena política? Poderia sofrer.

— Estou fazendo conferências para ganhar a vida. Mas não querem ouvir a verdade. E só quando digo a verdade é que sei falar espontaneamente. Além disso — ajuntou em tom pilhérico —, eu adoro os meus queridos bolchevistas.

— Meus queridos bolchevistas — tornou a dizer, e riu.

Apesar disso, vim a perceber que tinha muito senso prático, pois, quando, mais tarde, em 1931, a reencontrei, disse-me que estava residindo nos arredores de Túnis.

— Mas por que foi viver lá?

— É mais barato — respondeu-me prontamente. — Em Londres, com meus rendimentos modestos, seria forçada a morar num apartamentozinho de Bloomsbury, só com duas peças pequenas, mas em Túnis posso ter boa casa, criados e um belo jardim para Dicky.

Dicky morreu aos dezenove anos. Foi um golpe terrível, de que ela nunca se refez. Converteu-se ao catolicismo e por certo tempo recolheu-se a um convento, buscando, creio, consolo na religião.

No sul da França, tive ocasião de ver sobre uma pedra tumular a fotografia de uma sorridente meninota de quatorze anos. Ao pé do retrato, a inscrição desta só locução: "Por quê?" Em tal paroxismo de sofrimento, é vão buscar uma resposta. Isto só levaria a falsas considerações morais e a maior tormento. Contudo, não quer dizer que não haja resposta. Não posso crer que a nossa existência não tenha sentido, que seja mero acidente, como nos querem convencer alguns cientistas. A vida e a morte são determinadas demais, por demais implacáveis, para que sejam puramente acidentais.

Os acasos da vida e da morte — o gênio ceifado na flor da idade, sublevações mundiais, hecatombes e catástrofes —, tudo isso pode parecer sem propósito e significação. Mas o próprio fato de que tais coisas acontecem demonstra um desígnio firme e preciso, acima do que pode compreender a nossa inteligência condicionada a três dimensões.

Certos filósofos pretendem que toda matéria é ação, numa forma ou noutra, e que em toda a existência nada se cria como nada se perde. Se a matéria é ação, deve estar submetida às leis de causa e efeito. Ora, admitindo-se isso, deve-se concluir que toda ação é preestabelecida. E, assim, a coceira do meu nariz não é tão predestinada como uma estrela cadente? O gato ronda pela casa, a folha cai da árvore, a criança tropeça. Essas ações não têm origem no infinito? Não são predestinadas e não prosseguirão pela eternidade? Conhecemos a causa imediata da queda da folha, do tropeço da criança, mas não podemos remontar ao seu princípio e ao seu fim.

Não sou um espírito religioso no senso dogmático. Minha posição é comparável à de Macaulay, o qual escreveu que os mesmos problemas religiosos hoje em debate já eram discutidos, com igual acuidade filosófica, no século XVI e que, apesar de todo o conhecimento acumulado e todo o progresso científico, nenhum filósofo, seja do passado ou do presente, trouxe maiores luzes sobre aqueles problemas.

Não creio em nada e de nada descreio. O que concebe a imaginação aproxima-nos tanto da verdade como o que pode provar a matemática. Nem sempre se chega à verdade por meio da razão; esta nos prende a um esquema geométrico de pensamento que demanda lógica e credibilidade. Vemos os mortos em nossos sonhos e os aceitamos como vivos, sabendo ao mesmo tempo que eles são mortos. E ainda que este sonho do espírito esteja fora da razão, não tem a sua própria credibilidade? Há coisas além da razão. Como podemos conceber a milésima bilionésima fração de um segundo? Contudo, essa fração deve existir, de acordo com o sistema da matemática.

À medida que vou envelhecendo, mais me preocupa a questão da fé. Ela está em nossa vida bem mais do que supomos e inspira as nossas ações bem mais do que imaginamos. Creio que a fé é precursora de todas as nossas idéias. Sem fé não teríamos criado hipóteses, teorias, ciências ou a matemática. Penso que a fé é uma extensão do espírito. É a chave que abre a porta do impossível. Negar a fé é refutar a si mesmo e ao espírito que gera todas as nossas forças criadoras.

Minha fé é no desconhecido, em tudo que não podemos compreender por meio da razão; creio que o que está acima do nosso entendimento é apenas um fato em outras dimensões e que no reino do desconhecido há uma infinita reserva de poder.

EM HOLLYWOOD, eu continuava a ser um lobo solitário; trabalhando em meu próprio estúdio, tinha poucas oportunidades de encontrar gente dos outros. Era difícil, pois, fazer novos amigos. Douglas e Mary foram a minha salvação em matéria de convívio.

Desde que se casaram eram extremamente felizes. Douglas remodelara a sua velha casa, decorando-a de forma atraente e acrescendo-lhe vários quartos de hóspedes. O casal vivia em grande estilo e tinha ótima criadagem, excelente cozinha, e Douglas era um perfeito anfitrião.

Suas acomodações no estúdio eram suntuosas. Ao camarim juntavam-se instalações de banho turco e uma piscina. Era ali que recebia os visitantes ilustres, oferecendo-lhes almoço no estúdio, levando-os a uma volta por todo o conjunto, mostrando-lhes como eram feitos os filmes e convidando-os em seguida para um banho de vapor e um mergulho. Depois, sentávamo-nos em seu camarim, enrolados em toalhas de banho como senadores romanos.

Era um tanto esquisito ser apresentado ao rei do Sião quando se deixava a estufa, prestes a cair na piscina. Em verdade, no banho turco foi que travei relações com várias figuras eminentes, como o duque de Alba, o duque de Sutherland, Austen Chamberlain, o marquês de Viena, o duque de Panaranda e muitos outros. Quando um homem se despoja de todos os seus adornos mundanos é que se pode bem aquilatá-lo no seu justo valor. O duque de Alba, por exemplo, cresceu muito no meu conceito.

Toda vez que Douglas recebia visita desses figurões, era eu convidado como um dos atrativos. Em geral, tomava-se banho turco no estúdio, chegava-se a Pickfair lá pelas oito, jantava-se às oito e meia e assistia-se depois a uma sessão de cinema. Assim, nunca tive ensejo de conhecer mais intimamente os hóspedes. Contudo, vez por outra, quando os Fairbanks tinham a casa cheia demais, eu os socorria, levando alguns hóspedes para minha residência. Mas confesso que estava longe de "receber" tão bem quanto eles.

Douglas e Mary tinham um dom todo especial de hospedar e entreter a gente da mais alta aristocracia, acolhendo-a com uma familiaridade desprendida que me era difícil empregar. Por certo, quando havia duques entre os convidados, na primeira noite se ouvia constantemente o tratamento formal de "Vossa Graça"; mas não tardava muito e já o "Vossa Graça" era chamado intimamente de "Jimmy" ou "Georgie".

À hora do jantar, frequentemente aparecia o cachorrinho mestiço de Douglas e este, com o seu jeito desembaraçado e alegre, fazia-o executar acrobaciazinhas engraçadas, que punham fim a toda etiqueta e cerimônia. Muitas vezes fui confidente de hóspedes que me sussurravam seus elogios a Douglas. E as damas segredavam-me: "Que homem encantador!..." E era, realmente. Ninguém sabia encantá-las mais do que Douglas.

Mas, certa ocasião, teve o seu Waterloo. Por motivos óbvios, não citarei nomes, porém a roda era das mais requintadas, em que abundavam fidalgos de títulos ilustres, e Douglas dedicou toda uma semana a recebê-los e lhes dar prazer. Como hóspedes de honra, um jovem par em lua de mel. Fez-se tudo que era imaginável para o seu entretenimento. Promoveu-se até um passeio em iate, à ilha de Catalina, para pescaria; Douglas mandou matar um novilho e atirá-lo ao mar para atrair os peixes, mas nem um só foi pescado pelo casal. Depois, improvisou-se um rodeio nos terrenos do estúdio. No entanto, a jovem nubente, alta e bela, mantinha-se num tom de extrema reserva e, embora gentil, dava poucos sinais de entusiasmo.

Ao jantar, Douglas esforçava-se quanto podia para diverti-la, porém todo o seu espírito e efervescência nada conseguiam. Na quarta noite, Douglas chamou-me à parte:

— Ela me desconcerta. É pessoa com quem não posso conversar. Portanto, meu caro, tenha paciência, mas hoje será sua vizinha de mesa... — Deu um risinho. — Disse-lhe como você é brilhante e engraçado.

Depois dessa propaganda de Douglas, tomei o meu lugar à mesa tão à vontade como um paraquedista na hora de pular. Contudo, resolvi recorrer ao esoterismo. Assim, ao apanhar o guardanapo, inclinei-me para a jovem senhora e cochichei:

— Vamos, anime-se!

Voltou-se para mim, não muito certa do que ouvira.

— Como?

— Anime-se! — repeti, enigmaticamente.

Tomou um ar de surpresa:

— Animar-se!

— Sim! — repliquei, ajustando o guardanapo no colo e olhando em frente. Fez uma pausa, estudando-me por um momento:

— Por que diz isso?

Aproveitei a vaza.

— Porque está muito melancólica. — E antes que ela pudesse responder, continuei: — Sabe, tenho parte de cigano e conheço essas coisas... Em que mês nasceu?

— Abril.

— Claro! Signo de carneiro. Bem que eu devia ter adivinhado.

Ela ficou excitadinha, o que a tornava sedutora.

— Adivinhado o quê?

Sorriu.

— Este mês é a maré baixa da sua vitalidade.

Pensou um instante:

— É extraordinário que me diga isso.

— Para um intuitivo como eu, é simples. A sua aura no momento é de uma pessoa infeliz.

— Nota-se?

— Os outros talvez não.

Sorriu, meditou um pouco e disse pensativamente:

— Quão estranho que me fale assim. Pois é verdade. Estou muito deprimida.

Meneei a cabeça, compreensivamente:

— É o seu pior mês.

— Sinto-me tão acabrunhada, estou num tal desespero! — continuou ela.

— Creio que entendo — observei, sem imaginar o que estava para vir.

E ela, desoladamente:

— Se ao menos eu pudesse fugir... fugir de tudo e de todos... Gostaria de fazer alguma coisa — arranjar um emprego, trabalhar no cinema como figurante... porém isso magoaria todos a quem estou ligada e eles não merecem que eu faça isso.

Falou no plural, mas naturalmente percebi que se referia ao marido. Então, fiquei alarmado, larguei toda essa história de esoterismo e procurei dar-lhe um conselho sério, que era, decerto, banal:

— Não adianta fugir; as responsabilidades sempre nos acompanham. A vida é feita de insatisfações, ninguém jamais está contente, não se precipite... não faça coisa alguma de que possa arrepender-se a vida inteira.

— Acho que tem razão — disse-me, pesarosamente. — Mas foi um alívio conversar com alguém que compreende.

De momento a momento, mesmo tagarelando com os outros convivas, Douglas atirava uma olhadela em nossa direção. E eis que a casadinha se voltou para ele e sorriu.

Depois do jantar, Douglas chamou-me a um canto:

— Diabos, de que era que vocês dois estavam falando? Pensei que acabassem por se morder.

— Oh, nada demais... falamos sobre as coisas sérias da vida — respondi, superiormente.

IA ENTRANDO AGORA na fase derradeira do meu contrato com a First National, ansioso que chegasse ao fim. Queria ficar livre daquela gente sem consideração, antipática, de vistas curtas. Além disso, beliscavam-me novas ideias para filmes.

Aprontar as três últimas películas parecia tarefa interminável. Contudo, concluí o *Dia de pagamento*,[1] fita de duas partes, e, assim, faltavam apenas duas outras. A comédia seguinte, *Pastor de almas*,[2] tomou as proporções de filme de longa-metragem. Isso queria dizer novas e irritantes discussões com o pessoal da First. Mas bem disse Sam Goldwyn: "Chaplin não é homem de negócios; não sabe ceder em ponto algum." Chegamos a um acordo satisfatório. Após o sucesso fenomenal de *O garoto*, houve pouca resistência às minhas condições para o *Pastor de almas*: substituiria os dois filmes que me restavam fazer, tendo eu a garantia de quatrocentos mil dólares e participação nos lucros. Afinal, fiquei liberto e pronto a me juntar aos meus sócios da United Artists.

Por sugestão de Douglas e Mary, o Honesto Joe, como apelidamos a Joseph Schenck, entrou para a United Artists, com sua mulher, Norma Talmadge, cujos filmes figurariam entre os distribuídos pela nossa empresa. Joe seria eleito presidente. Apesar de apreciá-lo muito, não achei que nos trouxesse concurso tão valioso a ponto de merecer aquele posto. Norma era realmente uma estrela de certa grandeza, porém não se comparava a Mary ou Douglas quanto a receita de bilheteria. Já tínhamos recusado associar Adolph Zukor à nossa organização; portanto, por que aceitar Joe Schenck, que era menos importante? Todavia, prevaleceu o entusiasmo de Douglas e Mary; Joe foi eleito presidente, com número de ações igual ao nosso.

---

[1] No original inglês: *Pay day*. (N. do T.)
[2] No original inglês: *The pilgrim*. (N. do T.)

Pouco tempo depois, recebi carta urgente, solicitando meu comparecimento a uma reunião sobre o futuro da United Artists. Após algumas frases convencionais e considerações otimistas de Joe, Mary tomou a palavra com ar solene. Declarou-se alarmada com o que estava acontecendo na indústria cinematográfica — ela vivia sempre alarmada; disse que os circuitos de exibição se estavam constituindo em consórcio e que, se não tomássemos providências para contra-atacar essas manobras, a nossa empresa correria perigo.

Essa fala não me preocupou, certo de que a qualidade excelente de nossos filmes resistiria a toda e qualquer competição. Mas os outros não ficaram tranquilos. Joe Schenck advertiu-nos sisudamente de que, embora fosse a companhia fundamentalmente sólida, deveríamos assegurar nosso futuro, não arcando com todos os riscos, mas permitindo que outros participassem um pouco dos nossos lucros. Tivera contatos com Dillon Read e Cia., de Wall Street, que se dispunha a entrar com quarenta milhões de dólares para aumento do capital em ações, em troca de um interesse na United. Disse eu francamente que era contra qualquer intromissão de Wall Street em meu trabalho e sustentei novamente que nada tínhamos a temer dos monopolistas enquanto produzíssemos bons filmes. Joe, contendo a irritação, declarou em tom calmo e superior que estava pretendendo apenas fazer algo de construtivo pela empresa, o que só nos traria proveito.

Mary voltou a pronunciar-se. Falava sobre assuntos de negócio com um ar de censura, não se dirigindo a mim diretamente, mas através dos outros, o que me incutia a impressão de eu haver demonstrado um tremendo egoísmo. Exaltou as qualidades de Joe, salientando seus grandes esforços e as dificuldades que enfrentara a fim de consolidar a nossa companhia.

— Devemos todos nós ser construtivos — concluiu.

Mas não cedi, reiterando que não queria participação de estranhos em meus empreendimentos pessoais; tinha confiança neles e os custearia com meu próprio dinheiro. A reunião degenerou num caloroso debate — mais calor do que debate —, mas finquei o pé, adiantando que, se os outros quisessem levar a coisa adiante sem a minha colaboração, poderiam fazê-lo e eu deixaria a sociedade. Isso provocou um solene voto de solidariedade entre nós todos e Joe afirmou que não desejava, de maneira nenhuma, comprometer a nossa amizade ou criar desarmonia na United. E assim a questão de Wall Street foi posta de lado.

ANTES de iniciar minha primeira produção para a United Artists, cogitei de lançar Edna Purviance num papel de estrela. A sua carreira ainda me interessava, embora já estivéssemos afastados no plano afetivo. Mas, observando-a com objetividade, percebi que se encorpara num jeito de matrona, sem corresponder ao tipo feminino que eu tinha em vista para os novos filmes. Demais, não queria prender minhas ideias e personagens aos limites de uma companhia produtora de pequenas fitas cômicas, pois tinha projetos vagos, mas ambiciosos, de fazer comédias de longa-metragem, o que exigia maior planejamento.

Durante meses, andei brincando com a intenção de adaptar para o cinema *The trojan women*, tendo Edna como protagonista. Entretanto, à medida que estudávamos o assunto, cada vez mais se evidenciava que seria uma produção muito dispendiosa. E desisti.

Então pus-me a ver que outras mulheres interessantes Edna poderia encarnar. Claro, Josefina! Não dei maior importância ao fato de que o filme requeria trajes da época e custaria o dobro. Meu entusiasmo era grande.

Entramos a fazer alongadas pesquisas, lendo as *Memórias de Napoleão Bonaparte*,[3] de Bourrienne, e as *Memórias*,[4] de Benjamin Constant, o lacaio do imperador. Contudo, quanto mais mergulhávamos na vida de Josefina, mais Napoleão se intrometia no caminho. Tão fascinado fiquei por esse gênio espetacular que o filme sobre Josefina acabou reduzido a uma ideia esmaecida, enquanto Napoleão ressaltava como um papel que eu próprio poderia interpretar. O filme seria uma evocação da sua campanha na Itália: uma história épica de vontade e coragem vivida por um moço de vinte e seis anos, sobrepondo-se a formidáveis antagonismos e à inveja de velhos generais experimentados. Mas, ai de mim!, esfriei, e larguei de mão Bonaparte e Josefina.

---
[3] No original inglês: *Memoirs of Napoleon Bonaparte*. (N. do T.)
[4] No original inglês: *Memoirs*. (N. do T.)

Por esse tempo, Peggy Hopkins Joyce, a famosa beldade matrimonial, apareceu em Hollywood, toda cheia de joias e com a bolada de três milhões de dólares, que, como ela própria me contou, coletara dos seus cinco maridos. Peggy era de origem humilde; filha de um barbeiro, tornou-se corista de Ziegfeld e desposou cinco milionários. Embora fosse ainda uma beleza, pareceu-me de feições um tanto cansadas. Viera diretamente de Paris, bem sedutora nos trajes pretos, de luto porque recentemente um moço cometera suicídio por sua causa. Nesse funéreo chiquismo foi que invadiu Hollywood.

Num tranquilo jantar, confidenciou-me que tinha horror à notoriedade.

— O que desejo é só casar e ter bebês. No íntimo, sou uma criatura simples — disse, ajeitando o brilhante de vinte quilates e os braceletes de esmeraldas que se aproximavam do ombro. (Quando sem esse ar de senhora séria, costumava dizer daquelas joias que lhe subiam pelo braço: são minhas divisas pelo tempo de serviço.)

Quanto ao primeiro marido, contou-me que em sua noite nupcial ela se trancou no quarto; só o deixaria entrar — avisou — se ele enfiasse por baixo da porta um cheque de quinhentos mil dólares.

— E deu certo? — perguntei.

— Sim — disse, petulantemente e com um toque de humor. — De manhã, logo que acordei, fui descontar o cheque. Mas o homem era um desmiolado e bebia muito. Uma vez, dei-lhe na cabeça com uma garrafa de champanha e teve de ser levado ao hospital.

— E foi por isso que se separaram?

— Não — riu. — Parece até que ele gostou e tornou-se ainda mais doido por mim.

Thomas Ince convidou-nos ao seu iate. E sem mais ninguém ali ficamos os três — Peggy, Tom e eu — sentados à mesa da salinha de bordo, bebendo champanha. Era de noite e a garrafa estava bem próxima de Peggy. Lá pelas tantas, notei que, esfriando comigo, pendia para o lado de Tom Ince. E quando a vi bem tocada, ocorreu-me a história da garrafa... poderia fazer comigo o que fizera ao marido.

Mesmo tendo bebido um pouco, eu permanecia imperturbado. E avisei-a gentilmente: se percebesse no seu lindo rostinho o menor indício de que tal intenção lhe viera à mente, não vacilaria um só instante em atirá-la ao mar.

Depois disso, afastei-me da sua roda e Peggy não tardou a concentrar todas as atenções em Irving Thalberg, da Metro-Goldwyn-Mayer. Este, por ser muito jovem, durante algum tempo se deixou fascinar por ela, sob influência da sua notoriedade. Nos estúdios da MGM circulavam inquietantes rumores de matrimônio. Mas a febre amorosa de Irving arrefeceu e não houve nada.

Ao tempo do nosso extravagante mas curto convívio, contou-me Peggy várias anedotas sobre a sua ligação com um editor francês, muito conhecido. Foi nisso que me inspirei para escrever o argumento de *Casamento ou luxo*,[5] com Edna Purvianee no papel principal. Não quis aparecer no filme, porém o dirigi.

Alguns críticos afirmavam que a cena muda não poderia refletir estados de alma, pois os meus únicos meios de expressão consistiam em gestos muito marcados, os galãs vergando amorosamente as damas sobre troncos de árvores e insuflando-lhes na boca uns beijos cujo sopro devia chegar às amígdalas, os valentes girando cadeiras no ar ou desfechando murros que punham os contendores estatelados no chão. *Casamento ou luxo* foi um verdadeiro desafio a esse juízo. Em sutilezas de ação procurei comunicar nuanças de sentimento. Por exemplo, Edna fazia uma *demi-mondaine*; vai visitá-la uma amiga e mostra-lhe a revista de assuntos sociais que anuncia o casamento do amante de Edna. Esta apanha a revista com ar negligente, olha-a por um instante e logo a põe de lado com fingida indiferença, e acende um cigarro. Mas o espectador vê que ela ficou abalada. Depois de despedir-se risonhamente da amiga, que leva até a porta, volta depressa a apanhar a revista e a lê com dramática intensidade. O filme era cheio de insinuações sugestivas. Numa cena que se passa no quarto de Edna, a arrumadeira abre a gaveta do armário e acidentalmente cai no chão um colarinho de homem, o que indica a intimidade amorosa com o principal personagem masculino (interpretado por Adolphe Menjou).

O filme causou grande sucesso nas plateias mais finas. Era a primeira película silenciosa em que se combinavam ironia e psicologia. Seguiram-se

---

[5]No original inglês: *A woman of Paris*. (N. do T.)

outros filmes do mesmo gênero, inclusive *O círculo do casamento*, de Ernst Lubitsch, com Menjou em papel quase idêntico.

Adolphe Menjou tornou-se astro da noite para o dia. Edna, porém, não chegou a tais alturas. Contudo, recebeu oferta de dez mil dólares por cinco semanas de trabalho para fazer um filme na Itália. Pediu ela o meu conselho se devia aceitar ou não. Naturalmente, mostrei-me entusiástico. Edna, porém, relutava em cortar os seus laços completamente. Sugeri então que aceitasse a proposta e, se não houvesse maior resultado, poderia voltar, continuando comigo e ainda com a vantagem dos dez mil dólares. Edna fez a fita, mas não foi um êxito, e em consequência tornou à companhia.

ANTES que eu houvesse terminado *Casamento ou luxo,* Pola Negri fez o seu aparecimento na América no verdadeiro estilo de Hollywood. O departamento de publicidade da Paramount foi mesmo além dos seus habituais exageros asnáticos. Gloria Swanson e Pola eram focalizadas numa propaganda artificiosa, com toda espécie de pretensas ciumadas e rusgas. Manchetes anunciavam: "Negri exige o camarim da Swanson"; "Gloria Swanson recusa-se a um encontro com Pola Negri"; "Negri consente em receber a visita da Swanson". E a imprensa ia assim por diante, *ad nauseam*.

Nem Gloria nem Pola eram responsáveis por essas lorotas. Na realidade, fizeram-se muito boas amigas desde o começo. Mas apresentá-las como duas gatinhas briguentas parecia deliciar o departamento de publicidade.

Havia festas e recepções em honra de Pola. Durante esse festival sob encomenda, encontrei-a num concerto sinfônico do Hollywood Bowl. Estava ela num camarote contíguo ao meu, com um séquito de agentes de propaganda e diretores da Paramount.

— Chaarlie! Por que nunca me deu notícias suas? Nem ao menos me telefonou! Pois não compreende que vim de tão longe, lá da Alemanha, para vê-lo?

Fiquei lisonjeado, mesmo custando-me acreditar no que ela acabava de dizer, pois só nos havíamos encontrado uma vez, em Berlim, e apenas por vinte minutos.

— Foi muita crueldade sua, Chaarlie, não me haver telefonado. Há quanto venho esperando que você me desse um sinal de vida! Onde é que trabalha? Diga-me o seu número e eu telefonarei.

Fiquei descrente de todo esse ardor, mas sensibilizado com as atenções de tão bela criatura. Dias depois, fui convidado à recepção que ofereceu na sua residência alugada de Beverly Hills — uma festança, de causar sensação mesmo em Hollywood; apesar de presentes muitos outros astros masculinos, Pola reservou para mim a maior parte de seus agrados. Sincera ou não, encantou-me. E aí teve início a nossa ligação exótica. Por várias semanas fomos vistos juntos em público e, como é natural, isso era afrodisíaco para os colunistas. Não tardaram manchetes assim: "Pola está noiva de Charlie."

Ela ficou aborrecidíssima e ponderou-me que eu devia publicar um comunicado a respeito.

— A dama é que teria de pronunciar-se... — observei.

— E o que eu deveria declarar?

Dei de ombros, fugindo à resposta.

No dia seguinte, chegou-me um bilhete dizendo que a srta. Negri não me receberia. E sem explicações. Mas, de tarde, a camareira de Pola telefonou-me, nervosíssima, avisando que sua patroa estava muito doente e pedindo-me que fosse vê-la depressa. Ao chegar, fui levado pela camareira, toda chorosa, à sala de visitas e lá encontrei Pola estirada num sofá, de olhos fechados. Ao abri-los, gemeu:

— Malvado!

E senti-me no papel de um Casanova.

Um ou dois dias depois, telefonou-me Charlie Hyton, diretor dos estúdios da Paramount:

— Charlie, você nos tem dado muitas dores de cabeça. Gostaria de lhe falar sobre isso.

— Estou à sua disposição. Venha à minha casa.

E ele foi. Era quase meia-noite quando chegou. Hyton, homem de tipo prosaico, pesadão, que teria parecido estar em seu ambiente num armazém de secos e molhados, sentou-se e logo desembuchou, sem rodeios:

— Charlie, todos esses boatos na imprensa estão deixando Pola doente. Por que não acaba com isso, fazendo uma declaração aos jornais?

Diante desses modos desabusados, encarei-o, sério:

— Que você quer que eu diga?

E Hyton, fazendo-se petulantemente de espirituoso para disfarçar a sua atrapalhação:

— Você está doidinho por ela, não está?

— Creio que isto não é da conta de ninguém — respondi.

— Mas nós investimos milhões nessa mulher! E tal publicidade a prejudica. — Fez uma pausa. — Charlie, se você está apaixonado por ela, por que não casa?

Naquele instante, não achei graça nenhuma em tão incrível atrevimento:

— Se pensa que vou me casar com alguém só para garantir os investimentos da Paramount, está muito enganado!

— Então, não a veja mais — disse.

— Isso é com Pola — retruquei.

Encerrando a conversa, frisei em tom seco e irônico, para deixar tudo bem claro, que, não sendo eu acionista da Paramount, não via motivo para desposar a atriz. E minhas relações com Pola terminaram tão subitamente como haviam começado. Nunca mais me procurou.

Durante essa agitada ligação com a atriz, apareceu no estúdio uma jovem mexicana; fora a pé da capital do México a Hollywood, para se encontrar com Charlie Chaplin. Já bem escarmentado por gente maluca, recomendei ao meu administrador:

— Livre-me dela com bons modos.

Não pensei mais nisso, até que recebi um telefonema de casa, informando-me de que a moça estava sentada no batente da porta. Fiquei de cabelos em pé. Ordenei ao mordomo que a afastasse de lá; ficaria eu no estúdio esperando que o caminho se desimpedisse. Dez minutos depois, veio o aviso de que ela fora embora.

Naquela noite, Pola, dr. Reynolds e sua mulher jantaram lá em casa e contei-lhes o fato. Abrimos a porta da rua e olhamos ao redor para verificar se a moça não tinha voltado. Mas, em meio ao jantar, o mordomo irrompeu na sala, palidíssimo:

— Ela está lá em cima, na sua cama!

Disse que tinha ido preparar o meu quarto para a noite e a encontrara no leito, vestida num dos meus pijamas.

Eu não sabia o que fazer.

— Vou vê-la — disse Reynolds, levantando-se da mesa e dirigindo-se apressadamente para a escada.

Ficamos, todos nós, à espera dos acontecimentos. Pouco depois, descia Reynolds.

— Tive uma boa conversa com a moça. É jovem e bonita, fala como pessoa bem-ajuizada. Perguntei-lhe o que estava fazendo na sua cama. "Preciso ver o sr. Chaplin", disse-me. E eu ponderei: "Mas não vê que, procedendo assim, podem pensar que é maluca e levá-la a um manicômio?" Não se perturbou absolutamente. "Não sou maluca. Sou apenas uma admiradora do sr. Chaplin como artista e vim lá do México exclusivamente para encontrá-lo." Respondi que era melhor tirar o pijama, vestir-se e ir embora imediatamente, pois em caso contrário chamaríamos a polícia.

— Gostaria de ver esta moça — disse Pola, num tom complacente. — Façam que ela desça para a sala de estar.

A ideia não me agradou, sentindo que seria embaraçoso para todos. Mas a moça entrou na sala bem segura de si. Reynolds tinha razão: era jovem e atraente. Contou-nos que ficara rondando por fora do estúdio o dia inteiro. Oferecemos-lhe jantar, porém só aceitou um copo de leite.

Enquanto ela bebericava, Pola foi espicaçando-a com perguntas.

— Está apaixonada pelo Sr. Chaplin? (Encolhi-me.)

A moça riu:

— Apaixonada?! Oh, não! Apenas o admiro, porque é um grande artista.

Pola sondou:

— Já viu algum dos meus filmes?

— Ah, sim... — respondeu a mexicana sem entusiasmo.

— E que achou?

— Muito bons. Mas não é tão grande artista como o sr. Chaplin.

Valia a pena ver a expressão de Pola...

Adverti a moça de que suas atitudes poderiam ser mal-interpretadas e em seguida perguntei-lhe se tinha recursos para retornar à Cidade do México. Respondeu-me que sim; e depois que Reynolds lhe deu mais alguns conselhos, foi-se embora.

Entretanto, no dia seguinte, à hora do almoço, lá veio o mordomo de novo, todo apressado, dizendo que a moça estava estendida no meio da estrada; envenenara-se. Sem perder tempo, telefonemas à polícia e levaram-na de ambulância.

Os jornais da manhã seguinte deram notícia com destaque, estampando fotografia da jovem sentada na cama do hospital. Haviam-lhe feito lavagem do estômago e já estava recebendo os repórteres. Declarou que não havia tomado veneno; só pretendera atrair a atenção; não estava apaixonada por Charlie Chaplin, mas chegara a Hollywood exclusivamente com a esperança de ingressar no cinema.

Quando teve alta, foi posta sob a proteção da Liga de Bem-estar Social, que me enviou uma atenciosa carta, indagando-me se estava disposto a ajudar o custeio do seu retorno à Cidade do México. "É inofensiva e parece de boa índole", dizia a carta. Paguei a passagem.

AGORA que eu estava livre, podia fazer minha primeira comédia para a United Artists. Ansiava obter sucesso igual ao de *O garoto*. Semanas a fio, fiquei pensando, matutando, a puxar pelos miolos, para ver se me vinha uma ideia. Dizia com meus botões: "Este novo filme deve ser um épico. O maior!" Mas nada me ocorria. Até que, num domingo pela manhã, quando passava o fim de semana com os Fairbanks, Douglas e eu, após o desjejum, ficamos a nos distrair com vistas estereoscópicas. Algumas eram do Alasca e do Klondike; outra mostrava o desfiladeiro de Chilkoot, com uma longa fila de garimpeiros galgando suas escarpas geladas; a legenda impressa no verso descrevia as agruras e provações daquela subida. E logo pensei: eis aí um assunto maravilhoso, capaz de me inspirar... Imediatamente foram brotando em minha cabeça ideias e situações cômicas; ainda me faltava uma história, mas um esboço de enredo começou a aparecer.

Na criação de comédia, por mais paradoxal que isso pareça, o senso do ridículo é estimulado pela tragédia; pois o ridículo, creio eu, contém um desafio: devemos rir do nosso desamparo na luta contra as forças da natureza... para não enlouquecer. Havia lido um livro sobre o comboio de Donner que, rumando para a Califórnia, se perdeu no caminho e foi bloqueado pelo gelo nos montes da Sierra Nevada. Dos cento e sessenta pioneiros, só dezoito conseguiram sobreviver à fome e ao frio. Alguns tornaram-se canibais, comendo os cadáveres dos companheiros; outros assaram seus mocassins para enganar a fome. Dessa tragédia cruciante foi que me veio a ideia de uma das cenas mais engraçadas. No auge da fome, cozinho meu sapato e como-o, lambiscando os pregos como se fossem ossos de um delicioso capão e saboreando os cordões como se fossem espaguete. Num delírio de esfaimado, meu companheiro convence-se de que sou um frango e quer devorar-me.

Durante seis meses, ideei uma série de sequências cômicas e iniciei a filmagem sem ter um argumento, certo de que a história surgiria das próprias situações de comédia. Naturalmente, isso levou-me a vários becos sem saída e tive de sacrificar muitas sequencias divertidas. Entre elas, a cena de amor com uma jovem esquimó que ensina o vagabundo como beijar à moda da sua gente, isto é, esfregando nariz contra nariz. Quando ele parte em busca de ouro, esfrega apaixonadamente o nariz contra o da esquimó, num arrebatado adeus. E já ao distanciar-se volta-se, passa o dedo pelo nariz e atira um último beijo enternecido; depois, limpa disfarçadamente o dedo na calça, porque está resfriado. Mas o papel da esquimó foi cortado porque estaria em contradição com a história mais importante, a da moça do cabaré.

Quando filmava *Em busca do ouro*, casei-me pela segunda vez. Não entro em pormenores, porque temos dois filhos que adoro. Ficamos casados dois anos e tentamos continuar, mas não houve jeito e tudo acabou com muita amargura.

Em busca do ouro teve o seu lançamento no Strand Theatre de Nova York e assisti à estreia. Logo à primeira cena, mostrando-me a contornar alegremente um precipício, sem perceber que um urso me seguia, a plateia gargalhou e aplaudiu. E daí em diante, até o fim do filme, aplausos intercalavam-se, de vez em quando, às gargalhadas. Hiram Abrahams, o chefe de vendas da United Artists, veio depois abraçar-me.

— Charlie, garanto que isto vai render pelo menos seis milhões de dólares. E rendeu mesmo!

Depois da estreia, tive um ameaço de síncope. Estava no quarto do Ritz Hotel, onde me hospedara, e quase não podia respirar. Em pânico, telefonei a um amigo.

— Estou morrendo! — arfei. — Chame o meu advogado!

— Seu advogado?! O que você precisa é de médico — disse ele com alarme.

— Não, não; meu advogado, tenho de fazer testamento.

O amigo, no auge da inquietação, chamou os dois, mas, como o advogado se encontrava na Europa, só veio o médico. Fez um rápido exame e concluiu que fora só uma crise de nervos.

— É o calor — disse. — Saia de Nova York, tome um navio e vá a uma estação de repouso à beira-mar. Respire o ar de praia.

Dentro de meia hora já eu estava de partida para Brighton Beach. Durante a viagem, chorei sem motivo. No hotel, escolhi um quarto de frente para o mar e debrucei-me à janela, sorvendo profundamente as brisas praieiras. Mas começou a juntar gente diante do hotel. "Olá, Charlie!"; "Pessoal, Charlie!" E tive de recuar da janela para não ser visto.

De repente, um berro longo, como o latido de um cão. Era um homem afogando-se. Os guarda-vidas trouxeram-no à areia, bem defronte da minha janela, aplicaram-lhe os socorros de emergência, mas já era tarde. Estava morto. Mal a ambulância o levou, outro berro. Ao todo, foram trazidos à praia três banhistas. Os outros dois salvaram-se. Fiquei pior do que antes e decidi regressar a Nova York. Dois dias depois, já me achei em condições de voltar à Califórnia.

Já em Beverly Hills, recebi convite para um encontro com Gertrude Stein em casa de um amigo meu. Quando cheguei, a srta. Stein estava instalada numa poltrona ao centro da sala de visita, vestida de marrom, com uma gola de rendas, as mãos sob o regaço. Nem sei o porquê, parecia-se com o retrato de madame Roulin, pintado por Vicent van Gogh; apenas, os cabelos de Gertrude, em vez de ruivos e presos a um coque no alto da cabeça, eram castanhos e bem curtos.

De pé, os convidados formavam círculo a respeitosa distância. Uma senhora, que fazia papel de dama de honra, cochichou alguma coisa para Gertrude e então aproximou-se de mim.

— A srta. Gertrude Stein gostaria de conhecê-lo.

Avancei mais que depressa. O momento, porém, não era propício para entabularmos palestra, pois outros vinham chegando e esperavam ser apresentados.

À mesa, a dona da casa colocou-me junto de Gertrude e, conversa vai, conversa vem, entramos a falar de arte. Creio que isso começou quando admirei a linda vista que se descortinava pela janela da sala. Gertrude mostrou pouco entusiasmo.

— A natureza — disse — é banal; a imitação é mais interessante.

E pôs-se a desenvolver a tese, sustentando que o mármore falso parecia mais belo do que o verdadeiro e um crepúsculo pintado por Turner muito mais sugestivo do que um autêntico pôr do sol. Embora esses conceitos já não tivessem muita originalidade, concordei, por polidez.

Passou a teorizar sobre entrechos de cinema.

— São muito complicados, artificiosos e convencionais.

Gostaria ela de ver-me num filme em que eu apenas subisse uma rua, dobrasse uma esquina, depois mais outra e outra mais. Pensei em lhe dizer que tal ideia era uma paráfrase daquela sua reiteração simbolista: "Uma rosa é uma rosa é uma rosa"... — mas qualquer coisa me deteve.

O almoço foi servido sobre uma bela toalha de renda belga, que motivou elogios dos presentes. Enquanto Gertrude e eu confabulávamos, trouxeram o café em xícaras esmaltadas, bem leves; a que me coube foi posta juntinho do meu punho, de modo que, ao mover ligeiramente a mão, derramei o café na toalha. Fiquei mortificado! Quando eu me desmanchava em desculpas à dona da casa, Gertrude fez exatamente a mesma coisa, entornando o café. Senti-me intimamente aliviado, pois agora não seria só meu o embaraço. Mas Gertrude não era de se embaraçar por tão pouco. E disse apenas:

— Não foi nada, não caiu no meu vestido.

John Masefield visitou o estúdio. Era um homem alto, bem-afeiçoado, gentil, com ar de bondade e compreensão. Mas, nem sei o porquê, essas qualidades suas me amarraram numa extrema timidez. Por sorte, havia lido e admirado *The widow in the Bye Street*; por isso, não fiquei inteiramente mudo, podendo citar alguns dos versos que mais apreciara, como:

> *Ajuntara-se um grupo ante as portas da prisão,*
> *Aguardando que soasse o dobre de finados,*
> *Tal como esperam sempre homens desocupados*
> *Pelo veneno que é o inferno de outro.*[1]

DURANTE a produção de *Em busca do ouro* recebi telefonema de Elinor Glyn: "Meu caro Charlie, você precisa conhecer Marion Davies; ela é realmente um amor e adoraria encontrar-se com você; quer jantar em nossa companhia no Ambassador Hotel e irmos juntos depois a Pasadena para ver o seu filme *Os ociosos*?"

Eu ainda não me encontrara com Marion, mas já tivera encontros de sobra com a sua espetacular publicidade. Aparecia em todos os jornais e revistas de Hearst, com insistência enjoativa. Era feita com tal exagero que o nome Marion Davies inspirou muitas piadas. Por exemplo, a observação de Beatrice Lillie quando alguém lhe mostrou as luzes coruscantes de Los Angeles:

— Maravilhoso! Naturalmente, mais tarde elas todas se juntam e formam um só letreiro: "Marion Davies!"

Não se podia abrir revista ou jornal de Hearst sem se esbarrar num grande clichê de Marion. A consequência disso tudo era afastar o público da bilheteria.

---

[1]No original inglês:
"There was a group outside the prison gate,
Waiting to hear them ring the passing bell,
Waiting as empty people always wait,
For the strong toxic of another's hell." (N. do T.)

Mas, uma noite, na casa dos Fairbanks, foi exibido um filme de Marion, *Maria Tudor*.[2] Para minha surpresa, mostrava-se uma verdadeira comediante, com encanto e sedução; teria sido uma estrela pelo próprio talento sem a publicidade ciclônica de Hearst. No jantar de Elinor Glyn, achei-a simples e atraente; tornamo-nos grandes amigos desde então.

A ligação entre Hearst e Marion ficou famosa tanto nos Estados Unidos como no resto do mundo. Durou mais de trinta anos, só acabando quando ele morreu.

Se me perguntassem qual a personalidade que já me causou a mais profunda impressão, diria que foi o finado William Randolph Hearst. Devo esclarecer que essa impressão nem sempre foi agradável — não obstante as suas boas qualidades. O que me fascinava era o enigma dessa figura, com suas coisas infantis, a sua argúcia, a sua generosidade, a sua crueza, o seu imenso poder, a sua enorme fortuna e, acima de tudo, a sua completa autenticidade. A julgá-lo de acordo com os conceitos sociais, foi o homem mais livre que já conheci. O seu mundo de negócios era portentoso e bem diversificado, consistindo em centenas de publicações, altos interesses imobiliários em Nova York, minas e grandes extensões de terra no México. O seu secretário contou-me que as empresas de Hearst estavam avaliadas em quatrocentos milhões de dólares — uma dinheirama naqueles dias.

Eram contraditórias as opiniões sobre Hearst. Para uns, um sincero patriota americano; para outros, um oportunista interessado exclusivamente na tiragem dos seus jornais e no aumento da sua riqueza. Mas, quando moço, foi intrépido e liberal. Além disso, tinha sempre à disposição a fortuna dos pais. Conta-se que, certa feita, o financista Russell Sage se encontrou na Quinta Avenida com Phoebe Hearst, a mãe de William Randolph, e avisou-a:

— Se o seu filho continuar atacando Wall Street, o jornal dele perderá um milhão de dólares anualmente.

— Bem, sr. Sage, se o prejuízo for só esse, meu filho poderá aguentar uns oitenta anos.

Em meu primeiro encontro com Hearst, dei um passo em falso. Joe Silverman, editor e diretor de *Variety*, levou-me a um almoço no apartamento

---

[2]No original inglês: *When knighthood was in flower*. (N. do T.)

de Hearst, em Riverside Drive. Era o lar característico de um ricaço — um dúplex, de teto bem alto, paredes com revestimento de mogno, preciosos quadros e porcelanas finíssimas em pequenos armários embutidos. Depois que fui apresentado à família, sentamo-nos à mesa.

A sra. Hearst era uma simpática senhora, de jeito simples e acolhedor, que nos fazia ficar à vontade. Hearst apenas olhava, deixando a conversa a meu cargo.

— A primeira vez que o vi, sr. Hearst — disse eu —, foi no Beaux Arts Restaurant. O senhor estava com duas damas. Um amigo meu disse-me quem era.

Alguém tocou-me no pé por baixo da mesa; Joe Silverman, naturalmente.

— Oh! — disse Hearst, com expressão divertida.

Comecei a gaguejar.

— Bem, se não era o senhor, era outro muito parecido... Aliás, meu amigo não tinha certeza — remendei ingenuamente.

— Deixe lá — disse Hearst com uma piscadela — que é muito cômodo ter um sósia.

— Claro — ri, talvez em tom um pouco alto demais.

A sra. Hearst socorreu-me:

— Sim — acentuou, sorrindo —, é muito cômodo.

Todavia, mudou-se de assunto e achei que o almoço correu muito bem. Marion Davies foi para Hollywood fazer papéis de estrela em filmes da Cosmopolitan Productions, que pertencia a Hearst. Arrendou uma casa em Beverly Hills e Hearst levou o seu grande iate, com oitenta e cinco metros de comprimento, para as águas da Califórnia, através do canal do Panamá. A partir de então a gente do cinema conheceu as delícias das Mil e Uma Noites. Duas ou três vezes por semana, Marion dava estupendos banquetes, com cerca de cem convivas, misturando atores, atrizes, senadores, jogadores de polo, dançarinos e potentados estrangeiros, além de diretores e editorialistas da cadeia jornalística de Hearst para completar a roda. Era uma curiosa atmosfera de frivolidade e ao mesmo tempo de tensão: isso porque não se podia prever, sendo ele um temperamental, em que humor estaria o poderoso Hearst — barômetro a indicar se a noite seria ou não um sucesso.

Lembro-me de incidente ocorrido num desses jantares que Marion ofereceu. Havia uns cinquenta de nós, de pé, à espera, enquanto Hearst, com ar carrancudo, se mantinha instalado numa cadeira de alto espaldar, tendo ao redor os seus assessores. Marion, num traje *à la Madame Recamier*, reclinava-se num sofá, radiantemente bela, porém cada vez mais taciturna à medida que Hearst ia alongando a sua conferência. De súbito, ela explodiu, indignadamente:

— Ei! Você!

Hearst ergueu a cabeça:

— Isso é comigo?

— Sim! Com você! Venha cá! — respondeu ela, fixando nele os grandes olhos azuis.

A turma de Hearst recuou e houve um silêncio pesado.

Hearst permaneceu onde estava, os olhos apertados, a fisionomia como a de uma esfinge, a carranca ainda mais trancada, os lábios bem comprimidos, os dedos tamborilando nervosamente no braço da cadeira que parecia um trono — sem se decidir a arrebentar ou não num acesso de fúria. A vontade que tive foi a de apanhar o chapéu e sumir. Mas, de repente, Hearst levantou-se.

— Bem, acho que tenho mesmo de ir — disse, encaminhando-se para Marion num passinho claudicante de apatetado: — E que ordena a minha dama?

— Trate de seus negócios lá na cidade — disse Marion, desdenhosamente. — Na minha casa, não! Meus convidados querem beber. E ande, vá tratar disso!

— Está bem, está bem — e, num andar apalhaçado, Hearst dirigiu-se à copa.

Todos sorrimos, com alívio.

Certa feita, quando ia, de trem, de Los Angeles a Nova York, para resolver assunto urgente, recebi telegrama de Hearst, convidando-me a fazer-lhe companhia em viagem ao México. Telegrafei em resposta, lamentando que tivesse negócios a tratar em Nova York. Mas em Kansas City me apareceram dois agentes de Hearst.

— Viemos tirá-lo do trem — disseram com um sorriso, explicando que meus assuntos em Nova York seriam resolvidos pelos advogados de Hearst, que já dera ordens nesse sentido. Contudo, eu não podia ir ao México.

Nunca vi quem jogasse fortunas fora com ar tão desprendido como Hearst. Rockefeller sentia o peso moral do dinheiro, Pierpont Morgan imbuía-se do seu poder, porém Hearst esbanjava milhões à toa como se fosse dinheirinho de bolso para pequenas despesas.

A casa de praia — um verdadeiro palácio — que Hearst deu de presente a Marion, em Santa Mônica, foi erguida na areia — o que era simbólico — por artesãos importados da Itália. Construção em estilo georgiano, tinha noventa metros de fachada, três pavimentos, setenta peças, salões de baile e de jantar com florões dourados. Por todas as paredes, quadros de Reynolds, Lawrence e outros — alguns falsos. Na biblioteca espaçosa, com revestimento de carvalho, ao apertar-se um botãozinho erguia-se do soalho uma tela de projeção de filmes.

Na sala de jantar cabiam à larga cinquenta convivas. Vários apartamentos luxuosos podiam acomodar confortavelmente vinte hóspedes pelo menos. Num jardim fechado, em frente ao mar, uma piscina de mármore italiano com mais de trinta metros de comprido; atravessando-a, ao centro, uma ponte de mármore veneziano. Perto da piscina, um bar com pista para dança.

As autoridades de Santa Mônica pretendiam construir um posto para pequeninas unidades da Marinha e embarcações de recreio, iniciativa apoiada pelo *Times* de Los Angeles. Como eu possuía uma lancha, achei boa a ideia e certa manhã, na hora do café da manhã, falei do projeto a Hearst. E ele, indignadamente:

— Qual! A vizinhança toda ficaria desmoralizada, com os marujos espiando para as janelas, como se isto aqui fosse um bordel!

E nada mais foi dito sobre o assunto.

Hearst era de extraordinária naturalidade. Se lhe dava na veneta dançar o *charleston*, fazia-o com encantadora falta de jeito, sem se importar com a opinião alheia. Nada tinha de *poseur* e só era movido pelo que lhe interessava. Dava-me a impressão de ser um homem obtuso — e talvez o fosse, mas não procurava mostrar-se diferente. Muitos supunham que os artigos diários com a sua assinatura fossem escritos por Arthur Brisbane, porém este me disse que Hearst era o mais brilhante editorialista do país.

Às vezes, tinha criancices espantosas e facilmente se melindrava. Recordo-me de que certa noite, quando escolhíamos parceiros para um jogo de charadas, se queixou de que o haviam posto de lado.

— Bem... — disse Jack Gilbert, brincando. — Vamos nós dois representar uma charada. O tema será: caixa de pílulas. Eu, a pílula, e você, a caixa.

Hearst interpretou mal: tremeu-lhe a voz.

— Não quero saber dessas velhas charadas de vocês — disse, e saiu da sala, batendo a porta com violência.

O rancho de Hearst, em San Simeon, com cento e sessenta mil hectares, estendia-se por quase cinquenta quilômetros ao longo do litoral. O conjunto de residências ficava sobre uma esplanada, como uma cidadela, a cerca de duzentos metros acima do nível do mar e a seis quilômetros da costa. A mansão principal foi construída com as lajes de vários castelos europeus, desmontados e em blocos transportados de navio. A fachada era uma combinação da catedral de Rheims e de gigantesco chalé suíço. Cercavam a mansão, como se fossem postos avançados, cinco moradias de tipo italiano, erguidas à beira da esplanada, cada uma com acomodações para seis hóspedes. Eram decoradas em estilo italiano, com teto barroco; sorriam-nos lá de cima serafins e querubins esculpidos. Na mansão principal havia aposentos para mais de trinta hóspedes. A sala de recepção tinha uns trinta metros de comprimento por uns dezessete de largura; nas paredes, tapeçarias Gobelin, algumas genuínas, outras falsas. Nesse ambiente baronial, havia mesas de gamão e jogos de bagatela em cada canto. A sala de jantar era reprodução em menor escala da abadia de Westminster e ali podiam sentar-se folgadamente oitenta convivas. Era de sessenta o número de criados.

Próximo da mansão, a distância que o ouvido podia alcançar, um jardim zoológico, provido de leões, tigres, ursos, orangotangos e outros símios, pássaros e répteis. Dos portões do rancho até a mansão havia uma aleia de oito quilômetros flanqueada de postes com o aviso: "Os animais têm preferência de passagem." Tinha-se de esperar com o carro parado, até que um casal de avestruzes resolvesse deixar a pista. Ovelhas, gamos, alces e búfalos vagueavam em bandos, impedindo quem quisesse avançar.

Automóveis iam buscar na estação os hóspedes que viessem de trem. Para os que preferissem viagem aérea, havia um campo de pouso privado.

Quem chegasse no intervalo das refeições era conduzido a seus aposentos e informado de que o jantar seria às oito, servindo-se os aperitivos às sete e meia no salão principal.

As distrações consistiam em banhos de piscina, passeios a cavalo, tênis e jogos de toda espécie ou uma visita ao zoo. Hearst decretara como regra absoluta que ninguém deveria beber coquetel antes das seis da tarde. Contudo, Marion reunia amigos em seus aposentos, onde bebericávamos às escondidas.

Os jantares, opíparos; o cardápio, como o de um banquete de Carlos I. Havia as caças da estação: pato selvagem, faisão, perdiz e gamo. Todavia, em meio a essa opulência, os guardanapos eram de papel; os de linho, só quando estava a sra. Hearst.

Anualmente, a sra. Hearst ia passar uns dias em San Simeon. Isso não causava o menor transtorno. Fora mutuamente subentendida a coexistência entre Marion e ela. Quando a sra. Hearst estava para chegar, Marion e o nosso bando despediam-se discretamente ou voltávamos para a casa de praia de Santa Mônica.

Desde 1916 que eu conhecia Millicent Hearst e éramos muito bons amigos; assim, tinha entrada franca nas duas residências. Quando se refugiava no rancho, com suas amizades da roda social de São Francisco, Millicent convidava-me para o fim de semana e eu comparecia com ar de primeira visita naquela temporada. Ela, porém, não tinha ilusões. Embora fingisse ignorar o recente êxodo, sabia levar o caso com bom humor. Disse-me uma vez: "Se não fosse Marion, seria uma outra." Em conversa íntima, falava-me frequentemente da ligação de Marion e W. R., mas sempre sem azedume.

— Ele procede como se não tivesse havido nenhum esfriamento entre nós dois e como se Marion nem existisse. Quando eu chego, mostra-se gentil e encantador, mas só fica comigo poucas horas. É sempre a mesma rotina: em meio ao jantar, o mordomo entrega-lhe um bilhete; ele então se escusa e retira-se da mesa; quando volta, diz, contrafeito, que algum assunto urgente exige a sua imediata presença em Los Angeles e nós todos fingimos acreditar. Mas, sabemos, é claro, que vai para junto de Marion.

Certa noite, depois do jantar, acompanhei Millicent em passeio ao ar livre. Banhada pelo luar, a mansão adquirira um aspecto portentoso, fantasmagórico, tendo ao fundo o cenário selvagem dos sete píncaros; as estrelas varavam um céu intensamente límpido. Paramos um instante, fascinados pela beleza do panorama. Vinha do zoo, de quando em quando, um urro de leão e ouvia-se o berro incessante de um enorme orangotango, a ecoar, em estralos sucessivos, pelas quebradas da montanha. Era coisa de arrepiar, aterradora. Pois, diariamente, ao pôr do sol, o orangotango começava a agitar-se, primeiro em silêncio, mas depois em gritos angustiosos e apavorantes, que se alongavam noite adentro.

— O desgraçado deste bicho deve estar doido! — comentei.

— Tudo aqui é uma loucura. Veja! — disse Millicent, contemplando a mansão. — A obra de um alucinado Otto... E continuará a construir, a fazer acréscimos, até morrer. Depois, de que servirá isto? Ninguém terá recursos para sua manutenção. Como hotel, é inaproveitável; se couber em testamento ao Estado, não creio que o governo possa utilizá-lo para alguma coisa... nem mesmo para uma universidade.

Millicent falava-me sempre sobre Hearst num tom maternal, fazendo-me suspeitar de que ainda o amava. Era pessoa acolhedora, compreensiva, mas nos últimos anos, depois que me tornei politicamente indesejável, ela me evitou.

UMA noite, quando cheguei a San Simeon para o fim de semana, Marion veio ao meu encontro inquieta, excitada. Um hóspede sofrera agressão a navalha quando em passeio pelo parque.

Quando nervosa, Marion gaguejava, o que ainda a fazia mais encantadora e lhe dava o ar de uma dama em aflição.

— Nós... nós não... não sabemos ainda quem foi — sussurrou —, mas W. R. pôs vários detetives dando batidas na propriedade; isso discretamente, pois tentamos evitar que os outros hóspedes venham a saber do sucedido. Há quem pense que o assaltante foi um filipino e W. R. mandou que todos eles fossem expulsos do rancho até ser descoberto o culpado.

— Quem é a vítima? — perguntei.

— Você verá na hora do jantar.

Sentou-se à mesa, diante de mim, um rapaz com o rosto enfaixado em ataduras; só se podiam ver os seus olhos brilhantes e os dentes bem alvos, à mostra num permanente sorriso.

Marion tocou-me de leve com o cotovelo, sob a mesa.

— É ele — cochichou.

Não parecia que o assalto o houvesse abalado; comia com muito apetite. A todas as perguntas sobre o caso, apenas respondia com um dar de ombros e um aberto sorriso.

Depois do jantar, Marion mostrou-me onde se dera o assalto.

— Foi atrás desta estátua — e apontou para uma cópia em mármore da *Vitória alada*. Aqui estão as manchas de sangue.

— E que estava ele fazendo atrás da estátua?

— Ten... tentando fugir do as... assaltante.

De súbito, emergindo do escuro, apareceu novamente o rapaz, com o sangue a lhe pingar do rosto; passou por nós cambaleando. Marion soltou um berro e eu dei um pulo, assustado. No mesmo instante, já o rodeavam uns vinte homens, vindos de nem sei onde.

— Fui assaltado outra vez! — gemeu.

Amparado por dois dos detetives, foi conduzido ao quarto e ali o interrogaram. Marion sumiu, porém uma hora mais tarde a reencontrei no salão principal.

— Que houve? — perguntei.

Ela parecia em dúvida:

— Acham os detetives que o próprio rapaz é que se cortou. Um maluco, querendo chamar atenção.

Sem maiores considerações, o excêntrico foi despachado para fora do rancho naquela mesma noite e de manhã os pobres filipinos retornaram ao trabalho.

Sir Thomas Lipton aparecia com frequência tanto no rancho de Hearst como na casa praieira de Marion. Velho bem-humorado e verboso, com um forte acento escocês que tinha o seu encanto, falava sem parar, cheio de reminiscências. Um dia, ele me disse:

— Charlie, você veio para a América e venceu. Eu também. A primeira vez que cheguei foi num cargueiro de transportar gado. Mas prometi a mim mesmo: "Da próxima, será no meu próprio iate..." Cumpri a palavra!

Queixou-se de que era furtado em milhões no seu negócio do chá Lipton. Diversas vezes jantamos juntos, em Los Angeles, Alexandre Moore, embaixador na Espanha, *sir* Thomas Lipton eu eu. Então, Alex e *sir* Thomas evocavam episódios vividos; ambos, cada qual ao seu turno, referiam-se a membros das famílias reinantes com a mesma despreocupação com que se atira fora uma ponta de cigarro, deixando-me a impressão, pelo que contavam, de que a realeza só abre a boca para dizer epigramas.

Nesse período, via eu assiduamente Hearst e Marion. Agradava-me a sua maneira extravagante de viver; e como fui convidado a passar na casa praieira de Santa Mônica todos os fins se semana, muitas vezes me aproveitei dessa regalia, sobretudo quando Doug e Mary estavam na Europa. Certa manhã, ao café da manhã com vários outros, Marion pediu-me opinião sobre um argumento de filme; o que eu disse não agradou a W. R. O tema da história era feminismo e observei que são as mulheres que escolhem os seus homens e estes quase não têm meios de resistir.

— Oh, não! — disse ele. — O homem escolhe sempre.

— É o que imaginamos — repliquei. — Mas qualquer donzelinha aponta o dedo para um de nós, dizendo "Este será meu", e não há escapatória.

— Você está redondamente enganado — asseverou Hearst, bem seguro de si.

— É o que parece — continuei. — O pessoal feminino sabe disfarçar com tanto jeito que temos a ilusão de fazer a escolha.

De súbito, Hearst esmurrou tão violentamente a mesa que toda a louça tremeu.

— Se eu digo branco, você diz preto! — bradou.

Creio que empalideci um pouco. Como nesse momento o mordomo me servia o café, levantei os olhos e disse:

— Quer mandar alguém pôr minhas coisas na mala e chamar um táxi?

Sem mais uma palavra, ergui-me da mesa, fui para o salão e comecei a andar de um lado para outro, com a garganta presa pela raiva.

Logo depois, veio Marion:

— Que foi que houve, Charlie?

Minha voz tremia:

— Não admito que ninguém berre comigo assim. Quem pensa ele que é? Nero? Napoleão?

Sem responder, deu meia-volta e deixou apressadamente o salão. Não tardou a vir W. R., com ar de desentendido.

— Que é isto, Charlie?

— Não estou habituado a ouvir berros, especialmente quando sou um hóspede da casa. Portanto, vou-me embora. Eu... — a voz sumiu-me na garganta; não pude concluir a frase.

W. R. pensou um instante, em seguida pôs-se a dar uns passos pelo salão.

— Vamos ter uma conversa — disse, também de voz trêmula.

Acompanhei-o até um canto do salão onde havia um pequenino sofá de estilo *chippendale*, só para duas pessoas. Com altura de um metro e noventa, Hearst era também muito cheio de corpo. Aboletou-se ali e indicou-me o pouquinho de espaço que sobrava.

— Sente-se, Charlie, e vamos conversar.

Sentei-me ao seu lado, espremidíssimo. Sem uma palavra, Hearst subitamente me estendeu a mão; embora sem ter quase como me mexer, consegui apertá-la. Então, com a voz ainda trêmula, passou a explicações.

— Olhe, Charlie, não quero, realmente, que Marion trabalhe nesse filme e ela acata muito a sua opinião. E quando você aprovou a ideia... bem, aí está provavelmente por que fui um pouco rude com você.

Descongelei-me imediatamente e, todo conciliatório, insisti em dizer que a culpa era só minha; para selar as pazes, demos jeito, embora imprensados, de trocar novo aperto de mão e tratamos de nos levantar, mas aí nos vimos entalados no sofazinho que começou a ranger alarmantemente. Após várias tentativas, afinal nos desprendemos, com o móvel intacto.

Ao que parece, Marion, logo depois que me deixou no salão, foi diretamente a Hearst, censurou-o por ter sido tão grosseiro e disse-lhe que tinha de vir desculpar-se. Marion sabia escolher quando falar e quando manter-se calada, como fazia algumas vezes.

— Em seus maus momentos — explicou-me —, parece uma tempestade que vai rebentar em tro... trovões.

Marion era alegre e divertida; quando os negócios de W. R. o levavam a Nova York, ela reunia todos os amigos na sua residência de Beverly Hills (isso antes de ser construída a moradia de praia), onde improvisávamos festas e representávamos charadas até altas horas. Retribuíamos, Rodolfo Valentino e eu; certas noites, as reuniões eram na casa dele ou na minha. Às vezes, alugávamos um ônibus, que enchíamos de provisões, contratávamos um tocador de harmônica e íamos, em grupo de dez ou vinte, à praia de Malibu, onde acendíamos fogueira, fazíamos piqueniques à meia-noite e apanhávamos *grunnions*.[3]

Louella Parsons, a colunista dos jornais de Hearst, estava sempre presente, acompanhada por Harry Crooker, que depois se tornou um dos meus diretores-assistentes. Quando nessas expedições, só nos recolhíamos lá pelas quatro ou cinco da manhã. Marion prevenia Louella:

— Se W. R. vier a saber disto, uma de nós vai perder o emprego. E... e... não serei eu.

Quando estávamos num alegre jantar em casa de Marion, W. R. telefonou de Nova York. Marion foi atender e voltou furiosa.

— Imaginem só! — explodiu. — Tenho sido vigiada, por ordem de W. R.!

Uma agência de detetives fornecera relatório minucioso que Hearst leu ao telefone; contava tudo que, na ausência dele, havia feito Marion: estivera na casa de fulano até as quatro da madrugada, na casa de beltrano até as cinco, e assim por diante. Marion confidenciou-me depois que Hearst voltaria imediatamente a Los Angeles, para resolver as coisas com ela; haveria rompimento. Marion não continha a indignação, pois não fizera nada de mais; apenas se distraíra entre amigos. O que relatava o detetive era verídico, porém deformando fatos inocentes, de maneira a causar má impressão. De Kansas City, W. R. telegrafou: *"Mudei de ideia e desisti de tornar à Califórnia, pois não tenho ânimo de rever os lugares onde fui tão feliz. Portanto, regresso a Nova York."* Mas, pouco depois, passou novo telegrama, anunciando que chegaria a Los Angeles.

A volta de Hearst pôs toda a turma em grande tensão. Mas houve o encontro dele com Marion, as explicações... e o resultado foi este: enorme

---

[3]Variedade de minúsculos peixes prateados, típica da costa californiana. (N. do T.)

banquete para festejar o retorno de W. R. a Beverly Hills. Marion mandou construir em frente à casa um refeitório de emergência que comportava cento e sessenta pessoas. Em dois dias ficou tudo pronto — decorado, com iluminação elétrica, pista de dança. Bastava Marion esfregar a lâmpada mágica para que tudo fosse feito. Naquela noite ela apareceu com um novo anel de esmeralda, presente de W. R., e que custara setenta e cinco mil dólares. E, diga-se de passagem, ninguém perdeu o emprego.

Para variar de San Simeon e da casa praieira de Marion, era no iate de Hearst que às vezes passávamos o fim de semana; íamos além de Catalina ou descíamos para o sul até San Diego. Foi durante uma dessas excursões marítimas que Thomas H. Ince, a quem Hearst passara o controle de Cosmopolitan Film Productions, adoeceu e teve de ser levado de bote a San Diego. Não participei desse passeio, porém Elinor Glyn estava a bordo e me contou que Ince se mostrava alegre e animado até o almoço; veio-lhe então, de repente, uma dor horrível e teve que deixar a mesa. Pensaram todos que era simples indigestão; entretanto, Ince piorava de tal modo que pareceu conveniente levá-lo a terra e conduzi-lo a um hospital. Verificou-se ali que ele sofrera um distúrbio cardíaco. Transportado para a residência, em Beverly Hills, três semanas depois teve outra crise e faleceu.

Circularam então pérfidos rumores: Ince fora baleado e Hearst estava envolvido na história. Não havia o menor fundamento. Sei disso porque Hearst, Marion e eu fomos juntos visitar Ince quinze dias antes da sua morte; mostrou-se muito contente em nos ver e convencido de que em breve estaria bom.

O desaparecimento de Ince transtornou os planos da Cosmopolitan Productions, cujo controle passou primeiro para a Warner Brothers e, dois anos após, para a MGM, onde um elegante bangalô, construído especialmente, servia de camarim a Marion. Apelidei-o de Trianon.

Era lá que Hearst resolvia a maior parte dos seus assuntos de imprensa. Vi-o, muitas vezes, sentado ao centro da sala, com vinte ou mais periódicos espalhados pelo chão. Da sua poltrona, ia ele esquadrinhando todas as manchetes.

— Que paginação mais sem vida! — dizia, com sua voz aguda, apontando para um dos jornais. — E por que explorar assim essa matéria?

Apanhava uma revista, punha-se a correr as folhas com a ponta do dedo, depois a suspendia nas mãos, sopesando-a.

— Que está havendo com os anúncios do *Redbook*? Bem minguados este mês. Telegrafem a Ray Long para que venha aqui sem demora.

Em meio dessa cena, surgia Marion, luxuosamente paramentada, pois vinha de filmar; e à sua moda zombeteira pisava propositadamente nos jornais, dizendo:

— Tire daqui todo este lixo, que só faz enxovalhar meu camarim.

Às vezes, Hearst fazia verdadeiras criancices. Quando havia a estreia de um filme de Marion, convidava-me a ir com eles; antes de chegarmos ao cinema, saltava do automóvel para que não o vissem chegar em companhia de Marion. Mas agiu de forma bem diversa quando o *Hearst Examiner* e o *Times* de Los Angeles se engalfinharam numa campanha política. Hearst lançando artigos violentos e o *Times* revidando quase no mesmo tom; este, por fim, entrou no terreno pessoal, acusando Hearst de levar uma existência dúplice e de ter um ninho de amor na praia de Santa Mônica; Marion era citada nominalmente. Hearst não respondeu pelo jornal, mas me procurou no dia seguinte (a mãe de Marion acabava de falecer) e perguntou-me:

— Quer segurar comigo as primeiras alças do caixão no enterro da sra. Davies?

É claro que aceitei.

Ali por volta de 1933, Hearst convidou-me a acompanhá-lo num passeio à Europa. Havia reservado para a sua comitiva toda uma ala de um transatlântico da Cunard. Escusei-me, pois teria de viajar com uns vinte outros, com longas estadias onde Hearst quisesse parar e escala rapidíssima onde ele não quisesse demorar-se.

Amostra do que me esperaria já tivera eu em nossa ida ao México, quando minha segunda mulher estava grávida. Uma caravana de dez automóveis seguia Hearst e Marion por estradas esburacadíssimas, que me faziam amaldiçoar a ideia daquela excursão. Eram caminhos de tal modo impraticáveis que desistimos de alcançar o nosso destino e resolvemos passar a noite num rancho mexicano. Éramos vinte e só havia dois quartos para todos. Um foi gentilmente destinado à minha mulher, Elinor Glyn e eu. Uns dormiam em mesas e cadeiras; outros no galinheiro e na cozinha. No pequeno quarto onde ficamos, uma cena fantástica: minha mulher no único leito, eu ajeitado em duas cadeiras, e Elinor, vestida como se fosse ao Ritz, dormindo num divã desconjuntado, de chapéu, véu e luvas. Jazia ali de papo para cima, as mãos cruzadas sobre o tórax, como uma estátua sobre lousa tumular, e assim dormia a sono solto. Posso dizer, porque não preguei olho a noite inteira. De manhã, espiando-a sorrateiramente, via-a levantar-se tal qual se deitara, com tudo intacto, nem um fio de cabelo fora do lugar, a pele branca e como que esmaltada, tão vivaz e cheia de animação como se estivesse atravessando o salão de chá no Plaza Hotel.

Na viagem à Europa, Hearst levou Harry Crocker, meu ex-assistente de direção, que se tornara seu secretário para assuntos de sociedade. A pedido de Harry, dei a W. R. uma carta de apresentação a *sir* Philip Sassoon.

Philip pregou-lhe uma boa partida. Sabendo dos seus velhos e ostensivos sentimentos antibritânicos, promoveu um encontro dele com o príncipe de Gales. Fechou os dois na biblioteca, onde, segundo Philip me contou, o príncipe foi logo interpelando Hearst sobre a sua anglofobia. Ficaram de conversa durante duas horas e Philip achava que a entrevista fora de efeito salutar.

Nunca pude compreender o antibritanismo de Hearst, pois tinha investimentos importantes na Inglaterra, dos quais auferia gordos lucros. Suas tendências germanófilas datavam da Primeira Guerra Mundial, em cuja fase crítica chegou quase às raias do escândalo o convívio amistoso que mantinha com o conde Bernstorff, então embaixador da Alemanha nos Estados Unidos. Nem mesmo o enorme poder de Hearst conseguiu abafar a má impressão. Além disto, seu correspondente americano no estrangeiro, Karl von Wegan, escrevia sempre a favor da Alemanha até as vésperas da Segunda Guerra.

Nessa ida à Europa, Hearst visitou a Alemanha e entrevistou-se com Hitler. A esse tempo ninguém sabia grande coisa sobre os campos de concentração nazistas. A primeira revelação a respeito veio em artigos escritos pelo meu amigo Cornelius Vanderbilt que, nem sei sob que pretexto, conseguiu entrar num desses campos e narrou depois as torturas ali praticadas. Mas pareciam tão fantásticas suas descrições de brutalidade mórbida que poucos acreditavam nelas.

Vanderbilt enviou-me uma série de cartões-postais com flagrantes fotográficos de Hitler a fazer discursos. A fisionomia do homem era obscenamente cômica — um mau arremedo da minha cara, com o bigodinho ridículo, os cabelos escorridos e despenteados, um quê de repelente na boca miúda de lábios finos. Eu não podia tomar Hitler a sério. Cada cartão-postal mostrava-o em pose diferente: nesse, com as mãos em forma de garras, arengando à massa popular; naquele, com um braço erguido e o outro abaixado, como um jogador de críquete ao dar a tacada; noutro, com os punhos erguidos à sua frente e as mãos bem fechadas, como se estivesse levantando um haltere imaginário. A saudação com a mão virada sobre o ombro, a palma para cima, dava-me vontade de colocar ali uma bandeja de pratos sujos. "É um maluco!", pensei. Quando, porém, Einstein e Thomas Mann se viram forçados a deixar a Alemanha, o aspecto de Hitler já não me parecia cômico, mas sinistro.

MEU PRIMEIRO encontro com Einstein deu-se em 1926, quando foi fazer conferências na Califórnia. Para mim, cientistas e filósofos são, no íntimo, grandes românticos que canalizam noutro rumo as suas paixões. Essa ideia calhava bem com a personalidade de Einstein. A sua aparência era a de um típico alemão dos Alpes, no melhor sentido, jovial e acolhedor. Senti que sob os seus modos calmos e afáveis se escondia uma índole profundamente emotiva e que provinha daí a sua extraordinária força intelectual.

Carl Laemmle, da Universal, telefonou-me para dizer que Einstein gostaria de encontrar-se comigo. Fiquei alvoroçado. E encontramo-nos, pois, nos estúdios da Universal, para um almoço, a que compareceram o professor e sua mulher, a sua secretária, Helene Dukas, e o seu professor-assistente, Walter Meyer. A sra. Einstein falava inglês muito bem, de fato melhor do que o marido. Senhora rotunda, com exuberante vitalidade, encantava-a ser esposa de um grande homem e não fazia o menor esforço para esconder isso; era tocante o seu entusiasmo.

Depois do almoço, enquanto Laemmle nos levava a um giro pelos estúdios, a sra. Einstein chamou-me à parte e cochichou:

— Por que não convida o professor a ir à sua casa? Sei que ele gostaria de uma boa prosa sossegada, só entre nós.

Como a sra. Einstein pediu que fosse reunião íntima, convidei apenas dois outros amigos. Ao jantar, contou-me ela a história da manhã em que Einstein concebeu a teoria da relatividade.

Naquele dia, desceu para o café da manhã, metido no *robe de chambre*, como de hábito, porém não comeu quase nada.

— Pensei que ele estivesse indisposto e perguntei-lhe o que havia — disse a sra. Einstein. — "Querida" — respondeu-me —, "tive uma ideia maravilhosa!" Bebeu o café, encaminhou-se ao piano e começou a tocar. De vez em quando, parava, escrevia uns apontamentos e repetia: "Tive uma ideia maravilhosa, estupenda!" Então, eu lhe disse: "Por amor de Deus, explique-me o que é, não me deixe assim em suspenso." E ele: "É coisa difícil, que ainda me vai dar trabalho."

Contou-me que Einstein continuou a tocar piano e a tomar notas por mais uma meia hora, depois subiu para o gabinete, dizendo que não queria ser perturbado, e lá ficou por duas semanas.

— Todos os dias eu lhe mandava as refeições e à noite ia ele andar um pouco, para fazer exercício, porém logo tornava ao trabalho. Até que, afinal, desceu do gabinete, muito pálido. "Aqui está", disse-me, pondo em cima da mesa, com ar de cansaço, duas folhas de papel. E era a sua teoria da relatividade.

O dr. Reynolds, a quem eu convidara porque tinha umas tinturas de física, perguntou ao professor, durante o jantar, se ele havia lido *An Experiment with time*, de J. W. Dunne.

Einstein negou com a cabeça.

— É uma teoria interessante sobre dimensões — disse Reynolds com desenvoltura. — É coisa assim como... (aí hesitou)... como uma extensão de uma dimensão.

Einstein voltou-se para mim e sussurrou maliciosamente:

— Uma extensão de uma dimensão... *was ist das?*

Depois disso, Reynolds deixou em paz as dimensões e perguntou a Einstein se acreditava em fantasmas. Einstein confessou que nunca vira alma do outro mundo e acrescentou, sorrindo:

— Quando outras doze pessoas presenciarem o mesmo fenômeno a um só tempo, então eu poderei acreditar.

Naquela época, estava em moda as manifestações psíquicas e os ecto-plasmas flutuavam sobre Hollywood como névoas. Muitos astros do cinema promoviam em casa sessões espíritas com fenômenos de levitação e outros mais. Não compareci a nenhuma dessas reuniões, porém Fanny Brice, a famosa comediante, jurou-me que vira uma mesa levantar-se por si e flu-tuar pela sala. Perguntei ao professor se já assistira a coisas dessa ordem. Sorriu vagamente e meneou a cabeça. Também lhe perguntei se a sua teoria da relatividade entrava em choque com a hipótese de Newton. E Einstein:

— Ao contrário; é uma extensão dela.

Durante o jantar, disse eu à sra. Einstein que pretendia ir à Europa logo após o lançamento de meu próximo filme.

— Pois então vá nos ver em Berlim. Mas não moramos numa grande casa. O professor não é rico; e se tem à disposição mais de um milhão de dólares, concedidos pela Fundação Rockefeller para seus trabalhos científicos, não tira um centavo desse dinheiro para despesas pessoais.

Quando fui a Berlim, visitei-os em seu pequenino e modesto apartamento. Era desses que se podem ver no Bronx — a sala de estar e a de jantar conju-gadas numa só peça, com velhos tapetes já gastos. O móvel mais valioso era o negro piano, sobre o qual rabiscou o professor os primeiros e históricos apontamentos relativos à quarta dimensão. Já várias vezes me perguntei o que teria sido feito desse piano. Talvez se encontre no Smithsonian Institute ou no Metropolitan Museum — se é que os nazistas não o utilizaram como lenha para a lareira.

Quando caiu sobre a Alemanha o terror nazista, os Einstein buscaram re-fúgio nos Estados Unidos. A sra. Einstein conta uma história pitoresca sobre a ignorância do professor em matéria de dinheiro. A Universidade de Princeton queria tê-lo no seu corpo docente e consultou-o em carta sobre quanto desejava perceber. Einstein propôs ordenado tão modesto que a direção da Princeton respondeu ponderando que tal quantia não dava para ninguém viver nos Estados Unidos e o professor precisava ganhar pelo menos o triplo.

Em 1937, quando voltaram à Califórnia, os Einstein foram visitar-me. Depois de me abraçar afetuosamente, o professor preveniu-me que trouxera três músicos.

— Vamos tocar um pouco para você, depois do jantar.

Naquela noite, Einstein tomou parte na execução de um quarteto de Mozart. Embora sem leveza de técnica e segurança de arcada, tocava delicadamente, olhos fechados, balançando-se. Os três músicos, que não pareciam muito entusiasmados com a participação do professor, sugeriram-lhe discretamente um pouco de repouso: enquanto isso, eles sozinhos tocariam alguma coisa. Aquiescendo, Einstein sentou ao nosso lado e pôs-se a ouvir. Mas depois que os músicos executaram algumas peças, virou-se para mim e perguntou-me baixinho:

— Quando é que eu voltarei a tocar?

Assim que os músicos foram embora, a sra. Einstein, um tanto indignada, garantiu ao marido:

— Você tocou muito melhor do que todos eles!

Noutra noite, os Einstein foram novamente jantar em minha casa e convidei Mary Pickford, Douglas Fairbanks, Marion Davies, W. R. Hearst e mais uns dois. Marion Davies sentou-se ao lado de Einstein e a sra. Einstein à minha direita, com Hearst ao lado. Antes do jantar, tudo parecia ir muito bem; Hearst mostrava-se cordial e Einstein polido. Mas, à mesa, percebi que aos poucos a atmosfera ia ficando gelada; por fim, os dois já nem trocavam uma só palavra. Fiz o possível para animar a conversação, porém ambos permaneciam mudos. Pairava um silêncio de mau prenúncio; vi Hearst com ar carrancudo, baixando os olhos para o pratinho de sobremesa, e Einstein sorrindo, tranquilamente mergulhado em seus pensamentos.

Com sua vivacidade habitual, Marion estivera dirigindo brincadeiras a todos, menos a Einstein. Mas, de repente, voltou-se para o professor e disse brejeiramente:

— Olá! — e passando dois dedos ao redor da cabeça do professor, a imitar o movimento de uma tesoura:

— Por que não corta o cabelo, hein?

Einstein sorriu e achei que era tempo de irmos tomar o café na outra sala.

☆

EISENSTEIN, o diretor de filmes, chegou a Hollywood com sua equipe, da qual faziam parte Grigor Alexandrov e também um jovem inglês chamado Ivor Montagu, amigo do cineasta. Via-os com frequência. Jogavam tênis em minha quadra; aliás, jogavam muito mal; pelo menos Alexandrov.

Eisenstein deveria fazer uma película para a Paramount. Viera ele com a fama de *O encouraçado Potemkin*[4] e *Dez dias que abalaram o mundo;*[5] assim, julgou aquela empresa ser bom negócio contratá-lo para dirigir a filmagem de argumento que ele próprio escrevesse. Eisenstein compôs um ótimo, *Sutter's gold*, extraído de interessante documentário sobre os primeiros tempos da Califórnia. Era coisa sem o menor traço de propaganda; mas, como Eisenstein viera da Rússia, a Paramount acabou ficando com medo e o projeto deu em nada.

Um dia, em discussão que tivemos sobre o comunismo, perguntei a Eisenstein se um proletário instruído era mentalmente igual a um aristocrata com várias gerações de cultura. Creio que ficou surpreso com a minha ignorância. O cineasta, que descendia de engenheiros, família de classe média, respondeu:

— Quando educadas, as massas têm a fecundidade intelectual de um solo virgem e rico de húmus.

O seu *Ivan, o terrível,*[6] que vi depois da Segunda Guerra, é uma obra sem par entre os filmes de sentido histórico. Eisenstein interpretou o passado poeticamente — o que é um meio esplêndido de interpretá-lo. Ao dar-me conta de como são deformados acontecimentos ainda recentes, descreio do que narram os historiadores. Prefiro evocações poéticas que reconstituam a atmosfera de uma ou de outra época. Pensando bem, encontramos nas obras de arte maior número de fatos e pormenores convincentes do que nos livros de história.

---

[4] No original inglês: *Battleship Potemkin*. (N. do T.)
[5] No original inglês: *Ten days that shook the world*. (N. do T.)
[6] No original inglês: *Ivan the terrible*. (N. do T.)

21

Quando me encontrava em Nova York, contou-me um amigo que assistira a experiências de sincronização do som nos filmes e preconizou que em breve isso revolucionaria toda a indústria do cinema.

Só voltei a pensar no assunto quando, meses depois, a Warner Brothers produziu a sua primeira sequência falada. Era um filme de época, mostrando uma atriz sedutora — deixemo-la no anonimato — que expressava em silêncio a mais profunda tristeza, os grandes olhos doridos revelando uma angústia que ia além da eloquência shakespeariana. Então, de súbito, introduziu-se no filme um novo elemento — a zoeira de um búzio que se encosta ao ouvido. E a adorável criatura, uma princesa, falou como se tivesse areia na garganta: "Desposarei Gregory, mesmo que tenha de renunciar ao trono!" Foi um choque medonho, pois até aí a princesa nos elevara. À medida que a projeção avançava, o diálogo foi-se tornando cada vez mais cômico, porém não tão engraçado quanto os efeitos sonoros. Quando girou a maçaneta da porta de um *boudoir*, tive a impressão de que alguém pusera em funcionamento um trator agrícola; a porta fechou-se com barulho igual ao da colisão de dois caminhões carregados de touros. É que de início nada se sabia sobre controle de som: um cavaleiro andante em sua armadura era mais estridente do que uma aciaria, um simples jantar de família tornava-se tão rumoroso como um restaurante barato na hora de maior movimento, a água despejada num copo toava esquisitamente como uma escala que subisse até o dó sustenido. Deixei a sala de projeção na crença de que os dias do cinema sonoro estavam contados.

Mas, um mês depois, a MGM produziu *Melodia da Broadway*,[1] um musical de longa-metragem, coisa reles e enfadonha, mas que foi enorme sucesso de bilheteria. Era a largada... De um dia para outro, todos os cinemas

---

[1] No original inglês: *The Broadway melody*. (N. do T.)

começaram a equipar-se para o cinema sonoro. Foi o crepúsculo das fitas silenciosas. Dava pena, porque elas começavam a melhorar. Murnau, o diretor alemão, soubera usar da maneira mais eficiente esse meio de expressão e alguns dos nossos diretores americanos iam pelo mesmo caminho. Um bom filme silencioso constituía atração para qualquer plateia, desde mais intelectualizada até mais simples. E isso tudo agora estava para se perder.

Mas decidi firmemente continuar a fazer filmes silenciosos, na certeza de que havia lugar para todos os gêneros de entretenimento. Além disso, era eu um ator de pantomima; nessa arte, único e, sem falsa modéstia, um mestre. Assim, fui tocando a produção de outra fita muda, *Luzes da cidade*.

O tema partiu da história de um palhaço que, em consequência de um acidente no circo, perdera a visão. Tinha ele uma filhinha, criança doente e nervosa; quando voltou do hospital, o médico o aconselhou a ocultar da menina que era cego, enquanto ela não estivesse com bastante saúde para compreender e resistir ao choque, pois antes disso o abalo poderia ser fatal. Os tropeços do pai e seus esbarrões nos móveis faziam a garota rir gostosamente. Mas o assunto era excessivamente piegas. Transferi, porém, a cegueira do palhaço para a vendedora de flores em *Luzes da cidade*.

O entrecho secundário do filme veio de uma ideia que há muito brincava na minha cabeça: num clube de ricaços, dois sócios discutem a volubilidade da consciência humana e decidem fazer experiência com um vagabundo que encontram adormecido à beira do cais. Levam-no ao suntuoso apartamento onde moram, fazem-no regalar-se com vinho, mulheres e canções, e quando o coitado ferra num sono de bêbado o reconduzem ao lugar onde o acharam. O vagabundo, quando acorda, pensa que tudo não passou de um sonho. Originou-se daí a história do milionário de *Luzes da cidade* que, se embriagado, trata com a maior camaradagem o vagabundo, e quando sóbrio, não o reconhece. Esse tema é o fio condutor do enredo do filme, capacitando Carlitos a convencer a cega de que é um magnata.

Após cada dia de trabalho na filmagem de *Luzes da cidade* ia eu ao estúdio de Douglas para tomar um banho turco. Reuniam-se ali muitos dos seus amigos — atores, produtores e diretores — e ficávamos bebericando nosso gim-tônica, tagarelando e discutindo cinema falado. Quase todos estranhavam que eu estivesse fazendo mais uma fita muda. "Você tem muita coragem!" — diziam.

Antes, o meu trabalho costumava despertar o interesse dos produtores. Agora, andavam por demais preocupados com o sucesso dos filmes falados. E pouco a pouco, talvez porque tinha sido mimado em excesso, fui me sentindo posto à margem.

Joe Schenck, que manifestara publicamente sua aversão pelos filmes falados, agora era um entusiasta. "Estão vitoriosos; receio que não seja coisa passageira, Charlie", e aventou a hipótese de que somente Chaplin poderia fazer um filme mudo de sucesso. Eram palavras lisonjeiras, porém não muito confortadoras, pois eu não queria ser o único a cultivar a arte da cena muda. Nem era tranquilizador ler artigos de revista com dúvidas e temores sobre o futuro cinematográfico de Charlie Chaplin.

Entretanto, *Luzes da cidade* era o tipo ideal de filme silencioso e nada me impediria de levar a obra avante. Mas tinha de enfrentar vários problemas. Por efeito do cinema falado, cujo advento se dera três anos antes, os atores quase haviam esquecido como fazer pantomima. Toda a sua noção de ritmo na representação transferira-se do gesto para a fala. Outra dificuldade era encontrar uma jovem que pudesse dar à fisionomia a expressão de cega, sem prejuízo da sua beleza. Muitas candidatas olhavam para cima, mostrando o branco da córnea, o que causava desoladora impressão. Mas a sorte veio ao meu encontro. Certo dia, vi um grupo que filmava na praia de Santa Mônica. Havia muitas moças bonitas em roupa de banho. Uma delas acenou-me. Era Virginia Cherrill, a quem já conhecia.

— Quando é que vou trabalhar para você? — perguntou-me.

Suas formas bem torneadas, num maiô azul, não pareciam indicá-la para o papel romântico de uma cega. Mas depois de uma ou duas experiências com outras atrizes, chamei-a, já em desespero de causa. Para minha surpresa, Virginia tinha o dom de aparentar cegueira. Recomendei-lhe que me encarasse, mas olhando para dentro de si mesma, não para me ver. Saiu-se bem. Era bela e fotogênica, mas sem muita prática de atriz. Às vezes, isso é uma vantagem, especialmente em filmes mudos, onde a técnica é tudo. Certas atrizes de experiência têm hábitos muito arraigados e na pantomima a técnica do movimento é tão automática que as atrapalha. As de pouco traquejo adaptam-se mais facilmente.

Numa cena que fiz, Carlitos, embaraçado em um engarrafamento do tráfego, entra numa limusine, atravessa-a e sai pelo outro lado, batendo a porta com força. A jovem cega ouve e oferece flores a quem julga ser o dono do carro. Com a meia coroa que lhe resta, Carlitos compra um botão para a lapela, mas, desajeitadamente, esbarra na mão da moça que ainda segura a flor e esta cai na calçada. A vendedora ajoelha-se e tateia o chão para apanhá-la. Carlitos aponta onde ela está. Mas a moça continua tateando. Impaciente, Carlitos apanha a flor e olha para a vendedora, desconcertado... Mas, de súbito, desconfia que ela não pode ver e, passando a flor diante dos seus olhos, tem a certeza de que é cega; então, num gesto de quem se desculpa, ajuda-a a levantar-se.

A cena inteirinha demora apenas setenta segundos, mas tive de filmá-la e refilmá-la durante cinco dias, até que saísse como eu desejava. Não era culpa da atriz, em parte era minha, pois o esforço de chegar à perfeição me punha nervosíssimo. Gastei mais de um ano na filmagem de *Luzes da cidade*.

Quando o filme ia sendo feito, deu-se a quebra da Bolsa de Nova York. Felizmente, não tive prejuízo, graças à leitura de *Social credit*, livro em que o major H. Douglas, analisando e esquematizando o nosso sistema econômico, sustentava que basicamente todo lucro provém de salários. Assim, desemprego quer dizer lucro cessante e diminuição de capital. Essa tese impressionou-me de tal modo que, em 1928, quando o número dos sem-trabalho chegou a quatorze milhões nos Estados Unidos, vendi todos os meus títulos e ações, mantendo livre o meu capital.

Na véspera de estourar a Bolsa, jantei com Irving Berlin, que estava cheio de otimismo quanto ao mercado de valores. Disse-me que uma garçonete daquele mesmo restaurante ganhara quarenta mil dólares em menos de um ano, dobrando seus investimentos. Ele próprio tinha aplicado vários milhões de dólares em ações, com lucro de mais de um milhão. Perguntou-me se eu também estava jogando na Bolsa. Respondi-lhe que não podia acreditar em títulos quando havia quatorze milhões de desempregados. Aconselhei-o a vender suas ações e cair fora enquanto era tempo; ficou indignado e travamos uma discussão acesa. "Você não tem confiança na América!" e acusou-me de não ser patriota. No dia seguinte, houve queda de cinquenta pontos no mercado e a fortuna de Irving lá se foi por água abaixo. Dois dias mais tarde, apareceu-me no estúdio, acabrunhado, a pedir muitas desculpas e querendo saber onde eu obtivera a informação.

Enfim, terminei *Luzes da cidade*; só faltava gravar o fundo musical. Uma vantagem do cinema sonoro para permitir que se escolhesse a música. Assim, eu mesmo fiz a do meu filme.

Procurei compor música delicada e romântica, para que contrastasse com o meu tipo de vagabundo, pois música fina dava às minhas comédias um toque de emoção. Os autores de arranjos musicais raramente compreendiam isso. Achavam que a música tinha de ser engraçada.

Mas eu lhes explicava que não queria competição; ao contrário, desejava que a música fosse um contraponto de graciosidade e encanto para exprimir sentimento, sem o que, como diz Hazlitt, toda obra de arte é incompleta. Às vezes, um musicista metia-se a pontificar diante de mim, a falar nos intervalos precisos das escalas cromática e diatônica, mas eu o interrompia logo com esta observação de leigo: "Seja qual for a melodia, o resto é apenas floreio." Depois de haver gravado a música de um ou dois filmes, comecei a examinar as partituras do regente com olho profissional, percebendo quando a composição estava ou não orquestrada demais. Se via muitas notas nos naipes de metal ou de madeira, dizia: "Está muito carregado nos metais" ou "Tem madeira em excesso".

Não há nada que nos deixe mais em suspenso e excitado do que ouvir pela primeira vez os sons da nossa própria composição executados por uma orquestra de cinquenta figuras.

Quando afinal vi concluída a sincronização de *Luzes da cidade*, fiquei ansioso por saber qual seria a sorte do filme. Assim, sem qualquer publicidade, organizamos uma pré-estreia em cinema de segunda ordem.

Foi uma horrível experiência, com o nosso filme projetado para plateia meio vazia. O público viera ver drama e não comédia e só lá pela metade do filme é que se refez do espanto. Houve risos, porém fracos; antes de terminar a projeção, vi silhuetas que se encaminhavam para a saída. Toquei com o cotovelo o meu diretor-assistente.

— Estão indo embora.

— Talvez procurem o toalete — murmurou ele.

Depois disso, fui incapaz de concentrar a atenção no filme, esperando ver se tornavam os que tinham saído da sala. Ao fim de alguns minutos, sussurrei:

— Eles não voltaram.

— É gente que tinha de pegar o trem — respondeu o companheiro.

Saí com a impressão de que iam entrando pelo cano[2] dois anos de trabalho e dois milhões de dólares. O gerente do cinema, plantado no salão de espera, cumprimentou-me.

— Muito bom — disse, sorrindo, e numa gentileza em que se traía acrescentou: — Agora, Charlie, quero vê-lo num filme falado. É o que todo mundo está esperando.

Tentei sorrir. A nossa turma já deixara o cinema e aguardava-me no passeio. Fui ao seu encontro. Reeves, meu administrador, sempre sério, acolheu-me com fingida alegria na voz:

— Foi tudo muito bem, penso eu, levando em conta...

Suas palavras inacabadas continham uma ressalva de mau prenúncio, mas concordei com ar confiante.

— Sim, com uma plateia cheia, será um sucesso. Naturalmente — ajuntei —, precisamos fazer um ou dois cortes.

Então, relampejou em minha cabeça o pensamento inquietante de que ainda não havíamos tratado de vender o filme. Isso, porém, não me preocupava muito, pois o prestígio do meu nome ainda era chamariz para a bilheteria. Joe Schenck, presidente da nossa United Artists, preveniu-me de que os exibidores não estavam inclinados a oferecer as mesmas condições que haviam proposto para *Em busca do ouro*; os grandes circuitos mantinham-se na encolha, em cautelosa expectativa. Antes, os exibidores haviam sempre manifestado vivo interesse por qualquer filme novo que eu fizesse; agora, mostravam-se um tanto frios. Além disso, havia dificuldades a vencer para o lançamento em Nova York. Todos os cinemas já tinham programação contratada, era o que me falavam. Devia eu esperar a minha vez.

---

[2]Embora pareça transposição do texto para a gíria carioca, a versão é quase ao pé da letra, de vez que no original está: *"Two years' work and two million dollars having gone down the drain."* (N. do T.)

Só estava disponível o Teatro George N. Cohan, com mil cento e cinquenta lugares; ficava fora de mão e era considerado um elefante branco. Nem mesmo uma verdadeira sala de cinema. Teria de pagar sete mil dólares semanalmente pelo aluguel daquelas quatro paredes, com a garantia de oito semanas de locação, cabendo-me ainda fornecer tudo: gerente, bilheteiros, indicadores, operadores e auxiliares, com os anúncios e os letreiros luminosos também por minha conta. Como eu já tinha em jogo dois milhões de dólares — e era dinheiro meu —, resolvi enfrentar o risco e aluguei o teatro.

Nesse meio tempo, Reeves fechara negócio em Los Angeles para lançar o filme num cinema que acabara de ser construído. Os Einstein, então naquela cidade, manifestaram o desejo de comparecer à estreia — mas não creio que se dessem conta da aventura em que iam meter-se. Na noite do lançamento, jantaram em minha casa e depois nós todos fomos ao centro. A rua principal estava entupida de gente, por vários quarteirões. Carros de patrulha e ambulâncias lutavam para abrir caminho na multidão, que havia quebrado as vitrinas de uma loja contígua ao cinema. Com o auxílio de policiais, fomos tocados para o salão. Oh, como detesto essas noites de estreia: a tensão que se padece, a mistura de perfumes, uma atmosfera de almíscar e gás carbônico; é coisa que dá náusea e irrita os nervos.

Era uma bela casa de espetáculos, mas o dono, como outros muitos exibidores daquele tempo, bem pouco sabia sobre lançamento de filmes. A projeção começou. Ao aparecerem os títulos e letreiros de apresentação, houve os aplausos habituais de qualquer estreia. Então, afinal, a primeira cena. Meu coração pulou. Era a cena cômica de uma estátua em inauguração, ao ser arrancado o véu que a encobre. O público principiou a rir! O riso aumentou, em explosões de gargalhadas. Vitória! Começaram a dissipar-se todos os meus temores e dúvidas. Senti vontade de chorar. Durante a projeção de três rolos, todos riam. E, de puro nervosismo e excitação, eu também ria.

Nisto, a coisa mais incrível aconteceu. De repente, em meio ao riso geral, a projeção foi suspensa! Acenderam-se as luzes e pelo alto-falante uma voz anunciou: "Antes de prosseguirmos com esta maravilhosa comédia, gostaríamos de tomar cinco minutos do vosso tempo a fim de salientar os aperfeiçoamentos deste novo e belo cinema." Eu nem podia crer no que ouvira. Fiquei alucinado. Saltei da poltrona e precipitei-me pelo corredor.

— Onde está o cretino deste gerente, este filho de uma cadela?! Eu o mato!

Os espectadores apoiaram-me, batendo com os pés e aplaudindo, enquanto o idiota continuava a gabar as instalações do cinema. Contudo, teve logo de calar-se, porque rebentou a vaia geral. Só depois de projetado mais um rolo de filme é que o riso voltou a generalizar-se. Dadas as circunstâncias, achei que fora um sucesso. No correr da última cena, notei que Einstein enxugava os olhos — mais uma prova de que os cientistas são incuravelmente sentimentais.

No dia seguinte, parti para Nova York, sem esperar pelas críticas da imprensa, pois mesmo assim chegaria só quatro dias antes da estreia. Ao desembarcar, descobri, horrorizado, que toda a propaganda sobre o filme praticamente se resumira até então a um anunciozinho que dizia: "Nosso velho amigo está de volta" e outras frases tolas. Passei um sabão no pessoal da nossa United Artists: "Deixem de sentimentalismos, deem informações; vamos fazer o lançamento numa casa que não é cinema e num ponto ruim, de pouco movimento."

Coloquei diariamente nos jornais mais importantes de Nova York anúncios de meia página, todos com as mesmas letras graúdas:

CHARLES CHAPLIN
NO TEATRO COHAN
EM
LUZES DA CIDADE
SESSÕES CONTÍNUAS, O DIA TODO,
ENTRADAS A 50 *CENTS* E UM DÓLAR

Gastei ainda mais trinta mil dólares em publicidade na imprensa e por mais outros trinta mil aluguei um letreiro luminoso para a fachada do cinema. Como o tempo era pouco e tínhamos de correr, passei toda a noite ensaiando a projeção do filme, decidindo qual devia ser a sua duração e corrigindo distorções. No dia seguinte, reuni jornalistas e expliquei-lhes quais os motivos que me haviam levado a fazer um filme silencioso.

A gente da United Artists tinha dúvida quanto aos preços que fixei — um dólar nos melhores lugares e cinquenta *cents* nos outros. Todos os cinemas importantes de primeiro lançamento cobravam só oitenta e cinco *cents* e trinta e cinco, respectivamente, isso com fitas faladas e, ainda por cima, um *show* ao vivo. Baseei-me neste fato importantíssimo — era um filme silencioso, o que justificava o aumento do preço; e se o público quisesse vê-lo não deixaria de vir só por ter de pagar um pouquinho mais. Portanto, não atendi às ponderações.

Na estreia, o filme saiu-se muito bem. Mas estreia não quer dizer nada. O que importa é o grosso do público. E seria atraído por uma fita muda? Essas dúvidas não me deixaram dormir grande parte da noite. Mas, de manhã, fui acordado pelo meu agente de publicidade, que irrompeu em alvoroço no quarto de dormir, às onze horas, gritando excitadíssimo:

— Rapaz, ganhou a partida! Que sucesso colossal! Desde as dez da manhã que há uma fila dobrando a esquina e fazendo parar o trânsito. Dez policiais lutam para manter a ordem. Há gente brigando para entrar. E queria que você ouvisse os berros!

Inundou-me uma sensação de alívio e felicidade. Pedi o café da manhã e vesti-me. Disse:

— Conte-me em que cenas o riso foi maior.

O agente deu-me uma descrição minuciosa das passagens em que o público tinha rido e se torcera em gargalhadas. E exclamou:

— Venha ver você mesmo. Fará bem à alma.

Eu relutava em ir, porque nada seria comparável à sua descrição entusiástica. Assisti, entretanto, a meia hora de projeção, de pé, em meio da gente comprimida ao fundo da sala, numa atmosfera de intensidade feliz, em que irrompiam, de momento a momento, estrondosas gargalhadas. Não era preciso mais. Saí satisfeito e, para desafogar o coração, fiquei perambulando pelas ruas de Nova York, durante quatro horas. De vez em quando, passava pelo cinema e via a longa fila a estirar-se por todo o quarteirão. Também as críticas da imprensa foram unânimes em elogios delirantes ao filme.

Numa casa com mil cento e cinquenta lugares fizemos oitenta mil dólares semanalmente, isso por três semanas. O Paramount, bem defronte, com suas três mil poltronas, levando fita falada e apresentando Maurice Chevalier em pessoa, rendeu apenas trinta e oito mil dólares por semana. *Luzes da cidade* permaneceu em cartaz doze semanas a fio, com um lucro líquido, descontadas todas as despesas, acima de quatrocentos mil dólares. E só saiu para se atender ao pedido dos circuitos de exibidores nova-iorquinos, que haviam contratado o filme por alto preço e desejavam programá-lo antes que o sucesso esfriasse.

Agora tinha eu a intenção de ir a Londres para lançar ali também *Luzes da cidade*. Em minha estada em Nova York, estive frequentemente com meu amigo Ralph Barton, um dos redatores de *The New Yorker*, que acabara de ilustrar uma nova edição dos *Contes drolatiques,* de Balzac. Ralph era um excêntrico e um requintado que, tendo só trinta e sete anos, já se casara cinco vezes. Ultimamente andava deprimido e tentara o suicídio, tomando dose excessiva de uma droga qualquer. Propus-lhe ir à Europa como meu convidado dizendo-lhe que a mudança de ares lhe faria bem. Embarcamos no *Olympic*, o mesmo navio em que fiz a primeira viagem de volta à Inglaterra.

APÓS DEZ ANOS, eu me perguntava como Londres me receberia. Desembarcar discretamente, sem qualquer ruído, seria mais ao meu gosto, se eu não estivesse chegando para a estreia de *Luzes da cidade*. Mas, sendo assim, uma acolhida calorosa significaria propaganda para o filme. Não me decepcionou, porém, o vulto da multidão que me deu as boas-vindas.

Desta vez hospedei-me no Carlton, porque era um marco da cidade mais antigo do que o Ritz e tornava Londres mais familiar para mim. Meus aposentos eram requintadíssimos. Não posso imaginar coisa mais triste do que alguém habituar-se ao luxo. Toda vez que eu entrava no Carlton era como se penetrasse num paraíso dourado. Ser rico em Londres é viver de momento a momento uma aventura excitante. O mundo, um divertido espetáculo. E a representação começava logo de manhã.

Olhando pela janela do meu quarto, vi, lá embaixo, na rua, vários cartazes de jornal. Dizia um deles: "Charlie é ainda o ídolo do público." Por uma associação de ideias, sorri pensativamente. A imprensa estava sendo gentilíssima, levando-se em conta o passo em falso que dei quando, ao ser entrevistado, me perguntaram se pretendia visitar Elstree. "Onde é isto?" — indaguei inocentemente. Os rapazes do jornal entreolharam-se e trocaram sorrisos, explicando-me que era o centro da indústria cinematográfica da Inglaterra. Meu embaraço foi tão sincero que ninguém se zangou.

Esta segunda visita pareceu-me quase tão excitante e enternecedora como a primeira, e sem dúvida muito mais agradável, pois tive a sorte de encontrar maior número de pessoas interessantes.

Sir Philip Sassoon telefonou e convidou-nos, a Ralph e a mim, a vários jantares, tanto na sua residência da cidade, em Park Lane, como na casa de campo, em Lympne. Também almoçamos com ele na Câmara dos Comuns, em cujo vestíbulo encontramos *lady* Astor. Um ou dois dias mais tarde, ela nos convidou para almoçar no n. 1 de St. James's Square.

Entramos na sala de visitas como se chegássemos ao Vestíbulo da Fama, no museu de cera de madame Tussaud: vimo-nos diante de Bernard Shaw, John Maynard Keynes, Lloyd George e outros, mas todos em carne e osso. Com a sua infalível presença de espírito, *lady* Astor manteve a animação da conversa, até que a chamaram e ela se afastou; fez-se então um silêncio incômodo. Mas logo Bernard Shaw a substituiu, contando-nos divertida anedota a respeito do deão Inge. Este, mostrando-se indignado com a pregação de são Paulo, afirmara: "Ele deformou a tal ponto os ensinamentos de Nosso Senhor que, por assim dizer, O crucificou de cabeça para baixo." Essa bem-humorada solicitude em contribuir para que a prosa não esmorecesse era a qualidade mais simpática e atraente de Shaw.

No curso do almoço, palestrei com Maynard Keynes, o economista, e contei-lhe o que havia lido numa revista inglesa sobre o funcionamento do crédito no Banco da Inglaterra, que naquele tempo ainda era instituição privada: durante a guerra, o banco esgotara as suas reservas de ouro, só lhe restando quatrocentos milhões de libras em títulos estrangeiros; quando o governo precisou de um empréstimo de quinhentos milhões, a diretoria do banco apenas retirou dos cofres aqueles títulos, olhou-os e depois os recolocou em seu lugar, emitindo dinheiro para o empréstimo ao governo. E essa transação repetiu-se várias vezes. Keynes concordou com a cabeça e disse:

— Foi mais ou menos o que houve.

— Mas — perguntei polidamente — como esses empréstimos foram resgatados?

— Com o mesmo papel-moeda — disse Keynes.

Ao fim do almoço, *lady* Astor cobriu os próprios dentes com outros postiços, desses que se utilizam no teatro cômico, e arremedou uma dama da época vitoriana falando num clube hípico. Os dentes falsos deformavam-lhe o rosto numa expressão engraçadíssima. Depois, disse em tom ardoroso: "Em nosso tempo, nós, as mulheres inglesas, cavalgávamos na caça à raposa como convém às damas distintas, não nesse estilo vulgar de pernas escanchadas na sela, como essas americanas sem modos do oeste. Galopávamos sentadas de banda, em silhão, com firmeza e dignidade, sem sacrificar o recato feminino."

Lady Astor daria uma atriz maravilhosa. Sabia receber encantadoramente e sou-lhe grato por muitas festas esplêndidas que me proporcionaram ocasião de encontrar grande número de pessoas ilustres da Inglaterra.

Depois do almoço, quando os convivas se dispersaram, lorde Astor levou-nos para ver o seu retrato, pintado por Munnings. Quando chegamos ao estúdio, Munnings não queria que entrássemos e lorde Astor teve de persuadi-lo, em tom sério. No retrato lorde Astor aparecia vestido para caça à raposa e rodeado pela matilha de cães. Lavrei um tento com Munnings, por ter admirado não só o retrato concluído, mas também os primeiros e rápidos esboços que fizera dos cães em movimento. "A ação é música", disse. Munnings logo se animou e mostrou-me outros dos seus estudos.

Um ou dois dias depois, almoçamos em casa de Bernard Shaw. Em seguida, G. B. S. levou-me à sua biblioteca — fomos só ele e eu —, deixando *lady* Astor e os outros convidados na sala de estar. A biblioteca era clara e alegre, com vista para o Tâmisa. E eis que me encontrei diante de uma coleção dos livros de Shaw, colocados sobre a borda da lareira. Como um tolo, tendo poucas leituras shawianas, aproximei-me dos livros, exclamando: "Ah, todas as suas obras!" Ocorreu-me então que ele poderia valer-se do momento oportuno para me sondar intelectualmente numa prosa a respeito dos seus livros. Eu nos imaginei tão absortos em debate que outros convivas precisariam vir interromper-nos. Se tal houvesse acontecido, quanto me teria agradado! Mas, em vez disso, houve um polido instante de silêncio, virei-me, passei pela biblioteca e fiz alguns comentários banais sobre a alegria do ambiente. E saímos para nos juntar aos outros.

Depois, encontrei-me diversas vezes com a sra. Shaw. Recordo-me de termos comentado *The applecart*, a peça de G. B. S. que os críticos haviam recebido com frieza. A sra. Shaw estava indignada. Disse: "Já aconselhei G. B. S. a parar de escrever peças; o público e os críticos não as merecem!"

Nas três semanas seguintes tivemos de atender a muitos convites. Um, do primeiro-ministrio, Ramsay MacDonald, outro de Winston Churchill, outros ainda de *lady* Astor, *sir* Philip Sassoon e gente de igual proeminência.

Foi na vila praieira de Marion Davies que tive o primeiro encontro com Winston Churchill. Cerca de cinquenta convidados iam e vinham entre o salão de baile e o de recepção quando ele, em companhia de Hearst, apareceu à porta de comunicação e ali ficou de pé, com a mão metida no colete, em atitude napoleônica, a apreciar a dança. Parecia contrafeito, fora de seu ambiente. Hearst viu-me, fez sinal para me aproximar e nos apresentou.

O tom de Churchill, embora íntimo, era um tanto áspero. Hearst deixou-nos e por algum tempo ficamos trocando os comentários habituais, enquanto passavam por nós os que iam e vinham. Só demonstrou interesse e animação quando falei sobre o governo trabalhista da Inglaterra.

— O que não entendo — observei — é que a eleição de um governo socialista não altere o *status* de um rei e de uma rainha.

Passou-lhe pelos olhos um lampejo de bem-humorado desafio.

— Claro que não altera — disse.

— Pensava que os socialistas fossem contra a monarquia.

Churchill riu.

— Se você estivesse na Inglaterra, nós lhe cortaríamos a cabeça por ter feito essa observação.

Passados um ou dois dias, convidou-me a jantar em seus aposentos do hotel; havia dois outros convidados, além do seu filho Randolph, um belo rapazola de dezesseis anos, que ansiava por discussões intelectuais e tinha a irreverência crítica da intolerante juventude. Notei que Winston muito se orgulhava dele. Foi uma noite deliciosa em que pai e filho fizeram zombarias sobre coisas inconsequentes. Antes que Churchill voltasse à Inglaterra, ainda nos encontramos outras vezes na vila de Marion. Agora que estávamos em Londres, convidou a Ralph e a mim para passar em Chartwell um fim de semana. Fomos de automóvel, sob um frio cortante. Chartwell era uma encantadora casa velha, mobiliada com simplicidade, mas bom gosto, em que se respirava o ar de família. Foi só nesta segunda visita a Londres que comecei a conhecer realmente Churchill. Naquele tempo era ele um simples deputado da Câmara dos Comuns, sem pasta ministerial.

Sir Winston, creio eu, tem saboreado a existência muito mais do que a maioria dos seus contemporâneos. No palco do mundo representou muitos papéis, com bravura, galhardia e extraordinário entusiasmo. Poucos são os prazeres terrenos que não chegou a conhecer. A vida tem sido boa para ele. Tem vivido bem e jogado bem — fazendo paradas altíssimas e ganhando. Tem o gosto do poder, mas nunca fez disso uma obsessão. Em meio a grandes labores, tem achado tempo para suas distrações prediletas: corridas de cavalo, serviço de pedreiro e pintura. Na sala de jantar, vi uma natureza-morta sobre a lareira. Winston notou o vivo interesse com que observava o quadro.

— Obra minha...

— Mas é notável! — falei entusiasticamente.

— Nada disso... Vi um homem pintando uma paisagem no sul da França e disse comigo: "Posso fazer o mesmo."

Mostrou-me, no dia seguinte, os muros em redor de Chartwell, que ele próprio construíra. Fiquei espantado e observei que certamente o ofício não é tão fácil como parece.

— Qual! Eu lhe ensino como se faz e você aprenderá em cinco minutos.

Na primeira noite daquele fim de semana, participaram do jantar alguns jovens deputados que, por assim dizer, só faltavam sentar-se aos pés de

Churchill. Entre eles, o sr. Boothby, agora lorde Boothby, e o finado Brendan Bracken, que veio a ser lorde Bracken, ambos conservadores agradáveis e interessantes. Contei-lhes que iria encontrar-me com Gandhi, que então estava em Londres.

— Já alimentamos demais esse homem — disse Bracken. — Haja ou não haja greves de fome, devemos metê-lo na cadeia e deixá-lo por lá. Ou usamos de firmeza ou perderemos a Índia.

— Trancafiá-lo seria uma solução muito cômoda, mas não creio que dê resultado — objetei. — Se prenderem um Gandhi, outro aparecerá. Pois é um símbolo do que deseja o povo hindu. E enquanto sua vontade não for satisfeita, haverá sempre um Gandhi após outro.

Churchill virou-se para mim e sorriu:

— Você daria um bom deputado do Partido Trabalhista.

O encanto de Churchill reside na sua condescendência e no seu respeito às opiniões alheias. Parece não se aborrecer com os que discordam dos seus pontos de vista.

Bracken e Boothby partiram na mesma noite; assim, no dia seguinte, pude ver Winston na intimidade da família. Foi um dia de grande agitação política. Lorde Beaverbrook andou telefonando para Chartwell o dia inteiro e Winston teve o seu jantar interrompido várias vezes. Era fase de eleição, em plena crise econômica.

Eu me divertia às refeições porque Churchill dava para perorar à mesa sobre assuntos políticos, enquanto a família permanecia complacentemente imperturbada. Devia ser coisa frequente, com que todos já estivessem bem acostumados.

— O ministério fala em dificuldades para equilibrar o orçamento — disse Churchill, lançando um olhar furtivo à família e depois a mim. — Alega também que a tributação já chegou ao extremo limite, que não há mais nada a taxar. Isso quando a Inglaterra mexe o seu chá como se fosse um xarope.

Fez uma pausa para sentir o efeito.

— Acha possível equilibrar-se o orçamento com aumento de imposto sobre o chá? — perguntei.

Olhou-me com ar hesitante.

— Sim — respondeu, mas creio que sem convicção.

Fiquei encantado com a singeleza e o tom quase espartano que havia em Chartwell. O quarto de Churchill era ao mesmo tempo uma biblioteca. Encostados a todas as paredes, até bem alto, amontoavam-se livros e mais livros. As *Resenhas parlamentares de Hansard* ocupavam inteiramente um dos lados. Viam-se também muitos volumes sobre Napoleão.

— Sim — confessou Churchill —, sou um grande admirador de Bonaparte. — E continuando: — Ouvi dizer que você pensa em fazer um filme sobre Napoleão. Pois leve adiante a ideia. É assunto que promete muita comicidade. Por exemplo: Napoleão está no banho; Jerônimo irrompe alvoroçadamente, empertigadíssimo no uniforme cheio de dourados, aproxima-se do irmão, querendo aproveitar o ensejo para embaraçá-lo e fazer exigências; mas Napoleão escorrega propositadamente na banheira e faz água esparramar-se no uniforme de Jerônimo, ordenando-lhe que se retire. O outro sai, todo murcho... Uma cena maravilhosa de comédia.

Lembro-me do casal Churchill almoçando no Quaglino's Restaurant; Winston estava com ar de menino amuado. Aproximei-me da mesa para cumprimentá-los.

— O senhor parece que engoliu todo o peso do mundo — observei, sorrindo.

Contou-me Churchill que viera de um debate na Câmara dos Comuns e o que ali se discutira sobre a Alemanha não lhe agradara. Fiz um comentário alegre, mas Winston balançou a cabeça.

— Oh, não. É muito sério, realmente muito sério.

Pouco depois desse fim de semana em Chartwell, tive o encontro com o Mahatma Gandhi. Eu sempre o havia respeitado e admirado pela argúcia política e vontade de ferro. Mas achei um erro a visita a Londres. A sua expressão legendária evaporava-se no ambiente londrino e suas demonstrações de religiosidade não produziam efeito. No clima frio e úmido da Inglaterra, coberto apenas por aquele pano já famoso, que enrolava desajeitadamente na cintura, parecia uma incongruência, tornando-se motivo de pilhérias e caricaturas. Quem está distante sempre nos causa maior impressão.

Perguntaram-me se eu gostaria de lhe ser apresentado. Como era natural, fiquei alvoroçadíssimo. Encontrei-o numa casa acanhada e humilde, na zona dos cortiços, pelas adjacências de East India Rock Road. Multidões enchiam as ruas, repórteres e fotógrafos entupiam os dois pavimentos da casa. O encontro realizou-se no andar de cima, na saleta da frente. O Mahatma ainda não chegara. Esperando-o, comecei a pensar no que lhe devia dizer. Ouvira falar da sua prisão e greves de fome, da sua luta pela independência da Índia, e sabia vagamente que era contra a utilização de máquinas.

Afinal, ei-lo que chega. Quando saltou do automóvel, ajustando ao corpo as dobras do pano, houve "hurras!" e aclamações. Era uma cena estranha, na pequenina rua de cortiços, abarrotada de gente, a daquela figura de longínqua terra entrando numa casa humilde, em meio a ovações. Gandhi subiu ao primeiro andar, apresentou-se à janela; fez-me sinal e juntos acenamos para a multidão lá embaixo.

Sentamo-nos ao sofá e imediatamente acenderam-se as lâmpadas dos fotógrafos. Eu estava à direita do Mahatma. E chegou o momento incômodo, terrificante, em que deveria dizer, com habilidade, algo de inteligente sobre assunto que eu conhecia bem pouco. Aboletara-se à minha direita uma teimosa moça que obstinou em contar-me comprida história, da qual não entendi uma só palavra; mas fui sacudindo a cabeça aprovativamente, enquanto me perguntava, de mim para mim, o que diria a Gandhi. Compreendi que tinha eu de tomar a iniciativa da conversa, que não cabia ao Mahatma encetá-la, dizendo quanto gostara do meu último filme ou coisa parecida — e desconfiava, aliás, de que ele nunca pusera os pés num cinema. Nisto, a voz imperiosa de uma senhora indiana interrompeu a tagarela:

— Senhorita, quer ter a gentileza de concluir a sua conversa, para que o sr. Chaplin possa falar a Gandhi?

Fez-se logo silêncio na saleta cheia de gente. E como o rosto impassível do Mahatma era de expectativa, senti como se toda a Índia também estivesse aguardando as minhas palavras. Pigarreei.

— Naturalmente — disse —, vejo com simpatia as aspirações da Índia e sua luta pela independência. Entretanto, fico sem compreender bem por que é contra as máquinas.

O Mahatma aquiesceu num gesto de cabeça e sorriu, enquanto eu continuava:

— Afinal de contas, a máquina, se utilizada com propósitos altruísticos, pode ajudar o homem a libertar-se do cativeiro, encurtando-lhe as horas de trabalho e dando-lhe tempo de se instruir e gozar a vida.

— Compreendo... — disse ele, num tom manso. — Mas antes que a Índia possa alcançar esses objetivos, precisa libertar-se do jugo inglês. Foram as máquinas que, no passado, nos puseram sob o domínio da Inglaterra e o único meio de nos livrarmos dessa dependência é boicotar todos os bens produzidos pela máquina. Eis por que o hindu que ama realmente a pátria está no dever de fiar o seu algodão e tecer os seus panos. É a única maneira de combater uma nação poderosa como a Inglaterra... e, decerto, há outras razões. A Índia tem clima bem diverso do inglês. Seus hábitos e necessidades também são diferentes. Na Inglaterra, o frio exige intensa atividade industrial e uma economia correspondente. Os ingleses precisam fabricar talheres; nós comemos com os dedos. E isso tudo traduz-se em múltiplas diferenciações.

Recebi, assim, uma lição bem lúcida e bem objetiva sobre as manobras táticas da luta pela libertação indiana, lição ministrada, paradoxalmente, por um visionário realista, de espírito viril, com vontade de ferro para levar adiante o seu intento. Explicou-me também que a suprema liberdade é a de quem se despoja das coisas supérfluas e que a violência acaba por destruir a si mesma.

Quando a saleta se esvaziou, perguntou-me se eu gostaria de ficar para assistir às preces. O Mahatma sentou-se de pernas cruzadas no soalho, enquanto outros cinco tomaram a mesma posição, formando um círculo. Era curiosa a cena: seis figuras acocoradas ao chão, em miúdo compartimento, na zona dos cortiços londrinos, enquanto um sol cor de açafrão desaparecia rapidamente por trás dos telhados. Do sofá ia eu observando o grupo que entoava humildemente as suas orações. Que paradoxo, pensei, a fitar aquele homem de tanta objetividade, com a sua mente astuta de jurista e o seu profundo senso de realidade política, deixando-se absorver inteiramente no entoo de uma ladainha!

☆

NA ESTREIA DE *Luzes da cidade* chovia torrencialmente, mas o público fiel ali estava e o filme transcorreu muito bem. Sentei-me no balcão, ao lado de Bernard Shaw, o que causou muitos risos e aplausos. Isso levou-nos a levantar e agradecer. E foi motivo de novas risadas.

Churchill compareceu à estreia e também à ceia que se lhe seguiu. Fez um discurso dizendo que desejava brindar o homem que começara a vida como um rapazola da pobreza e soubera conquistar a afeição do mundo — Charlie Chaplin! Era coisa inesperada e fiquei um tanto confuso, especialmente porque a frase fora precedida por *"My lords, ladies and gentlemen".*

Contudo, bem embebido da ocasião cerimoniosa — afora outras coisas —, respondi de igual maneira:

— *My lords, ladies and gentlemen,* como disse meu amigo, o antigo[1] chanceler do Tesouro...

Não pude ir adiante. Houve uma sonora risada. E ouvi uma voz portentosa repetir:

— O antigo, antigo! Essa é boa, o antigo!

Naturalmente, era o próprio Churchill. Quando me voltou a calma, observei:

— Bem, parece esquisito dizer "o ex-chanceler do Tesouro".

Malcolm MacDonald, filho do primeiro-ministro trabalhista Ramsay MacDonald, convidou a Ralph e a mim para um encontro com o pai e para passarmos a noite no Chequers. Encontramos o primeiro-ministro em passeio pela rua, pois estava fazendo a sua caminhada, vestido em roupa de golfista, cachecol, boné, cachimbo e bengala, um verdadeiro tipo do senhor rural, a pessoa menos parecida com a ideia que formamos de um chefe do Partido Trabalhista. A primeira impressão que ele me deu foi a de um cavalheiro de grande dignidade, extremamente cônscio das responsabilidades do seu posto, com uma nobre postura, a que não faltava humor.

---

[1]É impossível dar em português ideia clara da reação que suscitou a fala. Chaplin empregou o adjetivo *late*, vertido, aproximativamente, por "antigo", mais usual para o caso, em nossa língua, do que "último", "imediatamente anterior", que é o que corresponde literalmente ao inglês; mas, neste idioma, *late* quer dizer também — e é significação corrente — "finado", "falecido". A propósito, para preservar a tipicidade da denominação no governo inglês, foi preferida a tradução literal de *Chancellor of the Exchequer* para chanceler do Tesouro, embora o posto corresponda ao de ministro da Fazenda. (N. do T.)

No começo, a noite foi um tanto cerimoniosa. Mas, findo o jantar, fomos beber o café no famoso e tradicional Salão Comprido e, depois de ver a autêntica máscara mortuária de Cromwell e outras preciosidades históricas, sentamo-nos para uma prosa sossegada. Disse-lhe que notara uma grande diferença para melhor desde a minha primeira visita à Inglaterra. Em 1921, vira em Londres muita pobreza, mulheres de cabelos grisalhos dormindo à beira do Tâmisa, mas agora já não as encontrava ali, nem vira um só pobre-diabo dormindo ao relento. As lojas pareciam bem sortidas e as crianças bem calçadas; isso, decerto, depunha a favor do governo trabalhista.

MacDonald conservou uma expressão inescrutável e deixou-me continuar sem interrupção. Perguntei-lhe se o governo trabalhista, que eu considerava de cunho socialista, teria forças para alterar fundamentalmente o regime do país. Seus olhos faiscaram e respondeu bem-humoradamente:

— Deveria ter, mas este é o paradoxo da política britânica: no mesmo instante em que se chega ao poder, já não se pode fazer nada.

Refletiu um momento e depois contou-me a história da sua primeira ida ao palácio de Buckingham, como primeiro-ministro. Ao recebê-lo cordialmente, perguntou Sua Majestade:

— Bem, o que é que os senhores socialistas pretendem fazer a meu respeito?

O primeiro-ministro riu e respondeu:

— Nada mais do que tentar servir a Vossa Majestade e aos altos interesses do país.

Durante a eleição, *lady* Astor convidou Ralph e a mim para passar o fim de semana na sua casa de Plymouth, onde encontraríamos T. E. Lawrence, que lá também estaria; não sei por que motivo Lawrence não apareceu. Contudo, ela nos convidou a visitar o seu colégio eleitoral e assistir a um comício na zona do cais, onde falaria a pescadores. Sugeriu-me que eu dissesse duas ou três frases. Avisei-a de que não podia endossar realmente a sua política, pois era com os trabalhistas que simpatizava.

— Não faz mal. É que eles gostariam de vê-lo, nada mais.

Foi um comício ao ar livre e um grande caminhão servia de palanque aos oradores. O bispo da diocese compareceu, parecendo um tanto mal-humorado, e achei que nos saudou secamente. *Lady* Astor apresentou-me em breves palavras e subi ao caminhão. Disse:

— Prazer em vê-los, meus amigos! Para nós, milionários, fica muito bem dizer a vocês como votar, mas as nossas condições de vida são bem diferentes.

De súbito, ouvi uma exclamação: "Bravo!" Era o bispo.

Continuei:

— *Lady* Astor e vocês podem ter alguma coisa em comum... O que é, não sei. Acho que vocês devem saber melhor do que eu.

— Excelente! Muito bem! — E era o bispo que de novo exclamava.

— Quanto à sua política e os serviços que ela já prestou como representante deste... deste... (colégio eleitoral — soprou o bispo; toda vez que eu engasgava, ele me socorria)... Creio que vocês devem estar satisfeitos com *lady* Astor.

E concluí dizendo que a considerava uma pessoa muito gentil e generosa, cheia das melhores intenções. Quando desci do caminhão, o bispo estava radiante, de sorriso aberto, e apertou-me a mão calorosamente.

O clero inglês mantém um acentuado tom de franqueza e sinceridade que reflete o que há de melhor no seu país. São homens como o dr. Hewlett Johnson, o cônego Collins e muitos outros prelados que dão vitalidade à Igreja anglicana...

MEU amigo Ralph Barton estava se portando de modo esquisito. Notei que havia parado o relógio elétrico da sala de estar — tinham sido cortados os fios. Quando falei a Ralph sobre isto, ele declarou-me:

— Sim, fui eu quem cortou. Detesto o tique-taque dos relógios.

Fiquei surpreso e um tanto agastado, mas levei o caso à conta das idiossincrasias de Ralph. Desde que partimos de Nova York ele me parecera plenamente refeito da sua depressão. Agora, estava decidido a voltar à América.

Antes do nosso embarque, consultei-o se podia ir com ele visitar a sua filha, que apenas um ano antes tomara o véu e agora se encontrava num convento católico, em Hackney. Era a filha mais velha do seu primeiro casamento. Ralph havia-me falado muitas vezes a seu respeito, contando-me que desde os catorze anos manifestara vocação para ser freira, embora o pai e a mãe tudo fizessem para lhe tirar essa ideia da cabeça. Mostrou-me uma fotografia da jovem aos dezesseis anos; fiquei instantaneamente enlevado pela sua beleza: dois grandes olhos negros, boca polpuda e expressiva, um sorriso cativante.

Ralph contou-me que ele e a mulher fizeram a moça acompanhá-los em viagem a Paris, levaram-na a muitos bailes e a muitas boates, na esperança de que mudasse de ideia. Apresentaram-na a rapazes bonitos e proporcionaram-lhe diversões que pareciam deliciá-la. Mas nem assim desistiu de ser freira. Fazia um ano e meio que Ralph não a via. Agora, completando o tempo de noviça, já fizera os seus votos.

O convento era um edifício sombrio e tristonho, em meio aos cortiços do bairro de Hackney. Quando lá chegamos, recebeu-nos a madre superiora, que nos levou a uma saleta de aspecto depressivo. Sentamo-nos, e toca a esperar, por um tempo que pareceu interminável. Afinal, entrou a filha de Ralph. Invadiu-me imediatamente uma profunda melancolia, pois era tão bela em pessoa como no retrato. Apenas, ao sorrir, percebia-se que lhe faltavam dois dentes de lado.

O quadro era estranho: nós três sentados na saleta sombria, aquele pai de trinta e sete anos, sociável, de rodas elegantes, com as pernas cruzadas e fumando cigarro, e a filha, aquela freirazinha bonita de dezenove, acomodada à nossa frente. Tentei desculpar-me, sair e ficar esperando no automóvel. Nem um nem outro consentiram.

Embora inteligente e vivaz, percebi o seu alheamento das coisas do mundo. Os gestos eram nervosos e agitados. Notei-lhe a tensão quando falou sobre os seus deveres de mestra-escola.

— É tão difícil ensinar a crianças... Mas eu me habituarei.

Os olhos de Ralph cintilavam de orgulho ao conversar com ela, fumando o seu cigarro. Apesar de ser pagão, percebi que sentia certo enlevo pelo fato de sua filha ser freira.

No encontro dos dois havia um quê de contensão e ansiedade. Sem dúvida, a moça passara por um transe espiritual. Mesmo sendo tão jovem e tão bela, estampavam-se-lhe no rosto a melancolia e a devoção. Referiu-se às notícias que lera sobre a nossa entusiástica recepção em Londres e perguntou por Germaine Taillfer, a quinta esposa de Ralph. Este disse que estavam separados.

— Evidentemente — comentou ela com bom humor, virando-se para mim —, não consigo ficar em dia com os casamentos de papai.

Ralph e eu esboçamos um risinho forçado.

Ralph perguntou-lhe se ficaria muito tempo em Hackney. Balançou a cabeça com ar pensativo e disse que talvez fosse enviada para a América Central.

— Mas nunca nos informam com antecedência para onde iremos nem quando.

— Bem, poderá escrever a seu pai de onde estiver — ponderei.

Ela hesitou.

— Não temos permissão de nos comunicar com ninguém.

— Nem mesmo com os pais?

— Não — respondeu, esforçando-se para não trair emoção; depois, sorriu para Ralph. Houve um instante de silêncio.

Quando chegou a hora de partirmos, segurou a mão do pai, guardando-a na sua demorada e afetuosamente, como que assaltada por um pressentimento. De volta, no automóvel, Ralph estava abatido, embora quisesse aparentar naturalidade.

Duas semanas depois, em seu apartamento de Nova York, Ralph cometeu suicídio; estirou-se na cama, cobriu a cabeça com o lençol e desfechou um tiro.

AGORA eu via com frequência H. G. Wells. Morava num apartamento de Baker Street. Quando lá o visitei, tinha ele secretárias, absorvidas em consultas a livros de referências, verificando fatos e dados, fazendo fichas do que iam pesquisar em enciclopédias, obras técnicas, documentos e publicações diversas.

— É o meu novo livro, *The anatomy of money* — disse-me ele. — Um trabalhão...

— Parece-me — observei, pilhericamente — que o trabalho maior é delas.

Enfileiradas no topo de uma estante bem alta que circundava toda a biblioteca, viam-se dessas latas grandes de biscoito, cada qual com sua etiqueta: "Material Biográfico", "Correspondência Pessoal", "Filosofia", "Dados Científicos" e assim por diante.

Depois do jantar, chegaram amigos, entre os quais o professor Laski, que parecia bem moço ainda. Harold Laski era um orador admirável. Ouvi-o na American Bar Association da Califórnia, discursando com a maior fluência e de forma brilhantíssima durante uma hora, sem recorrer a um só apontamento. Essa noite, em casa deWells, falou-me das extraordinárias inovações introduzidas na filosofia do socialismo. Explicou-me que a menor aceleração do domínio da velocidade dá em resultado tremendas diferenças sociais. A conversa foi das mais interessantes, enquanto não chegou a hora de Wells ir para a cama — o que, sem muita sutileza, ele nos deu a entender, olhando para as visitas e em seguida para o relógio, até que todos se despediram.

Quando, em 1935, Wells me visitou na Califórnia, levei a convesa para suas críticas à Rússia. Já sabia, pelo que lera, que eram exacerbadas e, assim, queria colher de viva voz suas opiniões. Fiquei surpreso com o tom de quase azedume com que se manifestou sobre a Rússia.

— Mas não é cedo ainda para julgar? — objetei. — São muitas as dificuldades do governo russo, com inimigos internos e externos. Não acha que, com o correr do tempo, haverá decerto bons resultados?

Wells manifestava então grande entusiasmo pelo que Roosevelt vinha realizando com o *New Deal* e era de opinião que de um capitalismo agonizante emergiria na América um quase-socialismo. Pareceu-me especialmente hostil em relação a Stalin, com quem se entrevistara, e disse-me que sob o seu mando a Rússia se tornara uma tirânica ditadura.

— Se o senhor, que é socialista, considera o capitalismo condenado — observei —, que esperança restará para o mundo, se o socialismo fracassar na Rússia?

— O socialismo não fracassará na Rússia, ou noutro país qualquer, mas ali se processou de modo a redundar numa ditadura.

— Decerto, a Rússia tem errado — ponderei — e, como todas as outras nações, continuará errando. Para mim, o erro maior foi o de repudiar seus empréstimos no estrangeiro, os títulos russos etc., alegando, após a revolução, que eram dívidas do czar. Ainda que justificável esse não pagamento, creio que constituiu um grande erro, porque provocou hostilidade mundial, boicote e invasões armadas. Afinal de contas, o prejuízo para a Rússia foi duas vezes maior.

Wells concordou em parte, dizendo que só em tese minha observação era justa, não diante dos fatos, pois o repúdio às dívidas do czar foi uma das medidas que insuflaram o espírito da revolução. O povo russo sentir-se-ia ultrajado se tivesse de saldar as dívidas do velho regime.

— Mas — argumentei —, se houvesse contemporizado e procedido com menos idealismo, a Rússia poderia ter arranjado grandes empréstimos nos países capitalistas e reconstruído mais rapidamente a sua economia. E com as vicissitudes por que passou o capitalismo desde a guerra, com a inflação e tudo mais, teria liquidado facilmente suas dívidas e mantido a boa vontade mundial.

Wells riu:

— Bem, agora é tarde demais.

Tive muitos ensejos de ver Wells sob diferentes aspectos. No sul da França mandou ele fazer uma residência para sua amante russa, criatura bem temperamental. Por cima da lareira, lia-se uma inscrição em letras góticas: "Dois amorosos construíram esta casa." A um comentário meu, Wells disse:

— Bem... Pusemos isso aí e já tiramos nem sei quantas vezes. Quando há briga entre nós, dou ordem ao pedreiro para arrancar a inscrição, mas quando voltamos às boas ela manda recolocar. Já houve tantas retiradas e tantas reposições que agora o pedreiro nem liga mais às nossas ordens e deixa a inscrição no lugar.

Em 1931 Wells terminou *The anatomy of money*, trabalho de dois anos. Pareceu-me um tanto fatigado.

— E agora que pretende fazer? — perguntei.

— Começar outro livro. — Sorriu com ar de enfado.

— Deus do céu! — exclamei. — Não gostaria de tomar umas férias ou fazer outra coisa?

— Fazer o quê?

A origem humilde de Wells não marcou nem a sua obra nem a sua compreensão das coisas: fê-lo, porém, como eu, de extrema susceptibilidade. Recordo-me de que, uma vez, corou até a raiz dos cabelos só por ter aspirado um "h" indevidamente. Um grande homem a enrubescer por tão pouco... Wells falou-me de um tio seu que fora jardineiro no solar de um nobre inglês e cuja maior ambição era ver o sobrinho ingressar no serviço de criadagem.

— Sem a graça de Deus — observou ironicamente — eu seria hoje um segundo-mordomo.

Wells quis saber como vim a interessar-me pelo socialismo. Contei-lhe que foi após minha vinda para a América, ao travar relações com Upton Sinclair. Quando íamos de automóvel à sua residência de Pasadena, para almoçar, Sinclair indagou-me com sua voz macia se eu confiava num sistema baseado no lucro. De brincadeira, disse-lhe que me faltavam conhecimentos de contador para responder. A pergunta era desconcertante, mas senti, por intuição, que tinha profundas implicações. A partir daquele momento, fiquei interessado em política, não pelo aspecto histórico, mas em função dos problemas econômicos.

Wells não se convencia das percepções extrassensoriais de que eu me supunha dotado. Narrei-lhe um caso que talvez não fosse de mera coincidência. Certo dia, em Biarritz, o tenista Henri Cochet, outro amigo e eu entramos num bar. Havia penduradas na parede três rodas de jogo, com numeração de um a dez. Anunciei teatralmente, mas um tanto de brincadeira, que eu me sentia atuado por forças sobrenaturais e que iria girar as três roletas, garantindo que a primeira pararia no nove, a segunda no quatro, a terceira no sete. E — zás! — a primeira no nove, a segunda no quatro, a terceira no sete! Uma probabilidade num milhão.

— Simples acaso — foi a opinião de Wells.

— Mas se as coincidências se repetem, a coisa é de se estudar — observei. E contei-lhe uma história que me aconteceu quando menino. Passando por uma mercearia de Camberwell Road, notei que as rótulas das janelas estavam levantadas, o que não era habitual. Nem sei o que me fez trepar ao peitoril da janela e espiar pelo postigo; o interior, sombrio e deserto, mas as mercadorias lá estavam. Vi no meio do armazém uma grande caixa de madeira. Pulei para a calçada com uma sensação de repugnância e fui seguindo. Pouco tempo depois, um crime causou grande repercussão ao ser descoberto. Edgar Edwards, velhinho cordial de sessenta e cinco anos, adquirira cinco mercearias por este método bem simples: matava os vendeiros a golpes desferidos com uma tranca e assim lhes tomava o negócio. Na grande caixa que vi na mercearia de Camberwell foram encontradas as três últimas vítimas: o dono do estabelecimento, a mulher e o filhinho.

Wells, porém, não se impressionava. Disse que tais coincidências acontecem na vida de toda a gente e não têm qualquer significação. Com isto encerramos o assunto, mas bem que eu lhe poderia contar outro episódio da minha meninice. Passando por um botequim de London Bridge Road, entrei e pedi um copo de água. Serviu-me com gentileza um homem corpulento, de bigode preto. Mas, sem atinar com a razão, não consegui beber a água. Fingi que bebia, porém, logo que o homem se virou para atender a um freguês, larguei o copo e saí. Duas semanas mais tarde, George Chapman, o dono daquele botequim, respondia a processo sob acusação de ter envenenado cinco esposas. A última vítima agonizava num quarto por cima do bar, no dia em que ele me serviu o copo de água. Tanto Chapman como Edwards morreram na forca.

A propósito de esoterismo: um ano antes de ser construída minha residência de Beverly Hills, recebi carta anônima que se dizia escrita por um vidente, ao qual aparecera em sonho uma casa erguida num tope de colina, com um gramado à frente que terminava em ponta, como a proa de embarcação, casa de quarenta janelas e amplo salão de música, este de teto bem alto. Dizia também que aquele terreno era o lugar sagrado em que, dois mil anos antes, as velhas tribos indígenas praticavam sacrifícios humanos. A casa era mal-assombrada e nunca deveria ficar às escuras. Prevenia-me ainda de que só havia aparições se eu ficasse sozinho à noite e de luzes apagadas.

Então não tomei a carta a sério; pareceu-me de um maluco e só guardei na gaveta por ser coisa excêntrica e engraçada. Mas, dois anos após, quando mexia em meus papéis, dei com ela e a reli. Bem estranhamente, a descrição da casa e do gramado era fiel. Eu nunca havia contado as janelas e resolvi fazê-lo. Espantei-me ao verificar que eram quarenta, exatamente.

Embora sem crer em fantasmas, resolvi tentar uma experiência. Como era quarta-feira, noite de folga para a criadagem, a casa ficou vazia; portanto, jantei fora. Imediatamente depois do jantar, voltei e fui ao salão do órgão, que era comprido e estreito como a nave de uma igreja, com o teto em estilo gótico. Depois de arriar as cortinas, apaguei todas as luzes. Então, encaminhando-me às apalpadelas para uma poltrona, ali fiquei sentado em silêncio durante pelo menos dez minutos. A escuridão espessa excitou-me os sentidos e imaginei formas imprecisas que flutuavam diante dos meus olhos; mas, raciocinando, concluí que era o luar infiltrando-se por uma pequena abertura nas cortinas e refletindo-se num frasco de cristal lapidado.

Juntei bem as bandas da cortina e as formas flutuantes desapareceram. Então fiquei de novo em expectativa no escuro; deve ter sido por uns cinco minutos. Como nada acontecesse, comecei a falar em voz audível: "Se há espíritos aqui, façam-me o favor de se manifestar." Esperei algum tempo e nada. Então continuei: "Não há um meio qualquer de comunicação? Talvez com um sinal... uma pancadinha ou, não sendo assim, através da minha mente, de modo que me leve a escrever alguma coisa; ou, quem sabe?, uma corrente de ar frio talvez possa indicar uma presença."

Sentei-me por mais uns cinco minutos; entretanto não houve nem corrente de ar nem manifestação de qualquer outra espécie. O silêncio era de ensurdecer, a minha mente esvaziada por completo. Afinal, desisti, achando ser inútil, e acendi uma das luzes. Então, entrei na sala de estar, cujas cortinas não tinham sido arriadas; esboçando-se ao luar, lá estava o piano. Sentei-me e comecei a correr os dedos sobre o teclado. Por fim dei com uma nota que me enlevou e repeti-a várias vezes, até vibrar toda a sala. Por que eu fazia isso? Talvez fosse fria manifestação! Continuei a repetir a mesma nota. De súbito, uma faixa de luz branca enlaçou-me pela cintura; num susto, pulei da banqueta e fiquei de pé, o coração batendo como um tambor.

Quando voltei à calma, tentei raciocinar. O piano estava a um canto da sala, junto à janela. Então compreendi: o que eu pensara ser uma fita de ectoplasma fora apenas a luz do farol de um automóvel que descia a encosta da montanha. Para convencer-me, voltei ao piano e bati a mesma nota diversas vezes. Lá na outra extremidade da sala de estar havia um corredor em penumbra e, ao fim deste, a porta da sala de jantar. Num relance vi a porta abrir-se e alguma coisa sair da sala de jantar e passar pelo corredor — um monstrozinho grotesco, parecendo um anão, tendo em torno dos olhos uns círculos brancos de palhaço — a encaminhar-se, gingando, para o salão do órgão. Antes que eu pudesse virar o rosto, já se fora. Horrorizado, levantei-me e tentei segui-lo, mas havia desaparecido. Crendo que fosse ilusão, causada por mero tremer de pestana, devido ao meu estado de extremo nervosismo, tornei a tocar piano. E como nada mais sucedesse, resolvi ir para a cama.

Enfiei-me no pijama e entrei no banheiro. Quando acendi a luz, lá estava o fantasma plantado dentro da banheira, olhando para mim! Pulei para fora do bombeiro, quase como num mergulho. Era um gambá! O mesmo camaradinha que eu tinha visto de esguelha, apenas lá embaixo me parecera muito maior.

De manhã, o mordomo colocou o estonteado animalzinho numa gaiola e por fim ele já se tornara um bicho de estimação. Mas um dia sumiu e nunca mais o vimos.

ANTES que eu deixasse Londres, o duque e a duquesa de York convidaram-me para um almoço. Foi reunião íntima, apenas o duque, a duquesa, os pais desta e o irmão, rapazola de uns treze anos. *Sir* Philip Sassoon apareceu mais tarde e ele e eu fomos incumbidos de levar de volta a Eton o irmãozinho da duquesa. Meninote calado, continuou a andar, quando *sir* Philip e eu fomos recebidos, nas proximidades do colégio, por dois alunos-monitores, que, com vários outros, nos convidaram a tomar chá.

Quando entramos na confeitaria, estabelecimentozinho modesto, que servia bolos e chá por módico preço, o jovem irmão da duquesa ficou do lado de fora com uma centena de colegas. Nós quatro aboletamo-nos a uma mesinha da sobreloja, que estava repleta. Ia tudo muitíssimo bem até que, perguntando se eu aceitaria mais um pouco de chá, respondi inadvertidamente que sim. Isso causou uma crise financeira, pois o monitor que me convidara estava com dinheiro curto e foi obrigado a ir ter uma conversinha misteriosa com vários outros alunos.

Philip sussurrou-me:

— Desconfio que os pilhamos com falta de dois *pence* para cobrir a despesa... e nada podemos fazer.

Todavia, lá entre eles arranjaram recursos para pedir outro bule de chá, que tivemos de beber apressadamente, pois soou a sineta do colégio, dando-lhes só um minuto para entrar, antes que se fechassem os portões: houve então debandada geral.

Em Eton, fomos recebidos pelo diretor, que nos mostrou o vestíbulo onde Shelley e muitas outras celebridades haviam gravado o nome. Por fim, o diretor confiou-nos de volta aos dois monitores, que nos conduziram ao mais sagrado dos santuários — o quarto outrora ocupado por Shelley. Entramos, porém o irmãozinho da duquesa ficou à porta. O jovem que nos acolheu perguntou-lhe com ar severo:

— Que é que deseja?

— Oh, ele veio conosco — interveio Philip, explicando que o havíamos trazido de Londres.

— Está bem! — disse o outro impacientemente. — Entre.

Segredou-me *sir* Philip:

— Deixá-lo entrar é uma grande concessão que lhe fazem; penetrar neste local sagrado poria em perigo a carreira de qualquer outro rapazola.

Só tempos depois, quando voltei a Eton em companhia de *lady* Astor, foi que vim a conhecer a disciplina espartana que havia ali. O frio era atroz e já escurecera quando nos encaminhamos, não sem dificuldade, por um corredor em penumbra, de iluminação mortiça, em cujas paredes se penduravam bacias para lavar os pés, junto à porta de cada quarto. Afinal encontramos o aposento que procurávamos e batemos.

Abriu a porta o filho de *lady* Astor, rapazinho pálido. Lá dentro, seus dois companheiros de quarto estavam curvados sobre um punhado de brasas da pequena lareira, aquecendo as mãos. O ambiente era entristecedor.

— Quero ver se posso conseguir que você venha passar comigo o fim de semana — disse *lady* Astor ao filho.

Conversamos por um momento e então bateram à porta; antes que pudéssemos dizer "Entre" girou a maçaneta e apareceu o inspetor do alojamento, um belo homem louro, de boa compleição, beirando os quarenta.

— Boa noite — disse secamente a *lady* Astor e saudou-nos com a cabeça. Depois, fincou o cotovelo na borda da lareira e pôs-se a fumar o seu cachimbo.

Já que a visita que fazia ao filho era evidentemente inoportuna, *lady* Astor começou a explicar:

— Vim ver se posso levar este homenzinho comigo para o fim de semana.

— Sinto muito, mas não pode — foi a resposta abrupta.

— Ora, vamos! — disse *lady* Astor à sua maneira jeitosa. — Não seja tão rigoroso.

— Não sou rigoroso. Estou apenas enunciando um fato.

— Mas o menino parece tão pálido.

— Qual, não tem coisa nenhuma.

Ela ergueu-se da cama do filho, na qual estávamos sentados, e aproximou-se do inspetor.

— Oh, vamos! — disse, como quem procura agradar, dando-lhe de leve um empurrãozinho, coisa bem sua, que tantas vezes a vi fazer com Lloyd George e outros, quando queria convencê-los.

— *Lady* Astor — disse o inspetor —, a senhora tem infelizmente o costume de empurrar as pessoas, desequilibrando-as. Gostaria que não o fizesse.

Com isto *lady* Astor perdeu todo o seu *savoir-faire*.

Por qualquer motivo, a conversa desviou-se para a política, mas o inspetor lhe cortou o fio com esta lacônica observação:

— O mal é que as mulheres estão intervindo demais na política inglesa. Com o que, muito boa noite, *lady* Astor!

Fez-nos breve aceno com a cabeça e saiu.

— Que homem irritante! — comentou *lady* Astor.

Mas o rapazola tomou a defesa:

— Oh, não, mamãe, é uma ótima pessoa.

A despeito do seu antifeminismo, tive que admirar o homem, pelo seu cunho de honestidade e inteireza; nenhum senso de humor, mas que sinceridade!

☆

Como já não via meu irmão Sydney há vários anos, deixei a Inglaterra e fui passar algum tempo com ele em Nice. Sydney costumava dizer-me que abandonaria toda a atividade logo que tivesse juntado duzentos e cinquenta mil dólares. Posso adiantar que economizou muito mais. Além de atilado homem de negócios, era excelente comediante e fez muitos filmes de sucesso como *A submarine pirate*, *A guerra é um buraco*, *O homem de Tilbury* e *A tia de Carlito*, entre outros, que contribuíram substancialmente para sua fortuna. Agora, tendo-se "retirado", como dissera que o faria, estava vivendo com a mulher em Nice.

Quando Frank J. Gould, que também vivia em Nice, soube que eu vinha visitar meu irmão, convidou-me a ser hóspede seu em Juan-les-Pins e aceitei.

A caminho de Nice, parei dois dias em Paris e fui ao Folies Bergère, porque Alfred Jackson, que fez parte do elenco inicial dos Oito Rapazes do Lancashire, ali trabalhava; era um dos filhos do criador do grupo original. Quando o encontrei, contou-me Alfred que a família Jackson prosperara consideravelmente, tendo agora oito elencos de jovens dançarinos sob contrato, e que o pai ainda vivia. Se eu quisesse encontrá-lo, era só aparecer no Folies Bergère à hora dos ensaios. Apesar de já ter entrado na casa dos oitenta, o velhinho era ainda ágil de corpo e de aspecto sadio. Falamos dos tempos idos com exclamações de "Quem havia de dizer, hein!".

— Sabe, Charlie — rematou —, a lembrança mais viva que eu tenho de você quando menino é a da sua doçura.

Não devemos esperar que nos embale por muito tempo a adulação do público; esta é como um suflê que, posto no prato, não demora a se desmanchar. Foi o que aconteceu com a minha acolhida na Europa: de súbito esfriou. O primeiro sinal veio da imprensa. Depois de elogios hiperbólicos, os jornais penderam para o outro lado. Parece-me que é interessante contar.

Sentia eu agora as consequências das excitações de Londres e de Paris. Estava exausto, precisando de repouso. Quando me retemperava em Juan-les-Pins, fui convidado a tomar parte num espetáculo de beneficência, sob os auspícios da realeza,[2] no Palladium de Londres. Em lugar de comparecer enviei um cheque de duzentas libras. Isso provocou um escarcéu. Eu havia ofendido o rei e menosprezado a ordenação real. Em verdade, não me pareceu que a comunicação feita pelo empresário do Palladium fosse um édito do rei. Além disso, estava despreparado para representar sob convocação em cima da hora.

O ataque seguinte veio algumas semanas mais tarde. Encontrava-me na quadra de tênis, à espera do parceiro, quando se apresentou um moço, dizendo-se amigo de um amigo meu. Depois de conversinha alegre, entramos a expor os nossos pontos de vista. Era um rapaz cativante, simpático ao extremo. Como tenho o fraco de me agradar repentinamente de outras pessoas — sobretudo sendo pessoas que sabem ouvir —, expandi-me sobre vários assuntos. A respeito da situação internacional, mergulhei em considerações pessimistas, achando que a Europa se encaminhava para nova guerra.

— Bem, se houver uma outra, não me pegam — disse o moço.

— Não o censuro por isso — repliquei. — Não tenho respeito pelos que nos metem em complicações: detesto que me digam a quem devo matar e por que tenho de morrer... e tudo em nome do patriotismo.

Despedimo-nos cordialmente. Creio que havia marcado com ele um jantar no dia seguinte, porém o moço não deu mais sinal de vida. E, ora vejam!, em vez de haver falado a um amigo, descobri que estivera conversando com um repórter; no outro dia estampava-se em primeira página de imprensa: "Charlie Chaplin não é patriota!" etc.

Isso é verdade, mas então eu não queria ver minhas opiniões pessoais veiculadas nos periódicos. De fato, não sou um patriota — e não somente por motivos morais ou intelectuais, mas também porque é sentimento que não possuo. Como tolerar patriotismo quando em seu nome foram assassinados seis milhões de judeus? Pode-se dizer que isso aconteceu na Alemanha; não obstante, esses impulsos homicidas estão latentes em todas as nações.

---

[2] A versão procurou, sem se prender literalmente ao texto, dar ideia do que está bem mais concisamente no original: *command performance*, ou, em tradução estrita, representação por mando; o que significa: espetáculo patrocinado pelo rei e ao qual os artistas são como que convocados, tornando-se desprimorosa, segundo a etiqueta, qualquer recusa. (N. do T.)

Não posso vociferar por motivos do orgulho nacional. Compreendo esse sentimento em pessoa em que se entranhou a tradição dos antepassados, que teve lar e jardim, infância feliz, família e amigos. Mas a minha formação não foi essa. Para mim, patriotismo é, quando muito, nutrido por hábitos locais, corridas de cavalos, caçada, pudim de Yorkshire, hambúrgueres americanos e Coca-Cola; mas hoje em dia essas coisas típicas podem ser encontradas em qualquer lugar do mundo. Naturalmente, se o país em que eu vivesse fosse invadido, creio que, como a maioria de nós, eu seria capaz de um ato de supremo sacrifício. Contudo, sou inapto a um fervente amor pela pátria, pois bastaria que ela se tornasse nazista para que eu a abandonasse sem pesar — e, pelo que tenho observado, os gérmens do nazismo, embora adormecidos no momento, podem reativar-se rapidamente em qualquer país. Portanto, não desejo fazer qualquer sacrifício por uma causa política, ao menos que nela creia pessoalmente. Não quero ser um mártir do nacionalismo, nem morrer por um presidente, um primeiro-ministro ou um ditador.

Um ou dois dias mais tarde *sir* Philip Sassoon levou-me à casa de Consuelo Vanderbilt Balsan para almoçar. Era uma bela mansão no sul da França. Recordo-me especialmente de um dos convivas, homem alto, magro, cabelos negros, bigode bem-aparado, pessoa agradável e insinuante com quem travei conversação à mesa. Falava eu sobre o livro do major Douglas, *Economic democracy*, e disse que a sua teoria de crédito poderia ser uma boa solução para a crise mundial do momento. E, de passagem, reproduzo o comentário de Consuelo Balsan e respeito dessa reunião: "Achei a conversa de Chaplin interessante e notei as suas acentuadas tendências socialistas."

Devo ter dito algo que interessou especialmente ao tal cavalheiro, pois a sua fisionomia se iluminou e os olhos se abriram de tal maneira que pude ver o branco da córnea. Parecia endossar tudo quanto eu estava dizendo, até que cheguei ao clímax da minha opinião; deve ter concluído contrariamente ao ponto de vista, pois tomou um ar decepcionado. O homem a quem eu falara era *sir* Oswald Mosley, sem me dar conta que ele viria a ser o líder dos nazistas ingleses — mas aqueles olhos, mostrando o branco ao redor das pupilas, e a sua larga boca meio arreganhada gravaram-se-me na memória vividamente, como uma expressão bem peculiar, com um quê de amedrontador.

Também me encontrei no sul da França com Emil Ludwig, o biógrafo copioso de Napoleão, Bismarck, Balzac e outros. O que ele escreveu sobre Napoleão seria ainda mais atraente se não fosse tão sobrecarregado de psicanálise, a ponto de prejudicar o interesse da narrativa.

Ludwig passou-me telegrama dizendo quanto havia admirado *Luzes da cidade* e que gostaria de encontrar-se comigo. Era inteiramente diverso do que eu imaginara. Dava ideia de um requintado Oscar Wilde, cabelos um tanto longos e curva feminina na boca de lábios cheios. Nosso encontro foi no meu hotel, onde se apresentou em estilo um tanto florido e teatral, entregando-me uma folha de louro e dizendo:

— Quando um romano atingia a grandeza, ofereciam-lhe uma coroa de louros. Eis por que eu lhe trago esta folha.

Custou-me um momento ficar ajustado a essa efusão; mas compreendi que era a forma de disfarçar a sua timidez. Quando se desembaraçou, mostrou-se muito inteligente e interessante. Perguntei-lhe o que considerava essencial para se escrever uma biografia. Disse-me que era uma atitude.

— Então — observei — uma biografia acomoda os fatos, deturpando uns e ocultando outros.

— Sessenta e cinco por cento da história não é contada — respondeu-me — porque envolve outras pessoas.

Durante o jantar, perguntou-me qual a coisa mais bela que eu já vira. De pronto, respondi: Helen Wills jogando tênis; os seus movimentos tinham harmonia e graça, como eram também de uma sadia atração sexual. Outra foi uma cena de jornal cinematográfico, apanhada logo depois do Armistício, em que aparecia um agricultor arando certo campo de Flandres onde haviam morrido milhares de combatentes. Ludwig descreveu-me um carro esporte de capota arriada afastando-se vagarosamente, cheio de lindas moças em roupa de banho, uma encarapitada no para-choque de trás, a perna a balancear, o dedo grande do pé roçando a areia e riscando ali uma linha contínua.

Vim depois a fixar na lembrança outras visões; entre elas, o *Perseu*, de Benevenuto Cellini, na Piazza della Signoria de Florença. Era de noite, a praça iluminada, e para lá fui atraído pelo *Davi*, de Miguel Ângelo. Mas, logo que vi *Perseu*, tudo mais se tornou secundário. Senti-me arrebatado pela sua impalpável beleza de forma e atitude. Perseu, sustentando no braço erguido a cabeça da Medusa, cujo corpo jazia pateticamente enroscado aos seus pés, era a própria imagem da tristeza e fez-me evocar o verso simbolista de Oscar Wilde: "Pois todo homem mata o objeto do seu amor." No conflito desse perene mistério, o bem e o mal, a sua missão fora cumprida.

Recebi telegrama passado pelo duque de Alba, convidando-me a ir à Espanha. Mas no dia seguinte grandes manchetes nos jornais anunciavam: "A Espanha em revolução." Diante disso, fui para Viena, a melancólica, sensual Viena. De lá a recordação mais viva que me ficou é a do romance que tive com uma bela moça. Foi como o último capítulo de uma novela da época vitoriana: fizemos juras apaixonadas e trocamos um beijo de adeus, sabendo que nunca mais nos tornaríamos a ver.

Depois de Viena, fui para Veneza. Como era outono, estava deserta. Acho-a mais agradável quando lá estão os turistas, porque dão vida e calor ao que sem eles facilmente se poderia tornar um cemitério. Na verdade, simpatizo com os turistas, pois gosto mais de ver gente gozando as férias, em passeio, do que a se embarafustar ruidosamente pelas portas giratórias nos edifícios de escritórios.

Apesar de bela, Veneza era melancólica e lá só demorei dois dias, não tendo nada que fazer, salvo tocar discos — assim mesmo bem discretamente, pois Mussolini proibiu dança e gramofone aos domingos.

Teria sido agradável voltar a Viena para reatar meu romance amoroso. Mas tinha um compromisso em Paris a que não queria faltar — almoço com Aristide Briand, que lançara e procurava levar avante a ideia dos Estados Unidos da Europa. Quando nos encontramos, Briand pareceu-me em precário estado de saúde, desiludido e amargurado. O almoço realizou-se em casa de *monsieur* Balbi, diretor de *L'Intransigéant*, e foi extremamente agradável, a despeito de eu não falar francês. A condessa de Noailles, mulherzinha vivaz, com jeito de passarinho, falava inglês e mostrou-se extraordinariamente espirituosa e encantadora. *Monsieur* Briand acolheu-a dizendo:

— Vejo-a tão pouco ultimamente... A sua presença é tão rara como a de uma amante abandonada.

Após o almoço, fui levado ao Elysée e recebi a condecoração de Cavaleiro da Legião de Honra.

NÃO descreverei o entusiasmo delirante das compactas multidões que me saudaram na minha segunda visita a Berlim... mas a tentação é quase irresistível.

A propósito disso, lembro-me de um episódio. Mary e Douglas iam exibir uma reportagem cinematográfica da sua viagem ao estrangeiro. E eu estava contando com o prazer de um documentário interessante. O filme começou com a chegada de Mary e Douglas a Londres, recebidos à estação ferroviária por imensa e entusiástica massa popular; depois, outra multidão, do mesmo vulto e entusiasmo, em frente ao hotel; a seguir, a chegada dos dois a Paris, saudados por multidão ainda maior. Quando já tinham aparecido na tela as fachadas dos hotéis e as estações ferroviárias de Londres, Paris, Moscou, Viena e Budapeste, perguntei inocentemente:

— Quando é que vamos ver um pouco das cidades e dos campos?

Ambos riram. E reconheço que eu também não tenho sido lá muito modesto ao descrever as multidões que me ovacionaram.

Em Berlim, o governo democrático fez-me hóspede oficial e a condessa de York, moça alemã bem sedutora, foi designada para me assistir. Era em 1931, pouco depois do *Putsch* nazista, e eu não sabia que metade da imprensa me hostilizava, salientando que eu era um estrangeiro e que os alemães estavam caindo no ridículo com as manifestações delirantes que me faziam. Tratava-se, é claro, da imprensa nazista e eu, na feliz ignorância de toda essa campanha, passei uns dias deliciosos.

O príncipe Henry (neto do *kaiser*) levou-me gentilmente a visitar Potsdam e Sans Souci. Para mim, todos os palácios são ridículos, modelos de ostentação enfadonha e sem gosto. A despeito do seu interesse histórico, Versalhes, o Kremlin, Potsdam, o palácio de Buckingham e o resto desses mausoléus parecem-me criações de ególatras cheios de empáfia. O príncipe Henry me disse que Sans Souci era de gosto mais apurado, de proporções menores e mais humano; entretanto, a impressão que me deu foi a de um estojo para pó de arroz e não me agradou.

Depressão e terror foi o que senti na visita ao Museu Policial de Berlim, onde vi fotografias de pessoas assassinadas, suicidas, degenerados e anormais de toda espécie. Dei graças a Deus quando saí do edifício e de novo respirei o ar livre.

O dr. Von Fulmuller, autor de *The miracle*, recepcionou-me em sua casa, onde me encontrei com figuras representativas das artes e do teatro alemão. Passei outra noite com o casal Einstein, em seu pequeno apartamento. Houve também entendimentos para que eu jantasse com Hindemburgo, mas à última hora ficou ele indisposto. E voltei ao sul da França.

JÁ AVISEI alhures que falaria de sexo, mas sem insistir no assunto, uma vez que nada de novo tenho a dizer sobre a matéria. Contudo, procriar é a principal ocupação da natureza e todo homem, seja moço ou velho, quando vem a conhecer uma mulher indaga a si mesmo que possibilidades haverá de relação sexual entre os dois. E era sempre o que acontecia comigo.

Quando em trabalho, as mulheres nunca me interessavam: só entre um filme e outro, sem o que fazer, é que eu me tornava realmente vulnerável. Tal como disse H. G. Wells: "Vem um momento ao fim do dia em que, depois de se passar a manhã escrevendo e a tarde pondo a correspondência em ordem, a gente não tem mais em que se ocupar. Chega o tédio... essa é a hora para o sexo."

Assim, inteiramente ocioso na Côte d'Azur, tive a ventura de ser apresentado a uma jovem muito encantadora, com todos os requisitos para preencher o vazio dessa hora de aborrecimento. Estava ela tão livre de compromissos quanto eu e desde logo nos aceitamos um ao outro. Confidenciou-me que acabava de se refazer de um caso de amor malsucedido com um jovem egípcio. Embora não tivéssemos tocado no assunto, estava subentendido o caráter da nossa ligação; sabia ela que eu acabaria voltando para a América. Dava-lhe semanalmente uma ajuda em dinheiro e íamos juntos correr os cassinos, restaurantes e clubes noturnos. Jantávamos, dançávamos tango e cumpríamos todo o programa da boêmia elegante. Mas a convivência íntima fez que a moça me prendesse na rede do seu encanto e aconteceu o inevitável; a coisa entrou-me pelo sentimento; pensando na volta aos Estados Unidos, não estava certo se não a levaria comigo. Deixá-la era ideia que logo me induzia a ter pena da moça, tão alegre, tão simpática, sedutora. Mas houve certos fatos que me deixaram sem confiança.

Uma tarde, num chá dançante do cassino, ela de súbito agarrou nervosamente a minha mão. Ali estava S..., o seu amante egípcio, de quem me falara tanto. Fiquei amolado. Todavia, poucos momentos depois, saímos. Quando nos aproximávamos do hotel, descobriu ela repentinamente que tinha esquecido as luvas e devia voltar para apanhá-las, dizendo que eu fosse indo. A desculpa era evidentemente esfarrapada, mas não me opus e, sem fazer comentário, segui para o hotel. Como decorreram duas horas sem que ela voltasse, concluí que não se tratava apenas de um par de luvas. Eu convidara amigos para jantar naquela noite, a hora aproximava-se e ela ainda sem dar sinal de vida. Já ia eu saindo do quarto, sem esperá-la mais, quando apareceu afinal, pálida e toda despenteada.

— Você demorou demais; não há tempo de aprontar-se para o jantar — disse-lhe. — Assim, é melhor que volte para a quentura da sua boa cama.

Ela negou, pediu, implorou, mas não deu explicação plausível para ausência tão longa. Fiquei convencido de que estivera com o egípcio e, depois de uma tirada violenta, saí sem ela.

Quem já não se encontrou a uma mesa de boate, tendo de falar bem alto por sobre a música de soluçantes saxofones e o variado rumor do ambiente, e não se viu de súbito invadido pelo desconsolo da solidão? Sentamo-nos com outros, fazemos o papel de anfitrião, mas como nos sentimos deprimidos e atormentados! Quando retornei ao hotel, ela não estava lá. Entrei em pânico. Já teria ido embora? Tão depressa! Fui ao seu quarto e, para meu grande alívio, lá ainda estavam os seus vestidos e as suas coisas. Chegou dez minutos depois, animada, contente; contou-me que tinha ido a um cinema. Disse-lhe com frieza que, como partiria para Paris no dia seguinte, desejava acertar minhas contas com ela e que a separação seria definitiva. Concordou com isso tudo, mas ainda negando que estivera com o egípcio.

— O pouco de afeição que restava entre nós — falei —, você matou insistindo nessa mentira.

E então, jogando verde, afirmei que a tinha seguido e que ela, saindo do cassino, fora ao hotel do egípcio para encontrá-lo. Para minha surpresa, ela desarmou-se, confessou que isso era verdade e fez promessas e juras de que nunca mais o veria.

Na manhã seguinte, enquanto eu arrumava as malas preparando-me para partir, começou ela a chorar em silêncio. A viagem seria no automóvel de um amigo e este subiu para avisar que tudo estava pronto e que esperaria embaixo. Ela mordeu o indicador e desatou em soluços.

— Por favor, não me deixe! Eu lhe peço... não... não!

— Que é que você quer que eu faça? — perguntei friamente.

— Basta que me leve até Paris; só isto; prometo que depois nunca mais hei de incomodá-lo.

Tinha uma expressão de inspirar tanta pena que fraquejei. Avisei-a de que a viagem seria desagradável e sem nenhum propósito, pois estaríamos separados logo que chegássemos a Paris. Ela aquiesceu a tudo. E naquela manhã partimos, nós três, no carro do meu amigo.

De início, foi uma viagem de tom solene, ela calada e deprimida, eu numa fria polidez. Tal atitude, porém, era difícil de ser mantida, pois aparecia de quando em quando no caminho alguma coisa interessante a nos atrair os olhos e lá vinha comentário de um ou de outro. Mas estava subentendido que já não poderia haver a intimidade de antes.

Ao chegarmos, levamo-la no automóvel até a porta do hotel onde ia hospedar-se e ali nos despedimos, ela tomando o ar de quem se afastaria de vez, porém fingindo tão mal que era de causar pena. Agradeceu-me tudo que eu havia feito por ela, apertou a minha mão e, dando-me dramaticamente o adeus final, desapareceu no hotel.

Telefonou-me na manhã seguinte, perguntando se eu podia levá-la a almoçar. Disse que não. Mas quando o meu amigo e eu deixávamos o hotel, lá estava ela do lado de fora, toda embrulhada em peles, na maior elegância. Almoçamos juntos, os três, e em seguida fomos visitar Malmaison, onde Josefina viveu e morreu, depois de divorciada de Napoleão. Naquele belo solar, muitas lágrimas a imperatriz havia derramado. O anêmico dia outonal harmonizava-se com a melancolia da nossa situação. De súbito, dei por falta da moça; fui encontrá-la a um canto do jardim, sentada num banco de pedra, desfeita em pranto, como que impregnada de toda a tristeza do ambiente. Tive de lutar para que não me amolecesse o coração, mas não poderia tirar da cabeça o tal egípcio. E assim nos separamos em Paris e fui para Londres.

NESSA volta a Londres encontrei-me várias vezes com o príncipe de Gales. Havíamo-nos conhecido em Biarritz por intermédio da minha amiga *lady* Furness. O tenista Cochet, dois outros e eu estávamos num restaurante popular quando entraram o príncipe e a *lady*. Thelma fez chegar um bilhete à nossa mesa perguntando se gostaríamos de encontrá-los mais tarde no Clube Russo.

Um encontro ligeiro, foi o que me pareceu. Depois de apresentados, Sua Alteza Real mandou servir bebidas, levantou-se depois e foi dançar com *lady* Furness. Quando voltou à mesa, o príncipe sentou-se a meu lado e começou a catequizar:

— É americano, não é?

— Não, sou inglês.

Pareceu surpreendido.

— Desde quando vive na América?

— Desde 1910.

— Oh... — meneou a cabeça, com ar pensativo. — Antes da guerra?

— Creio que sim.

Riu.

No curso da conversa naquela noite, contei que Chaliapin ia dar uma recepção em minha honra. Com infantil simplicidade o príncipe declarou que gostaria de comparecer.

— *Sir* — disse-lhe —, estou certo de que Chaliapin ficaria honrado e encantadíssimo. — E pedi-lhe permissão para tratar do assunto.

Na recepção, o príncipe conquistou a minha estima por se ter sentado junto à mãe de Chaliapin, que já beirava os noventa, fazendo-lhe companhia até que ela se retirou. Então o príncipe juntou-se a nós e divertiu-se.

Agora, o príncipe estava em Londres e convidou-me para ir a Fort Belvedere, sua casa de campo. Era um antigo castelo que fora modernizado e mobiliado sem gosto, mas achei a cozinha excelente e o príncipe um anfitrião encantador. Mostrou-me toda a casa; seu quarto de dormir caracterizava-se pela singeleza e mesmo ingenuidade, tendo à cabeceira da cama uma tapeçaria moderna de seda vermelha com o emblema real. Outro quarto de dormir quase me fez cair para trás; era um negócio todo em tons brancos e róseos, com leito de quatro colunas, cada qual tendo no tope três penas cor-de-rosa. Mas logo me ocorreu a explicação: naturalmente, as penas eram da cota de armas do príncipe real.

Naquela noite, alguém nos ensinou uma espécie de jogo de prendas que então estava em moda nos Estados Unidos; chamava-se "Apreciações Francas". Recebia cada pessoa um cartão em que estavam escritas dez qualidades pessoais: encanto, inteligência, personalidade, atração sexual, boa aparência, sinceridade, senso de humor, capacidade de adaptação, e assim por diante. Um dos participantes da brincadeira saía da sala e marcava no cartão uma estimativa franca de suas próprias qualidades, atribuindo a cada qual uma nota que podia ir de um até dez; por exemplo, eu me atribuí sete para o senso de humor, seis para a atração sexual, também seis para a boa aparência, oito para a capacidade de adaptação, quatro para sinceridade. Enquanto isso, os demais davam nota às qualidades do que saíra da sala, marcando o seu cartão em segredo. Depois, a vítima retornava e lia em voz alta as notas que concedera a si mesma; então, um dos outros também lia as notas marcadas nos diversos cartões, para se ver quanto as opiniões combinavam ou divergiam.

Quando chegou a sua vez, o príncipe anunciou três para a atração sexual; a média das outras opiniões era quatro, eu lhe dera cinco, em alguns cartões lia-se apenas dois. Quanto à boa aparência, o príncipe atribuiu-se a nota seis; a média dos demais era oito e eu marcara sete. O príncipe anunciou cinco para o encanto; a média dos demais ia a oito e foi essa também a minha nota. Para sinceridade, o príncipe anunciou a nota máxima, dez; a média dos outros ficou em três e meio, eu concedi quatro. O príncipe mostrou-se indignado. E declarou:

— Sinceridade é a maior virtude que eu penso ter.

☆

QUANDO menino passei alguns meses em Manchester. Agora, tendo pouco que fazer, lembrei-me de ir até lá para dar uma olhada. Apesar de toda a sua fuligem, Manchester tinha para mim um atrativo romântico, assim como que um vago esbraseamento em meio ao nevoeiro e à chuva; essa impressão nascera talvez da lembrança de um fogo aceso numa cozinha de Lancashire... ou talvez da alma daquela gente. Aluguei um automóvel e toquei para o norte.

A caminho de Manchester, parei em Stratford-on-Avon, que eu ainda não havia visitado. Cheguei ali num sábado, já noite avançada, e depois de cear saí para uma volta a pé, na esperança de encontrar a casa de Shakespeare. A noite era escura como breu, mas, como por instinto, dobrei uma rua e parei diante de uma casa; acendi um fósforo e vi a placa. Dizia: "Casa de Shakespeare." Sem dúvida, um espírito amigo me guiara... talvez o do Bardo!

De manhã, *sir* Archibald Flower, o *mayor* de Stratford, visitou-me no hotel e levou-me à casa de Shakespeare. Não posso absolutamente associar o Bardo a essa casa; que tal espírito ali tenha morado, que ali tenha crescido, parece incrível. É fácil imaginar o filho de um camponês emigrando para Londres e tornando-se lá ator de sucesso e dono de um teatro; mas que se tenha transformado no grande poeta e no grande dramaturgo, conhecendo tão bem as cortes estrangeiras, os cardeais e os reis, isso para mim é inconcebível. Não me importa saber quem escreveu as obras de Shakespeare, se foi Bacon, ou Southampton, ou Richmond, porém me custa crer que tenha sido o homem de Stratford. Quem as escreveu tinha aristocracia de atitudes. Seu completo desprezo pela gramática só se pode compreender como sinal de um espírito magnífico e altamente cultivado. E depois de ver a sua casa e de ouvir as histórias que se contam em Stratford sobre a sua infância incoerente, suas notas escolares apenas sofríveis, suas transgressões de caçador furtivo e suas estreitas opiniões de campônio, não posso crer que tenha passado por tamanha metamorfose mental, a ponto de se tornar o maior de todos os poetas. Na obra dos grandes gênios a origem humilde sempre se revela aqui ou ali, mas ninguém encontra o mínimo traço disso em Shakespeare.

De Stratford rumei de carro para Manchester, chegando às três da tarde. Era domingo e a cidade parecia em estado cataléptico; as ruas quase inteiramente desertas. Assim, foi com prazer que voltei ao automóvel e segui caminho para Blackburn.

Quando, ainda bem jovem, andei em turnê teatral, trabalhando na peça *Sherlock Holmes,* Blackburn foi uma das cidades que mais me agradaram. Costumava hospedar-me ali num pequeno *pub,* pagando catorze xelins, por dormida e pensão, e nas horas vagas jogava bilhar na sala. Billington, o carrasco da Inglaterra, era frequentador da taverna e eu me gabava de haver jogado bilhar com ele.

Embora fosse apenas cinco da tarde, Blackburn já estava mergulhada na escuridão; mas descobri o *pub* e tomei um trago, sem ser reconhecido. O dono era outro, porém meu velho amigo, o bilhar, ali permanecia. Mais tarde, encaminhei-me às apalpadelas para a praça do mercado, cerca de uns três acres de treva que os espaçados postes de iluminação, apenas três ou quatro, não davam para atenuar. Aqui e ali, havia grupos ouvindo oradores políticos. Naquele tempo, a Inglaterra estava no auge da crise econômica. Fui de um grupo a outro, escutando os vários discursos: uns eram ríspidos e amargos; um dos oradores falava de socialismo, outro de comunismo e ainda outro do Plano Douglas, que, infelizmente, era por demais complexo para a compreensão do trabalhador médio. Atento ao que se dizia nos pequenos grupos que se formaram após o comício, tive a surpresa de encontrar um velho conservador, bem ao estilo vitoriano, expressando seu ponto de vista: "O mal é que a Inglaterra tem vivido há muito tempo montada em nosso lombo. O que arruína este país é o abono para os sem-trabalho!" No escuro, não resisti a dar o meu palpitezinho: "Sem o abono, já nem existiria a Inglaterra." Recebi alguns "Apoiado!" e "Muito bem!".

As perspectivas políticas eram desalentadoras. Na Inglaterra havia quase quatro milhões de desempregados — e o número estava crescendo —, porém os trabalhistas prometiam bem pouco, não havendo quase diferença entre o seu programa e o dos conservadores.

Fui até Woolwich e ouvi um discurso de propaganda eleitoral, pronunciado por Cunningham Reid, em apoio ao candidato do Partido Liberal. Falou bonito, com frases de efeito, mas nada prometeu e não chegou a impressionar o auditório. Junto de mim, uma jovem, cujo acento revelava ser londrina de classe pobre, gritou: "Este palavrório floreado de alta roda não interessa! Diga-nos o que pretende fazer pelos quatro milhões de desempregados e aí nós veremos se convém ou não votar pelo seu partido."

Se estava pensando assim a massa popular, então a vitória seria dos trabalhistas, concluí. Enganei-me, porém. Depois que Snowden falou pelo rádio, a tendência mudou, os conservadores ganharam por grande maioria e Snowden foi agraciado com o título de Par do Reino. Assim, deixei a Inglaterra com um governo conservador prestes a instalar-se e cheguei aos Estados Unidos quando ia terminando um governo conservador.

POR melhor que seja, passeio de férias não é mais do que uma vã procura. Demorei-me a vadiar pela Europa, rodando pelos lugares elegantes de vilegiatura... e eu bem sabia por quê. Sentia-me sem objetivo e frustrado. Desde o advento do cinema sonoro, não chegava a estabelecer planos para o futuro. Apesar de *Luzes da cidade* ter sido um grande sucesso, com renda superior à de qualquer filme falado da mesma ocasião, achei que fazer outra fita muda seria lançar-me à luta em condições desvantajosas... e inquietava-me, deprimia-me o medo de estar desatualizado. Embora um bom filme silencioso fosse mais artístico, tinha de reconhecer que o som dava às figuras maior aparência de realidade.

De quando em quando, punha-me a pensar na possibilidade de fazer um filme falado, mas essa ideia me enjoava, dando-me conta de que não conseguiria realizar coisa à altura dos meus filmes silenciosos. E significaria abandonar inteiramente o meu tipo de vagabundo. Sugeriam-me que eu o fizesse falar. Era inadmissível, pois a primeira palavra que pronunciasse transfomá-lo-ia noutra pessoa. Além disso, era figura de cena muda, que lhe deu vida e o vestiu com seus farrapos.

Esses melancólicos pensamentos incitavam-me a prolongar as férias, porém minha consciência vivia a resmungar: "Volta a Hollywood e trabalha!"

Depois do meu passeio ao norte, regressei ao Carlton de Londres, disposto a reservar passagem para a Califórnia, via Nova York, mas, da Suíça, Douglas Fairbanks me passou um telegrama que dizia:

> "Venha a St. Moritz. Encomendarei neve fresca para a sua chegada. Aqui o estou esperando.
>
> Amor — Douglas."

Mal eu acabara de ler, uma batidinha na porta. "Entre!" — disse, certo de que era o garçom. Mas a cara que apareceu na meia abertura da porta foi a da tal minha amiguinha da Côte d'Azur. Fiquei surpreso, aborrecido e resignado. "Entre" — disse-lhe com frieza.

Fomos à loja Harrods, onde ficamos providos de apetrechos para esquiar e, em seguida, a um joalheiro de Bond Street, para comprar um bracelete; a moça ficou encantadíssima. Um ou dois dias depois, chegamos a St. Moritz, onde encontrar Douglas me deu alma nova. Via-se Doug no mesmo dilema quanto à sua carreira cinematográfica, mas nem ele nem eu tocamos no assunto. Estava só — creio que Mary e ele já se haviam separado. Contudo, o convívio naquelas montanhas suíças dissipou a nossa melancolia. Esquiamos juntos... pelo menos, aprendemos juntos a esquiar.

O ex-Kronprinz, o primogênito do *kaiser*, estava no hotel, porém não travamos relações; mas, quando nos achamos os dois no mesmo elevador, sorri sem querer, lembrando-me do meu filme *Ombro, armas!*, que o caricaturou, transformando-o em figura cômica.

Já em St. Moritz convidei meu irmão Sydney a fazer-nos companhia. E como nenhum motivo inadiável exigia minha presença em Hollywood, resolvi chegar à Califórnia via Oriente e Sydney concordou em ir comigo até o Japão.

Foi em Nápoles que embarcamos e lá disse adeus à minha camarada. Dessa vez, porém, estava ela de ânimo alegre. Não houve lágrimas. Parecia conformada e até com certo alívio, pois desde a Suíça os agentes químicos da nossa atração como que se diluíram e não nos enganávamos a respeito. Assim, foi como bons amigos que nos separamos. Quando o navio já se afastava, o vulto da moça, caminhando ao longo do cais, parecia parodiar uma cena do meu personagem. E foi essa a última vez que a vi.

O Oriente já deu motivo a tantos e tão excelentes livros de viagem que não abusarei da paciência dos leitores. Ser-me-á perdoado, porém, que escreva sobre o Japão, dadas as fantásticas circunstâncias em que lá me vi envolvido. O desejo de visitar esse país acalentava-me desde que li um livro de Lafcádio Hearn que falava da cultura e do teatro nipônico.

Viajávamos num navio japonês, deixando atrás os ventos gélidos de janeiro para entrar no clima ensolarado do canal de Suez. Em Alexandria embarcaram novos passageiros, árabes e hindus... Na verdade, embarcou um mundo diferente! Na hora do crepúsculo, os árabes estendiam as suas esteiras no convés e, com o rosto voltado para Meca, entoavam preces.

No dia seguinte entramos no mar Vermelho; desembaraçamo-nos de nossas roupas "nórdicas", passando a usar *shorts* brancos e camisas de seda leve. Em Alexandria o comissário de bordo fizera provisões de cocos e frutas tropicais; no café da manhã comíamos mangas e no jantar bebíamos leite de coco gelado. Um oficial de bordo ensinou-me a despejar um pouco de chá no meu arroz, o que lhe aumentava o sabor. Já íamos bem avançados na rota do sul e crescia a excitação da viagem. O comandante anunciou tranquilamente que na manhã seguinte chegaríamos a Colombo. Mas, apesar do Ceilão já ser um encontro com o exotismo, todo o meu desejo era chegar a Bali e depois ao Japão.

O porto seguinte em que paramos foi Cingapura, onde a paisagem parecia reproduzir temas decorativos de uma gravura chinesa — salgueiros brotando à beira do mar. A lembrança mais viva que de lá me ficou é a dos atores chineses que representavam no parque de diversões Novo Mundo, crianças de extraordinário talento e bem instruídas, pois que interpretavam obras clássicas do teatro chinês, de Confúcio e outros grandes poetas. O espetáculo era diante de um pagode, à maneira tradicional. A peça a que assisti durava três noites. A principal figura do elenco, mocinha de quinze anos, fazia o papel do Príncipe e cantava numa voz esganiçada, rascante. A terceira noite de representação foi o apogeu do espetáculo. Às vezes é conveniente não entender a língua, pois tudo que dissessem as palavras não poderia comover-me com tanta pungência como esse último ato, os tons irônicos da música, o ganir das cordas, o trovejante ressoo dos gongos e a voz áspera, penetrante, do jovem Príncipe desterrado gritando a angústia de uma alma perdida no mundo da solidão, ao deixar a cena, no lance final.

Foi Sydney que propôs visitarmos a ilha de Bali, dizendo como ainda permanecia intocada pela civilização e descrevendo suas belas mulheres de seios à mostra. Tudo isso despertou-me o interesse. Era de manhã quando tivemos a nossa primeira visão da ilha: alvíssimos flocos de nuvens enlaçando verdes montanhas cujos picos se assemelhavam a ilhas flutuantes. Nesse tempo, não havia em Bali nem porto nem campo de aterrissagem. Desembarcava-se descendo do navio para um bote que à força de remos ia ter a um velho pontão de madeira.

Já em terra, passamos ao longo de aldeamentos com muros de construção bonita e imponentes entradas, onde viviam de dez a vinte famílias. À medida que avançávamos, ainda mais bela se mostrava a paisagem: os verdes arrozais com seus pendões de prata reluzente desciam, em degraus, ao encontro de riachos coleantes. De súbito, Sydney tocou-me de cotovelo. Ao longo da estrada havia uma fileira de moças garbosas, cujo único traje consistia nuns panos estampados em torno da cintura, peitos nus, cestas de frutas na cabeça. Daí por diante, a toda hora nos cutucávamos. Algumas eram realmente uns amores. O nosso guia, um americano de origem turca, que ia no banco da frente, ao lado do chofer, era irritante, pois se voltava a toda hora, com uma curiosidade canalha, a fim de ver as nossas reações, como se tudo aquilo fosse espetáculo que houvesse preparado para nós.

O hotel em Denpasar fora construído recentemente. Cada aposento constituía-se de uma sala de estar aberta como uma varanda, tendo ao fundo, com separação, dormitório bem limpo e confortável.

O aquarelista americano Hirschfeld e a mulher havia dois meses que moravam em Bali; e convidou-nos à sua casa, a mesma onde antes residira o pintor mexicano Miguel Covarrúbias. Alugaram-na de um nobre balinês e ali tinham vida de fidalgos, por quinze dólares semanalmente. Depois do jantar, o casal Hirschfeld, Sydney e eu fomos dar um passeio a pé. A noite era escura e abafada. Nem um sopro de brisa... e de repente um mar de vaga-lumes, em sucessivos enxames, se espraiou sobre os arrozais em caprichosas ondulações de luz azul. Vinham de outra direção os sons de tilintantes pandeiros e o bater de gongos em compassado fragor. Disse Hirschfeld:

— Há uma dança aqui por perto. Vamos ver...

Uns duzentos metros mais adiante encontramos um grupo de nativos, uns de pé e outros acocorados; sentadas ao chão, sobre as pernas cruzadas, viam-se moças com cestas de guloseimas que vendiam à luz de candeeiros. Furamos caminho através do pessoal circundante e demos com duas dançarinazinhas que deviam andar pelos dez anos; enroladas em sarongues bordados, com toucados vistosos, aos quais se prendiam pequeninas e delicadas folhas de latão que cintilavam à luz dos archotes, iam as meninas bailando em passos complicados, ao som de notas agudíssimas, frenéticas, de quando em quando pontuadas pelo surdo ressoo de enormes gongos; a cabeça das jovens balançava, faiscavam-lhes os olhos, tremiam os dedos, ao enfeitiçamento daquela música diabólica, que foi num crescendo de enfurecida torrente, para depois descer à placidez de um rio de planície. O final causou decepção; as dançarinas pararam de repente e sumiram em meio do pessoal. Não houve aplausos — os balineses nunca aplaudem; também não há em sua língua palavras que signifiquem "amor" e "obrigado".

Visitou-me o músico e pintor Walter Spies; almoçou no hotel em nossa companhia. Havia quinze anos que morava em Bali e aprendera a falar balinês. Transcreveu ele para o piano algumas das músicas locais, que tocou para nós; tinha-se a impressão de um concerto de Bach executado em ritmo duas vezes mais rápido. Disse-nos Spies ser muito requintado o gosto musical dos balineses. Julgavam o nosso moderno *jazz* enfadonho e lento demais. Julgavam Mozart sentimental, mas apreciavam Bach, considerando suas harmonias e seus ritmos semelhantes aos deles. Da minha parte, achei a música balinesa fria, cruel e um pouco exasperante; mesmo as passagens em tom mais grave e desconsolado pareciam exprimir a sinistra aflição de um minotauro faminto.

Após o almoço, Spies levou-nos até a selva, onde ia realizar-se uma cerimônia de flagelação. Tivemos de caminhar seis quilômetros por uma picada aberta na mata. Chegamos por fim a uma clareira onde vimos compacta multidão em torno de um altar, com quatro metros de comprimento. Virgens em flor, trajando belos sarongues, seios nus, avançavam em fila, carregando cestas de frutas e outras oferendas, que um sacerdote — com aspecto de dervixe, vestido numa toga branca, os longos cabelos descendo até a cintura — abençoava e depunha sobre o altar. Depois que os sacerdotes entoaram preces, irromperam da multidão, com risadinhas espremidas e nervosas, uns rapazes que se precipitaram para o altar e deram início a uma pilhagem, arrebatando o que podiam, enquanto os sacerdotes os vergastavam sem dó nem piedade. Alguns dos moços tiveram de largar o que haviam arrebatado tal a violência dos látegos, cujo objetivo era livrá-los dos espíritos maus que os induziam a roubar.

Tínhamos entrada e saída franca nos templos e nos aldeamentos; vimos brigas de galo, assistimos a festas e cerimônias religiosas que se realizavam a toda hora do dia e da noite. Certa vez uma delas me prendeu até cinco da madrugada. As divindades da ilha eram amigas do prazer e os balineses as adoravam sem temor, porém com afeição.

De outra feita, noite já avançada, Spies e eu encontramos uma mulher de alta estatura, verdadeira amazona, dançando à luz de um archote, enquanto o filhinho a imitava por trás. De quando em quando, um homem de aparência jovem ensinava à mulher como devia dançar. Descobrimos depois que ele era o pai da mulheraça. Spies perguntou-lhe que idade tinha.

— Quando é que foi o tremor de terra? — indagou o balinês.

— Faz doze anos — disse Spies.

— Bem, naquele tempo eu tinha três filhos casados. — E parecendo que não julgava suficiente essa resposta, acrescentou: — De idade eu tenho dois mil dólares — querendo dizer assim que era a importância que havia gasto em toda a sua vida.

Em muitos aldeamentos vi limusines ainda bem novas, que eram utilizadas como galinheiros. Perguntei a Spies como se explicava isso. Contou-me:

— É uma espécie de comunismo o sistema de vida em todo aldeamento; o dinheiro ganho com a exportação de algumas cabeças de gado vai para um fundo de reserva que, com o correr dos anos, atinge quantia considerável. Certa vez, apareceu por aqui um vendedor de automóveis, cheio de iniciativa, que impingiu Cadillacs aos balineses. Estes divertiram-se à grande por um ou dois dias, rodando pela ilha naqueles carros, até que acabou a gasolina. Descobriram então que a despesa diária de um automóvel equivalia a tudo quanto eles ganhavam num mês inteirinho; diante disso, abandonaram os Cadillacs nos aldeamentos, para que servissem de poleiro às galinhas.

O humor balinês é parecido com o nosso, bem rico em piadas sobre assuntos sexuais, provérbios e trocadilhos. Pus à prova o espírito de um jovem empregado do hotel. Perguntei:

— Por que a galinha atravessa a estrada?

Tomou um ar desdenhoso. E por intermédio do intérprete, respondeu:

— Ah, esta todo mundo já sabe.

— Muito bem... pois agora me diga: qual veio primeiro, a galinha ou o ovo?

Aí ele engasgou.

— A galinha... não... — balançou a cabeça — o ovo... não... — empurrou para trás o turbante e ficou pensando por um momento; declarou então bem certo do que dizia: — O ovo!

— Mas quem pôs o ovo?

— A tartaruga... porque a tartaruga está acima de tudo e põe todos os ovos.

Bali era então um paraíso. A gente da ilha trabalhava nos arrozais durante quatro meses, dedicando o resto do ano à sua arte e cultura. As festas e diversões eram gratuitas em toda parte, um aldeamento oferecendo-as aos outros. Mas esse éden está em vias de acabar. A civilização ensinou as balinesas a cobrirem os seios; as divindades amigas do prazer estão sendo substituídas pelas do Ocidente.

☆

ANTES de seguirmos para o Japão, Kono, o meu secretário nipônico, manifestou o desejo de partir antes, a fim de preparar a nossa chegada. Seríamos hóspedes do governo. No porto de Kobe, fomos saudados por aeroplanos que fizeram evoluções sobre o navio, jogando papeluchos de boas-vindas, enquanto milhares de pessoas aclamavam no cais. Era de uma beleza paradoxal a visão de inúmeros quimonos de cores alegres, contrastando com o cenário das chaminés e o tom cinzento e sujo das docas. Na manifestação que recebi havia pouco do tão afamado mistério ou reserva dos japoneses. Era um pessoal tão caloroso e tão alvoroçado como o que vi em tantos outros lugares.

O governo pôs à nossa disposição um trem especial para nos levar a Tóquio. De estação a estação iam aumentando as multidões e o seu entusiasmo; as plataformas abarrotavam-se de lindas moças que nos enchiam de presentes. Aguardando-nos de pé, com seus quimonos, a impressão que davam era a de uma exposição de flores. Em Tóquio cerca de quarenta mil pessoas vieram receber-nos à estação. Na balbúrdia do desembarque, Sydney tropeçou, caiu e quase foi pisoteado.

É lendário o mistério do Oriente. Sempre imaginei que os europeus o exageravam. Mas esse mistério andava no ar desde que saltamos do navio em Kobe e agora, em Tóquio, começava a nos envolver. A caminho do hotel, entramos por um trecho bem calmo da cidade. De súbito, o automóvel foi reduzindo a velocidade até deter-se perto do palácio imperial. Kono virou o rosto e olhou ansiosamente pelo visor traseiro do carro e então, voltando-se para mim, fez um pedido esquisito. Poderia eu saltar e inclinar-me diante do palácio?

— Isso é de praxe? — perguntei.

— Sim — respondeu com ar natural. — Nem precisa mesmo fazer a curvatura, basta saltar do carro. Não é preciso mais.

Estranhei um pouco o pedido, porque não havia ninguém por ali, exceto a gente de dois ou três carros que nos tinham seguido. Se fosse esse o costume, naturalmente o povo haveria de saber e não faltaria para assistir à cena uma aglomeração, ainda que não numerosa. No entanto, saltei e fiz a curvatura. Quando voltei ao automóvel, Kono parecia aliviado. Sydney achou singular não só aquela solicitação, mas toda a conduta do meu secretário. Kono tinha um ar apreensivo desde que desembarcamos em Kobe. Não liguei a isso, entendendo que talvez fosse apenas fadiga, pois tivera muito trabalho.

Nessa noite nada aconteceu, mas na manhã seguinte Sydney apareceu-me muito excitado.

— Deu-se uma coisa desagradável! — disse. — Minha bagagem foi revistada e mexeram em todos os meus documentos!

Respondi-lhe que, mesmo se houvesse motivo de suspeita, o caso não tinha importância. Mas isso não aplacou a apreensão de Sydney.

— Há qualquer coisa que não está me cheirando bem!

Ri e acusei-o de ser desconfiado demais.

Naquela manhã, um funcionário do governo foi posto à nossa disposição e nos avisou que, se quiséssemos ir a qualquer lugar, deveríamos informá-lo por intermédio de Kono. Sydney insistia em dizer que estávamos sendo vigiados e que o meu secretário escondia alguma coisa. Na verdade, a cada hora que passava o homem parecia mais nervoso e preocupado.

Sydney estava certo, pois nesse mesmo dia aconteceu algo de nos deixar com a pulga atrás da orelha. Kono veio com uma história... Um comerciante convidava-me a ir à sua casa para ver uns desenhos pornográficos pintados em tela de seda. Mandei o secretário dizer-lhe que eu não estava interessado. Kono pareceu aborrecido.

— Posso pedir ao negociante que traga os desenhos ao hotel? — sugeriu.

— De maneira nenhuma! Diga-lhe só que não perca o seu tempo.

Kono hesitou.

— Essa gente não aceita um não como resposta.

— Que é que você está me dizendo?!

— Bem, há vários dias que eu estou sendo ameaçado; aqui em Tóquio existem uns sujeitos perigosos.

— Ora, bobagem! Avisaremos a polícia e pronto.

Kono, porém, balançou a cabeça.

Na noite seguinte, meu irmão, Kono e eu jantávamos em sala reservada de um restaurante quando entraram seis rapazes; um deles sentou-se junto de Kono e cruzou os braços, enquanto os outros deram um passo atrás e permaneceram de pé. O que sentara começou a falar a Kono em japonês, numa cólera contida. E disse alguma coisa que fez o meu secretário empalidecer repentinamente.

Estava eu desarmado, mas enfiei a mão por dentro do paletó, como se fosse tirar o revólver, e gritei:

— Que história é esta?!

Sem levantar os olhos do prato, Kono resmungou:

— Diz ele que seus antepassados foram ofendidos quando o senhor se recusou a ver os desenhos.

Levantei-me num salto e, conservando a mão por dentro do paletó, encarei desafiadoramente o rapaz:

— Com os diabos, que é isto?! — E então, dirigindo-me a Sydney: — Vamos embora daqui. E você, Kono, chame um táxi.

Foi um alívio quando nos vimos a salvo na rua. Um carro já nos esperava e tocamos.

O mistério chegou ao auge no dia seguinte. O filho do primeiro-ministro levou-nos, como seus convidados, a uma competição de lutadores de *suomi*. Estávamos sentados, assistindo a um dos combates, quando um empregado bateu no ombro de Ken Inukai e cochichou alguma coisa. O filho do primeiro-ministro voltou-se para nós e escusou-se, dizendo que assunto urgente o obrigava a nos deixar, porém voltaria mais tarde. Apareceu já no fim do espetáculo, extremamente pálido e abalado. Perguntei-lhe se estava passando mal. Negou num gesto de cabeça, mas subitamente cobriu o rosto com as mãos e disse:

— Meu pai acaba de ser assassinado.

Levamo-lo aos nossos aposentos do hotel e oferecemos-lhe um pouco de conhaque. Contou, então, o que houvera: seis cadetes da Marinha de Guerra assassinaram os soldados de guarda no palácio e invadiram os aposentos privados do primeiro-ministro, onde o encontraram em companhia da mulher e da filha. O que ali se passou foi narrado a Ken Inukai por sua mãe: os assassinos cercaram o primeiro-ministro e durante vinte minutos o mantiveram sob a ameaça dos revólveres, enquanto o estadista procurava chamá-los à razão, mas inutilmente. Sem dizerem uma só palavra, já iam atirar, quando o primeiro-ministro lhes implorou que não o matassem na presença da família. Consentiram então que se despedisse da mulher e da filha. Serenamente, o estadista levantou-se e encaminhou os assaltantes a outra sala; lá deve ter feito nova tentativa para persuadi-los, pois durante algum tempo a mulher e a filha ficaram em agoniada expectativa; afinal, os tiros.

O assassínio aconteceu quando Ken Inukai assistia às lutas de *suomi*. Se não estivesse conosco, disse-nos, também teria sido liquidado.

Acompanhei-o até a residência e vi o aposento em que, duas horas antes, fora trucidado o seu pai. Permanecia ainda no capacho uma grande poça de sangue. Havia muitos repórteres e fotógrafos dos jornais, porém tiveram o decoro de não bater chapas. Contudo, prevaleceram-se do momento para que eu lhes fizesse uma declaração. Pude apenas dizer que era uma terrível tragédia para a família e para o país.

Deveria eu encontrar-me com o primeiro-ministro no dia seguinte, por ocasião de uma cerimônia oficial, que obviamente foi cancelada.

Sydney ponderou que o assassínio fazia parte do mistério que nos cercava e que, de certo modo, estávamos envolvidos no caso.

— Foram seis os matadores do primeiro-ministro e também seis os homens que nos apareceram àquela noite em que jantávamos no restaurante. Isso é mais do que simples coincidência.

Na parte que me tocava, o enigma só veio a ter decifração quando Hugh Byas escreveu *Government by assassination*, livro interessantíssimo e muito bem documentado, que Alfred A. Knopf editou. Ao que parece, a sociedade secreta Dragão Negro estava a esse tempo em atividade e foi a sua gente que tinha exigido que eu me curvasse ante o palácio imperial. Da obra de Hugh Byas transcrevo o seguinte relato do julgamento a que foram submetidos os assassinos do primeiro-ministro:

> *"O tenente da Marinha Seishi Koga, chefe da conspiração, contou à corte marcial que ele e seus companheiros haviam pretendido atacar a Câmara dos Deputados, a fim de que daí resultasse a decretação da lei marcial. Outro plano — que ninguém poderia levar a sério, tomando-o como invencionice grotesca, se não confessado perante a corte — consistiria no assassínio de Charles Chaplin, que a essa época visitava o Japão. O primeiro-ministro convidara Chaplin para um chá e os jovens oficiais projetaram assaltar o palácio nessa ocasião.*

Juiz: Qual o fim visado com o assassínio de Chaplin?

Koga: Chaplin é figura popular nos Estados Unidos e o ídolo da classe capitalista. Achamos que matá-lo provocaria guerra com a América, e, assim, mataríamos dois coelhos com uma só cajadada.

Juiz: E por que desistiram desse esplêndido projeto?

Koga: Porque a imprensa anunciou depois que a recepção ainda era coisa incerta.

Juiz: Por que atacaram a residência do primeiro-ministro?

Koga: Para derrubar o primeiro-ministro, que era também o chefe de um partido político, isto é, para derrubar o próprio centro do governo.

Juiz: Tencionava mesmo assassinar o primeiro-ministro?

Koga: Sim, é verdade. Mas, pessoalmente, eu não tinha nada contra ele.

Disse o mesmo acusado que o projeto de matar Chaplin não foi adiante porque 'houve dúvidas se valia a pena assassinar o artista, pois era bem pouco provável que isso viesse motivar a guerra com os Estados Unidos e aumentar o poder dos militares'."

Imagino os conspiradores levando a cabo a ideia e descobrindo, depois de matar-me, que eu era inglês e não americano. "Ah, perdão!"

Contudo, nem só mistério e contrariedades encontrei no Japão. Bem interessante foi a maior parte do tempo em que lá estive. O teatro Kabuki deu-me prazer acima da expectativa. O Kabuki não se prende ao formalismo dos espetáculos tradicionais; combina o antigo e o moderno. Em primeiro lugar está o virtuosismo do ator; a peça não é mais do que um pretexto para que ele mostre a sua arte de representar. A técnica de que usa parece de recursos limitadíssimos se apreciada segundo os critérios do Ocidente. Foge ao realismo quando não é possível utilizá-lo de modo a convencer. Por exemplo, nós, ocidentais, não conseguimos figurar em cena um duelo a espada sem haver um toque de absurdo na representação; por mais que os atores finjam combater furiosamente o espectador percebe que eles tomam suas precauções; os japoneses, ao contrário, não procuram absolutamente dar impressão de veracidade. A certa distância um do outro, os intérpretes da luta esboçam no ar semicírculos de frementes espadagadas, este como se quisesse decapitar o contendor, aquele como a acutilar as pernas do adversário. Cada qual, do seu lado, pula, dança, pirueta. Tal qual um bailado.

O embate é em estilo impressionista, compondo em seu desfecho uma visão de vencedor e vencido. Mas do impressionismo os atores passam ao realismo na cena da morte.

No teatro Kabuki é grande o número de peças que se marcam pela ironia. Assisti a uma que se assemelhava a *Romeu e Julieta*. Era o drama de dois namorados a cuja união as famílias se opunham. Foi representado num palco giratório, coisa que os japoneses já usam há trezentos anos. A primeira cena passava-se na câmara nupcial, onde se encontrava o jovem par, logo após o matrimônio. No correr do ato, emissários intercediam junto aos pais dos nubentes; estes mantinham-se na esperança de apaziguá-los. Contudo, a tradição foi mais poderosa; os pais não cedem. Os enamorados resolvem então suicidar-se, obedecendo ao velho rito do país, cada qual espalhando no chão o tapete de pétalas sobre o qual vai morrer; o jovem mata a esposa e em seguida tomba sobre a espada.

Esparzindo as pétalas, nos preparativos da morte, os nubentes faziam comentários que provocavam o riso dos espectadores. Meu intérprete deu-me a conhecer o irônico humor de tais observações. Eram assim: "Após uma noite de amor como esta, para que viver?" Durante dez minutos, os dois continuam a gracejar, ironizando a situação. Depois, ajoelha-se a noiva sobre o seu tapete de flores, que fica distante do outro, e desnuda o colo. E enquanto o noivo desembainha a espada e vai avançando vagarosamente para a jovem, o palco giratório começa a mover-se; antes que a ponta da espada atinja a garganta da moça, a cena desaparece e o que se vê é a frente da casa envolta no luar. Por fim, ouvem-se vozes que se aproximam. São amigos dos nubentes mortos, trazendo a boa-nova de que foram perdoados pelos pais. Vêm um tanto bêbados e discutem qual deles deve dar a notícia. Então, improvisam uma serenata; como o par não responde, batem à porta.

— Não os perturbemos! — diz um deles. — Ou dormem ou estão muito ocupados...

E retira-se o bando, prosseguindo com a serenata, sob a marcação de um tique-taque, como ritmados estalidos de madeira — o que anuncia o fim do espetáculo, enquanto desce lentamente a cortina.

Até quando o Japão conseguirá sobreviver ao vírus da civilização ocidental constitui matéria a discutir. O amor da gente nipônica a esses aspectos simples da vida, tão característicos da sua cultura — olhares que se enlevam contemplando um tênue raio de luar, peregrinações para ver as cerejeiras em flor, a serena meditação que precede, como uma cerimônia, a hora do chá —, parece condenado a desaparecer na bruma da ocidentalização.

Certa vez, ouvi alguém dizer, num jantar, que só o descobrimento de novas minas de ouro poderia salvar a situação. De outra feita, quando comentei que a indústria, ao automatizar-se, ia suprimindo os empregos, houve quem ponderasse que o problema se resolveria por si mesmo, pois a mão de obra, tornando-se cada vez mais barata, acabaria em condições de fazer concorrência ao automatismo fabril. A crise era profundamente cruel.

QUANDO CHEGUEI DE VOLTA a minha casa de Beverly Hills, plantei-me ao centro da sala de estar. Era de tardinha; lá fora, estendia-se pelo jardim um tapete de sombras longas, ao mesmo tempo que douradas réstias de sol estriavam a sala. Como tudo parecia tranquilo! Deu-me vontade de chorar... Mas, após oito meses de ausência, perguntava de mim para mim se me sentia feliz com o regresso. Sem planos de trabalho, confuso e inquieto, oprimia-me uma sensação de total isolamento.

Acalentara-me na Europa a vaga esperança de encontrar alguém que pudesse trazer estímulo à minha vida. Esperança vã. De todas as mulheres que lá conheci bem poucas se ajustavam ao que eu queria e as que talvez me servissem não se interessaram por mim. Agora, retornado à Califórnia, tinha a impressão de me achar num cemitério. Douglas e Mary já se haviam separado; assim aquele mundo meu desaparecera.

MINHA VIDA

Naquela noite iria comer sozinho, o que sempre me desagradava naquele casarão. Mandei, pois, suspender o jantar, fui de automóvel a Hollywood, estacionei o carro e resolvi dar uma caminhada pelo Hollywood Boulevard. Parecia que eu nem estivera ausente. Tudo como deixei — a mesma sucessão monótona de casas comerciais de um só pavimento, lojas e armarinhos de miudezas a preço fixo, farmácias e sorveterias, estabelecimentos de artigos para o pessoal do Exército e da Marinha, os vastos armazéns de Woolworth e Kresge, um conjunto sem gosto e desanimador. Hollywood ainda guardava um aspecto de grande acampamento, de cidade pioneira.

Enquanto perambulava, pus-me a pensar se não seria melhor largar de vez a atividade, vender tudo e ir para a China. Não havia nada mais de incentivante que me prendesse a Hollywood. Sem dúvida, fora-se a época dos filmes mudos e não me sentia com ânimo de combater os falados. Além disso, estava eu fora de circulação. Tentei lembrar-me de alguém bastante íntimo a quem pudesse telefonar sem constrangimento, convidando-o a jantar comigo. E ninguém me ocorreu. Quando voltei para casa, soube que Reeves, meu administrador, telefonara, deixando o recado de que tudo ia bem. Ninguém mais havia ligado.

Era com grande esforço que fingia boa disposição ao aparecer no estúdio para lidar com enervantes assuntos de negócio. Contudo, encantou-me saber que *Luzes da cidade* ia de vento em popa, já com o lucro líquido de três milhões de dólares e ainda pingando, mês a mês, cheques com mais de cem mil. Reeves propôs-me uma visita ao banco de Hollywood, a fim de conhecer o novo gerente e iniciar relações. Como havia sete anos que eu não punha os pés num estabelecimento bancário, recusei.

O príncipe Henry, neto do *kaiser*, apareceu-me no estúdio e depois jantou em minha casa, onde tivemos prosa bem interessante. O príncipe, gentilíssimo e inteligente, falou-me da revolução alemã, ao fim da Primeira Guerra Mundial, como se fora uma opereta.

— Meu avô refugiou-se na Holanda, porém minhas tias permaneceram no palácio de Potsdam, amedrontadas demais para saírem de lá. Quando, afinal, os revolucionários decidiram marchar em direção ao palácio, fizeram por escrito consulta às minhas tias, desejando saber se estavam dispostas a recebê-los. Nesse encontro, ofereceram-lhes todas as garantias, prevenindo-as de que, se precisassem de alguma coisa, era só telefonar para a sede do Partido Socialista. Elas nem ousaram crer no que ouviam. Mas, depois, quando propôs o governo um acordo a respeito de suas propriedades, minhas tias deram para tergiversar, querendo indenização maior.

E concluiu o príncipe:

— Enfim, a Revolução Russa foi uma tragédia; a nossa, uma pilhéria.

Coincidindo com o meu regresso, algo de realmente maravilhoso estava acontecendo nos Estados Unidos. As coisas tinham ido de mal a pior. Alguns estados chegaram ao ponto de pôr em circulação, como dinheiro de valor meramente fiduciário, moedas de madeira, a fim de que tivessem escoamento as mercadorias sem comprador. Enquanto isso, o lúgubre Hoover permanecia emburrado, porque malograra o seu desastroso sofisma econômico, segundo o qual devia ser feita pelo alto a distribuição do dinheiro, na crença de que assim ele se filtraria até as camadas populares. Em meio a toda essa tragédia, proclamava, na campanha eleitoral, que se Franklin Roosevelt chegasse ao governo estariam abalados os próprios alicerces do sistema americano — aliás, sistema não isento de erros naquela hora.

Todavia, Franklin D. Roosevelt assumiu a presidência e o país não se encontrou em perigo. O seu discurso sobre "o Homem Esquecido" insuflou vida nova na política americana, que o pessimismo entorpecia, e inaugurou a era mais inspirada que a história dos Estados Unidos já conheceu. Ouvi a irradiação da fala na residência praieira de Sam Goldwyn, em companhia de Joe Schenck, Fred Astaire e esposa, Bill Paley, da Columbia Broadcasting System, e outros. "Só uma coisa devemos temer — o próprio medo" veio pelo ar como um raio de sol. Mas fiquei incrédulo. A maioria da roda, também. "É bom demais para ser verdadeiro", disse.

Mas, empossado, Roosevelt iniciou imediatamente a execução de suas promessas e, para evitar a falência dos bancos, desde logo decretou dez dias de moratória. Foi o momento em que a América deu de si a melhor prova. Armazéns e lojas em geral continuaram vendendo, mas a crédito; podia-se comprar fiado até mesmo ingressos de cinema; e durante esses dez dias, enquanto Roosevelt e sua equipe de assessores, o chamado *brains trust*, programavam a Nova Política (*New Deal*), teve o povo uma conduta maravilhosa.

Procedeu-se à elaboração de leis para atender aos problemas de maior urgência: ampliação de crédito rural para pôr cobro à grossa bandalheira das execuções hipotecárias, financiamento de grandes obras públicas, a implantação do Ato de Recuperação Nacional (*National Recovery Act*), elevação do salário mínimo, redução das horas de trabalho para aumentar o número de empregos e incentivo à organização de sindicatos. Isso era ir longe demais; isso era socialismo — vociferava a oposição. Fosse ou não fosse, a verdade é que salvou o capitalismo de completo colapso. E também deu início a algumas das mais importantes reformas que registra a história dos Estados Unidos. Era bem confortador ver quão rapidamente o cidadão americano se pôs em consonância com o senso construtivo do governo.

A essa época, Hollywood também passava por uma grande transformação. Haviam desaparecido em sua maioria os astros da tela muda... Apenas alguns ainda restavam. Com o êxito dos filmes falados, a terra do cinema perdera o encanto e a vida descuidosa. Da noite para o dia, o seu ambiente passou a ser o de uma indústria fria e séria. Técnicos de som procediam a adaptações nos estúdios, construindo complexos aparelhos acústicos. Câmaras que dariam para encher um quarto, enormes geringonças rangentes, moviam-se, bem vagarosas, ao redor do palco. Fez-se a instalação de complicadíssimos instrumentos de rádio, com milhares de fios elétricos. Equipados como se fossem guerreiros marcianos, viam-se operadores à escuta, tendo fones ajustados às orelhas; ao mesmo tempo, sobre a cabeça das artistas em representação adejavam microfones presos em hastes que pareciam caniços de pescador. Era uma barafunda que deprimia. Como ter inspiração criadora com toda essa tralha ao derredor? Causava-me horror. Depois, o processo foi simplificado, a aparelhagem tornou-se portátil e as câmaras adquiriram maior mobilidade; também já se podia alugar o equipamento por um preço razoável. Apesar desses aperfeiçoamentos, sentia-me com bem pouca disposição para reencetar o trabalho.

Ainda me tentava a ideia de levantar acampamento e instalar-me na China. Em Hong Kong poderia viver bem e esquecer o cinema, em vez de ficar mofando em Hollywood.

Sem me decidir, andei a vadiar durante quase um mês. Até que um dia Joe Schenck telefonou, convidando-me para passar o fim de semana em seu iate — um belo veleiro, de quarenta e cinco metros de comprimento, com acomodações confortáveis para catorze pessoas. Joe costumava ancorar defronte à ilha de Catalina, perto de Avalon. Em geral não me apraziam muito seus convidados masculinos; eram quase sempre jogadores de pôquer, e pôquer não me interessava. Havia, porém, outras atrações... Frequentemente levava para bordo uma turminha de moças bonitas e, sentindo-me angustiadamente só, alimentei a esperança de encontrar um lindo raio de sol.

Foi precisamente o que aconteceu. Encontrei Paulette Goddard.

Alegre e engraçada, contou-me ela, no começo da noite, que estava prestes a investir num negócio de cinema a quantia de cinquenta mil dólares, parte de pensão alimentar que lhe concedia o ex-marido. Levara para bordo todos os documentos, que se dispunha a assinar. Quase a agarrei pela garganta para que não fizesse isso. Iria evidentemente perder o dinheiro naquela aventura. Disse-lhe que eu vinha trabalhando na indústria cinematográfica desde quase os seus primórdios e, com a experiência que adquirira, não empregaria nem um centavo noutra coisa que não fosse nos meus próprios filmes... e mesmo assim ainda era um risco. E argumentei: se Hearst, com toda a sua equipe literária e com facilidade para comprar as histórias de maior sucesso popular nos Estados Unidos, tivera um prejuízo de sete milhões de dólares na produção de filmes, que poderia ela esperar? Acabei convencendo-a de que devia desistir da ideia. E assim começou a nossa amizade.

O laço que nos prendeu, a Paulette e a mim, foi a solidão. Ela chegara recentemente de Nova York e ninguém a conhecia. De parte a parte era um caso de Robinson Crusoe descobrindo Sexta-Feira. No correr da semana, não nos faltava o que fazer, Paulette a trabalhar numa fita de Sam Goldwyn e eu a tratar de meus negócios. Mas o domingo era um dia desconsolante. E nesse desconsolo dávamos longos passeios de automóvel; sem exagero, vasculhamos todo o litoral da Califórnia. Não sabíamos em que gastar o tempo. Nossa aventura mais excitante consistia em ir ao porto de San Pedro para ver as embarcações de recreio. Encontrava-se à venda uma delas, grande lancha de passeio, a motor, com dezesseis metros de comprimento, três cabines, copa-cozinha e uma aprazível casa do leme... O tipo da embarcação que eu gostaria de possuir.

— Se você tivesse um barquinho como este — disse Paulette — poderíamos passar domingos bem agradáveis e ir mesmo até Catalina.

Diante disso, tomei informações para a compra. A lancha pertencia a um fabricante de câmaras cinematográficas, sr. Mitchell, que nos levou a bordo. Três vezes por semana íamos examiná-la, de modo que já nos acanhava aparecer de novo. O sr. Mitchell, porém, disse-nos que, enquanto não fechasse negócio com qualquer pretendente, poderíamos ir quantas vezes quiséssemos.

Às ocultas de Paulette, adquiri a embarcação e preparei-a para uma excursão até Catalina, levando para bordo o meu próprio cozinheiro e Andy Anderson, que antes fizera papéis de policial em fitas cômicas da Keystone. Tinha ele carta de piloto. No domingo seguinte tudo já estava pronto. Paulette e eu saímos cedo para o que ela supunha ser apenas mais um longo passeio de automóvel; combinamos que tomaríamos somente uma xícara de café e ficaria para depois o café da manhã, num lugar qualquer. Quando percebeu que íamos em direção a San Pedro, Paulette disse:

— Não é possível que você esteja querendo examinar a lancha de novo...

— Gostaria de ir a bordo mais uma vez, para ver se me decido — respondi.

— Então, vá sozinho; eu já não tenho cara para isso — falou em tom amuado. — Fico esperando no carro.

Quando parei o automóvel diante do barco ancorado no cais, não havia jeito de convencer Paulette a saltar.

— Não, vá sozinho. Mas, depressa... Ainda não tivemos o café da manhã.

Passados uns dois minutos, voltei ao automóvel e consegui que ela, muito a contragosto, viesse a bordo. A mesa da cabine estava guarnecida com a alegria de uma toalha azul e rosa, combinando com a louça das mesmas cores. Chegava da cozinha o cheiro apetitoso de um frigir de ovos e de *bacon*.

— O comandante oferece-nos gentilmente o café da manhã — disse-lhe. — Vamos ter bolo de trigo, *bacon*, ovos, torradas e café.

Paulette lançou uma espiadela para a copa e reconheceu o cozinheiro.

— Bem... — disse eu. — Você não queria ter onde passar os domingos? Pois assim que acabarmos o café da manhã, iremos até Catalina para umas braçadas... — E contei-lhe que havia comprado a lancha.

Sua reação foi engraçada.

— Espere um momento...

Levantou-se, deixou o barco e correu uns cinquenta metros pelo cais. Quando parou, cobriu o rosto com as mãos.

— Ei! Venha comer! — gritei.

Quando voltou para bordo, explicou-me:

— Tive de fazer o que fiz para me desafogar da surpresa.

Então, Freddy, o cozinheiro japonês, apareceu com a bandeja, todo risonho. E logo que esquentamos o motor saímos barra afora, para o alto-mar, singrando as vinte e duas milhas que devíamos vencer até Catalina. E lá permanecemos ancorados por nove dias.

AINDA não tinha planos de trabalho imediato. Em companhia de Paulette, pratiquei tolices de toda espécie: ir a hipódromos, boates, as diversões mais variadas, enfim, o que houvesse para matar o tempo. Entretanto, em meio a essas folganças perseguia-me no íntimo um constante senso de culpa: "Que faz aqui? Por que não está no trabalho?"

Além disso, sentia-me deprimido pela observação de um jovem crítico. Dissera que *Luzes da cidade* era muito bom, mas pendia para o sentimentalismo, e nos meus novos filmes eu deveria ser mais realista. Achei que tinha razão. Se eu já soubesse o que iria criar, teria respondido que muitas vezes o chamado realismo é artificial, postiço, prosaico e enfadonho; também teria dito que num filme o que importa não é a realidade, mas o que dela possa extrair a imaginação.

Curioso: foi por mero acaso, e quando menos esperava, que me senti de súbito com disposição para fazer outra película silenciosa. Paulette e eu havíamos ido ao hipódromo de Tijuana, no México, onde uma taça de prata seria oferecida ao ganhador de um grande prêmio, o de Kentucky ou qualquer outro. Convidaram Paulette a entregar o troféu ao jóquei vencedor e dizer algumas palavras com acento sulista. Não se fez de rogada. E espantei-me ao ouvi-la pelo alto-falante. Embora natural de Brooklyn, imitou admiravelmente uma beldade kentuckiana. Convenci-me então que ela era capaz de representar.

Com isso, fiquei estimulado. Aos meus olhos tinha Paulette um quê de *gamine,* de estouvada garota das ruas. Seria um tipo estupendo para se lançar na tela. Figurei mentalmente o encontro de Carlitos e da malandrinha num tintureiro da polícia, abarrotado de presos; o vagabundo oferecia-lhe, galantemente, o seu lugar no banco. Foi o ponto de partida para que eu compusesse o enredo e diversas passagens cômicas.

Depois, lembrei-me da entrevista que concedi a um jovem e brilhante repórter do *World,* de Nova York. Ao dizer-lhe que ia visitar Detroit, explicou-me o sistema de trabalho na linha de montagem dos automóveis — uma história confrangedora da grande indústria, atraindo jovens sadios que deixavam o campo e que, ao fim de quatro ou cinco anos, se viam reduzidos a uns frangalhos nervosos.

Foi tal conversa que me deu a ideia para *Tempos modernos*: como invenção para poupar tempo, utilizei um aparelho de levar comida à boca, de modo que até almoçando os operários pudessem continuar o serviço. A sequência da fábrica fundia-se na figura de Carlitos em desesperada crise histérica. O entrecho ia-se constituindo ao sabor dos acontecimentos, em sua lógica sucessão. Depois de curado, o vagabundo é preso e encontra a malandrinha que também fora detida pelo furto de um pão. Encontram-se num tintureiro superlotado de delinquentes. Daí por diante é a história de dois coitados tentando acomodar-se aos tempos modernos. Veem-se às voltas com a depressão, greves, barulhos de rua e o desemprego. Paulette vestia-se de farrapos. Quase chorou quando lhe borrei o rosto com fuligem para dar impressão de sujeira. Mas, insisti, dizendo:

— Essas manchas são pintas de beleza.

Não custa dar sedutora apresentação a uma atriz que deva aparecer em finos trajes da moda. Mas vesti-la como uma vendedora de flores e, ainda assim, fazê-la atraente, como em *Luzes da cidade,* era coisa difícil. A indumentária da jovem de *Em busca do ouro* não chegou a ser um problema. Entretanto, a de Paulette em *Tempos modernos* exigia tanto esmero e finura como uma criação de Dior. Sem o máximo de apuro no arranjo de quem se vai apresentar como uma andrajosa malandrinha, os seus remendos parecem teatrais e não conseguem convencer. Na caracterização de uma atriz como garota de rua ou vendedora de flores, procurei criar um efeito poético e não destituí-la de sua personalidade.

Antes de haver a estreia de *Tempos modernos,* alguns colunistas escreveram que, segundo certos rumores, o filme era comunizante. Creio que isso resultou de já ter aparecido na imprensa um resumo da história. Todavia, os críticos de tendência liberal acharam que a película não era nem a favor do comunismo nem contra e que eu, como se costuma dizer, estava em cima do muro.

A coisa mais enervante deste mundo é receber informações de que na primeira semana a receita de um filme bateu todos os recordes, mas que na segunda caiu um pouco. Portanto, após o lançamento em Nova York e Los Angeles, meu único desejo era ficar o mais longe possível de qualquer notícia a respeito de *Tempos modernos*; decidi então partir para Honolulu, levando comigo Paulette e a mãe dela; deixei recomendado ao pessoal do escritório que não me remetesse correspondência de qualquer espécie.

EMBARCAMOS em Los Angeles; ao chegarmos a São Francisco chovia bastante. Contudo, nada poderia apagar o nosso ardor; tivemos tempo de fazer umas comprinhas e depois tornamos ao navio. Ao passar pelas docas, vi estampada nuns volumes de carga a palavra "China".

— Vamos para lá!

— Para onde? — perguntou Paulette.

— China.

— Você está brincando?

— Se não formos agora, não iremos nunca mais.

— Mas eu não tenho roupas...

— Ora... Em Honolulu poderá comprar quanto precise.

Todos os navios deveriam ter o nome de *Panaceia*; pois nada é mais retemperante do que uma viagem por mar. As preocupações ficam adiadas. O vapor acolhe-nos como a um filho e nos restitui a saúde; quando, afinal, entra no porto, é com relutância que nos devolve à agitação do mundo.

Mas, ao chegar a Honolulu, vi, horrorizado, grandes cartazes anunciando *Tempos modernos* e a imprensa à minha espera no cais, pronta a massacrar-me. Não havia como escapulir.

Entretanto, não fui apanhado em Tóquio, pois o comandante fez a gentileza de registrar-me sob outro nome na lista de passageiros. As autoridades nipônicas franziram o sobrolho quando examinaram meu passaporte. "Por que não nos preveniu da sua vinda?" — perguntaram-me. Como houvera um golpe militar em que morreram centenas de pessoas, achei que não teria interesse a minha chegada. Em toda a nossa permanência no Japão um funcionário do governo ficou sempre ao nosso lado.

Desde São Francisco até Hong Kong quase que não havíamos trocado uma só palavra com qualquer dos outros passageiros; mas, quando lá aportamos, a coisa mudou. Isso graças a um padre.

— Charlie — disse-me um homem de negócios, altão, com ar sisudo —, quero apresentar-lhe um sacerdote católico de Connecticut, que há cinco anos está em missão numa colônia de leprosos, fora da cidade. O padre vive ali num tal isolamento que todo sábado vem a Hong Kong para uma visitinha aos navios americanos.

O sacerdote era um belo homem de boa estatura, a beirar os quarenta anos, de faces rosadas e sorriso cativante. Ofereci uma bebida, depois o meu amigo ofereceu outra e o padre mais outra. De começo, uma turma pequena; mas pouco a pouco foi aumentando — eram as primeiras horas da noite — e já havia umas vinte e cinco pessoas, cada qual ofertando sua rodada. Não tardou muito e mais dez se juntaram, sem se parar de beber; muitos arriaram sem acordo de si e tiveram de ser carregados para bordo, mas o padre, que não perdia um só trago, continuou sorridente e, sem dar sinal de perturbação, atendia a todos. Por fim, levantei-me para me despedir. E, quando ele me amparou solicitamente, apertei-lhe a mão. Senti-a rugosa e virei-a para lhe examinar a palma. Tinha rachaduras e escaras; ao centro uma esbranquiçada mancha.

— Espero que não seja lepra — disse, de brincadeira.

Num sorriso aberto, negou com a cabeça. Um ano depois soubemos que ele morrera daquele mal.

Demoramos sete meses ausentes de Hollywood. No curso da viagem Paulette e eu nos casamos. E iniciando a volta aos Estados Unidos, tomamos em Cingapura um navio japonês.

No dia seguinte ao da partida recebi um bilhete de quem dizia que ele e eu contávamos com muitos amigos comuns, mas, apesar disso, os anos foram correndo sem que tivéssemos ensejo de nos encontrar; agora, em pleno oceano Índico, seria uma ótima ocasião... Assinado — Jean Cocteau. Num pós-escrito avisava-me de que iria talvez ao meu camarote para um aperitivo antes do jantar. Veio-me logo a suspeita de que fosse um impostor. Que estaria fazendo ao largo do Índico tão requintado parisiense? Mas era mesmo Cocteau, em missão jornalística, a serviço do periódico francês *Le Figaro*.

Eu não falava francês e Cocteau era incapaz de dizer uma só palavra em inglês, porém o secretário dele sabia um pouco da língua, embora não se exprimisse muito bem, e nos serviu de intérprete. Naquela noite ficamos entretidos até altas horas, debatendo as nossas ideias sobre a vida e a arte. O intérprete ia traduzindo bem devagar e hesitantemente enquanto Cocteau, com as belas mãos espalmadas sobre o peito, discorria com velocidade de metralhadora, lançando olhares súplices ora para mim, ora para o secretário, que vertia indiferentemente: "O sr. Cocteau... ele diz... que o senhor é um poeta... da luz solar... e ele um poeta da... noite."

Imediatamente, Cocteau, deixando de encarar o intérprete, virava-se para mim, com rápido meneio de cabeça, num jeito de passarinho, e prosseguia. Depois, era eu a tomar a palavra, metendo-me em funduras de filosofia e de estética. Quando nossas opiniões coincidiam, abraçávamo-nos sob o frio olhar do intérprete. E assim, nessa exaltação, furamos a noite, até as quatro da madrugada, marcando novo encontro à hora do almoço.

Mas o nosso mútuo entusiasmo havia atingido o apogeu... estávamos saturados! Nem eu apareci, nem ele. De tarde nossos bilhetes de escusa parece que se entrecruzaram, pois eram idênticos os termos, ambos com desculpas em profusão, mas tendo a cautela de não propor novos encontros... Sentíamo-nos enjoados um do outro.

Ao jantar, quando entrei no salão, Cocteau estava sentado no extremo oposto, de costas para a minha mesa. Mas o secretário não conseguiu deixar de me ver e num jeitinho disfarçado indicou minha presença a Cocteau; este vacilou um instante, virou-se, fingiu surpresa e jovialmente agitou na mão o bilhete que eu lhe enviara; por minha vez também acenei com o bilhete dele e rimos os dois. Então, com ar sério, desviamos a vista e pusemo-nos a ler concentradamente o cardápio. Cocteau foi quem primeiro acabou de jantar e, quando serviam à minha mesa o prato principal, passou ele por perto discretamente e foi saindo num passo apressadinho. Virou-se, porém, quando já à porta, e fez um sinal para fora, como a dizer: "Lá nos encontraremos." Concordei vigorosamente com um gesto de cabeça. Mas, depois, que alívio descobrir que ele sumira!

Na manhã seguinte, passeava eu sozinho pelo tombadilho e de súbito percebi, horrorizado, que Cocteau aparecia ao longe, vindo em minha direção! Deus do Céu! Mais do que depressa tratei de encontrar por onde escapulir, mas nisto ele me viu e, para meu desafogo, enfiou-se logo pela porta do grande salão. Pude assim terminar em paz o meu passeio matinal. Durante o dia inteiro ficamos um e outro num jogo de esconde-esconde. Todavia, quando estávamos para chegar a Hong Kong, já nos sentimos com forças bastantes para um breve encontro. Tínhamos, entretanto, ainda mais quatro dias pela frente até o porto de Tóquio.

No curso da viagem, contou-me Cocteau um caso espantoso: vira ele no interior da China um buda vivo, homem de cinquenta anos, que passara a vida inteira a flutuar dentro de um jarro cheio de óleo, apenas com a cabeça aparecendo por cima do gargalo. Embebendo-se no azeite anos a fio, o corpo ficara como o de um embrião, tão mole que se poderia furá-lo com o dedo. Em que lugar da China foi que ele viu isso nunca explicou direito e acabou admitindo que apenas lhe contaram a história.

Nas diversas escalas, ao sair de bordo e ao voltar, poucas vezes nos defrontamos e nessas ocasiões nos contentávamos com breve "como vai?" ou "até logo". Mas, ao descobrir que tínhamos passagens tomadas no mesmo navio, o *President Coolidge,* na volta aos Estados Unidos, ficamos resignados, sem novas tentativas de manifestar entusiasmo um pelo outro.

Em Tóquio, Cocteau fez a compra de um gafanhoto que pôs numa gaiolinha e que por diversas vezes levou cerimoniosamente ao meu camarote.

— É inteligentíssimo — disse-me. — E canta sempre quando eu lhe falo.

Tomou-se de tais amores pelo bichinho que este se tornou nosso motivo de conversa.

— Como está passando Pilu esta manhã? — perguntava-lhe.

— Não muito bem — respondia solenemente. — Botei-o de dieta.

Quando chegamos a São Francisco, insisti em convite a Cocteau para que fosse de automóvel conosco até Los Angeles, pois tínhamos um carro a nos esperar. Pilu foi também. Durante a viagem deu para chiar.

— Está vendo? — disse Cocteau. — Ele gostou da América!

De súbito, Cocteau baixou o vidro do automóvel, abriu a portinhola da gaiolinha e sacudiu o gafanhoto para que fugisse.

— Por que fez isto? — perguntei, surpreso.

— Para dar liberdade ao bichinho — respondeu por meio do intérprete.

— Mas — objetei — Pilu está numa terra estranha a ele e não sabe falar a língua...

Cocteau deu de ombros.

— Ora... Ele é esperto e não tarda a aprender.

Esperavam-nos em Beverly Hills animadoras notícias do estúdio: *Tempos modernos* era um grande sucesso.

Mas de novo eu me defrontava com esta interrogação depressiva: deveria fazer outro filme silencioso? Bem me compenetrava de que seria enfrentar um grande risco. Todo o pessoal de Hollywood já desertara da cena muda e só eu ainda a cultivava. Até então a sorte me protegera, porém era desencorajador continuar, com a impressão de que a arte da pantomima ia aos poucos ficando obsoleta. Além disso, não era fácil idear um roteiro de fita silenciosa que se estendesse por uma hora e quarenta, com o humorismo traduzido em ação e gracejo visuais a cada seis metros de celuloide, isso num total pouco mais de dois quilômetros. Também me deprimia pensar que se eu fizesse um filme falado, por melhor que fosse nunca superaria a qualidade artística das minhas pantomimas. Muito conjeturei que vozes seriam as adequadas ao meu tipo de vagabundo; deveria ele falar em monossílabos ou apenas resmungar de forma ininteligível? Mas não houve jeito. Se eu falasse na tela, tornar-me-ia um comediante como qualquer outro. Eis os melancólicos problemas com que eu me vi às voltas.

Fazia então um ano que Paulette e eu estávamos casados, porém já uma brecha se ia alargando entre nós. Em parte, porque eu vivia preocupado e absorvido em procurar um rumo de trabalho. Contudo, após o sucesso de *Tempos modernos,* Paulette foi contratada pela Paramount para fazer vários filmes. Quanto a mim, sentia-me incapaz de compor argumentos e de representar. Nesse desânimo tomei a resolução de ir para Pebble Beach, com meu amigo Tim Durant. Talvez lá pudesse trabalhar melhor.

Pebble Beach, a uns cento e sessenta quilômetros ao sul de São Francisco, era um lugar agreste, malcheiroso e com algo de sinistro. Conhecido como "o caminho dos vinte e sete quilômetros", apelidei-o de "refúgio das almas desgarradas". Havia cervos errando pelos bosques das redondezas e muitas moradias de aspecto pretensioso, desocupadas e à venda: árvores caídas apodreciam nos campos cheios de carrapatos, ervas daninhas, moitas de oleandro e beladona — um ambiente para bruxas. De frente para o mar, construídas sobre rochedos, várias mansões luxuosas, ocupadas por milionários. Esse trecho tinha a denominação de "Costa do Ouro".

Travei conhecimento com Tim Durant quando alguém o levou num domingo para as nossas partidas costumeiras de tênis. Tim era excelente na raquete e muitas vezes jogamos juntos. Havia pouco que se divorciara da mulher, filha de E. F. Hutton, e fora à Califórnia para esquecer tudo. Tornamo-nos ótimos amigos.

Alugamos uma casa a pouco menos de um quilômetro do oceano. Era úmida e desconfortável; quando acendíamos o fogão, enchia-se toda de fumaça. Bem relacionado no círculo social de Pebble Beach, Tim ia fazer visitas e então eu tentava trabalhar. Dias e dias fiquei sozinho na biblioteca ou a passear pelo jardim, à procura de uma ideia... que não vinha. Por fim, deixando para depois as preocupações, passei a frequentar também, na companhia do amigo, os moradores das redondezas. Muitas vezes tem-me ocorrido que eles dariam bom material para contos, parecendo-me típicos personagens de Maupassant.

Uma grande residência, com todo o conforto, guardava um quê de estranho e merencório. O dono da casa, sujeito simpático, ia tagarelando incessantemente, com voz bem alta, enquanto a mulher não dizia uma só palavra. Desde que lhe morrera o pequerrucho, cinco anos antes, raramente falava ou sorria. Contentava-se em murmurar boa tarde e boa noite.

Noutra moradia, erguida sobre penhascos, sobranceando o mar, vivia um romancista que ali perdera a esposa. Parece que ela resolvera tirar fotografias no jardim e deve ter recuado demais. Quando o marido foi procurá-la, só encontrou um tripé. E nunca mais a viu.

A irmã de Wilson Mizner tomou-se de antipatia pelos vizinhos, cuja quadra de tênis era em terreno mais elevado. Toda vez que os vizinhos começavam a jogar a senhora acendia uma fogueira e ondas de fumo cobriam a quadra.

Os Fagan, velho casal imensamente rico, recebiam aos domingos, em grande estilo. O cônsul nazista, com quem lá me encontrei, fez o possível para me agradar, porém o evitei e me encolhi.

Vez por outra, íamos passar o fim de semana com John Steinbeck e sua mulher. Tinha uma casa pequena perto de Monterey. Estava ele no limiar da fama, havendo escrito *Boêmios errantes* e uma série de contos. John trabalhava pela manhã e compunha, em média, duas mil palavras diariamente. Fiquei surpreendido ao ver como eram limpas as laudas, quase sem emendas. Invejo-o.

Gosto de saber como trabalham os autores e quanto produzem no seu dia a dia. Thomas Mann, umas quatrocentas palavras. Lion Feuchtwanger ditava duas mil, aproveitando umas seiscentas no texto definitivo. Somerset Maugham compunha quotidianamente cerca de quatrocentas, mesmo que fosse tão só para se conservar em forma. H. G. Wells orçava por mil, enquanto o jornalista inglês Hannen Swaffer oscilava entre quatro e cinco mil diariamente. O crítico americano Alexander Woollcott escrevia em quinze minutos um artigo de setecentas palavras e logo depois se reunia a uma roda de pôquer. É fato que presenciei. Hearst redigia nas primeiras horas da noite um editorial de dez mil palavras. Num mês apenas Georges Simenon compunha uma novela, aliás de excelente qualidade literária. Georges contou-me que acordava às cinco da manhã, ele próprio fazia o café e então se aboletava à escrivaninha, pondo-se ali a brincar com uma bola de ouro, igual em tamanho a uma de tênis; enquanto isso, ia pensando... Usava caneta e quando lhe perguntei por que escrevia com letra tão miúda, explicou: "Assim é menor o esforço do pulso." Quanto a mim, dito cerca de mil palavras por dia, o que dá em média umas trezentas de texto definitivo para o diálogo dos meus filmes.

Os Steinbeck não tinham empregadas, a esposa incumbia-se de todo o serviço doméstico. Eu lhe queria um grande bem. O casal era maravilhoso.

John e eu entretínhamos longas conversas. E falando sobre a Rússia, disse ele que uma boa coisa feita pelos comunistas era ter abolido a prostituição.

— Ora... Talvez seja, pouco mais ou menos, o que ainda resta de iniciativa privada — falei. — Que pena! Não está longe de ser a única profissão que retribui no justo valor o que se paga, e profissão das mais honestas... Por que não sindicalizá-la?

Uma sedutora senhora casada, cujo marido era notoriamente infiel, combinou encontro comigo, a sós, em sua grande casa. Fui com firme intenções de adultério. Mas quando a senhora me confidenciou, em lágrimas, que já eram decorridos oito anos sem que tivesse relações sexuais com o esposo e que ainda o amava, sua choradeira pôs água na minha fervura e me vi a lhe dar conselhos de filósofo... e tudo acabou em cerebralidades. Depois, surgiram rumores de que se tornara lésbica.

O poeta Robinson Jeffers vivia nas adjacências de Pebble Beach. A primeira vez que Tim e eu o encontramos foi em casa de um amigo. Era arredio e caladão; com a minha loquela habitual, falei disso e daquilo, puxando pelos assuntos do dia, para entreter conversa. Mas Jeffers não abriu a boca. Voltei para casa aborrecido comigo mesmo, por haver monopolizado a palavra. Tive a impressão de que ele se desagradara de mim, porém me enganei, pois alguns dias depois Tim e eu fomos seus convidados para um chá.

Em companhia da mulher, Robinson Jeffers morava numa espécie de pequeno castelo de pedra, de aparência medieval, a que deu o nome de Tor; ele próprio o construíra num quadrilátero de rocha, à beira do Pacífico. Parecia de certo modo um capricho de menino. O aposento mais espaçoso não tinha mais de dez metros quadrados. A alguns passos da casa havia uma torre, também de aspecto medieval, com seis metros de altura e um metro e quarenta de diâmetro. Estreitos degraus de pedra conduziam a um pequeno mirante arredondado com seteiras à guisa de janelas. Era o gabinete de Jeffers.

Foi ali que escreveu *Roan stallion*. Tim pretendia que esse gosto sepulcral fosse um mórbido anseio de morte. Mas vi o poeta passeando ao crepúsculo em companhia do seu cachorro, a enlevar-se com o cair da noite, a fisionomia em inefável expressão de paz, como que perdido em algum sonho distante. E fiquei certo de que uma pessoa como Robinson Jeffers não deseja a morte.

DE NOVO A GUERRA ANDAVA NO AR. Os nazistas, em marcha. Quão cedo havíamos esquecido a primeira conflagração mundial, com seus atormentadores quatro anos de matança. Quão cedo esquecêramos os confrangedores destroços humanos: os grandes mutilados metidos em cesta, como uns aleijões... e os sem braço, os sem perna, os sem vista, os sem queixo, as contorcidas vítimas de paralisia espasmódica. Nem os que não foram mortos ou feridos puderam escapar, pois a mente de muitos sofreu deformações. O minotauro da guerra devorou a juventude, poupando os velhos cínicos. Bem depressa, porém, isso tudo se apagou da nossa memória e eis a guerra novamente enfeitada em refrões populares como este:

"*Como será possível devolvê-los ao campo, depois que viram Paris...*"

Sob muitos aspectos a guerra não deixava de ser uma boa coisa — diziam alguns. Promovia o desenvolvimento industrial, o avanço das técnicas e o aumento dos empregos. Como pensar nos milhões dos que haviam sucumbido quando se ganhavam milhões no jogo da Bolsa? No apogeu da valorização dos títulos, Arthur Brisbane do *Hearst Examiner* escrevia: "As ações da U. S. Steel vão dar um pulo para cima de quinhentos dólares." Em vez disso, os especuladores é que saltaram pela janela dos arranha-céus.

E enquanto se fermentava uma nova guerra, ia eu tentando escrever um argumento cinematográfico para Paulette; mas não conseguia tocar a coisa adiante. Como absorver-me em caprichos femininos ou pensar em assuntos romanescos e problemas de amor quando a loucura estava sendo provocada por um horrível personagem grotesco, Adolf Hitler?

Em 1937, Alexander Korda sugeriu-me que fizesse uma história sobre Hitler, tendo por motivo um erro de identidade, já que tinha ele o mesmo bigodinho do meu vagabundo. Korda alvitrou que eu poderia representar os dois papéis. De momento não dei maior atenção à ideia, mas agora era bem oportuna e eu ansiava desesperadamente por voltar ao trabalho. De súbito irrompeu a inspiração. Claro! Como Hitler, poderia arengar às multidões numa algaravia ininteligível e falar assim quanto quisesse; como Carlitos, permaneceria mais ou menos calado. Um argumento sobre Hitler prestava-se ao burlesco e à pantomima. Cheio de entusiasmo, segui apressadamente para Hollywood e comecei a escrever um roteiro. A história só ficou pronta ao fim de dois anos.

Pensei na sequência inicial: seria uma cena de batalha da Primeira Guerra, mostrando o Grande Bertha, que tinha alcance de cento e vinte quilômetros e com o qual os alemães pretendiam aterrorizar os Aliados. Preparava-se o canhão para destruir a catedral de Rheims... e, errando o alvo, o obus demolia uma latrina lá fora.

Paulette deveria tomar parte no filme. Nos dois últimos anos obtivera muito êxito na Paramount. Embora mais ou menos afastados um do outro permanecíamos amigos e ainda casados. No entanto, era uma criatura de veneta. E um desses caprichos bem que me divertiria se não houvesse chegado em hora inoportuna. Certa vez, ela entrou em meu camarim do estúdio, acompanhada por um moço melífluo e elegante, que parecia ter as roupas coladas ao corpo. Passara eu um dia difícil, a batalhar com o roteiro, e fiquei um pouco aborrecido com aquela interrupção. Mas Paulette disse que era assunto muito importante; sentou-se, convidando o rapaz a puxar uma cadeira e acomodar-se junto dela.

— É o meu agente — anunciou.

Então olhou para o rapaz, como a lhe dar a palavra. E ele falou rapidamente, porém destacando bem as palavras, como se lhe deliciasse cada uma delas:

— Como sabe perfeitamente, sr. Chaplin, a partir de *Tempos modernos* o senhor vem pagando a Paulette duzentos e cinquenta dólares semanais.

O que ainda não acertamos com o senhor é a questão de publicidade; ela deve ter setenta e cinco por cento do espaço em todos os cartazes...

Não pôde continuar.

— Que diabo de história é esta? — gritei. — Não me diga qual a propaganda que ela deve ter! Estou mais empenhado do que você em defender-lhe os interesses! E retirem-se os dois!

Quando já ia meio andada a produção de *O grande ditador*,[1] comecei a receber da United Artists avisos alarmantes. A sua gente fora prevenida pelo *Hays Office* que eu teria dificuldades com a censura do filme. O escritório da empresa em Londres também se mostrava muito apreensivo a respeito de uma película anti-Hitler, duvidando que pudesse ter exibição na Inglaterra. Contudo, estava eu decidido a ir adiante, pois Hitler deveria ser escarnecido. Se eu já houvesse tomado conhecimento dos horrores que aconteciam nos campos de concentração alemães, não teria podido realizar *O grande ditador;* não teria podido fazer graça à custa da demência homicida dos nazistas. Entretanto, mantinha-me no firme propósito de ridicularizar a sua mística baboseira a respeito de pureza racial. Como se tal coisa jamais tivesse existido, a não ser nos aborígines australianos...

Enquanto eu produzia *O grande ditador*, passou pela Califórnia *sir* Stafford Cripps, que regressava da Rússia. Foi jantar em minha casa, trazendo um moço que recentemente deixara a Universidade de Oxford; o seu nome escapa-me à memória, porém ainda me lembro da observação que fez naquela noite:

— Pelo jeito em que vão indo as coisas na Alemanha e no resto do mundo, tenho poucas oportunidades de viver mais cinco anos.

Sir Stafford andara pela Rússia em viagem de estudos e mostrou-se profundamente impressionado com o que vira. Descreveu os vastos planos da União Soviética e também, é claro, seus terríveis problemas. Parecia ele acreditar ser a guerra inevitável.

Novas cartas inquietantes foram-me enviadas pelo escritório de Nova York, implorando-me que não realizasse o filme e afirmando que decerto não seria exibido nem na Inglaterra nem na América. Todavia, continuei

---

[1] No original inglês: *The great dictator*. (N. do T.)

MINHA VIDA   453

inabalado na resolução de fazê-lo, mesmo que tivesse de alugar por minha conta as salas de projeção.

Antes de estar concluído *O grande ditador,* a Grã-Bretanha declarou guerra aos nazistas. Foi a bordo do meu barco, ao passar em Catalina o fim de semana, que ouvi pelo rádio as entristecedoras notícias. De começo, inação em todas as frentes... "Os alemães jamais romperão a linha Maginot", dizíamos. E eis que repentinamente começou o holocausto: ruptura da frente na Bélgica, o colapso da Maginot, o desesperado e arrepiante episódio de Dunquerque... e a França ocupada. As notícias cada vez mais sombrias. A Inglaterra a combater de costas contra a parede. E Hitler decide invadir a Rússia! Era prova de que já atingira a inevitável alienação. O fato causou uma grande sensação de alívio não só na Inglaterra como também na América, muito embora os Estados Unidos ainda não tivessem entrado na conflagração. E, agora, o nosso escritório de Nova York passava-me telegramas ansiosos: "Apronte o filme a toda pressa, o público inteiro está em expectativa."

O grande ditador era obra difícil; exigia montagens complexas, maquetes e outros elementos, em preparação que se prolongou por um ano. Sem essas aparelhagens teria custado cinco vezes mais. E mesmo assim as minhas despesas já subiam a quinhentos mil dólares antes que a câmera começasse a rodar. Perto de concluir-se o trabalho, Douglas Fairbanks e sua nova esposa, Sylvia, visitaram-nos quando fazíamos uma filmagem fora de Hollywood. Douglas permanecera inativo naqueles últimos cinco anos e tive raras ocasiões de vê-lo, pois ele andara em frequentes viagens à Inglaterra. Achei-o envelhecido e mais corpulento; parecia preocupado. Não obstante, continuava a ser o mesmo entusiástico Douglas. Gargalhou ruidosamente durante uma tomada de cena.

— Estou doido para ver logo este filme — disse.

Douglas demorou-se uma hora mais ou menos. Quando se retirou, fiquei a acompanhá-lo com os olhos, observando-o ajudar a mulher a descer uma rampa íngreme; e à proporção que os dois iam seguindo a pé, com a distância a crescer entre nós, senti uns laivos de melancolia. Doug virou-se e acenou com a mão; acenei também. E foi a última vez que o vi. Um mês depois, telefonou-me Douglas Júnior para comunicar que o pai falecera naquela noite, de um ataque de coração. Era um golpe terrível, a morte de um homem que pertencia tanto à vida.

Douglas fazia-me falta... não ter mais o calor do seu entusiasmo e do seu encanto; nem a sua voz amiga ao telefone, que em manhãs domingueiras arrancava-me do isolamento e do tédio, a me dizer: "Charlie, apareça para o almoço... e fique para uns mergulhos na piscina... e para o jantar... e depois, que tal vermos um filme?" Sim, muita falta me fazia a sua deliciosa afeição.

A que convívio de homens deveria eu ter preferido associar-me? Suponho que escolha natural seria a dos meus colegas de profissão. No entanto, Douglas foi o único ator de quem me tornei amigo para sempre.

De tanto me encontrar com os astros do cinema nas festas e recepções de Hollywood, fiquei um desencantado... éramos talvez excessivamente numerosos. Havia mais competição do que estima; na ida ao bufê como na volta, tínhamos de apanhar a luva de muitos desafios na concorrência para despertar maior atenção. Bem... quando estrelas se juntam a outras estrelas não irradiam muita luz nem muito calor.

Os literatos são encantadores, porém não muito dadivosos; transmitem raramente aos outros o que sabem; na grande maioria, escondem-no sob a capa dos seus livros. Os cientistas podem ser ótimos companheiros, mas sua mera presença num salão inibe a inteligência dos demais. Os pintores aborrecem, porque, na maior parte, gostariam de nos convencer de que são mais filósofos do que pintores. Sem dúvida, os poetas constituem uma classe superior e como indivíduos são agradáveis, tolerantes e de excelente convívio. Creio, entretanto, que os músicos em geral têm mais senso de cooperação do que outra qualquer espécie de gente. Não há nada que mais nos aqueça e nos comova o espírito do que o espetáculo de uma orquestra sinfônica. As luzes românticas das estantes, a afinação dos instrumentos e o silêncio repentino quando o maestro faz a sua entrada inspiram uma impressão de grupo social em harmonia, em ação solidária. Recordo-me do pianista Horowitz num jantar em minha casa; os convivas discutiam a situação mundial, dizendo que a crise econômica e o desemprego produziram um renascimento espiritual. De repente, o musicista levantou-se e disse: "Esta conversa deu-me vontade de tocar piano." Naturalmente ninguém fez objeção e ele tocou a

Sonata n. 2 de Schumann. Pergunto-me se ele conseguiu tocar de outra vez tão bem como naquela noite.

Pouco antes da guerra, jantei na casa dele com sua mulher, filha de Toscanini. Estavam presentes Rachmaninov e Barbirolli. Rachmaninov era um homem de ar estranho, com algo de esteta e de enclausurado. Foi um jantar íntimo, apenas de cinco pessoas.

Parece que toda vez que se discute arte eu tenho a respeito uma tese diferente a explanar. E por que não? Naquela noite disse que arte era uma emoção adicional justaposta a uma técnica apurada. Alguém desviou a palestra para religião e confessei não ser um crente. Mais que depressa arguiu Rachmaninov:

— Mas como pode admitir arte sem religião?

Por um momento fiquei desconcertado.

— Não creio que estejamos falando da mesma coisa — disse. — Entendo religião como fé num dogma... E arte é mais sentimento do que fé.

— Religião também — respondeu ele.

Diante disso, calei a boca.

OUTRO passo em falso da mesma natureza ocorreu com Igor Stravinski. Certa noite, ao jantar em minha casa, propôs-me que fizéssemos um filme juntos. No entusiasmo do instante, ainda à mesa, veio-me a ideia de uma história que passei a explicar à medida que a improvisava. Disse então que seria coisa surrealista e descrevi um *night-club* decadente, em cujas mesas, em torno da pista de dança, há vários grupos e casais simbolizando a vida mundana; numa das mesas a cobiça, em outra a crueldade, noutra mais a hipocrisia, e assim por diante. O tema do *show* apresentado é a Paixão de Jesus; e, enquanto o Salvador vai sendo crucificado, os diversos grupos observam o espetáculo com indiferença, alguns escolhendo a ceia, outros discutindo negócios, outros entediados. A populaça, os sumos sacerdotes e os fariseus apontam os punhos cerrados para a cruz, vociferando: "Se Tu és o Filho de Deus, desce de onde estás e salva-Te." Na mesa mais à frente, homens de negócio combinam, excitados, uma gorda transação. Um deles aspira com avidez o cigarro, levanta os olhos para o Senhor e sopra distrai-damente a fumaça na Sua direção.

Noutra mesa um casal estuda o cardápio. A mulher ergue a vista e então, nervosa, empurra a cadeira para trás.

— Não posso entender por que se vem aqui — observa, aborrecidamente. — É tão depressivo!

— Qual, entretenimento bem interessante! — responde o marido. — A casa já ia falir quando montaram este *show*. E agora está dando muito lucro.

— Acho sacrílego — diz a mulher.

— Pelo contrário, é de efeito benéfico — replica o homem. — Gente que nunca pôs os pés numa igreja vem aqui e aprende a história do cristianismo.

Na continuação do *show*, um ébrio, dando todos os sinais de que está sob a influência do álcool, aparece num outro plano; está sentado sozinho e põe-se a chorar, gritando:

— Vejam, estão a crucificá-lo! E ninguém se importa!

Levanta-se e estende os braços impressionantemente para a cruz. A esposa de um pastor protestante, sentada a pouca distância, queixa-se ao chefe dos garçons e o bêbado é levado para fora, sempre em lágrimas e insistindo em bradar:

— Vejam, ninguém se importa! Ah, que boa cambada de cristãos vocês todos!

— Está claro — disse eu a Stravinsky — que o bêbado é expulso porque está perturbando o *show*.

Expliquei que representar a Paixão na pista de uma boate se destinaria a mostrar quanto se tornou insincera e convencional, pelo mundo inteiro, a atitude dos que dizem professar a fé cristã. Stravinsky trancou-se num ar carrancudo e falou.

— Mas isto é mesmo sacrílego!

Fiquei um tanto espantado e sem jeito.

— Acha? — disse. — Não tive absolutamente essa intenção. Pensei que era crítica à posição do mundo em face do cristianismo... Talvez, esbo-çando a história assim, de improviso, não tenha deixado bem claro o que pretendia significar.

E aí o assunto foi encerrado. Entretanto, passadas algumas semanas, o compositor escreveu-me, querendo saber se ainda estava nas minhas cogitações a ideia de fazermos um filme juntos. Meu entusiasmo porém havia arrefecido e tornei-me interessado em trabalhar numa obra exclusivamente minha.

Hanns Eisler trouxe ao meu estúdio Schoenberg, homenzinho franco e áspero, cuja música eu muito admirava e a quem já tinha visto frequentemente nos torneios de tênis de Los Angeles, sentado sozinho nas arquibancadas, de boné branco e blusão. Depois de assistir a *Tempos modernos,* disse-me que gostara da comédia, mas que o acompanhamento musical era muito ruim... E eu concordei em parte com ele. Gravou-se-me para sempre na memória uma observação que fez, quando conversávamos sobre música: "Eu amo os sons, os belos sons."

Hanns Eisler contou-me uma história engraçada sobre o grande homem. Seu aluno de harmonia, Hanns andava a pé seis quilômetros, sobre a neve, no rigor do inverno, para tomar às oito da manhã lições com Schoenberg. Este, já um tanto careca, sentava-se ao piano enquanto o discípulo, a olhar por sobre o ombro do mestre, lia e assoviava a música.

— Meu rapaz — disse-lhe o professor —, não assovie. Você tem um sopro gelado que me resfria muito a cabeça.

Durante a produção de *O grande ditador,* comecei a receber cartas malucas e o número delas foi crescendo quando o filme ficou pronto. Alguns dos seus autores ameaçavam atirar bombinhas malcheirosas nos cinemas e cortar a tela onde quer que a película fosse exibida; outros prometiam provocar distúrbios. A princípio cogitei avisar a polícia, mas o noticiário a respeito afastaria os espectadores. Certo amigo meu sugeriu-me ter uma conversa com Harry Bridges, que dirigia o sindicato dos estivadores. Convidei-o a jantar em minha casa.

Disse-lhe francamente a razão por que o procurara. Expliquei-lhe que estava fazendo uma comédia antinazista, portanto bem de acordo com o que eu sabia ser a sua opinião política, e falei das ameaças que vinha recebendo. E disse então:

— Se você pudesse convidar, vamos dizer, uns vinte ou trinta dos seus estivadores para a minha estreia e se os espalhasse entre os espectadores, então, se alguns desses sujeitos pró-nazismo iniciassem barulho, vocês poderiam pisar-lhes gentilmente na biqueira dos sapatos, para evitar que a desordem fosse adiante.

Bridges riu.

— Não me parece que isto venha a ser necessário, Charlie. Na própria plateia você contará com defensores suficientes para tomar conta dos malucos que apareçam. E, se as cartas são realmente de nazistas, não creio que tenham a coragem de se desmascarar.

Naquela noite Harry narrou-me interessante episódio da greve de São Francisco. Então ele comandou praticamente a cidade inteira, pois controlava todo o sistema de abastecimento. Mas permitiu sempre que os hospitais e as crianças tivessem tudo de que necessitassem. Falando sobre a greve, disse-me:

— Quando uma causa é justa, não se precisa argumentar com os companheiros; basta expor os fatos e deixar que eles decidam. Expliquei aos meus homens que se eles resolvessem ir à greve haveria muita coisa séria; talvez alguns nem viessem a conhecer o resultado. Mas eu acataria qualquer decisão que tomassem. E, sendo pela greve, estaria na linha de frente... Foi só o que eu disse e quinhentos mil votaram unanimemente pela greve.

O lançamento de *O grande ditador* foi programado em dois cinemas nova-iorquinos, o Astor e o Capitol. No primeiro houve uma pré-estreia para a imprensa. Harry Hopkins, o principal assessor de Franklin Roosevelt, jantou comigo naquela noite. Depois, fomos ao cinema e chegamos quando ia em meio a exibição.

A pré-estreia de uma comédia para a imprensa tem um cunho todo especial: parece que o riso é a contragosto. Foi assim também naquela noite.

— É um grande filme — disse Harry, quando saíamos. — Obra de muito valor, mas sem possibilidades de sucesso. Vai dar prejuízo.

Como havia custado dois milhões do meu próprio dinheiro e dois anos de trabalho, não posso dizer que tal prognóstico me encheu de alegria. Mas concordei circunspectamente com a cabeça. Graças a Deus, Hopkins enganou-se. O público seleto que compareceu à estreia de *O grande ditador,* no Capitol, mostrou-se encantado e entusiástico. O filme, exibido em dois cinemas ao mesmo tempo, manteve-se em cartaz, em Nova York, por quinze semanas, e, como veio a verificar-se depois, foi o de maior renda entre todos os meus.

Divergiram, porém, as críticas de imprensa. Na maior parte fizeram objeções à fala final. O *Daily News,* de Nova York, disse que eu havia apontado para a plateia o dedo do comunismo. Embora a maioria dos críticos fosse desfavorável ao discurso e dissesse que destoava do personagem, o público em geral muito apreciou e recebi numerosas cartas de exaltado elogio a esse respeito.

Archie L. Mayo, um dos mais importantes diretores de Hollywood, pediu-me permissão para imprimir a fala em seus cartões de boas-festas. Mayo estampou-a com uma introdução que ele escreveu. Seguem-se esta e o próprio discurso.

> *Se eu vivesse no tempo de Lincoln, creio que enviaria ao amigo o seu discurso de Gettysburg, por ser a mensagem mais inspirada desse período. Enfrentamos hoje novas crises e outro homem falou com toda a flama e sinceridade do seu coração. Embora só o conheça ligeiramente, o que ele disse emocionou-me profundamente... Eis por que envio ao amigo o texto completo da fala de Charlie Chaplin, para que participe também da esperança que nela se exprime.*

A Fala Final de
O GRANDE DITADOR

> *Sinto muito, mas não pretendo ser um imperador. Não é esse o meu ofício. Não pretendo governar ou conquistar quem quer que seja. Gostaria de ajudar a todos — se possível —, judeus, o gentio... negros... brancos.*
> *Todos nós desejamos ajudar uns aos outros. Os seres humanos são assim. Desejamos viver para a felicidade do próximo — não para o seu infortúnio. Por que havemos de odiar e desprezar uns aos outros? Neste mundo há espaço para todos. A terra, que é boa e rica, pode prover a todas as nossas necessidades.*
> *O caminho da vida pode ser o da liberdade e da beleza, porém nos extraviamos. A cobiça envenenou a alma dos homens... levantou no mundo as muralhas do ódio... e tem-nos feito marchar a passo de ganso para a miséria e os morticínios. Criamos a época da velocidade, mas nos sentimos enclausurados dentro dela. A máquina, que produz abundância, tem-nos*

deixado em penúria. Nossos conhecimentos fizeram-nos céticos; nossa inteligência, empedernidos e cruéis. Pensamos em demasia e sentimos bem pouco. Mais do que de máquinas, precisamos de humanidade. Mais do que de inteligência, precisamos de afeição e doçura. Sem essas virtudes, a vida será de violência e tudo será perdido.

A aviação e o rádio aproximaram-nos muito mais. A própria natureza dessas coisas é um apelo eloquente à bondade do homem... um apelo à fraternidade universal... à união de todos nós. Neste mesmo instante a minha voz chega a milhões de pessoas pelo mundo afora... milhões de desespera-dos, homens, mulheres, criancinhas... vítimas de um sistema que tortura seres humanos e encarcera inocentes. Aos que me podem ouvir, eu digo: "Não desespereis!" A desgraça que tem caído sobre nós não é mais do que o produto da cobiça em agonia... da amargura de homens que temem o avanço do progresso humano. Os homens que odeiam desaparecerão, os ditadores sucumbem e o poder que do povo arrebataram há de retornar ao povo. E assim, enquanto morrem homens, a liberdade nunca perecerá.

Soldados! Não vos entregueis a esses brutais... que vos desprezam... que vos escravizam... que arregimentam as vossas vidas... que ditam os vossos atos, as vossas ideias e os vossos sentimentos! Que vos fazem marchar no mesmo passo, que vos submetem a uma alimentação regrada, que vos tra-tam como um gado humano e que vos utilizam como carne para canhão! Não sois máquinas! Homens é que sois! E com o amor da humanidade em vossas almas! Não odieis! Só odeiam os que não se fazem amar... os que não se fazem amar e os inumanos!

Soldados! Não batalheis pela escravidão! Lutai pela liberdade! No décimo sétimo capítulo de são Lucas é escrito que o reino de Deus está dentro do homem — não de um só homem ou um grupo de homens, mas dos homens todos! Está em vós! Vós, o povo, tendes o poder — o poder de criar máquinas. O poder de criar felicidade! Vós, o povo, tendes o poder de tornar esta vida livre e bela... de fazê-la uma aventura maravilhosa. Portanto — em nome da democracia — usemos desse poder, unamo-nos todos nós. Lutemos por um mundo novo... um mundo bom que a todos assegure o ensejo de trabalho, que dê futuro à mocidade e segurança à velhice.

É pela promessa de tais coisas que desalmados têm subido ao poder. Mas só mistificam! Não cumprem o que prometem. Jamais o cumprirão! Os ditadores liberam-se, porém escravizam o povo. Lutemos agora para libertar o mundo, abater as fronteiras nacionais, dar fim à ganância, ao ódio e à prepotência. Lutemos por um mundo de razão, um mundo em que a ciência e o progresso conduzam à ventura de todos nós. Soldados, em nome da democracia, unamo-nos!

Hannah, estás me ouvindo? Onde te encontres, levanta os olhos! Vês, Hannah?! O sol vai rompendo as nuvens que se dispersam! Estamos saindo da treva para a luz! Vamos entrando num mundo novo — um mundo melhor, em que os homens estarão acima da cobiça, do ódio e da brutalidade. Ergue os olhos, Hannah! A alma do homem ganhou asas e afinal começa a voar. Voa para o arco-íris, para a luz da esperança. Ergue os olhos, Hannah! Ergue os olhos!

UMA SEMANA após a estreia, recebi convite para um almoço oferecido por Arthur Sulzberger, proprietário do *New York Times*. Ao chegar, fui levado ao último andar do edifício e conduzido a um apartamento onde me encontrei num salão com sofás e poltronas de couro, quadros e fotografias. Junto à lareira, abrilhantando-a com a sua augusta pessoa, estava o ex-presidente dos Estados Unidos, Herbert Hoover, um homem teso, de aspecto santimonioso e olhos miúdos.

— Este, senhor presidente, é Charlie Chaplin — disse Sulzberger, apresentando-me ao grande homem.

O rosto de Hoover exibiu um sorriso entre muitas rugas.

— Oh, sim — disse-me com ar radioso —, já nos encontramos antes, faz muitos anos.

Surpreendeu-me que se tivesse lembrado, pois naquele tempo me pareceu absorvido inteiramente em aprontar-se para a Casa Branca. Comparecera a um jantar de jornalistas, no Astor Hotel, a que fui levado por um dos participantes, como um complemento de sobremesa, antes que Hoover fizesse discurso. Passava eu então pelas angústias de um divórcio em andamento e, quando me deram a palavra, resmunguei qualquer coisa para dizer que sabia bem pouco a respeito de problemas governamentais — em verdade, sabendo ainda menos sobre os meus próprios. Após discorrer uns dois minutos, sentei-me. Mais tarde, apresentaram-me ao sr. Hoover. Penso que disse "como está passando?" e eis tudo.

O discurso de Hoover foi lido; diante dele havia uma pilha de laudas manuscritas, com altura de umas quatro polegadas; apanhava uma de cada vez. Ao fim de hora e meia, toda a gente espiava aquelas folhas com desconsolo. Duas horas após, as páginas a ler estavam no mesmo nível das páginas já lidas. Às vezes, Hoover subtraía umas doze, ou mais, e as punha de lado. Eram esses momentos bem aliviantes. Mas como não há nada que dure sempre, o discurso chegou ao fim. Quando Hoover acabava de arrumar os papéis, da maneira mais conscienciosa e profissional, sorri e aprontei-me para felicitá-lo pela oração, porém passou por mim sem dar sinal de que me vira.

E agora, decorridos muitos anos, inclusive os quatro em que exerceu a presidência, ali estava ele perto da lareira com expressão cordialíssima, fora do costume. Sentamo-nos, para o almoço, a uma grande mesa redonda. Reduzia-se a doze o número dos presentes. Explicaram-me que tais repastos eram dos mais seletos e exclusivos.

Há um tipo de empresário americano que me deixa com a impressão de não estar à sua altura. São todos muito altos, bem-afeiçoados, impeca-velmente vestidos, cabelos bem penteados, homens de raciocínio claro que expõem fatos com toda a clareza. Têm voz forte e metálica, falando sobre as questões humanas em termos geométricos, assim: "O processo organi-zacional ocorrente na curva anual do desemprego" etc. Tais cavalheiros sentam-se para o almoço com ar tão empertigado e imponente como o dos arranha-céus. A única sugestão humana vinha de Anne O'Hare McCormick, brilhante e encantadora senhora, renomada colunista de assuntos políticos do *New York Times*.

À mesa a atmosfera foi cerimoniosa e a conversação difícil. Dirigiam-se todos a Hoover como "senhor presidente", com certa insistência que me pareceu desnecessária. Em meio ao almoço comecei a ter a impressão de que fora convidado sem nenhum motivo especial. Logo depois, Sulzberger não deixou dúvidas a respeito. Aproveitando-se de um silêncio oportuno, disse:

— Senhor presidente, gostaria de que nos explicasse a missão que se propõe cumprir na Europa.

Hoover pousou a faca e o garfo, mastigou pensativamente, engoliu, e entrou a falar do que evidentemente vinha ocupando o seu espírito no curso da refeição. Mantendo a cabeça inclinada sobre o prato, à medida que ia discorrendo lançava olhadelas furtivas para Sulzberger e para mim. Disse:

— Sabemos todos as condições deploráveis em que a Europa se encontra no momento, com a miséria e a fome a espalhar-se rapidamente desde que principiou a guerra. A situação é de tal maneira crítica que pude convencer Washington da necessidade de se prestar socorro imediato (presumi que Washington queria dizer presidente Roosevelt).

Passou então a enumerar fatos e algarismos, assim como os resultados que obtivera em missão idêntica, durante a Primeira Guerra Mundial, quando "alimentamos a Europa inteira".

— A obra a realizar — continuou — seria sem partidarismo, com propósitos exclusivamente humanitários... Sei que é assunto que lhes interessa um pouco — disse, atirando uma olhadela de soslaio.

Aquiesci solenemente com a cabeça.

— Quando projeta dar início à execução desse plano, senhor presidente? — perguntou Sulzberger.

— Tão logo consigamos a aprovação de Washington — disse Hoover. — É preciso influenciar vivamente Washington, com apelos da opinião pública e apoio de figuras de maior notoriedade — outra espiadela para mim e nova aquiescência minha. — Na França ocupada — continuou — há milhões de necessitados. Na Noruega, Dinamarca, Holanda, Bélgica, por toda a Europa, a fome está crescendo!

Falou eloquentemente, ordenando os fatos e expondo-os com fé, esperança e caridade. Houve então um silêncio. Pigarreei.

— Sem dúvida, a situação não é exatamente igual à da Primeira Guerra. A França está ocupada totalmente, assim como vários outros países... Não queremos, decerto, que as provisões caiam em poder dos nazistas.

Hoover franziu ligeiramente as sobrancelhas e um frêmito perpassou pelos arranha-céus, que dirigiram os olhares para Hoover e depois para mim. Voltando a encarar sisudamente o prato, Hoover falou:

— Constituiríamos uma comissão neutra, em cooperação com a Cruz Vermelha americana e agiríamos de acordo com a Convenção de Haia, nos termos do artigo 27, parágrafo 43, que autoriza uma comissão de socorro a amparar os enfermos e necessitados de ambas as partes, beligerantes ou não. Creio que um espírito humanitário como o seu há de apoiar um plano como esse. (Isso não é exatamente o que ele disse, mas tão só um esboço.)

Fiquei firme. E falei:

— Estou inteiramente de acordo com a ideia desde que os alimentos não caiam em mãos dos nazistas.

Essa ressalva provocou outro estremecimento ao redor da mesa.

— Já tivemos ocasião de realizar esse gênero de trabalho — disse Hoover, num ar de modéstia espicaçada.

Toda a roda de arranha-céus dirigia agora para mim a sua atenção. Um deles sorriu e disse:

— Acho que à capacidade do senhor presidente deve ser confiado o problema.

— É uma excelente ideia — declarou Sulzberger, com ar de autoridade.

— De pleno acordo — respondi com maciez —, e daria total apoio à proposta se a distribuição dos víveres e medicamentos pudesse ficar a cargo de judeus!

— Oh — disse Hoover secamente —, isso não seria possível.

ERA estranho ouvir, ao longo da Quinta Avenida, jovens nazistas de ar manhoso, trepados em tamboretes, arengando a pequenos grupos. Dizia um dos paroleiros: "A filosofia de Hitler é um estudo aprofundado e rico de ideias sobre os problemas da nossa época industrial, em que há pouco lugar para a ação do intermediário ou do judeu."

Uma senhora aparteou:

— Que modos de falar são estes? Isto aqui é a América! Onde pensa que está?

O orador, moço bem-afeiçoado e de ar obsequioso, sorriu delicadamente:

— Estou nos Estados Unidos e sou cidadão americano — respondeu com maciez.

— Pois bem — retrucou ela —, sou também uma cidadã americana e judia; e se fosse homem eu lhe arrebentava o queixo com um soco.

Houve um ou dois "apoiados", porém a maioria dos presentes permaneceu apática e silenciosa. Um policial que assistia à cena aquietou a mulher. Segui caminho, espantado, quase sem crer no que ouvira.

Um ou dois dias mais tarde, estava eu numa casa de campo e um jovem francês, pálido, de ar anêmico, o conde Chambrun, genro de Pierre Laval, não cessou de me perseguir antes do almoço. Havia comparecido à estreia de *O grande ditador* em Nova York. A propósito, disse-me, com magnanimidade:

— Mas, decerto, o seu ponto de vista não pode ser levado a sério.

— Bem, é uma comédia — respondi.

Se já fossem então do meu conhecimento os assassínios e torturas bestiais que os nazistas praticavam nos campos de concentração, não teria tido tanta polidez. Havia uns cinquentas convivas, quatro em cada mesa. Chambrun juntou-se à mesa em que eu estava e tentou arrastar-me a uma discussão sobre assuntos políticos, porém lhe declarei que preferia boa comida à política. Sua conversação era tal que levantei o copo e disse:

— Tenho a impressão que estou bebendo muita água de "Vichy".

Mal eu acabara de falar assim, rebentou noutra mesa violenta altercação e duas senhoras trocaram ásperas invectivas. A polêmica tornou-se tão acesa que pensei até se não acabaria em puxões de cabelo. Uma berrou para a outra:

— Não quero ouvir coisas desta ordem. Você é uma nazista bem reles!

Um filho de família nova-iorquino perguntou-me suavemente por que eu era tão contra os nazistas. Respondi:

— Porque os nazistas são contra o povo.

— Com certeza — disse, como se lhe viesse uma repentina revelação — o senhor é judeu, não é mesmo?

— Não é preciso ser judeu para ser antinazista — retruquei. — Basta ser uma pessoa humana, decente e normal.

E não se tocou mais no assunto.

Isso aconteceu às vésperas do meu programado comparecimento à sede das Filhas da Revolução Americana, em Washington, a fim de recitar pelo rádio a fala final de *O grande ditador*. Fora eu convocado a um encontro — em hora anterior à da transmissão — com o presidente Roosevelt, a cujo pedido havia enviado a película à Casa Branca. Introduzido em seu gabinete, acolheu-me dizendo: "Sente-se, Charlie. O seu filme está nos dando muitas dores de cabeça na Argentina." Foi só o comentário que fez a respeito. Um amigo meu resumiu depois a sua impressão nestas palavras: "Você foi recebido na Casa Branca, mas sem abraços."

No curso da audiência, que durou uns quarenta minutos, por diversas vezes o presidente me serviu martini seco, que eu, por acanhamento, ia engolindo às pressas. Encerrado o encontro, foi realmente de pernas trôpegas que deixei a Casa Branca... e então, de súbito, lembrei-me de que às dez horas deveria falar ao microfone. Era irradiação em cadeia nacional de emissoras, o que significava ter mais de sessenta milhões de ouvintes. Só depois de vários banhos, sob o chuveiro de água fria, e de beber café bem forte, foi que equilibrei a cabeça.

Os americanos ainda não tinham entrado na guerra; assim, naquela noite havia no salão-auditório numerosos adeptos do nazismo. No mesmo instante em que principiei a falar, deram para tossir. E de modo tão alto que não podia ser natural. Isso me pôs tão nervoso que senti a boca ressequida e a língua começou a ficar presa: já não conseguia articular as palavras. O discurso tinha duração de seis minutos; lá pelo meio, parei e disse que não poderia prosseguir sem beber água. E de água não havia uma só gota no salão... Eis-me, portanto, fazendo esperar sessenta milhões de radiouvintes! Após dois minutos intermináveis, trouxeram-me um pouco do líquido num pequeno recipiente. Bebi e falei o que restava.

PAULETTE E EU TÍNHAMOS DE NOS SEPARAR, era inevitável. Já o sabíamos desde antes de ser iniciado *O grande ditador* e, agora, com o filme pronto, devíamos chegar a uma decisão. Paulette deixou-me aviso de que seguia para a Califórnia, a fim de trabalhar noutra película da Paramount, e diante disso fiquei por algum tempo a espairecer em Nova York. Frank, o meu mordomo, telefonou-me para me dizer que ela chegara à nossa casa de Beverly Hills, porém ali só permanecera o tempo suficiente para arrumar suas coisas e logo partira. Quando voltei a Hollywood, Paulette já tinha ido ao México para obter o divórcio. Ficou bem triste o casarão. A nossa ruptura naturalmente me doeu pois é difícil arrancar da lembrança oito anos de vida em comum.

A despeito de ter sido apreciadíssimo pelo público americano, *O grande ditador* veio indubitavelmente suscitar contra mim uma subterrânea hostilidade. O primeiro indício apareceu quando recebi a imprensa, no retorno a Beverly Hills: um grupo inquietante de repórteres, mais de vinte, manteve-se em silêncio, na minha varanda envidraçada. Ofereci bebida e houve recusa de todos — coisa de estranhar em rapazes de jornal.

— Que é que você está querendo, Charlie? — disse um deles, que evidentemente falava pela turma inteira.

— Um pouco de propaganda para *O grande ditador* — respondi, gracejando.

Falei-lhes da minha entrevista com o presidente e informei que o meu filme estava criando problemas à embaixada americana na Argentina; supunha dar-lhes notícia de interesse, porém os repórteres permaneceram silenciosos. Depois de uma pausa, palpitei, bem-humorado:

— Pelo que vejo, as coisas entre nós não vão indo muito bem, não é?

— Pois acertou — disse o porta-voz. — Sua maneira de fazer relações públicas não nos parece muito boa; saiu daqui sem dar atenção à imprensa e não gostamos.

Apesar de não ser muito simpatizado pelo periodismo local, a observação causou-me certa estranheza. De fato, saíra de Hollywood sem ver os rapazes de imprensa, pois temia que os não muito amistosos tesourassem aos pedacinhos *O grande ditador*, antes de ser o filme lançado em Nova York. Tendo eu em jogo dois milhões de dólares, queria evitar quaisquer riscos. No encontro de então, expliquei que uma película antinazista atraía inimigos poderosos, mesmo na América, e que, por segurança, decidira só fazer a exibição para o pessoal de imprensa à última hora, pouco antes da apresentação ao público em geral.

Todavia, nada do que falei abrandou a atitude hostil dos repórteres. Nessa mudança de clima, começaram a surgir em letra de forma lorotas a meu respeito; primeiro, ataques sem importância, historiazinhas sobre a minha sovinice; depois, boatos desprimorosos em torno de Paulette e de mim. Mas, apesar da contrapropaganda, *O grande ditador* continuava a bater recordes de bilheteria, tanto na Inglaterra como nos Estados Unidos.

EMBORA os americanos ainda não tivessem entrado na conflagração, Roosevelt alimentava uma guerra fria com Hitler. A posição do presidente era difícil, pois os nazistas se haviam infiltrado em várias instituições e organizações do país, que eles utilizavam como instrumentos, quer tais entidades se advertissem ou não de ser assim exploradas.

E eis que chegou a súbita, dramática notícia de que os japoneses haviam atacado Pearl Harbor. O golpe terrível pôs a nação atônita. Mas logo começou a preparar-se para a guerra e dentro de pouco tempo muitas divisões de soldados americanos cruzavam os mares. Nesse período, os russos estavam contendo as hordas hitleristas diante de Moscou e clamavam pela abertura imediata da segunda frente. Roosevelt manifestou-se a favor; mas, embora os simpatizantes do nazismo houvessem caído nas encolhas, o seu veneno ainda pairava no ar. Recorria-se a todos os meios para nos separar dos nossos aliados russos. Grassava a esse tempo uma propaganda tendenciosa, a insinuar: "Deixemos que alemães e russos se dessangrem ao máximo e depois chegaremos para o tiro de misericórdia"; não havia subterfúgio para que não se apelasse, a fim de evitar a segunda frente. Seguiram-se dias de ansiedade, cada qual com informações mais impressionantes sobre as perdas soviéticas. Os dias transformaram-se em semanas, as semanas em meses e meses, e os nazistas ainda às portas de Moscou.

Creio que foi então que tiveram início as minhas contrariedades. O presidente da Comissão Americana de São Francisco para o Socorro de Guerra Russo telefonou-me, perguntando se eu poderia substituir Joseph L. Davies, embaixador dos Estados Unidos em Moscou, que deveria pronunciar um discurso, mas que repentinamente fora atacado de laringite. Não obstante só restarem poucas horas para me preparar, aceitei. A reunião estava marcada para o dia seguinte; assim, tomei o trem noturno, que chegaria a São Francisco às oito da manhã.

A comissão organizou um programa festivo para mim — almoço aqui e jantar ali —, o que me deixou com tempo escasso para pensar no que iria dizer... e eu seria o principal orador. Entretanto, ao jantar bebi umas duas taças de champanha e isso facilitou as coisas.

O imenso salão-auditório tinha capacidade para dez mil pessoas e estava entupido. Viam-se no palco almirantes e generais americanos, assim como o prefeito Rossi, de São Francisco. Os discursos foram em tom aguado e um tanto equívoco. Disse o prefeito: "Devemos admitir o fato de que os russos são nossos aliados." Teve a cautela de não insistir muito na premência da ajuda aos russos, de não salientar demais a sua bravura, de não referir-se ao fato de que eles estavam combatendo e morrendo para deter perto de duzentas divisões nazistas. Senti que na reunião daquela noite os nossos aliados eram tidos como companheiros incômodos.

O presidente da comissão pedira-me que eu falasse durante uma hora pelo menos. Isso aterrorizou-me. Quatro minutos, no máximo, era o meu limite. Mas depois de ouvir palavrório tão débil, fiquei indignado. Nas costas do cartão que indicava meu lugar à mesa do jantar havia eu escrito uns breves apontamentos. Andando de um lado para outro por trás dos bastidores, nervosíssimo e temeroso, aguardei a vez. Afinal, ouvi minha apresentação.

Estava eu de *smoking*. Houve aplausos, o que me deu tempo de me acalmar. Quando as palmas esmoreceram, pronunciei esta palavra — "Camaradas!" — e a plateia desatou a rir. Quando a risadaria serenou, falei enfaticamente: — "E quis dizer mesmo: camaradas." Novos risos, novos aplausos. E continuei:

— Presumo que se encontram aqui, nesta reunião, muitos russos e a estes quero dizer: dada a maneira por que os vossos compatriotas estão lutando e morrendo neste mesmo instante, é uma honra e um privilégio chamar-vos de camaradas!

Em meio aos aplausos, muitos puseram-se de pé.

Agora eu já me inflamava; lembrei-me da frase "deixemos que alemães e russos se dessangrem" e estive a ponto de manifestar minha indignação a esse propósito, mas um íntimo aviso me conteve; e apenas falei:

— Não sou comunista; o que sou é um ser humano e penso conhecer as reações dos seres humanos. Os comunistas não são diferentes das outras pessoas; se perdem um braço ou uma perna, sofrem tanto como qualquer um de nós; e morrem como todos morremos. A mãe comunista é igual às outras mães. Ao receber a trágica notícia de que seus filhos não voltarão, choram como chorariam outras mães. Não é necessário que eu seja comunista para saber disto. Basta que seja uma pessoa humana. E nesse momento são muitas as mães russas que choram e muitos os seus filhos que morrem...

Falei durante quarenta minutos, pronunciando uma frase sem saber qual seria a seguinte. Arranquei risos e ovações com anedotas sobre Roosevelt, como também sobre a minha fala em propaganda dos bônus de guerra, ao tempo da primeira conflagração mundial... Tudo que eu dizia agradava. E continuei:

— E eis-nos em nova conflagração... e aqui estou em ajuda ao Socorro de Guerra Russo — fiz uma pausa e repeti: — Socorro de Guerra Russo. Contribuição em dinheiro será boa ajuda, porém não é só de dinheiro que eles necessitam. Contam-me que os Aliados têm dois milhões de soldados em expectativa na Irlanda do Norte, enquanto os russos sozinhos se defrontam com duzentas divisões nazistas. (Houve um pesado silêncio.) Os russos — prossegui em tom vigoroso — são nossos aliados; não combatem apenas para defender o seu sistema de vida, mas também o nosso, e conheço bem os americanos para saber que eles querem participar da peleja. Existe algo que Stalin está desejando, que Roosevelt tem pedido e que devemos todos apoiar... a abertura imediata da segunda frente!

Houve um delírio de aplausos durante sete minutos. A ideia que enunciei estava no pensamento e no sentimento do auditório. Não me deixavam ir adiante, aplaudindo e batendo com os pés sem cessar. E, enquanto gritavam, faziam estremecer o soalho e atiravam chapéus para o ar, comecei a perguntar-me se não tinha ido além da conta e se não falara demais. Então, fiquei furioso comigo mesmo por me virem ideias tão pusilânimes na hora em que tantos batalhavam e morriam. Quando afinal se aquietou a plateia, retomei a palavra:

— Se todos pensam de igual maneira, por que cada um não telegrafa de per si ao presidente? Esperemos que amanhã ele receba dez mil telegramas pedindo uma segunda frente!

Após o comício, senti a atmosfera carregada de tensão e mal-estar. Dudley Field Malone, John Garfield e eu fomos cear em algum lugar.

— Você tem um bocado de coragem — disse Garfield, referindo-se ao meu discurso.

A observação inquietou-me, pois não tivera eu o propósito de mostrar valentia nem de me envolver em questão política. Falei apenas o que sentia sinceramente e acreditava justo. Mas, após o comentário de John, pareceu-me que o resto da noite se encobria de sombras agoureiras. No entanto, as nuvens ameaçadoras que pressenti, como uma consequência do meu discurso, logo se dissiparam, e de regresso a Beverly Hills retomei a vida habitual.

Ao fim de algumas semanas, recebi outra solicitação para participar de um grande comício em Madison Square. De Hollywood eu me dirigiria, através do telefone, ao público daquela reunião em Nova York. Por ser a mesma causa, aceitei... e por que não aceitar? O comício era patrocinado pelas pessoas e organizações mais respeitáveis. Falei por catorze minutos e o conselho do Congresso de Organizações Industriais julgou de bom alvitre publicar o discurso. Não fui eu só a colaborar nessa manifestação, como comprova o folheto editado por aquele conselho. É o que se segue.

O DISCURSO

"NOS CAMPOS DE BATALHA DA RÚSSIA
A DEMOCRACIA VIVERÁ OU MORRERÁ"

A grande multidão, avisada previamente de que não devia interromper com aplausos, ouviu silenciosa e atentamente os oradores.

Foi assim que se fez escutar, durante catorze minutos, Charles Chaplin, grande artista popular da América, quando se dirigiu ao enorme público, falando de Hollywood, pelo telefone.

Aos vinte e dois de julho de 1942, nas primeiras horas da noite, sessenta mil sindicalizados, membros de agremiações cívicas e fraternais, grupos de ex-combatentes e representantes de organizações leigas e religiosas, assim como pessoas em geral, reuniram-se no Madison Square Park de Nova York para o comício de apoio ao presidente Franklin D. Roosevelt, pela abertura imediata da segunda frente, a fim de apressar a vitória final sobre Hitler e o Eixo.

Os patrocinadores dessa grande demonstração foram os duzentos e cinquenta sindicatos filiados ao Greater New York Industrial Union Council e ao C.I.C. Enviaram mensagens entusiásticas Wendell L. Wilkie, Philip Murray, Sidney Hillman e muitas outras personalidades.

A reunião teve a seu favor as esplêndidas condições atmosféricas. As bandeiras das nações aliadas flanqueavam o pavilhão americano em torno da plataforma de onde iam falar os oradores; cartazes com dísticos de apoio ao presidente e à segunda frente pontilhavam a grande massa popular que entupia as ruas próximas ao parque.

Lucy Monroe entoou The star-spangled banner, *como introdução ao comício; Jane Froman, Arlene Francis e várias outras figuras populares do American Theatre Wing apresentaram-se em saudação ao público. Os senadores James M. Mead e Claude Pepper, o prefeito F. H. La Guardia, o vice-governador Charles Poletti, os deputados Vito Marcantonio e Michael Quill Joseph Curran, presidente do Conselho da C.I.C. de Nova York, foram os principais oradores.*

Disse o senador Mead: "Só ganharemos esta guerra quando tivermos engajado as grandes massas populares da Ásia, da Europa conquistada, da África, sincera e entusiasticamente na peleja pela liberdade." E o senador Pepper: "Quem se oponha aos nossos esforços, quem disser que devemos ir mais devagar, é um inimigo da república." E Joseph Curran: "Temos os

homens. Temos os instrumentos. E sabemos qual a única maneira de vencer...
é a abertura sem demora da segunda frente."

A imensa massa popular rompia em aclamações unânimes toda vez que os oradores mencionavam o nome do presidente Roosevelt, como também quando se referiam à segunda frente e aos nossos heroicos aliados, os intrépidos combatentes e o povo da União Soviética, Grã-Bretanha e China. A seguir houve o discurso de Charles Chaplin, transmitido ao telefone.

EM APOIO AOS ESFORÇOS DO PRESIDENTE PELA ABERTURA IMEDIATA DA SEGUNDA FRENTE!

Madison Square Park, 22 de julho, 1942

Nos campos de batalha da Rússia a democracia viverá ou morrerá. A sorte das Nações Aliadas está nas mãos dos comunistas. Se a Rússia for derrotada, o continente asiático, o mais extenso e o mais rico deste planeta, cairá sob o jugo do nazismo. Com o Oriente já dominado pelos japoneses, teriam então os nazistas franco acesso a quase todas as matérias-primas do mundo, necessárias à guerra. Que possibilidades nos restariam de vitória sobre Hitler?

Com as dificuldades de transporte, as nossas linhas de comunicação a estenderem-se por milhares e milhares de quilômetros, o problema do aço, do petróleo e da borracha — e a estratégia hitleriana de dividir para conquistar —, ficaríamos em situação desesperadora, caso a Rússia fosse batida.

Dizem alguns que isso prolongaria a guerra por mais uns dez ou vinte anos. No meu entender, o cálculo é otimista. Sob tais condições e contra inimigo tão formidável, o futuro seria bem incerto.

POR QUE ESTAMOS ESPERANDO?

Os russos necessitam desesperadamente de ajuda. Pleiteiam a abertura de uma segunda frente. Entre as Nações Aliadas há os que não julgam possível o atendimento imediato a esse apelo. Ouvimos dizer que os Aliados não têm recursos bastantes para criar e manter uma segunda frente. E depois ouvimos que tais recursos não faltam. E ouvimos ainda que os Aliados não desejam abrir agora uma segunda frente porque haveria o risco de um revés. Só pretendem abri-la quando tudo estiver bem preparado para um êxito certo.

Mas poderemos esperar até que exista esta certeza? Não há planos de guerra isentos de risco. Nesta hora os alemães estão só a cinquenta e cinco quilômetros do Cáucaso. Se o Cáucaso tombar em suas mãos, a Rússia perderá noventa e cinco por cento do seu petróleo. Quando perecem dezenas de milhares e quando milhões estão em via de sucumbir, devemos expressar honestamente o que pensamos. Perguntas sem resposta inquietam a alma do povo. Ouvimos dizer que há grandes forças expedicionárias estacionadas na Irlanda, que noventa e cinco por cento dos nossos comboios chegam sem transtorno à Europa, que dois milhões de ingleses estão perfeitamente equipados e ansiosos de partir para a luta. Por que havemos ainda de esperar, quando é tão desesperada a situação na Rússia?

APOIAREMOS A DECISÃO

Notai bem, senhores do governo de Washington e do governo de Londres, não é para criar dissensões que focalizamos esses assuntos. Ao formulá-los o que pretendemos é dissipar dúvidas, fortalecer a confiança e a unidade imprescindíveis à vitória final. E, qualquer que seja a decisão, nós a apoiaremos.

A Rússia está combatendo com o dorso encostado ao muro. Esse muro é para os Aliados a mais forte linha de defesa. Procuramos defender a Líbia e fomos batidos. A resistência em Creta malogrou. E foram inúteis os nossos esforços para defender as Filipinas e outras ilhas do Pacífico. Não podemos permitir que a Rússia nos seja perdida, pois é a principal linha de batalha para a democracia. Quando o nosso mundo, a nossa vida, a nossa civilização, se está esboroando aos nossos pés, temos que enfrentar o perigo.

Se os russos perderem o Cáucaso, será a mais dura de todas as provações para os Aliados. Se tal acontecer, cuidado com os apaziguadores, pois nessa hora sairão dos seus esconderijos. E hão de querer que assinemos a paz com um Hitler triunfante. Dirão: "Não vale a pena sacrificar outras vidas americanas... bem que poderemos chegar a um acordo com Hitler."

ATENÇÃO À CILADA NAZISTA

Cautela com esse embuste de nazistas disfarçados, lobos com a pele de cordeiros! Pintam a paz com róseas cores e procuram engabelar-nos, para que fiquemos sob o jugo da ideologia nazista. E então seríamos escravizados, perdendo a liberdade de pensar e de agir. O mundo cairia sob o guante da Gestapo.

Os nazistas haveriam de nos governar através da propaganda pelo rádio. Sim, o controle da propaganda asseguraria no futuro o seu poder.

Contando com todos os meios de mistificação e persuasão, a ordem nazista deixaria de ter opositores. Estaria perdido todo o progresso humano. E sem direito as minorias, os trabalhadores, os cidadãos. Tudo isso deixaria de existir. Se dermos ouvidos aos apaziguadores e assinarmos a paz com Hitler vitorioso, a sua ordem brutal dominará o mundo.

PODEMOS ENFRENTAR O PERIGO

Cuidado com os apaziguadores que procuram sempre tirar proveito de uma derrota.

Se permanecermos vigilantes e de moral erguida, nada teremos que temer. Lembrai-vos: foi a força moral que salvou a Inglaterra. E com ela alcançaremos a vitória.

Hitler aventurou-se a muitos riscos. O maior é a campanha da Rússia. E se não conseguir transpor o Cáucaso neste verão, estará perdido. E perdido estará se tiver de enfrentar outro inverno nas cercanias de Moscou. Suas possibilidades de vitória são mínimas, porém ele está enfrentando o risco. Se Hitler pode arriscar-se, por que não poderemos também? Intensifiquemos a luta. Atiremos sobre Berlim maior número de bombas. Acima de tudo, que seja aberta uma segunda frente.

VITÓRIA NA PRIMAVERA

Que o nosso objetivo seja a vitória na primavera vindoura. Vós, homens das fábricas; vós, homens do campo; vós, homens fardados; vós, cidadãos do mundo, nós todos, trabalhemos e combatamos com essa finalidade! Vós, senhores do governo de Washington, e vós, senhores do governo de Londres, comungai conosco neste propósito — vitória na primavera.

Se tal pensamento não nos sair da cabeça, se nos acompanhar ao trabalho, se presente estiver em todas as horas da nossa vida, há de constituir-se numa inspiração que fará crescer a nossa energia e acelerar a nossa marcha para o triunfo.

Que os nossos esforços desafiem as impossibilidades. Lembrai-vos de que as grandes proezas da história foram conquistas do que parecia impossível.

☆

Vivi então um período sereno. Mas de calmaria que antecede a tempestade. Começou, porém, da maneira mais inocente a estranha história em que vim a ser envolvido. Era domingo; depois de jogar tênis com Tim Durant, este contou-me que marcara encontro com uma jovem mulher, Joan Barry, amiga de Paul Getty. A criatura acabava de regressar da Cidade do México, trazendo uma carta de apresentação de A. C. Blumenthal. Disse-me Tim que ia jantar com ela e outra pequena, perguntando-me então se eu não queria ir também, pois a srta. Barry manifestara desejo de me conhecer. Encontramo-nos no restaurante Perino. A dama em questão era bem agradável e alegre; passamos, os quatro, algumas horas de convívio superficial, não pensei que voltasse a ver aquela pessoa.

Mas no domingo seguinte, dia em que a minha quadra de tênis ficava à disposição dos amigos, lá veio ela trazida por Tim. Como eu sempre dava folgas domingueiras aos empregados após o almoço, convidei o amigo e a srta. Barry a jantarmos no restaurante Romanoff e, depois da refeição, levei-os de automóvel até onde moravam. Na manhã de segunda, ela telefonou-me para saber se eu queria convidá-la a almoçar. Expliquei-lhe que ia a um leilão em Santa Bárbara, a cento e cinquenta quilômetros de Hollywood; se nada tivesse que fazer, poderia acompanhar-me, almoçaríamos juntos e depois iríamos ao leilão. Comprei lá uma ou duas coisas e na volta deixei-a em Los Angeles.

A srta. Barry era uma mulher de vinte e dois anos, bonitona, de tipo graúdo, boa compleição, com as rotundidades do busto extraordinariamente desenvolvidas e realçadas pelo excessivo decote da roupa de verão; isso, quando regressávamos de automóvel, despertou a minha curiosidade lúbrica. Contou-me ela então haver brigado com Paul Getty e que regressaria a Nova York na noite seguinte; acrescentou que, se eu assim o quisesse, desistiria da volta e de tudo mais. Bati em retirada, suspeitoso, pois havia algo de muito repentino e muito esquisito naquela proposta. Disse-lhe com toda a franqueza que por minha causa não desistisse de regressar e, encerrando o assunto, levei-a à porta do seu edifício de apartamentos, onde me despedi.

Para minha surpresa, dois dias após, ela telefonou-me, dizendo que resolvera ficar de qualquer modo e perguntando-me se eu queria vê-la naquela noite. A persistência é o caminho do êxito. E assim ela alcançou o seu objetivo e passei a encontrá-la com frequência. Os dias que se seguiram não foram desagradáveis, porém pressenti um quê de excêntrico e de inseguro nessas relações. Sem avisar por telefone, deu ela para aparecer em minha residência altas horas da noite. Isso não deixava de me apoquentar. Depois, durante uma semana inteira, não dava sinal de vida; embora sem o querer, comecei a sentir-me apreensivo com o caso. Contudo, quando reaparecia, ela se mostrava de tal maneira cativante que lá se iam minhas dúvidas e preocupações.

Certa feita, almocei com *sir* Cedric Hardwick e Sinclair Lewis; este último, durante a conversação, comentou a peça *Shadow and substance,* em que Cedric fazia o papel principal. Lewis declarou que a figura de Bridget lhe parecia uma versão moderna de Joana D'Arc e que a peça daria um filme excelente. Tornei-me interessado e quis ler a obra. Cedric enviou-me uma cópia.

Quando, passados um ou dois dias, Joan Barry apareceu para jantar, falei-lhe do assunto. Contou-me então que assistira à peça e gostaria de fazer o papel da moça. Não a levei a sério; porém, após o jantar, leu ela para mim as falas de Bridget, interpretando-as — coisa que me admirou — de maneira notável, apesar do seu acento irlandês. Fiquei tão entusiasmado que resolvi submetê-la a uma prova de filmagem, a fim de verificar se era fotogênica; o resultado foi satisfatório.

Com isso, desvaneceram-se as inquietações que suas esquisitices despertavam. Pensei até que havia descoberto um novo talento. Enviei-a ao curso dramático de Max Reinhardt, para que adquirisse traquejo de representação; ficando ela por lá, eu a via raramente. Ainda me faltava comprar os direitos da peça; entrei em contato com Cedric e com a sua boa ajuda fechei o negócio por vinte e cinco mil dólares. E a seguir contratei a Barry pelo salário semanal de duzentos e cinquenta.

Creem alguns místicos que a nossa existência é um meio-sonho, não se sabendo bem onde o sonho acaba e onde a realidade começa. Foi assim que vivi. Durante meses fiquei absorvido na composição do roteiro. Depois, principiaram a acontecer coisas estranhas, fantásticas. A Barry deu para vir em seu Cadillac, nas mais variadas horas da noite, muito bêbada, e eu tinha de acordar o meu chofer para reconduzi-la. Certa feita, arrebentou o automóvel na estrada e o deixou por lá. Como era pessoa cujo nome já se associava agora aos Chaplin Studios, passei a temer que a polícia a prendesse por dirigir em estado de embriaguez, o que poderia ocasionar um escândalo. Por fim, tornou-se tão inconveniente que, quando resolvia incomodar, altas horas da madrugada, eu não atendia ao telefone nem lhe abria a porta. Pôs-se então a entrar desta maneira: espatifando a vidraça das janelas. Da noite para o dia, minha existência transformou-se num pesadelo.

Vim a descobrir que ela passara semanas a fio sem aparecer no curso de Reinhardt. Quando a interroguei a respeito, declarou subitamente que não queria mais ser atriz e que rasgaria o contrato se eu lhe desse cinco mil dólares, custeando também o seu regresso e o da mãe para Nova York. Foi com prazer que atendi às suas exigências, paguei as passagens, dei os cinco mil dólares e congratulei-me por ficar livre de tal pessoa.

Embora malograda a ideia de aproveitar a Barry como atriz, não me arrependi de haver comprado *Shadow and substance,* pois já tinha quase pronto o roteiro e achava-o muito bom.

Meses haviam decorrido desde o comício de São Francisco e os russos ainda clamavam por uma segunda frente. E eis que me chegou de Nova York outra solicitação: fui convidado a falar no Carnegie Hall. Fiquei vacilante, a perguntar-me se devia ir ou não. Concluí que já dera impulso ao movimento e isso bastava. Mas, no dia seguinte, quando jogava tênis com Jack Warner, toquei no assunto e ele meneou a cabeça num ar enigmático.

— Não vá — disse-me.

— Por quê? — indaguei.

Fugiu à resposta, porém acrescentou:

— Siga o meu conselho, não vá.

O conselho, porém, foi contraproducente. Tomei-o como um desafio. Naquela hora não seria preciso gastar muita eloquência para acender na opinião pública americana a simpatia pela ideia de uma segunda frente, pois a Rússia acabava de vencer a batalha de Stalingrado. E parti para Nova York, levando comigo Tim Durant.

Ao comício do Carnegie Hall compareceram Pearl Buck, Rockwell Kent, Orson Welles e muitas outras celebridades. Orson Welles devia falar, mas, como a oposição desencadeou verdadeira tempestade, o seu discurso pareceu-me de quem, por prudência, não queria entrar na água para se molhar. Tomou a palavra antes de mim, declarando que não via motivos para deixar de pronunciar-se, pois se tratava de socorrer os combatentes russos e estes eram nossos aliados. A sua oração foi uma comida sem sal. E incitou o meu desejo de falar francamente. Logo às primeiras palavras, fiz alusão a um colunista que me acusara de querer dirigir as operações de guerra:

— Pelas crises de furor que vem tendo, dir-se-ia que ele me inveja e pretende também dirigir as operações. O diabo é que discordamos sobre a estratégia... Ele não crê possível na hora atual a abertura da segunda frente e eu acho que sim!

"O comício foi um dueto de amor entre Charlie e o público" — escreveu o *Daily Worker*. Mas as minhas impressões eram confusas; sentia-me ao mesmo tempo satisfeito e apreensivo.

Deixando o Carnegie Hall, Tim e eu fomos cear em companhia de Constance Collier, que comparecera ao comício. Mostrava-se ela emocionadíssima — e Constance estava bem longe de ser uma esquerdista. Quando chegamos ao Waldorf-Astoria, recebi diversos recados que por telefone deixara Joan Barry. Senti arrepios nervosos. Rasguei os bilhetes imediatamente, porém logo o telefone tocou. Quis recomendar à gente do hotel que nenhuma ligação para mim deveria ser completada, mas Tim ponderou:

— Isso não adianta; é melhor que você atenda, pois de outro modo ela virá aqui e fará uma cena.

Quando o aparelho soou novamente, atendi. Ela falou de modo perfeitamente normal e agradável, dizendo que desejava tão só aparecer para me cumprimentar. Aquiesci e solicitei a Tim que não me deixasse sozinho com ela. Naquela noite, contou-me que, desde o seu regresso a Nova York, estava hospedada no Pierre Hotel, que pertencia a Paul Getty. Pregando-lhe uma mentira, disse-lhe que minha estada em Nova York era só por um ou dois dias, mas que talvez me fosse possível achar tempo de convidá-la a um almoço. Demorou cerca de meia hora e perguntou-me se eu podia levá-la ao hotel. Quando insistiu comigo para que a conduzisse até o elevador, fiquei desconfiado. Deixei-a à porta; foi essa a primeira e única vez em que a vi em Nova York.

Em consequência dos meus discursos a favor da segunda frente, foi pouco a pouco diminuindo o meu convívio com a sociedade nova-iorquina. Já não recebia convites para passar fins de semana em suntuosas casas de campo. Após o comício do Carnegie Hall, o ensaísta Clifton Fadiman, que trabalhava para a Columbia Broadcasting System, apareceu-me no hotel e perguntou-me se me interessaria falar pelo rádio, em transmissão de caráter internacional. Punha-me à disposição sete minutos para dizer o que quisesse. Estava inclinado a aceitar até que me explicou que seria no programa de Kate Smith. Diante disso, recusei, declarando que minha contribuição ao esforço de guerra redundaria em propaganda para *Jello-O*. Não tive propósito de magoar Fadiman, homem gentil, bem-dotado e culto; mas, quando me referi ao produto que patrocinava o programa, ele corou. Senti-me vexado e arrependido do que dissera.

Depois disso, recebi inúmeras cartas com propostas de toda espécie. Uma vinha de Gerald K. Smith, figura de proa na campanha de "A América em Primeiro Lugar"; queria um debate comigo sobre o assunto. Outras convidavam-me a fazer conferências ou a falar em prol da segunda frente.

Via-me agora colhido por uma tormenta política. Principiei a conjeturar que razões me levaram a isso... Até onde fora eu impelido pelo ator que havia em mim e pelo influxo do público presente? Ter-me-ia lançado a essa aventura quixotesca se não houvesse feito um filme antinazista? Ou seria uma sublimação de todos os meus exasperos e de toda a minha ojeriza ao cinema falado? Suponho que isso tudo contribuiu, porém o motivo mais poderoso foi o meu ódio e o meu desprezo pelo sistema nazista.

27

DE RETORNO A BEVERLY HILLS, quando novamente metia mãos à obra em *Shadow and substance,* apareceu-me lá em casa Orson Welles com uma proposta. Contou-me que se dispunha a fazer uma série de filmes-documentários, todos com histórias extraídas da existência real; um deles seria sobre o assassino francês Henri Landru, o célebre barba-azul. Na sua opinião, daria um esplêndido papel dramático para mim.

Fiquei atraído, pois assim poderia variar, deixando não só a comédia, mas também de escrever o argumento e dirigir a mim mesmo, como até então havia feito. Portanto, quis ver o roteiro.

— Oh, ainda nem foi começado — explicou-me. — Mas só é preciso ler o que se publicou sobre o julgamento de Landru e ordenar as coisas. — Logo acrescentou: — Pensei que você gostaria de colaborar no roteiro.

Decepcionei-me.

— Se é para ajudar a escrever, não me interessa — respondi. E o assunto encerrou-se.

Passados, porém, uns dois dias, ocorreu-me repentinamente que a figura de Landru daria uma comédia magnífica. E telefonei a Welles.

— Olhe, o documentário de que você me falou sugeriu-me uma ideia de comédia. Nada tem a ver com Landru, mas, a fim de evitar qualquer mal-entendido, estou disposto a pagar-lhe cinco mil dólares, tão somente porque sua proposta foi o que me levou a conceber a história.

Welles desconversou com "hans" e "huns".

— Escute — disse-lhe —, Landru não é propriedade sua nem de outro qualquer. Caiu no domínio público.

Pensou um instante e depois me pediu que entrasse em contato com o seu agente. Procurei-o e chegamos a um acordo: ficaria eu livre de toda e qualquer obrigação, desde que pagasse cinco mil dólares a Welles. Este concordou, mas com uma cláusula suplementar: depois de ver o filme poderia exigir que aparecesse nos títulos de apresentação: "Inspirado numa ideia de Orson Welles." Com o assunto a me entusiasmar, aceitei, sem maior exame. Houvesse eu calculado as explorações que mais tarde se tentariam fazer a respeito, naturalmente que recusaria tal condição.

Pus de lado *Shadow and substance* e principiei a compor o roteiro de *Monsieur Verdoux*. Já havia três meses que trabalhava nisso quando Joan Barry rebentou em Beverly Hills; informou-me o mordomo que ela telefonara; respondi que não queria vê-la de forma alguma.

Os fatos que se seguiram não foram somente sórdidos, mas também sinistros. Por que me recusei a recebê-la, invadiu-me a residência, espatifou vidraças das janelas, ameaçou-me de morte e exigiu dinheiro. Por fim, vi-me obrigado a chamar a polícia, coisa que já devia ter feito muito antes, embora fosse um pratinho especial para o paladar dos repórteres. A gente da polícia procedeu com a maior compreensão. A mulher não seria inculpada, desde que eu me dispusesse a custear o seu retorno a Nova York. Uma vez mais paguei a passagem e a polícia avisou a criatura de que, se fosse vista novamente nas vizinhanças de Beverly Hills, não escaparia ao processo por vadiagem.

É UMA PENA — dirá talvez alguém — que tenha sido tão curto o intervalo entre esse episódio asqueroso e o acontecimento mais feliz da minha vida. Todavia, as sombras desaparecem com a noite e ao raiar da madrugada vem a luz do sol.

Poucos meses depois, a srta. Mina Wallace, agente de artistas em Hollywood, telefonou-me; disse-me que uma cliente sua, recém-chegada de Nova York, lhe parecia assentar bem no papel de Bridget, a principal personagem feminina de *Shadow and substance*. Via-me eu então apoquentado com *Monsieur Verdoux,* por ser história difícil de encadear num roteiro de cinema. No aviso da srta. Wallace talvez houvesse uma boa sugestão do destino para reconsiderar a filmagem de *Shadow and substance,* deixando em suspenso o outro projeto. Assim, telefonei para obter maiores informações. Contou-me o agente que se tratava de Oona O'Neill, filha do famoso dramaturgo Eugene O'Neill. A este eu não conhecia de vista, mas a feição carrancuda das suas peças me fez pensar que a filha seria do mesmo jeito. Diante disso, perguntei laconicamente à srta. Wallace:

— Saberá ela representar?

— Tem um pouco de experiência teatral, atuando em temporadas de verão no leste. Por que não a convida para fazer uma prova? Dessa maneira chegará a uma conclusão. Ou melhor ainda: para ficar mais à vontade, sem se comprometer, venha jantar comigo e aqui a verá.

Cheguei cedo e na sala de estar encontrei uma jovem sozinha, sentada ao pé da lareira. Enquanto esperava pela srta. Wallace, tomei a iniciativa de me apresentar. E naturalmente ela devia ser a srta. O'Neill... Teve um sorriso. Contrapondo-se aos meus temores, colhi uma impressão de luminosa beleza, realçada por indefinível encanto e envolvente doçura. E, enquanto não vinha a dona da casa, pusemo-nos a conversar.

Por fim, apareceu a srta. Wallace e houve a apresentação formal. O jantar era só para quatro. Completava a roda Tim Durant. Não tratamos de assuntos profissionais, porém houve uns, a propósito. Ponderei que a heroína de *Shadow and substance* era bem mocinha e a srta. Wallace deixou escapar a observação de que a srta. O'Neill ainda estava nos dezessete. Senti um aperto no coração. Pois, não obstante ser muito jovem a personagem, o papel a interpretar era extremamente complexo, exigindo atriz mais vivida e mais experiente do que aquela candidata. Assim, embora pesaroso, afastei-a das minhas cogitações.

Entretanto, decorridos alguns dias, a srta. Wallace telefonou-me, querendo saber o que eu resolvia, pois a Fox se interessava pela srta. O'Neill. Sem perda de tempo, contratei-a. Foi o começo do que se transformou numa ventura plena, já desfrutada por mais de vinte anos... e que espero desfrutar por muitos outros.

Ao travar maior conhecimento com Oona, a toda hora ela me surpreendia pelo senso de humor e pela tolerância. Nunca deixava de compreender e acatar as opiniões alheias. Foi por isso, como também por inúmeras outras razões, que a amei. Ela mal havia atingido os dezoito, porém me convenci de que não era dada aos caprichos das mocinhas comuns. Uma exceção à regra. Devo confessar, todavia, que de início me inquietou a nossa diferença de idades. Entretanto, Oona estava decidida como se houvesse chegado a uma certeza. E resolvemos casar, logo que se concluísse a filmagem de *Shadow and substance*.

Tinha eu terminado o rascunho do roteiro e ia-me preparando para encetar a produção. Se pudesse levar para a película o encanto raro, peculiar, de Oona, certamente *Shadow and substance* seria um êxito.

Nesse ínterim, a Barry irrompeu de novo em Hollywood e anunciou prazerosamente ao meu mordomo que não tinha mais dinheiro algum e que se encontrava com três meses de gravidez; contudo, não acusou a ninguém nem insinuou quem seria o responsável. Era assunto que certamente não me dizia respeito; portanto, avisei ao mordomo que, se ela começasse a rondar a casa, disposta a fazer provocações, eu chamaria a polícia, houvesse ou não houvesse escândalo. Mas, no outro dia, ela apareceu, toda risonha e sacudida; por várias vezes rodeou a casa e o jardim. Era evidente que seguia um plano bem-estabelecido. Como depois se apurou, havia procurado uma dessas colunistas que fazem na imprensa o papel de madrinhas misericordiosas e recebeu o conselho de voltar a minha casa para ser detida. Falei-lhe pessoalmente, advertindo-a de que, se não se afastasse dali, eu recorreria à polícia. Sua resposta foi só uma risada. Já não aguentando mais aquela atormentadora chantagem, disse ao mordomo que telefonasse ao distrito.

Horas depois, gordas manchetes nos jornais... Fui exposto no pelourinho, escarnecido e arrastado na lama: Chaplin, o desnaturado pai do nascituro, não só abandonara sem recursos a jovem mãe como até a mandara prender. Decorrida uma semana, foi intentada contra mim uma demanda de investigação de paternidade. Diante disso, convoquei Lloyd Wright, meu advogado, e expliquei-lhe que nada de íntimo tivera com a Barry nos dois últimos anos.

Conhecendo o meu propósito de iniciar a produção de *Shadow and substance*, aconselhou-me ele discretamente a pôr isso de lado durante algum tempo e a fazer que Oona regressasse a Nova York. Foi hipótese que nos recusamos a considerar. Não queríamos ser governados pelas mentiras daquela mulher nem pelas manchetes da imprensa. Como Oona e eu já tínhamos falado de nos casar, resolvemos fazê-lo quanto antes. O meu amigo Harry Crocker incumbiu-se das providências devidas. Sugeriu-me então que todos os informes a respeito fossem fornecidos com exclusividade à cadeia jornalística de Hearst, para a qual trabalhava; seriam batidas apenas algumas fotos da cerimônia e a reportagem seria escrita por Louella Parsons, pessoa amiga. Evitar-se-ia, assim, a imprensa hostil.

Casamo-nos em Carpenteria, sonolento vilarejo a uns vinte e cinco quilômetros de Santa Bárbara. Antes disso, porém, tivemos de comparecer ao cartório de registro civil, na prefeitura daquela cidade, a fim de que nos fosse concedida a licença matrimonial. Eram oito horas da manhã e havia pouco movimento nas ruas. Mas o funcionário do cartório, ao perceber que um dos nubentes era pessoa de notoriedade, costumava prevenir os repórteres por este método bem simples: disfarçadamente apertava um botãozinho de campainha por baixo da mesa. Para evitar um festival de fotografias, Harry combinou que eu ficaria esperando do lado de fora até que Oona se registrasse. Depois de anotar as informações necessárias, nome, idade etc., o homenzinho perguntou:

— Agora, onde está o noivo?

Tomou um choque quando eu apareci.

— Sim senhor, que surpresa!

E Harry viu que a mão do funcionário desaparecia por baixo da mesa. Mas tratamos de apressá-lo e, quando não pôde mais protelar, entregou-nos relutantemente a licença. No próprio instante em que deixávamos o edifício da prefeitura e entrávamos no automóvel, o pessoal da imprensa chegou precipitadamente. Houve então uma verdadeira corrida de vida ou morte; tocamos à toda pelas ruas ainda quase desertas de Santa Bárbara, ora em derrapagens, ora fazendo cantarem os pneus, vira daqui, dobra ali, enfiando-nos por uma ruazinha qualquer para sair noutra. Dessa maneira conseguimos escapar e chegamos a Carpenteria, onde o casamento se realizou em paz.

Alugamos por dois meses uma casa em Santa Bárbara. Não obstante o furor da imprensa, ali ficamos em sossego, pois os repórteres não sabiam do nosso paradeiro. Ainda assim, toda vez que tocava a campainha da porta, era um susto de nos abalar o coração.

De noite, saíamos em caminhadas tranquilas pelo campo, usando de cautela para que não nos vissem ou reconhecessem. De quando em quando, eu mergulhava em desalento profundo, porque sentia ter contra mim a acrimônia e o ódio de toda uma nação, como também porque julgava perdida a minha carreira cinematográfica. Nessas horas, Oona distraía-me, lendo para mim trechos de *Trilby*, livro bem da época vitoriana e bem risível, especialmente quando o autor se alonga em páginas e mais páginas para explicar e desculpar a permanente prodigalidade com que a protagonista distribuía os seus favores amorosos. Era toda aconchegadinha numa poltrona, ao pé da lareira com fogo de lenha, que Oona ia desfiando para mim aquela história. Apesar das ocasionais depressões, esses dois meses em Santa Bárbara foram de um romanesco pungente, num misto de ventura, inquietação e desespero.

AO TORNARMOS a Los Angeles, recebi do meu amigo, o juiz Murphy, membro da Suprema Corte dos Estados Unidos, notícias perturbantes. Informou-me que, num jantar de políticos influentes, um deles declarara que iam "segurar o Chaplin". Na carta que me escreveu a respeito, aconselhou o juiz Murphy: "Se lhe criarem problemas, será preferível que contrate um advogado modesto e pouco conhecido, em vez de algum importante."

Contudo, foi só algum tempo depois que o governo federal entrou em ação contra mim. Contava com o apoio unânime da imprensa, para a qual eu me constituíra um patife da pior espécie.

Nesse ínterim, nós nos preparávamos para enfrentar a demanda de investigação de paternidade; processava-se no foro cível, nada tendo com o governo federal. No curso da questão, Lloyd Wright propôs uma prova de sangue que, se resultasse a meu favor, viria demonstrar de maneira absoluta que a criança da Barry não era filho meu. Posteriormente, trouxe-me a notícia de que chegara a um acordo com o advogado da outra parte. As condições seriam as seguintes: eu daria vinte e cinco mil dólares a Joan Barry, esta e o rebento seriam submetidos à prova e ela desistiria da ação na hipótese de se evidenciar, pelo tipo de sangue, que eu não poderia ser o pai. Aceitei mais do que depressa. Entretanto, como há muita gente com o mesmo tipo sanguíneo, eu só tinha a favor uma possibilidade em catorze. Esclareceu-me o advogado que, se no sangue da criança houvesse elementos que não correspondessem nem ao da mãe nem ao do suposto pai, esses elementos deveriam provir, forçosamente, do sangue de um terceiro.

Depois de nascido o filho da Barry, o governo federal iniciou o seu inquérito, submetendo a mulher a interrogatório, com o propósito de formular contra mim um libelo de acusação. Fundado em quê? Era em vão que eu conjeturava. Amigos meus deram-me o conselho de procurar o famoso criminalista Jerry Giesler; e assim o fiz, contra a advertência do juiz Murphy. Foi um erro, pois isso levava a crer que eu me via em sérias dificuldades. Lloyd Wright promoveu um encontro com Giesler, para estudarem juntos que itens de acusação poderiam ser arguidos contra mim. Ambos os advogados tiveram informes de que o governo pretendia demonstrar que eu violara disposições da Lei Mann.

De quando em quando o governo federal utilizava esse instrumento de chantagem legal para desmoralizar um adversário político. A Lei Mann tivera originalmente por objetivo impedir que mulheres destinadas ao exercício da prostituição fossem transferidas de um estado para outro. Depois de abolidas as zonas de meretrício, a lei perdera quase por completo a sua finalidade legítima, porém ainda era invocada para perseguir cidadãos. Se um homem transpusesse os limites de um outro estado em companhia da esposa de quem já se divorciara e com ela tivesse relações sexuais, poderia ser considerado incurso na Lei Mann e pegar cinco anos de cadeia. Foi recorrendo a tal subterfúgio jurídico que o governo dos Estados Unidos promoveu processo contra mim.

Além dessa incrível acusação, foi engendrada também uma outra, com fundamento numa incidência legal já em desuso e tão absurda que acabou sendo posta de lado. Wright e Giesler concluíram que as duas acusações eram insustentáveis e que, se o processo fosse adiante, eu seria certamente absolvido.

O inquérito prosseguia. Tinha eu absoluta confiança em que toda a maquinação daria em nada. A mulher Barry, segundo presumi, fizera as viagens de ida e volta de Nova York a Hollywood sempre em companhia da mãe. Entretanto, alguns dias depois, Giesler telefonou-me: "Charlie, você foi pronunciado sob todos os itens da denúncia. Mais tarde conheceremos o texto integral do libelo acusatório. Eu avisarei quando será a audiência de qualificação."

As semanas seguintes pareciam pertencer a uma história de Kafka. Tive de me concentrar inteiramente na luta pela minha liberdade. Se fosse reconhecido culpado sob todas as acusações, padeceria vinte anos de cárcere.

Encerrada a audiência preparatória no tribunal, fotógrafos e repórteres da imprensa tiveram um dia cheio. Invadiram o gabinete da polícia judiciária, apesar dos meus protestos, e bateram chapas enquanto me tiravam as impressões digitais

— Eles têm o direito de fazer isto? — perguntei.

— Não — disse o comissário —, mas com esses rapazes ninguém pode (e quem falava assim era um funcionário do governo federal).

Agora, o filho da Barry já tinha vivido bastante para que se lhe fizese a prova sanguínea. O meu advogado e o da outra parte escolheram de comum acordo uma clínica; ali, a Barry, o filho dela e eu fomos submetidos à prova.

Mais tarde, telefonou o meu advogalo, todo alvissareiro: "Charlie, está inocentado! A prova sanguínea demonstra que você não é o pai!"

— Ora viva — disse eu, emocionadamente —, isto é um desagravo!

A notícia causou momentânea sensação nos jornais. Disse um deles: "Chales Chaplin é inocente." Disse outro: "Demonstrado definitivamente pela prova de sangue que Chaplin não é o pai!"

Embora o resultado da prova constrangesse o governo federal, o processo continuou o seu curso. Ao aproximar-se o julgamento, fui obrigado a gastar noites longas e penosas em casa de Giesler, passando em revista confrangedora as ocasiões em que me encontrei com Joan Barry. Um sacerdote católico de São Francisco escreveu-me carta de muito valor, em que declarava ter provas positivas de que a Barry servia de instrumento a uma organização de fascistas americanos; estava disposto a ir a Los Angeles para dar testemunho. Contudo, Giesler achou que isso não tinha relação com a matéria do processo.

Eu também possuía muitas provas comprometedoras quanto ao passado e ao caráter da Barry. Semanas a fio, fizemos investigações a esse respeito, mas uma noite, para minha surpresa, Giesler declarou subitamente que atacar a reputação da mulher era recurso de que já não se devia usar e que, embora empregado com êxito no julgamento de Errol Flynn, não seria necessário no meu caso.

— Podemos ganhar a questão sem mexer em toda essa água suja.

Para Giesler podia ser água suja, mas para mim era muito importante revelar os maus antecedentes da criatura.

Possuía eu também cartas da mulher, pedindo-me desculpas por todos os aborrecimentos que me causara e agradecendo-me as atenções e generosidades. Quis obter que essas cartas fossem incluídas nos autos do processo como prova a meu favor, pois desmentiriam as pérfidas invencionices da imprensa contra mim. Por essa razão até me aprazia que houvessem feito o escândalo, pois agora os jornais teriam de contar a história inteirinha e, quanto mais não fosse, eu estaria desagravado perante o público americano... Foi pelo menos o que presumi.

A essa altura devo abrir um parêntese para falar de Edgar Hoover e do seu FBI, porque, como se tratava de matéria sob jurisdição federal, esse órgão se empenhou a fundo na busca de elementos probatórios que pudesse fornecer ao Ministério Público. Muitos anos antes, eu me havia encontrado com Hoover num jantar. Dando má impressão à primeira vista, com o rosto um tanto brutal e o nariz deformado, parecia depois um homem perfeitamente agradável. Naquela ocasião, referiu-se com entusiasmo ao seu projeto de atrair para a organização que dirigia pessoas educadas, inclusive estudantes de direito.

Agora, alguns dias após a minha pronúncia, quando Oona e eu jantávamos no Chasen's Restaurant dei com Edgar Hoover e seus policiais aboletados em mesa pouco distante da nossa. No meio deles percebi a figura de Tippy Gray, com quem desde 1918 me deparava esporadicamente em reuniões de Hollywood. Aparecia nas festas, indivíduo desinteressante, de ar despreocupado, com um permanente sorriso sem expressão que me irritava um pouco. Tomei-o por um boêmio inofensivo ou um atorzinho qualquer que fizesse "pontas" em alguns filmes. Naquela noite, pus-me a conjeturar:

por que estaria ele na mesa de Hoover? Quando Oona e eu nos levantávamos para sair, voltei-me exatamente na horinha em que Tippy Gray se virava em minha direção e por um segundo nossos olhares se cruzaram. Sorriu à sua maneira inexpressiva. Então, de súbito, compreendi o uso rendoso que ele fazia daquele sorrir.

E eis que chegou o dia inicial do julgamento. Giesler recomendou-me que eu fosse encontrá-lo em frente ao Palácio da Justiça, às dez para as dez, sem um minuto a mais ou a menos, a fim de entrarmos juntos.

A sala do julgamento era no segundo andar. Ali chegamos sem produzir alvoroço... Em verdade, o pessoal da imprensa preferia agora não me dar atenção. Com certeza, pensei, o próprio julgamento forneceria assunto em abundância... Giesler instalou-me numa cadeira e depois circulou pela sala, parando aqui e ali para conversar com diversas pessoas. Para toda a gente uma festa... em que eu parecia sobrar.

Olhei para o promotor da Justiça Federal. Lia papéis, ia tomando apontamentos, parolava e ria, bem seguro de si, tendo ao redor vários homens. Estava lá Tippy Gray e, de quando em quando, atirava-me uma espiadela furtiva, sublinhada sempre por aquele sorriso neutro.

Giesler deixara sobre a mesa, perto de mim, papel e lápis destinados às suas anotações durante o curso do julgamento; então, para me entreter e não ficar olhando à toa, pus-me a garatujar umas coisas. Giesler veio precipitadamente.

— Não faça rabiscos — cochichou, arrebatando-me a folha e rasgando-a aos pedacinhos. — Se os repórteres apanham isso, mandam analisar e tiram daí conclusões de toda espécie.

Eu havia desenhado apenas um riachinho e uma pinguela, como costumava fazer quando menino.

Por fim, acentuou-se a tensão no tribunal e cada um dos presentes ocupou o lugar que lhe cabia. Três batidas de um martelinho anunciando a abertura dos trabalhos e eis-me em julgamento. O libelo contra mim continha quatro acusações: duas fundadas na Lei Mann e as restantes noutra lei, obsoleta, de que ninguém mais ouvira falar desde a Guerra de Secessão, mas na qual me consideravam incurso, como tendo criado estorvo aos direitos de um cidadão. De início, Giesler requereu que fosse retirado todo o libelo. Isso, porém, não passou de mero formalismo. As possibilidades de êxito eram tantas quantas a de se obter que o público de um circo, depois de pagar ingresso, desistisse do espetáculo.

Escolher o conselho de sentença foi coisa que tomou dois dias. O corpo de jurados compunha-se de vinte e quatro pessoas, tendo tanto a acusação como a defesa o direito de rejeitar seis, de modo a constituir-se, finalmente, um júri de doze. Até se formar o conselho de sentença, os possíveis jurados respondem a interrogatório e são submetidos a terrível exame de ambas as partes. Determina o sistema processual que o juiz, a promotoria e o advogado do réu inquiram aqueles sobre se estão aptos a julgar o caso sem prevenções ou ideias preestabelecidas. Perguntas assim: tem lido os jornais? Deixou-se influenciar por eles? Em consequência dessa leitura já tem opinião formada sobre o assunto? Conhece alguém que tenha relação com o processo?

Pareceu-me isso um método cínico, pois durante catorze meses tive contra mim, em franca hostilidade, noventa e cinco por cento dos jornais. O interrogatório de um jurado em potencial prolonga-se por meia hora, tempo em que a acusação e a defesa lançam os seus pesquisadores à cata de informes a respeito do cidadão ou cidadã. Toda vez que era chamado um possível membro do júri, Giesler escrevia umas notas e passava-as furtivamente aos seus pesquisadores, que desapareciam no mesmo instante. Ao fim de uns dez minutos, voltava qualquer dos inquiridores com informações desta ordem: "John Dokes, caixeiro de uma camisaria, esposa, dois filhos, nunca vai aos cinemas."

— Deixemo-lo de molho por enquanto — cochichava Giesler.

E assim foi prosseguindo a luta para se formar o conselho de sentença; acusação e defesa revezavam-se, aceitando ou recusando, cada qual por seu turno, as pessoas convocadas; o promotor federal confabulava baixinho com os seus assistentes; vez por outra Tippy Gray espiava-me de esguelha, com o sorriso habitual.

Quando já estavam escolhidos oito membros do júri, foi convocada uma mulher. E Giesler disse-me imediatamente:

— Hum, não me agrada... — E repetiu: — É, não me agrada... Ela tem qualquer coisa de que não gosto.

Quando a senhora ainda estava sendo submetida a interrogatório, Giesler entrou a ler rapidamente o bilhetinho que lhe passara um dos pesquisadores. E segredou-me então:

— Não me enganei... Ela já trabalhou como repórter no *Times* de Los Angeles. Devemos impugná-la! Além do mais, foi aceita muito depressa pela acusação.

Procurei examinar o rosto da mulher e, como não via bem, fiz menção de apanhar os óculos. Mais que rapidamente, Giesler segurou-me o braço.

— Não ponha os óculos! — sussurrou.

Tive a impressão de que a mulher só se preocupava com a sua própria pessoa, mas sem as lentes eu via tudo embaçado. E então disse Giesler:

— Só temos direito, infelizmente, a mais duas impugnações. Assim, vamos deixá-la sem aceitação nem recusa por enquanto.

Mas, no prosseguimento da escolha, precisou ele rejeitar dois outros convocados que de forma evidente me eram hostis. Já não podendo recusar mais ninguém, fomos forçados a admitir a jornalista.

Prestando ouvidos ao hermético palanfrório jurídico, da acusação e da defesa, parecia-me que o promotor e o advogado se entretinham num jogo de prendas, tendo eu bem pouco a ver com isso. Entretanto, pungia-me lá no íntimo a hipótese de condenação, em que, aliás, nunca cheguei a acreditar realmente. De quando em quando, pensava no futuro, na continuação da minha carreira, o que naquele momento me aparecia como coisa remota, mal se esboçando num caos. Afastava da cabeça essas conjeturas. Havia assunto mais premente em que me concentrar.

Contudo, por maiores que sejam os motivos de apreensão, ninguém pode levá-los a sério permanentemente. Recordo-me de que, certa feita, a sessão do júri foi suspensa, a fim de ser discutida uma questão de direito processual. Retirou-se o conselho de sentença; o juiz, o promotor e o advogado recolheram-se a um gabinete, enquanto o público, um fotógrafo e eu permanecemos na sala do tribunal. O fotógrafo estava alerta, pronto a me apanhar numa pose de interesse jornalístico. Assim que eu pus os óculos para ler, armou a câmara... e eu mais que depressa tirei os óculos. Isso fez rir os circunstantes. Logo que o moço largou a máquina, tornei a pôr os óculos. Bem-humoradamente, brincamos de gato e rato, um a apontar a máquina, o outro a retirar os óculos... e a assistência divertia-se. Reiniciada a sessão, é claro, tirei os óculos de vez e assumi atitude circunspecta.

O julgamento prolongou-se por vários dias. Como se tratava de jurisdição federal, Paul Getty, o amigo de Joan Barry, foi obrigado a comparecer e prestar depoimento como testemunha, o mesmo acontecendo com dois jovens alemães e outros. Paul Getty teve de confessar que fora outrora amante de Joan Barry e que também lhe dera dinheiro. Entretanto, valiam mais do que isso as cartas que ela me escrevera, desculpando-se de todos os problemas que me criara e agradecendo-me os favores e atenções. Giesler tentou obter que essas cartas fossem admitidas como elementos de prova, porém o tribunal rejeitou a solicitação. Achei, contudo, que meu advogado poderia ter insistido mais.

Veio a ser comprovadamente revelado ao tribunal que, poucos dias antes de haver a mulher invadido a minha residência, altas horas, tinha passado a noite inteira no apartamento de um jovem alemão, com o qual dormira. Ao prestar depoimento, o moço reconheceu o fato como verídico.

Ver-me ao centro de todas essas nojeiras dava-me a impressão de estar num pelourinho, exposto ao escárnio público. Mas, no mesmo instante em que deixava o tribunal, esquecia tudo e, depois de jantar calmamente com Oona, ferrava no sono, esgotadíssimo.

Além da tensão nervosa e apreensões do julgamento, havia incômodo diário de me levantar às sete da manhã, engolir às pressas o café da manhã e partir à toda (pois em menos de uma hora não atravessaria as congestionadas ruas de Los Angeles), se quisesse chegar ao tribunal pontualissimamente dez minutos antes de ser aberta a sessão.

E eis que, afinal, veio o lance derradeiro do julgamento. Decidiram promotor e advogado, em comum acordo, limitar a duas horas e meia o falatório das suas conclusões. Não tinha eu a mínima ideia do que um e outro poderiam dizer em tão estirado tempo. Ao que entendia, tudo era bem simples, claríssimo, fora de qualquer dúvida: o libelo federal contra mim malograra completamente. E decerto nunca me passou pela cabeça a possibilidade de uma condenação, o que significaria vinte anos de encarceramento. Em verdade, pareceu-me que as ponderações do juiz ao conselho de sentença poderiam ter sido menos imprecisas. Tentei observar como as recebia a jornalista do *Times,* porém tinha ela o rosto virado noutra direção. Quando o júri se retirou para deliberar, a senhora saiu rapidamente, sem olhar nem à direita nem à esquerda.

Ao deixarmos a sala de julgamento, Giesler sussurrou-me, com discrição:

— Hoje não poderemos sair do tribunal antes de ser pronunciado o veredicto. Mas — acrescentou em tom otimista — podemos descer e sentar no pórtico do edifício, para tomar um pouco de sol.

Essa forma sutil de me dar a conhecer que desde aquele momento eu me encontrava sob o jugo da lei fez-me sentir que havia uma sinistra oni-presença em torno de mim, tranquilamente pronta a me colher no laço e apertar o nó.

Era então uma e meia da tarde e eu calculava que o veredicto não tardaria mais do que vinte minutos. Achei, assim, que era melhor esperar, só telefo-nando a Oona depois do resultado. Mas toda uma hora passou! Telefonei-lhe, dizendo que o júri permaneceria em deliberação, mas tão logo conhecesse o veredicto eu a informaria.

Mais uma hora decorrida... e ainda nada! Por que tanta demora? Era coisa para o conselho de sentença decidir em dez minutos, no máximo... e só poderia decidir pela absolvição! Nesse meio-tempo, Giesler e eu continu-ávamos no pórtico do tribunal, à espera, sem qualquer observação de um ou de outro sobre o que poderia estar causando o retardo. Até que Giesler se viu na obrigação de consultar o relógio.

— Quatro horas... — disse num tom bem natural. — Por que será que ainda não resolveram?

Isso levou-nos a discutir de modo sereno, mas franco, quais os aspectos do caso que estariam detendo o júri na sala secreta.

A um quarto para as cinco, soou a campainha, a anunciar que o con-selho de sentença chegara a um veredicto. Meu coração pulou dentro do peito e, assim que nos dirigimos para a sala de julgamento, Giesler cochichou-me:

— Seja qual for o resultado, não demonstre nenhuma emoção.

Galgando às pressas a escadaria, excitado e ofegante, passou por nós o pro-motor, com os assessores a segui-lo prazerosamente na mesma precipitação.

Vinha por último Tippy Gray e, ao nos tomar a dianteira, lançou-me de viés uma olhadelazinha risonha.

Logo a sala se encheu; na atmosfera, uma densa tensão. Nem sei como, consegui aparentar perfeita calma, embora o coração me viesse até a garganta.

O oficial de Justiça martelou as três pancadinhas, anunciando a entrada do juiz, e houve movimento geral para ficar de pé. Quando todos voltaram a sentar-se, entrou o conselho de sentença e o primeiro jurado entregou um documento ao escrivão criminal. Giesler, sentado, cabisbaixo, fitando os sapatos, pôs-se a murmurar nervosamente num ofego de voz:

— Se você for condenado, será o pior dos erros judiciários que já vi em toda a minha vida! — E repetia sem cessar: — O pior dos erros judiciários que já vi!

O escrivão leu o documento, martelou mais três batidas. E, no grande silêncio de expectativa, anunciou:

— Charles Chaplin, processo criminal 337068... Quanto à primeira acusação do libelo... (houve uma longa pausa) absolvido!

Um súbito grito irrompeu do auditório e instantaneamente voltou o silêncio, todos à espera de que o escrivão continuasse.

— Quanto à segunda acusação do libelo... absolvido!

A sala transformou-se num pandemônio. Jamais havia eu suposto que tivesse tantos e tantos amigos; alguns, transpondo a grade de separação, acorriam para me apertar nos braços e beijar. Num relance, vi Tippy Gray. Desaparecera-lhe o sorriso; nenhuma expressão na fisionomia.

E então o juiz dirigiu-se a mim:

— Senhor Chaplin, a sua presença não é mais necessária neste tribunal. O senhor agora está livre.

E do alto da sua grande mesa me estendeu a mão e congratulou-se comigo; assim o fez também o promotor. Giesler segredou-me:

— Agora, vá cumprimentar os jurados.

Quando me aproximei, a senhora de quem o meu defensor tivera tanta desconfiança levantou-se e ofereceu-me a sua mão; pela primeira vez pude fitá-la de perto. Era muito bonita, com a fisionomia a irradiar inteligência e compreensão. Quando a cumprimentei, disse-me, sorrindo:

— Tudo bem, Charlie. Ainda vivemos num país de liberdade.

Não tive jeito de falar, tanto me comoveram as suas palavras. Pude apenas inclinar-me e sorrir, ao mesmo tempo que a senhora me dizia:

— Pela janela da sala onde nos reunimos eu podia vê-lo a caminhar de um lado para outro e quis fazer-lhe um sinal de que não se preocupasse. Foi só pela divergência de uma pessoa que não chegamos ao veredicto em dez minutos.

Lutei para ouvi-la sem chorar, mas apenas abri um sorriso e manifestei o agradecimento, voltando-me então para cumprimentar os demais. Todos eles me apertaram a mão calorosamente, exceto uma mulher que fixava em mim um olhar de ódio. Eu já ia afastar-me, quando o primeiro jurado falou:

— Deixe disso, minha velha, e dê-lhe um aperto de mão:

Ela obedeceu de má vontade e agradeci friamente.

Oona, grávida de quatro meses, permanecia à espera sentada sobre a grama do jardim. Estava só e, quando ouviu a notícia pelo rádio, desmaiou.

Naquela noite, jantamos em casa, tranquilamente, só ela e eu. Não queríamos saber de jornais, nem de telefonemas. Eu não queria ver ninguém, falar a ninguém. Sentia-me esvaziado, ferido, despojado de mim mesmo. Até a presença dos empregados era constrangedora.

Depois do jantar, Oona preparou-me um gim-tônica bem forte e sentamo-nos juntos ao pé da lareira; expliquei-lhe por que o veredicto demorou tanto e referi-me também à emoção com que ouvi aquela senhora dizer que ainda estávamos num país de liberdade. Após tantas e tantas semanas de tensão, que sossego bom agora! Naquela noite estendi-me na cama com a bem-aventurança de saber que não precisava mais levantar cedinho para ir ao tribunal.

Passados um ou dois dias, disse-me Lion Feuchtwanger, bem-humoradamente:

— Charlie, você é o único ator que entrará na história americana por ter levantado contra si o antagonismo político de toda uma nação.

☆

E EIS-ME novamente às voltas com a demanda de investigação de paternidade, que eu supunha ter recebido a pá de cal com a prova de sangue. Por meio de chicanices habilidosas, outro advogado, com influência na política de Los Angeles, conseguiu a reabertura da questão. Usou de uma esperteza: fez que a guarda do menino se transferisse da mãe para o Juizado de Menores, o qual passou a exercer a tutela. Assim, não se consideraria violado o acordo concluído com Joan Barry e esta poderia conservar os vinte e cinco mil dólares; como tutor, o Juizado de Menores estaria apto a exigir de mim uma pensão para a criança.

No primeiro julgamento, divergiram os membros do conselho e o júri não chegou a uma decisão, decepcionando o meu advogado, que tinha como certa a vitória. Mas, no segundo julgamento, a despeito do exame sanguíneo, que a jurisprudência firmada nos tribunais californianos reconhecia ser prova definitiva em ações de paternidade, o veredicto foi contra mim.

AGORA, o que mais queríamos, Oona e eu, era ficar longe da Califórnia. O nosso primeiro ano de união coincidiu com toda uma série de problemas que nos trituraram e urgia que fôssemos repousar. Levando a nossa gatinha preta, seguimos de trem para Nova York e depois para Nyack; aí alugamos casa. Era bem isolada, em meio de terreno pedregoso e improdutivo; contudo, o lugar tinha o seu encanto. A nossa moradia pequenina, mas de sedutor aspecto, fora construída em 1780. Ficou a nos servir a senhora simpaticíssima que tomava conta da propriedade, aliás cozinheira de mão-cheia.

Também ganhamos bom amigo: um velho e manso cão de caça, que deu para nos fazer companhia. Muito pontual, à hora do desjejum lá vinha ele até a varanda e, após agitar o rabo em saudação gentil, estendia-se ali no maior sossego, deixando-nos educadamente comer em paz. Quando o viu pela primeira vez, a nossa bichana guinchou e deu-lhe um tapinha. Mas o cachorro permaneceu estendido, focinho contra o chão, para bem demonstrar propósitos de coexistência pacífica.

Embora de solidão, esses dias de Nyack foram idílicos. Não visitamos ninguém e ninguém nos visitou. Antes assim, pois ainda não nos havíamos refeito das emoções causadas pelo julgamento.

Apesar de inibidos os meus dons criadores pela provação por que passei naquele tempo cruel, fui tocando o roteiro de *Monsieur Verdoux*. O que restava fazer era pouco. E agora renascia em mim o desejo de concluir a história.

Pretendíamos demorar no leste pelo menos uns seis meses e ali Oona devia ter a criança. Mas em Nyack não me era possível trabalhar e, assim, após um mês e pouco, regressamos à Califórnia.

Logo depois de casados, Oona confessou-me que não queria ser atriz de teatro ou de cinema. Isso me agradou, pois afinal tinha uma esposa e não uma carreirista. Eis o motivo por que desisti de *Shadow and substance* e voltei à criação de *Monsieur Verdoux*... até ser interrompido tão rudemente pelo governo. Penso às vezes que o cinema perdeu uma comediante de primeira ordem, pois grande é o senso de humor que Oona possui.

Recordo-me de que, pouco antes do julgamento, fomos juntos a uma joalheria de Beverly Hills, onde Oona desejava que se fizesse um conserto no seu estojo para pó de arroz. Enquanto esperávamos, pusemo-nos a examinar diversas pulseiras. Uma, excepcionalmente bonita, constelada de rubis e brilhantes, muito nos atraiu; Oona, porém, achou o preço alto demais e, quando saíamos, disse eu ao joalheiro que ia pensar e resolver depois.

Ao entrarmos no automóvel, falei nervosamente:

— Depressa! Vamos embora, e à toda!

Então enfiei a mão no bolso e cautelosamente retirei de lá a pulseira que Oona havia apreciado tanto. Fui logo dizendo:

— Apanhei isso enquanto o joalheiro mostrava outras joias a você...

Ela empalideceu.

— Não devia ter feito uma coisa dessas!

Dirigindo o carro, Oona dobrou uma ruazinha lateral e, beirando o meio-fio, freou.

— Precisamos pensar... — disse. E repetiu: — Não devia ter feito uma coisa dessas!

— Bem, agora é tarde, não há como devolver.

Mas não pude continuar na brincadeira e espoquei numa risada, explicando-lhe tudo: ao vê-la entretida em apreciar outras joias, chamei à parte o homem da joalheria e discretamente adquiri a pulseira.

— E você imaginando que eu havia furtado, hein?! Seria tida como cúmplice! — disse-lhe, a rir.

— Oh — respondeu ela —, você já tem complicações de sobra. Não quero que lhe venha mais outra.

Durante o processo, vimo-nos cercados por muitos amigos queridos, todos fiéis e solidários: Salka Viertel, os Clifford Odet, os Hanns Eisler, os Feuchtwanger e outros, em quantidade.

Salka Viertel, a atriz polonesa, dava ceias interessantes em sua residência de Santa Mônica. Aprazia-lhe atrair artistas e homens de letras: Thomas Mann, Bertolt Brecht, Schoenberg, Hanns Eisler, Lion Feuchtwanger, Stephen Spender, Cyril Connolly e mais uma porção deles. Onde quer que estivesse morando, mantinha um salão literário.

Em casa de Hanns Eisler costumávamos encontrar Bertolt Brecht, homem de aspecto decididamente vigoroso, cabelos à escovinha e, ao que me lembro, sempre de charuto na boca. Meses depois, mostrei-lhe o roteiro de *Monsieur Verdoux*. Folheou-lhe as páginas e disse apenas:

— Oh, você escreve os seus textos à moda chinesa.

Perguntei a Lion Feuchtwanger o que pensava sobre a situação política dos Estados Unidos. Respondeu-me, a gracejar:

— Bem, creio que há certas indicações nos seguintes fatos: mal ficou pronta minha nova casa em Berlim, Hitler subiu ao poder e eu tive de ir embora; quando terminei de mobiliar meu apartamento de Paris, os nazistas entraram na cidade e eis-me de novo a mudar de terra; agora, estou na

América e acabo de comprar uma casa em Santa Mônica. (Deu de ombros, sorrindo significativamente.)

Vez por outra também via Aldous Huxley. Naquele tempo andava a embalar-se no berço do misticismo. E, francamente, apreciei-o muito mais como um jovem cético dos anos de 1920 e 1930.

Um dia, meu amigo Frank Taylor telefonou-me para dizer que o poeta galês Dylan Thomas gostaria de ter um encontro conosco. Respondi que ficaríamos encantados. "Bem" — disse Frank —, "se ele estiver sóbrio eu o levarei." Naquela mesma noite, um pouco mais tarde, tocou a campainha da porta e fui abrir. Assim que o fiz, Dylan Thomas caiu duro à entrada. Se era daquele jeito quando sóbrio, que seria quando embriagado? Contudo, um ou dois dias depois, apareceu para jantar e comportou-se bem melhor. Recitou um dos seus poemas, em ressoante voz de baixo profundo. Não me lembro das imagens, porém me recordo que daqueles versos mágicos irrompeu como um lampejo a palavra celofane.

Entre os nossos amigos contava-se Theodore Dreiser, por quem eu tinha grande admiração. Com Helen, sua encantadora mulher, ia de quando em quando jantar em nossa casa. Era ameno, benévolo, embora com uma indignação a lhe ferver na alma. Quando faleceu, o dramaturgo John Lawson, que fez o necrológio na cerimônia religiosa do sepultamento, perguntou-me se eu queria segurar as alças do caixão e declamar à beira do túmulo um poema do próprio Dreiser. Aceitei.

Apesar de haver passado por crises periódicas de enjoo e desalento quanto à minha carreira, nunca se me abalou a fé de que uma boa comédia poria fim a todos os meus problemas. E foi nesse estado de espírito que concluí *Monsieur Verdoux*. Custou-me dois anos de trabalho, pois era difícil dar interesse e encadeamento à história; mas a filmagem propriamente dita só tomou doze semanas, o que constituiu um recorde para mim. Em seguida, remeti pelo correio o meu roteiro ao Breen Office para a censura.

O Breen Office é um ramo da Legião da Decência, que tem a seu cargo censurar os roteiros a serem filmados, isso de acordo com os próprios industriais do cinema americano, através de sua associação de classe. Reconheço a necessidade de haver censura, porém é difícil exercê-la. Sobre o assunto, posso tão somente ponderar que devem ser maleáveis, e não dogmáticos, os critérios de julgamento, baseando-se não no tema escolhido mas no bom gosto, inteligência e delicadeza de tons por que seja tratado.

Do ponto de vista moral, a violência física e a falsa filosofia parecem-me tão perniciosas quanto uma cena de luxúria. Disse Bernard Shaw que esmurrar o queixo de um vilão é maneira fácil demais de se resolver os problemas da vida.

Antes que venha à baila a censura de *Monsieur Verdoux*, convém fazer-se um breve resumo da história. Verdoux é um barba-azul, um bancário insignificante, que tendo perdido o emprego por ocasião da crise econômica planeja habilmente desposar velhas solteironas e apossar-se do seu dinheiro, assassinando-as. Sua mulher legítima é uma inválida que vive num recanto rural, com o filhinho, sem a mínima suspeita do que faz o marido. Este, depois de cometer mais um dos crimes, torna ao lar, como um bom esposo burguês que teve um dia de grande labuta. Verdoux é um paradoxo de virtude e vício — um homem que, aparando suas roseiras, evita pisar numa lagarta, enquanto lá no fundo do jardim uma das vítimas está sendo consumida num incinerador. A história contém diabólico humorismo, sátira amarga e crítica social.

Os censores enviaram-me extensa carta, explicando por que vetaram o filme. De tal documento é o trecho que reproduzo a seguir:

> [...] *Deixamos de lado os elementos que parecem antissociais em sua concepção e significação. Há passagens no roteiro em que Verdoux denuncia o 'Sistema' e impugna a estrutura social da atualidade. Mas preferimos apontar à sua atenção o que é de crítica ainda mais forte e constitui propriamente matéria que incorre no Código de Censura.*
>
> *Pelo que dá Verdoux a entender, é ridículo alguém ficar chocado com o vulto de suas atrocidades, pois constituem simples 'comédia de assassinatos', em comparação com os assassínios em massa da guerra, tidos como legais e que o 'Sistema' adorna com galões de ouro. Sem entrarmos absolutamente em qualquer debate sobre se as guerras são assassínios em massa ou matanças justificáveis, o certo é que Verdoux, em suas falas, procura seriamente atribuir cunho moral aos seus crimes.*

A *segunda razão fundamental que nos leva a considerar o roteiro inaceitável podemos enunciar mais concisamente. Reside no fato de que é, de forma predominante, a história de um canalha que induz certo número de mulheres a lhe confiar suas economias, enganando-as numa sucessão de falsos casamentos. Essa fase do roteiro tem o mau cheiro de relações sexuais ilícitas, o que julgamos condenável.*

A seguir, os censores entraram numa longa série de objeções minuciosamente especificadas. Para dar ideia de algumas começarei por citar duas páginas do meu roteiro, concernentes a Lydia, uma das esposas ilegítimas de Verdoux, velhota que ele se apresta a matar naquela noite.

(Lydia entra num corredor fracamente iluminado, em seguida apaga a luz e sai para o quarto de dormir, onde é acesa uma lâmpada cuja claridade atravessa o corredor em penumbra. Então, Verdoux entra vagarosamente. Ao fundo do corredor há uma ampla janela através da qual se vê a lua cheia. Em êxtase, ele avança lentamente nessa direção.)

VERDOUX *(baixo)*: Quão bela... esta pálida hora de Endimião...

A VOZ DE LYDIA *(vindo do quarto)*: De que é que está falando?

VERDOUX *(como em êxtase)*: De Endimião, querida... Um belo moço que se enamorou perdidamente da lua.

VOZ DE LYDIA: Ora... Esqueça-o e venha para a cama.

VERDOUX: Sim, meu bem... Nossos passos eram macios por entre as flores.

(Passa ao quarto de Lydia, deixando o corredor vazio e em semiescuridão, pois sua única luz é a do luar.)

VOZ DE VERDOUX *(do quarto de Lydia)*: Olhe para esta luz! Nunca tinha visto assim, tão brilhante!... Lua indecente.

VOZ DE LYDIA: Lua indecente! Você diz cada bobagem... ha! ha! ha! Lua indecente!

(A música alteia-se num crescendo terrificante, depois a cena esmaece e clareia. É de manhã, o mesmo corredor, porém agora inundado de sol. Verdoux vem do quarto de Lydia, cantarolando.)

À cena acima os censores fizeram as seguintes objeções:

> *"Queira mudar a fala de Lydia 'Ora... Esqueça-o e venha para a cama', de modo que a parte final seja 'e vá para a cama'. Presumimos que toda a cena seja representada de forma a não dar impressão de que Verdoux e Lydia se dispõem a desfrutar dos privilégios conjugais. Queira também substituir a expressão repetida 'lua indecente' como ainda o aparecimento de Verdoux, vindo do quarto, a cantarolar."*

A objeção seguinte era quanto ao diálogo de Verdoux e da jovem com quem se encontra altas horas da noite. Ponderaram os censores que a criatura está caracterizada bem claramente como uma prostituta e, portanto, era inaceitável.

Por certo que se trata de mulher da vida e seria infantil supor que vai ao apartamento de Verdoux só para ver sua coleção de gravuras. Entretanto, segundo o roteiro, ele apanhou-a na rua com o propósito de usá-la numa experiência, ministrando-lhe veneno que não deixa o mínimo traço, mas que deverá matá-la, decorrida apenas uma hora após se retirar. Nada contém a cena de lúbrico ou de excitante. Eis o texto do meu roteiro:

> *(Clareia no interior do apartamento parisiense de Verdoux, por cima de uma loja de móveis. Quando entram, ele descobre que a jovem traz, escondido sob a capa de chuva, um gatinho extraviado.)*

VERDOUX: Você gosta de gatos, hein?

JOVEM: Não muito. Mas encontrei este molhado e com frio. Creio que não tem aqui um pouco de leite... não é?

VERDOUX: Ao contrário, tenho. Vê? As coisas não são tão feias como pensa.

JOVEM: Pareço tão pessimista assim?

VERDOUX: Parece, mas não suponho que seja.

JOVEM: Por quê?

VERDOUX: Para sair numa noite como esta, deve ser bem otimista.

JOVEM: Pois é o que não sou.

VERDOUX: As coisas lhe correm mal, hein?

JOVEM *(sarcasticamente)*: É um grande observador...

VERDOUX: Há quanto tempo está neste brinquedo?

JOVEM: Oh... Uns três meses.

VERDOUX: Não creio.

JOVEM: E por quê?

VERDOUX: Uma pequena bonita como você já estaria bem de vida.

JOVEM *(desdenhosa)*: Obrigada.

VERDOUX: Agora, conte-me a verdade. Você acabou de sair do hospital ou do cárcere... Qual dos dois?

JOVEM *(bem-humorada, mas desafiadoramente)*: Por que está querendo saber?

VERDOUX: Porque desejo auxiliá-la.

JOVEM: Um filantropo, hein?

VERDOUX *(cortês)*: Exatamente... E sem nada lhe pedir em troca.

JOVEM *(estudando-o)*: Mas, o que é isto aqui... o Exército da Salvação?

VERDOUX: Muito bem. Se prefere assim, pode ir embora quando quiser.

JOVEM *(laconicamente)*: Saí da cadeia.

VERDOUX: E por que foi presa?

JOVEM *(dá de ombros)*: Que adianta saber? Pequenino estelionato, é como eles chamam... Botei no prego uma máquina de escrever alugada.

VERDOUX: Pegou quanto tempo?

JOVEM: Três meses.

VERDOUX: E foi hoje mesmo que saiu da prisão?

JOVEM: Sim.

VERDOUX: Está com fome?

(Ela faz sinal que sim com a cabeça e sorri contrafeita.)

VERDOUX: Então, enquanto eu preparo a comida, pode ajudar a trazer algumas coisas da cozinha.

(Passam à cozinha. Ele começa a preparar ovos estrelados e auxilia a jovem a colocar louça e talheres numa bandeja, que ela traz para a sala. No momento em que a jovem sai, Verdoux espia cautelosamente para verificar se ela não o vê, em seguida abre às pressas um armário de cozinha e tira de lá o veneno que despeja numa garrafa de vinho, arrolhando-a e colocando-a numa bandeja com dois copos; então, sai para a sala.)

VERDOUX: Não sei se isto vai abrir o seu apetite ou não... Ovos estrelados, torradas e um pouco de vinho tinto.

JOVEM: Esplêndido.

(Ela põe de lado um livro que estivera lendo e boceja.)

VERDOUX: Vejo que está cansada; portanto, logo que terminar a ceia, irei levá-la ao seu hotel.

(Ele desarrolha a garrafa.)

JOVEM *(observando-o)*: Você é muito bom. Não compreendo por que faz isso tudo por mim.

VERDOUX: Por que não? *(Derrama no copo da jovem o vinho envenenado.)* É tão raro assim um pouco de bondade?

JOVEM: Ia começando a pensar que era.

(Verdoux faz menção de pôr o vinho no seu copo, mas tem um gesto de escusa.)

VERDOUX: Oh, as torradas!

(Desaparece na cozinha com a garrafa, que apressadamente substitui por outra, apanha as torradas e parte de novo para a sala. Entra ali, põe as torradas na mesa [com um Voilà!] e da garrafa substituída despeja vinho no seu copo.)

JOVEM *(desconcertada)*: Você é engraçado.

VERDOUX: Sou? Por quê?

JOVEM: Não sei.

VERDOUX: Mas você está com fome e faça o favor de começar.

(Quando ela principia a comer, ele vê o livro sobre a mesa.)

VERDOUX: Que é que estava lendo?

JOVEM: Schopenhauer.

VERDOUX: Gosta dele?

JOVEM: Assim, assim...

VERDOUX: Já leu dele o tratado sobre o suicídio?

JOVEM: Isso não me interessaria.

VERDOUX *(num tom de hipnotizador)*: Nem mesmo se fosse bem simples o fim? Digamos, por exemplo: você cai no sono e, sem nenhum pensamento de morte, há de súbito uma paralisação... Não acha melhor do que esta existência enfadonha?

JOVEM: Sei lá...

VERDOUX: O que amedronta é a aproximação da morte.

JOVEM *(meditando)*: Naturalmente os que estão para nascer também ficariam amedrontados se percebessem a aproximação da vida.

(Verdoux sorri aprovativamente e bebe do seu vinho. Ela apanha o copo com o vinho envenenado e está a ponto de beber, mas faz uma pausa.)

JOVEM *(com expressão pensativa)*: Apesar de tudo, a vida é maravilhosa.

VERDOUX: E que é que ela tem de maravilhoso?

JOVEM: Tanta coisa... Uma manhã de primavera, uma noite de verão... música, arte, amor...

VERDOUX *(com desdém)*: Amor!

JOVEM *(num tom de leve desafio)*: É coisa que existe, sim.

VERDOUX: Como sabe?

JOVEM: Já estive apaixonada uma vez.

VERDOUX: Quer dizer que ficou atraída físicamente por alguém.

JOVEM (trocista): Você não gosta das mulheres, não é?

VERDOUX: Ao contrário... Amo-as... porém não as admiro.

JOVEM: Por quê?

VERDOUX: As mulheres são criaturas da terra... realistas, sob o domínio das coisas materiais.

JOVEM (incrédula): Tolice...

VERDOUX: Desde o instante em que trai um homem, a mulher o despreza. Ainda que seja bom e tenha posição social, ela o trocará por alguém inferior... se esse outro é fisicamente de maior atração.

JOVEM: Como conhece pouco as mulheres.

VERDOUX: Conheço muito mais do que imagina.

JOVEM: Isso não é amor!

VERDOUX: E o que é amor?

JOVEM: Dedicação... sacrifício... A mesma coisa que as mães sentem pelo filho.

VERDOUX (sorrindo): Já amou dessa maneira?

JOVEM: Sim.

VERDOUX: A quem?

JOVEM: Meu marido.

VERDOUX (surpreso): É casada?

JOVEM: Fui... Ele morreu quando eu estava na cadeia.

VERDOUX: Compreendo... Fale-me a respeito dele.

JOVEM: É uma história comprida... (Uma pausa.) Ele foi ferido na Guerra Civil da Espanha... um inválido incurável.

VERDOUX (inclinando-se para a frente): Um inválido?

JOVEM (confirma com a cabeça): Foi por isso que eu o amei. Precisava de mim... dependia de mim. Era como um filho pequeno. Mas para mim era mais do que um filho. Era a minha religião... o ar que eu respirava... por ele eu teria matado.

(Ela engole as lágrimas e está a ponto de beber o vinho envenenado.)

VERDOUX: Um momento... Creio que há um pedacinho de rolha no seu vinho. Deixe-me trocar o copo.

(Verdoux apanha o copo da jovem e coloca-o sobre o aparador, em seguida apanha um limpo e nele derrama o vinho sem veneno da garrafa. Por um instante bebem os dois em silêncio. Depois, Verdoux levanta-se.)

VERDOUX: Já é bem tarde e você está cansada... Olhe aqui... *(Dá dinheiro à jovem.)* Isto dá para se agüentar um dia ou dois... Espero que tenha sorte.

(Ela olha o dinheiro.)

JOVEM: É demais... Eu não podia esperar... *(Enterra a cara nas mãos e chora.)* Tolice minha... procedendo deste jeito. Começava a não acreditar em mais nada. E agora isto acontece e você está me fazendo crer em tudo novamente.

VERDOUX: Não creia demais. O mundo é mau.

JOVEM *(sacudindo a cabeça)*: Qual o quê! É um mundo desastrado... e bem triste... mas um pouquinho de bondade pode fazer o mundo belo.

VERDOUX: É melhor que se vá antes que a sua filosofia me corrompa.

(A jovem dirige-se para a porta, vira-se e sorri para ele, ao sair, dizendo um "boa-noite".)

Transcrevo algumas das objeções dos censores à cena reproduzida acima:

"No diálogo entre Verdoux e a jovem, a fala — 'Para sair numa noite como esta, você deve ser bem otimista' — e as duas outras — 'Desde quando você está neste brinquedo' e 'Uma pequena bonita como você já estaria bem de vida' — devem ser modificadas.

Queremos ponderar que a referência ao Exército da Salvação poderá, segundo entendemos, ser considerada ofensiva a essa instituição."

Lá para o fim do meu roteiro, Verdoux, depois de muitas aventuras, reencontra a jovem. Está ele na miséria e acabrunhado; ela, muito próspera. A sua prosperidade teve a reprovação dos censores. Eis a cena:

(Clareia no terraço de um café. Verdoux está sentado a uma das mesas, tendo um jornal onde se diz ser iminente a guerra. Paga a despesa e retira-se. Ao atravessar a rua, quase é atropelado por um automóvel de luxo, que faz violenta virada para o meio-fio. O chofer freia o carro e buzina; pela vidraça descida uma mão enluvada faz sinal para Verdoux; este, surpreendido, vê no automóvel, a sorrir-lhe, a jovem que tempos antes havia ajudado. Está vestida elegantemente.)

JOVEM: Como vai, meu filantropo!

(Verdoux fica intrigado.)

JOVEM *(continuando)*: Não se lembra de mim? Levou-me ao seu apartamento... numa noite de chuva.
VERDOUX *(surpreso)*: Foi?
JOVEM: E depois de me dar comida e dinheiro, mandou que eu seguisse o meu caminho, como uma menininha ajuizada.
VERDOUX *(com humor)*: Eu devo ter sido bem idiota...
JOVEM *(num tom de sinceridade)*: Não, você foi muito bom... Aonde vai?
VERDOUX: A lugar nenhum.
JOVEM: Entre.

(Verdoux entra no carro. Interior do automóvel.)

JOVEM *(ao chofer)*: Para o Café Lafarge... *(Para Verdoux)*: Desconfio de que não se lembra de mim... e por que havia de lembrar?
VERDOUX *(fitando-a com admiração)*: Só vejo razões para isso...
JOVEM *(sorri)*: Não se recorda? Naquela noite em que nos encontramos... eu acabava de sair da cadeia.

(Verdoux leva um dedo aos lábios.)

VERDOUX: Chut *(aponta o chofer, depois palpa levemente a vidraça da limusine, por trás de onde fica o lugar do motorista).* Bem... o vidro está fechado... *(Fita a jovem com ar de surpresa.)* Mas você... tudo isso... *(indica o automóvel).* Que aconteceu?

JOVEM: A velha história... dos farrapos à riqueza. Depois daquela noite, minha sorte mudou. Encontrei alguém com muito dinheiro... um fabricante de munições.

VERDOUX: É o ramo para que eu devia ter entrado. Que tal o cidadão?

JOVEM: Muito bom e generoso, mas em matéria de negócios não tem piedade.

VERDOUX: Os negócios nunca têm piedade, meu bem... Você o ama?

JOVEM: Não, mas é isso mesmo que o prende.

Quanto à cena transcrita, os censores fizeram as seguintes restrições:

> *"Queira modificar no diálogo a fala 'Você mandou que eu seguisse meu caminho como uma menininha ajuizada' e a resposta 'Eu devo ter sido um idiota'; isso, para evitar os subentendidos da conversa; queira também incluir no diálogo uma referência ao fabricante de munições como noivo da jovem, a fim de afastar a sugestão de que ela é uma mulher sustentada."*

Outras cenas sofreram objeções do mesmo gênero. Passo a citar:

> *"Não será admitida nenhuma insistência em alusões vulgares às curvas demasiadas, tanto à frente como atrás, de mulheres de meia-idade."*
> *"Não deve haver nada de chocante nos trajes nem nas danças das coristas; especialmente, não será permitida exibição de pernas nuas acima da liga."*
> *"O gracejo sobre 'coçar o traseiro dela' é inaceitável."*
> *"Não deverá ser mostrada, nem sugerida, a presença de aparelhos sanitários num banheiro."*
> *"Queira substituir por outra a palavra 'voluptuoso' na fala de Verdoux."*

Ao fim da sua comunicação, os censores declaravam que teriam muito prazer em colocarem-se à minha disposição para discutirmos o assunto e que seria possível ajustar-se às exigências do Código de Produção

Cinematográfica, sem que o seu valor como entretenimento sofresse dano sério. Em consequência, compareci ao Breen Office e fui levado à presença do sr. Breen. Logo depois surgiu um dos seus assistentes, moço alto e gravebundo. O ar com que veio estava longe de ser amistoso.

— Que tem contra a Igreja católica? — disse.

— Por que pergunta? — repliquei.

— Eis aqui — disse ele, batendo sobre a mesa uma cópia do meu roteiro e folheando-lhe as páginas —, a cena que se passa na cela dos condenados à morte; o criminoso Verdoux diz ao padre: "E que posso fazer por você, meu bom homem?"

— Bem, não é ele um bom homem?

— Isto é jocoso — afirmou, levantando a mão num gesto reprovador.

— Não vejo nada de jocoso em chamar-se um homem de "bom".

O debate prosseguiu de tal modo que me vi travando com o moço um diálogo à maneira de Bernard Shaw.

— O senhor não deve chamar um sacerdote de "bom homem"; deve chamá-lo de "padre".

— Muito bem — respondi. — Iremos chamá-lo de "padre".

— E temos esta fala aqui — notou o censor, indicando outra página. — O senhor figura o sacerdote a dizer: "Vim pedir-lhe que faça as suas pazes com Deus" e retruca Verdoux: "Com Deus estou em paz, meu conflito é com o homem." O senhor deve convir que isto é caçoada.

— Matéria de opinião — respondi. — Tem o direito de pensar assim e eu também tenho o de pensar de outro modo.

— E mais esta — interrompeu, lendo outra passagem do roteiro. — Diz o sacerdote: "Não se arrepende dos seus pecados?" E Verdoux responde: "Quem pode saber o que seja o pecado? Não teve origem no Céu, não veio do anjo decaído e expulso pelo Senhor? Portanto, como saber que misterioso destino tem a cumprir?"

— Creio que o pecado é realmente um mistério tão grande como a virtude — repliquei.

— Há uma porção dessas pretensas filosofices — continuou desdenhosamente. — Por exemplo, Verdoux fita o padre e diz: "Que seria de nós sem o pecado?"

— Reconheço que a fala é bastante discutível no seu conteúdo, porém se destina apenas a fazer graça irônica e não é dirigida ao padre de maneira desrespeitosa.

— Mas o roteiro faz sempre Verdoux levar vantagem sobre o sacerdote.

— Como deseja que o sacerdote se apresente? Num papel cômico?

— Claro que não, mas por que não lhe dá ensejo de lavrar alguns tentos nas suas respostas?

— Olhe aqui — ponderei —, o criminoso vai ao encontro da morte e procura fazer fanfarronices. Em toda a cena, o padre mantém-se com dignidade e suas falas são as de um ministro de Deus. Mesmo assim, pensarei em alguma boa resposta que ele possa dar.

— E esta passagem — continuou: — Diz o sacerdote: "Que o Senhor tenha compaixão da tua alma" e Verdoux replica "E por que não? Ao fim de contas, é uma alma que lhe pertence".

— E que mal há nisso? — perguntei.

O censor repetiu parte da réplica:

— "Por que não?"! A um sacerdote não se fala desta maneira.

— Verdoux diz isso para si mesmo, introspectivamente. Espere até que veja o filme — respondi.

— O senhor acusa a sociedade e o Estado.

— Bem... Afinal, o Estado e a sociedade não são uns anjinhos do Céu... Por certo, é permitido criticá-los, não?

Com mais uma ou duas alterações de menor importância, o roteiro acabou sendo aprovado. E muitas das críticas foram construtivas — reconheça-se, para fazer justiça ao sr. Breen. Disse-me ele com bem-acentuada melancolia:

— Não apresente essa moça como uma prostituta a mais. Há prostitutas em quase todos os roteiros de Hollywood.

Quando o filme ficou pronto, foi exibido para uns vinte a trinta membros da Legião da Decência, como representantes da censura e de várias associações religiosas. Nunca me senti, em toda a minha vida, tão só como naquela ocasião. Mas, exibida a última cena e acesas as luzes, o sr. Breen virou-se para o pessoal e disse abruptamente:

— Creio que está bem... Vamos embora!

Houve um silêncio; e então alguém disse:

— Penso da mesma forma. Nada tenho a opor.

Os demais, calados, carrancudíssimos. Franzindo a cara, Breen faz um largo gesto de quem encerrava o assunto e dirigiu-se à turma:

— Aprovado... Podemos ir, hein?

Houve pouca reação. Alguns concordaram num gesto de cabeça, a contragosto. Breen rebateu rapidamente as objeções que lhe eram apresentadas e, dando-me um tapinha nas costas, disse-me:

— Bem, Charlie, toque para a frente e faça os rolos. (Querendo significar assim que me autorizava a imprimir as cópias do filme.)

Fiquei um tanto perplexo com o resultado, já que de início os censores quiseram vetar integralmente o roteiro. A fácil e rápida aprovação deixou-me de pulga atrás da orelha. Não recorreriam a outros meios?

QUANDO imprimia as cópias de *Verdoux,* telefonou-me um comissário da polícia federal; segundo ordem que recebera, avisava-me de que eu devia aguardar convocação para comparecer, em Washington, perante a Comissão de Atividades Antiamericanas. Éramos dezenove os notificados.

Como naquele tempo se encontrava em Los Angeles o senador Pepper, da Flórida, foi-nos sugerido que o procurássemos, a fim de lhe ouvir os conselhos. Não participei da visita, porque minha situação era diferente da dos outros, por não ser um cidadão americano. Todos os que estiveram no encontro decidiram invocar os seus direitos constitucionais, se viessem mesmo a ser convocados a Washington. (Os que o fizeram sofreram um ano de prisão, por desacato.)

Dentro de dez dias — informava-me a notificação — teria eu de comparecer a Washington. Mas, pouco depois, chegou telegrama com o aviso de que meu comparecimento fora protelado por mais dez dias.

Após o terceiro adiamento, passei telegrama aos convocadores, acentuando que tinha em suspenso uma vasta empresa, com prejuízos sensíveis; a seguir, ponderei que, como a comissão fora recentemente a Hollywood, para interrogar o meu amigo Hanns Eisler, bem poderia ter aproveitado o ensejo para também me ouvir, poupando o dinheiro dos contribuintes. "Contudo" — concluí —, "como declaração prévia, posso desde logo adiantar que não sou comunista, nem jamais me inscrevi em qualquer partido ou organização política, sendo apenas o que se chama 'um pacifista'. Creio que isto não chocará a comissão. Solicito a gentileza de marcar definitivamente a data em que devo comparecer a Washington. Atenciosamente, Charles Chaplin."

Para minha surpresa, recebi resposta cortês, declarando que meu comparecimento não seria necessário e que eu poderia dar o assunto como encerrado.

P OR TODO O PERÍODO em que me vi às voltas com tantos problemas pessoais, dei pouca atenção aos assuntos da United Artists. Mas, agora, meu advogado me preveniu de que o déficit da empresa subia a um milhão de dólares. Nos bons tempos, a sua receita anual variava de quarenta a cinqüenta milhões, porém não me recordo de haver recebido dividendos mais que duas vezes. No apogeu da sua prosperidade, a United adquirira vinte e cinco por cento de ações em quatrocentas casas exibidoras da Inglaterra, sem entrar com um centavo sequer. Não estou bem certo de como se realizou o negócio. Creio que lhes concedemos, em troca, o direito de programar os nossos filmes. De igual maneira outras companhias produtoras da América também se tornaram grandes acionistas de cinemas britânicos. Houve época em que os nossos interesses na Organização Rank atingiam a cifra de dez milhões.

Entretanto, um após outro, os acionistas da United foram vendendo seus títulos à própria empresa e esta, em consequência dos pagamentos feitos, acabou com o cofre quase inteiramente vazio. E assim, de súbito, me encontrei como semiproprietário da United, cuja dívida era de um milhão. A outra parte pertencia a Mary Pickford. Escreveu-me ela muito alarmada porque todos os bancos se recusavam a nos conceder novos créditos. Isso não me causou maiores preocupações, pois não era a primeira vez que nos encontrávamos em débito e bastaria uma película de êxito para nos tirar de dificuldades. Ademais, eu acabara de concluir *Monsieur Verdoux,* acreditando obter com esse filme extraordinário sucesso de bilheteria. Meu representante na empresa, Arthur Kelly, previa receita de pelo menos doze milhões. Se tal acontecesse, liquidaríamos todas as dívidas da United e ainda teríamos um milhão de saldo.

Em Hollywood, promovi uma exibição privada, só para amigos meus. Ao fim, Thomas Mann, Lion Feuchtwanger e vários outros ergueram-se e aplaudiram de pé durante mais de um minuto.

Foi cheio de confiança que embarquei para Nova York. Mas, logo ao chegar, eis-me atacado por um colunista da *Daily News:*

> "Chaplin está entre nós para a estreia do novo filme. Após suas façanhas de pró-comunista, eu o desafio a comparecer a uma reunião com a imprensa, pois lá estarei para lhe dirigir uma ou duas perguntas embaraçosas."

O serviço de publicidade da United Artists tinha dúvidas sobre se valia ou não a pena um encontro com os jornalistas americanos. Fiquei indignado, pois ainda na véspera recebera de manhã os correspondentes estrangeiros, que me deram acolhida calorosa e entusiástica. Além disso, eu não era homem que se deixasse intimidar.

Alugamos para a manhã seguinte um vasto salão de hotel e lá me defrontei com a imprensa americana. Depois de servidos coquetéis, fiz a minha entrada, mas farejei imediatamente uma conspiração. Ia falar sobre pequeno estrado, por trás de uma mesinha; com o jeito mais gentil e agradável que pude arranjar, disse então:

— Muito bom dia, minhas senhoras e meus senhores. Aqui estou para fornecer todas as informações que lhes possam interessar a respeito do meu último filme e dos meus planos para o futuro.

Houve silêncio geral.

— Não falem todos ao mesmo tempo... — disse, sorrindo.

Por fim, uma repórter sentada na primeira fila perguntou:

— Você é comunista?

— Não — respondi em tom categórico. — A pergunta seguinte, por favor...

Nisto, ouvi alguém resmungar. Supus que fôsse talvez o meu amigo do *Daily News,* porém brilhou pela ausência. O resmungador em questão era uma coisa de aspecto encardido, enfiado num sobretudo e curvado sobre um manuscrito que ia lendo.

— Queira perdoar-me — disse eu. — Poderia repetir a leitura? Não entendi uma só palavra do que falou...

E o homem:

— Nós, os ex-combatentes católicos...

Interrompi-o:

— Não estou aqui para responder a perguntas de nenhum ex-combatente católico. Esta é uma reunião com jornalistas.

Fez-se ouvir outra voz:

— Por que não se naturalizou cidadão americano?

— Não vejo motivo para mudar de nacionalidade. E considero-me cidadão do mundo.

Um frêmito percorreu a sala. Duas ou três pessoas quiseram falar ao mesmo tempo. Entretanto, preponderou uma voz que disse:

— Mas é na América que você ganha o seu dinheiro.

— Ora... — respondi, sorrindo. — Se está querendo levar o assunto para o lado financeiro, então vamos pôr as coisas em pratos limpos. O meu negócio é de caráter internacional; setenta e cinco por cento de todas as minhas rendas vêm do estrangeiro e sofrem nos Estados Unidos taxação de cem por cento. Portanto, pode ver que pago bem a minha hospedagem.

O homem da Legião Católica deu novo palpite:

— Seja o seu dinheiro ganho aqui ou não, nós, que desembarcamos naquelas praias da França, temos de nos ressentir porque não se tornou um cidadão deste país.

MINHA VIDA 517

— Você não foi o único a desembarcar naquelas praias — retruquei. — Meus dois filhos também estiveram com o exército de Patton, lutando na linha de frente, e não fazem alarde deste fato nem o exploram, como você.

— Conhece Hanns Eisler? — perguntou outro repórter.

— Sim, é amigo a quem prezo muito e um grande músico.

— Não sabe que ele é comunista?

— Não me importa o que seja; minha amizade não se baseia em política.

— De qualquer modo, você parece gostar dos comunistas — observou outro.

— Ninguém vai me dizer de quem eu devo ou não devo gostar. Ainda não chegamos a este ponto.

Então, em meio a esse ambiente belicoso, rompeu uma voz:

— A um artista que já deu tanta felicidade ao mundo e soube tão bem compreender os humildes, que impressão há de causar o fato de ser assim escarnecido, espicaçado pelo ódio e pelo desprezo dos que se dizem representantes da imprensa americana?

Esperava tão pouco um sinal de simpatia que respondi abruptamente:

— Desculpe... Não entendi bem o que falou; quer ter a gentileza de repetir a pergunta?

Meu agente de publicidade cutucou-me e cochichou:

— Este é amigo e disse coisa bem interessante a seu favor.

Tratava-se de Jim Agee, poeta e romancista americano, que naquele tempo fazia editoriais para a revista *Time*. Fiquei desconcertado.

— Desculpe — tornei a dizer. — Não ouvi bem... por favor, quer repetir?

— Não sei se posso — respondeu, ligeiramente embaraçado, e reproduziu mais ou menos o que falara antes.

Não me ocorreu o que replicar. Apenas sacudi a cabeça, dizendo:

— Não tenho comentários a fazer... mas, muito obrigado.

Daí por diante, desarmei-me. Aquelas boas palavras fizeram-me perder o ânimo combativo.

— Sinto muito, senhoras e cavalheiros — disse —, pensei que esta reunião seria uma entrevista a respeito do meu filme; entretanto, ela se transformou num bate-boca político; não tenho, pois, nada mais a declarar.

Encerrado o encontro, senti-me profundamente ferido e triste, por saber que havia contra mim uma animosidade virulenta.

Contudo, ainda não podia crer nessa hostilidade. Lembrei-me de que *O grande ditador* também sofrera, antes do seu lançamento, muita publicidade adversa e, apesar disso, dera lucro maior do que todas as minhas outras películas, assim como suscitara congratulações maravilhosas que me comoveram. Além disso, nutria a maior confiança no êxito de *Monsieur Verdoux*, confiança esta de que participava o pessoal da United Artists.

Mary Pickford telefonou-me para dizer que gostaria de ir à estreia conosco, Oona e eu; convidamo-la, pois, a jantar em nossa companhia no restaurante 21. Mary chegou tarde. Explicou que fora antes a um coquetel e tivera dificuldade em escapulir.

Quando chegamos ao cinema, já havia grande aglomeração à entrada. Ao furarmos caminho no salão de espera, demos com um locutor que fazia cobertura radiofônica: "Senhores ouvintes, acabam de entrar neste momento Charlie Chaplin e sua esposa! Ah! Vem com eles esta magnífica atrizinha que se glorificou ao tempo do cinema silencioso e que ainda é a Namorada da América, Mary Pickford! Mary, quer dizer algumas palavras sobre a esplêndida estreia desta noite?"

O salão de espera estava entupido de gente e Mary lutou para se aproximar do microfone, ainda a me dar o braço.

"E agora, senhoras e senhores ouvintes, vai falar... Mary Pickford!"

Em meio ao empurra-empurra, disse Mary:

— Há dois mil anos Jesus nasceu e nesta noite...

Não conseguiu ir adiante, pois, ainda a me dar o braço, foi afastada do microfone por um redemoinho da multidão. Muitas vezes pergunto de mim para mim o que ela pretendia dizer depois das palavras iniciais.

Naquela noite havia no cinema um clima de mal-estar, dando impressão de que o público viera de espírito preparado. Logo à primeira cena, em vez de atenção concentrada e expectativa prazerosa, como sempre sucedera em estreia de meus filmes anteriores, surgiram aplausos nervosos entrecortados por alguns assovios. Envergonha-me confessar, porém o certo é que esses poucos assovios me doeram muito mais de que todos os ataques da imprensa.

Quando a projeção avançou, comecei a ficar inquieto. Havia risos, porém não generalizados. Não era o mesmo riso de antes, o riso de *Em busca do ouro, Luzes da cidade* ou *Ombro, armas!* Era um riso de protesto contra os assoviadores. Apertou-se-me o coração. Foi-me impossível permanecer em minha poltrona. Sussurrei para Oona: "Não aguento isso, vou para o salão de espera." Ela comprimiu-me o braço. Meu programa, já todo amassado, que eu havia torcido e retorcido, era um incômodo em minhas mãos e abandonei-o no assoalho. Esgueirei-me pelo corredor lateral e saí para o vestíbulo. Oscilava entre o desejo de permanecer ali, na esperança de escutar novas risadas, e o impulso de ir embora de vez. Subi ao balcão para ver como se portavam por lá os espectadores. Um homem ria mais do que os outros, sem dúvida um amigo, mas o seu riso era nervoso e convulso, como num desafio. No segundo balcão e nas torrinhas, a mesma coisa.

Durante duas horas, pus-me a passear de um lado para outro do vestíbulo, andei pela rua, ao redor do cinema, e por fim tornei ao filme. Parecia que não acabava mais. Ei-lo, porém, chegado ao fim. O cronista Earl Wilson, pessoa muito distinta, foi dos primeiros que encontrei no salão de espera.

— Eu gostei — disse ele, dando ênfase ao "eu".

Logo a seguir, veio Arthur Kelly, meu representante na United.

— Naturalmente, não vai render doze milhões — falou.

— Dou-me por satisfeito com a metade — respondi, gracejando.

Depois da estreia, oferecemos uma ceia a cento e cinquenta pessoas, dentre as quais alguns velhos amigos. Naquela noite, as opiniões eram muito divididas e, apesar do champanha, predominava o desânimo. Oona deixou a reunião furtivamente, para se recolher, e eu permaneci por mais uma meia hora.

Bayard Swope, homem que eu apreciava e tinha por inteligente, discutia com o meu amigo Don Stewart a respeito do filme. Swope achou-o detestável. Naquela noite só alguns me felicitaram. Don Stewart, um pouco bebido como eu, declarou:

— Charlie, são todos uma corja querendo fazer política em torno do filme, que é esplêndido e agradou muito ao público.

A essa altura já não me importava a opinião de ninguém; não tinha mais resistência. Don Stewart acompanhou-me até o hotel. Quando chegamos, Oona já dormia.

— Que andar é este? — perguntou-me Don.

— Décimo sétimo.

— Jesus! Sabe quem se hospedou neste quarto? O rapaz que subiu pela janela e durante doze horas ficou trepado no parapeito, até que resolveu despencar para a morte.

Essa informação coroou a noite. Contudo, creio que *Monsieur Verdoux* é o melhor e o mais brilhante dos filmes que já fiz.

Para minha surpresa, *Verdoux* demorou seis semanas em cartaz, em Nova York, rendendo muito bem. Mas, de súbito, a receita caiu. Quando interroguei a respeito Grad Seers, da United Artists, ele me disse:

— Um filme seu terá sempre ótima bilheteria nas primeiras três ou quatro semanas, pois atrai a velha turma de admiradores. Mas, depois, vem o grosso do público... e, francamente, há dez anos que os jornais vivem a atacá-lo, sem dar uma folga... Isso acabaria influindo. Aí está por que a renda baixou.

— Mas decerto não há de faltar ao público o senso de humor — observei.

— Olhe aqui! — Mostrou-me o *Daily News* e os órgãos do consórcio Hearst. — E é assim pelo país afora.

Dentre esses jornais, um de Nova Jersey apresentava pessoas da Legião Católica em protesto diante do cinema que naquele estado exibia *Monsieur Verdoux*. Expunham cartazes com os seguintes dizeres:

> *"Chaplin é a favor dos comunistas."*
> *"Expulsemos do país o adventício."*
> *"Já chega de ter Chaplin como hóspede."*
> *"Chaplin, ingrato e simpatizante do comunismo."*
> *"Que Chaplin vá para a Rússia..."*

Se desaba sobre alguém um mundo de transtornos e decepções, só há um meio de fugir ao desespero: é recorrer à filosofia ou ao humor. Assim, quando Grad me exibiu a foto do cinema, com os manifestantes na calçada e a bilheteria às moscas, observei em tom de brincadeira:

— Naturalmente a chapa foi batida às cinco da manhã.

Entretanto, por toda parte onde pôde ser levado sem essas demonstrações hostis, *Monsieur Verdoux* obteve renda acima do normal.

Todos os grandes circuitos distribuidores do país haviam encomendado o filme. Mas, em consequência de cartas agressivas que receberam da Legião Americana e de outros grupos de pressão, desistiram de projetá-lo. Empregava a Legião este processo eficiente de intimidar os exibidores: ameaça de boicotes durante um ano aos cinemas que se atrevessem a projetar qualquer película de Chaplin ou qualquer outro filme que aquela agremiação desaprovasse. Em Denver, a receita foi ótima na primeira noite, porém no dia seguinte *Monsieur Verdoux* saiu de cartaz, ante a premência das intimações.

A nossa estada em Nova York foi a mais infeliz que lá tivemos. Dia após dia vinham notícias de novos cancelamentos e desistências. Ainda por cima, andei às voltas com uma demanda judicial, sob acusação de plágio a respeito de *O grande ditador*. No apogeu do rancor e da hostilidade, tanto da imprensa como do público, é que a questão entrou em julgamento, apesar do meu desejo de adiá-lo.

Antes de ir mais longe neste assunto, quero deixar bem salientado que sempre ideei e escrevi sozinho todos os meus roteiros de filmes. Logo ao iniciar-se o julgamento, o juiz anunciou que estava com o pai moribundo e perguntou se as partes não admitiriam um entendimento, a fim de que ele pudesse ficar à cabeceira do agonizante. O lado oposto percebeu a vantagem que lhe adviria com a aceitação da proposta e imediatamente se manifestou pelo acordo. Em circunstâncias normais, teria eu insistido no prosseguimento do feito. Contudo, em vista da minha impopularidade nos Estados Unidos àquela hora e ante a pressão judicial, fiquei muito receoso e, já não sabendo o que me aguardaria, consenti no arranjo amigável.

Já se haviam desvanecido todas as esperanças de que *Monsieur Verdoux* rendesse doze milhões. Mal deu para equilibrar o custo. E, em consequência, a United Artists entrou em crise desesperadora. Para fazer economia, Mary teimou em despedir o meu representante na empresa, Arthur Kelly, e tive de lembrar, com revolta, que minha participação na sociedade era igual à dela. Disse-lhe:

— Mary, se as minhas pessoas de confiança deixam a companhia, então as suas também devem sair.

Isso levou-nos a um impasse e terminei declarando:

— Que um de nós venda a sua parte ou compre a do outro. Portanto, diga o seu preço.

Mary, porém, não quis propor uma quantia; eu também não. Por fim, uma banca de advogados, representando um circuito distribuidor do leste, veio em socorro. Propôs adquirir o controle da sociedade pagando-nos doze milhões — sete em dinheiro e cinco em ações. Era um presente que caía do céu.

— Olhe aqui — disse eu a Mary. — Dê-me agora cinco milhões em dinheiro e eu me retiro, deixando tudo mais com você.

Ela concordou e os outros também.

Após semanas de negociações, os documentos ficaram prontos para a assinatura. Até que meu advogado telefonou e disse:

— Charlie, daqui a dez minutos você embolsará cinco milhões.

Entretanto, passados os dez minutos, voltou a telefonar:

— Charlie, nada feito. Mary tinha a caneta na mão e ia assinar, mas de repente saiu com esta: "Não! Por que ele há de receber cinco milhões agora e eu tenho de esperar dois anos pela minha parte?" Argumentamos que ela ganharia sete milhões, dois a mais que eu. A desculpa que arranjou foi a de que isso lhe criaria dificuldades quanto ao imposto sobre a renda.

Perdemos, assim, uma ocasião magnífica. Tempos depois, fomos constrangidos a vender por importância muito inferior.

VOLTAMOS à Califórnia, onde me refiz por completo da provação que tinha sido *Monsieur Verdoux*. E recomecei a ruminar planos... Porque permanecia otimista e ainda não me convencera de que houvesse perdido inteiramente a afeição do povo americano; custava-me crer que esse povo estivesse tão politizado e tão destituído de humor a ponto de boicotar quem poderia diverti-lo. Nascera-me uma ideia e sob a sua inspiração já nem me importava o que viesse a acontecer; o filme tinha de ser feito.

O mundo, queiram ou não queiram os modernismos superficiais, sempre se encanta com uma história de amor. Como diz Hazlitt, o sentimento seduz mais do que a inteligência e é também mais fecundante para a criação artística. E a minha ideia era uma história de amor; além disso, era algo de radicalmente oposto ao pessimismo frio de *Monsieur Verdoux*. E, mais importanto do que tudo, a ideia tonificava-me.

Dezoito meses de preparação — eis quanto exigiu *Luzes da ribalta*. Havia a compor doze minutos de música para balé — tarefa quase invencível, pois tinha eu de imaginar previamente a ação do bailado. Antes, só depois do filme concluído e podendo vê-lo projetado, é que escrevia a parte musical. Apesar disso, figurei a dança na cabeça e, assim, consegui compor toda a música. Mas... seria ajustável a um balé? Foi a pergunta que me fiz, pois teriam os próprios bailarinos de inventar a coreografia.

Grande admirador de André Eglevsky, pensei nele para o bailado. Sabendo-o em Nova York, telefonei perguntando-lhe se aceitaria fazer a sua dança *O pássaro azul* com música diferente e se poderia indicar uma bailarina que dançasse com ele. Respondeu que primeiro teria de ouvir a música, *O pássaro azul* é dançado com uma composição de Tchaikovsky e dura quarenta e cinco segundos. Precisei, portanto, criar alguma coisa com a mesma duração.

Meses foram gastos no arranjo da música para esses doze minutos de bailado; feita a gravação, com orquestra de cinquenta figuras, fiquei ansioso por saber o juízo dos bailarinos. Por fim, a dançarina Melissa Hayden e André Eglevsky foram de avião a Hollywood para ouvir a música. Enquanto os dois a escutavam, senti-me extremamente nervoso e contrafeito. Mas, graças a Deus, ambos a aprovaram, dizendo que se prestaria a um balé. E ver o balé surgir, dançado por aquele par, foi um dos momentos mais emocionantes da minha carreira como cineasta. A sua interpretação lisonjeou-me extraordinariamente e deu à música um sentido clássico.

Para o papel da moça, eu queria o impossível: beleza, talento e a maior plasticidade emocional. Após meses de procura e de experiência, com decepcionantes resultados, acabei tendo a boa fortuna de contratar Claire Bloom, que me fora recomendada pelo amigo Arthur Laurents.

Há dentro de nós alguma coisa que nos induz a esquecer o ódio e os aspectos desagradáveis da vida. As impressões do julgamento e de todos os azedumes que suscitou dissolveram-se como flocos de neve ao calor do sol. Nesse meio-tempo, Oona já dera à luz quatro crianças: Geraldine, Michael, Josie e Vicki. A existência era agora aprazível em Beverly Hills. Havíamos constituído um lar venturoso e tudo corria bem. Costumávamos receber aos domingos e víamos numerosos amigos, entre os quais Jim Agee, que fora para Hollywood, a fim de escrever um roteiro de filme para John Huston.

O escritor e filósofo Will Durant encontrava-se também nas redondezas, dando um curso na Universidade da Califórnia, em Los Angeles. Velho amigo, vez por outra vinha jantar em nossa casa. Eram noites deleitosas. Homem rico de entusiasmo, Will sorvia a vida como um vinho inebriante. Certa feita, perguntou-me:

— Qual é a sua concepção de beleza?

Respondi que, no meu entender, era uma onipresença da morte e do encanto, uma risonha melancolia que discernimos em todas as coisas da natureza e da existência, essa comunhão mística que sente o poeta... algo assim como um raio de sol dourando a poeira que esvoaça ou como uma rosa caída na sarjeta. El Greco foi apreendê-la em *Jesus crucificado*.

Também me encontrei com Will num jantar em casa de Douglas Fairbanks Jr. Estavam presentes Clemence Dane e Clare Boothe Luce. Foi muitos anos antes, em Nova York, por ocasião de um baile à fantasia na residência de Hearst, que vi Clare pela primeira vez. Naquela noite, estava arrebatadoramente bela, num traje do século XVIII e peruca branca. Achei-a muito encantadora até que a ouvi discutindo com o meu amigo George Moore, homem culto e sensível. Cercada pela turma de seus admiradores, ela o criticava de alto a baixo, em voz que todos ao redor pudessem entender:

— Você me parece um tanto misterioso... Qual o seu meio de vida?

Não deixava de ser cruel, especialmente diante de outras pessoas. Mas George era de bom gênio e respondeu a rir:

— Vendo carvão, jogo umas partidas de polo com o meu amigo Hitchcock e aqui está (eu ia passando naquele momento) o querido Charlie Chaplin, que me conhece bem.

E, a partir daquele instante, mudou a minha impressão de Clare. E não fiquei surpreendido quando soube depois que ela se tornara membro do Senado e enriqueceu a política americana com este profundo conceito filosófico: "O mundo... que se dane!"

No jantar em casa de Fairbanks Jr. tive ensejo de escutar as pregações oraculares de Clare Luce. Como era natural, veio à baila o assunto de religião (ela convertera-se recentemente ao catolicismo) e em meio ao debate eu declarei:

— Ninguém precisa trazer na testa a marca do cristianismo; pois está igualmente no puro como no pecador; a luz do Espírito Santo irradia-se sobre todas as coisas.

Nessa noite foi com uma certa frieza que nos despedimos.

QUANDO *Luzes da ribalta* acabou de ser produzido, minhas apreensões quanto ao seu êxito foram menores do que em relação a qualquer outro dos meus filmes. Projetei-o para amigos, em reunião íntima, e todos entusiasmaram-se. Diante disso, comecei a planejar viagem à Europa, pois Oona queria muito que as crianças fossem educadas fora, bem longe de Hollywood e suas influências.

Três meses antes eu já havia requerido permissão de retorno, porém ainda não obtivera despacho. Mesmo assim, continuei a pôr em ordem os meus assuntos, preparando-me para a partida. Minha declaração de impostos estava feita e tudo fora pago. Mas quando o fisco soube que eu ia viajar para o estrangeiro, descobriu que eu ainda lhe devia. O pessoal da Fazenda armou uns cálculos de modo que o débito subisse a centenas de milhares de dólares e exigiu como garantia um depósito de dois milhões, dez vezes mais do que a importância a pagar. Obedecendo a uma intuição, declarei que não depositaria coisa nenhuma e insisti para que o assunto fosse levado aos tribunais imediatamente. Daí resultou sem demora um acordo em termos os mais razoáveis. Já não existindo outras exigências, voltei a requerer a licença. Isso fez-me escrever uma carta às autoridades de Washington, informando-as de que, dessem ou não dessem a permissão, eu viajaria de qualquer jeito.

Ao fim de uma semana, o Departamento de Imigração informou-me pelo telefone que desejaria fazer-me ainda mais umas perguntas. Poderia eu receber a visita de seus funcionários?

— Estou à disposição — respondi.

Chegaram três homens e uma senhora; esta com um estenótipo. Os outros trouxeram maletas quadradas que, evidentemente, continham aparelhos de gravação. O inspetor-chefe era um quarentão alto, magro, de feições bonitas e astuto. Vendo-me sozinho na iminência de lutar contra quatro, a cautela sugeria-me recorrer ao advogado; não o fiz, porém, pois nada tinha a ocultar.

Levei-os à varanda; a senhora trouxe a máquina de estenotipia e depositou-a sobre uma mesinha. Os demais sentaram-se no sofá, com os gravadores à sua frente. O inspetor-chefe exibiu um processalhão com pelo menos trinta centímetros de altura e o colocou bem cuidadosamente sobre a mesa ao seu lado. Sentei-me defronte. Então, o homem começou a examinar os autos folha a folha.

— Seu verdadeiro nome é Charles Chaplin?

— Sim.

— Há quem diga que o seu nome é... (e mencionou um bem estrangeirado) e que nasceu na Galícia.

— Não é verdade. Chamo-me Charles Chaplin, tal qual o meu pai, e nasci em Londres, Inglaterra.

— O senhor diz que nunca foi comunista?

— Nunca. Jamais pertenci em toda a minha existência a qualquer partido político.

— O senhor fez um discurso em que disse "camaradas"... Com isso, que pretendeu significar?

— Exatamente o que a palavra significa. Veja no dicionário. O uso do termo não pertence exclusivamente aos comunistas.

O interrogatório prosseguiu nesse estilo até que de súbito o homem perguntou:

— Já cometeu adultério?

— Escute... Se o senhor está querendo um pretexto legal para me impedir de tornar a este país, diga-me com franqueza e eu tratarei de liquidar os meus negócios para ir embora de vez, pois não desejo ser *persona non grata* em lugar nenhum.

— Oh, não — replicou —, é uma pergunta de praxe em qualquer processo para a licença de retorno.

— Qual a definição de adultério? — perguntei.

Consultamos juntos o dicionário. E o inspetor:

— Bem, o verbete diz: "Fornicação com a esposa de outro homem."

Refleti um momento.

— Ao que eu saiba, não cometi isso.

— Se este país fosse invadido o senhor lutaria em sua defesa?

— Naturalmente. Eu quero bem a este país... É o meu lar, onde tenho vivido há quarenta anos — respondi.

— Mas nunca se naturalizou.

— Não há lei que me obrigue. Ademais, é aqui que eu pago impostos.

— Então, por que segue a linha do Partido Comunista?

— Se me disser que linha de partido é essa, responderei se eu sigo ou não.

Houve uma pausa e depois tomei a palavra:

— O senhor sabe como me meti em todos esses apuros?

O inspetor sacudiu a cabeça negativamente.

— Pois foi prestando um serviço ao seu governo!

O homem levantou as sobrancelhas, surpreendido.

— O embaixador americano em Moscou, Joseph Davies, devia discursar em São Francisco, em favor do Socorro de Guerra Russo, porém à última hora ficou doente de laringite e uma alta figura do governo perguntou-me se eu podia fazer o obséquio de substituí-lo... E daí por diante não se cansam de me apertar.

A inquirição durou três horas. Após uma semana, telefonaram convidando-me a comparecer ao Departamento de Imigração. Meu advogado insistiu em acompanhar-me, dizendo: "Pode ser que eles venham com outras perguntas."

Ao chegarmos, recebi a mais cordial das acolhidas. O diretor do departamento, homem já idoso e de ar benévolo, falou num tom que era quase de consolo:

— Sinto muito o retardo que lhe causamos, sr. Chaplin. Mas agora que temos em Los Angeles uma seção do nosso departamento, estamos aptos a agir com maior rapidez, sem que os requerimentos precisem ir a Washington e voltar. Só há mais uma pergunta a fazer-lhe, sr. Chaplin: por quanto tempo ficará ausente?

— Seis meses, no máximo — respondi. — Vamos apenas gozar umas férias.

— Bem, se a ausência for maior, deverá pedir prorrogação do prazo.

Pôs um documento sobre a mesa e retirou-se da sala. Examinou-o mais que depressa o meu advogado.

— É a licença! — falou. — Está concedida!

O diretor reapareceu, trazendo à mão uma esferográfica.

— Quer assinar aqui, sr. Chaplin? Agora deve cuidar das passagens.

Depois que assinei, bateu-me afetuosamente no ombro.

— Aqui tem a sua permissão. Faço votos para que as suas férias sejam bem agradáveis, Charlie... E não demore a tornar a este país!

Era sábado e na manhã de domingo devíamos seguir de trem para Nova York. Temendo que me pudesse acontecer alguma coisa, quis dar a Oona direito de acesso ao meu cofre privado no banco, onde se continha a maior parte da minha fortuna. Oona, porém, foi adiando a assinatura dos papéis no estabelecimento bancário. Agora, era o nosso último dia em Los Angeles e os bancos fechariam dentro de dez minutos.

— Só temos dez minutos, Oona! Vamos depressa — disse-lhe.

Mas, nesses assuntos, Oona gosta de protelar.

— Por que não deixamos isso para resolver na volta? — perguntou.

Insisti e foi bom, pois de outra maneira teríamos gasto o resto da nossa vida em demanda judicial, na tentativa de retirar da América a nossa fortuna.

Foi um dia pungente o da partida para Nova York. Enquanto Oona dava suas últimas ordens aos empregados, fiquei de fora, no jardim, contemplando a residência numa confusão de sentimentos. Ali muita coisa me sucedera. Muita felicidade, muita angústia. Agora o jardim e a casa pareciam tão quietos, tão amigos, que tive pena de abandoná-los.

Após despedir-me de Helen, a arrumadeira, e de Henry, o mordomo, enfiei-me pela copa e fui dar adeus a Anna, a cozinheira. Sou acanhadíssimo nessas ocasiões e Anna, corpulenta, redonda, era um pouco surda. "Adeus", repeti, ao lhe tocar no braço. Oona foi a última a sair. Contou-me depois que dera com Anna e Helen debulhadas em pranto. Jerry Epstein, meu diretor-assistente, levou-nos à estação.

A viagem de trem através dos Estados Unidos relaxou a nossa tensão. Passamos sete dias em Nova York, antes de embarcar. E quando me dispunha ao gozo das férias, meu advogado telefonou para dizer que um ex-funcionário da United Artists promovera ação judicial contra a empresa, exigindo nem sei quantos milhões.

— Nada de sério, Charlie; é só um aborrecimento. Mas, em todo caso, convém que evite receber uma citação, pois de outro modo teria talvez de interromper o descanso e regressar.

Com isso, precisei passar os últimos quatro dias trancado num aposento de hotel, negando-me o prazer de rodar por Nova York em companhia de Oona e das crianças. Mas, fosse ou não intimado, resolvi estar presente na apresentação de *Luzes da ribalta* aos jornalistas.

Crocker, o meu agente de publicidade, promoveu um almoço com os redatores das revistas *Life* e *Time*, ocasião magnífica para se embandeirar em arco a propaganda. Com suas paredes de estuque branco, as duas redações reunidas numa só compunham cenário em harmonia com a frígida atmosfera desse almoço, durante o qual fiz o possível para me mostrar gentil e gracioso diante daquela fieira de homens circunspectos, cabelos à escovinha, ar de astronautas — os editorialistas do *Time*. A comida foi tão fria quanto a atmosfera, consistindo em galinha sem gosto, coberta por um molho amarelado e gosmento. Mas, no que diz respeito à boa propaganda para o filme, nem a minha presença, nem meus esforços em ser cativante, nem a comida que engoli, nada adiantou. As duas revistas disseram coisas cruéis contra *Luzes da ribalta*.

No cinema, o clima foi, sem dúvida, inamistoso durante a apresentação do filme ao pessoal da imprensa; por isso mesmo, fiquei agradavelmente surpreendido quando li as críticas de alguns jornais importantes.

EMBARQUEI NO *QUEEN ELIZABETH* às cinco da manhã, hora romanesca, mas escolhida por uma razão bem prosaica: evitar encontro com o oficial de Justiça, a fim de não receber a contrafé. As recomendações do meu advogado foram as seguintes: chegar sorrateiramente a bordo, trancar-me no camarote e só aparecer no convés após desembarcar o prático do porto.

Sonhara eu ficar debruçado no tombadilho superior, na companhia da família, gozando esse momento de emoção em que, de amarras soltas, o navio vai partindo e começa uma vida nova. Em vez disso, eis-me trancafiado ignominiosamente na cabina, a espiar pela vigia!

Bateram à porta.

— Sou eu — disse Oona.

Abri.

— Jim Agee chegou agorinha mesmo para nos dar adeus. Está no cais. Gritei-lhe que você teve de se esconder no camarote, para evitar os oficiais de Justiça e que daqui lhe faria um aceno. Lá está ele, naquela ponta.

Percebi Jim, um pouco afastado de um grupo de pessoas, sob o sol ardente, espiando o navio à minha procura. Mais que depressa, apanhei o chapéu, enfiei o braço pela vigia aberta e fiz um sinal, enquanto Oona observava pela outra vigia.

— Não, ele ainda não deu com os olhos em você — disse Oona.

E Jim nunca mais me viu. E foi aquela a derradeira visão que tive do amigo, lá no cais, sozinho, alheado da gente ao redor, espiando, procurando-me. Dois anos depois, morreu, numa crise de coração.

Afinal, o prático deixou o navio, destranquei a porta da cabina e saí para o convés, como um homem livre. A linha imponente dos arranha-céus nova-iorquinos, arredados e majestosos, fugia de mim, à refulgência do sol, numa beleza que de instante a instante se tornava mais etérea... e quando sumiu de vez, senti a esquisita impressão de que todo aquele vasto continente desaparecia na bruma.

Ainda que excitado pela perspectiva de visitar a Inglaterra com a minha família, via-me em gostosa despreocupação. A amplitude do Atlântico limpa a alma da gente. Senti-me outro. Não era mais um mito do cinema, nem o alvo de aversões acerbas, mas um marido em férias com a esposa e os meninos. Estes entretinham-se a brincar no convés superior, enquanto Oona e eu nos estendíamos em espreguiçadeiras. Soube então o que era a perfeita felicidade — coisa muito próxima da tristeza.

Conversamos afetuosamente sobre os amigos que havíamos deixado. E com igual tom de simpatia falamos da gentileza com que me tratara o Departamento de Imigração. Como nos cativa facilmente um pouco de cortesia! Inimizade é tão difícil de se guardar!

Oona e eu contávamos com férias longas; queríamos saborear a alegria de viver; e com o lançamento de *Luzes da ribalta* o nosso passeio teria um fim proveitoso. Sorria-me extraordinariamente a ideia de estar unindo o útil ao agradável.

O almoço no dia seguinte não poderia ter sido mais alegre. Como convivas tivemos Artur Rubinstein, sua mulher e Adolph Green. Mas, quando ia em meio a refeição, entregaram um radiograma a Harry Crocker. Harry ia enfiando-o no bolso, mas o mensageiro avisou: "Estão esperando resposta pelo rádio." Harry leu e logo uma nuvem lhe sombreou a fisionomia, pediu licença e levantou-se.

Mais tarde, chamou-me ao seu camarote e mostrou o radiograma. Dizia que me fora interditada a volta aos Estados Unidos. Se eu pretendesse regressar, teria antes de comparecer a uma comissão de inquérito no Departamento de Imigração, para responder a acusações referentes à matéria política e inidoneidade moral. A United Press queria saber se eu tinha algo a declarar.

Crisparam-se todos os meus nervos. Já pouco me importava tornar ou não àquele país desventuroso. Gostaria de dizer à sua gente que me livrar o mais cedo possível da sua atmosfera impregnada pelo rancor seria o melhor para mim; que a América já me enfartara com os seus insultos e o seu moralismo pomposo; que tudo isso já me aborrecera além da conta. Mas encontrava-se nos Estados Unidos tudo quanto eu possuía e apavorou-me a ideia de que pudessem descobrir um meio de confiscar os meus bens. Então já me parecia possível qualquer ato inescrupuloso. Pensando assim, contentei-me em declarar solenemente que estava disposto ao regresso para responder às acusações e que a minha licença não era um "farrapo de papel", mas um documento que o governo dos Estados Unidos me fornecera de boa-fé... e por aí fui tocando.

Acabou-se o descanso de bordo. A imprensa do mundo inteiro radiografava-me, pedindo-me declarações. Em Cherburgo, nossa primeira escala antes de Southampton, uma centena, ou mais, de jornalistas europeus subiu ao navio, querendo entrevistar-me. Organizamos para eles uma reunião no refeitório, após o almoço. Trataram-me com simpatia, mas foi uma provação que me cansou e mexeu com os nervos.

SOB inquieta expectativa transcorreu a viagem de Southampton a Londres. A interdição de voltar aos Estados Unidos não me preocupava tanto como saber quais as impressões de Oona e dos meninos ao verem pela primeira vez a paisagem rural da Inglaterra. Anos a fio, descrevi-lhes com exaltação a encantadora beleza do país no sudoeste, em Devonshire e em Cornwall... E agora íamos passando por tristes agrupamentos de construções, todas de tijolo avermelhado, e carreiras de moradias uniformes escalando as colinas.

— Umas iguaizinhas às outras — observou Oona.

— Espere um pouco e há de ver... Ainda estamos nos arredores de Southampton — respondi.

E, como bem se adivinha, no avançar da viagem a formosura do panorama foi crescendo.

Eis-nos chegados a Londres. Na estação de Waterloo, encontrei a grande massa popular, sempre fiel, sempre amiga, que nos acolhia com o mesmo entusiasmo de antes. Acenos carinhosos, aclamações... Gritou alguém: "Dá-lhes duro, Charlie!" Era de tocar realmente o coração.

Quando, afinal, Oona e eu conseguimos ficar tranquilos, a sós, debruçamo-nos à janela dos nossos aposentos, no quinto andar do Savoy. Apontei-lhe a nova ponte de Waterloo; apesar de bela, já agora tinha pouca significação para mim, apenas indicando o rumo que levava à minha meninice. Ficamos em silêncio, embevecidos na visão mais comovedora que possa oferecer neste mundo uma grande metrópole. Muita admiração tem-me causado em Paris a praça da Concórdia, com sua elegância romanesca; muitas vezes me emocionou em Nova York a mensagem mística de mil janelas cintilando ao pôr do sol; mas, para mim, era superior a isso

MINHA VIDA

tudo o que se descortinava lá de cima — a cena do Tâmisa em sua grandeza funcional, um espetáculo profundamente humano.

Lancei o olhar para Oona, absorvida em contemplação, o rosto num excitado enleio que a fazia parecer ainda mais jovem do que uma criatura de vinte e sete anos. Desde o nosso casamento, foi companheira minha de muitas provações; ao vê-la entretida no cenário de Londres, a luz do sol a brincar em seus cabelos negros, percebi pela primeira vez que ela já tinha na cabeça alguns fios de prata. Não fiz a respeito nenhum comentário, mas naquele momento me senti o seu devotado servo até o fim da vida, enquanto ela me dizia docemente:

— Gosto de Londres.

Já eram passados vinte anos desde a minha última visita. À janela do hotel eu vislumbrava os meandros do rio, tendo agora às suas margens feias construções modernas que desfiguravam o panorama. Metade da cena que pertencera à minha infância havia sumido nas cinzas dos seus terrenos vazios e calcinados.

Quando Oona e eu saímos a passear através de Leicester Square e Piccadilly (agora já estragados pelas modernices americanas, pelos restaurantes de almoço comercial engolido sobre o próprio balcão, pelas cantinas de cachorro-quente e pelas miúdas leiterias), vimos rapazes sem chapéu e moças de calça esporte a rodarem por ali. Lembrei-me da época em que a gente se vestia com apuro para ir ao West End, época de transeuntes com luvas cor de canário e bengala. Mas desaparecera esse mundo e outro surgira, os olhos viam diversamente, mudara a maneira de sentir. Homens choram ouvindo *jazz* e a violência ganhou atração sexual. O tempo marcha...

Fomos de táxi até a área de Kennington, para ver o n. 3 de Pownall Terrace, mas encontramos a casa vazia, prestes a ser demolida. Paramos em frente ao n. 287 de Kennington Road, onde Sydney e eu havíamos habitado com o meu pai. Atravessamos Belgravia e vimos iluminação a gás néon nas peças de antigas e magníficentes mansões residenciais, transformadas em escritórios; outros solares foram substituídos por edifícios oblongos, com jeito de aquários ou enormes caixas de fósforos em cimento armado, erguendo-se para o céu como torres... isso tudo em nome do progresso.

Muitos foram os problemas a resolver. Antes de mais nada, urgia retirar dos Estados Unidos o nosso dinheiro. Para tanto, Oona precisou ir de avião à Califórnia para extrair do nosso cofre o que lá se encontrava. Ficou ausente dez dias. Quando voltou, contou-me de maneira minuciosa o que acontecera. No banco, o funcionário estudou-lhe a assinatura, olhou bem para ela e em seguida afastou-se para ter verdadeira conferência com o gerente. Até abrir o cofre, Oona passou por um mau quarto de hora.

Disse-me que, resolvido o assunto no banco, fora à nossa casa de Beverly Hills. Tudo permanecia na mesma, o gramado e as flores com lindo aspecto. Demorou-se por um momento na sala de estar, sozinha, e ali viveu um instante de profunda emoção. Depois, conversou com Henry, o nosso mordomo suíço; contou-lhe este que, após a nossa partida, apareceram duas vezes os agentes do FBI e entraram a fazer-lhe perguntas, querendo saber que espécie de homem era eu, se ele tinha conhecimento de festas escandalosas em minha casa, com mulheres nuas etc. Quando Henry lhes declarou que eu vivia morigeradamente com a esposa e os filhos, puseram-se a apertá-lo, indagando-lhe qual a sua nacionalidade e o tempo de permanência no país, assim como pedindo o passaporte para exame.

Disse-me Oona que, ouvindo isso tudo, sentiu rotos para sempre os laços que a prendiam àquela casa. As próprias lágrimas de Helen, a nossa arrumadeira, que chorou quando Oona se despedia, como que até lhe deram vontade de partir mais depressa.

Amigos têm-me perguntado como cheguei a despertar contra mim toda essa aversão dos americanos. Meu enorme pecado foi, e ainda é, o de ser um independente. Embora não pertença ao rol dos comunistas, recuso-me a entrar na trilha dos que os odeiam. Isso, decerto, chocou a muitos, inclusive o pessoal da Legião Americana. Não sou contra essa instituição em seus verdadeiros propósitos construtivos; medidas como o Código de Direitos e Vantagens em favor dos soldados, assim como outros benefícios para os ex-combatentes e para seus filhos em necessidade, parecem-me dignas de todo o louvor e inspiradas em razões altruísticas. Mas quando os legionários abusam dos seus legítimos privilégios e, sob a capa do patriotismo, utilizam a influência que têm para oprimir outras pessoas, então desrespeitam os próprios fundamentos do governo americano. Tais superpatriotas poderiam constituir as células capazes de transformar os Estados Unidos numa nação fascista.

Também sou contra a Comissão de Atividades Antiamericanas — para começo de conversa um título sem honestidade, suficientemente elástico para apertar a garganta e estrangular a voz de qualquer cidadão americano cuja opinião sincera não esteja de acordo com a da maioria.

Ainda por cima, nunca procurei naturalizar-me cidadão da América. Todavia, dezenas de americanos ganham a sua vida na Inglaterra sem jamais tentarem adquirir a condição de súditos britânicos. Por exemplo, um diretor americano da MGM, que percebe semanalmente milhares de dólares, tem residido e trabalhado na Inglaterra durante trinta e cinco anos, sem se naturalizar, e os ingleses nunca se incomodaram com isso.

Essa explicação não é uma escusa. Ao iniciar este livro, perguntei-me qual a razão que me induzia a escrevê-lo. Há muitas razões, mas pedir desculpas não figura entre elas. Em resumo, diria que, no ambiente de igrejinhas poderosas e de governos ocultos, suscitei a animosidade de uma nação e perdi infelizmente o afeto do público americano.

Luzes da ribalta ia ter a sua estreia no Odeon, cinema da Leicester Square. Inquietava-me como seria recebido, pois o filme não se enquadrava no estilo costumeiro das minhas comédias. Antes do lançamento, houve a sessão especial para os jornalistas. O tempo que se passou desde a sua criação permitia-me ver a película com objetividade, mas devo confessar que ela me comoveu. Não é narcisismo, pois se algumas cenas dos meus filmes me encantam, outras considero detestáveis. Contudo, jamais cheguei a chorar, como noticiou um repórter loroteiro... E se tivesse chorado, que mal haveria? Se o autor não se emociona com a sua própria criação, dificilmente pode esperar que outros o façam. Com franqueza, divirto-me com as minhas comédias ainda mais do que o público.

A estreia de *Luzes da ribalta* foi espetáculo de beneficência e compareceu a princesa Margaret. No dia seguinte, o lançamento para os espectadores em geral. Ainda que mornas as críticas, o filme bateu recordes de bilheteria e, apesar de boicotado na América, rendeu mais dinheiro do que qualquer outro que eu já havia feito.

Antes de partir de Londres, rumo a Paris, Oona e eu fomos convidados de lorde Strabolgi num jantar que se realizou na Câmara Alta do Parlamento. Sentei-me ao lado de Herbert Morrison e fiquei surpreso ao saber então que, apesar de socialista, apoiava a política de defesa atômica. Disse-lhe que, não obstante a crescente acumulação de bombas nucleares, a Inglaterra seria sempre um alvo fácil de ser atingido; era uma pequena ilha e as represálias constituiriam consolo bem pobre depois que o país estivesse reduzido a cinzas. Estou convicto de que a estratégia mais segura para a segurança da Grã-Bretanha é a neutralidade total, pois descreio que numa era atômica essa neutralidade absoluta venha a ser violada. Morrison, porém, mantinha pontos de vista opostos aos meus.

Causa-me estranheza que grande número de pessoas inteligentes se manifeste a favor das armas atômicas. Noutro jantar, encontrei-me com lorde Salisbury, que sustentava as mesmas opiniões de Morrison; e quando lhe expressei meu horror à defesa nuclear senti que isso não me deixou em bons termos com Sua Senhoria.

Creio que é oportuno agora transmitir a impressão que tenho sobre a situação atual do mundo. A complexidade crescente da vida moderna e o ritmo alucinante do século XX encurralam o homem em gigantescas instituições que o ameaçam por todas as formas: política, científica e economicamente. Começamos a sofrer como que um condicionamento da alma, submetidos a sanções e permissões.

Essa matriz a que temos de nos amoldar deve-se à carência de uma concepção cultural. Entramos às cegas numa existência feia e congestionada. Perdemos a noção do belo. O sentido do nosso viver está sendo embotado pela preocupação do lucro, pelo poder e pelo monopólio. E temos consentido que tais forças nos envolvam, sem nos dar conta das suas consequências nefastas.

Sem filosofia orientadora e sem o senso de responsabilidade, a ciência entregou a políticos e militares armas tão destruidoras que eles têm nas mãos o destino de todos os viventes sobre a terra.

Essa pletora de poder entregue a homens cuja responsabilidade moral e competência intelectual estão longe de ser infalíveis, e em muitos casos parecem mesmo contestáveis, seria capaz de ter como desfecho uma guerra exterminadora de toda a existência no planeta. Entretanto, continuamos a seguir cegamente nesse rumo.

Certa feita, disse-me o dr. J. Oppenheimer: "O homem é impelido pelo anseio do conhecimento." Está muito bem, mas em muitos casos não se cogita das conseqüências. O sábio concordou com essa observação. Alguns cientistas parecem-se com os fanáticos em assunto de religião. Tocam para diante, certos de que tudo quanto descubram é sempre para o bem e que o seu credo tem sentido moral.

O homem é um animal com instintos elementares de sobrevivência. Por conseguinte, desenvolveu primeiramente a sua engenhosidade e só depois a sua alma. Assim, o progresso da ciência tem sido muito mais rápido do que o da conduta moral do homem.

O altruísmo caminha devagar na trilha do progresso humano. Segue atrás da ciência num passo preguiçoso, aos tropeços.

E só ajudado pelo influxo das circunstâncias é que chega a atuar. A pobreza não foi reduzida por altruísmo ou filantropia dos governos e sim pelas forças do materialismo dialético.

Disse Carlyle que a salvação do mundo será obtida quando o povo der para pensar. Mas, a fim de que tal aconteça, é preciso que o povo se veja diante de grave conjuntura.

Ora, dividindo o átomo, o homem ficou encurralado e na obrigação de pensar. Tem de escolher entre a própria destruição ou uma conduta ajuizada. O avanço da ciência força-o a fazer a opção. Creio que o altruísmo acabará por vencer e há de imperar o amor pela humanidade.

DESDE que partimos da América, a nossa existência ascendeu a um outro plano. Paris e Roma acolheram-nos como heróis em triunfo. Recebemos convite para almoçar com o presidente Vincent Auriol no palácio l'Elisée e também fomos convidados a jantar na embaixada britânica. Em seguida, o governo francês fez-me Oficial da Legião de Honra e no mesmo dia a Sociedade dos Autores e Compositores Dramáticos conferiu-me o título de membro honorário. A respeito, recebi comovedora carta de Roger Ferdinand, presidente da agremiação. E aqui a transcrevo:

> *"Prezado senhor Chaplin*
>
> *Se algumas pessoas viessem a estranhar a publicidade em torno da vossa presença em nosso meio, seria isso tão só porque conhecem mal as razões que nos induzem a vos querer bem e a vos admirar; seria a prova de que tais pessoas não sabem ajuizar dos valores humanos e não se deram ao trabalho de contar as bênçãos que tendes esparzido sobre nós ao decorrer dos últimos quarenta anos, assim como não puderam apreciar em todo o seu merecimento as vossas lições ou a qualidade superior das alegrias e das emoções que nos tendes prodigalizado; em resumo, seriam pessoas profundamente ingratas.*
>
> *Pertenceis à galeria das maiores personalidades mundiais e vosso direito à fama é igual ao dos que podem figurar entre os mais ilustres.*
>
> *A começar, tendes o vosso gênio. Essa palavra de que tanto se abusa, gênio, adquire toda a sua verdadeira significação quando aplicada a um homem que não é só um maravilhoso comediante, mas também autor, compositor, produtor e, acima de tudo, um homem de coração ardente e generoso. E sendo o que sois, com tantos dons, sabeis cultivar a simplicidade, que realça a vossa estatura e dá calor e espontaneidade ao vosso apelo, dirigido com desprendimento, sem esforço, à alma da gente hodierna, tão atormentada quanto a vossa.*
>
> *Mas, não basta o gênio para se merecer a estima, nem é suficiente para criar o amor. Contudo, amor é o único termo aplicável ao sentimento que inspirais.*
>
> *Vendo Luzes da ribalta, entramos a rir, muitas vezes a gargalhar, mas também choramos, em lágrimas sentidas — as vossas, porque nos destes o precioso presente das lágrimas.*
>
> *Decerto, a fama verdadeira nunca é usurpada, pois só tem sentido, valor e permanência quando se volta para o bem. O segredo do vosso triunfo está na alma que tendes, cheia de generosidade humana, cuja inspiração espontânea não se deixa embaraçar por normas ou cálculos astutos, mas que emana livre dos vossos sofrimentos, das vossas alegrias, esperanças e decepções; tudo isso é compreendido pelos que padecem além de suas forças*

e clamam por compaixão, pelos que aspiram constantemente a ser confortados, esquecer por um instante as suas angústias, graças a esse riso vosso que não tem a pretensão de curar, mas tão só a de trazer consolo.

Mesmo os que não vos conhecem podem avaliar o preço que tendes pago por esse vosso dom miraculoso de fazer que os outros riam e de súbito chorem. Pode-se adivinhar ou, melhor ainda, pode-se perceber que tormentos haveis guardado no íntimo para vos ser possível expressar de maneira minuciosa todas essas pequeninas coisas que tão profundamente nos tocam e que fostes buscar nos instantes da vossa própria existência.

Porque possuís boa memória e sabeis guardar fidelidade às recordações da vossa meninice, nada esquecestes da sua tristeza e das suas privações. Quisestes poupar a outros o mal que sofrestes ou pelo menos quisestes dar a todos uma razão de esperança. Nunca traístes a vossa infância melancólica e a celebridade jamais teve o poder de vos separar do passado... (Infelizmente essas coisas acontecem às vezes.)

Tal fidelidade às vossas lembranças primeiras é talvez o vosso maior merecimento, como também a melhor das vossas riquezas, e é igualmente o motivo real por que as multidões vos adoram. São elas sensíveis aos efeitos sutis da vossa arte. Parece que ao criá-la estais sempre em íntimo contato com o coração de toda a gente. Além disso, nada é mais harmonioso do que essa cooperação do autor, do ator e do diretor, cujos talentos combinados se põem ao serviço de tudo que é humano e bom.

Eis por que a vossa obra tem constantemente o cunho da generosidade. Não se escraviza a teorias e quase mesmo não se prende à técnica; é sempre uma confissão, uma confidência, uma prece. E somos todos vossos cúmplices, porque pensamos e sentimos como vós.

Vosso talento, por si só, sobrepõe-se ao dos críticos, pois conseguiu dominá-los. Proeza difícil, essa... Os críticos jamais admitirão que vos atraem igualmente o encanto dos velhos melodramas e o endiabrado espírito zombeteiro de Feydeau. Todavia, tal sedução existe, assim como também possuís uma certa graça que nos lembra a de Musset — embora sejais um criador que não imita a ninguém e a ninguém se assemelha. E este é mais um segredo da vossa glória.

Hoje, a nossa Sociedade de Autores e Compositores Dramáticos tem a honra e a alegria de vos acolher. Estamos assim acrescentando a carga de alguns momentos ao grande peso de compromissos sociais a que atendeis *tão galhardamente. Sentimo-nos ansiosos por vos receber em nosso meio, por vos expressar a nossa admiração e o nosso afeto, assim como por vos dizer que sois um dos nossos. Porque em vossos filmes a história é escrita por Charles Chaplin. Também de Chaplin é a música, assim como a direção. Neles, o comediante é uma contribuição suplementar, aliás também de primeiríssima ordem.*

Tendes aqui os autores da França, autores de peças e de filmes, os compositores, os produtores — todos eles lutando como vós, cada qual ao seu modo, mas unidos pelo entusiasmo e pelo devotamento ao rude esforço que tão bem conheceis, e alimentando uma só ambição, a de comover e divertir o público, a de mostrar aos espectadores as alegrias e as tristezas da vida, a de exprimir o desconsolo do amor perdido, a piedade pelas atribulações injustas e o desejo de corrigir os erros, num espírito de paz, de esperança e de fraternidade.

Obrigado, senhor Chaplin.
(Assinado) Roger Ferdinand."

A estréia de *Luzes da ribalta* foi abrilhantada pelo público mais seleto, em que se incluíam ministros do governo francês e embaixadores estrangeiros. Entretanto, deixou de comparecer o embaixador dos Estados Unidos.

Na Comédie Française fomos convidados de honra numa representação especial do *Don Juan,* de Molière, que teve como intérpretes os maiores artistas da França. Naquela noite, iluminaram-se as fontes do Palais-Royal e Oona e eu fomos recebidos pelos alunos da Comédie, os quais, vestindo librés do século XVIII e portando candelabros acesos, nos conduziram ao balcão do teatro, onde se reuniam as mais belas damas de toda a Europa.

Teve o mesmo estilo o nosso acolhimento em Roma. Fui coberto de honrarias, condecorado, recebido pelo presidente e pelos ministros. Na estreia de *Luzes da ribalta* ocorreu pitoresco incidente. O ministro de Belas-artes sugeriu que eu entrasse no cinema pela porta dos fundos, a fim de evitar a multidão. Achei um tanto esquisita a proposta e disse que, se o povo tinha bastante paciência para ficar diante do cinema a fim de me ver, eu deveria pelo menos retribuir com a gentileza de entrar pela porta da frente e mostrar-me ao pessoal. Percebi no ministro uma expressão curiosa quando reiterou suavemente que entrar pela porta dos fundos me evitaria grandes apuros. Fiquei firme, porém, no meu propósito e ele não mais insistiu.

Naquela noite, houve o brilhantismo usual das estreias. Quando chegamos de automóvel, a massa popular estava contida do outro lado da rua pelo cordão de isolamento, e contida bem longe, pensei. Procurando ser ao máximo cordial e encantador, desci e rodeei o carro no meio do calçamento e, diante de um arco iluminado, num sorriso aberto levantei os braços à moda do general De Gaulle. No mesmo instante voou para mim um bombardeio de couves e tomates. Não fiquei bem certo do que acontecia ou de quem me atirava os legumes, até que ouvi o meu amigo italiano, o intérprete, gemer atrás de mim: "E pensar que tal coisa sucede em meu país!" Contudo, nenhum projétil me alcançou e entrei mais que depressa no cinema. Logo senti o humor da situação e desatei a rir sem parar. Mesmo o italiano amigo teve de rir também.

Mais tarde soubemos que os manifestantes eram jovens neofascistas. Devo reconhecer que não atiraram com propósito de acertar. Quiseram apenas fazer demonstração de protesto. Quatro deles foram detidos imediatamente e a polícia perguntou-me se eu desejava apresentar queixa contra os moços. "Claro que não", respondi, "são apenas uns rapazolas." De fato, oscilavam entre os quatorze e os dezesseis. E o assunto ficou por isso mesmo.

Antes que deixasse Paris com destino a Roma, Louis Aragon, poeta e diretor de *Les Lettres Françaises*, telefonou-me para dizer que Jean-Paul Sartre e Picasso gostariam de ter um encontro comigo. Convidei-os a jantar. Como sugeriram um local sossegado, jantamos em meus aposentos do hotel. Quando a reunião chegou aos ouvidos de Harry Crocker, meu agente de publicidade, o homem quase que teve um faniquito.

— Lá se vão por água abaixo todos os meus esforços a seu favor desde que saímos dos Estados Unidos.

— Mas, Harry, isto aqui é a Europa, não é a América. E acontece que esses três cavalheiros figuram entre as maiores personalidades mundiais.

Tive, porém, a cautela de não confidenciar a Harry, ou a quem quer que seja, que já abandonara a intenção de tornar aos Estados Unidos, pois ainda não conseguira dispor das minhas propriedades lá. Harry nutria poucas dúvidas de que o encontro com Aragon, Picasso e Sartre seria uma conspiração destinada a subverter a democracia ocidental. Entretanto, seus receios não o impediram de ficar presente até que todos os três houvessem aposto a assinatura em seu álbum de autógrafos. Harry não fora incluído no convite para o jantar. Expliquei-lhe que contávamos com a presença de Stalin mais tarde e não queria nenhuma notícia a respeito.

Não estava eu bem certo de como correria a noitada. Aragon era o único a falar inglês e conversar por meio de intérprete é como atirar num alvo distante e esperar para ver se ele foi atingido.

Aragon, um belo homem, de fisionomia expressiva. Picasso, com ar bem-humorado e zombeteiro, a parecer menos um pintor do que trapezista ou palhaço de circo. Sartre, de rosto redondo, com feições que, embora irregulares, tinham sensibilidade e sutil beleza. O filósofo pouco revelou do que trazia na mente. Naquela noite, findo o jantar, Picasso levou-nos ao velho ateliê da Rive Gauche que ainda utilizava. Ao subirmos a escada, vimos à porta de um apartamento, em andar inferior, este aviso: "Aqui não é o ateliê de Picasso. Por favor, suba mais uns degraus."

Entramos na mais triste e indigente das mansardas, em que o próprio Chatterton sentiria vergonha de morrer. De um prego cravado num caibro pendia um fio elétrico e a sua lâmpada permitiu-nos ver uma velha cama de ferro, meio insegura, e um fogão desconjuntado. Contra a parede, uma pilha de telas sujas e envelhecidas. A que apanhei era um quadro de Cézanne, e um dos mais belos. Apanhei outra e mais outra. Devo ter mirado umas cinquenta obras-primas. Veio-me a tentação de oferecer-lhe uma bolada por todas... apenas para salvá-las de tal abandono. Naquele "submundo" à Gorki havia uma mina de ouro.

APÓS AS ESTREIAS do filme em Paris e Roma, decidimos regressar a Londres e lá permanecemos por várias semanas. Faltava-me ainda fazer a escolha de um lar para a minha família. Um amigo aconselhou-me a Suíça.

Minha Vida

Por certo, bem me agradaria fixar-me em Londres, porém Oona e eu receávamos que o clima não fosse conveniente às crianças. De outra parte, naquele tempo vivíamos bastante apreensivos com as restrições cambiais.

Assim, embora com certa melancolia, arrumamos as malas outra vez e com os nossos quatro filhos chegamos à Suíça. Até solução definitiva, hospedamo-nos no Hotel Beau-Rivage, à beira do lago. Era outono, merencório o ambiente, mas que beleza na visão das montanhas!

Gastamos quatro meses à procura de residência que nos servisse. Oona, a esperar o quinto rebento, dissera em tom categórico que ao sair da maternidade não queria voltar ao hotel. Foi o que me levou a intensificar a busca e finalmente me decidi pela mansão de Ban, no vilarejo de Corsier, um pouco acima de Vevey. Descobrimos com espanto que a propriedade se estendia por mais de quinze hectares, com um pomar que, entre outras frutas, dava grandes cerejas negras, deliciosas ameixas verdes, maçãs e peras, além de uma horta que produzia esplêndidos aspargos, morangos e milho, para cuja colheita vínhamos, de onde quer que estivéssemos, em peregrinação especial; qualquer que fosse a estação do ano, ali aparecíamos em passeio de um atrativo todo peculiar. Em frente ao terraço, uma pradaria com dois hectares de extensão e grandes árvores majestosas que emolduravam as montanhas e o lago ao longe.

Arranjei pessoal bem competente: a srta. Rachel Ford, que providenciou as nossas acomodações e que em seguida passou a administrar os meus negócios, e a sra. Burnier, minha secretária anglo-suíça, que bateu e rebateu a máquina, muitas vezes, os originais deste livro.

De início ficamos um tanto amedrontados com a imponência da mansão e temíamos que o custeio não estivesse de acordo com os nossos rendimentos, mas, quando o proprietário nos disse por quanto sairia a manutenção, descobrimos que não ultrapassava os limites do nosso orçamento. Fomos, pois, morar em Corsier, aldeiazinha de mil trezentos e cinquenta habitantes.

Organizar a vida nova foi trabalho de um ano inteiro. Por algum tempo, as crianças frequentaram a escola pública do lugarejo. Tornou-se para elas um verdadeiro problema a súbita mudança do ensino, pois agora todas as lições eram ministradas em francês. Oona e eu vivíamos a conjeturar que reflexos isso poderia ter em suas almas infantis. Mas, sem muita demora, os meninos aprenderam a falar a língua fluentemente e era comovedor observar quão bem se adaptavam à maneira suíça de viver. Até Kay Kay e Pinnie, as amas dos pequenos, começavam a arranhar o francês.

E então encetamos a tarefa de nos desvencilhar dos últimos laços que ainda nos prendiam aos Estados Unidos. Isso tomou considerável tempo. Fui ao cônsul americano e entreguei-lhe a minha permissão de retorno, declarando que desistira de residir no seu país.

— Não pretende voltar, Charlie?

— Não — respondi, quase em tom de desculpa. — Estou um pouco velho demais para suportar novos absurdos.

O cônsul não fez comentários, porém observou:

— De qualquer modo, poderá sempre obter um visto comum, se um dia quiser regressar.

Sorri e balancei a cabeça.

— Resolvi instalar-me definitivamente na Suíça.

Trocamos um aperto de mão e eis tudo.

Por seu lado, Oona decidiu renunciar à cidadania americana. Ao visitarmos Londres, notificou ela a sua resolução à embaixada dos Estados Unidos. Disseram-lhe ali, entretanto, que o preenchimento das formalidades ocuparia no mínimo três quartos de hora.

— Que disparate! — disse eu a Oona. — É incompreensível que demore esse tempo todo. Irei com você.

No momento em que chegamos à embaixada, todos os insultos e calúnias que eu havia sofrido inflaram-se dentro de mim como um balão a ponto de estourar. Com energia na voz, perguntei onde era o setor do Departamento de Imigração. Oona mostrou-se embaraçada. Abriu-se uma das portas, um homem apareceu e falou:

— Olá, Charlie. Quer entrar com sua senhora?

Deve ter percebido o que eu pensava, pois veio logo com esta explicação:

— Todo americano que procure renunciar à sua cidadania deve saber o que faz, no pleno uso do seu juízo. Eis por que adotamos esse processo de interrogatório; é em defesa do próprio cidadão.

Naturalmente, achei isso muito razoável.

O homem devia aproximar-se dos sessenta. E disse-me, olhando para mim com certo ar de censura:

— Em 1911, eu o vi em Denver, no velho Empress Theatre.

Como era lógico, descontraí-me e recordamos os bons tempos de outrora.

Findo o enfadonho processamento, assinado o último papel e feitas as despedidas cordiais, fiquei um pouco triste ao verificar que o assunto não me causara qualquer emoção.

EM LONDRES, vez por outra víamos amigos, entre os quais Sydney Bernstein, Ivor Montagu, *sir* Edward Beddington-Behrens, Donald Ogden Stewart, Ella Winters, Graham Greene, J. B. Priestley, Max Reinhardt e Douglas Fairbanks Jr. Embora não fossem frequentes os nossos encontros, era confortador pensar no seu afeto, com a mesma satisfação que sentimos ao saber que há em qualquer parte um porto hospitaleiro onde, se assim o quisermos, poderemos ancorar.

Num dos nossos passeios a Londres, recebemos aviso de que Kruchev e Bulganin gostariam de nos encontrar numa recepção oferecida pela embaixada soviética no Claridge. Ao chegar, demos no vestíbulo com verdadeira multidão, comprimida e excitada. Com um diplomata russo a nos ajudar, começamos a abrir caminho no meio de toda aquela gente. Vimos então, na extremidade oposta, Kruchev e Bulganin; eles também iam tentando furar passagem, mas percebi, pela sua expressão aborrecida, que se dispunham a desistir, batendo em retirada.

Podia-se notar que mesmo nas situações incômodas Kruchev mantém o senso de humor. O nosso guia chamou-o: "Kruchev!" Este fez sinal de que já não queria apoquentações. Mas o nosso homem voltou a gritar: "Kruchev, é Charlie Chaplin!" Detendo-se logo, Kruchev e Bulganin voltaram-se, de fisionomias radiantes. Devo confessar que isso me envaideceu. Em meio daquela maré humana, fômos apresentados. Através de um intérprete, Kruchev disse-me quanto o povo russo apreciava os meus filmes e em seguida ofereceu-nos vodca. Oona gostou, porém a impressão que tive foi a de que haviam derramado na bebida todo o conteúdo de uma pimenteira.

Conseguimos formar pequeno grupo, a fim de que pudéssemos ser fotografados juntos. Era tal a barulheira ao redor que não me foi possível dizer uma só palavra.

— Passemos à outra sala — alvitrou Kruchev.

A multidão percebeu o nosso intento e houve um empurra-empurra geral. Com a ajuda de quatro homens, fomos impelidos a um salão reservado. Finalmente livres da aglomeração, Kruchev e nós todos suspiramos: "Uff!" Então, já de espírito calmo, pude falar. Kruchev havia feito, recentemente, um maravilhoso discurso, cheio de boa vontade, ao chegar a Londres. Foi como um raio de sol e transmiti-lhe essa minha impressão, dizendo que ele dera esperança de paz a milhões de seres humanos pelo mundo afora.

Interrompeu-nos um jornalista americano:

— Pelo que soube, sr. Kruchev, o seu filho gastou a noite de ontem na cidade, a divertir-se.

Kruchev teve um sorriso entre prazeroso e irritado:

— Meu filho é um rapaz sério, que estuda com afinco para ser engenheiro... Mas de vez em quando, espero eu, trata de gozar a vida.

Alguns minutos depois, foi anunciado que estava presente Harold Stassen e que ele gostaria de ver Kruchev. Este virou-se para mim com ar zombeteiro:

— Você não se importa? É um americano...

— Claro que não — respondi sorrindo.

Após alguns instantes, a porta entreabriu-se, entrando o sr. e sra. Stassen e sr. e sra. Gromyko. Kruchev pediu-nos licença, avisando que voltaria daí a pouquinho, e foi conversar no outro canto do salão com Stassen e Gromyko.

Para entabular palestra, perguntei à sra. Gromyko se ia retornar à Rússia. Respondeu-me que voltaria aos Estados Unidos. Observei então que ela e o marido já tinham passado longo tempo na América. Riu, um tanto contrafeita.

— Isso não me aborrece. Gosto de lá.

E eu:

— Não creio que a América de verdade esteja em Nova York ou na costa do Pacífico. Eu, por exemplo, aprecio muito mais o Meio-Oeste, lugares como Dakota do Norte e Dakota do Sul, Minneapolis e Saint Paul. Lá estão, creio eu, os verdadeiros americanos.

A sra. Stassen exclamou logo:

— Oh, agrada-me tanto que tenha dito isso! Meu marido e eu somos de Minneapolis.

Riu nervosamente e tornou a dizer:

— Agrada-me tanto que tenha dito isso.

Supôs, naturalmente, que ia ouvir críticas ferozes contra os Estados Unidos, na crença de que eu guardava rancor pelas pedras e setas que me haviam atirado. Mas não conservei amargura e, mesmo se a conservasse, não iria derramar a minha bílis sobre tão encantadora senhora.

Percebendo que Kruchev e os outros iriam permanecer em longa conferência, Oona e eu levantamo-nos. Notando nosso gesto, Kruchev afastou-se de Stassen e foi dizer-nos adeus. Ao nosso aperto de mão, dei com a vista em Stassen; recuara ele até a parede e olhava em frente, com ar abstraído. Despedi-me de todos os demais, sem tomar conhecimento de Stassen — o que, dadas as circunstâncias, considerei a atitude mais diplomática; todavia, naquele breve encontro, até que simpatizei com ele.

Na noite seguinte, Oona e eu jantamos a sós no *grill* do Savoy. Comíamos a sobremesa quando *sir* Winston Churchill e *lady* Churchill entraram e se detiveram diante de nós. Desde 1931 que eu não via sir Winston nem dele tivera notícias. Mas depois que estreou em Londres *Luzes da ribalta*, recebi um bilhete da United Artists, nossa distribuidora, pedindo permissão para mostrar o filme a *sir* Winston em sua residência. Está bem visto que eu só poderia ficar deleitado. Ao fim de alguns dias enviou-me encantadora carta de agradecimento, expressando o prazer que lhe dera a película.

E eis agora *sir* Winston de pé em frente à nossa mesa, a nos encarar.

— Então! — disse ele.

Percebi um quê de censura no "Então!".

Ergui-me rapidamente, aberto em sorriso, e apresentei Oona, que já fazia menção de se retirar.

Depois que Oona se foi, perguntei ao casal se poderia ir tomar café em sua mesa e para ela me dirigi. *Lady* Churchill disse-me que lera nos jornais a notícia do meu encontro com Kruchev.

— Sempre me entendi bem com Kruchev — observou *sir* Winston.

Mas fui notando que estava ressentido comigo. Decerto, muita coisa acontecera desde 1931. Salvara ele a Inglaterra com a sua bravura indomável e a sua oratória empolgante; contudo, achei que o seu discurso a respeito da "cortina de ferro" servira apenas para intensificar a guerra fria.

A conversação encaminhou-se para *Luzes da ribalta*. *Sir* Winston acabou por me dizer:

— Enviei-lhe uma carta, faz dois anos, de congratulações pelo filme. Não a recebeu?

— Oh, sim! — declarei com entusiasmo.

— Então, por que não respondeu?

— Não pensei que era preciso dar resposta — disse, a desculpar-me.

Mas *sir* Winston não era homem que se deixasse enganar.

— Humm... — resmungou. — Pensei que era uma forma de manifestar desacordo.

— Oh, não, absolutamente — repliquei.

— Em todo caso — acrescentou, com ar de quem encerrava o assunto —, continuo a admirar os seus filmes.

Sensibilizou-me a modéstia do grande homem, a recordar a carta de dois anos antes que não fora respondida. Todavia, nunca me vi em concordância com a sua política. "Não estou aqui para presidir à dissolução do Império Britânico", dissera Churchill. Isso pode ser de efeito retórico, mas não tem fundamento real nos fatos modernos.

Tal dissolução não é obra de agitadores políticos, de exércitos revolucionários, de propaganda comunista e de manifestantes exaltados. Em verdade, os conspiradores são os meios de divulgação internacional — o rádio, a televisão e o cinema —, assim como o automóvel e o trator, as inovações da ciência, o aumento da velocidade, a amplitude e a presteza das comunicações. Eis aí os revolucionários que promovem a dissolução dos impérios.

LOGO após meu regresso à Suíça, recebi carta de Nehru, acompanhando um bilhete de apresentação assinado por *lady* Mountbatten. Estava ela convicta, dizia, de que Nehru e eu tínhamos numerosas afinidades. O estadista indiano ia passar por Corsier e talvez pudéssemos combinar um encontro. Obrigado a permanecer em Lucerna, onde realizava a esse tempo a sua reunião anual com os embaixadores, Nehru escreveu-me declarando que teria muito prazer se eu fosse passar a noite naquela cidade; no dia seguinte ele me traria de volta à mansão de Ban. Assim, parti para Lucerna.

Fiquei surpreendido ao verificar que Nehru era, como eu, de pequena estatura. Sua filha, a sra. Indira Gandhi, também estava presente — criatura sedutora e discreta. Nehru impressionou-me como um homem de humor variável, austero e sensível, com o espírito extraordinariamente sutil e alerta. No começo, ficou um pouco trancado, até que partimos juntos de Lucerna para a minha residência, onde o convidei a almoçar; sua filha vinha noutro carro, pois iria até Genebra. Na viagem tivemos conversação bem interessante. Nehru falou-me com entusiasmo sobre lorde Mountbatten, que, como vice-rei da Índia, fizera trabalho excelente na liquidação dos interesses britânicos.

Perguntei-lhe que rumo ideológico estava seguindo o seu país. Respondeu-me que "Qualquer que seja a direção, o fim visado é o de melhorar as condições de vida para o povo hindu" e acrescentou que já estava em andamento um plano quinquenal. Falou com brilhantismo no curso da viagem, com o chofer a pisar o acelerador, em velocidade de quase cento e vinte quilômetros por hora, em estreitas rodovias de montanhas e fazendo curvas fechadíssimas. Nehru continuava a expor a política indiana, inteiramente absorvido no assunto, mas devo confessar que perdi a metade do que ele me dizia, tal a minha preocupação com as diabruras do motorista. Nehru, porém, permanecia imperturbado, sem dar atenção ao ranger dos freios e aos golpes de volante que nos impeliam para a frente. Graças a Deus, houve uma pausa quando nos detivemos por alguns instantes numa encruzilhada, onde a sra. Gandhi ia despedir-se de nós. Vi então que pai amoroso e solícito era o estadista. Abraçou a filha, dizendo-lhe com ternura: "Vá com o maior cuidado", conselho que teria sido mais justo se viesse da filha para o pai.

☆

DURANTE a crise da Coreia, quando o mundo inteiro tinha em suspenso a respiração, como diante de um precipício, a embaixada da China telefonou perguntando-me se eu autorizaria uma exibição privada de *Luzes da cidade* para Chu En-Lai, que era o pivô em torno do qual iria decidir-se a paz ou a guerra.

No dia seguinte, o primeiro-ministro da China convidou-me a jantar na sua companhia, em Genebra. Antes que eu partisse, o secretário de Chu En-Lai telefonou-me para dizer que Sua Excelência tinha de permanecer na discussão de assunto importante (mais do que importante, em verdade), surgido inesperadamente na Conferência, e que não devíamos ficar à sua espera; iria mais tarde ao nosso encontro.

Ao chegar, tivemos a surpresa de ver Chu En-Lai, que se plantara na escadaria de sua residência a fim de nos acolher. Como o resto do mundo, estava eu ansioso por informação do que ocorrera na Conferência e logo o interroguei a respeito. Bateu-me no ombro com ar de confiança.

— Faz cinco minutos que tudo foi resolvido amigavelmente.

Tenho ouvido muitas narrações interessantes sobre a maneira por que, na terceira década do século, os comunistas foram repelidos para os últimos rincões da China e como, sob a chefia de Mao Tsé-tung, uns poucos se reorganizaram e deram início à longa marcha para Beijing ganhando novas forças à medida que avançavam. Essa marcha de volta conquistou-lhes o apoio de seiscentos milhões de chineses.

Naquela noite, Chu En-Lai contou uma história comovente sobre a entrada triunfal de Mao Tsé-tung em Beijing. Milhões de chineses ali surgiram para saudá-lo. Um grande estrado, com cinco metros de altura, fora erguido ao fundo de imensa praça e quando, vindo por trás, começou ele a subir os degraus para a plataforma, a sua cabeça apareceu em primeiro lugar e isso foi o bastante para que um fragor aclamatório irrompesse em milhões de gargantas, sempre a aumentar de intensidade enquanto a figura solitária ia surgindo por inteiro aos olhos da multidão. E quando Mao Tsé-tung, o conquistador da China, viu aquela massa popular, parou por um momento; depois, de súbito, cobriu o rosto com as duas mãos e chorou.

Chu En-Lai foi seu companheiro nas agruras e sofrimentos nessa famosa marcha através da China; entretanto, ao fitar aquele belo rosto cheio de vigor, espantava-me vê-lo tão sereno e tão jovem.

Contei-lhe que a última vez em que estive em Xangai fora em 1936.

— Ah, sim... — disse com ar pensativo. — Antes da nossa marcha.

— Agora, já não tem de ir muito longe — observei, gracejando.

Ao jantar bebemos champanha chinês (bem tragável) e, tal qual se faz na Rússia, erguemos numerosos brindes. Brindei ao futuro da China e disse que, embora sem ser comunista, partilhava de todo o coração as suas esperanças e os seus desejos de uma vida melhor para o povo chinês, assim como para todos os povos.

EM VEVEY fizemos novos amigos, entre os quais o sr. Emile Rossier e o sr. Michel Rossier, e suas famílias, todos amantes de música. Por intermédio de Emile travei conhecimento com a pianista Clara Haskil. Tinha ela residência em Vevey e toda vez que se encontrava na cidade jantava com as duas famílias Rossier em minha casa. Após a refeição, Clara ia ao piano. Embora já sexagenária, atingia o apogeu da carreira, alcançando os maiores triunfos na Europa e na América. Mas, em 1960, ao descer de um trem, na estação de Belbium, escorregou e teve de ser levada ao hospital, onde faleceu.

Ouço frequentemente as suas gravações, as da última fase. Antes de iniciar, pela sexta vez, a tarefa penosa de recompor esta autobiografia, coloquei na vitrola o concerto para piano n. 3, de Beethoven, executado por Clara, com orquestra sob a regência de Markevitch; para mim é de todas as grandes criações artísticas a que mais se aproxima da verdade e tem sido uma fonte de encorajamento para me levar à conclusão deste livro.

Se a própria família não nos ocupasse tanto, poderíamos desfrutar na Suíça de bem-animada convivência. Moram nas redondezas de Corsier a rainha da Espanha e o conde e a condessa Chevreau d'Antraignes, que se têm mostrado cordialíssimos conosco; também residem nas vizinhanças escritores e astros do cinema. São frequentes os nossos encontros com George e Benita Sanders, que se instalaram em Lausanne. E também Noel Coward, que residia nas adjacências. Na primavera recebemos a visita de muitos amigos nossos, americanos e ingleses. Truman Capote, que de quando em quando vem trabalhar na Suíça, costuma igualmente aparecer em nossa casa, nessas ocasiões. Nas férias da Páscoa, levamos a prole para o sul da Irlanda. É passeio que a família inteira aguarda com impaciência todos os anos.

Durante o verão, jantamos de *short* no terraço e lá permanecemos até as dez, a contemplar a beleza do tardio crepúsculo. Frequentemente, vem-nos a ideia repentina de ir a Londres e Paris, quando não a Veneza ou a Roma — cidades todas que podemos alcançar em só duas horas de avião.

Em Paris, muito nos homenageia um amigo do nosso maior afeto, Paul-Louis Weiller, que em agosto convida todo o nosso pessoal a passar um mês em La Reine Jeanne, sua magnífica propriedade à beira do Mediterrâneo. Lá os garotos se divertem a mais não poder, em natação e proezas de esqui aquático.

Perguntam-me pessoas amigas se eu sinto falta dos Estados Unidos ou pelo menos de Nova York. Com franqueza, não sinto. A América mudou; Nova York, também. O agigantamento das organizações industriais, da imprensa, da televisão e da propaganda comercial tornou-me inteiramente incompatível com a forma de existência americana. O que desejo é o reverso da medalha, um modo pessoal de viver mais simples, sem a ostentação das avenidas e sem portentosos arranha-céus que nos trazem sempre à lembrança o mundo dos grandes negócios e seus prosaicos empreendimentos.

Gastei mais de um ano para liquidar completamente meus interesses nos Estados Unidos. Suas autoridades fiscais pretendiam cobrar imposto sobre tudo quanto me rendeu *Luzes da ribalta* na Europa até 1955. Entendiam que eu continuava a ser um residente na América, muito embora com interdição de reentrar no país desde 1952. Fiquei sem recursos legais, pois o meu advogado americano informou que seria bem difícil para mim obter consentimento de voltar aos Estados Unidos a fim de me defender.

Já dissolvidas todas as minhas empresas na América e encerrados todos os meus negócios por lá, tinha eu condições de mandar às favas a gente do fisco. Mas, não desejando valer-me da proteção que outro país me concedia, transigi por importância bem menor do que a cobrada e muito maior do que a realmente devida.

Romper os derradeiros laços com os Estados Unidos foi melancólico. Quando Helen, a nossa arrumadeira na casa de Beverly Hills, soube que não íamos voltar, enviou a seguinte carta:

> *Prezados sr. e sra. Chaplin*
>
> *Já escrevi nem sei quantas cartas, mas nunca as levei ao correio. Parece que tudo vai mal desde que os patrões se foram. Jamais sofri tanto com a ausência de outras pessoas, exceto as da minha família. Acho um tal despropósito o que aconteceu, tudo sem motivo e sem necessidade, que nem chego a compreender. E agora veio a triste notícia que estávamos com tanto medo de receber: empacotar as coisas todas... Qual, não é possível! Não me entra na cabeça... As coisas que empacotamos quase que foram lavadas com lágrimas e meu desgosto até me deixou com enxaqueca. Nem tenho ideia de como é que os patrões aguentam isso. Por favor, POR FAVOR, sra. C., não deixe, se puder, o sr. C. vender a casa. Aqui não há um quarto ou uma sala que não tenha um quê especial, ainda que só restem atualmente as cortinas e os tapetes... Quero tanto bem a esta casa que nem posso admitir outros donos. Ah, se eu tivesse dinheiro bastante... mas é tolice minha pensar numa coisa assim... Se acham melhor, podem cortar os meus exageros. Mas, por favor, POR FAVOR, fiquem com a casa. Eu sei que não devo dizer isso, porém não está em mim... Nunca largarei a esperança de que um dia hão de voltar. Sra. C., já chega por enquanto. Ainda tenho três cartas a pôr no correio, mas preciso arranjar envelopes de tamanho maior. Lembranças a todos e desculpe meu lápis, pois até a caneta já não escreve bem.*
>
> *Afetuosamente,*
> *Helen.*

Recebi também carta de Henry, o mordomo, nos termos seguintes:

Prezados sr. e sra. Chaplin

Há muito que não escrevo porque tenho de fazer grande esforço para me expressar corretamente no meu inglês de suíço. Algumas semanas atrás, aconteceu-me uma coisa boa, pois tive ensejo de assistir a Luzes da ribalta. Foi numa exibição particular e a srta. Runser convidou-me. Compareceram umas vinte pessoas. As únicas que eu já conhecia eram o sr. e a sra. Sydney Chaplin, a srta. Runser e Rolly. Sentei na última fila, para ficar a sós com meus pensamentos. Valeu a pena ver o filme. Creio que ri ainda mais do que os outros, mas também me vieram muitas lágrimas aos olhos. É o melhor de todos os filmes que eu já vi. E nunca foi levado aos cinemas de Los Angeles. As emissoras irradiam diversas gravações com música de Luzes da ribalta. E que música bonita! Cada vez que ouço, até me sinto eletrizado. Os locutores nunca informam quem é o compositor. Estou muito contente por saber que as crianças gostam da Suíça. Decerto, a gente crescida demora mais a acostumar-se num país estrangeiro. Na minha opinião, é um dos melhores. E com os melhores colégios do mundo. Também, a mais antiga república do planeta, desde 1191. Aí o 1º de agosto equivale ao 4 de julho daqui. O Dia da Independência. Não há feriado, mas a gente pode ver as fogueiras em todos os cimos de montanha. Em resumo, um dos raros países conservadores e prósperos. Deixei-o em 1918, indo para a América do Sul. Voltei duas vezes. E também fiz dois períodos de serviço militar na Suíça. Nasci em St. Gallen, na parte leste do país. Tenho um irmão mais jovem que reside em Berna e outro em St. Gallen.

Meus votos de felicidade para todos.
Mui respeitosamente,
Henry.

Todos os que estiveram ao meu serviço na Califórnia ainda recebiam o salário. Mas, agora, domiciliado na Suíça, eu já não podia permitir-me o ônus desse pagamento. Assim, providenciei para que os empregados tivessem as indenizações devidas, com bonificação especial a cada um — despesa que, em conjunto, chegou a oitenta mil dólares. Edna Purviance, além de ganhar a bonificação, continuou percebendo ordenado até falecer.

Quando escolhia os intérpretes de *Monsieur Verdoux*, cogitei de confiar a Edna o importante papel de Madame Grosnay. Já se haviam passado vinte anos sem que eu a visse, pois nunca aparecia no estúdio; a gerência mandava-lhe pelo correio o cheque semanal. Depois, confessou-me Edna que, ao ser chamada ao estúdio, teve mais apreensões do que alegria.

Rolly, o operador de câmera, foi ao meu camarim para informar que ela havia chegado. Também ele passara vinte anos sem a ver. E disse-me, com um fulgor nos olhos:

— Decerto, já não é a mesma... Ainda assim, está um colosso!

Rolly avisou que ela ficara esperando no gramado, em frente ao meu camarim.

A fim de evitar uma cena de emoções à mostra, assumi um tom bem natural, como se houvessem decorrido apenas algumas semanas desde a nossa última reunião.

— Ora viva! — falei alegremente. — Afinal, chegou o dia de um reencontro, hein?

À luz do sol, percebi que seus lábios tremiam quando sorriu. Expliquei-lhe então o motivo por que a chamara e falei animadamente sobre o filme.

— Parece maravilhoso — disse (Edna foi sempre uma entusiasta).

Leu o papel que eu lhe destinava e não leu mal. Entretanto, a sua presença não cessava de me inspirar uma nostalgia depressiva, por suas ligações com os meus primeiros sucessos — naquele tempo em que se abria todo um futuro.

Edna atirou-se com muita disposição ao papel, mas inutilmente... A personagem requeria requinte europeu, coisa que Edna jamais adquiriu. Após três ou quatro dias de experiência, tive de reconhecer que ela não convinha. Aliás, a própria Edna sentiu menos decepção do que alívio. Não mais a vi e ficou ela também sem me dar notícias, tal como antes, até que me escreveu para a Suíça, acusando o recebimento da sua bonificação. Eis a carta:

Querido Charlie

Pela primeira vez estou em condições de lhe escrever, com agradecimentos pela sua amizade no curso de tantos anos e por tudo que tem feito por mim. No começo da vida parece que as contrariedades não são muitas, mas sei pelo que você passou. Espero que agora esteja repleta a sua taça de ventura, com uma esposa encantadora e uma família...

(Daí por diante entrou a descrever a sua enfermidade e as enormes despesas com médicos e enfermeiras, mas concluiu com uma anedota das suas.)

Conto-lhe esta que ouvi: Um sujeito é metido numa nave espacial que sobe em velocidade louca. Disseram ao astronauta que devia medir a altitude. E lá vai ele contando: vinte mil... trinta e cinco mil... cem mil... quinhentos mil... Quando chegou a essa altura, o astronauta falou para si mesmo: 'Jesus Cristo!' E então, lá de longe, uma voz bem doce respondeu: 'Hein?!'

Muito, muito agradecida, Charlie. Não demore a dar-me suas notícias. E, por favor, regresse. Aqui é o seu lugar.

> Da sua mais fiel e sincera admiradora,
> ternamente,
> Edna.

Por todos esses anos, jamais lhe escrevi uma linha. Sempre me comunicava com ela através do estúdio. Sua derradeira carta foi para avisar que recebera a notícia de que continuaria a ter o seu ordenado.

Querido Charlie

Aqui estou eu novamente com a alma cheia de gratidão e de volta ao hospital (Cedars of Lebanon), onde me aplicam no pescoço irradiações de cobalto. Não me venham dizer que há no inferno um tormento maior. Cheguei a um ponto em que nem posso mexer o dedo mindinho. Entretanto, é o tratamento melhor para a minha moléstia. Tenho esperança de voltar para casa no fim da semana; continuarei com as aplicações, mas sem ficar internada (que maravilha!). Graças a Deus, o resto do organismo está em boas condições e isto que me atacou é coisa puramente local — assim dizem os médicos. E a propósito, esta anedotazinha:

Um camarada plantou-se à esquina da Broadway com a Sétima Avenida e ali começou a rasgar papel aos pedacinhos, que ia atirando aos quatro ventos. Veio um policial e perguntou que negócio era aquele. O homem respondeu: 'Estou afastando daqui os elefantes.' E o guarda: 'Mas não vejo elefantes por aqui.' E o sujeito: 'O meu sistema é bom ou não é?' Se acha fraquinha demais a história de hoje, tenha paciência.

Espero que você e sua família se encontrem com perfeita saúde, no gozo de tudo que você lutou para alcançar.

Com o carinho de sempre,
Edna.

Pouco depois que recebi esta carta, veio a notícia de que Edna havia falecido. E é assim que o mundo se renova. Os moços vão ocupando o lugar dos velhos. E os que, como eu, têm vivido um pouco mais sentem dia a dia crescer a solidão, à medida que avançam no caminho da existência.

Devo agora terminar esta minha odisseia. Reconheço que o tempo e as circunstâncias me têm favorecido. O mundo cumulou-me de afeições, inspirei amor e também ódio. Deu-me a vida o que havia de melhor e um pouco do pior. Quaisquer que tenham sido as minhas vicissitudes, creio que a ventura e a desventura são filhas do acaso, pairando como nuvens sobre o nosso destino. Com essa compreensão, nunca me abalam demais as coisas ruins que me acontecem e sou agradavelmente surpreendido pelo que vem de bom. Não sigo um roteiro de existência, nenhuma filosofia... Sábios ou tolos, temos todos que batalhar com a vida. Oscilo em meio de contradições; exasperam-me, às vezes, fatos mínimos, e catástrofes poderão deixar-me indiferente.

Contudo, a minha vida é hoje mais apaixonante do que nunca. Sinto-me bem de saúde, na posse do meu espírito criador e planejo produzir filmes novos — talvez não mais como intérprete, porém como autor da história e como diretor, com os membros da minha família a representar, pois alguns têm acentuada aptidão. Continuo muito ambicioso; jamais ficarei inativo. Projetos a realizar não me faltam. Além de ter alguns roteiros de cinema a terminar, gostaria de compor uma peça de teatro e uma ópera... se o tempo consentir.

Afirmou Schopenhauer que a felicidade é uma condição negativa. Discordo. Nos últimos vinte anos conheci o que significa a felicidade. Tenho a boa fortuna de estar casado com uma criatura maravilhosa. Bem quisera escrever mais sobre isso, porém é de amor que se trata e o perfeito amor é a mais bela das frustrações, pois está acima do que se pode exprimir. Na convivência com Oona, não cesso de apreciar, através de novas revelações, a profundidade e a beleza do seu caráter. Até quando ela vai à minha frente pelas calçadas estreitas de Vevey, com ar tão simples e tão digno, a sua harmoniosa figurinha erecta, os negros cabelos puxados para trás e mostrando alguns fios de neve, desaba sobre mim uma onda de amor e de admiração por tudo que ela é... e sinto um aperto na garganta.

No gozo de tal felicidade, sento-me às vezes em nosso terraço, ao crepúsculo, e com o olhar a se estender sobre a vasta pradaria verde, contemplo o lago e, além do lago, as montanhas tranquilizadoras; então, sem nada pensar, alheio a tudo, entrego-me prazeroso a essa magnífica serenidade.

OS FILMES
DE
CHARLES CHAPLIN

THE KEYSTONE FILMS

1914 MAKING A LIVING (1 rolo) — *(Carlitos repórter)**

KID AUTO RACES AT VENICE (meia parte) — *(Corridas de automóveis para meninos)*

MABEL'S STRANGE PREDICAMENT (1 rolo) — *(Carlitos no hotel)*

BETWEEN SHOWERS (1 rolo) — *(Dia chuvoso)*

A FILM JOHNNIE (1 rolo) — *(Dia de estreia)*

TANGO TANGLES (1 rolo) — *(Carlitos dançarino)*

HIS FAVOURITE PASTIME (1 rolo) — *(Carlitos entre o bar e o amor)*

CRUEL, CRUEL LOVE (1 rolo) — *(Carlitos marquês)*

THE STAR BOARDER (1 rolo) — *(Carlitos e a patroa)*

MABEL AND THE WHEEL (2 rolos) — *(Carlitos banca o tirano)*

TWENTY MINUTES OF LOVE (1 rolo) — *(Vinte minutos de amor)* (Ou: *Carlitos e o relógio)*

CAUGHT IN A CABARET (2 rolos) — *(Bobote em apuros)*

CAUGHT IN THE RAIN (1 rolo) — *(Carlitos e a sonâmbula)*

A BUSY DAY (meia parte) — *(Carlitos ciumento)*

THE FATAL MALLET (1 rolo) — *(A maleta fatal)*

HER FRIEND THE BANDIT (1 rolo) — *(Ladrão elegante)*

THE KNOCKOUT (2 rolos) — *(Dois heróis)*

MABEL'S BUSY DAY (1 rolo) — *(Carlitos e as salsichas)*

MABEL'S MARRIED LIFE (1 rolo) — *(Carlitos e Mabel se casam)*

LAUGHING GAS (1 rolo) — *(Carlitos dentista)*

THE PROPERTY MAN (2 rolos) — *(Carlitos na contrarregra)*

THE FACE ON THE BAR ROOM FLOOR (1 rolo) — *(Pintor apaixonado)*

RECREATION (meia parte) — *(Divertimento)*

THE MASQUERADER (1 rolo) — *(Carlitos coquete)*

HIS NEW PROFESSION (1 rolo) — *(Nova colocação de Carlitos)*

THE ROUNDERS (1 rolo) — *(Na farra)*

THE NEW JANITOR (1 rolo) — *(Carlitos porteiro)*

---

*Anteriormente a 1920 não havia em nosso país revista especializada em cinema e os filmes nem sempre obedeciam à mesma denominação nos principais centros exibidores. Além disso, as fitas de Carlitos eram apresentadas como *shorts*, ligadas aos outros complementos que constituíam invariavelmente a primeira parte dos programas daquela época. (N. do T.)

560   CHARLES CHAPLIN

THOSE LOVE PANGS (1 rolo) — *(Carlitos rival no amor)*
DOUGH AND DYNAMITE (2 rolos) — *(Dinamite e pastel)*
GENTLEMEN OF NERVE (1 rolo) — *(Carlitos e Mabel assistem às corridas)*
HIS MUSICAL CAREER (1 rolo) — *(Carregadores de pianos)*
HIS TRYSTING PLACE (2 rolos) — *(O engano)*
TILLIE'S PUNCTURED ROMANCE (6 rolos) — *(O casamento de Carlitos)*
GETTING ACQUAINTED (1 rolo) — *(Carlitos e Mabel de passeio)*
HIS PREHISTORIC PAST (2 rolos) — *(O passado pré-histórico)*

THE ESSANAY FILMS

1915   HIS NEW JOB (2 rolos) — *(Seu novo emprego)*
        A NIGHT OUT (2 rolos) — *(Carlitos se diverte)*
        THE CHAMPION (2 rolos) — *(Campeão de boxe)*
        IN THE PARK (1 rolo) — *(Carlitos no parque)*
        A JITNEY ELOPEMENT (2 rolos) — *(Carlitos quer casar)*
        THE TRAMP (2 rolos) — *(O vagabundo)*
        BY THE SEA (1 rolo) — *(Carlitos à beira-mar)*
        WORK (2 rolos) — *(Carlitos limpador de vidraças)*
        A WOMAN (2 rolos) — *(A senhorita Carlitos)*
        THE BANK (2 rolos) — *(O banco)*
        SHANGHAIED (2 rolos) — *(Carlitos marinheiro)*
        A NIGHT IN THE SHOW (2 rolos) — *(Carlitos no teatro)*
1916   A BURLESQUE ON "CARMEN" (4 rolos) — *(Os amores de Carmen)*
        POLICE (2 rolos) — *(Carlitos policial)*
1918   TRIPLE TROUBLE (2 rolos) — *(Carlitos em apuros)*

THE MUTUAL FILMS

1916   THE FLOORWALKER (2 *rolos)* — *(Carlitos no armazém)*
        THE FIREMAN (2 rolos) — *(Carlitos bombeiro)*
        THE VAGABOND (2 rolos) — *(O vagabundo)*
        ONE A.M. (2 rolos) — *(Uma hora da madrugada)*
        THE COUNT (2 rolos) — *(O conde)*
        THE PAWNSHOP (2 rolos) — *(A casa de penhores)*
        BEHIND THE SCREEN (2 rolos) — *(Carlitos no estúdio)*
        THE RINK (2 rolos) — *(Sobre rodas)*
1917   EASY STREET (2 rolos) — *(Rua da paz)*
        THE CURE (2 rolos) — *(O balneário)*

THE IMMIGRANT (2 rolos) — *(O imigrante)*
THE ADVENTURER (2 rolos) — *(O aventureiro)*

THE FIRST NATIONAL FILMS

1918 A DOG'S LIFE (3 rolos) — *(Vida de cachorro)*
       THE BOND (meia parte) — *(Laços de liberdade)*
       SHOULDER ARMS (3 rolos) — *(Carlitos nas trincheiras)* (Ou: *Ombro, armas!*)
1919 SUNNYSIDE (3 rolos) — *(Um idílio campestre)*
       A DAY'S PLEASURE (2 rolos) — *(Um dia de prazer)*
1920 THE KID (6 rolos) — *(O garoto)*
       THE IDLE CLASS (2 rolos) — *(Os ociosos)* (Ou: *Os clássicos vadios*)
1922 PAY DAY (2 rolos) — *(Dia de pagamento)*
1923 THE PILGRIM (4 rolos) — *(Pastor de armas)*

UNITED ARTISTS FILMS (Longa-metragens)

1923 A WOMAN OF PARIS — *(A opinião pública)* (Ou: *Casamento ou luxo*)
1925 THE GOLD RUSH — *(Em busca do ouro)*
1928 THE CIRCUS — *(O circo)*
1931 CITY LIGHTS — *(Luzes da cidade)*
1936 MODERN TIMES — *(Tempos modernos)*
1940 THE GREAT DICTATOR — *(O grande ditador)*
1947 MONSIEUR VERDOUX — *(Monsieur Verdoux)*
1953 LIMELIGHT — *(Luzes da ribalta)*
1957 THE KING IN NEW YORK — *(Um rei em Nova York)*

FILMES DE REFERÊNCIA

Sydney Chaplin
        THE SUBMARINE PIRATE — *(O submarino pirata)* (Trad.)
        THE BETTER 'OLE — *(A guerra é um buraco)* (Trad.)
        MAN IN THE BOX — *(O homem de tílburi)* (Trad.)
        CHARLEY'S AUNT — *(A tia de Carlito)* (Trad.)

D. W. Griffith
        THE BIRTH OF A NATION — *(O nascimento de uma nação)*

Cecil B. DeMille

THE WHISPERING CHORUS — *(A canção em surdina)* (Trad.)
CARMEN — *(Carmen)*
MALE AND FEMALE — *(Macho e fêmea)*

Howard Hughes

HELL'S ANGEL (Jean Harlow) — *(Anjos do inferno)*

Douglas Fairbanks

ROBIN HOOD — *(Robin Hood)*

Filmes baseados em romances de Elinor Glyn

THREE WEEKS — *(Três semanas)* (Trad.)

HIS HOUR — *(Sua hora)* (Trad.)

HER MOMENT (Gloria Swanson e Thomas Meighan) — *(Seu momento)* (Trad.)

Charles Chaplin

THE WOMAN OF PARIS (Edna Purviance) — *(Casamento ou luxo)*

Ernst Lubitsch

THE MARRIAGE CIRCLE (Adolphe Menjou) — *(O círculo do casamento)*

WHEN KNIGHTHOOD WAS IN FLOWER (Marion Davies) — *(Maria Tudor)* (Trad.)

Sergei Eisenstein

BATTLESHIP POTEMKIN — *(O encouraçado Potemkin)*

TEN DAYS THAT SHOOK THE WORLD — *(Dez dias que abalaram o mundo)*

Ivan the Terrible — *(Ivan, o terrível)*

ÍNDICE ONOMÁSTICO
E
DE TÍTULOS DE FILMES

A

Abrahams, Hiram, 354.

Abrahamson, 222, 223.

Agee, Jim, 517, 524, 530.

Alba, duque de, 341, 412.

Alexandra, rainha, 116.

Alexandrov, Grigor, 376.

Amores de Carmen (Os) — vide Carmen

Anderson, Andy, 439.

Anderson, G. M., 197-200, 202, 204-207, 209-211.

Ângelo, Miguel, 411.

Anna, 528.

Apanhado na chuva, 188.

Aragon, Louis, 541, 542.

Arbuckle, Fatty Roscoe, 176, 178, 180, 191, 274, 275, 277, 320.

Aristófanes, 292.

Armstrong, 35.

Arthur, George K., 321.

Astor, lady, 387-389, 396, 397, 406, 407.

Astor, Lorde, 388.

Astaire, Fred, 436.

Aubrey, 313, 330.

Auriol, presidente Vincent, 537.

Austin, Albert, 227.

Aventureiro (O), 227.

B

Bach, 425.

Bacon, Francis, 419.

Bacon, Lloyd, 227.

Balbi, *monsieur,* 412.

Balneário (O), 227, 231.

Balsan, Consuelo Vanderbilt, 410.

Balzac, 247, 386, 411.

Bancroft, Squire, 318.

Barrett, Wilson, 43.

Barrie, *sir* James, 318.

Barry, Joan, 476-479, 482, 484, 486, 487-489, 493, 497.

Barrymore, John, 306.

Barton, Ralph, 386, 397, 398.

Baruch, Bernard, 337.

Bauman, 170, 171, 195.

Beach, Rex, 241.

Beaverbrook, Lorde, 391.

Beck, Martin, 151.

Beddington-Behrens, *sir* Edward, 545.

Belasco, David, 218.

Bell, Charlie, 118.

Bergman, Henry, 227.

Berlin, Irving, 380.

Bermondsey, 147.

Bernard, Sam, 305.

Bernhardt, Sarah, 191, 234, 294.

Bernstein, Sydney, 545.

Bernstorff, conde, 371.

Billie, Bronco — vide Anderson, G. M.

Billington, 420.

Bismarck, 285, 411.

Blake, William, 291.

Blackmore, 100.

Bloom, Claire, 523.

Blumenthal, A. C., 476.

Bodie, Walford, 117.

Boissevain, Jan, 294.

Boni, 292.

Booth, 307.

Boothby, lorde, 391.

Bracken, lorde Brendan, 391.

Brady, Diamond Jim, 191.

Boswell, 269.

Boucicault, Dion, 116, 117.

Bourrienne, 346.

Brecht, Bertolt, 499.

Breen, 511-513.

Briand, Aristide, 412.

Brice, Fanny, 306, 374.

Bridges, Harry, 457, 458.

Brisbane, Arthur, 361, 450.

Buck, Pearl, 479.

Bulganin, 545.

Bulgária, rei da, 294.

Burke, Thomas, 330.

Burnell, *monsieur*, 136.

Burnier, 543.

Burton, 291.

Busca do ouro (Em), 250, 251, 266, 354, 357, 382, 441, 518-519

Bushman, Francis X., 203.

Byas, Hugh, 431.

C

Cadman, Charles, 268.

Caine, Hall, 116.

Campbell, Eric, 227.

Campbell, Pat, 306.

Capote, Truman, 552.

Carl, 240.

Carlitos bombeiro, 227.

Carlitos dentista, 193.

Carlitos e o relógio, 193, 251.

Carlitos no armazém, 227.

Carlitos no estúdio, 227.

Carlitos no hotel, 182.

Carlitos Porteiro, 190.

Carlitos se diverte, 207.

Carlos I, 363.

Carlos II, 43.

Carlyle, 36, 537.

Carmen, 212, 213.

Carpentier, Georges, 324.

Carter, Leslie, 306.

Caruso, Enrico, 219-222.

A casa de penhores, 227.

Casamento ou luxo, 300, 348, 349.

Caufield, 227-228.

Cellini, Benevenuto, 411.

Cézanne, 542.

Chaliapin, 417.

Chamberlain, lorde, 67.

Chambrun, conde, 465.

Chaplin (família), 136.

Chaplin (os), 82.

Chaplin, Albert (tio de Carlitos), 82.

Chaplin, Spencer, 61.

Chaplin, sra. (mãe de Carlitos), 77, 94, 297.

Chaplin, Charles (pai de Carlitos), 55, 58.

Chaplin, sra. Sydney, 554.

Chaplin, Sydney (irmão de Carlitos), 30, 33, 37, 43, 45-50, 53-59, 61, 62, 72, 74, 76, 77, 79, 81, 82, 84, 86, 87, 90, 91, 93-95, 97, 100, 102, 105-107, 110-114, 117, 118, 120, 121, 123-126, 128, 129, 140, 148, 164, 166, 194, 196, 210-213, 215-217, 229, 230, 263, 297, 315, 335, 337, 408, 422, 424, 425, 428-431, 533, 534.

Chapman, George, 403.

Charcoate, 123, 124.

Chatterton, 542.

Chekhov, 300.

Cherrill, Virgínia, 379.

Chevalier, Maurice, 386.

Chevreau d'Antraigne, conde, 552.

Chevreau d'Antraigne, condessa, 552.

Chico Boia — vide Arbuckle, Fatty Roscoe.

Churchill (casal), 392.

Churchill, *lady*, 547.

Churchill, Randolph, 390.

Churchill, *sir* Winston, 337, 389-392, 395, 547, 548.

Circo (O), 336.

Clark, Bert, 268.

Clark, William A., 225.

Clemenceau, 231.

Cleópatra, 299.

Cochet, Henri, 402, 417.

Cocteau, Jean, 444-446.

Cohn, Harry, 222.

Collier, Constance, 235-238, 259, 479.

Collins, cônego, 397.

Collins, Josie, 218.

Conde (O), 227.

Confúcio, 424.

Connelly, Marc, 299.

Connolly, Cyril, 499.

Conrad, Joseph, 99.

Consadine, 151, 155, 160, 161, 172.

Constant, Benjamin, 346.

Contrarregra (O), 193.

Coogan, Jackie, 274-277, 297.

Cooper, Miriam, 192.

Copeau, Jacques, 327.

Covarrúbias, Miguel, 425.

Coward, Noel, 552.

Coyne, Frank, 68, 69.

Crane, Hart, 291-293.

Craney-Gatts, sra., 225.

Cripps, *sir* Stafford, 452.

Cristiano, príncipe, 116.

Cristo, 44, 297.

Crocker, Harry, 336, 368, 371, 485, 529, 541.

Crowninshield, Frank, 290.

Cruickshank, George, 70.

Curran, Michael Quill Joseph, 472.

Curtiss, Glenn, 225.

D

Dando, Arthur, 172.

Dane, Clemence, 524.

D'Arc, Joana, 477.

Davenport, Dorothy, 190.

Davies, Joseph, 469, 527.

Davies, Marion, 357, 357-361, 363-370, 375, 389, 390.

Debussy, 143.

De Gaulle, gal., 541.

DeMille, Cecil B., 211, 260.

Dempsey, Jack, 324.

Dexter, Elliott, 269, 270.

Dia de pagamento, 344.

Diaghilev, 232, 233.

Dickens, 70, 71, 80.

Dicky, 337, 338.

Dinheiro e dinamite, 193.

Dior, 441.

Dokes, John, 491.

Dolly (as gêmeas), 191.

Dolores, 290.

Doro, Marie, 114-117, 259, 260, 331.

Douglas, major H., 380, 410.

Doyle, Jack, 226.

Dreiser, Helen, 500.

Dreiser, Theodore, 500.

Dressler, Marie, 193, 255.

Drew, John, 213, 304.

Dukas, Helene, 372.

Dunne, 373.

Dunville, T. E., 68.

Durant, Tim, 447, 449, 450, 476, 478, 479, 483.

Durant, Will, 524.

Duse, Eleonora, 234, 304.

E

Eagels, Jeanne, 159.

Eastman, Crystal, 331.

Eastman, Max, 252, 291, 294, 331.
Eduardo VII, 119.
Edwards, Edgar, 403.
Eglevski, André, 523.
Einstein, 372-376, 384.
Einstein (casal), 374, 375, 383, 414.
Einstein, sra., 372-375.
Eisenstein, 298, 376.
Eisler, Hanns, 457, 499, 514, 517.
Eisler, Hanns (os), 499.
Elliott, Maxine, 212, 229.
Ellsworth, Elmer, 176-177, 180, 188.
Elvin, Joe, 43.
Emerson, John, 236.
Emerson, Ralph Waldo, 167.
En-Lai, Chu, 550, 551.
Epstein, Jerry, 528.
Erlanger, 151.
Espanha, rainha da, 551.
Everly (irmãs), 158.

F

Fadiman, Clifton, 480.
Fagan (os), 448.
Fairbanks (os), 280, 341, 353, 358.
Fairbanks, Douglas, 235, 238-241, 254, 256, 258, 261-266, 272, 280, 309, 340-343, 353, 366, 375, 378, 413, 421, 422, 434, 453-454.
Fairbanks Júnior, Douglas, 453, 524, 525, 545.
Fairbanks, Sylvia, 453.
Farrar, Geraldine, 219, 220.
Fealy, Maude, 223, 224.
Ferdinand, Roger, 538, 540.
Feuchtwanger, Lion, 448, 496, 499, 515.
Feuchtwanger (os), 499.
Feydeau, 539.
Fields (as), 120.
Fields, Frederica, 120.
Fields, Phoebe, 120-122.
Fields, sra., 120, 121, 123.

Fields, Telma, 120, 121.
Fiske, sra., 306.
Flower, sir Archibald, 419.
Flynn, Errol, 489.
Ford, Rachel, 543.
Foster, Margaret, 291.
Fowler, Gene, 306.
Frampton, George, 318.
Francis, Arlene, 472.
Frank, Waldo, 291, 292, 327.
Freddy, 440.
Frederica, 120.
Freud, 247.
Friganza, Trixie, 306.
Frohman, Charles, 101, 114, 116, 151.
Froman, Jane, 472.
Furness, lady, 417.

G

Gales, príncipe de, 319, 320, 371, 417, 418.
Gandhi, Mahatma, 391-394.
Gandhi, Indira, 549.
Garfield, John, 471.
Garoto (O), 276, 278, 280, 282, 283, 293, 297, 307, 323, 344, 353.
Garraty, Tom, 240.
Gatti-Casazza, Giulio, 220.
George, 294.
George, Lloyd, 327, 387, 407.
George (o búlgaro), 325.
Geraldine (filha do autor), 524.
Getty, Paul, 476, 479, 493.
Giannini, A. P., 225.
Giesler, 487-495.
Gilbert, 109, 110.
Gilbert, Jack — vide Gilbert, John.
Gilbert, John, 226, 362.
Gillette, William, 106, 114-116, 223.
Gish (irmãs), 192, 280.
Glyn, Elinor, 241-243, 357, 358, 369-371.

Goddard, Paulette, 439-442, 444, 447, 450,451, 466-468.

Godowski, Leopold, 230.

Gogh, Vicente van, 299, 355.

Goldwyn, Samuel, 269, 270, 337, 344, 436, 438.

Goodwin, Nat, 191, 212, 217.

Gordon, Harry, 287, 288.

Gorki, 542.

Gould, Frank J., 145, 170, 408.

Gould, sra. Frank, 217.

Grande ditador (O), 452, 453, 457-459, 465-468, 518, 521.

Grauman, Sid, 160, 223.

Grauman (os), 166.

Graves, George, 118.

Gray, Tippy, 489, 490, 491, 495.

Green, Adolph, 106, 531.

Green, Hetty, 265.

Green (os), 106.

Green, sra., 106.

Greene, Graham, 545.

Griffith, David Wark, 161, 211, 263-264, 278-280, 298.

Griffith (irmãos), 69.

Grimaldi, 70.

Gromyko, sra., 546.

Guest, Maurice, 218, 220, 221.

Gwyn, Nell, 34, 43.

H

Hackett, Walter, 318.

Hahn, sra. Greta, 108.

Ham, 269.

Hamberger, Mose, 194.

Hamilton, C. E., 101, 102.

Hank, 199-201.

Hardwick, *sir* Cedric, 477.

Harley, Lily, 43.

Harlow, Jean, 226.

Harrington, Tom, 268, 270, 271, 281.

Harris, Frank, 269, 284, 329-331, 333.

Harris, Jed, 304.

Harris, Mildred, 269-273, 280-282, 284, 287.

Hart, Bill — vide Hart, William S.

Hart, William S., 263, 264.

Harvey, Martin, 303.

Haskil, Clara, 551.

Hawthorne, Nathaniel, 167.

Hayden, Melissa, 523.

Hazlitt, Henry, 167, 381, 523.

Hearn, Lafcádio, 269, 423.

Hearst, Millicent, 359, 363, 364.

Hearst, Phoebe, 358.

Hearst, William Randolph, 357-371, 375, 389, 438, 448, 485, 524.

Hegersheimer, Joseph, 241.

Helen, 528, 534, 553.

Henry, 528, 534, 554.

Henry (príncipe da Alemanha), 413, 435.

Henshaw, 256, 257.

Hill, Charles, 36.

Hillman, Sydney, 472.

Hindrum, capitão, 51, 52.

Hirschfeld, 425.

Hitchcock, 525.

Hitler, Adolf, 371, 372, 450, 451-453, 464, 468, 473-475, 499.

Holl, dr., 84.

Honesto Joe — vide Schenck, Joseph.

Hoover, Edgar, 489, 490.

Hoover, Herbert, 436, 461-464.

Hopkins, Harry, 458.

Horowitz, 454.

Hughes, Howard, 225.

Huston, John, 524.

Hutton, E. F., 447.

Huxley, Aldous, 500.

Hyton, Charlie, 350.

I

Ibáñez, Vicente Blasco, 241.
lbsen, 304.
Idílio campestre, (Um), 273.
Imigrante (O), 227, 251.
Ince, Thomas H., 192, 347, 369.
Inge (deão), 387.
Ingersoll, Robert, 167.
Inukai, Ken, 430, 431.
Irving, *sir* Henri, 116, 117, 167, 212, 223, 303, 307.

J

Jackson, 64-66, 69-72.
Jackson, Alfred, 408.
Jackson, sra., 65.
Jeffers, Robinson, 449, 450.
Jo Coleman, Frank, 227.
Joe, 97.
Johnson, Hewlett, 397.
Johnson, Sam, 291.
Jolson, Al, 151, 305.
Jones (os), 73.
Jones, Henri Arthur, 103.
Jorge, príncipe (da Grécia), 327.
Jorge IV, rei (da Inglaterra), 29.
Jorge V, rei (da Inglaterra), 322.
Josefina, 346, 417.
Josie (filha do autor), 524.
Joyce, Peggy Hopkins, 347.

K

Kafka, 488.
Kaiser, 260, 267, 413, 422, 435.
Kant, 291.
Karno, Fred, 97, 118, 121, 124-125, 126, 128, 139, 143, 144, 146-147, 148, 152, 153, 160, 165, 171, 173, 330.

Karno Júnior, Fred, 173.
Kate, 36, 37.
Kay Kay, 544.
Keats, 330.
Kellog, 154.
Kelly, Arthur, 169, 312, 313, 515, 519, 521.
Kelly, Hetty, 133-135, 140, 144, 145, 169, 217, 308, 313, 315.
Kendall, 117.
Kendall, sra., 117.
Kent, Rockwell, 479.
Kessel, Charles, 170-172, 195.
Keynes, John Maynard, 387.
Kinsey-Taylor, dr., 84.
Kitchen, Fred, 118.
Kitchener, lorde, 116, 195.
Kitchener (os), 76.
Klaw, 151.
Kliegl (irmãos), 193.
Knoblock, Eddie, 310, 318-320, 322.
Knoblock, Edward, 309.
Knopf, Alfred A., 431.
Koga, 431, 432.
Kono, 428-430.
Korda, Alexander, 451.
Kruchev, 545-547.
Kruger (os), 76.

L

Laemmle, Carl, 196, 372.
La Guardia, F. H., 472.
Lamb, Charles, 303.
Larkin, Jim, 331-333.
Laski, 400.
Laurents, Arthur, 523.
Laval, Pierre, 465.
Lawrence, T. E., 361, 396.
Lawson, John, 500.
Lehrman, Henry, 177-182.
Lenin, 337.

Leno, Dan, 70, 164.

Lestock, Eva, 79.

Lewis, Sinclair, 477.

Liebknecht, 285.

Lillie, Beatrice, 357.

Lincoln, 459.

Lipton, *sir* Thomas, 365, 366.

Liveright, 292.

Lloyd, Harold, 209.

Lloyd, Marie, 70.

Locke, John, 291.

Locke, William J., 241.

Louise, 55-62, 82, 113, 315.

Lubitsch, Ernst, 349.

Lucas, E. V., 318.

Luce, Clare Boothe, 524, 525.

Ludwig, Emil, 411.

Lutyens, *sir* Edwin, 318, 322.

Luzes da cidade, 250, 251, 378-381, 386, 395, 411, 421, 435, 440, 441, 519, 550.

Luzes da ribalta, 306, 523, 525, 529, 531, 535, 538, 540, 547, 548, 552, 554.

M

MacAbee, 166.

Macaulay, 339.

MacDonald, Malcolm, 395, 396.

MacDonald, Ramsay, 389, 395.

Mace, Fred, 173.

Mack, Charlie, 239.

Maeterlinck, madame, 309.

Malone, Dudley Field, 291, 294, 325, 471.

Mann, Thomas, 372, 448, 487, 499, 505, 515.

Manon, Charlie, 118.

Marcantonio, Vito, 472.

Marceline (palhaço francês!), 67, 68.

Margaret, princesa (da Inglaterra), 535.

Maria Antonieta, rainha (de França), 317.

Markevitch, 551.

Marx, Karl, 291.

Mansfield, John, 307.

Masefield, John, 357.

Maugham, Somerset, 159, 241, 316, 317, 448.

Maxwell, Elza, 327.

Mayer, Louis B., 241, 272, 273.

Mayo, Archie L., 459.

McCarthy (os), 31, 90, 92, 93, 95.

McCarthy, sra., 31, 90, 91.

McCarthy, Wally, 31, 49, 90, 91.

McCarthy, Walter, 31, 90.

McCormick, Anne O'Hare, 462.

Mckay, Claude, 331.

McNeil, rev. John, 81.

Mead, James M., 472.

Meighan, Thomas, 243, 245, 246.

Melba, 230.

Menjou, Adolphe, 348, 349.

Meyer, rev. F. B., 41.

Meyer, Walter, 372.

Michael (filho do autor), 524.

Mitchell, 439.

Mizner, Wilson, 259, 448.

Molière, 540.

Molnár, 300.

Monet, 137.

Monroe, Lucy, 472.

Monsieur Verdoux, 482, 498-513, 518, 520-523, 555.

Montagu, Ivor, 376, 545.

Monterey, Carlotta, 191.

Moore, Alexandre, 366.

Moore, George, 524.

Morgan, Ann, 323, 324, 326.

Morgan, J. P., 229, 323.

Morgan, Pierpont, 361.

Morris , Gouverneur, 241, 277.

Morris, William, 151, 160, 161.

Morrison, Herbert, 536.

Mosley, *sir* Oswald, 410.

Mountbatten, *lady,* 548.

Mountbatten, lorde, 549.

Mozart, 425.
Munnings, 388.
Murphy (juiz), 486, 487.
Murray, Philip, 472.
Musset, 539.
Mussolini, 412.

N

Napoleão, 36, 43, 81, 265, 346, 367, 392, 411, 416.
Nast, Condé, 290.
Negri, Pola, 325, 349-352.
Nehru, 548-549.
Nero, 367.
Newton, 374.
Ney, marechal, 43.
Nichols, 182, 183.
Nijinski, 230-233.
Noailles, condessa de, 412.
Noite no clube (Uma), 172.
Normand, Mabel, 171, 173, 175, 176, 177, 178, 179, 183, 184, 185, 186, 190, 191, 193, 265.
Norris, Kathleen, 241.
Novo emprego (Seu), 203, 205.

O

Ociosos (Os), 307, 357.
Odet, Clifford, (os), 499.
Olivier, Laurence, 302.
Ombro, armas!, 260, 261, 422, 519.
O'Neill, Eugene, 291, 483.
O'Neill, Oona, 482-486, 489, 490, 493, 494, 496-498, 518, 519, 524, 525, 528-534, 536, 540, 543-545, 547, 558.
Oppenheimer, J., 537.
Orpen, *sir* William, 328.

P

Paderewski, 230.
Paley, Bill, 436.
Panaranda, duque de, 341.
Parker, *sir* Gilbert, 241.
Parsons, Louella, 202, 368, 485.
Passado pré-histórico (O), 190, 197.
Pastor de almas, 344.
Pav — vide Pavlova, Anna.
Pavlova, Anna, 223, 224, 230, 231, 233, 234.
Pepper, Claude, 472, 513.
Picasso, 45, 541, 542.
Pickford, Mary, 192, 239, 240, 241, 243, 254-256, 258, 263-266, 280, 309, 340, 341, 344, 345, 366, 375, 413, 422, 434, 515, 518, 522.
Pierce, Peggy, 192, 193.
Pilatos, Pôncio, 44.
Pinnie, 544.
Pissaro, 137.
Platão, 291.
Plutarco, 291.
Poe, Edgard, 167.
Poletti, Charles, 472.
Postant, 114, 116.
Priestley, J. B., 545.
Purviance, Edna, 207, 208, 227, 244-246, 272, 308, 346, 348, 349, 555-557.

Q

Queensberry, marquês de, 192.
Quill, Michael, 472.

R

Rachmaninov, 455.
Ralph, Barton, 386, 387, 390, 395-399.
Rand, John, 227.

Reeves, Ada, 306.

Reeves, Alf, 147, 148, 170, 171, 308, 382, 383, 435.

Reeves, Billie, 118.

Reeves, sra., 334.

Reid (prof.), 64.

Reid, Cunningham, 420.

Reinhardt, Max, 219, 237, 477, 478, 545.

Rembrandt, 299.

Renoir, 137.

Reshevsky, Samuel, 278.

Reynolds, Cecil, 295, 296, 351, 352, 361, 373.

Richmond, 419.

Rimsky-Korsakov, 232.

Roach, Hal, 209.

Robbins, Jess, 197, 204.

Robinson, Carlisle, 275, 308.

Rock, Charles, 105.

Rockefeller, 361.

Rocksavage, *lady*, 324, 327, 328.

Rocksavage, lorde, 327.

Roget, 290.

Rolly, 555.

Roosevelt, Franklin Delano, 255, 400, 436, 458, 463, 466, 468, 470.

Rossi (prefeito), 469.

Rossier, Emile, 551.

Rossier, Michel, 551.

Rua sossegada, 227, 228.

Rubinstein, Artur, 531.

Runser, srta., 554.

Russell, Jimmy, 330.

S

Sage, Russell, 358.

Saintsbury, H. A., 101-103, 106.

Salisbury, lorde, 536.

Salisbury (os), 76.

Sandburg, Carl, 157.

Sanders, Benita, 552.

Sanders, George, 552.

Sartre, Jean-Paul, 541, 542.

Sassoon, *sir* Philip, 318, 324, 327, 328, 371, 373, 387, 389, 405, 406, 410.

Schenck, Joe — vide Schenck, Joseph.

Schenck, Joseph, 344, 345, 379, 382, 436, 437.

Schoenberg, 457, 499.

Schopenhauer, 167.

Schubert, Lee, 151.

Schumann, 455.

Scott, general, 256.

Seers, Grad, 520.

Sennett, Mack, 161, 171-189, 191, 193-196, 198, 227.

Shakespeare, 291, 301, 307, 419.

Shaw, sra., 389.

Shaw, George Bernard, 119, 319, 387-389, 394, 385, 501, 511.

Shelley, 406.

Sheridan, Clare, 337.

Sheridan, Mark, 68.

Sheridan, Richard Brinsley, 337.

Silverman, Joe, 359.

Simão, 44.

Simenon, Georges, 448.

Simes, Mike, 155.

Sinclair, Upton, 402.

Smith, Al, 331.

Smith, Gerald K., 480.

Smith, Kate, 480.

Snowden, 421.

Sobre rodas, 187, 227.

Sorel, Cécile, 326.

Southampton, 419.

Sparks, 271.

Spender, Stephen, 499.

Spies, Valter, 425-427.

Spoor, George K., 197, 201-205, 211, 212.

Stalin, 400, 470, 542.

Stanislavski, 303.

Stassen, Harold, 546, 547.

Stassen, sra., 546, 547.

Steinbeck, John, 448, 449.

Steinbecks (os), 449.

Stein, Gertrude, 355, 356.

Steinheil, madame, 143.

Sterling, Ford, 171, 173, 175-178, 180-182, 195, 305.

Stevens, Emily, 306.

Stewart, Donald Ogden, 519, 545.

Stone, Ernie, 142.

Strabolgi, lorde, 536.

Strauss, Carl, 207.

Stravinski, Igor, 455, 456.

Sullivan, 151, 155, 160, 161, 172.

Sulzberger, Arthur, 461-464.

Sutherland, duque de, 341.

Swaffer, Hannen, 448.

Swain, Mack, 308.

Swanson, Gloria, 203, 243, 349.

Sweet, Blanche, 191, 192.

Swope, Bayard, 337, 519.

Sydney (filho do autor), 335.

T

Taillfer, Germaine, 399.

Talleyrand-Périgord, marquês de, 327.

Talmadge, Norma, 344.

Tate, 207.

Taylor (os), 79, 80.

Taylor, Frank, 500.

Tchaikovski, 523.

Tellegen, Lou, 191.

Tempos modernos, 251, 296, 441-443, 446, 447, 451, 457.

Terry, Ellen, 43, 306.

Thalberg, Irving, 348.

Thelma, 417.

Thomas, Dylan, 500.

Thomas, Olive, 269, 290.

Thorndike, Sybil, 306.

Tinney, Frank, 305.

Toscanini, 455.

Tree, Iris, 236, 237.

Tree, *sir* Herbert, 235-237, 241, 242, 303, 307, 312.

Trotski, 337.

Tsé-tung, Mao, 550.

Turner, 356.

Turpin, Ben, 203, 207.

Tussaud, madame, 387.

Twain, Mark, 167, 291.

U

Uma hora da madrugada, 227.

V

Vagabundo (O), 227.

Vale da Morte, Scottie do, 225.

Valentino, Rodolfo, 226, 227, 368.

Vanbrugh, Irene, 115, 306.

Vanderbilt, Cornelius, 371, 372.

Vicki (filho do autor), 524.

Vida de cachorro, 249, 254, 260, 262.

Viena, marquês de, 341.

Viertel, Salka, 499.

Von Fulmuller, dr., 414.

W

Wagner, Rob, 256-258.

Walker, 152.

Wallace, Mina, 482.

Waller, Lewis, 117.

Wainwright, 303.

Ward, Fanny, 245.

Warfield, David, 304.

Warner (os irmãos), 241.

Warner, Jack, 478.

Warwick, condessa de, 329.

Washington, George, 258.

Weber, Louise, 270.

Wegan, Karl von, 371.

Weiller, Paul-Louis, 327, 552.

Weldon, Harry, 118, 125-128, 143, 144, 146.

Welles, Orson, 479, 481, 482.

Wells, H. G., 308, 317, 318, 320-322, 329, 330, 399-403, 414, 448.

West, Rebecca, 321.

Wharton, Edith, 241.

Whistler, 36.

White, Leo, 227.

Whitman, Walt, 167.

Wilde, Oscar, 219, 284, 411, 412.

Wilkie, Wendell L., 472.

Williams, Bransby, 70, 71.

Williams, J. D., 262, 264, 289.

Williams, Percy, 151.

Wills, Helen, 411.

Wilson, Earl, 519.

Wilson, *lady* Sarah, 327.

Wilson (presidente), 255.

Winchell, Walter, 154.

Winters, Ella, 545.

Woollcott, Alexander, 448.

Wright, Lloyd, 484, 486, 487.

Y

York, condessa de, 413.

York, duque de, 405.

York, duquesa de, 405.

York, Harry, 113.

Young, Clara Kimball, 192.

Z

Zarmo, 69.

Zukor, Adolph, 265, 266, 344.

Este livro foi composto na tipografia
Minion Pro, em corpo 10,5/15, e impresso em
papel off-white no Sistema Digital Instant Duplex
da Divisão Gráfica da Distribuidora Record.